U0944829

皮埃尔·德·顾拜旦男爵

布面油画，大卫·M. 加德特（1943年出生于美国）2014年绘制

乔治·赫斯勒、卡罗尔·赫斯勒夫妇收藏

我努力去寻找，与他人相比，我与他们的区别是什么。唯有意识到了这一区别，我才能明白来到世上是为了做什么，我肩负了怎样的使命，如何才能确保这使命的实现。

——安德烈·布勒东《娜嘉》(1928)

在现代所有的组织机构中，若论其存在与否完全取决于某一个人的所作所为，那么奥运会必定是一个绝佳范例……自从1896年首届现代奥运会举办以来，尽管经历世事变迁，奥运会仍带有皮埃尔·德·顾拜旦之不可磨灭的印记，从五环旗到官方意识形态都是如此。

——约翰·J.麦卡隆《伟大的象征：顾拜旦及现代奥运会起源》(1981)

若导致今日世界各国彼此分离的偏见一日不除，和平就无法实现。为根除偏见，最好的办法就是定期把各国的年轻人聚集起来，在身体力量和敏捷方面进行友好的较量。

——皮埃尔·德·顾拜旦(1894)

THE IDEALIST

THE STORY OF BARON PIERRE DE COUBERTIN

顾拜旦传

[美] 乔治 · 赫斯勒　著　吴果锦　译

[上]

北京出版集团公司
北　京　出　版　社

著作权合同登记号
图字:01-2016-7829

图书在版编目(CIP)数据

顾拜旦传 : 全2册 / (美)乔治·赫斯勒著 ; 吴果锦译. — 北京 : 北京出版社, 2018.8
书名原文 : The Idealist
ISBN 978-7-200-13607-4

Ⅰ. ①顾… Ⅱ. ①乔… ②吴… Ⅲ. ①顾拜旦(Coubertin, Pierre de 1863-1937)—传记 Ⅳ. ①K835.655.47

中国版本图书馆 CIP 数据核字 (2017) 第282854号

项目策划 李清霞
项目负责 袁 海 韩青宁
责任编辑 韩青宁 唐 靖
封面设计 金 山
内文设计 泰博瑞
责任印制 毛宇楠 刘文豪

顾拜旦传(全2册)
GUBAIDAN ZHUAN
[美]乔治·赫斯勒 著
吴果锦 译
*
北京出版集团公司
北京出版社 出版
(北京北三环中路6号)
邮政编码:100120
网 址:www.bph.com.cn
北京出版集团公司总发行
新华书店经销
北京华联印刷有限公司印刷
*
787毫米×1092毫米 16开本 43.5印张 630千字
2018年8月第1版 2018年8月第1次印刷
ISBN 978-7-200-13607-4
定价:148.00元(全2册)
如有印装质量问题,由本社负责调换
质量监督电话:010-58572393
责任编辑电话:010-58572457

仅以本书献给詹森和嘉米，

我内心的根基所在和灵感之源。

同时，

将本书献给所有投身奥林匹克运动、

致力于建设更美好世界的人。

在历史伟人的名册里，顾拜旦这个名字应有光荣的一席之地。然而，知道其成就的人寥寥可数。《顾拜旦传》这本书就像奥运会一样鼓舞人心，它为顾拜旦立身扬名。

——安德鲁·杨，美国驻联合国前大使

这是一个精彩绝伦的故事，它讲述了一个人付出一切将我们的世界团结在友谊与和平之中。对每一位奥运会选手来说，对所有希望我们的世界能包容差异、紧密团结的人来说，这本书都是必读的。

——比利·佩恩，奥古斯塔国家高尔夫球俱乐部主席

赫斯勒的这部小说，其灵感来自顾拜旦的人生，又加入了戏剧张力，整个奥林匹克大家庭都该读一读。

——迈克尔·佩恩，国际奥委会市场部前总监

顾拜旦为这个世界奉上了无可比拟、不可或缺的人类欢聚的盛会。通过赫斯勒振奋人心、抚今追昔的虚构叙事，这部恰逢其时的《顾拜旦传》会带领大家踏上旅程，深入了解现代奥林匹克之父顾拜旦的真性情和高贵品格。

——约翰·弗朗，第21届冬奥会（2010年，加拿大温哥华）组委会首席执行官

每位奥运选手都应了解顾拜旦的故事。每一届奥运会上，全世界目睹且欣赏赞叹的对卓越的追求，其基础是顾拜旦的理想主义愿景。

——鲍勃·科特沃里克，美国排球前运动员，国际奥委会前委员

《顾拜旦传》是一部令人难以忘怀的史诗级小说。在本书中，敬爱的顾拜旦男爵——这位现代奥运会的发起者、法国的理想主义者，终于得到了应有的生动刻画。

——约翰·奥拉夫·考斯，著名速度滑冰运动员

序

奥运会是……对过往的朝拜和对未来的信念。

——皮埃尔·德·顾拜旦

奥运会始终在振兴，不断刷新自己的历史。一代代运动健儿络绎涌现，崭露头角；在每一届人类欢聚的盛会上，每一个竞技项目都有可能重写历史。

在全世界的注视下，我们把每个新的成绩与创造历史的前人相互联系。领奖台上，过往的传奇与今天的骄子并肩而立。每一枚奖牌都是人文精神的胜利，是全人类前进的里程碑。每一届奥运会都象征着全人类的普世价值观，并且证实了——团结在世界的多样性下，通过体育运动，我们能把世界变得更加美好。

可是，我们罕有机会去纪念奥林匹克运动的起源——在沉寂了1500年后，正是皮埃尔·德·顾拜旦男爵那不可磨灭的不懈努力，奥运会才得以复兴。现在，随着《顾拜旦传》的付梓面世，我们有机会一偿心愿。乔治·赫斯勒的这本历史小说，将带领我们回到现代奥运的源头，重温那激情澎湃的理想主义；在这种理想主义的驱使下，一位贵族百折不挠地致力于创立一个人类欢聚的盛会，使全世界都能参与其中。

本书旨在重现顾拜旦的人生，而赫斯勒不仅是向我们的创始人表示敬意，还描绘了这样一个人物形象：对他而言，奉献不言其多，困难不言其巨，目标不言其远。抚今追昔，《顾拜旦传》的文字提醒着我们——顾拜旦对奥林匹克运动恩重如山。正是因为他的雄心壮志，他的远见卓识，他的不屈毅力，奥运会才能不断发展壮大，通过体育运动将世界团结在友谊与和平中。

2011 年，乔治首次向我提及他想写一本有关顾拜旦的书。过去的 5 年时间里，我一直关注着他的写作进程，也对本书寄予厚望。今天，《顾拜旦传》终于破茧而出。我相信，在这令人难忘的、讲述现代奥运首位梦想家的故事中，每位翻开书页的人都能从奥林匹克中找到新的鼓舞和启迪。

托马斯·巴赫

第九任国际奥委会主席

目　录
Contents

上　册

第三章　艺术与爱

第四章　心与意

第五章　体育与和平

下 册

第六章 快乐与痛苦

第七章　盟友与敌人

第八章　去世与荣耀

楔　子

暴风雨

瑞士洛桑，1937

阴暗的早晨，日内瓦湖上空突降暴雨。这阵暴风雨起自法属阿尔卑斯山，倾泻的雨水冲刷着埃维昂小镇①的街道，阴云滚滚蹚过日内瓦湖宽阔的水面，又取道北上，朝洛桑涌来。洛桑一侧山崖入水之处，就在那座17世纪哥特式风格的德奥奇城堡（Château d' Ouchy）背后，湖岸不远处，一位老人正乘着10英尺的单人艇，迎着滚滚而来的乌云奋力划桨。小艇在粗暴冰冷的湖水里颠簸，雨水打湿了他的羊毛布列塔尼衫②，浸透了他的白发和浓须。冷风中，他的前臂起了鸡皮疙瘩。他的胳膊比年轻时细了一些，但肌肉仍然结实，使他能紧握桨柄。才过了几分钟时间，他就大口喘息起来，让新鲜的空气注入他那74岁的肺中，为肌肉提供氧气以继续发力。但逆风太强，他很快就筋疲力尽了。在风浪的冲击下，小艇不听他的使唤，向一侧拐去。他奋力划着右桨——他的右臂一直是比较强壮的——小艇转了个大圈，又掉转头来……一次又一次，他迎风而进，在与天降的对手的对抗中收获了些许愉悦。

他的晨练从不会半途而废，在继续划了半个小时后，直到暴风雨减弱，才掉头返回岸上。他把小艇拖到石滩上，望向南面——那里是他热爱的祖国，法国。此时，一束阳光将云层割开一条裂缝，他感觉稍稍暖和了些。在短暂的一瞬间里，他仿佛看到了阿尔卑斯的顶峰——勃朗峰。

---

① 埃维昂小镇：Evian，位于法国东部日内瓦湖畔，与瑞士洛桑隔湖相望。

② 布列塔尼衫：Breton，即蓝白条纹套头衫，又称“水手衫”“海魂衫”。

第一章　希望与忧虑

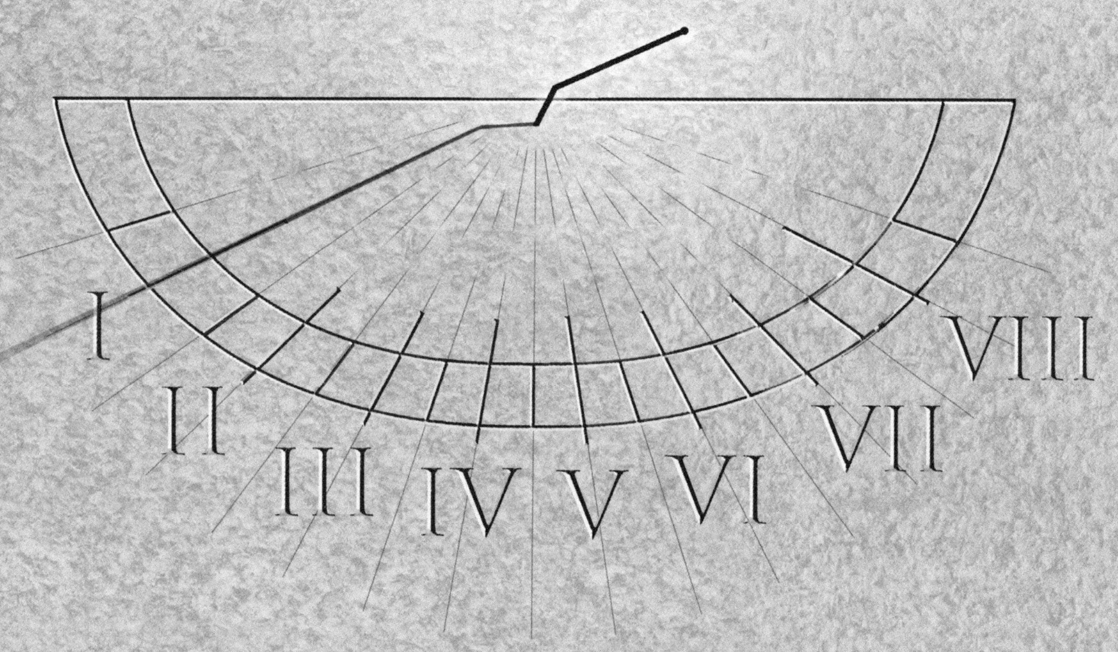

1

来信

巴黎。1月里的一个冷天。《小日报》[①]首席体育记者雅克·圣克莱尔（Jacques St. Clair）凝视着马特洪峰[②]的图片，思考着如何将一则报道完美收尾——一年前，巴黎拉丁区的一位面包师独自一人勇敢地爬上了瑞士境内阿尔卑斯山脉最为险峻的最高峰，“只是想从那上面看看世界是什么样子”。

圣克莱尔倚着板条木椅的椅背，脚搁在桌面上，对新闻编辑室里的嘈杂声置若罔闻。他用手指拨弄着脖子上的银项链，将自行车轮样式的黄金吊坠转了又停、停了又转，思考着那位面包师的动机何在——因为在人们眼中，面包师每天的生活就是为周围的顾客揉面、做面包，现在却梦想冒着生命危险去看一看只有站在世界之巅才能看到的风景。

“雅克先生，您的信。”邮差的一句话打断了他的沉思，他将一封信放在老式Olivetti打字机旁的一堆纸上。圣克莱尔保持舒坦的坐姿，只是探身将信拿了起来。从邮戳来看，信是从洛桑寄出的，距离面包师动身登山的策马特山谷

---

① 《小日报》：*Le Petit Journal*，亦称《小报》，创办于1863年2月1日，是法国重要的廉价报纸之一，与《小巴黎日报》《晨报》《日报》共称为19世纪末法国四家大众报纸。

② 马特洪峰：Matterhorn，阿尔卑斯山峰之一，位于意大利与瑞士之间。

倒是不远。他不愿分心，把信放下，再度把玩起项链吊坠，想构思一些妙句来结束那篇不寻常的报道。

圣克莱尔只有36岁，却因笔下生辉的报道而颇负盛誉。他尤其擅长讲述体育冠军的故事，现役的，退役的，还有像那位面包师一样跳出日常生活而有所壮举的人。他热爱与体育相关的各种元素：汗水、风险、障碍、胜利，还有它带来的敬仰和崇拜。不仅如此，圣克莱尔体内还流动着体育的血液——15年前，他是一位前途光明的竞技自行车运动员，在巅峰的1923年曾获得环法自行车赛两站冠军。

他对自己的身材颇为自豪，相比以前，他现在的肌肉更多，也更结实，并且很健康。老编辑埃德加（Edgar Perrine）曾说过，很明显，圣克莱尔文笔的活力是来自身体的力量。他5英尺10英寸高[①]，胸膛很宽，就像两个滚圆结实的肩膀之间铺着的石板。他的头发是金色的，很浓密，像刷子上的猪鬃一样直。想必在他的法国血统里，一定掺有德国或斯堪的纳维亚的基因，他总是将头发向前梳，虽不时髦，却别有一番气质。棕色的眼睛，结实的下巴为他那英俊的面庞添了几分阳刚之气。

倘若不是因为一本日记，圣克莱尔的运动员生涯很可能还会继续下去。故事的开始是，一位记者发现了他在环法自行车赛期间写的日记，并将其发表，从而为他打开了写作的大门。从运动员到记者，圣克莱尔对这样的转变并未有多少犹豫：他停下自行车，离开车队，走进巴黎费耶特大街《小日报》忙碌而拥挤的新闻编辑室，走到了一群编辑、记者、打字员、送稿员中间。在那本日记中，圣克莱尔对山地赛段的激烈竞争做了揪心的描述，尤其是在伊佐阿尔山[②]赛段，在那里他表现不佳，而Automoto车队[③]的亨利·裴里希（Henri Pélissier）以绝对优势一马当先。这些文字显示出圣克莱尔在长篇报道方面的

① 1英尺≈30.48厘米，1英寸≈2.54厘米，5英尺10英寸≈1.78米。

② 伊佐阿尔山：Col d' Izoard，位于阿尔卑斯山区东南部，地处加利比耶山与阿内尔山之间，海拔2361米，南坡长度15.9千米，平均坡度6.9%，环法自行车赛高难度爬坡点之一。

③ Automoto是一家法国摩托车生产商，创立于1902年，1930年并入标致汽车公司。

文学天赋，使其很快脱离了一般体育记者的层面，免受争抢、奔忙和每日交稿的烦扰。

通过报道1924年巴黎奥运会游泳项目的金银牌获得者——美国运动员约翰尼·韦斯默勒（Johnny Weissmuller）和杜克·卡哈纳莫库（Duke Kahanamoku）的故事，圣克莱尔的声望大增；很快，他就成了《小日报》在奥运方面的首席记者，并被委以重任，连续参与报道了1928年阿姆斯特丹奥运会、1932年洛杉矶奥运会和1936年柏林奥运会。在德国首都柏林，他为杰西·欧文斯[①]的辉煌而倾倒，也为奥运五环与纳粹十字的格格不入而恼怒。

随着事业的发展，圣克莱尔经常接触到体育运动的历史，才华展现后一种越发强烈的渴望喷薄欲出——他想写一些更重要的东西。他想找到写作的挑战，离开名人简介的写作范围。于是他开始找机会用一本书的篇幅来考验自己，就像环法自行车赛一样，来一次写作的马拉松。就像长久期盼的一次"旅行"、穿越多阶段赛事一样的，一层层展开故事章节，而其过程如体育竞技一样不可预知。

圣克莱尔的志向和期盼，是看到自己的名字印在封面上，而洛桑的来信恰恰与之不谋而合。打开信的那一刻，他就知道——这就是自己长久渴望的机会，他终于可以离开大部队，独自向山区挺进，自己寻找道路，完成引人注目的登顶。来信共有6页，字迹工整，写信人是弗朗西斯·M.梅斯里博士；而根据日期来看，这封信写于一周之前，即1937年元旦。圣克莱尔一行行读着信，过去那种熟悉的感觉渐渐占据了他的身体，仿佛比赛开始前正在进行的倒计时。

敬爱的圣克莱尔先生：

虽然很少能在报纸刊发的第一时间拜读您的大作，但身在遥远洛桑的我是您的热心读者，十几年如一日。每周我们都能收到订阅的《小日报》，部

① 杰西·欧文斯：Jesse Owens，1913—1980，美国黑人田径运动员，在1936年柏林奥运会上，他夺得100米跑、200米跑、跳远、4×100米接力跑4枚金牌，以惊人的成绩有力地反击了希特勒的种族歧视，使全世界爱好和平的人民深受鼓舞。

分原因是，我已对您的文笔心生偏爱，它像优秀画作一般每每令我感动。

但真正驱使我提笔给您写信的，是您对奥运会的报道，我觉得那些报道在同类文字中无出其右者。我认为，我们已身处体育运动史上一个无与伦比的故事的尾声。这个故事讲述的，是一个人一生中史诗般的斗争和英勇的决心，而这些却被世界忽视了，即便这奋斗的产物是众所周知的、最伟大的体育奇观——奥运会。

是的，我说的正是皮埃尔·德·顾拜旦男爵的人生经历。他跟您一样，也是来自法国巴黎。其不凡的理想主义和想象力，使得奥运会在1500年的沉寂后重现人世，并将诸国国民对体育运动的热情引燃，使其兴盛如斯。

29年了，我一直是顾拜旦的密友和搭档，同时也是他的医生。这些年，我眼看着奥运会日渐兴旺，而他的身体却每况愈下。去年，就在柏林奥运会有争议的胜利闭幕之后，我察觉到有些不对；我担心，倘若我们不赶快为子孙后代记录下他的故事，定会悔之莫及。

我曾数次向男爵提议、甚至一再求他——写一本完整的自传。然而，尽管他曾应允，也确有多产的写作能力，可关于自传，他连一页纸都未写满。不久前，他曾为亲手创立的国际奥委会写过一份简短的逸事回忆录，但其篇幅过短，仅是豹之一斑。

是以此信所述之事颇为紧急。我已安排好住用等事宜，以供为男爵作传者之用。盼君不吝援手。倘若您对此事心有戚戚，请予以回复，一旦可行，我们将尽快安排您来洛桑开始工作。

信中还写了一些具体的事宜，但实际上，真正值得雅克·圣克莱尔考虑的只有那个提议——去洛桑干一份为期一年的全职工作，工作的内容是为一位法国人写一本书，这个人曾追寻历史，将古代奥运带到了现代世界。

圣克莱尔知道顾拜旦是谁。他记得，第一次见到那位小个子男士是在1924年巴黎奥运会上。可仔细一想，不对，确切地说，他见到顾拜旦并非是在奥运会上，而是在索邦大学的荣誉大厅，当时那里举行了庆祝奥林匹克运动创立

30 周年的庆典，时间是 6 月 23 日。圣克莱尔回忆起顾拜旦走入圆柱拱顶大厅时的情景：他身穿燕尾服，手拿大礼帽，与他并肩而行的是时任法国总统加斯东·杜梅格（Gaston Doumergue）。

圣克莱尔在椅背上倚了一会儿，从打字机四周的纸和书堆里拿起握力球。他一次次握球，心中却并未计数—— 1 天握 100 下这个目标早已不再坚持了。很快，他的思绪再次回到了 1924 年 6 月 23 日那一天。

当时他去参加庆典，是为了采访查尔斯·帕多克（Charles Paddock）。帕多克是来自美国得克萨斯的短跑选手，绰号“人形炮弹”。第一次世界大战结束后，在 1920 年安特卫普奥运会上，帕多克获得了 100 米短跑冠军，并在第二年创下了 10.2 秒的世界纪录。圣克莱尔记得，帕多克到场是为了去见顾拜旦，感谢后者帮助他推广世界短跑巡回赛。

就在圣克莱尔等待帕多克的时候，庆典开始了，但他对到场的显要人物及其发言毫不在意。尽管他喜欢历史，尤其喜欢巴黎的历史，但在当时，奥运会的另一面——其组织工作、奥委会的那帮老头、奥运的历史和记录等，对他而言都毫无兴趣。可是现在，这个身材矮小、却有贵族气派的法国人吸引了圣克莱尔，他所推广的现代盛会，使全世界杰出的运动员和国家元首都积极投身其中，让人惊叹；还有，奥运会是如何开始的，又如何在去年因纳粹染指而露出不祥之兆……这段历史同样令人神往。

圣克莱尔深吸了一口气，握紧了手中的握力球，强压内心的激动之情。他明白，顾拜旦的故事将会带自己离开一直以来熟悉的工作环境，进入更广阔的天地——政治、金融，当然还有一些国际的阴谋诡计；与此同时，又能让他保持与诸多杰出运动员的联系，而后者是他工作至今的动力。

梅斯里的邀请令人心动，因为他激起了圣克莱尔“写一些更有意义的东西”的渴望。“顾拜旦的故事，不能像报纸上的人物简介那样局促，也不能像杂志上的人物故事那样带着评判，”梅斯里在信中如此写道，“而其作者，其心脏应因体育运动而跳动，其才华和抱负，要无愧于这一重任——去记述当今时代一位伟大人物的生平。”

梅斯里在信中留下了电话号码，并表示，一旦二人达成一致意见，将安排一套公寓解决圣克莱尔一年的住宿，并给他一些书籍和文件以供查阅。

下午已过去一半，那篇面包师登上马特洪峰的报道需要在明天上午交稿，但文章只剩结尾部分了，所以，他可以等到今天晚上或明天一早再写。

“得马上把这封信的事告诉未婚妻”，想到这儿他把项链吊坠拿到嘴边吻了一下，又将其放回衬衣领口里。圣克莱尔的未婚妻是美国人，名叫朱丽叶。这个车轮样式的金吊坠就是一个月前她送的，以纪念他们恋爱三周年。朱丽叶说这是个幸运符，而圣克莱尔要告诉她——收到这封信的时候，吊坠刚好就在他的手里转动。她一定会觉得这样的好运难以置信。此前数月，他俩一直在商量着去旅行，考虑搬到别的地方生活，他们期待着奇异的经历。而现在，机会从天而降。圣克莱尔穿上厚实的外套，将信揣进怀里，把便签簿和稿纸塞进帆布书包，又戴上骑行手套，向门外走去——楼下门洞里，锁着他崭新的迪昂巴顿（De Dion-Bouton）三速自行车。

2

老 友

德奥奇城堡背面，有一家名叫诺帝卡的小餐馆。餐馆的轮廓以铁艺点缀，外墙是一面玻璃。玻璃墙后，8 英尺高的大理石台阶上，站着两位男士。他们注视着外面的皮埃尔·德·顾拜旦，而后者，正将小艇拖到日内瓦湖的石滩上。身在满是白色亚麻布、水晶和银器餐具，以及墙上航海风格的装饰品的餐馆里，他们俩看着湖边的老人。只见他把小艇拴好，又回头看着搅和了他晨练的乌云密布的天空；这时，一束阳光破云而出。

“他一定冻坏了。真不如多等一小时，等天气好点了再下水。”说话的是梅斯里博士，49 岁的他已经秃顶，但身体健康；他是顾拜旦在洛桑的好友。

“他哪有时间等。”说话的人名叫埃米尔·德鲁特（Émil Drut），他是这家餐馆的经理，也是顾拜旦的老友。他捻着鼻子下方长而卷曲的胡须，继续说道，“我下去接他。”说罢他就向外走去，边走边拂去黑外套袖子上的面粉。

德奥奇城堡背面有一个石拱门，是酒店的员工通道。顾拜旦浑身湿漉漉地走进门来，德鲁特正在那里等着他；他手里端着一杯咖啡，还递给他一条大毛巾。

“谢谢，埃米尔。你总是这么好。”顾拜旦说道，“博士在吗？”说着，他走进员工更衣室。跟往常一样，晨练之前，他把衣服存放在一个小柜子里。这是德鲁特留给他用的。

“在。我和梅斯里博士一直在楼上看着你晨练，还稍稍点评了一下你的划艇技术。”

“啊，这么说，你们俩都知道我准备去参加今年的亨利皇家赛艇会[①]了。”顾拜旦浅笑着看着他，接着探过身来，用手背拍了一下他的啤酒肚，开玩笑道：“埃米尔，你要想赢下乌契[②]的青少组比赛，还得加把劲儿啊。”

“我就在店里锻炼……拔酒瓶上的软木塞。”德鲁特诙谐地答道。说罢他转身朝楼梯走去，让顾拜旦换衣服。

不一会儿，梅斯里博士听到餐馆的另一边传来说话的声音，他抬起头来，目光从《晨报》（*Le Matin*）的体育版移开，看见顾拜旦和埃米尔亲切交谈着向他这边走来。梅斯里记得，顾拜旦总是对人和和气气的，不论他的心情如何，他与人交流时总是很愉快，就像现在跟埃米尔交谈一样——可梅斯里知道顾拜旦眼下很不顺心。

尽管他与顾拜旦的年龄相差25岁，但在1908年他们初识时，顾拜旦身上的某些东西就触动了他的心。之所以如此，并非仅仅因为他是现代奥运之父。他的风度和魅力，他矮小的身体里蕴含的伟大品性，都使他脱颖而出。在过去29年时间里，随着他们友情的加深，梅斯里对顾拜旦的热爱，以及某种程度上对其本人及其崇高理想的敬仰，都与日俱增。他们已经有好几天没有联系过了。梅斯里虽然不是国际奥委会的正式委员，但在某些方面来说，顾拜旦的崇高愿景的火苗，其实真正由他在守护着。1917年他们共同创立了洛桑奥林匹克学院（Olympic Institute of Lausanne），面向劳动阶层提供体育和文化教育。20世纪20年代到30年代，他们一同创立了国际奥委会的奥林匹克图书馆（Olympic Library），现在有些工作仍在进行中——将顾拜旦的私人信件和官方文件区分整理。

埃米尔陪顾拜旦走到桌前就离开了。梅斯里起身迎接他的老友良师。

---

① 亨利皇家赛艇会：Henley Royal Regatta，源于1839年，是历史悠久的赛艇活动，每年在英国泰晤士河畔的亨利镇举行。

② 乌契：Ouchy，洛桑的码头小镇。

“弗朗西斯，你好。这么早约我见面啊。”

“我要跟你说件事。”

“不是要说我划船的事吧？”

“不是。不过，我刚才看到你晨练了，朋友。你又划着艇转圈了，就像中风病人一样，只能朝一个方向拐弯。”这句玩笑话刚一出口，他就后悔了；可是话已出口，覆水难收，他只好一笑了之。

“有点头晕眼花而已，哪里就是中风了，梅斯里博士。”顾拜旦浅笑着说，“你要是少读点弗洛伊德，多读点荣格，你就会明白，圆圈象征着圆满。我喜欢圆圈。”

梅斯里比较认同弗洛伊德的精神分析，而顾拜旦偏爱荣格更直观的梦的解析及符号象征。这是最近他们俩争辩的话题之一。尽管顾拜旦在医学领域的知识有限且底气不足，可他喜欢跟梅斯里博士做一番争论。可是今天，梅斯里并未接他的话茬。

“我有件事要告诉你。”梅斯里低头为男爵倒上咖啡，眼神凝重。“明年一年时间，我安排了一件事，需要你拿出很多时间配合。”

“这么说，”顾拜旦不假思索地说道，“你找到为我写传记的人了。”

“还没有，不过，他会答应的。”

“那么，要给我们答复的人，是谁呢？”

“雅克·圣克莱尔。”

“嗯，”顾拜旦说道，提高了音量，“要是圣克莱尔写的话，我当然会抽时间配合的。”

梅斯里与顾拜旦心照不宣地对视了一下——这些年来他俩早已熟悉了这种默契的眼神，接着两个人会心而笑。梅斯里回想着，过去30年里顾拜旦的面庞是如何日渐衰老，其额上的皱纹是怎样失去了斗志，变成今日这副伤感模样。他知道，在顾拜旦的内心某处，那团火焰正在燃烧；可是，其火光已不再像往日那样闪耀而出。曾经的黑发已变成满头华发。他深邃的眼神透着仁慈，平易近人；其乐观的心态让岁月望而却步。可梅斯里博士担心顾拜旦的健康状况与日俱下，他怀疑顾拜旦已身染重病。他已发现顾拜旦有身体失常、头晕、昏厥以及记忆力偶尔衰退的症状。梅斯里知道，顾拜旦的传记离不开他本人的深刻见解，倘若如此，写书一事就迫在眉睫。

“弗朗西斯，有件事你得听我的。我们不能告诉圣克莱尔日内瓦的事。”

“什么？你要撒谎？”梅斯里原本希望顾拜旦不在立传这件事上提什么条件，可现在看来，男爵还是想要左右了。

“我一直都活在谎言里啊，弗朗西斯。我不想让传记的内容受到我破裂的婚姻或玛丽的不稳定状态的影响。”

“你瞒不了。他迟早会发现的。”

“别人不都是被我瞒住了吗。”

“那些人跟你的接触并不多。”

“我来安排采访的事，这样就不难了。”

“男爵夫人那边呢，她不可能也替你瞒着。还有，她有一肚子火要发呢。”

“不要紧，我们俩早就商量好了。她同意了，只要有需要，我可以住在蒙里普斯（Mon Repos）。我的传记，也关系着她在后人眼里的形象，面子上的事她会做。”

“你这是在作茧自缚，皮埃尔。我强烈建议你别这么做。”

“谢谢你的建议，我会考虑。”

“你觉得能瞒多久？”

“时机未到，就一直瞒着吧。时机到了，再把一切公之于众。”

“好吧。一旦我把圣克莱尔接过来，你可就不能临阵脱逃了。我安排了一年的时间。”

“需要那么久？”

“是的，皮埃尔。这是真正的传记，不像你写的《奥林匹克回忆录》那样蜻蜓点水。”顾拜旦的反应令梅斯里有点泄气，但他的决心坚定不移。他猜想，等圣克莱尔搬过来了，并且与男爵亲近起来了，那么这位老人就会在信赖之中把自己的故事原原本本和盘托出。

◎◎◎◎◎

梅斯里没有告诉圣克莱尔的是，直到他写信寄出的前几天，顾拜旦一直都反对立传这个提议。梅斯里用了半年多的时间才劝服这位年老的男爵——把他的人生经历记录下来，并且一定要由他人来写。

梅斯里首次提出要给顾拜旦立传，是在1936年柏林奥运会刚刚结束时。虽然当时他并不是如此表述的；但他的想法是，给男爵一个新鲜的动力，给他这位朋友一个新的、振奋的目标，给他一个机会，让他把注意力放在他取得的成就上，不要只看到纳粹的一时得势及其对奥运的蠢蠢野心。

柏林奥运会期间，面对眼前的壮观景象，顾拜旦的心情极为矛盾。让他高兴的是，就像他最初预想的那样，奥运盛典开始在全世界范围落地生根。有更多的年轻人参与到比赛中来——开幕式上共有来自49个国家的3956名选手入场，比1924年他担任奥委会主席时举办的巴黎奥运会多了近1000人。顾拜旦喜欢反复念叨这些数字，有时候还会将其写下来以思考其重要性，好像这些数字暗藏着宝藏。起码，它们显示了奥运会的发展壮大。

可是，奥运比赛带来的赞誉与善美，却被一个可恶而不争的事实无情践踏——他的奥运会被纳粹变成了一个有目共睹的、卑鄙无耻的宣传平台，纳粹以其老奸巨猾的伎俩，用象征和平的奥运来掩饰、美化其险恶用心。

希特勒曾再三邀请顾拜旦出席此次奥运会，但他都拒绝了。时任德国总理的希特勒曾提出用他的私人飞机接顾拜旦前往柏林，甚至派人开着他的奔驰豪车，载着卡尔·蒂姆（Carl Diem）——顾拜旦在德国体育界的老相识——来请顾拜旦。顾拜旦虽然严词拒绝到现场出席活动，但他还是为开幕式录了一段讲话，并为闭幕式发去了贺电。纳粹的染指引发了国际上的政治抵制，甚至要求终止奥运会；顾拜旦则要保护自己开创的盛事，他被夹在中间，左右为难。但他还是一如既往地向参加比赛的年轻人致辞。

“运动员们，请牢记眼前这团由太阳热情点燃的火焰：它从奥林匹亚而来，它照耀着我们，给这个时代带来温暖。大家要小心翼翼守护着它；4年之后的第 12 届奥运会上，我们在太平洋彼岸的东京重聚，这团火焰仍将熊熊燃烧。”

除此之外，他则保持与奥运会的距离。因为他知道，他的出现会削弱现在每况愈下的国际奥委会的权威。柏林的奥运圣火熄灭之后，一个多月的时间里，顾拜旦都深陷消沉之中。梅斯里知道，他得想办法振奋顾拜旦的精神才行。就在那时，他想到了为顾拜旦立传这个主意，可顾拜旦坚决不同意。

洛桑柏格路（rue de Bourg）上有一家名叫“格拉普迪欧”（la Grappe d’Or）的优雅的小餐馆。一天晚上，他们俩在这里吃饭，梅斯里又向顾拜旦提起了这件事。

柔和的烛光下，梅斯里注视着顾拜旦，后者说道：“要写我的生平故事，除了我自己，我谁都不放心。”话虽如此，可他说得并没有底气，脸上也蒙着一层无奈。他对自己的生平故事都失去了信心。

“皮埃尔，我的老朋友啊，”梅斯里说道，他有点又气又急，“你不能自己写，你要操心的事太多了，唉……你的创造力没有止境，你的想法层出不穷，可是你不够有条理，总是忙上加忙。我担心的就是这个。谁知道我们还有多少时间？我们必须找一个合适的作者，你得拿出时间给他讲讲你的生活和事业。”

“事业？”顾拜旦反问道，话语里带着明显而罕见的苦楚。“我哪还有事业。都落在那个疯子手里了。我伟大的梦想，已经变成了法西斯独裁者的囊中之物，他——”

“皮埃尔，你说什么呢？”梅斯里问道。他觉得这位老人变得有些偏执了，“是，希特勒在奥运会上出尽了风头，可他再没有威胁了。”

顾拜旦看着梅斯里。往事浮现，他的脸上布满了悲伤。

◎◎◎◎◎

就在一周之前，顾拜旦离开蒙里普斯的寓所，离开了妻子和女儿蕾妮（Renée）。他们又在早餐时吵架了。顾拜旦走下楼，走到国际奥委会的办公室里。办公室是一套房间，跟他的寓所一样，都是洛桑市赠给他用的。

蒙里普斯是一栋年代久远的别墅，共有4层，有独立的院落。它位于洛桑市中心的一个封闭式公园内，旁边是一条私人车道，路边是百年树龄的大树。数年前洛桑市政厅将其买下，以供公共活动及行政事务使用，还留出一套公寓用于接待来访的贵客。由于经济拮据，顾拜旦及家人已经在这里住了6年。

当天上午，顾拜旦走进国际奥委会办公室时，戈德弗罗伊·德·布罗内（Godefroy de Blonay）像往常一样在等着他。布罗内是一位瑞士男爵，瑞士的格朗松城堡（Grandson Castle）就是他的家族财产。1899年顾拜旦将其召入国际奥委会，是瑞士的首位奥委会委员。他组建了瑞士奥委会，并组织部署了1913年在洛桑召开的国际奥委会代表大会。1915年，为躲避战乱，顾拜旦将国际奥委会总部从巴黎迁到了中立国瑞士。从那时起，他们俩的友谊就加深了。第一次世界大战期间，顾拜旦回法抗战保卫祖国时，布罗内担任了国际奥委会的临时主席。他与顾拜旦都是贵族出身，都热爱体育运动，都致力于国际奥委会的事业，所以，他们俩可谓志同道合。

1920年，国际奥委会成立了首个执行委员会。此举一是为了加强国际奥委会的专业性，二是为了避免国际奥委会变成顾拜旦的一言堂。布罗内担任了执行委员会的秘书长，然而，手握重权的他，与顾拜旦之间开始出现裂痕。不久之后，他们之间的权力斗争就爆发了。执行委员会在女性参赛这个问题上做文章，想借此解除顾拜旦手中的权力，逼他退休。顾拜旦坚决反对女性参加激烈的比赛项目，尤其是田径项目；而执行委员会则支持女性参赛，甚至要对女性开放更多比赛项目。而有趣的是，顾拜旦担任国际奥委会主席时组织的最后一次奥运会，亦即1924年巴黎奥运会，女性运动员的数量有了大幅增加。第二年，顾拜旦在布拉格[①]辞去国际奥委会主席职务，接任他的是比利时人亨利·德·巴耶－拉图尔伯爵（Henri de Baillet-Latour），而布罗内就成了二人之间的主要联络员。

尽管如此，顾拜旦与布罗内的友情延续下来。从那时起，断断续续的，他

① 布拉格：Prague，前捷克斯洛伐克首都，现捷克首都。

们俩就共事至今。他们俩，再加上年轻而富有活力的梅斯里，一直忙着将顾拜旦于1915年运抵洛桑的奥运历史档案分类规整。经过多年性情外露的交往，顾拜旦对布罗内已相当了解，阅之有术：倘若他有话又不能说，或心中有秘密，他常常是牙关紧咬，双唇紧闭，而在顾拜旦问他的时候，他会咬嘴唇并且躲闪眼神。

就在今天上午，布罗内就表现出了以上所有特征。“怎么了，戈德弗罗伊？”顾拜旦问道，“你听到什么消息了？巴耶－拉图尔想干什么？”

顾拜旦很想向现任国际奥委会主席及其领导层建言献策，尽管有时是他一厢情愿。他承认巴耶－拉图尔在阿姆斯特丹奥运会及洛杉矶奥运会期间的工作无可指摘，但他知道，一旦纳粹夺权、把控了奥运的组织机构，现在的国际奥委会及其主席远非其对手。对巴耶－拉图尔的要求，纳粹一面大施口惠，一面将其像木偶一般玩弄于股掌。在纳粹手里，柏林奥组委变成了希特勒的宣传部长约瑟夫·戈培尔①的公共关系平台。柏林奥运会充斥着国际上的争论以及对纳粹种族歧视的谴责，而各大报纸的头条里四处皆是抵制奥运的威胁。

巴耶－拉图尔饱受指责，而顾拜旦却对这位比利时同事颇感同情。他知道，尽管毫无建树，但巴耶－拉图尔曾努力维护奥运正常化。他曾尽力保护各国参赛队员的权利，并设法压制种族歧视现象，可在各个方面都见效甚微。现在，柏林奥运会已告一段落，可德国人仍阴魂不散；在顾拜旦看来，他们是想在今后的奥林匹克运动中谋求更多权力，而这已远超“前主办国”的本分。

顾拜旦与布罗内之间隔着一张办公桌，布罗内弯腰从地上拿起一些文件。他咬着嘴唇，不敢看顾拜旦的眼睛。

“没什么值得你担心的，皮埃尔。咱们还是看看这些勒阿弗尔②的文件吧。”当前他们正要一个个翻找文件箱，将其中多年以来顾拜旦混进公文里的个人文件分拣出来。

---

① 约瑟夫·戈培尔：Paul Joseph Goebbels，1897—1945，德国政治家，演说家，曾任纳粹德国时期的国民教育与宣传部长。

② 勒阿弗尔：Le Havre，法国港口城市。

“是德国人，对吧？”顾拜旦问道，随即在布罗内脸上捕捉到了承认的神色。布罗内很是惊讶，顾拜旦难道早已知晓此事。

“周末我跟巴耶-拉图尔谈过。德国代表团到他在布鲁塞尔[①]的办公室见他，还对今后的工作提了些想法。”

顾拜旦的心沉了下去，担忧却油然而生。他抬头看着眼前的老友，希望自己的无奈未形于色。布罗内一定是想告诉他——纳粹已对奥林匹克运动虎视眈眈。一直以来，对奥林匹克的掌控就是一场斗争，将来亦如是啊——顾拜旦如此想道。

“代表团里都有谁？”

“冯·哈尔特、冯·查摩尔·安德·奥斯滕，还有迪姆。”

顾拜旦认识这些人。里特尔·冯·哈尔特（Ritter von Halt）是个纳粹党，他曾领导柏林奥组委，并且是德国在国际奥委会的委员。汉斯·冯·查摩尔·安德·奥斯滕（Hans von Tschammer und Osten）是德国的奥委会主席。卡尔·迪姆（Carl Diem）是德国奥委会的秘书长。迪姆曾是顾拜旦的工作伙伴，也是他的好友，可他却投向了纳粹的怀抱。从奥林匹亚到柏林的火炬传递，就是迪姆的主意，而这个创意取得了极大成功。迪姆是个很有能力的人，尽管顾拜旦很理解他所承受的压力，但他还是为其投机主义而感到惋惜。

“他们说什么了？”

“他们是代表希特勒去的，”布罗内答道，“是传达希特勒的想法。”

“那是当然，替‘元首’送信么。”顾拜旦说道，难掩不悦之情。

“希特勒已经授命建筑师阿尔伯特·施佩尔（Albert Speer）设计一个新的奥林匹克体育场，比柏林的10万人体育场还要宏伟。他们是想为奥运会建一个永久的场所，现代的、德国的奥林匹亚。[②]”

“哈！”顾拜旦原想嘲笑一下这荒唐的设想，却差点哭出来。他感到如此无助。“亨利怎么说？”

---

① 布鲁塞尔：Brussels，比利时首都。

② 相对于古代的希腊的奥林匹亚而言。

"亨利跟从前不一样了，"布罗内坦言道，"甚至跟一年前都不一样了。还有别的一些事，迪姆带来的文件上都写着了。"

听着布罗内讲述着其中大概，顾拜旦感到难以置信。希特勒打算把国际奥委会总部搬到柏林，并任命新的领导层，将国际奥委会大换血。他想打造一个新的奥运盛典，控制着奥运的象征意义为其服务。在顾拜旦看来，其中每个设想都卑劣无比，都是对奥林匹克宪章原则的践踏，是抛弃了引领奥运自创始以来发展至今的价值观。然而巴耶－拉图尔全盘接受了，连个不字都没说。

唉，亨利，顾拜旦想道，你这是干的什么事啊？

顾拜旦知道，巴耶－拉图尔的身体状况不佳，而他作为国际奥委会主席的决断力也疲软了。他竟然同意将这种卑鄙的建议纳入议程，而不是当即弃如敝屣，这完全是懦夫行为。巴耶－拉图尔已变得优柔寡断。想当初，尽管在柏林奥运会期间受到纳粹钳制，但他偶尔还能表现出国际奥委会的权威。他曾一度要求德国除掉反犹标识，并取得了一定效果。顾拜旦还知道，巴耶－拉图尔曾在与希特勒商谈奥运事宜时直接发难，他对希特勒说——只要走进五环旗下的体育场，这块场地就是奥林匹亚；而在奥林匹亚，奥委会说了算。

巴耶－拉图尔原有的强硬态度和抗争精神已经消失了。而顾拜旦心知肚明，倘若国际奥委会大换血，最有影响力的两个领导人选，一个是瑞典的西格弗里德·埃德斯特隆[①]，另一个是美国的艾弗里·布伦戴奇[②]。他们俩都对纳粹的权势崇拜有加，对其嚣张气焰首肯心折。

顾拜旦低头不语。他创办的奥运会，其未来很可能明珠暗投，落入第三帝国[③]的走狗手里。

---

① 西格弗里德·埃德斯特隆：Sigfrid Edström，1870—1964，瑞典人，1946年至1952年间担任第四任国际奥林匹克委员会主席。

② 艾弗里·布伦戴奇：Avery Brundage，1887—1975，美国人，1952年至1972年间担任第五任国际奥林匹克委员会主席。

③ 第三帝国：the Third Reich，指希特勒统治下的德国。

◎◎◎◎◎

“你也看到了，弗朗西斯，”顾拜旦看着餐桌对面的梅斯里，眼中带着挫败的失意，“原本想用体育推动和平的伟大运动，已经变成了一场悲剧。”

梅斯里心中怒火升腾，有个声音在大喊“不可能”。这些年来，顾拜旦付出的努力、金钱和心血，到了现在，怎么可能变成第三帝国的所有物？不，不可能的，他不能让这种事发生。

梅斯里所认识的顾拜旦，是个不屈的斗士，有杰出的政治手腕；可现在，看着这位曾经的斗士弃甲投戈，梅斯里很是愤怒。义愤之下，他说话的嗓门大了很多，把顾拜旦吓了一跳，“最大的悲剧，不是希特勒暂时掌控了你的奥运会。不是。在我看来，最可悲的，是你的人生被人淡忘，你的奥林匹克运动的意义危在旦夕。现在是重整旗鼓的时候，皮埃尔，不是放弃的时候。你是个天才，我的朋友，而这个世界需要知道这一点。”就在此刻，梅斯里突然意识到自己不经意间说到了点子上——顾拜旦的生平，亦即梅斯里心中所想的传记，其意义绝非仅仅是抚慰一位日暮西山的领袖的心。他还意识到，这本传记必须马上出版，因为它本身就是国际奥委会对抗纳粹魔爪的最佳武器。

“唉，弗朗西斯，”顾拜旦说道，“你是个好人，也是我最好的朋友。可咱们俩，不过是坐在桌旁的两个老头子；啊不，是一个老老头和一个小老头，老老头完全依仗小老头的慷慨大方才维持着脸面。我值得说的不多了……我的故事也派不上什么用场。”

“会有用的，皮埃尔，不仅仅是对现在，对今后一个世纪都大有用处。”梅斯里自信满满地说道，“是，你现在一文不名；是，现在希望渺茫；是，你面对的是个强大的敌人。可你曾经的成就，你开创的理念，比这个以仇恨为基础的政治运动的破坏力要强大得多。”

“皮埃尔，我们都相信，”梅斯里继续说道，“而我之所以相信，是因为你给了我信心——终有一天，伟大的奥林匹克运动会遍及地球上的每一个乡镇、每一个村庄。当这一天到来的时候，我希望你的名字世人皆知。”

3

雅克与朱丽叶

雅克·圣克莱尔蹬着他的迪昂巴顿自行车，从兑换桥（pont au Change）上越过塞纳河，穿过圣米歇尔广场（Place Saint-Michel）。1月的冷天里，他的手指已冻得发麻，嘴唇也被寒风吹得发僵，他却好像都感觉不到。他像个身怀重任的信使一样，携着信件飞速前进。信中承载着一个诺言，他要尽快给心爱的女人看一看。

他知道，朱丽叶现在一定是在画室里画画，要么就是在唱着歌淋浴。她的母亲是美国费城的一位演员，在她的熏陶之下，朱丽叶也很喜欢百老汇歌舞剧的曲调。这是朱丽叶身上最讨人爱怜的地方——她总是有表演的欲望。他们俩现在住在梅德西斯街（rue de Medicis）一栋住宅楼上，在6楼的一套公寓里。公寓的阳台正对卢森堡公园（Luxembourg Gardens）。3年前，他们俩在卢森堡公园里相遇，而那时朱丽叶刚从费城来巴黎数周时间。这套公寓的租金比他们的预算要高很多，但是，朱丽叶仍选中了它。其原因并非卢森堡公园的景色，而是因为背面的房间装的是落地门，还有巨大的窗户，能让落日的余晖倾泻而入。这个房间是整栋公寓里最好的一间，而朱丽叶当时就拿定主意，将其用作画室。

卢森堡公园就在眼前，圣克莱尔不由得想起了他跟朱丽叶相遇的那个早晨。

“你老围着我转干什么？”她终于开口问道。在卢森堡公园里，别的骑车人都是很有礼貌地与徒步的行人保持距离，可连续三天了，这个家伙老是故意离她很近，还总有眼神接触。

而他，已经观察她早晨散步有一周的时间了。她步速很快，胯部幅度扭得很大，其步法稍显夸张，因此引来了不少人的目光，但她却不以为意。她头戴贝雷帽，但从其短而紧的运动衣裤来看，她应该是个美国人。她的运动服凸显了臀部之美，而正骑车上班的他在经过她身旁时，第一眼就被她迷住了。他先是远远地看着她，好奇她身上的背包是做什么用的，接着看到她数次停下脚步，从背包里拿出一个速写本，坐下，开始画画。有一次，他看着她在天文台（Observatory）喷泉边上，画让－巴蒂斯·卡尔波（Jean-Baptiste Carpeaux）的雕塑作品——四位女性托起地球。尽管数次从她身边经过，但他无法引起她的注意。在“擦肩而过”和“微笑”毫无建树之后，他开始骑着自行车围着她转，每转一圈都离她更近一些。终于，她站住了，问他意欲何为。

“呃，我是法国人，所以，咱们俩之间，你得先开口说话才行。”他答道，一边停下来，用脚支地；她则上下打量着他。

“哦，你是法国人啊，”她说道，“我还以为法国男人都是追女孩的高手。你不是该送我个新提包或迷人的小礼物啥的？”

他笑了。“对，我是法国人，你是美国人；要是我买得起，一定会送你个迷人的礼物。”

“呀，你没钱？”她说着，咧嘴而笑。她看了看他的自行车，车子干干净净，擦得锃亮；又看看他的衣服和领带，他的打扮还算端庄。后来他才知道，这时的她，还没跟同龄的法国男士接触过，她认识的几个法国男人，都是她妈妈生活圈子里的几个法国移民老头，而她的美术课还有一周才开课，尚无机会接触同龄人。

“嗯，有一点，不过——”

“那好吧，明天再聊。”说着，她就走开了。

他没有追上去。第二天，同一个时间，同一个地点，他又围着她转圈了；而她好像也很高兴又见到他。

“我攒了些零钱，能请你喝杯咖啡。”他说道。

“仍需努力。”说着，她大步离开。

“哎，明天发工资，”他说着，骑车追在她后面，“也许我能挤出点钱来请你吃个羊角面包。”

她停下脚步，转过身来，仔细打量着他，似乎是判断一下他是不是够帅，能不能配得上她。“谁给你发工资？”

“《小日报》。”

“那你是在报社工作了？”

“我是体育记者。”他答道，用的是美语的词汇。

“那明天请我喝咖啡，吃羊角面包吧。”说完，她就转身离开了。

圣叙尔比斯教堂（Saint-Sulpice）离卢森堡公园有几个街区的距离，那里有一家小咖啡馆。第二天上午，他们俩步行去了那里，一谈就是两个小时。当天晚上，他们又共进了晚餐。从那时起，他们就在一起了。

◎◎◎◎◎

圣克莱尔放好自行车，走进楼里。他没有乘电梯，而是爬了 6 层楼梯上去，这是他对自己的承诺——每天一有机会就锻炼身体。

他走进公寓，放下包，脱下外套，拿出信来。

“你好。”朱丽叶用法语向他打招呼。她坐在沙发上，沙发上盖了一条被单，被单已被她的颜料蹭得五彩斑斓。她看着面前画架上未完的画作，又转过头来看着他。

“你拿的是什么？”她伸出胳膊，又长又细的画笔像根教鞭一样，外端指向他手里的信，还画着小圈。说着，她站起身来，走到他跟前。

“这个？这是我们的未来。”他吻了她一下，答道。她从他手里接过信来，信封上顿时留下了一个蓝色的拇指纹。他问道：“小姐，您是否愿意踏上一段奇异之旅，抵达遥远的国度，在那里，你的画布上将出现新的景色，而你的爱人，会完成一部巨著？”

她坐进沙发里，展开信纸。她看着梅斯里的来信，顿时被其内容所吸引。“愿意，当然愿意。这可是千载难逢的机会。”

朱丽叶继续读着信，圣克莱尔则走到厨房的吧台前，打开了一瓶红酒。

“皮埃尔·德·顾拜旦男爵？”她说道，“我好像没听说过这个人。”

“不只是你。但是，跟千千万万的人一样，你一定知道他的成就。”

“当然知道，是奥运会嘛。我明白这位梅斯里博士的意思了。”她说着，扬了扬手里的信纸。“可是，他的人生经历精彩吗？是怎样的？”

圣克莱尔在她身旁坐下，将她轻轻挤到一边。他暗中祈祷，被单上的颜料最好都已经干了；他多次在无意间屁股上沾着五颜六色的颜料去上班，惹来太多笑话。沙发前面是个矮桌，桌面上摆满了她的一管管的颜料、一筒筒的画笔，还有刀片、破布……他将两个矮脚杯放在桌上，又倒上红酒。

“我想，那一定是精彩绝伦的。”他答道，“他身材不高，就像拿破仑一样。可是他披荆斩棘，使奥运会重见天日。我不确定他算不算是个伟人，但我敢肯定，他的人生经历一定是个英勇的传奇故事。”

说罢，他们共同举杯，为眼前的一切可能干杯。他们此前一直在商量找个时间一起出去旅行，还真的计划过从瑞士到罗马的旅行路线。她已准备好尝试新事物、体验新生活，也许比他还心切。

“你最快什么时候离开报社？”她问道，“你什么时候给梅斯里博士答复？有时间的话，我要抓紧收拾行李了。”

◎◎◎◎◎

梅斯里很是惊讶——圣克莱尔和他的美国未婚妻竟然这么快就答应了他的提议，并做好了旅居准备。三周之后，2月的第一个周末，梅斯里拿出几天时间安顿他们。这天早上，梅斯里并未前往他在洛桑大学的办公室——他是医学院的院长——而是待在家里。他跟妻子悠闲地吃过早午餐，之后妻子就离开去照看孙女；他则拿出两三个小时的时间整理思绪，为圣克莱尔写了点采访事项。他无意对这位经验丰富的记者指手画脚，教他如何下笔写传记；而是想给他一些建议，教他如何与顾拜旦相处。他不知道，倘若圣克莱尔知道为顾拜旦立传的部分原因是给这位老人鼓鼓劲、类似某种心理疗法，他会做何反应。

该去接圣克莱尔了。梅斯里穿上大衣，戴上礼帽和手套，抓起手杖，将为圣克莱尔租的小别墅的钥匙装进衣兜。他走到前门，扫了一眼衣帽架上的镜子，看到光秃的头顶被帽子掩饰得很好，心里挺高兴，接着就走出门去。他刚刮过胡子，脸显得肉乎乎的，不过，他觉得自己还很年轻，充满活力。他沾沾自喜，很为自己骄傲，因为他能把圣克莱尔及其未婚妻请过来，完成他迄今为止组织过的最重要的项目。

梅斯里脚步轻快，从萨沃伊酒店（Savoy Hotel）旁的家里离开，从德奥奇大道上坡，穿过铁路天桥，走上盖尔大街，又左转走进洛桑市中心的火车站。一路走来，路上满是行人、小汽车、公交车、手推车。他向认识的、甚至不认识的人点头致意——这是他跟顾拜旦学来的习惯。他走进火车站大厅，看了一眼三角墙上的大钟，时间刚好是下午 3 点。圣克莱尔乘坐的火车还有 10 分钟到站。梅斯里漫不经心地走到火车站后门，放眼一看，8 条轨道前的站台上，密密麻麻全是等车的人。旁边有个女人，她正跪在地上，用纸巾擦拭孩子的眼泪。梅斯里溜达到站台后墙边一个报摊跟前，打量着装有羊角面包、巧克力面包、贝奈特饼的食品柜，又伸出手指拈起一份《晨报》，看了看上面国际版的头条，这个早上已经读到过；接着他又看了看另一篇报道，说的是内维尔·张伯伦[①]要竞选英国首相。

第四条铁轨上，火车呼啸而至。梅斯里看着火车停下，乘客下车，一眼就从人群里认出了圣克莱尔。这个年轻人一头金发，身材健硕，身穿紧身黑夹克，

① 内维尔·张伯伦：Arthur Neville Chamberlain，1869—1940，英国政治家，1937年至1940年担任英国首相。

头戴贝雷帽，双手各提一个大行李箱却毫不费力，仿佛里面装的是空气一样。圣克莱尔四处探望，寻找熟悉的面孔，很快就跟梅斯里对上了眼神。梅斯里隔着火车道朝他挥手，圣克莱尔笑了笑，放下行李箱，转身走到车门前，伸手搀下一位年轻的女士。她身穿红色长大衣，手里提着一个小行李箱，肩背一个大手提包。圣克莱尔对她说了几句话，伸手指了指远处的梅斯里。她抬起头来，友好地朝梅斯里挥手致意，其美貌和灿烂的笑容令梅斯里为之赞叹。圣克莱尔又回到火车上，扛着一辆锃亮的自行车走下来。他熟练而轻松地将自行车扛在肩上，又提起手提箱，接着就跟未婚妻走进站台的出口楼梯。

他们从出口出来，梅斯里已等在那里。他向圣克莱尔伸出手，说道："圣克莱尔先生，很高兴见到你。"

"梅斯里博士，你好。"年轻人说道。他的眼中洋溢着激动，似乎被东道主的身姿及高雅的外表所打动。"叫我雅克就可以了。这是我的未婚妻，朱丽叶·富兰克林。"

"很高兴见到你，富兰克林小姐。我替你拿吧——"说着，梅斯里提起她的小手提箱，转身带他们走向车站出口，边走边跟他们闲聊。"我相信，你们的旅程一定很舒适。"

"谢谢你，先生。"朱丽叶答道，"是的，旅途很愉快。还有，见到你很高兴。我们早就盼着这一刻了——"说着，她稍微停顿，等着他的注意力聚集过来，"好像祈祷应验了一样。"

圣克莱尔笑了，梅斯里明白过来，她的宗教用词只是个俏皮话而已。也许她喜欢扮演喜剧演员的角色。梅斯里也笑了。他很高兴——这两个人都很有礼貌，也很友善，尽管长途跋涉，旅途劳累，但他们都因到洛桑而兴奋。他当即感觉到，他们都为得到这个机会而由衷高兴。

走出火车站，梅斯里带他们坐上出租车，朝乌契驶去。"我在湖边给你们租了一套公寓，现在就过去安顿下。希望能合适。"

"肯定合适，"圣克莱尔说道，"我们很高兴能住在这儿。"

乌契离车站不远，路上，梅斯里又从聊天里知道了一些他们俩的事：朱丽叶怎么到的巴黎，她的绘画事业，还有她刚从费城到巴黎不久就在卢森堡公园里被骑自行车的雅克“搭讪”的事。

到了目的地，他们拿着行李，走下一段石阶，穿过一个花园，来到一个宏伟城堡的附楼跟前。附楼共有两层，外墙是橙红色，周围是精心照料的、高高的树篱。梅斯里领着他们俩走过环形小路，来到一个草坪上。他们面前是一堵矮石墙，从这里望去，脚下是山坡上的树顶，日内瓦湖就在眼前，湖的那一边是阿尔卑斯山，景色美不胜收。他们身后是一扇落地门，门内是一个露台，露台上有个铁艺圆桌，还有几把椅子。

“天哪，”朱丽叶赞叹道，“太美了！这就是我们的小房子？”她的热情劲儿把梅斯里逗笑了。圣克莱尔把行李和自行车放下，朱丽叶扑到他怀里，他们兴奋地抱在一起。

梅斯里带他们走进前门，边走边说：“旁边的城堡是兹威夫斯家的，我是他们家的医生。这个附楼原来是他们家园丁的住处，他们去年把这里改成客房了。”

圣克莱尔和朱丽叶看过厨房、家具和卧室。主厅内顶高梁宽，阳光穿过落地门倾泻而入，满室生辉。圣克莱尔不由赞叹道：“太完美了！”

朱丽叶则轻抚门帘上朴素的印花，目不转睛地说：“梅斯里博士，收到你的信，我们都太激动了；因为我们俩正想找机会到外面走走，为我们的共同生活寻找新的方向。”

“嗯，”梅斯里说道，“每个人都有各自的使命——”可是还没等他说完，朱丽叶就已经来在他的跟前，接着便抱着他，轻吻了一下他的脸颊。

梅斯里有点脸红，随即便告辞。临走前，他敦促二人尽快安顿下来，并约圣克莱尔第二天上午到安格莱特利酒店（Hôtel Angleterre）见面。“顺路下山，在防波堤那里右转就到了，离这里也就两三个街区那么远。”

梅斯里穿过草坪，朝外面的大路走去。他回头看了一眼，只见落地门之内，这对年轻人正深情相拥。他转头前往办公室，心中满是自信——圣克莱尔毫无疑问能适应洛桑的生活。

4

风 景

第二天早上醒来，梅斯里拉开卧室的窗帘，只见外面晴空万里，湖面上碧波粼粼。他很快穿好衣服，又喝了一杯咖啡。这时他的妻子也下楼来吃早餐了。他跟妻子吻别，然后出门去赴圣克莱尔的约。

在安格莱特利酒店里，梅斯里对圣克莱尔说："今天天气不错，咱们换个地方。我带你去看看我跟皮埃尔第一次见面的地方。"

他们乘出租车，来到洛桑山腰处的艾尔阿克修道院（Abbaye de l'Arc），走进外面的露台餐厅。从这里看去，日内瓦湖和阿尔卑斯山尽收眼底，更为壮观。向东望去，能一眼看到日内瓦湖的尽头，还能看到弗洛博格群峰。山谷的尽头，是韦尔比耶（Verbier）和策马特（Zermatt），南面则能看到意大利的国界。西南面是白雪皑皑、连绵不断的山脉，一直延伸到格勒诺布尔[①]，进入法国南部境内，其雄伟的山肩令勃朗峰也相形见绌。

梅斯里在露台的一个桌旁坐下，点了巧克力牛角面包和卡布奇诺咖啡；圣克莱尔在他身旁朝南而坐，正对着眼前壮丽的美景。远处湖面上波光粼粼，数艘渔船随波荡漾，一群海鸥在上空盘旋。

"雅克，住的地方怎么样？一切还好？"

---

① 格勒诺布尔：Grenoble，法国东南部城市。

“我不大习惯受人委托给人写书，”圣克莱尔说道，“但是你所做的一切，你给我提供的一切，我深怀感激。如果说这就是一个驻地作者的生活，那么我会从此开始我的事业。我和朱丽叶都觉得很开心，而我，真心盼望与顾拜旦男爵会面。”

“嗯，你能投身这部传记的写作，对我来说就意味着一切。”梅斯里省下客套话，开门见山地说：“我不知道你喜欢什么样的写作方式，不过我觉得，咱们先跟皮埃尔定下一个采访的时间安排，然后你就开始写，回头咱们再商讨、检查，最后形成他完整的人生经历。这样可以吗？”

圣克莱尔答道：“嗯。要是你问我打算怎么写，我也会推荐这个方式。一直以来，我的专题报道都是以采访材料为基础。但是，要写这部书，我还要做大量的调研工作。”

“当然。国际奥委会的档案就放在市中心的蒙里普斯；皮埃尔住在那里，他的办公室也在那里。皮埃尔本人就是一部百科全书——还不仅仅是在体育运动方面。他曾写过一部四卷本的《世界史》（*Universal History*），他的知识面很少有覆盖不到的地方。作为基督教会学校的优等生，皮埃尔主修经典名著，并且一直坚持学习，博学是他最大的长处。”

“从他出版的书和发表的文章可以看出，这一点是毋庸置疑的。”圣克莱尔说道，“除了你寄给我的奥运书籍，我还有他写的《法兰西第三共和国期间法国的演变》（*The Evolution of France under the Third Republic*），还有他用笔名乔治·奥罗（George Hohrod）写的小说《一次赛车会》（*One Rally*）——这本书倒是带有传记性质，还有在《费加罗报》（*Le Figaro*）等报刊上发表的几十篇文章。他是个多产作家。”

“是的，或者说，过去是的。”梅斯里说道。

接着两人均未说话，都静静地看着风景。

“梅斯里博士，”圣克莱尔又开口说道，“从收到你的信，我就一直在考虑该怎么写这本书。表面上看似乎很简单，就是记录一个人的生平故事——这个人开创了伟大的运动盛会。考虑到奥运会的鼎鼎大名，这本书是很值得写的，因为真正知道他的故事的人很少。也许他写《奥林匹克回忆录》的意图就是这个，但这本书明显未尽全力。不过毫无疑问，我要写的这本书会努力表达一个观点，当然也是理所当然要让世人知道的——在奥林匹克运动史上，每一个重要里程碑上刻的都是他的名字。并且读了这本书，只会得到一个结论：如果没有皮埃尔·德·顾拜旦男爵，今天就不可能有奥运会。”

“我觉得这个结论很有道理。你认为呢？”

“对。基于现在的口头和书面材料来看，的确是这样。更有说服力的是他的《廿一年之运动》(*21-Year Campaign*)，这本书比《奥林匹克回忆录》写得更好。我并不怀疑这两本书里内容的真实性，但我们还有工作要做，其中就包括深入调查男爵的现代奥运会，以及奥林匹克运动的理念从何而来。”

“我同意。这是今后工作不可缺少的一部分。但我的想法是——你这本书的大框架应该围绕他的人生经历展开，包括他的生活、他的憧憬、他的事业。”

“我也是这样想的。”圣克莱尔说道，“奥运会好写，现成的文件材料都有；难写的是创办奥运的这个人的故事。咱们得发掘出他的动机，他的价值观是在什么思想和力量的影响下形成的，他生活的社会背景，贵族权势的衰落，第三共和国的诞生以及对他的影响。”

听圣克莱尔讲述他感兴趣的素材，梅斯里兴奋不已。“显然，你认为这本书要囊括他所处时代的详细历史，是一本有深度的传记。”

“梅斯里博士，我的职业生涯一直都束缚在‘此时此地’这个框架里，是竞技场里进行中的方方面面，全都围绕体育运动的即时性展开，关注的只是决定胜负的重要一刻。我搬到这里来，就是要改变这一切。其原因，不仅是我相信顾拜旦的传记就像你认为的那样重要；还有个原因是，我喜欢这个更大的挑战。我想看看自己能不能胜任咱们所说的立传重任，还想看看自己能不能完成从体育记者到传记巨著作者的飞跃。”

“看来我的信写得正是时候。”

“其时机千载难逢。”

“很好，就跟我希望的一样，”梅斯里说道，“咱们的志趣完全相投。”

“我觉得也是。”圣克莱尔说道，“但是说实话，我想让你知道，我会按部就班照实记录。他的现状有些凄凉，我不禁想起这些年来写过的很多体育报道——运动员职业生涯结束，天赋不再，观众的欢呼声也远离……”

听到圣克莱尔对英雄迟暮的描述，梅斯里心里一颤，盯着眼前的风景，强忍泪水。他万分肯定，为顾拜旦立传就是他的人生目标之一，而圣克莱尔就是最合适的作者。但此刻他还感到，尽管阳光明媚，却有片阴云正隐约逼近：他跟圣克莱尔均为之心痛却心照不宣——立传这件事起步有些晚了，也许在顾拜旦有生之年无法完成。梅斯里收拾思绪，说道：“嗯，显然你了解的情况已经超出他自己写在书里的内容了。这样很好。”

“我在巴黎认识一些人，这些人认识顾拜旦，他们知道一些他的近况。”圣克莱尔说道，“大家很敬重他，但认为他的人生很不幸；他的妻子对他不好，而且他基本上是一贫如洗了。”

梅斯里做了个苦脸：“你巴黎的朋友们说得对。是的，不论是经济方面还是家庭方面，他什么都没有了。他的妻子对他很苛刻，连零用钱都不给他。他的儿子有智力缺陷，女儿是他唯一的希望，却又常常受到男爵夫人的左右。顾拜旦叫女儿和妻子是‘猫’和‘鸟’。他们一家人现在住在蒙里普斯，蒙里普斯是市政府名下的别墅，基本上是免费供他们一家使用，要是连这个住处都没有，真不知道他们的生活会是什么样子。”

“太悲惨了。不过，我打算采访一下男爵夫人，男爵的生活有她的一半。”

“这很复杂，雅克。她情绪多变，有时候很不稳定。她不一定会配合。她常常很愤怒……嗯，这么说吧，她的性子比较烈。”

“她一定有温柔的一面吧。”

“对，在公众面前她会做样子，可是杰克博士很少出现，大多数时间大家看到的都是海德先生[①]。”

---

① 海德先生：Dr. Jecyll and Mr. Hyde，源自罗伯特·路易斯·斯蒂文斯小说《杰克博士和海德先生奇案》，又译《变身怪医》《化身博士》。故事讲的是19世纪的英国博士杰克研究如何分裂人性善恶，并为自己注射了分裂人格的药剂，之后他变身为野蛮残暴的海德并处处作恶。

“这个比方很残酷。但是，多年来我曾跟很多难相处的人打过交道，并且，要是没有她的内容，传记也不完整。哪怕是满身愤怒也不能少了她。这样一来故事反而更有趣了。”

梅斯里担心了片刻，怀疑自己的初衷是否是个错误，但很快他的顾虑就消失了。他相信，男爵夫人不会在传记这件事上捣乱，因为她也要维护自己在后人眼里的形象。并且，一旦她想捣乱，真相就会大白于天下，而真相大白的结果，只会提升顾拜旦的声望。此时此刻，梅斯里决定，不论前路如何，他都要全力支持圣克莱尔。最重要的是，要把传记写出来。“我明白，”他说道，“我不会让你在职业道德方面做出让步的。”

“听到这个我很高兴。因为这本传记要回答一个简单而不幸的问题。”

“什么问题？”

“一个人怎么会立下盖世功劳却落得一无所有？或者，更确切地说，一个给世界带来辉煌理想的人，其晚景为何如此悲惨？”

“我认为，一旦你开始着手采访了，你就会发现，尽管现况不佳，他的人生故事仍然充满了鼓舞人心的力量。”

“是，我相信。可他家里出了什么事？”圣克莱尔问道，“他们很富有，不是吗？国际奥委会没有资金吗？应该有吧。他可是发起人啊。”

这种同情心，正是梅斯里所希望的。“都没了。”他解释道，“他跟他哥哥保罗关系不是很近，实际上，他们现在疏远了很多。五年前保罗把莫维尔庄园（Château de Mirville）卖掉了，皮埃尔为此伤透了心。小时候，那里是他最喜欢的地方。他妻子的钱也所剩无几，虽然刚结婚的时候，她继承了一大笔遗产。还有，国际奥委会也没钱，因为它基本上是个志愿者组织，没有真正的筹款机制。有些国际奥委会委员原打算捐点钱出来，可皮埃尔拒绝接受经济上的施舍。他知道我们在几家餐馆替他记账结账，如克鲁瓦·德奥奇餐厅（Croix d' Ouchy），以便他招待宾客。可除此以外，他拒绝接受任何馈赠。”

梅斯里继续说正题：“身体上来说，他的身子骨还算硬朗，体形保持得也不错，而且这个岁数还能从事剧烈运动；但他在心理上却越来越脆弱，原因是他的自尊不断受到打击，他的伟大事业也面临威胁。”

“伟大事业受到威胁？什么威胁？”

“这个后面会说到。首先我想让你设身处地考虑一下他的心理状态。想象一下，他出身贵族家庭，其财富几代人都花不完。可是为了推广奥林匹克，他花光了家财。现在，他连生计都维持不了。他找不到能挣钱的工作，你能想象吗？他一直在找工作，可处处碰壁，这得是多么丢人的事？”

“对一位贵族来说，是很丢人。他都到哪里找工作了？”

“他求过几个银行家，还有几个认识的实业家，可他们都婉拒了。”梅斯里答道，“就近来说，皮埃尔甚至想在洛桑皇宫酒店（Lausanne Palace Hotel）找份管理工作，这里住着很多奥林匹克运动的客人，可也被拒绝了。”说着，他停顿了片刻，让圣克莱尔体会一下他所描述的处境。“由此，我想跟你谈件事，不算是个请求，但我觉得这对皮埃尔来说非常重要。”

“尽管说吧，”圣克莱尔说道，“咱们之间得开诚布公才行。”

“我认为，你的采访能达到双重目的。我觉得它可以当作一种心理治疗手段，”梅斯里说道，“咱们的首要目的，当然是记录他的回忆，完成他的传记；但采访的过程可以……不，应该是一个心理治疗的过程，至少我是这么希望的。尽你所能，带他走进回忆的展厅，越深入越好，让他重现往日的生活。在此过程中，在心理上给他鼓舞和激励。”

“明白了。虽然我不是心理治疗师，但我明白你的意思。我曾见过很多次这样的情况，采访过程的确有这样的效果，特别是对上了年纪又辉煌不再的人来说，他们会对这种关注有所回应。”

“我想让他多想想自己的成就，”梅斯里说道，“而不是他失败的地方。有句话我不想说，但我信任你，我想让你知道，你这份工作非常紧迫。我能感觉到，他已是风烛残年，而柏林那边的情况正在消磨掉他仅存的希望。看来纳粹已经计划攫取国际奥委会的权力，并把奥运会变成第三帝国永恒的庆典。一边是纳粹，一边是对他的忠告只是口头敷衍的国际奥委会领导层，对于这些皮埃尔毫无办法。要是让纳粹得了手，就只有上帝能帮我们了。”

“这就是你刚才说的威胁，是吧？有这么严重吗？”

“是的。我不想对你的工作指手画脚。你是世界上最好的体育作家之一，我也不想你去奉承他。据我所知，你是他非常敬重的作家，要是你有办法让他感觉到，你也非常敬重他，让他相信世界需要听到他的故事，那就太有帮助了。咱们得重振他的自信，并且给他一个使命，让他继续往前走。”

“当然，博士，我会尽我所能。我是真真正正对立传感兴趣，仅仅是跟你谈了会儿话，我的信念又变得更坚定了。你若不介意的话，现在我就开始采访，刚好有几个问题要问你。”

梅斯里刚刚还在纳闷，圣克莱尔是不是会先采访他。“好的，你想知道什么？”

“今天，作为开始，我想先了解一下你们俩的关系。”说着，圣克莱尔拿出笔记本和笔，“先说说你们第一次见面的情景吧。”

梅斯里再度眺望远处的湖面，想起当初跟顾拜旦同坐在这里的情景。他记得，那时，他们俩的初次相遇也是这个季节，日期比现在稍早几天。“那是1908年10月，一个星期五的下午。我正在洛桑市体操俱乐部的体操馆里授课。当时的情况我记得很清楚。”

梅斯里开始讲述他跟顾拜旦初遇时的情形，而看到圣克莱尔详细地记着笔记，他很高兴。这份笔记后来被整理进《顾拜旦传》书稿的开头部分：

> 洛桑市体操俱乐部的镶木地板上，一群男孩正在绕圈慢跑。他们是在热身，准备接下来的体操课。跑圈的中央位置，20岁的医学生弗朗西斯·梅斯里随着跑步队伍的移动原地转着身子。接下来的一个小时时间里，他将带这帮孩子做健美体操，翻筋斗，爬绳，练习吊环和双杠。梅斯里个子很高，身穿白色运动服，脚穿帆布鞋，身材健硕。他有一头浓密的黑发，长着方形脸庞，胡子刮得很干净。因练习体操的缘故，他的身体很健康。星期五下午到体操馆里，义务给当地的男孩子们当体操教练，从这一点就能看出他的价值观以及他对体育运动的热爱。
>
> “孩子们加油，再跑5分钟。”他一边说着，一边看了看挂在脖子上

的秒表。跑步队伍随即加快了步伐。孩子们之所以听他的话，是因为他是亚瑟·梅斯里的儿子。亚瑟·梅斯里是瑞士的体操冠军，曾在国内和国际赛场上赢得赞誉，为这个体操俱乐部增光添彩。

体操课上到一半，正当孩子们轮流在双杠上练习上杠和落地动作时，随着一阵吱吱嘎嘎的声音，体操馆的双扇门被人推开了。梅斯里扭头看去，只见一个身材不高的绅士走了进来，他手里拿着帽子和手杖，在墙边站住，并未打断大家的练习，只是静静地看着。

下课了，孩子们将垫子搬到墙边摞起来。这时，那个人才走到梅斯里跟前与他搭话："你好，"他说道，"课上得真不错，后空翻落地尤其好。"

"先生，谢谢夸奖。"梅斯里说道，跟他握了握手，"您懂体操？"

"懂一点。"那个人答道，"我是皮埃尔·德·顾拜旦男爵。年轻人，认识你很高兴。"

"我叫弗朗西斯·梅斯里，先生。"梅斯里说道。突然间，他觉得这个人的名字有些耳熟，"现代奥运创始人就是您？"

那位绅士脸上绽出笑容，"正是我。你关注今年的伦敦奥运会了？"

"是的，特别是体操比赛。"

"嗯，是啊，阿尔贝托·布拉格利亚（Alberto Braglia），这个意大利人，他在个人全能项目上的表现太精彩了。你的学生们应该都很喜欢他。"

梅斯里诧异不已——突然之间，自己竟然跟这样一位名人谈论起了奥运！他不由得开口问道："您怎么来洛桑了，而且为什么到这个体操馆来？"

"我是受戈德弗罗伊·德·布罗内的邀请过来看看。或许你认识他，格朗松城堡就是他家的。"

"是的，家父认识他和他的家人。他是瑞士奥委会的主席。"

"是的，有了戈德弗罗伊的帮助，我打算过几年在这里召开一届国际奥委会的代表大会。我这次过来查看一下设施的情况，还有这边体育运动的组织和管理情况。我听说，这个体操馆是洛桑最好的一个。"

"啊，谢谢夸奖，先生。"梅斯里说道。接着他脱口问道："您见过市长了吗？”

“尚未有这个荣幸。”顾拜旦答道，颇有些惊讶。

“也许我能帮您引见这里的一两个人，我跟这里的体育圈子挺熟。”

“太好了。你有时间坐下来跟我喝杯咖啡稍微聊会儿吗？”

“今天不行，我得去参加学生会的会议，我在大学里学医。明天上午我有空。”

“我住在博尔河酒店（Beau Rivage Hotel），您能过来找我吗？”

“非常乐意。”

当天晚上，梅斯里脑中有个念头挥之不去：国际体育界最高殿堂的大门已对他打开。对一个家庭出身与体操运动深有渊源的年轻人来说，他简直欣喜若狂。第二天上午，他坐车到乌契的博尔河酒店去接顾拜旦，感觉自己好像身负神圣的使命，而这个使命就是帮助奥运之父实现他的奥林匹克目标。梅斯里带顾拜旦去了洛桑的射箭俱乐部，又去了艾尔阿克修道院，以及洛桑的别样魅力——日内瓦湖及南面阿尔卑斯山的壮丽美景。

就这样，梅斯里讲述着自己与顾拜旦初遇时的情景，包括顾拜旦是如何用一个小时的时间问他问题，对洛桑市的体育组织以及梅斯里所在俱乐部的情况做了大量笔记……他希望圣克莱尔明白，顾拜旦是个善于组织的人。他是个规划大师，会发自本能地制订方案和策略，一步步实现愿景；他有条不紊地把每一个细节都安排妥当，以保证契合时机。

几个小时过去了，梅斯里发现，自己因回忆而变得有点焦躁。在采访中，他很快就会偏题，跑到细小的琐事上去。但这些也让他感觉到自己跟圣克莱尔之间已经建立了一条纽带，工作伙伴关系和私交相映成趣。所以，他可以毫无疑问地信任眼前这个人。圣克莱尔的文笔善于表现人好的一面，而梅斯里很肯定，圣克莱尔本人同样宅心仁厚。

初次会面的长谈行将结束，梅斯里站起身来，伸展胳膊，活动肩背，等着圣克莱尔收拾东西。接着，他们一言不发地绕过修道院的大楼，沿着台阶下去。一辆出租车正等着送他们回城。

终于，圣克莱尔开口说话了："梅斯里博士，如果你不介意的话，我想问一下——你为什么要做这件事？有些人会在运动老将失意潦倒的时候出手相帮，但我从没见过有人能做到这种程度。"

梅斯里站在台阶下面，思考了片刻，"我欠他太多了。"他如此解释道，"他为我打开了一个新的世界。在人生、价值观、体育运动、友谊方面，他教给我的道理比谁都多。如果不是他，我的人生不会这么丰富多彩。他还送给我们这个世界一个稀世珍宝，那就是全球范围的体育使命。但真说起来，我的答案很简单。因为他是我最好的朋友，我不想失去他。明天，你见过他之后，就会明白我的意思了。"

5

会　面

圣克莱尔坐在安格莱特利酒店里，看到外面的梅斯里和顾拜旦正沿着码头朝这边走来。这时正好停下脚步，等几辆车过去后才穿过马路，圣克莱尔观察着冬日阳光下并肩而立的两个人：梅斯里有6英尺高，200磅重，身形庞大[①]；旁边的顾拜旦则瘦小很多，好像比当初在巴黎见到他身穿燕尾服时的样子又收缩了一些。实际上，顾拜旦有5英尺3英寸高[②]，虽然比普通人要矮一些，可是看他俩一前一后朝餐厅走来的样子，他好像比梅斯里矮了1英尺还多。然而，进门之后，顾拜旦深吸了几口气，脸上露出舒展而优雅的愉悦，身形也似乎随之变大了很多。他摘下手套，左手拿着手杖，脚步轻快地径直朝圣克莱尔走来，一边看着他，一边朝他点头示意，既亲切又沉着。

“来自巴黎的了不起的体育作家，终于见到你了，”顾拜旦说道，伸出手来，“我一直盼着这一刻哪。”

圣克莱尔站起身，跟他握了握手，说道：“哪里哪里，先生，要说了不起，这间屋子里非您莫属。”

---

① 6英尺≈1.83米，1磅≈454克，200磅≈90.8kg。

② 5英尺3英寸≈1.6米。

顾拜旦又点了点头，接着看了一眼梅斯里，笑道："你说的不错，果然魅力非凡。"

梅斯里也跟圣克莱尔握了握手，并示意大家就座。

顾拜旦话锋未转，继续说道："圣克莱尔先生，我曾多年研究运动题材的写作，在我看来，你的文笔相当出众；所以，我很高兴好心的博士能把你请到洛桑来，帮我完成回忆录。"

"您过奖了，顾拜旦男爵。叫我雅克就行。"

"好，雅克，你也不要跟我客套，朋友们都叫我皮埃尔。"

顾拜旦身上穿着双排扣礼服大衣，他把衣扣解开来，敞着怀。圣克莱尔留意到，这件大衣有些旧了，天鹅绒衣领的边缘磨损得厉害，而他放在桌上的软呢帽显然已经戴了很多年。尽管衣帽都不算新，但皮埃尔的穿着是真正的法国绅士派头——大衣里面是灰色羊毛西装，再里面是马甲，衬衣的白领浆得硬挺，领带打着温莎结；脚上的黑皮靴因多年穿着而有龟裂，但擦得锃亮。顾拜旦把胳膊放在桌面上，圣克莱尔看了一眼，只见他的衬衣法式双袖口刚刚露出外衣袖口，衬衣的袖扣与衣扣颜色也是相配的。他的手指甲虽然未打磨，但剪得很整齐。他上唇的两片白胡须很匀称。他留着分头，发型未被帽子弄乱。举手投足间，他身上散发出好闻的须后水香气。

"能有机会跟您共事实在荣幸，"圣克莱尔说道，"而且，我很希望能写一写您是怎样复兴了奥运，还有这个国际性的体育运动是如何成形的。"

"这可一言难尽，"顾拜旦说道，"里面有大量的教育理论、改革，还有体育运动的标准化过程。说实话，尽管有你的才华和梅斯里的决心，"他顿了顿，做了个苦脸，"可我觉得世人并不会感兴趣。"

"要是我们只写教育理论，要是这本书介绍的是赛艇规则的演变，那我很同意您的说法，"说着，圣克莱尔朝远处的日内瓦湖做了个手势，"因为那根本没有魔力，不可能吸引人。"

"谁说的？"顾拜旦插话道，"在亨利皇家赛艇会上，关于舵手和桨手谁的功劳更大的问题，随时都能引发热烈的讨论。"

对这个圈内人才懂的幽默，他们都轻笑起来。

“说得很对，”圣克莱尔说道，“可是我来洛桑，不是要写这个。我想写的是一个人，他付出自己的一切，只为给这个世界一个愿景，那就是您所说的——‘共同庆祝青年人永恒的青春’。”

“你的意思是，这样一来故事就有魔力了？”

“不仅仅是魔力，还有真相。”圣克莱尔答道。听到这句话，顾拜旦的眼睛眯了起来。圣克莱尔继续说道：“而现在，真相危在旦夕，这恰恰给我们的故事带来了一点戏剧性。”

圣克莱尔打算用他的老办法，这是他在面对心怀疑虑的年长的采访对象时常用的——身体接触。他轻瞥了一眼梅斯里，接着探过身，将一只手搭在顾拜旦的前臂上。“现在，我多少知道了一些您个人生活方面的情况，但是不多。读了您写的《奥林匹克回忆录》和《廿一年之运动》之后，我相信，您的人生经历所反映的人生——您所经历的奋斗、孤立、机遇、反对、甚至偶尔的羞辱，都会令人潸然泪下。可您就像个伟大的运动员一样，面对目标，永不言弃，永不言败。在我看来，这个目标，正是我希望通过这本书要展现出来的，它配得上世人的赞誉。”

“啊，年轻的朋友，”顾拜旦说道，打破了眼前凝重的气氛。“我明白，你对这份工作心怀热情。我很感谢你刚刚讲述的感想。你对我的《奥林匹克回忆录》做何评价？”

圣克莱尔考虑了一下，答道：“请恕我直言。这本书概述了您做的幕后管理工作，它围绕您致力于教育事业的情况简单解答了几个问题。读完这本书，我浅显地了解了您是如何组织了索邦代表大会并复兴了奥运会；我知道了当时有谁在场，以及您如何营造了氛围。我明白了这些年来奥运主办国做出决策的背后驱力，您召开扩大会议的目的，以及您怎样拟定会议内容。从书中我甚至可以看到国际奥委会的成长，并在某种程度上了解了它的特性。但是，真正的故事仍是缺失的，关于这一点，梅斯里博士说得很对。”

“你是说，这本书太客观，不够人性化？”

“对，我要说的就是这个意思。现在，对您的人生经历，需要有一个完整的故事。这个故事讲述的，是奥运背后的那个人——他付出了一切，只为复兴奥运并将其呵护至今。”

“背后那个人的故事？我跟弗朗西斯说过很多次了，我觉得这个故事是世人鄙弃的。”

“为什么这么说？”

“看看我现在的生活吧，雅克。一点都不光鲜，根本不是个成功者的样子。”

“经济不景气而已。很多人都过得不好，可原因不在他们身上。”

“我担心我的故事会给奥运传说抹黑。”

“奥运有自己的轨迹。不信您想想柏林奥运会，即使是在全球经济大萧条的情况下，还是办得异彩纷呈；虽然是在政治操纵中，仍然涌现了光辉的体育成绩。”

“的确，这届奥运会是有争议的。”

“对，”圣克莱尔说道，“而它造成的历史争议，恰恰说明了奥运对我们的世界是多么重要。”

梅斯里原本安静地坐在一边，饶有兴致地听他们谈话，这时，他突然探过身插话道：“它对世界真的很重要，皮埃尔，而且，它是你开创的。所以，必须把你的故事写出来！”

“我想知道的事情有下面这些，”圣克莱尔说道，“是什么使一个人相信他能够创立一项活动并吸引全世界的参与？是什么力量塑造了一个人的思想，使他力图在体育赛事里注入一套经久不衰的价值观，设想出一种全球范围的运动来支撑这个赛事并保证它能延续至今？这个人为什么追求教育和运动的相辅相成，而这又恰恰成了它的独有品质？”

“这些问题不是寥寥数语能够解答的，雅克，”顾拜旦说，“全说出来，恐怕就是一部传记了。”

“类似的问题我还有很多，”圣克莱尔说道，“它们都是为了帮我找到一个答案——为什么，为什么你要做这些事？我还想知道，在你的世界观成型过程中，巴黎对你产生了怎样的影响。我想知道，在你处世的过程中，尤其是在你曾经生活的那个城市，你的内心历程是怎样的。因为我相信那段时期——法兰西第三共和国[①]建国之初欧洲的'美好时代'[②]是蓬勃昌盛的。"

"嗯，"顾拜旦说道，"很久没有人想深层探究我的过往了。咱们从哪里开始呢？我想，咱们是不是得花很长时间共处？"

圣克莱尔很高兴，因为随着他们谈话的进行，顾拜旦似乎在大的方面完全同意他的意见。未费周折地，他们就拟定了工作时间表——每周三天，从上午中段到正午时分接受他的采访，因为顾拜旦不想太早开始，也不愿采访到太晚。圣克莱尔还提议说，立传的事步入正轨之后，他们应该时常聚餐，在手头的工作之外添上一点社交风味。

对此，圣克莱尔如此解释："我很有幸，有一位美国未婚妻。她是个很有才华的画家。但是绘画只算是她众多才能里微不足道的一个，她对美食、美酒和酣畅的聊天乐此不疲。而且，她很想见见您。"

一小时过后，他们已商量好了所有的问题和计划。他们约好第二天就开始首次采访，梅斯里也会陪同。

"咱们沿着码头走走吧，"顾拜旦说道。显然，他很高兴，也因与圣克莱尔的首次会面而充满了活力。"稍等，我去去就来。"

顾拜旦去洗手间的空当，梅斯里向圣克莱尔表达了谢意。他轻声说道："谢谢你，雅克。你今天为皮埃尔所做的，已经超过了过去5年里国际奥林匹克运动为他做的一切。"

"鉴于你昨天对我说的那些话，我觉得最好是开门见山、以鼓励为主。希望不是太过分。"

---

① 法兰西第三共和国：the Third Republic，是指1870年至1940年统治法国的共和政府。于第二帝国因普法战争失败倒台、巴黎公社被镇压后建立，到1940年因纳粹德国入侵而垮台。

② 美好时代：Belle Époque，一般指19世纪末至第一次世界大战爆发这段时间。此时的欧洲相对和平，资本主义及工业革命长足发展，科学技术日新月异，文化、艺术及生活方式蒸蒸日上。

◎◎◎◎◎

圣克莱尔和顾拜旦沿着法国梧桐点缀的海滨大道缓步而行，道路一侧是防波堤，另一侧是山丘，山丘上是一望无垠的景观草坪。夕阳返照，草坪一片深绿。“听说，在当作家以前，你是个很出色的自行车运动员，”顾拜旦说道，“后来放弃了自行车运动，去了《小日报》工作。”

“是的。1923 年环法自行车赛上，我得过两站冠军；可是上坡是我的弱项。失败是件很痛苦的事，尤其是输给裴里希，他总是喜欢嘲讽大家。”

“没有体育道德的比赛，会令人失望泄气。”顾拜旦说道，语气仍像个老师一样。“可是你是怎么变成一个记者的？我听说好像是突然之间的事，这是很不寻常的。”

“我只是运气好而已，我那本日记帮了大忙。”

“你的日记引起了《小日报》的兴趣？跟我说说是怎么回事。”

“当时我们刚刚结束了伊佐阿尔山赛段的比赛，都筋疲力尽。当天晚上，我坐在酒店露台上休息，腿和后背疼得要命。我回忆着当天比赛时裴里希的样子，他站在脚蹬上骑行，从第一集团里超出去，仿佛高我们一等，还嘲讽我们。我想写点当天比赛的感想，当我正俯下身子，趴在小笔记本上写着时，闻到了烟草的味道，感觉有人在我背后。这个人是老编辑埃德加·帕莱因，《小日报》负责环法自行车赛的记者，后来成了我的朋友，也是我的编辑。当时他正俯在我肩膀上看我的日记，我一下子就把日记本合上了。”

顾拜旦大笑起来，“这倒是体育记者的做派，”他说道，“偷看运动员写日记。”

“其实，当时我并未觉得他冒犯了我的隐私，也不是想让他碰软钉子，”圣克莱尔说道，“埃德加说，他看到的最后一句话写得很好，还一字不差地复述给我听：‘裴里希看穿了波特奇亚[①]的伪装，从后者眼中看到了软弱。’他问我能不能看一两页我的日记，我就把日记本递给他。他坐下来，点了一杯啤酒，读了几分钟日记，说他想在第二天的《小日报》上刊登我写的上坡赛段的部分。”

---

① 波特奇亚：Ottavio Bottecchia，意大利车手，曾获1924年、1925年环法自行车赛总冠军。

“这么说，你还没退役就已经刊发文章了？”

“是的。第二天晚上埃德加又来找我，说要刊登我随后每一个赛段的日记。一夜之间，我的日记就有了交稿日期。其实每一篇只有两三百字而已，对我来说很轻松。可是写稿的事开始以后，我就对车赛失去了兴趣。我想的不再是比赛，而是寻找好的故事素材。有时候我骑在领骑手旁边，有时候我观察某个奋力拼搏的车手，有时候在掉队时猛追上去看看形势变化。那时，别的车手也开始给我爆料。”圣克莱尔解释道。他觉得自己的故事能碰到懂得欣赏的听众，也是一件让人很高兴的事。

◎◎◎◎◎

听着圣克莱尔的讲述，顾拜旦第一次仔细打量眼前的这个人。圣克莱尔运动员般健壮的身躯很明显，虽然并不算高，但矮壮敦实，更像个英式橄榄球运动员，而不是个自行车手；他胸膛宽厚，就像化身公牛抢走了欧罗巴的宙斯一般强壮，顾拜旦如此想道。再看他的双腿，能连续数小时蹬踏自行车脚蹬，他的胳膊，像钢杆一般结实。他一定是雄武有力的，这一点从他凸出的下巴就能看出来，这个下巴，可以轻松接下一拳猛击。然而，他的面相却是和蔼慈善的，一头金发缓和了面容的粗犷，双眼饱含深情。尤其是在问问题时，他眉角上扬，露齿微笑，带着真诚的人情味等待回答。

站在圣克莱尔身旁，顾拜旦并未感觉自己身形瘦小，反而因结交了这个新朋友而欢欣鼓舞。倘若选择继续当运动员，圣克莱尔的年龄一点都不算大，顾拜旦如此想道。可年纪轻轻，他就成了体育方面的职业作家、专业人士，其老到的经验定会使顾拜旦的传记令人信服、引人入胜；身体方面，圣克莱尔有精力，有体力；专业方面，他有能力，有经验；只有智力方面，还有待考察。

“这段故事真不错，”顾拜旦说着站住，转身面向圣克莱尔，“跟你那些文章一样精彩。简单跟我说说你的奥运经历吧，我算了算，冬奥会、夏奥会都算上的话，你已经报道过8届奥运会了。你去过美国吗？”

“是的，我去过普莱西德湖[①]和洛杉矶。”

“一次去的还是分别去的？”[②]

“分别去的。为了去洛杉矶，我没能参加当年环法车赛后面十站的比赛。不过那些年里，我对环法车赛已经没什么新鲜感了，另外，我不想打断与奥运会的连线。”

“听到你对奥运会这么关注，我很高兴。”

“据我所知，奥运会是体育运动的巅峰。您真的为我们创造了最伟大的竞技场。”

顾拜旦报以感激的微笑，“你的家人怎么样？你的父亲母亲？他们住在巴黎吗？你有没有兄弟姐妹？”

“没有，我是独生子。我母亲还住在巴黎，父亲已经过世了。”

“啊，真不幸。他怎么了？”

圣克莱尔并未回答，而是转身看着群山环绕中的日内瓦湖。“这里傍晚的景色真是太美了。”

“是啊，令人心旷神怡。”顾拜旦领会到，圣克莱尔不愿回答那个问题。他伸出手，再次与圣克莱尔握手。“我得去蒙里普斯了，”他说道，“我很期待明天的会谈，明天咱们在意大利餐馆（Caf é Italia）共进午餐。”

◎◎◎◎◎

这里离圣克莱尔居住的地方很近，他满怀欣喜直接回家了。他觉得自己好似获准进入了一个独有的小圈子，圈子里的人都希望塑造历史，其中有个人还改变了历史。朱丽叶一定很想听听他跟男爵会面的细节。圣克莱尔走上露台，却发现落地门的门帘都放下来了。一打开门，他就闻到了檀香的味道。他当即心知，与皮埃尔会面的事得等会儿再讲给朱丽叶听了，因为眼下有浪漫的事要

---

① 普莱西德湖：Lake Placid，位于美国纽约州埃塞克斯郡，曾举办过1932年、1980年冬季奥运会。

② 洛杉矶夏季奥运会与纽约冬季奥运会是同年举办的，都在1932年。

做。客厅里黑乎乎的，只有几点金色的烛光闪烁。

“朱丽叶？”圣克莱尔喊道。他很肯定，朱丽叶会以某种方式给他惊喜。可她并未答话。她是个自由自在的人，内心深处蕴藏的是波西米亚人一般的放荡不羁。点上檀香和蜡烛，说明她心里想的只有一件事。

圣克莱尔向卧室走去，却听到身后传来飞吻的声音。他转过身，只见朱丽叶从厨房的暗处走出来，手中拿着一瓶红酒。她乌黑的长发搭在肩上，妩媚动人，身上穿着一件极短的围裙。而当她在他面前缓缓转身时，他发现，除了围裙，她身无寸缕。

6

旧事

第二天下午，2月的天气晴朗而寒冷，梅斯里和圣克莱尔同时来到那家砖块、玻璃结构的意大利餐馆。他们彼此打过招呼，沿着走廊走了进去。圣克莱尔为梅斯里打开门，让他先进，在他的“新雇主”进门时，向其弯腰致意。

屋里弥漫着新鲜大蒜的奇妙香气。店主兼厨师的女儿——可爱的加布里埃尔（Gabriella）走上前来迎接他们。她身穿传统的意大利农妇裙，外面套了一件红白格纹的围裙。

“先生们，想必您是来跟顾拜旦男爵见面的，”她说道，“请跟我来。”他们俩随加布里埃尔走进葡萄藤框架的侧廊，这里是半封闭结构，但因为有一个小壁炉，所以很温暖。

顾拜旦正坐在桌旁等着他们。他手拿一瓶蒙达奇诺·布鲁奈罗[1]，读着上面的标签。这瓶酒是他刚刚落座时店主送过来的。

“他们说，‘先知除了在本乡本家之外，没有不受人尊敬的。’[2] 可是我要

---

① 蒙达奇诺·布鲁奈罗：Brunello di Montalcino，简称布鲁奈罗（Brunello），意大利著名高档红酒。

② 语出《圣经·马太福音》。

说——请原谅我的无礼——要是先知手里不拿一瓶好酒，就不会受人尊敬。真要谢谢卢西亚诺（Luciano），他要我们务必在今天午餐时喝这瓶酒。”

“卢西亚诺对你是万分景仰的，皮埃尔，”梅斯里说道，接着他对圣克莱尔解释说，他们经常在这家餐馆吃午饭。

寒暄过后，开瓶，倒酒。顾拜旦坚持要向圣克莱尔敬酒，以正式欢迎他的到来。顾拜旦要引用数年前奥林匹克运动重生时的祝酒词。“我想复述给你听，因为这段话是在1894年一个无比高兴的时刻有感而发，也就是我们已经确定奥运会重生的时候。”

说罢顾拜旦举起酒杯，圣克莱尔举手示意，请他等一等。然后圣克莱尔放下手，拿出笔记本放在桌子上，打开，不想错过每一句话。顾拜旦则等着他做好记录的准备。

顾拜旦看着圣克莱尔，复述了自己最喜欢的那段致辞：“我在此举杯，向奥林匹克理想致敬。它像一束无比明亮的阳光，穿过岁月的迷雾，带着欢心期待的梦想，照在20世纪的门槛上。”

“说得好，先生。”圣克莱尔赞道。他心想，此刻顾拜旦向他复述的奥运会创立之初的致辞，简直是太应景了。

随后他们聊到这段致辞首次发表的那个晚宴。当时是在巴黎，是在为期一周的代表大会期间。就在那次大会上，决定了奥运的回归。随后，圣克莱尔将话题引向顾拜旦的家世，想为本次首度采访定下严肃的基调。

“下面，要是可以的话，”圣克莱尔说道，“就先给我讲讲您的出身和名字吧。”

“我出身于艺术家和外交家的家庭，跟皇室沾点亲戚。”顾拜旦说道，显然是对这个问题早有准备。“我的祖父名叫朱利安·博纳温切·德·顾拜旦（Julien Bonaventure de Coubertin），他是个才华横溢的小提琴家，还是个成功的军队领导，后来担任了法国首任驻巴西大使。”

这时梅斯里博士插话道：“别从上世纪的事开始，皮埃尔，跟他讲讲菲利斯·迪·弗莱迪（Felice di Fredi）。从最早开始讲——葡萄园，把手伸到土里，挖点有价值的东西上来。”

顾拜旦看着他的老朋友，眼中有了闪闪笑意。他移开目光，看着几步外壁炉里噼啪作响的火焰。接着，他开口说话，同时，前额堆起了皱纹："这么说，你想听听传奇故事，是吧？你想要破土而出的往事——话说起来，还真是破土而出呢。"

圣克莱尔稳稳地拿着钢笔，悬在薄薄的笔记本上方，说道："我认为重要的是，听一听您对过往的看法，听一听您在讲述家族和传承这种私事的时候，您的语调和说话的节奏。"

顾拜旦说道："过往对我而言意味着一切。在过往里，我找到了未来。"说着他停了下来。圣克莱尔抬起头，只见顾拜旦正目带沉思，看着笔记本上行走的字迹。圣克莱尔知道，纸笔记录会对采访对象产生影响，对喜欢长时间在纸上整理思绪的人来说更是如此。

"请继续说。"

顾拜旦说道："在我的家族里，过往是经常出现的。不是最近的过往，也不是上一代人，而是古代。尽管社会正朝新时代突飞猛进，但古人的世界总是一遍遍降临到我的家族头上。我们生活在一个不断革新的世界，可我们顾拜旦家族就像掘墓人，总是把过往带到现在。"

"我知道的最早的祖先名叫菲利斯·迪·弗莱迪。他是个意大利酿酒师，或者说，是个罗马人。他在埃斯奎恩山（Esquine Hill）有个葡萄园，刚好就在尼禄[①]的金宫（Golden House）遗址上。他想在一个斜坡的底部挖口浅井，觉得那里会有水源。1506年1月13日——是的，我知道确切的日期——他沿着一列列葡萄架走过去，想看看挖井的进展。干活的人都不在，土坑边上堆着一堆土，坑里已经干了。他想看看坑里的土是什么情况，就走到坑里，用手杖戳了戳脚下的土。接着他大吃一惊——手杖毫不费力就插进土里，直没到手腕。下面一定是空的。他拿来一把铲子，铲开一看，原来脚下是一个砖块结构的拱顶。"

---

① 尼禄：即尼禄·克劳狄乌斯·德鲁苏斯·日耳曼尼库斯，Nero Claudius Drusus Germanicus，37—68，古罗马帝国皇帝，54—68年在位，古罗马暴君之一。

说到这里，顾拜旦停顿了片刻。圣克莱尔觉得自己已被其悬疑的气氛所吸引。很久以前，他以杜普雷严（Duployan）速记法为基础自创了一套速记法，现在他就用这套速记法在笔记本上奋笔疾书，一个字都不想漏掉。

“弗莱迪对脚下的神秘发现激动不已，”顾拜旦继续说道，“他跑回葡萄园里的房子，点上最大的灯笼，拖着一个木梯回到土坑旁。他下到坑里，把拱顶又铲开一些，这时他明白过来——他脚下是一个古代的房间，很可能是某位罗马皇帝的宫室。”

这时，梅斯里接话道：“他放下梯子……”

“对，他把梯子放下去，落地很稳当。”顾拜旦继续说道，“小心翼翼，又带着点害怕，他试探性地向黑暗中走下几阶梯子，把灯笼打在下面。借着灯光，他发现这是一个圆顶小房间，到处都是碎片，一面墙边上是个断了的石凳，另一面墙边上立着一个空的黄岗岩架子；屋里有几个破碎的容器，没什么特别之处。但他随即发现，有个圆拱形门廊通向另一个房间，接着又是一个房间。弗莱迪拂掉满是灰尘的蛛网，一路走到第四个房间里，却被眼前一个巨大的白色大理石面孔吓了一跳，那是张痛苦不堪、扭曲的面孔。弗莱迪满腹惊疑，把灯笼举高一点，仔细端详着拉奥孔的面容——雕刻师捕捉到的时刻，正是他意识到两条海蛇过于凶猛，他跟两个儿子已难逃厄运。”①

“拉奥孔？特洛伊的祭司？”圣克莱尔问道。

“啊，你知道维吉尔②。很好，很好。”顾拜旦赞道。

“Arma virumque cano，”圣克莱尔背诵了《埃涅阿斯纪》的首句，“我要讲述的是战争和一个人的故事。”

---

① 《拉奥孔与儿子们》，亦称为拉奥孔群雕，是一座著名的大理石雕像，现藏于梵蒂冈博物馆。该雕像表现了特洛伊祭司拉奥孔与两个儿子被海蛇缠绕而死的情景。

② 维吉尔：即普布留斯·维吉留斯·马罗，拉丁文名为Publius Vergilius Maro，常据英文Vergil或Virgil译为维吉尔，前70—前19，是奥古斯都时代的古罗马诗人。其作品有《牧歌集》（*Eclogues*）、《农事诗》（*Georgics*）、史诗《埃涅阿斯纪》（*Aeneid*）三部杰作。其中，《埃涅阿斯纪》共12卷，是代表罗马帝国文学最高成就的巨著。被罗马人奉为国民诗人、被当代及后世广泛认为是古罗马最伟大的诗人，乃至世界文学史上最伟大的文学家之一。

“啊，”顾拜旦微笑着说道，喜形于色，“似乎咱们能讨论的话题有很多啊。”

“请您先接着讲弗莱迪的故事。”圣克莱尔说道。

“弗莱迪找到的，是大理石雕塑名作——《拉奥孔与儿子们》。这座雕像无疑曾是尼禄的财物，它刻画的是拉奥孔试图阻止特洛伊木马进城，并警告特洛伊人说这是个圈套，为了惩罚他，雅典娜派来两条海蛇把他和他儿子杀死。你知道这座雕塑吗？它现在收藏在梵蒂冈博物馆。”

“我曾看过插图，”圣克莱尔答道，“是不是他站着，两个儿子一边站一个，都被海蛇缠绕着？”

“是的。”顾拜旦说道，与梅斯里交换了一个眼神。

“毫无疑问，皮埃尔，”梅斯里说道，“帮你立传的是一位文学素养很高的运动员。”

圣克莱尔低下头，内心因为得到二人的认可而欣喜不已。这二位都是饱学之士，他们的认可对他而言意义重大。

“我会详细告诉你有关这个发现、这座雕像以及随后的家族故事，”顾拜旦说道，“因为在我父亲最好的画作里，这个故事就是题材之一。他的这幅画曾在1846年巴黎沙龙[①]上展出过，平时就挂在我们在巴黎的家里的楼梯上面，就在他的画室门口。还有，1869年夏天，我6岁的时候，我们去过罗马，一是去梵蒂冈瞻仰拉奥孔雕像，二是到卡匹托尔山（Capitoline Hill）阿拉柯利的圣玛丽亚教堂（Church of Santa Maria in Aracoeli）的墓地里拜祭弗莱迪。”

圣克莱尔用速写法快速记录着，对如何将这段故事呈现在书中已经成竹在胸。

弗莱迪因自己的发现而欣喜若狂，他匆匆跑回家里，近乎喊叫着将事情讲给妻子听；后者则难以置信地跟在他身面，在屋子里四处乱转，看他洗澡、换衣服，又一头冲出门去。弗莱迪径直去了阿拉柯利的圣玛丽亚教堂，将这个激动人心的消息告诉神父，看看有无必要通知教皇他

① 巴黎沙龙：Paris Salon，始于1667年，是法国甚至欧洲最著名的艺术展。

老人家。

肥胖的戈隆（Geron）神父曾给弗莱迪的孩子们施洗礼，也享受着弗莱迪的供奉；但他要亲眼看看那奇迹般的雕像之后，才敢给梵蒂冈的教廷送信。于是当晚弗莱迪就领着戈隆神父到地下宫殿里看了一次。这天晚上，随着消息在城里传开，弗莱迪共下去五次，每次身后都带着宗教、政界、民间的各路达官贵人。

在戈隆神父的帮助下，半夜里，弗莱迪召集了一些工人和修道士，开始清理坑道，为教皇准备妥当下去的通路。卫兵们则沿着农庄道路拉好警戒，挡住集结而来的看客。

第二天拂晓，戈隆神父和弗莱迪就去了梵蒂冈。他们获准进入教皇图书馆禀报，而准备工作也迅速做好，只待当天下午教皇及随从人员前往参观。

他们商量好了，教皇驾临时，由戈隆神父先做简要介绍，然后由弗莱迪领着去地下宫殿。现在的地下宫殿，入口处放了一条楼梯般宽的木梯，屋顶上挂了一串灯笼，亮度很好。一条红色旧地毯一路铺到雕像跟前。而雕像也被拂去了数百年的灰尘，擦得锃光瓦亮，比一天前更加夺目。

教皇的马车队沿着农庄的道路缓慢驶来，穿过一群群满心好奇和敬畏的农夫，引起阵阵骚动；弗莱迪则宛如受审一般紧张不安。车队所过之处，人声鼎沸，观者云集，一个名字突然口口相传，顺着道旁的人群迅速一路而上，赶在教皇座驾之前就传进弗莱迪的耳中。这个名字在艺术世界令人敬畏，而他正是教皇麾下的艺术天才——米开朗琪罗。[①]

教皇的马车到了。米开朗琪罗率先下车，他个子很高，面庞如花岗岩一般棱角分明，一头黑色鬈发，鼻梁不高，眼窝深陷，目光如炬。他转身去搀教皇下车，斗篷一甩，更显得身形高大。

---

① 米开朗琪罗：Michelangelo di Lodovico Buonarroti Simoni，1475—1564，意大利文艺复兴时期伟大的绘画家、雕塑家、建筑师和诗人，文艺复兴时期雕塑艺术最高峰的代表。

身穿朴素的黑色教士袍，腰系宽腰带，教皇尤里乌斯二世①从黄白两色华丽的六匹马马车上下来，准备钻到地下去。米开朗琪罗将教皇带到农庄门口，弗莱迪打眼看去，先看到教皇腰带上那精美的盾徽刺绣，接着目光上抬，又看到他的短披肩和白色无边便帽。

戈隆神父刚要上前请安，不料教皇先开口大声问道："菲利斯·迪·弗莱迪在哪里？"

"圣父，他在这儿。"戈隆答道，随即鞠躬、伸开双臂示向菲利斯。教皇走到菲利斯近前，后者同样鞠躬行礼。

"听说你挖到了绝世珍宝，我的孩子。"教皇说道，伸出满戴戒指的手将菲利斯扶正身子。"而戈隆神父已向我禀明，"说着他向戈隆点头以示赞许，"说你是我主的虔诚仆人，是圣玛利亚教众里的中流砥柱。"

"圣父，"弗莱迪说道，稍稍恢复了镇定，露出灿烂的笑容。"希望您也能像我一样，发现拉奥孔雕塑的绝世之美。我是在葡萄园下面的第五间地宫找到它的，一看到它，我就感觉好像被维吉尔的神明拉进了《埃涅阿斯纪》的书页里。"

"那好吧，"教皇说道，"有你的盛情邀请，我也迫不及待想亲眼看一看。至于最终做何评价，还是有劳我们敬爱的米开朗琪罗吧。"

接着，一行人走进农庄大门，朝葡萄园走去。米开朗琪罗盯着弗莱迪，问道："你们在雕塑上可看到署名？"

"没有。"在前面带路的弗莱迪答道。

顾拜旦端起酒杯，喝了一大口布鲁奈罗，这段故事华丽地告一段落：

"他们从地宫里出来之后，米开朗琪罗宣布说，那座雕像是绝世的艺术珍

① 尤里乌斯二世：Julius Ⅱ，原名朱利安诺·德拉·罗韦雷（Giuliano della Rovere），1503—1513年在位十年，是教皇史上第218位教皇，被教廷认为是历史上最有作为的25位教皇之一，被称为政治教皇、战神教皇。又译犹利二世、儒略二世、朱利叶斯二世。

品。因为没有作者署名，他推断其为罗兹岛[1]上阿哲桑达（Agesander）、阿森纳多洛斯（Athenadoros）、珀利多洛斯（Polydoros）三位雕刻师的合作结晶。这三个人在老普林尼[2]描述公元前一世纪的作品中都有提及。米开朗琪罗和教皇尤里乌斯二世均确定，这座雕像是罗马帝国皇帝的财物，最后传到了尼禄手中。米开朗琪罗还将雕像称作《拉奥孔的垂死挣扎》,可这个名字并未流传下来，只是我小时候常听父亲和祖父提及。三个世纪以来，这段故事一直是我们家族的传奇。”

“后来，弗莱迪受邀与教皇及几位红衣主教共进晚餐，”顾拜旦继续说道，“他很聪明，把雕像赠给了教皇和天主教会。过了几天，雕像就被挖出来，运到梵蒂冈的贝尔维德尔花园（Belvedere Court）珍藏。作为回报，教皇尤里乌斯二世授予弗莱迪一系列荣誉和教宗的薪俸，以提高他在教区的地位，也给他的家族增添荣耀。”

在讲述完拉奥孔雕像的传奇故事之后，顾拜旦和圣克莱尔花了一下午时间追溯顾拜旦的家谱。已知的最早的祖先名叫皮埃尔·德·弗莱迪（Pierre de Fr é dy），他是德拉莫特领主兼国王内侍，或许是菲利斯·迪·弗莱迪的法国伯父。1477 年他在巴黎被法国国王路易十一（Louis XI）授予盾形纹章，成为贵族。29 年之后，他的侄子弗莱迪发现了拉奥孔雕像并受赐教宗薪俸。

此后，顾拜旦家族的后人在法国宫廷沿袭要职，政治领袖和商业大亨也层出不穷。1577 年，让·弗莱迪（Jean Frédy）在兴旺的香料贸易中财运亨通，随后买下了凡尔赛[3]南部谢夫勒斯山谷（Chevreuse）的一块地产，受封“顾拜旦领主”，从此这个姓氏沿袭至今。18 世纪初，法国海军司令弗朗索瓦·弗莱迪（François Frédy）借担任国王舰队指挥官的便利，通过西印度公司（West Indies Company）成为巨富。他在谢夫勒斯修建了顾拜旦庄园（Château de Coubertin）—— 18 世界末“太阳王”路易十四修建凡尔赛宫的地方正是这里。

---

① 罗兹岛：Rhodes，希腊东南段佐伊卡尼索斯群岛中最大的岛屿。

② 老普林尼：Pliny the Elder，亦即Gaius Plinius Secundus，23—79，古罗马作家、博物学者、自然哲学家。

③ 凡尔赛：Versailles，位于法国巴黎西南郊外伊夫林省。

在1789年法国大革命[①]中，家里大多数人都幸免于难，但73岁的亨利·路易斯·德·弗莱迪（Henri Louis de Fr é dy）因在逃亡过程中与王室过从甚密而受到牵连，与年纪稍小的王后玛丽·安托瓦内特[②]均被斩首。

皮埃尔·德·顾拜旦的祖父和父亲分别于1768年和1822年在顾拜旦庄园出生。他的祖父名叫朱利安·博纳温切·德·顾拜旦，不仅是个才华横溢的画家、小提琴家，还在军事、外交方面出类拔萃。他安然无恙地度过了拿破仑帝国[③]和路易十八[④]时期错综复杂的政治动荡，还取得了卓越的功绩，这可绝非易事。他是拿破仑总参谋部中颇受信赖的骑兵军官，被拿破仑皇帝任命为库克斯港[⑤]和奥尔登堡[⑥]的顾问。1814年波旁王朝复辟之后，朱利安与卡洛琳·德·帕尔迪厄（Caroline de Pardieu）结为夫妇；后者的家族历史可以追溯到11世纪末至13世纪。很快，朱利安就进入了波旁王朝的领导层，并被授予“法国荣誉军团勋章”[⑦]。他因身具创造力和出色的行政能力而受路易十八赏识，被任命

---

① 1789年法国大革命：始于1789年7月，1791年6月20日，路易十六乔装出逃失败；1792年8月10日，革命军拘禁了路易十六和王后玛丽·安托瓦内特；1793年1月21日，路易十六被拉上断头台处决；1793年10月16日，玛丽·安托瓦内特被处决。

② 玛丽·安托瓦内特：Marie Antoinette，1755—1793，原奥地利公主，法国国王路易十六之妻。1792年法国对奥地利宣战，她勾结奥地利，并把作战计划提供给外国干涉军，企图借外部势力镇压革命。1793年被革命军以叛国罪斩首。

③ 拿破仑帝国：即法兰西第一帝国，是拿破仑建立的一个君主制度国家，1804年5月拿破仑称帝，1804年12月加冕，成为法国人民的皇帝，结束法国执政府的统治。1814年4月拿破仑第一次退位，后一度复位；1815年6月再次退位，第一帝国随之告终。

④ 路易十八：Louis Stanislas Xavier,1755—1824，法国国王。1814—1824年在位，1795年，路易十七于狱中去世，路易十八被立为国王。但是在他在位期间，多数时间居于国外。1795—1814年间，他游历欧洲，在普鲁士、英国、俄国推动保皇事业。1813年，拿破仑失败。1814年，联军进入巴黎，路易十八回到巴黎，并正式宣布要实行君主立宪制。1815年拿破仑回到巴黎，路易十八逃亡比利时。1815年，拿破仑在滑铁卢战败，宣布退位。路易十八在英普联军护送下于7月8日回到巴黎，复辟波旁王朝。

⑤ 库克斯：Cuxhaven，德国北海沿岸港市和全国第二大渔港。

⑥ 奥尔登堡：Oldenburg，德国西北部城市。

⑦ 法国荣誉军团勋章：Knight of the Legion of Honor，是法国政府颁授的最高荣誉骑士团勋章，1802年由时任第一执政拿破仑设立，以取代旧封建王朝的封爵制度，是法国政府颁发的最高荣誉。

为法国首任驻巴西大使（1818—1820）。在任期间，他创立了里约热内卢皇家艺术学院（Royal Academy of Fine Arts in Rio de Janeiro）。卸任回国之后，路易十八于1821年赐予他世袭男爵爵位。身为他的嫡孙，皮埃尔·弗莱迪·德·顾拜旦继承了这一爵位，颇感自豪。

皮埃尔的父亲查尔斯·路易斯·德·顾拜旦（Charles Louis de Coubertin）并未有太大的政治抱负，而是把一腔热情付诸艺术追求。他在顾拜旦庄园长大，在那里有自己的画室，他也是顾拜旦家族最好的画家。19世纪40年代，查尔斯在巴黎买下一套房子并定居于此。1846年他的作品首次在巴黎沙龙展出。同年晚些时候，他与玛丽·基高尔特·德·克里瑟努瓦（Marie Gigault de Crisenoy）成婚。

顾拜旦的母亲，其家族兼有法国贵族和维京海盗王的血统。因英勇无畏而受部下崇敬的首位诺曼底公爵罗洛[①]就是她的祖先。她的身体里——以及她的儿子顾拜旦的身体里——都流淌着维京海盗王的血。玛丽是莫维尔侯爵（Marquis de Mirville）之女，继承了考克斯地区（Caux）的莫维尔庄园（Château de Mirville），其家族自16世纪就在这里生活。

除此之外，顾拜旦的祖先还有很多著名人物，但圣克莱尔对访获的内容以及短短一个下午完成的工作已相当满意。

“如有需要，我可以给你一份文件，里面详细记录了我的家谱。”顾拜旦说道，“我希望今天算是开了个好头，至少能让你初步了解我对过往的看法。”

“不论是从比喻还是字面上来说，今天都可谓‘初战告捷’。”圣克莱尔说道，“明天咱们把家谱放一边，直接跳到您的童年时代。”

---

① 罗洛：原名罗尔夫（Rolf），北欧海盗首领，是维京海盗的传奇英雄，也是诺曼底公国的奠基者。罗尔夫原是北欧海盗首领，在896—911年这15年间里，他沿着法兰克北部海岸线劫掠，到达塞纳河流域。885年，他率军围攻巴黎，虽久攻不下而撤退，却沿海岸线占领了大量的殖民地并定居下来，最后迫使法王查理三世于911年与其签订条约，封他为公爵，将塞纳河口一带划归他统治，他皈依基督教并被查理国王封臣，起法文名罗洛（Roll），从此以后这里有大批维京人前来定居，逐渐形成诺曼底公爵领地。

“啊，我的童年。”顾拜旦说道，“这么说，咱们的回忆之旅要走进‘老巴黎’了。虽然它慢慢变成了现代的巴黎，但其古老的气息从未远离啊。”

“先生们，”梅斯里博士说道，“由于学校和医院里的工作，在随后几天时间里，我只得缺席这场充满乐趣的聚会了。但我认为，今天的访谈模式很好，今后要坚持下去。”

“弗朗西斯，跟以往一样，我对你安排的这一切由衷感激。”顾拜旦说道，“让一个老家伙有机会叙叙旧事，也许真的是一种新的医疗手段。”

暮光渐逝，夜幕暗沉。圣克莱尔走在鹅卵石铺就的柏格路上，脑中萦绕着拉奥孔与海蛇缠斗的景象，顾拜旦对过往的叙述弥漫而来，将他紧紧笼罩其中。

7

夜晚

时近午夜，晴空中星光闪烁，洛桑这个孤寂的城市陷入沉静。市中心左近的蒙里普斯别墅位于一片封闭有门的绿色植被之间。从日内瓦湖而来的冷风吹拂着四周的树枝和灌木丛，发出沙沙簌簌的声音。在这所公园里，蜿蜒的小路上没有行人，只有微风空自呢喃。从正面看去，旧庄园的这栋别墅是新古典主义风格。三楼的一扇窗户内烛光朦胧，勉强照亮这间小卧室。顾拜旦坐在床边，弯下腰去，按摩着疼痛的双脚。现在，不论他走不走路，双脚每天都疼个不停，似乎每天散散步都成了奢侈之事。

卧室里家具不多，而属于他的只有一件。那是一个衣柜，柜子有四个抽屉，柜腿是弓形的。柜子正面是弧形，四面由镀金的铜包边，辫花状的金色抽屉把手像穗子一样垂下，四周是手工镶嵌的各种彩饰。每当看到这个衣柜，他就会想起自己年轻的贵族时代，还会想起父亲的谆谆教导。他常说，就像他们热爱的那座城市里宏伟壮丽的雕塑和建筑一样，在精巧的小工艺品身上也能找到美。1919 年，在卖掉了巴黎乌迪诺大街（Oudinot）20 号的家宅之后，顾拜旦把这个柜子运到了洛桑。那个房子是他最后的财产，而在此很久之前，他就远离了高雅富足的生活。除了这个柜子，这间禅房般的小卧室里还有寥寥几件家具：

一把椅子，一个搁脚凳，一张单人床，几个又旧又平的枕头，一个脸盆架，床边有张书桌；而这些家具跟蒙里普斯别墅一样，都是洛桑市政府的财产。在他所创造的这个世界里，他反而成了住客；虽然他总是谢意满满，但其中的真诚已日渐麻木。

衣柜上面摆着几个相框，还有一个小首饰盒，一个烛台。烛台后面是个木框镜子，镜子已经破了，满是缺口和裂纹。烛台上点着三根蜡烛，映出一室昏黄的烛光。他原先与妻子住在隔壁房间的大卧室，那里光鲜的家具一应俱全；可自从她把他的东西扔在走廊里，将他赶出来之后，他已经断断续续独自在这间小卧室里住了一年有余。他们的婚姻已经破裂。这些天来，她总是怒气冲冲，言辞尖刻，情绪反复无常，可一墙之隔的她睡眠却很好。他们的女儿蕾妮则住在大厅对过。父女俩单独相处时，她还能表现出对父亲的亲爱，以及妻子曾经对他的那种敬仰；可只要霸道的母亲在场，蕾妮就不敢与父亲亲近。他们的儿子亚格斯又聋又呆，跟护工一起，住在楼层背面的几个房间里。对儿子，顾拜旦的爱中带着无尽的悲伤。

烛光跳跃数下，顾拜旦抬起头来，看着墙上的画。那是屋里唯一的一幅画，就挂在隔开他们夫妻二人的那面墙上。画是1896年他父亲为庆祝奥运会复兴所作。画上，身穿红袍的胜利女神坐在古希腊神庙的王座上，脚下是宽石台阶，最下面是地面和湖水；运动员和各界民众聚集在她身前，共同膜拜奥运会这个新的传统。顾拜旦对这幅画了如指掌——每一笔线条、每一抹颜色、每个道具，每个人物的表情和姿势……画中的每个细节都带给他一种忧郁的宽慰——他倾其一生所做的事是有意义的。深夜独处在这个小房间里，这幅画是他唯一的“护身符”，是他的“定心丸”，也是唯一能提醒他的物品——他的追求是崇高的，他是受上天眷顾（或是诅咒）才注定身担这份使命并有所成就。每次对画沉思，他很少会感到舒怀；可是今晚，在他起身去掐灭烛焰时，他看着画上胜利女神伸出的胳膊，不由心想——是否是她将雅克·圣克莱尔派来洛桑，助他渡过眼下的艰难时期。

蜡烛熄灭，屋里顿时一团漆黑，只有蜡油的味道还在空气里飘扬。顾拜旦躺在床上，想起圣克莱尔的脸庞——他还很年轻，当运动员都不算老；他的脸上没有皱纹，眼角也没有鱼尾纹。但他热切地想要了解他的往事；而这个故事从未被准确或原原本本地讲述过。他蓝色的双眼全神贯注，他手里的笔带着期待；他确信自己身负重任，而这份坚定，在大多数年轻人身上已经见不到了。回想刚刚过去的一天，虽是回顾祖先的往事，却历历如在眼前；顾拜旦感觉一股巨浪在胸中激荡，仿佛唤起了心中的目标感，仿佛一个新伙伴的加入为他带来重整旗鼓的力量。他有些疲惫，转身侧躺以缓解后背的钝痛；但他觉得有些久违的东西回来了，就像无垠的夜空边缘划过的彗星，那一点灼热，那一点闪烁，正向他飞来。但这份光亮并非来自窗外的夜空，不，它就在他的眼角处。“奥运之父”的眼中再度燃起火光。

第二章　荣耀与废墟

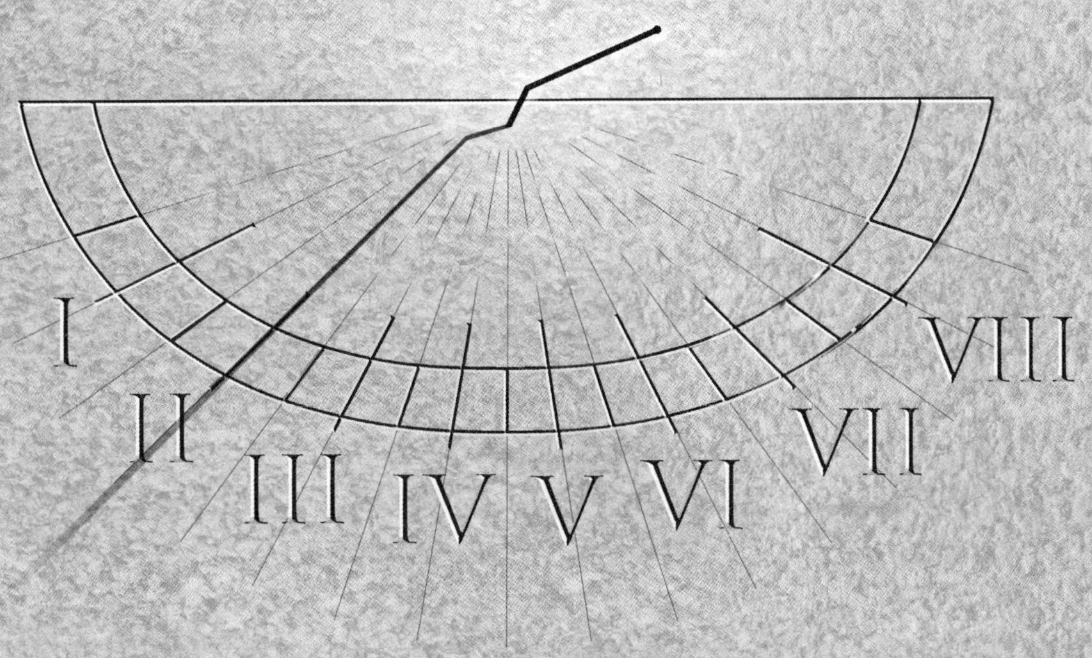

8

笔记与草稿

时间到了2月底，圣克莱尔来洛桑已有三个星期。他在柏格路上一栋楼里的二楼找了间小办公室，向窗外望去，脚下即是蜿蜒的鹅卵石路，路的另一头是圣弗朗索瓦广场（Place Saint-François）。办公室里家具不多，却也够用。龟裂的灰泥墙上，深嵌着三扇竖铰链窗，窗下是一条长而窄的桌子，桌旁有一把转椅。他需要这样一个独处的空间来整理大量的访谈笔记，还要把速记内容转成正常文字——顾拜旦滔滔不绝的语速只能用速记法才能避免遗漏，而要复原其口才，需要大量的转译工作。桌子上杂乱地放着一堆笔记本和纸张；他一边看着潦草的笔记，一边敲打着打字机的键盘，而一页页整齐的书稿已初具规模。

屋顶中央是一盏吊灯，地板上铺着一张褪色的红色波斯地毯，窗台上有个细长的花瓶，花瓶四周是掉落的玫瑰花瓣（这是朱丽叶送他的礼物）。除此之外，屋里全是书——墙侧地面上，堆着一摞大概20本书，书上落满灰尘，但透着油墨和纸张的香气。这些书都是梅斯里给他的。此外，还有一摞日渐增高的国际奥委会的旧杂志、时事通信、公函和文件。绝大多数出版物都是皮埃尔·德·顾拜旦所著，其中就包括大部头的《世界史》，这部书出版于10年之前，那时顾拜旦64岁。照这样下去，添加一个文件橱或几个书架已成为必然。

圣克莱尔将打印稿打包，打算带到梅斯里在洛桑大学的办公室去。他拿起几页刚刚逐字打印好的笔记，一边读，耳边一边回响着顾拜旦说话时那独特的鼻音，不由得心想，能不能在几个段落里用第一人称来叙述，在他之前一直使用的第三人称叙述和他与顾拜旦的对话之间制造一些体裁的创新。

◎◎◎◎◎

“我的童年非常奇妙，是在三个地方度过的……一是巴黎军校（École Militaire）所在的巴黎 7 区乌迪诺大街的公馆；另外两个分别是我祖父母、外祖父母的庄园。这两处庄园一个在巴黎南部凡尔赛旁边的谢夫勒斯山谷；另一个在诺曼底北部的莫维尔庄园，靠近英吉利海峡。我是在城市和乡村的双重魅力和梦境中长大的。一边是巴黎的文化、优雅、绘画、音乐、时尚、文学、历史、宗教，这边的家人敬仰伟大的法国皇室并渴望其回归；另一边是梦境般的乡间林地，那里有小路、池塘、马、船、淳朴的农夫，他们的孩子跟我一样喜欢玩耍。

“我出生的时候，‘老巴黎’已经开始消失。在第二帝国统治下，塞纳省省长豪斯曼男爵（Haussmann）受拿破仑三世之命，对巴黎进行大规模改建。他做得很好，在我成长期间，他把一个中世纪的迷宫变成了现代化的首都。

“我们在巴黎的家位于 7 区乌迪诺大街上，南面几个街区外，就是金色圆屋顶的荣军院（Les Invalides）的大广场。荣军院建于 17 世纪末，是路易十四为安置伤残军人建的医院兼教堂。1706 年荣军院正式完工，立刻就成了举世闻名的建筑杰作。随后，授勋的将军、阔绰的官员、玛莱区（Marais）的贵族、皇室的恩主、旺多姆（Vendôme）的政客、新近暴富的商人蜂拥而至。伴着无畏而夸张的出价，他们争相买下荣军院周围的每一寸土地——空地、旧街区、军校前面战神广场（Champ de Mars）的阅兵场——亦即 180 年后埃菲尔铁塔矗立的地方，都无一幸免。接着，他们就展开了史无前例的竞赛，看看谁能设计建造出最棒的官邸，现在所说的那些著名的巴黎家族公馆，就是当时的产物。

“不论是在凡尔赛还是荣军院，太阳王都曾示意：法国每一片兴旺的土地上，都不许限制建筑的壮丽和艺术的表达。国家的使命中从而有了创造性的审美。一所老兵疗养院，其壮丽程度都不逊于王宫；作为艺术收藏馆、肩负文化职责的，也不能仅仅是教堂；政府和军队不应受到质朴的约束，而应用矗立的大厦展现其富丽堂皇。跟历任教皇和意大利美第奇家族[①]一样，路易十四看到了艺术和文化的高贵潜力，并创造了一个产业来促使其发展。对建筑师、画家、雕刻家、建筑工、泥瓦匠、珠宝匠、饰品匠、家具匠来说，那是一段美好的时期，手边的活儿应接不暇。

“很快，圣日耳曼德普雷[②]那老旧而狭窄的街道上，就响起了拆建的喧嚣和锤打声。一个新的巴黎即将破壳而出。这是个由豪华私人公馆组成的建筑群，是其他城市从未见过的。”

◎◎◎◎◎

圣克莱尔走在柏格路上。他背着装有书稿的单肩包，准备拿给梅斯里看。他一边走，一边想着迄今为止在洛桑取得的成果。在他看来，采访工作进展很顺利，他觉得跟顾拜旦已经建立了很强的私人纽带；这种层面的信任，与此前所有采访相比，都更投入也更亲密——圣克莱尔不知道，这是否是写书过程中应有的一部分；他也不知道，这是单纯因为他跟顾拜旦彼此喜欢，还是因为他们对把体育运动转化为知识作品有共同的热爱。他不知道，顾拜旦是否经常敞开心扉，像对自己一样接纳外人，他对此心存怀疑，因为他非常清楚——顾拜旦一旦不同意别人的观点，就绝不会逃避争执，哪怕是朋友也是如此。

---

① 美第奇家族：Medici Family，13世纪至17世纪时期欧洲的名门望族，统治了佛罗伦萨两百多年。美第奇家族出过三任教皇、两任法国王后。这个家族是佛罗伦萨学者、艺术家、科学家、文学家的首要赞助人，每一代继承人都对支持美和艺术有着强烈的热情，使得15世纪和16世纪的佛罗伦萨成了欧洲文艺复兴运动的核心。

② 圣日耳曼德普雷：Saint-Germain-des-Prés，巴黎6区的一个街区。

从梅斯里博士作陪的第一次访谈算起，他跟顾拜旦已经有了大概10次一对一的访谈；他每隔几天都会向梅斯里汇报访谈的进展。这些访谈并非严格按照时间顺序安排，但大都聚焦在顾拜旦的青年时代，他的成长，以及他受的教育。今天圣克莱尔要拿给梅斯里看的，就是这样一段故事。它始于莫维尔庄园的乡村生活：

莫维尔庄园是皮埃尔·德·顾拜旦外祖父的房产，位于诺曼底，始建于16世纪。查尔斯和玛丽喜欢这里，每年5月到8月，他们就带着4个孩子到这里来，逃离巴黎的酷暑。皮埃尔当时还是个小男孩，跟和他在田野、树林里玩耍的农家男孩子相比，他的身材瘦小很多。他长相可爱，口齿伶俐，附近牧场和小镇上的农夫和仆人都喜欢他。而这些牧场和小镇，数百年来一直是莫维尔庄园的属地。

皮埃尔的外祖父名叫艾迪安－查尔斯·基高尔特·德·克里瑟努瓦（Étienne-Charles Gigault de Crisenoy）。他跟皮埃尔的祖父一样，从祖上世袭了男爵的爵位，也同样因突出的军功而被授予“法国荣誉军团勋章”。1844年，当他唯一的孩子与查尔斯·德·顾拜旦订婚时，他就决定把家人喜爱的莫维尔庄园作为嫁妆之一赠予女儿女婿。

皮埃尔的母亲爱着庄园里的人们，就像她爱着上帝一样。她曾在烛光下苦读医书，为的是给大家治病，为大家排忧解难。人们到莫维尔庄园里来，就像到诊所一样，面带羞怯，鞠躬行礼，对些许关怀都报以感激；他们眼含希望，把衣衫褴褛的、发烧或有青肿的孩子送到皮埃尔的母亲面前。后者则待之以药石、食物、信仰、和蔼以及好的建议。当她听说有人病得太严重，无法到庄园来时，她就会亲自到他们那石木墙、泥土地面、茅草屋顶的简陋破旧的家里去探望。有时候，她会带着皮埃尔和他姐姐玛利亚一起去，让他们俩看她工作，还把父亲教导她的话讲给他们俩听——他们必须好好照顾为其工作的人，维持庄园周围农场和小镇的繁衍生息。

“莫维尔是你世袭的属地，也是你的责任。”克里瑟努瓦男爵曾对女儿如此说道，“你要爱护那些照料这座庄园的人，爱护给了庄园生命的村民。”

小时候，乡间的早晨里，皮埃尔总是起得很早；这时庄园的大门打开，工人们上工。他推开二楼的窗户向外望去，看到仆人们的孩子早就在铺着碎石子的院子里追逐打闹，就会非常高兴。他衣服还没穿好，厨房炉子上的香气就顺着楼梯爬上来，钻进他的鼻子里，令他垂涎欲滴。皮埃尔总是跟其他孩子一起，在厨房炉旁的大桌子上吃薄饼、水果、奶油，他喜欢跟他们在一块儿。吃过饭，皮埃尔就领着这群孩子跑出去，经过马厩，越过石桥，跑到树林里。就在那儿，他们跑、跳、爬树……而皮埃尔发现，自己虽然身材瘦小，体格却一点儿都不差。他瘦小的四肢蕴含着与之不相称的力量；而他越发感觉到自己身体匀称，平衡性很棒。追逐时，他能比别的男孩跑得更快更远；打闹时，他能轻松捉弄别人，又能迅捷地挣脱；踢球时，他能毫不费力地把球控在脚下，不让别人抢走。

他喜欢身体接触，且求胜心切。后来他才意识到，原来这些都是自然而然的事：在他还是个婴儿时，他的两个哥哥——保罗和阿尔伯特（Albert）——就待他甚为“粗鲁”；他们总挠他痒痒，或追得他四处乱跑。长大一些之后，他们教他拳击、摔跤、游泳，还教他用他的小船——“塔塔号”——在莫维尔庄园的湖里划船。他们教他各种球类运动，教他击剑；在他刚到学骑马的年纪，就把自己马匹的缰绳塞到他的手里。在哥哥们带他出去时，皮埃尔在马背上无所畏惧——他喜欢驾马飞越，将他俩甩在身后；他就像个小骑师一样纵情疾驰，身体与马的运动节律合二为一，听着马的呼吸，感觉其澎湃的心跳。

小时候，在莫维尔庄园里，皮埃尔在游戏中获得无尽的乐趣；他会一直在户外玩耍，直到晚钟响起，伙伴们四散回家。在家里时，母亲就用语言、文学和音乐拓展他的思维。母亲的英语很流利，皮埃尔也学得很轻松；他欣喜地发现，他能用父亲听不懂的语言跟姐姐说话。母亲教他弹钢琴，他姐姐则是弹竖琴。起初他不愿学，可音乐的魅力无可抵挡，他很快就喜欢上了手指在琴键上的跳跃。父亲把他带进画室，教他素描和水彩。很多个夜晚，每当他从书页上抬起头来，都会看到全家人都在阅读；而家里的藏书涵盖了法国文学巨著、艺术和历史典籍。他很聪明，并且能从阅读中找到快乐，所以比哥哥姐姐小时候读得更多更深。他对经典名著尤其沉迷，《伊利亚特》《奥德赛》《埃涅阿斯纪》……所有古希腊古罗马的事物都深深吸引着他。在翻阅父亲和母亲的家族史时，他感到由衷的自豪，也开始明白顾拜旦家族曾在一个伟大的国家有所建树。

童年的皮埃尔在诺曼底的那段美好时光，少不了白色的埃特勒塔海岸[①]。埃特勒塔位于莫维尔以北30英里，英吉利海峡一侧，是艺术家的天堂。当地的酒馆、酒吧、酒店、沙龙里，全是诗人、作家、画家、音乐家。皮埃尔的父亲有时候会在这里租下一个房子，带全家到这里来住一个星期，以便自己作画。回想起来，当时的情景历历在目：阳光下的沙滩上，他跟母亲、姐姐坐在毯子上，身下是温暖的沙砾；他的两个十几岁的哥哥——保罗和阿尔伯特——在不远处的海水中嬉戏；父亲头戴草帽，身着工作服——衣服在海风中猎猎鼓动——站在画架跟前，他凝望远处，海峡里无尽的汹涌的浪涛冲击着岸边的悬崖。他手里端着调色板，颜料盒支在一边，也因风而抖动。他要描绘的，正是鬼斧神工的L’Arche, la Porte d’Aval——象鼻山的下游门。这个大自然的杰作，一直以来受到数百位艺术家的膜拜，其中就有库尔贝[②]、莫奈[③]；后来，皮埃尔沿悬崖漫步时被此处的壮丽所打动，也曾为其作画。

顾拜旦庄园位于谢夫勒斯山谷中，就在凡尔赛宫以南，是皮埃尔的祖父朱利安·博纳温切·德·顾拜旦和妻子卡洛琳——马奎斯·德·帕尔迪厄之女——的地产。查尔斯在这里还保留了一间画室，正是他小时候学画画的地方。但他们一家不常到这里来。查尔斯更喜欢诺曼底地区

① 埃特勒塔海岸：即埃特勒塔悬崖地区（Étretat Cliffs），位于法国西北部诺曼底海滨，是法国第一海岸。海岸上灰白色的峭壁绵延数千米，又被称作“纯白悬崖”。白色的悬崖、雄伟的象鼻山和奇特的针峰是埃特勒塔三大标志性景观，法国著名画家莫奈曾以这三大景观为主题创作了大量作品。

② 库尔贝：居斯塔夫·库尔贝，Gustave Courbet，1819—1877，法国画家，写实主义美术的代表。

③ 莫奈：克劳德·莫奈，Claude Monet，1840—1926，法国画家，印象派代表人物和创始人之一，被誉为“印象派领导者”。

的溪谷和小村庄。在这里，他的妻子及其家人深受当地人爱戴。他们一家在这里时，莫维尔庄园就是他们的天地，他们的老家，远离巴黎的社会责任和政治来往，也不会有在顾拜旦庄园时查尔斯母子间偶尔出现的争吵。皮埃尔跟祖父母、外祖父母的关系都很好，但他能感觉到祖母和父亲的关系很紧张，其原因大概是——依照家族传承，查尔斯应该在军界或政界有所建树，但他叛逆地选择了画家这个行业。

尽管如此，查尔斯在向孩子传授家族历史这件事上是非常坚决的。有几个夏天，他会带着全家人到罗马旅行。皮埃尔小时候，巴黎和罗马之间尚没有直达的火车，于是他们一家就乘坐火车、马车连续中转，沿阿尔卑斯山脉长途跋涉。但父亲认为这是家族传承下来的，他们责无旁贷。晚春初夏，阿尔卑斯山的诸多山谷中满是木槿、勒杜鹃的芳香，皮埃尔甚是喜欢；话虽如此，当他母亲建议一家人乘火车到马赛[①]，然后乘船直达罗马时，他更高兴了。与陆行相比，皮埃尔更喜欢这条路线，后来他为奥运会奔走时，选择的也是这条路线。

与父亲行走在罗马，皮埃尔兴奋于了解这些古代废墟的历史和意义，也为罗马皇帝们的遗产名垂后世而感到震惊。竞技场[②]、君士坦丁凯旋门[③]、图拉真浴场[④]……尤其是宽广壮丽的古罗马城市广场[⑤]，令皮埃尔感

① 马赛：Marseille，法国的第二大城市和最大海港，东南部濒临地中海。

② 竞技场：Coliseum，亦译作罗马大角斗场、罗马斗兽场、罗马竞技场，是古罗马帝国专供奴隶主、贵族和自由民观看斗兽或奴隶角斗的地方，建于72—82年间，是古罗马文明的象征。遗址位于意大利首都罗马市中心。

③ 君士坦丁凯旋门：Arch of Constantine，建于公元315年，是罗马城现存的三座凯旋门中年代最晚的一座，为庆祝君士坦丁大帝于公元312年战胜强敌马克森提并统一帝国而建。

④ 图拉真浴场：Baths of Trajan，古罗马的一座公共浴场，位于塞维安城墙的内侧，始建于104年，109年竣工营业，一直使用至5世纪初期。

⑤ 古罗马城市广场：Forum，罗马广场。是罗马城的核心，原为沼泽地带，大约公元前6世纪加以整修，成为市场和集会之地。历代统治者在这里修建庙宇、宫殿、会议场所、政府机构，规模宏大，石筑工程精细，十分壮观。广场是政治、宗教、商业和公众活动的中心。4世纪罗马已衰落，大规模的建设停止。

觉到生命、而非死亡的力量，领悟到古罗马元老院和人民闪烁至今的精神。在他信马由缰的幻想中，西塞罗[1]从某根石柱后现身而出，身着长袍，舞动手臂，向人们讲述自由；恺撒[2]的军队雷霆万钧地重归罗马……父亲带他游遍罗马，帕特农神庙、纳沃纳广场、许愿池，循着西班牙大台阶[3]，走到鲍格才别墅[4]和鲍格才美术馆[5]。在美术馆里，他见到了贝尔尼尼[6]的名作《大卫像》——大卫身体扭曲，双手紧握投石带，一掷之间取了哥利亚[7]的性命。一处处遗迹走过，一幅幅景象看过，皮埃尔开始明白——在这伟大的遗产背后，在这曾经蓬勃的人类创造力背后，是一个充满创意的人类社会，一个文明的社会；在这里，艺术被高度重视，被视作生命的终极表现。

也正是在罗马，他看到，在那些不朽的艺术作品中不仅有祖先的痕迹，还有他父亲的荣耀，那时他第一次感觉到自己的名字——皮埃尔·弗莱迪·德·顾拜旦——里蕴含的历史荣誉感。在梵蒂冈博物馆（Vatican Museum）的展墙上，他见到了父亲最受赞誉的作品——《教皇的扈从》（*The Pontifical Cortege*）。24英尺长的画布上，描绘了一队队身着

---

① 西塞罗：马库斯·图留斯·西塞罗，Marcus Tullius Cicero，前106—前43，古罗马著名政治家、演说家、雄辩家、法学家、哲学家。出身于古罗马的奴隶主骑士家庭，以善于雄辩而登上罗马政治舞台，公元前63年当选为罗马执政官。他是共和国所代表的自由主义的忠诚辩护者，支持古罗马的宪制，因此也被认为是三权分立学说的古代先驱。

② 恺撒：盖乌斯·尤利乌斯·恺撒，Gaius Julius Caesar，前102—前44，史称恺撒大帝，罗马共和国末期杰出的军事统帅、政治家，罗马帝国的奠基者。

③ 西班牙大台阶：位于意大利罗马的一座户外阶梯，与西班牙广场相连接，顶端是天主圣三教堂。西班牙大台阶是欧洲最长最宽的阶梯，总共有135阶，1723—1725年间建造完成。

④ 鲍格才别墅：Villa Borghese，又译博尔盖塞别墅，是罗马的一座大型景观园林，位于罗马东北边缘的苹丘，可从西班牙阶梯或人民广场前往。是罗马第二大公园（占地80公顷）。

⑤ 鲍格才美术馆：位于罗马的鲍格才别墅内，主要收藏意大利文艺复兴和巴洛克美术藏品。1903年之后，这里成为意大利的国立美术馆。

⑥ 贝尔尼尼：乔凡尼·洛伦佐·贝尼尼，Giovanni Lorenzo Bernini，1598—1680。意大利雕塑家、建筑家、画家。早期杰出的巴洛克艺术家，17世纪最伟大的艺术大师。

⑦ 哥利亚：《圣经》中被大卫杀死的巨人。

盛装的教会高层。这是一幅历史档案，记录的是由教皇庇护九世（Pope Pius IX）发起的宗教会议。[①]

可是，最令他感动的时刻，还是当父亲带他到梵蒂冈博物馆中的比奥－克莱孟博物馆[②]，站在白色大理石雕琢的奇迹之作《拉奥孔与儿子们》跟前的时候。尽管此前他曾在父亲的画作中看到过这座雕塑的样子，多年来也一遍遍听说菲利斯·迪·弗莱迪如何发现它又如何将其献给教皇的故事，但对雕像的艺术感染力和冲击力，他并未有所准备。拉奥孔痛苦的表情，以及他心知儿子们也将随他死去而表现出的强烈情绪，都深深打动了皮埃尔。像千万个同样受其感染的游客一样，他很想伸出援手，加入拉奥孔父子与海蛇的战斗，把他们解救出来。

父亲对他解释说，正是因为发掘出了《拉奥孔与儿子们》这座雕像，教皇尤里乌斯二世才考虑在1506年建造梵蒂冈博物馆，而这里后来更是成了世界闻名的艺术宝库。听到这些，皮埃尔感觉历史仿佛就在他的血管里流淌。

接着他们去了贝尔维德尔庭院（Cortile del Belvedere）。父亲告诉皮埃尔说，梵蒂冈博物馆正是始于这个华丽的封闭式庭院。因为这里就是教皇尤里乌斯二世放置拉奥孔雕像的地方。在此之后，庭院里又添加了两座古希腊的杰作：《阿波罗像》（*Pythian Apollo*）和《安提诺乌斯像》（*Torso of Antinous*）。这些年来，三座雕像吸引了成千上万的游客，也促成教廷收集更多雕塑和艺术品来赞颂上帝的荣耀。

每次到罗马，顾拜旦一家都会沿着石阶爬上卡匹托尔山上，到阿拉柯利的圣玛丽亚教堂的墓碑前拜祭弗莱迪，他就埋在教堂某根古老的石柱下面。父亲每次都会跪在地上，用抹布擦净墓碑上的每一个字。在清扫这位家族传奇人物的墓碑时，皮埃尔总会轻抚冰冷的大理石碑面上的名字，用

① 宗教会议：即第一次梵蒂冈大公会议。

② 比奥-克莱孟博物馆：Pio-Clementino Museum，梵蒂冈博物馆由许多个小博物馆组成，比奥-克莱孟博物馆即是其中之一。

手指感受其凿刻的笔锋。每次离开时，皮埃尔总是央求父亲带他穿过平台，去看米开朗琪罗设计建造的卡比托利欧广场（Piazza del Campidoglio）。他喜欢那里气势磅礴的马尔库斯·奥列里乌斯[①]骑马雕像。

梅斯里博士摘下眼镜，将书稿放在桌上，倚在椅背上，凝望大学广场的另一端。片刻过后，他转向圣克莱尔，注视后者数秒之久，想好了如何表达书稿对他的触动，然后才开口说道：

“我不知道《拉奥孔与儿子们》是梵蒂冈博物馆的起源；也不知道顾拜旦童年时游览罗马的事。我的触动很大，雅克。我很肯定，这就是我想要看到的人生故事。”

“很高兴你会这么想。”

“什么时候能再读到？”

“几天后，或许下周，就能再给你一些。我对他们家在1870—1871年战争期间的经历积累了很好的素材。那都是很动人的故事——他母亲英勇无畏地照料病患；他父亲在法兰西第一帝国崩塌之后带他走遍巴黎，向他展示失去的一切以及重建的前景。”

“太棒了！”梅斯里说道，又看了看他的日程安排，“你要知道，这一周在洛桑可是不平凡的。我们要跟美国奥委会主席艾弗里·布伦戴奇共进晚餐。我想，他正从伦敦赶过来。”

“我知道。皮埃尔跟我说过，他给艾弗里·布伦戴奇发了电报，让他过来一趟。”

“你最好也能到场，”梅斯里说道，“布伦戴奇就跟头牛似的，他很强势。我不知道，要是皮埃尔跟他谈及巴耶-拉图尔赞同的德国人的提议，他会做何反应。男爵对这件事早就怒不可遏了。”

---

① 马尔库斯·奥列里乌斯：Marcus Aurelius，121—180，思想家、哲学家，161—180年担任罗马帝国皇帝。代表作品有《沉思录》。

“布伦戴奇不是站在德国人那一边的吗？”圣克莱尔问道，“还有卡尔·蒂姆，他也来吗？”

“大多数人都认为他是亲德的。我猜想，皮埃尔会对此说些什么。我认为蒂姆会在下下周或下个月过来。而皮埃尔想一个人处理这件事。”

圣克莱尔拿起背包，向门口走去，边走边说，“谢谢你，弗朗西斯。”

“还有一件事，”梅斯里说道，“我和妻子打算在下下周的周日晚上举办一个聚会，邀请皮埃尔、玛丽，还有几个朋友。我们希望你和朱丽叶也能来。男爵夫人不常出门，我肯定她乐意见见你和你活泼的美国未婚妻。”

“聚会。听起来不错，朱丽叶一定会喜欢的。到时候我们可以喝香槟吗？”

“没问题，雅克。这可是医生说的。”

9

画 室

下午，圣克莱尔正要离开办公室，回家去跟朱丽叶喝一杯，这时他找到几张整理好的采访笔记，上面写的是顾拜旦对父亲的画室的一些回忆。他知道，朱丽叶一定会对这些故事感兴趣。此前他们已约好晚些时候步行到安格莱特利酒店吃晚饭。

圣克莱尔跟朱丽叶坐在沙发上，一起喝着酒。“今天你们都谈什么了？”朱丽叶倚在沙发上，问道。她身上穿的是他的一件旧衬衣，上面已被颜料染得花花点点。她的头发有一半从头顶的发爪里脱出来，披在肩上。

“大都是围攻巴黎，还有 1870 年的战争。他说那是他童年的结束。”

“一定很可怕吧。”

“很痛苦的经历。不过在他们居住的巴黎军校地区，情况没那么糟。哦，差点忘了。三四次访谈之前，他跟我谈到了他父亲的画室和绘画工作。我刚刚整理好。”说着，他从书包里抽出书稿。

“他父亲是个正式的宗教画家，是吧？”朱丽叶问道，看着手里的纸张。

“是，是在他妻子的坚持之下。”圣克莱尔答道，朝浴室走去，“你读一读，我去洗澡，一会儿咱们去吃饭。”

“父亲的画室在房子的最上一层，在五楼上。它占据了整个一层楼的阴面，在面北的阳台上是一面大窗户。房子北面，近处的风景完全被荣军院的圆顶教堂占据。由于我父亲认为路易十四是文明的巅峰，所以，他的作品大都与帝王有关。他常常将画架正对窗户摆放，说画作沐浴在太阳王那金屋顶的光辉中，却选择性地忽视了，那光辉也可能是来自下面拿破仑地窖里的魂灵。在我成年之后，我常常用这个说法来驳斥他对帝王的痴迷。”

“我小时候，从我家屋顶上就能一览巴黎的历史。那时周围的高楼大厦还未拔地而起，从屋顶上就能看到巴黎圣母院①的尖顶，以及先贤祠②的圆屋顶。在塞纳河对岸，能看到凯旋门、新巴黎歌剧院、市政厅③，还有蒙马特区圣心堂④的地基。当然，后来也能看到埃菲尔铁塔平地而起，耸立云端。”

“父亲年轻时，醉心于工作和在巴黎沙龙里创下名头，在他工作时，不准我的两个哥哥保罗和阿尔伯特到他的画室里去。但我的姐姐玛利亚就没有这个限制，她是父亲的掌上明珠，能让他感到温馨；还有我，我是任何时候都能陪在他身边的。他甚至还给我准备了绘图板和小画架。我和玛利亚成了父亲最喜欢的模特，还一起被画进了他的名作《传教士的离开》(*The Departure of the Missionaries*)，这幅画后来在1869年的巴黎沙龙上展出。”

“小时候，我喜欢到画室去看他工作。墙上到处都是油画、习作、素

① 巴黎圣母院：Notre Dame，位于法国巴黎市中心，是天主教巴黎总教区的主教座堂，建造于1163—1250年间，属哥特式建筑形式。

② 先贤祠：Panthéon，位于巴黎市中心塞纳河左岸的拉丁区，于1791年建成，是永久纪念法国历史名人的圣殿。

③ 市政厅：Hôtel de Ville，维尔公馆，是法国巴黎自1357年以来的市政厅所在地，位于第四区的市政厅广场。

④ 圣心堂：Sacré-Coeur，标准名称为“圣心圣殿”，于1914年建造完成。位于巴黎北部的蒙马特高地，是法国巴黎的天主教宗座圣殿，供奉着耶稣的圣心，为巴黎著名的地标之一。

描。画室东墙那边，在他的工作台和橱子上面的墙壁，是专门挂他精选出来的最好的作品的。从地面到天花板共有12英尺高，完全是按照沙龙的展览标准。十来岁时，我的绘画水平有了一点提高，我很喜欢把他的样子画下来。我们的交谈很顺畅，尽管我的世界观与他相反，但我们的关系一直很近。”

“有段时间我认为，父亲是赞同共和党的；但我觉得他会否认这一点，因为他是个资深的保皇派。1847年或是1848年左右，他曾到阿尔及尔[①]、埃及、耶路撒冷旅行，去体验不同层次的生活。他作品的主题是街上、市场里的普通民众，或是金字塔的向导。回到巴黎之后，他的首幅大作，也是迄今为止我最喜欢的作品，就是《在餐馆中》。那是一幅洋溢着个人情感的作品，画的是5个工人在桌旁打牌，脖子上都围着领巾。它捕捉到的是真实的生活场景，仿佛父亲听到了波德莱尔[②]的呼吁——去画真实的、而非想象中的生活。后来，因为母亲的影响，这种题材从他的作品里消失了。但我认为，早期的他对劳动人民的艰辛抱有同情。《在餐馆中》尤其打动人心的，是阳光穿过铅条镶嵌的玻璃，照在桌子后面目视前方的那个男人的脸庞和红色的贝雷帽上。红色的贝雷帽，自由的红帽子，当时是法国大革命的象征。”

“比当时的景象更早跳出脑海的，是松节油的气味。上午，气味还很淡，但到了下午，父亲打开橱子清洗画笔，气味就大了，画室里、走廊里全是。甚至连颜料都有诱人的香气，有罂粟子味，有胡桃木味，有亚麻子油味，都太好闻了，几乎都能吃了。他有酊剂、画粉，还有玻璃管装的颜料。他甚至偶尔会自己配颜色。父亲很喜欢去圣奥诺雷路（rue Saint-Honoré）上的布洛的绘画用品商店，在那里，他能跟人聊上好几个小时，谈的都是天蓝或朱砂红的优点什么的。而我则在一边等着，跟

① 阿尔及尔：Algiers，非洲阿尔及利亚首都。

② 夏尔·皮埃尔·波德莱尔：Charles Pierre Baudelaire，1821—1867，法国19世纪最著名的现代派诗人，象征派诗歌先驱，代表作有《恶之花》。

布洛先生的两条狗玩耍。他一共有两条狗，一条是卷毛狮子狗，另一条是艾尔谷犬。”

“我还保留着夏天在莫维尔时他在户外使用的那个木画架。他去世之后，我把画架带到了巴黎当作纪念。我不知道为什么要留着它，就是好像总舍不得它。1919年世界大战结束，我卖掉了巴黎乌迪诺大街20号的家宅，把这个画架海运到了洛桑。那是多么美的一栋房子啊，是一切的中心。卖掉房子伤透了我的心，可我当时在洛桑工作，又需要钱。”

“结尾很伤感。”朱丽叶换好衣服，准备出门去吃饭。她等了一会儿，看着圣克莱尔对着洗手池上的小镜子刮胡子。

“是啊，他离开巴黎之后的生活似乎都笼罩着伤感。”圣克莱尔说道。他想起一个心酸的时刻，那时顾拜旦谈到他放弃了光明之城[①]的生活。在说到卖掉巴黎的老房子时，他突然变得脆弱而犹疑，仿佛一下子苍老了很多，一副疲惫不堪的样子。一边是首次回顾无忧无虑的童年经历，令他心中充满愉悦；一边是想起失去珍爱的老房子之后所受的艰难困苦。在后者面前，那些愉悦是如此不堪一击，刹那间烟消云散。

① 光明之城：la Ville Lumière，即巴黎。

10

普法战争①

第二天上午，圣克莱尔早早来到办公室，花了两三个小时将顾拜旦对1870年普法战争的回忆打成文稿。

“8岁的时候，我的童年实际上已经结束了。情况所迫，我成了一个小大人。战争给我的家庭、给巴黎、给法国都带来了变动。战争产生的某种层面的破坏，就像丧钟一样，封杀了我此前生活中的安逸和幻想。普法战争是我成年期教育的开端。家里的恐慌，大街小巷里的混乱——我所耳闻目睹的一切，都坚定了我的决心，并促使我用一生的时间去寻找暴力、武装冲突的替代品。是的，在被德国打败之后，我对祖国心怀

① 普法战争是1870—1871年普鲁士王国（德意志帝国）同法兰西第二帝国之间的战争。因长期争夺欧洲大陆霸权和德意志统一问题，普鲁士（德国）和法国之间关系长期紧张。1870年7月14日，普鲁士首相俾斯麦就西班牙王位继承问题发表了挑衅性的“埃姆斯密电”，触怒了法国政府。7月19日，法国对普鲁士宣战。战争开始后，法军接连败北。9月2日，法国皇帝拿破仑三世亲率近10万名法军在色当投降。9月4日，巴黎爆发革命，法国大资产阶级建立法兰西第三共和国，法兰西第二帝国灭亡。但普军仍长驱直入。1871年1月18日，普鲁士国王威廉一世在法国凡尔赛宫加冕为国王，成立了德意志帝国。法国资产阶级政府请求停战。2月26日，双方在法国凡尔赛签订初步和约。5月10日在法兰克福签署了正式和约。

愤恨；年轻的时候，我也的确想通过辉煌的战果振兴祖国的荣耀。然而，后来我领悟到了在和平社会的生活里知识和道德的潜力，从此就打消了好战的思想。

“到 1871 年我就 8 岁了。此前，巴黎被普军包围了 105 天，城里 20 万市民食不果腹。前一年夏天由拿破仑三世挑起的普法战争，从一开始就是个灾难。当年 9 月，拿破仑三世及 8 万法军将士在色当投降；我们都知道，德国人打到巴黎只是个时间问题。9 月 18 日，普军包围巴黎，封锁了物资和人员的进出。第二年 1 月 6 日，普军炮轰巴黎城。有些炮弹打到了拉丁区，击中了先贤祠和索邦大学，把塞纳河左岸的我们吓得提心吊胆。

“我的两个哥哥——保罗和阿尔伯特——当时在国民军（National Army）服役；他们当时就驻扎在巴黎市内。他们俩都是军官，所以，能给我们的父母带来战事消息，并提供一些保护。我们家就在巴黎军校旁边，不管怎么说，军队是必不可少的。父母尽量保持家里生活的常态，他们让莫德（Maude）——我们的住家女仆——每天都照常准备晚餐，我和姐姐玛利亚都要坐在桌旁用餐。父亲把家里的仆人都留用了，甚至连车夫亨利（Henri）也留下了——虽然我们不坐马车或骑马去城里。

“我生日那天晚上，家里照常热热闹闹地给我庆生，还送了我一个新马鞍、一双新马靴；我也假装高兴，但我知道，很长时间里我都不可能骑着西拉诺（Cyrano）——我最喜欢的马——出去了。当晚，蛋糕端上来时，哥哥保罗回来了。他头戴插着羽毛的军帽，脸被军帽上的扣带勒得很紧；身上穿着金扣蓝色军装，胸前一条红色饰带；脚穿长筒靴，腰里挂着一把银色的指挥刀。他大步走进门来，刀鞘随着步伐来回摆动。他抱了抱我，祝我生日快乐，又迫不及待地转向父母，低声向他们通告最新的战况。我听见他们谈论着蒙马特区那边闹起了革命，还有跟普军作战时的节节败退。

“父母叫我回房间睡觉，但我跟以前一样爬到楼梯口，听见了他们所有的谈话内容。哥哥说，很多富人家的房子都被砸抢烧毁了。

“几个月后，巴黎公社掌控了巴黎，并设起了街垒路障。梯也尔指挥官[①]意识到，国民自卫队（the National Guard）早已背叛誓言，与巴黎公社携手掀起暴乱；在这种情况下，与他们在巴黎展开巷战没什么胜算，于是就把国民军撤到了凡尔赛。保罗和阿尔伯特跟随部队撤离巴黎；母亲整日担惊受怕。两个哥哥在身边，她才会有安全感。话虽如此，但我们身边还是有军队保护的，我想，他们在那段时间里保住了我们一家人的生命。巴黎军校里驻扎了一个营的兵力，以保护军队的财产。有一次，叛军在通往蒙帕纳斯[②]的荣军院大道上——就在我们居住的乌迪诺大街南面几个街区处——设立了街垒，接着就迅速被政府军的骑兵和几个陆战排清理了。

“我觉得，战争的创伤渐渐使我们所有人产生了对社会秩序的深切渴望。巴黎公社的暴乱，街头的路障战垒，国人无缘无故地互相残杀，市民被莫须有地扣上罪名，因为地位，或仅仅是因为在错误的时间出现在了错误的地点而受到迫害，对某种颜色的盲目的狂热[③]，弱者得势之后的残虐无情……一切都是那么疯狂。那段时期的耳闻目睹，以及家人的惶恐不可终日，都深深地烙在我的心中。

“法国变成了一个狂乱的国度，充满了民众的暴行和偏执的报复，巴黎变成了恶行的地狱，落入一无同情心二无道德感的暴民手中。”

---

① 梯也尔指挥官：Marie Joseph Louis Adolphe Thiers，路易–阿道夫·梯也尔，常被称作阿道夫·梯也尔，1797—1877，法国政治家、历史学家，奥尔良党人。早年当过律师和新闻记者。七月革命后，先后担任内阁大臣（1832年，1834—1836年）、首相（1836年）和外交大臣（1840年）之职。1871—1873年，担任法兰西第三共和国首任总统。1871年2月17日，色当战役惨败的消息传来后，法兰西第二帝国被推翻，梯也尔就任法国政府首脑。2月26日，梯也尔在凡尔赛与普鲁士签订了和约草案，条约规定，法国向普鲁士赔款50亿法郎，割让阿尔萨斯和洛林东部。在赔款付清以前，普鲁士军队继续占领法国。巴黎受普鲁士军队包围时，巴黎工人成立了国民自卫军。3月18日，梯也尔派出军队意欲抢夺巴黎工人的武装，但是不幸计划泄露，梯也尔与临时政府成员撤到凡尔赛。巴黎公社的军队控制了巴黎。4月6日，梯也尔开始进攻巴黎，镇压叛变。占领巴黎后，他对巴黎公社进行了血腥的镇压。1871年8月31日，国民议会推举梯也尔担任总统。

② 蒙帕纳斯：Montparnasse，巴黎塞纳河左岸的一个区。

③ 巴黎公社以红色为标志，政府军以白色为标志。

蒙里普斯，天色已晚。圣克莱尔与顾拜旦当天的访谈行将结束。顾拜旦站起身，系着马甲扣子，准备离开。圣克莱尔这时开口问道，他是否目睹过暴行、战斗，或知道一些战争中的英雄事迹。

顾拜旦停下系扣子的动作，头垂了下去。“在巴黎围城期间，仅在一天时间里，我就看到太多的流血，从此不愿再离战争那么近。”他答道，又坐下了。“不过确实，我见过很多英雄事迹。我们家里就有个英雄。”

接着，顾拜旦又讲述了一个小时之久，中间未有停顿。

“在巴黎围城期间，在巴黎公社暴乱尚未逼得家人深居简出之前，母亲就感觉到有责任去帮助别人。因为我是家里最小的孩子，所以父母对我呵护有加，尽管如此，她到市里去救助伤病员时，还是会把我带在身边。出门前，母亲会为自己，也为我在胳膊上缠上红十字袖标。她一再嘱咐我，一定要时刻戴着袖标，一定不能丢。她称我是她的‘勤务兵’，她在诊所忙碌时，总指挥着我给她打下手，拿这拿那。

“在街上穿行时，我们总是走得很快。街上运送伤病的队伍、马车络绎不绝，我们唯恐碍事。我印象最深的，是四处可见的红十字旗帜；有的是挂在阳台上，有的是挑在凑合做成的旗杆上，从四面八方指向大街。城外战事正酣，而城里的每一栋开放式建筑似乎都变成了流动医院；稍有点医疗设备，就是一个小医院。我记得奥德昂酒店（Odéon）、法兰西喜剧院（Comédie-Française）、荣军院都挂上了红十字旗，还有学校、面包店、餐馆……到处都是。即便是在战后，我和父亲在城里散步时，还曾在杜伊勒里宫[①]的碎石堆里找到被烧了半截的红十字旗。”

“最先两次，母亲带我去了同一个地方，位于圣日耳曼区（Saint-Germain）龙街（rue du Dragon）的一个小药房。一位名叫安托万（Antoine）的医生跟几个护士在这里工作，主要是救治那些自己回家的伤病人员，

① 杜伊勒里宫：Tuileries，曾是法国的王宫，位于巴黎塞纳河右岸，于1871年被焚毁。

为他们清洗爆炸伤口，还医治男女平民及因各种疾病而发烧的孩子。药房里的医疗用品很齐全，母亲也受过一些医疗培训，所以她知道很多药品的使用方法。她擅长安抚伤病号，还能熟练使用针剂、药膏和药液。她能缝合伤口，我则是负责提供干净的热水，还帮她从后面的架子上拿绷带和纱布。

“父亲一直反对母亲的工作，他们常常在晚饭时为此争吵不休。但母亲往往会拿上帝当挡箭牌，她总说，救助人民、为祖国出力是她的宗教义务，上帝赐予我们一家福气，我们需要以善行当作回报。父亲常常无言以对。母亲是无畏的，认为上帝会保护我们免受伤害，而连我都知道那只是一秉虔诚而已。

“一天下午，在药房里，两个人用担架抬着一位军官进来。他的老母亲在一边哭泣，恳求安托万医生救救他的儿子。那人身上红蓝色的军装已经浸透了血迹。前厅中间有个桌子，就在窗户下面——医生就是在这个桌子上救治伤员，而窗外总是聚集了很多好奇的民众。大家把这位军官抬到桌子上，安托万医生安慰着那位老母亲，将她带出门去。母亲为伤员脱去上衣，发现他的胸前口袋里露出一角纸片。她把他的上衣脱下，开始为他清洗肩部伤口；安托万医生则是寻找伤口里面的子弹。那人痛苦地醒了过来，面带恐惧，喃喃地说什么美国什么的。安托万轻声跟他说了几句话，然后让他嗅了嗅沾有乙醚的布条，使他昏睡过去。

“伤口处理完毕，母亲从那人的上衣口袋里抽出纸条，将其拿给安托万医生看。上写‘要是我受伤了，请把我送到美国流动医院去。’

“‘美国人的流动医院在哪里？’母亲问道。

“‘就在帝国大道（avenue de l’Impératrice）上，是个很棒的医院。将士们都愿到那里治疗，因为美国人在内战期间学会了如何高效救治伤病员。’

“‘他们有哪些救治知识是我们不会的？’母亲问道。

“‘我不知道，玛莉。’安托万医生答道，‘要是你想去那里工作，我可以安排一下。’”

“安托万医生敬佩母亲的医护技巧，也很感激母亲为他的诊所所做的贡献，但他知道她想帮助更多人，所以就将母亲推荐给他的朋友托马斯·埃文斯医生（Dr. Thomas Evans），也就是美国流动医院的创办人。在美国的流动医院，仅仅在漫长而震惊的一天时间里，我就见识到母亲身上无比的勇气，我不知道一个女人竟然能那么勇敢。那天过后，母亲在我心中就像圣女贞德[①]一样，她满身是血地救治战场上倒下的人，以此来保卫法国。”

顾拜旦对母亲在美国流动医院工作情景的悲伤回忆，令圣克莱尔为之感动不已。他随即将其整理成稿，呈给梅斯里看。

尽管巴黎被围，查尔斯·德·顾拜旦还是设法出城，与儿子们一起去谢夫勒斯看望自己垂危的父亲。那是一个周间上午，皮埃尔正在客厅里玩，这时母亲叫他和玛利亚到走廊里去。母亲当时头戴护士帽，胳膊上戴着红十字袖标，身边站着家里的车夫亨利。

“今天我要到美国流动医院去工作，我不想把你们俩留在家里。穿上外套，戴上这个。”说着，她递给他们两个红十字袖标。

“妈妈，去哪儿？咱们要坐马车吗？”玛利亚问道。

“穿过塞纳河，到帝国大道，不，咱们不坐车。”

“太远了。”玛利亚说道。

“玛利亚，”母亲说道，轻抚着女儿的脸颊，“不算太远。亨利会陪咱们一起去，不过咱们不能坐车。那样马会有危险。外面有很多饿肚子的人，咱们不是听过那些传闻吗？”

在4个月的围城期间，巴黎市内食物供给日渐拮据，20万市民越发绝望。首先被抓进炉灶的，是家里的宠物和街上的动物；随后，在城市

① 圣女贞德：Joan of Arc，1412—1431，法国军事家、天主教圣人，被法国人视为民族英雄。在英法百年战争（1337—1453年）期间带领法国军队对抗英军入侵，后被捕处决。

里的某些地方，饥饿而贪婪的暴民开始从骑马人那里抢夺马匹。马车也未能幸免，马被拉走屠宰，马车则被掀翻扔在大街上。酒店和会馆的马厩被抢，甚至连动物园里的动物——所有动物，连大象都包括在内——最后都被吃掉了。

于是，他们一行四人步行2英里[①]前往美国流动医院。玛莉·德·顾拜旦男爵夫人走在前面，她昂首挺胸，带着医务重任的威严。亨利带着玛利亚和皮埃尔紧随其后。他们从耶拿桥（Pont d' Iéna）上越过塞纳河。男爵夫人在前带路，她阻挡着街上的商贩和乞丐，用其紧迫的面容和坚定的步伐驱开人群。经过夏乐宫（Place du Trocadéro），走到马拉科夫大道（avenue de Malakoff），接着转到帝国大道上。这条大道位于凯旋门和布洛涅森林公园（Bois de Boulogne）之间，是巴黎最宽敞的马路之一，其两侧矗立着诸多私人官邸、外国使馆。皮埃尔看到，大道南面美国公馆那宽阔的草坪上，林立着许多帐篷，那就是美国的流动医院了。一个个灰色或褐色的帆布大帐篷，都浸过油以防雨；它们一个个首尾相接，呈矩形排列，就像展览会的一个个大厅似的。林荫大道上，一队马车在士兵护卫下来回奔波，最后都挤进营地前面拥堵的通道里。皮埃尔注意到有些炉子上连着管子，通到帐篷里去以供暖，可他并不觉得天气有多冷。

母亲带着他们穿过乱糟糟的马车、手推车、开水沸腾的露天炉灶，朝最大的那个帐篷走去。地上车辙纵横，被车轮碾轧得泥泞不堪。护士和其他工作人员都急匆匆来回忙碌着。走近一些之后，皮埃尔看到很多伤兵躺在地上，有些安静却心神恍惚，有些因伤痛而呻吟或喊叫。一些男人把他们一个个抬起来放在担架上，或是抬进帐篷，或是抬出去。

顾拜旦一家来到大帐篷门前。母亲示意他们在这儿等着。“我去找埃文斯医生，”她轻声说道，以安慰受到惊吓的两个孩子。“他要教我怎么鉴别分类伤病员。”

① 1英里≈1.61千米。

趁亨利不注意，一念之下，皮埃尔抓着玛利亚的手，拉着她跟在母亲后面走进帐篷。母亲并未阻止他们，亨利随后也跟了过来。

帐篷里有管子与炉子相连，里面很温暖，通风也很好。皮埃尔觉得一股冷风拂过脸庞——他们面前是同一条长而直的木板通道，通道左边是补给站，右边是工作台。一个个工作台前，一组组身穿白大褂的医生、护士正在医治伤号，其他伤员则在一旁等着，渴望早点得到救治。

母亲环视四周，将情形看在眼内，敬畏中带着理解。她正要走上前去询问埃文斯医生的下落，突然，帐篷远端的门帘被一下子掀开了。随着一阵大喊，护士长冲了进来，身后跟着一些男人——他们抬着几个担架，最后面跟着一个医生。他们走到顾拜旦一行人跟前，护士长停下来，指挥着把担架排成一列，接着转过身来，一脸严峻地看着母亲。

“我是贝蒂·珍·拉塞尔（Betty Jean Russell），这是我的医院。我知道你是来帮忙的，可你们站在这里，对我们一点用都没有。还有，你不能把孩子带来。”

玛利亚吓哭了。母亲答道：“我是玛莉·德·顾拜旦，”接着，她转身对亨利说：“亨利，把他们带回家，好好看护着。”

“坎贝尔医生，”拉塞尔护士大喊道，“这个是你的新助手，玛莉。”说着，她朝医生们的工作台那边推了母亲一把。接着，她转过身来，在玛利亚跟前弯下腰，擦去她脸上的泪水。她微笑着对皮埃尔说：“你们的妈妈是在为上帝工作啊。”她的法语磕磕绊绊，带着美语口音。她脸上有个很大的红色胎记，白色的护士帽下是一头蓬发。但她的声音很温柔。亨利随后将两个孩子带出帐篷。皮埃尔转头看去，看见母亲站在工作台前，一手抬着伤号的胳膊，另一只手拿着白布，擦去胳膊上的血。

第二天上午过半，母亲才回到家中。她衣服上满是血迹，皮埃尔和玛利亚吓了一跳。她摘下帽子，随手扔在走廊上，又走到楼上的卧室里。他们跟在母亲身后上楼，只见她和衣跌到床上，昏睡过去。

11

散步

关于普法战争时期的访谈，占用了三月初的数个下午。早晨仍很清冷，但春天已经早早地来到洛桑，花草树木隐隐显出绿意。这一天，在德奥奇城堡背面埃米尔·德鲁特的诺帝卡餐馆里，圣克莱尔和顾拜旦共进午餐，随后讨论了一个下午。从他们坐的地方望去，日内瓦湖尽收眼底，码头后面的公园里满是抽出新芽的法国梧桐。湖面上，渡轮整日忙碌地往返于法国埃维昂，或穿梭于日内瓦[①]和蒙特勒[②]之间。圣克莱尔暗想，要找个晚上带朱丽叶乘船去埃维昂游览一番。

埃米尔面带微笑，在他们身边徘徊，确定他朋友的餐桌已经一切就绪。“啊，又跟大作家见面了，”他说道，“传记写得怎样了，雅克先生？”

“埃米尔，皮埃尔可是个讲故事的大师；所以，我的工作很轻松。我不过是个记录员而已。你看——”圣克莱尔一边举起手里的笔记本给埃米尔看，一边打趣道。顾拜旦笑了。埃米尔一次次走到餐桌边，而每次他过来，似乎都要逗留片刻，看看圣克莱尔写的内容。

“他只是好奇而已，跟我那些朋友们一样。”顾拜旦说道，“他们觉得我受

---

① 日内瓦：Geneva，瑞士第二大城市，位于日内瓦湖西南角。

② 蒙特勒：Montreux，瑞士沃州的小镇，位于日内瓦湖的东岸。

了委屈，所以对我爱护备至。”

“这是情理之中的事，可以理解。”圣克莱尔说道，“咱们的访谈继续——我认为，普法战争期间的事已经说得差不多了。”

“我也是这样想的。梯也尔指挥官镇压了巴黎公社之后，我的两个哥哥随部队回到巴黎驻扎，我们家的生活也渐渐回归正常。”

“我感兴趣的是随后一年发生的事。1874年11岁时，您开始到圣依纳（Saint-Ignace）上学。在战争结束之后、去圣依纳上学之前的那一年，发生了什么事？”

“其实，那一年对我，以及对我父亲而言意义重大。”顾拜旦答道，“在巴黎围城期间，我的祖父朱利安去世了。我觉得，父亲好像再也没有从丧父之痛中走出来。不管怎么说，他突然兴趣大增——热心地向我传授巴黎的历史，我们的关系也因此变得更亲密。”

“您是说，你们俩都坐下来，他教给你巴黎的历史？”

“不，他带我出去散步。说实话，后来我曾在圣依纳、在巴黎自由政治科学学院、在成年之后不断学习历史，但我上过的最好的历史课，当属父亲带我散步时。”

“你们是怎么开始的？”

“巴黎公社被镇压，社会秩序恢复之后不久，”顾拜旦回忆起时间线，“母亲仍到医院去照料伤病员。她带我姐姐去的时候多，带我去的时候少了。我开始向父亲问问题，问他战争的事，还有为什么巴黎总是战乱不断。”

“一天上午，父亲在画室里工作。我坐在他近旁，读着福楼拜[①]的《情感教育》（*Sentimental Education*）。这本书对我来说有些难度，但多少也能看懂。这时，我读到一段关于1848年巴黎革命期间暴乱的描写，

① 福楼拜：1821—1880，19世纪中期法国伟大的批判现实主义小说家，代表作有《包法利夫人》《情感教育》《三故事》《布瓦尔和佩库歇》等。他对19世纪末至20世纪的文学，尤其是现代主义文学的发展有深远影响，被誉为“自然主义文学的鼻祖”“西方现代小说的奠基者”。

描绘了军队向革命分子开火、对其血腥镇压的场景[①]。我不禁好奇父亲当时在干什么。算起来，他当时只有26岁；这位年轻的艺术家新婚不久，刚刚结束了一段东方国度的漫长旅行，回到法国。而现在，父亲已经年近50岁了，跟他年轻时一样，巴黎街头再次洒满爱国者和无政府主义者的鲜血。我想知道其中缘由。

“我抬起头，刚要问他，却犹豫了；因为父亲似乎有点不安。那是一个明媚的春日上午，阳光穿过落地窗洒进来，画室里一室皆春。那本是个愉悦温馨的日子。可我能感觉到，父亲的画没有什么进展。那是他遇到瓶颈时的惯常表现：他的脑袋歪过来又歪过去，或上下打量着画布，再把目光移开；或后退两步，再凑上前去，又突然闪到画布一边。当看到他扔掉手里的调色板、拿起浸有松节油的布时，我知道，他今天的绘画工作要告一段落了。他在思考着什么事情。只见父亲一边擦着手上的颜料，一边走到窗前。我走到他旁边，闻到一股松节油气味。

“我们的目光越过院子后面的旧石墙，以及绿芽蠢动的高大洋槐树，看到远处荣军院的金色圆屋顶。若是在树叶茂盛的时候，是看不到那里的。外面碧空如洗，就像他调色板里湛蓝的颜料一样。

“‘爸爸，’我终于还是开口问了，‘为什么巴黎又一次遭受您年轻时的流血暴乱？士兵为什么要射杀平民？’

“他低头看着我，眼神温柔，满是同情。他看到我手里拿的书，明白了我的疑问从何而来，也知道我们所目睹的战争惨景使我的情感和心理充满动荡和疑虑，就像他年轻时一样。他单膝跪地，脸庞凑近；我记得，他的胡须梳理得一丝不苟，身上的古龙香水里隐约有点咖啡的香气。

“‘啊，孩子，我的小儿子，’父亲轻抚着我的头发说道。对我说这些话时，他并没有把我当成小孩子，而是当成一个亲历过战争，目睹过战争残酷的人。‘在一个尚未成长起来的国家里，儿童的成长是很艰难的。

① 即1848年2月22日爆发的法国二月革命，推翻了七月王朝，建立了第二共和国。

我们这城市，是法国的心脏，而在这个动荡的世界上，法国仍在寻找出路。老巴黎正在迅速消失，我得尽最大努力，把我知道的巴黎旧事讲述给你。你生长的这个城市，跟我那时候已经大不一样了。我想，从没有一个地方像巴黎一样，在一时之间发生这样天翻地覆的变化。可是皮埃尔，我认为你已经准备好了——去了解它的过往，并展望它的未来。'

"说完，他把我手里的书拿过去，放在窗台上，又把我拉到怀里，给我一个温暖的拥抱。接着他站起身，说道：'走，出去散散步。'"

◎◎◎◎◎

家里的院子和门外大街之间是个拱形走廊，车夫亨利从父子二人身边走过，为他们拉开沉重的木质大门。查尔斯·德·顾拜旦拉着儿子的手，走上了乌迪诺大街。右边二十步外，就是宽阔的荣军院林荫大道。那里马车、士兵、市民来来往往，车水马龙。两个街区之外，能看到荣军院广场四周绿意萌生的法国梧桐。查尔斯领着皮埃尔左转，沿着蜿蜒的鹅卵石路走到旧街区，走到先生大道（rue Monsieur）上。路的左边，是时髦的宅邸，右边是圣玛丽诊所（St. Mary Clinic）。他们走到瓦鲁街（rue Vaneau）一角的鲁家面包房（Roux Family Boulangerie），在其户外餐桌旁停了下来。克莱尔给儿子买了个小烤饼，还跟鲁先生说了几句玩笑话。

他们从查尔斯做西服的那家裁缝店经过，穿过巴比伦街（rue de Babylone），沿着瓦鲁街走了一个街区的距离，到了梵伦纳路上（rue de Varenne）。这里一切如故，紧凑的旧住宅区里，没有巴黎公社和暴力冲突的痕迹。在街角处，查尔斯领着儿子右转，低头看着他说：

"塞纳河边是当初战争最激烈的地方，在去那儿之前，我想先带你去一处地方，看看法国曾经的辉煌。咱们要去的，是阿拉蒙公馆（Hôtel Aramount）。"说完，他领着皮埃尔沿人行道走下去，直到右侧的墙拐进一个壮丽的大门。门里是一个很大的拱形入口，两侧是凹进去的墙壁，墙壁由粗琢的黄岗岩砌成，两边各有一个壁龛，壁龛里各有一个神话人物，一个握剑，另一个拿着竖琴。门口有个卫兵，他看着查尔斯父子俩走了过来。查尔斯向他出示了一张卡片，然后就被放行了。查尔斯让皮埃尔看门上的山形墙饰，那是一个肌肉遒劲的英雄人物，刚从战斗中解救了一位女士。他一只胳膊高高举起，以展示自己的胜利，他高尚的美德永远地镶嵌在了大理石里。蓝天下，一面法国国旗，还有一面盾形纹章的旗帜在风中飘扬。"阿拉蒙家族想让全世界都知道，他们会保卫我们的祖国。"查尔斯说道，开始了他对儿子的授课。

接着，他们走进宽阔的庭院中。与他们家简朴的公馆相比，这里可谓宏伟壮丽。这时，一辆金边银辐条的六座四轮马车从他们身旁慢慢驶过，伴随着马蹄的嗒嗒声，驶进右侧的石头马厩里。院中的鹅卵石路导向一个宽大的环形楼梯，底座中央各有一个雕塑，雕塑的样子是咆哮的猛狮。公馆的正面由白色大理石砌成，共有两层，楼顶镶有栏杆，乍看上去像个王冠一样；房子两端隐隐露出拱顶。一楼是一排柱廊，犹如画龙点睛。二楼探出一个阳台，铁艺镶金，后面是拱形玻璃门。其设计线条优美，布局和谐，匠心独运，只有阳台下雕刻的三只凶恶的滴水嘴兽[①]稍显突兀，它们俯视下方，面目狰狞，似乎是要吓跑所有的不速之客。

皮埃尔一处处仔细观察着，知道父亲想让他将其记在心里。

"我们能进去看看吗？"皮埃尔问道。

"当然可以，"查尔斯答道。说着，他抬脚走上台阶，"阿拉蒙一家出远门了。不过没关系，他们跟咱们家是老相识了，他的父亲跟你祖父都是拿破仑的部下。"

在此之前，查尔斯曾带皮埃尔去过荣军院，也曾去过宏伟壮丽的先贤祠，以及像西斯廷教堂[②]那样富丽堂皇的建筑奇迹，但他从未让皮埃尔

---

① 指建筑输水管道喷口终端的一种雕饰。

② 西斯廷教堂：Sistine Chapel，又名西斯廷礼拜堂，位于意大利首都罗马西北郊的梵蒂冈城，建于1480年。

观察、学习像阿拉蒙公馆一样的私人官邸的氛围和影响。

进入室内，建筑之美不可胜收。沟纹石柱环抱之中，内部呈六角形布局，大理石地面上铺着黑白相间的瓷砖光可照人，犹如华美的舞台。查尔斯像个导游一般，一只手掌指向前方的大理石台阶，示意向那边走。台阶上，是黑金相间的楼梯扶手，扶栏的底座是交替的金属盾牌和水壶样式。仅是台阶，就能让人联想起这里以往的贵族生活。台阶上面，整面墙上都是一幅壁画，画的是皇室宴会的情景，画中男男女女衣着华丽，饮酒欢笑，身子探出一个精美的栏杆，仿佛在欢迎新来的客人。

“孩子，这边走。”查尔斯说道。他一只手放在皮埃尔肩上，领着他拐向右边。他们穿过一个华丽的嵌板门道，走过一间镶有镜子的前厅，走进一间珠光宝气、金灿灿的房间。这时，查尔斯对皮埃尔讲起了往事。

“在本世纪初，拿破仑没有兵败滑铁卢[①]之前，”他说道，“塔列朗（Tallyrand）和阿拉蒙两个大家族在圣日耳曼郊区（Faubourg Saint-Germain）争豪斗富。梵伦纳这条街，就代表了巴黎时尚的巅峰。这个房间名叫‘黄金客厅’，就在这里，在阿拉蒙举行的宴会上，你的祖父朱利安常常演奏小提琴以娱宾客。”

接着，他们穿过一扇双开门，走到圆形大厅下面一个遍是黄金镶嵌的房间里。宽敞的房间里，墙上共有八个凹进去的壁龛，每两个壁龛之间，交替分布着金丝银线装饰的镜子或窗户。查尔斯将皮埃尔叫到身边，指着壁龛上方给他看。金色的壁柱以精美的葡萄藤和雕刻的月桂为饰，其上方是一排卵形拱顶；每两个拱顶占据了四分之一的屋顶，每隔一个拱顶，其椭圆框架内都有一个雕塑。查尔斯耐心而细致地为皮埃尔讲解 rinceau[②]的象征意义——其精美的叶形花纹随处可见——金银花、玫瑰结与木质边

① 滑铁卢战役：1815年6月18日在比利时小镇滑铁卢进行的决战，对战双方是法军和反法联军。反法联军获胜。拿破仑战败后被放逐至圣赫勒拿岛，自此退出历史舞台。

② rinceau：卷草纹条饰，是将莨菪叶形的装饰与螺旋花纹相结合而成，因其奇异、卷曲、伸展的叶饰纹样象征着生命力而被崇拜，多用作装饰建筑物的边缘和壁柱。

框上的金色珍珠回旋缠绕，形成一个个象征富饶、繁衍的螺旋状条纹，每尺每寸都赏心悦目，每分每厘都彰显着那个曾经奢华无比的世界。

查尔斯为眼前的艺术殿堂赞叹不已，他觉得，自己正身处一个濒临消失的世界，他想让儿子看一看他眼中的一切。“好好看看，孩子。”他对皮埃尔如此说道。房间里的屋顶是球形穹顶，下面是金色涡卷线状图案。墙上挂着几幅油画，其背景都是森林，数位美女斜倚在地，周围环绕着六翼天使，而长着翅膀的凡人正向她飞去——这是理想化的上古情景，树木繁茂的风景中蕴含着爱与和平。

在房间中央，查尔斯绕着一张12人的长餐桌转圈，鞋底拍打着嵌木和白象牙地板，为儿子跳起了舞。他做出拉小提琴的动作，嘴里哼着曲子，脸上挂着欢愉的微笑。“皮埃尔，”他对儿子说道，“这里就是你祖父生活的世界。他不是主角，而是作为主人的朋友受邀前来，因为他的军事才能和音乐才华受人赏识。”

离开的时候，查尔斯问皮埃尔是否知道自己要教给他什么。

“知道，爸爸。”皮埃尔答道，“我们家曾是这个世界的一分子，这个世界是属于国王和王室的，而我们在这个黄金大厅里深受欢迎。”

听到儿子的回答，查尔斯难掩心中高兴。“你很聪明，”他说道，“少年老成。但是今天的课刚讲了一半。”

离开冷清的阿拉蒙公馆，父子俩快步走到巴克街（rue de Bac）。查尔斯的步速更加匆忙。“历史课”的内容要变了。在经过圣日耳曼和拉斯巴依（Raspail）两条大道的十字路口时，面对眼前豪斯曼男爵翻建巴黎城的壮举，他脚步却未停。他想，这个可以以后再看。前面路上，堆着碎石，大学街（rue de Université）和里尔街（rue de Lille）的建筑物上空烟雾袅袅。在穿过大学街时，查尔斯瞅了一眼那里狭长的战壕，它就像一条深深的排水沟，堆着残骸碎片、石头、翻倒的马车。远处几个窗户里向外冒着烟，遍地狼藉。他领着皮埃尔绕过里尔街的街角，这里的状况更是糟糕。一辆马车被推倒，以马车为依托，再堆上碎石，构成一个街垒，以阻住来路。“这就是巴黎公社留下的东西，”查尔斯低声说道，他抬起头，看着几栋大建筑物的外观，它们都已经被拆毁了，只留下断壁残垣。看着眼前的残象，他做了个苦脸，闻到废墟里的酸腐气味，不禁屏住了呼吸。循着一条路，他们朝波马鲁公馆（Hôtel de Pomereu）走去——那里曾经历巴黎公社的洗劫和焚烧。

前方不远处，几个士兵正监督着数位壮工干活。他们从波马鲁公馆的大门里进进出出，把里面的垃圾和碎石搬出来，扔到大街上堆成一堆。查尔斯带着儿子穿过一面断墙，走进公馆的大院里。那里有两个绅士，他们身穿定做的外套，头戴礼帽，围着围巾，正监督一大群壮工干活，见到查尔斯带着儿子经过，则向他点头示意。再前面，三个壮工正在扶起一架翻倒的漂亮的红色马车；在他们身后门道处，是一具马尸，它身后还连着车厢，车顶已成了碎片。

查尔斯对儿子说道：“皮埃尔，跟我来。”他们跨过地上的窗玻璃碎片和陶瓷碎片，走上台阶，走进被火烧得漆黑的大门，走进室内。这所曾经华丽无比的私人官邸，已变得满目疮痍。一个石匠正带着徒弟们在这儿干活；他们已经修复了损毁的入口，正准备新建门框。宅子内部，其结构与阿拉蒙公馆颇为相似；右侧是一个宽大的台阶，但其墙壁已被煤烟熏黑，巨大的枝形吊灯已坠落在地，铁架扭曲变形，水晶碎了一地。

“波马鲁一家在巴黎公社暴乱之前就逃走了，”查尔斯一边说，一边领着儿子在破败中穿行，“这是他们的公馆遭到洗劫的原因之一。”他们走到前厅，查尔斯从枝形吊灯上解下一枚菱形水晶吊坠，将其交给皮埃尔，“拿着，孩子，以后只要是看到它反射的光线，你就能想起今天在这里看到的一切。”

他们穿过后厅，这里的碎玻璃比前厅更多，遍地都是推倒的橱子和桌椅。随后他们来到一个大房间内，可以看出，这里曾经金碧辉煌。查尔斯呆立在地，抬头看着圆拱屋顶，屋顶已经被烧毁了，烧焦的大窟窿反衬着上面的蓝天。

查尔斯低下头，目带怒光地看着屋里的惨况。一个希腊统治者的雕像已从底座上掉了下来，两只胳膊都已摔断，脑袋滚到了六英尺外的墙边，鼻子也摔没了。飞檐上的一对金天使有幸无损，但对面那一对已经掉在了地上。屋顶的壁画原是画在嵌板上，画工极为华丽，描绘的是法国历史上的一段故事，可现已被烧毁，满是烟灰。墙上的一幅肖像画，画的是波马鲁家族的一位先人，现已被一撕两半，耷拉在碎裂的金边画框上。屋里的镜子全是碎纹，片片碎镜映照着满屋凄凉。

查尔斯满腔怒火，眉头紧锁，但未说一句话。他只是拉起儿子的手，穿过房间，走出宅门，穿过院子，走到大街上。随后他们走上皇室桥（pont Royale），越过塞纳河。

“我带你去看看杜伊勒里宫。”查尔斯对皮埃尔如此说道。他们在桥上停留了片刻，只见蒙马特区和里沃利街（rue de Rivoli）上空飘着小团的羽状烟雾；更多烟雾飘扬在维尔公馆上空。“天啊，”查尔斯惊叹道，“他们把市政厅烧了。”

他们快步走了10分钟，经过塞纳河左岸的卢浮宫，来到昔日王宫所在地——杜伊勒里宫。这里已是一地残骸，石堆中冒着烟。一些人在废墟里翻找着，希望找到值钱的东西。查尔斯无言呆立，为王朝辉煌不再而默哀不已。

“难以置信，”父子俩看着眼前惨状，查尔斯不由说道，“苍天在上，那些暴民怎么会烧了这么美的宫殿？”

“爸爸，你看，”皮埃尔踢开几块碎石，扯出下面的一段红布。布已经被撕烂了，但还能看到上面绣着的白色十字。“红十字会曾在这里待过，”他对查尔斯说道，“我回去告诉妈妈。”

查尔斯叫住路过的一辆出租车，带着皮埃尔去了圣玛丽－玛德琳教堂（Church of Sainte-Marie-Madeleine）。他们走进教堂，在座位上坐下。查尔斯祈祷片刻，然后带着皮埃尔走下教堂前台阶，去了迪朗餐厅（Restaurant Durand）。他们在餐厅的户外餐桌前坐下，看着眼前的玛德琳广场（Place de la Madeleine）。

"腌肉，谢谢。"查尔斯对侍者说道。

对圣克莱尔来说，这个下午可谓漫长；而顾拜旦的讲述已近尾声。这段往事成了此后他们父子关系的"试金石"。他们俩都从未忘记那段经历。事实上，他们还为其起了个名字，叫"荣耀和废墟间的行走"。后来，每当想起往事，或每当提起法国历史上的宏伟建筑，他们总会提到父子俩当天的散步。此后他们还有过多次类似散步的经历，而每次都能带给顾拜旦新的见解。

暮色渐浓，日影东斜，圣克莱尔还在记录着顾拜旦的回忆。他能看出，眼前这位老人已经有点累了，需要一些新鲜空气，可是，他还有个问题要问。

"在迪朗餐厅吃过饭之后，又发生了什么？您父亲表达过他的愤怒之情或者向您解释过此行对他的意义吗？"

顾拜旦叹了口气，说道："是的，他想确保我能明白他所讲授给我的一切。"他继续着原初的回忆。

"父亲静静地坐了一会儿，看着眼前的腌肉，仍对刚刚目睹的废墟满心愤慨。是的，他是个艺术家，可他不是个反对冲突的麻木的画家。他生养了两个军官，也相信王室能带领法国走向辉煌，跟他那个年代的很多法国人一样，他希望王室的辉煌能够回归。但现在，他所看到的'革命'，不过是种种破坏。所以，他对那些争取人权的革命分子并无好感。他喝着红酒，我们俩隔着桌子相对而望。我能看到他眼中的怒火，他的愤怒清晰可辨。

"他看到我有些不安，知道他的反应和沉默令我担心了。他是个很体贴的人，一下子想到这次带我出来散步原本是要教给我一些重要的道理。

"'皮埃尔，'父亲说道，'今天我们见到了巴黎的两面。'说着，他停顿了片刻，考虑该如何向我表达他的观点。'一面是辉煌，一面是废墟。'

"这时，侍者端来一个小木碗，还拿来两个绿苹果。父亲微笑着向他表示谢意。他拿出一把小折刀，展开刀刃，开始削苹果。他把削好的苹果削成块，用刀子叉给我吃。

“孩子，我想让你看的是，人如果任创造的本能自由驰骋，调动内心深处的艺术灵感，那他就是极优秀的；如果他放纵心中的暴虐，与嗜血的暴民同流合污，四处放火劫掠，那他就是极邪恶的。艺术能唤醒人身上高尚的志向；暴力则使其堕入邪恶的深渊。前一种本能会改良社会，后一种则是带来毁灭。若想拥护人权，就该建一座民主的教堂，而非烧毁邻家的大楼。

“说完，父亲再度陷入沉默，我也无言以对。我的嘴里满是苹果汁的香甜，他的话语却令气氛非常苦涩。

“父亲接着说道：‘孩子，我无法想象法国未来的境况，也不知道你的将来会是怎样。但是，这个国家需要政治稳定，国人自相残杀的疯狂不可继续。也许你这一代人能找到出路，使法国重现昨日辉煌。’

“说完，他目带渴望地望着玛德琳教堂的石柱。我顺着他的目光看去，只见其外观是希腊神庙样式，显示着古代的经典成就。”

12

艺术家

在圣克莱尔与朱丽叶搬到洛桑一个月之后，3月初的一个早上，圣克莱尔刚晨跑回来，在厨房里冲咖啡，等着朱丽叶醒来。他考虑着当天与顾拜旦的访谈，预想着探知艾弗里·布伦戴奇——美国奥委会颇有争议的领头人的一些情况。顾拜旦和他定于当晚与艾弗里·布伦戴奇共进晚餐，圣克莱尔不禁想象着顾拜旦会如何与布伦戴奇打交道。他考虑的还有，怎样才能在布伦戴奇离开洛桑之前与他做一次访谈。

这时，朱丽叶身穿浴袍，脚踩毛绒拖鞋，从卧室里走了出来。“给我倒杯咖啡，”她对圣克莱尔说道。接着，她拉开了窗帘。阳光倾泻入室，照在画架上的画布上。她目视窗外，圣克莱尔给她端来咖啡，她转过身来接住。

“睡得怎么样？”圣克莱尔问道。他弯下腰，吻着朱丽叶的脖子，嗅到她未洗的头发的香气。

“睡得很好。可是你看这里，油彩画的噩梦啊。”朱丽叶说道。画布上画的，是他们每天见惯的壮丽的山景，可是却平淡无奇。她是写实画法，没有大胆的着色，笔触和意象也全无她巴黎风景画的风采，后者大都以建筑和雕塑为主题。圣克莱尔开始担心：在这里，朱丽叶的激情和灵感会变得不足；而他知道，这可是个大麻烦。

“这是我两周时间里的第三幅风景画了，”朱丽叶抱怨道，“我看够风景了，也不愿再画静物——花瓶、花草、陶瓷……我要画人物。”

“好，那就画人物。”圣克莱尔说道，“梅斯里博士推荐的那个艺术班，你还没上；你没到圣弗朗索瓦广场去素描，那里来来往往有很多瑞士人，也许你只需要跟本地人交流一下。另外，咱们离开巴黎前你搞的那个系列玻璃艺术研究怎样了？”

“那是抽象艺术，雅克，这里不是搞抽象艺术的地方。我告诉你我想干什么吧，我要见见顾拜旦，跟他谈一谈。这么长时间了，你一直把他据为己有。”

“才不是这样，你见过他呀。”圣克莱尔走到桌前，解开篮子上的盖布。篮子里盛着数个羊角面包。

“那只是在人行道上简单的相互介绍，不算。你就是把他据为己有了。”朱丽叶坐在桌子对面，微笑着对圣克莱尔说道。“你每天晚上回家时，都收获了许多他的人生故事，那些事也许再没有第二个人知道。可我呢，还对他一无所知。”

“嗯，梅斯里博士夫妇下下周要举办一次聚会，在那里你就能见到大家了。”

“我不想等着参加那次聚会，我说的不是这个意思。你步入了一个新的世界，有机会浏览一个人的人生经历，还有他创办的全球盛会。我想见见他，看看他是什么样的一个人，我还想为他画画。”

“你想画顾拜旦？这就是你想对他说的事？”圣克莱尔颇为惊讶。此前朱丽叶从未表现出对肖像画的兴趣。

“是的。他的世界里有太多象征意义，有各种连线——过往，古代神话，年轻人，政治领袖，优秀运动员，旗帜，庆典……”说着，朱丽叶走到门口，看着远处的风景——亦是她最近作画的主题。“我很好奇，像他这样一个生活在以上种种因素中心位置的人，从他眼中能看到什么。”

“啊，我明白了。你是想跨入我的世界，分享我的经历。”

“是的，雅克，我承认是这样。我想看看这个小个子的体育天才到底有多么了不起。‘体育天才’——你就是这样描述他的，对吧？”

“有时候是这样称呼他；我想用这个词当书名。”

“好吧，你已经勾起我的好奇心了。不仅如此，他出身于一个艺术家的家庭，也许他喜欢让人给他画像，就以现代奥林匹克的风格。”

“奥运风格？”圣克莱尔问道，“那是什么风格啊？好吧，午饭过后我把他请到家里来，到时候你自己问他。我肯定，皮埃尔一定喜欢跟你聊天。”

圣克莱尔回来得比预想的早了一些。顾拜旦却没有随他一起过来。他听到浴室里传来朱丽叶的歌声。他知道这首歌，歌名是 *Give My Regards to Broadway*[①]，是一首美国老歌；朱丽叶是小时候从她母亲那里学来的，常常会在洗头发时唱它。圣克莱尔蹑手蹑脚地走进浴室，一把拉开了浴帘。朱丽叶吓了一跳，扯过浴帘裹在身上。

“皮埃尔来了？”朱丽叶问道。

“没有，他来不了。”圣克莱尔答道。说着，他坏笑着去抓朱丽叶身上的浴帘。朱丽叶面带嗔怒，眉头皱了起来。圣克莱尔赶忙解释道：“我们跟布伦戴奇一起吃了晚饭。我想，他们随后还有两三个会要开。皮埃尔说愿意跟你共进午餐，但得等到布伦戴奇走了以后。时间是星期五，地点是克鲁瓦·德奥奇餐厅。我跟他说，你喜欢巴黎，特别想听听他在巴黎7区的成长经历。”

“嗯，这倒是真的。”朱丽叶赞同道。随后，圣克莱尔走出了浴室。

片刻之后，他听到朱丽叶又开始唱了起来：

Say hello to dear Coney Isle, if there you chance to be.
When you´re at the Waldorf have a"smile"and charge it up to me.
(如果你有机会，向亲爱的老康尼岛问好。
当你在沃特福，替我“微笑”一下。)

---

① *Give My Regards to Broadway*：中文译名为《向百老汇致敬》，20世纪初美国流行歌曲，是乔治·M.科汗（George M. Cohan）为1904年在百老汇首演的音乐剧《小约翰琼斯》（*Little Johnny Jones*）写的一首歌。1999年NPR（美国国家公共电台）将其收入20世纪美国百首音乐经典。

圣克莱尔笑着坐了下来。他拿出笔记本，想读一读最近的访谈记录。当他翻到当天上午的访谈内容时，他想起来——他告诉顾拜旦说，他魅力非凡的美国未婚妻、一位画家，想要见见他时，顾拜旦的眼中闪烁着愉悦。圣克莱尔还考虑着，顾拜旦会不会愿意与朱丽叶相处。这时，朱丽叶已经唱到了副歌部分：

Give my regards to Broadway, remember me to Herald Square.

Tell all the gang at Forty-Second Street, that I will soon be there...

（向百老汇致敬，记得替我先去先锋广场。

告诉所有在四十二街的伙计们，不久我将回去……）

13

实业家

布伦戴奇风风火火地走进门。他脱掉昂贵的束带雨衣，甩掉上面的雨水，将雨衣与帽子一起交给餐厅领班。顾拜旦、梅斯里、圣克莱尔三个人起身迎接着他。布伦戴奇身材魁梧，身形与梅斯里相仿。他大步绕过桌子，弯腰与顾拜旦拥抱——考虑到二人身材差异很大，此景甚是怪诞，但其热情是真挚而明显的。拥抱完毕，布伦戴奇后撤一步，站直身子，大手紧握着顾拜旦的前臂，面带微笑，目带热诚地注视着眼前的这个小个子老人。

"您气色很好，主席先生[①]。您健康的脸色连年轻人都羡慕啊。"说完，他循着顾拜旦的介绍，大力地与圣克莱尔握手。

"雅克·圣克莱尔，久闻大名啊！"布伦戴奇赞道。圣克莱尔觉得一股气流迎面吹来，不由得眨了眨眼睛。"你到洛桑来工作，是天降大任啊，我明白的。"说着，他朝顾拜旦眨了眨眼，又快速绕过桌子，一把抱住梅斯里，叠声大呼"弗朗西斯"，惹得周围人纷纷注目。

寒暄过后，大家各自落座。圣克莱尔注意到，布伦戴奇在等着顾拜旦先开口。

---

① 1894年6月23日，国际奥委会正式成立，希腊人泽·维凯拉斯担任国际奥委会主席，顾拜旦担任秘书长。1896—1925年顾拜旦担任国际奥委会第二任主席，1925年退休后担任国际奥委会终身荣誉主席，他在1894—1925年间一直兼任国际奥委会委员。

“见到你很高兴，艾弗里。”顾拜旦说道，“你能来真是太好了。”这时侍者拿来一瓶酒，请顾拜旦检视。“这瓶酒产自圣埃美隆[①]的多米尼克列级酒庄（Château La Dominique Grand Cru），希望能合你意。”顾拜旦侧目对布伦戴奇说道。

“年份是1930年？”

“当然。”

“您高雅的品位一如既往，主席先生。我很高兴能与您共享这瓶波尔多名酒。”

“从伦敦到洛桑，旅途可顺利？”顾拜旦问道。

“一帆风顺。”布伦戴奇答道，“我替西格弗里德捎来对您的衷心问候，”说到这里他停顿了片刻，目光直视圣克莱尔，“还有几个想法——我们相信值得您考虑一下。”

圣克莱尔能听出来，在与奥运复兴的元勋交谈时，布伦戴奇的语气中带有明显的顺从和尊重。这是一种从容而忠诚的态度，来自一位众所周知在任何人面前都不会弯腰屈膝的，甚至是强势好斗的人。他是个成功的美国实业家，一位建筑业巨头，对亚洲艺术和法国酒品位不凡。在奥运圈子里，人人皆知他对业余主义[②]一腔热情，对顾拜旦的奥林匹克理想无比推崇。

圣克莱尔知道一些布伦戴奇的情况。他曾代表美国参加了1912年（瑞典）斯德哥尔摩奥运会，在五项全能项目中获得第6名。在那个项目上，吉姆·索

---

① 圣埃美隆：St Émilion，位于波尔多（Bordeaux）东北部35千米处，多尔多涅河右岸，优质葡萄酒产区。

② 业余主义：是指参加奥运会的选手不能从他所从事的运动中获取报酬或奖赏。这是顾拜旦提出的一种理想，也是奥林匹克运动早期坚持的理念之一，被视为奥林匹克精神的重要基础，目的是为了保障奥运赛事的高尚和公正，为各国业余运动员提供一个互相切磋、公平竞争的场所。但从提出这一理想之日起，“业余”与“专业”之间的摩擦和冲突就从未停止。下文提到的美国运动员吉姆·索普，他在1912年斯德哥尔摩举行的第五届奥运会上获得两枚金牌，却因查出曾参加过棒球比赛并接受25美元周薪而被追回两枚金牌，并取消了他奥运会的参赛资格和创下的世界纪录。1980年的代表大会上，国际奥委会从《奥林匹克宪章》中删除了有关“业余原则”的规定。1988年，职业网球选手出现在汉城奥运会赛场，纯业余运动时代结束。

普[①]轻松夺冠。虽已过去25年之久，但布伦戴奇对体育运动的兴趣不减，他身体健康，而且，在圣克莱尔看来，其身材宽厚结实，就像个美式橄榄球运动员。布伦戴奇像个士兵一样昂首挺胸地坐着，肩膀和有肉的四方脸不时移动方向，以示对每位讲话者的倾听。他有些谢顶，稀疏的头发向后梳起，上面掺着几缕白发。他长着圆鼻子，厚嘴唇，胡须刮得干干净净，面貌颇为耿直，而其金属丝框架的眼镜为其增添了几分文气。他身着深灰色西装，系着斜纹领带，翻领上缀以时髦的缉面线，里面是一件白色纽扣领衬衫，仪表堂堂，无可挑剔。

“主席先生，蒙您容许，”布伦戴奇说道，拿出一个系着拉绳的红丝绒小包，将其放在桌子中央，“小小礼物，不成敬意。”

顾拜旦似乎犹豫了片刻，圣克莱尔觉得很奇怪——他是不是因为忙着考虑重大工作事务，而暂时扔掉了应变能力。但很快顾拜旦就反应过来，他向前倾身，露齿而笑，伸手去拿丝绒包。圣克莱尔目不转睛地看着眼前的礼节应答。他知道，在奥运大家庭里，赠送小礼物已成了一种社交习俗，以表达送礼者的仰慕或感激之情。梅斯里说过，这一传统始于顾拜旦本人，而布伦戴奇成了此传统的热情实践者。

顾拜旦解开丝绒包，一个精美的象牙雕塑呈现眼前。雕塑为手工雕刻而成，长约4英寸，其形象是一位日本武士。顾拜旦将其托在手上，仔细观看。“真漂亮，雕工很棒。”说着，他将雕塑递给梅斯里。

“这叫netsuke[②]，主席先生，是日本历史悠久的微雕艺术，极具收藏价值。”

“谢谢你，艾弗里。”顾拜旦说道。

在吃饭过程中圣克莱尔得知，顾拜旦先前要求布伦戴奇与西格弗里德·埃德斯特隆会面，详细商谈如何解决柏林对国际奥委会的威胁。梅斯里随后明确表示，顾拜旦认为当前布伦戴奇和西格弗里德·埃德斯特隆是国际奥委会的两大栋梁；并且，倘若巴耶－拉图尔的健康状况继续恶化，他们二人无疑是主席

---

① 吉姆·索普：Jim Thorpe，1888—1953，美国印第安人，在1912年斯德哥尔摩奥运会上，以破世界纪录的成绩获得五项全能和十项全能两枚金牌。

② netsuke：日语“根付（ねつけ）”，日本传统工艺品，原是系在荷包、钱包等绳端的吊坠。

的必然人选。圣克莱尔知道，布伦戴奇和西格弗里德·埃德斯特隆在某些事情上令顾拜旦烦恼，而顾拜旦不是那种善于掩藏不快情绪的人。尽管他已不再掌权国际奥委会，但也会不遗余力地拯救奥委会，使其远离德国人的魔爪。圣克莱尔不知道的是，顾拜旦会在何时解决这个问题。

吃饭过程中，布伦戴奇详细叙述了柏林奥运会举办得是多么成功，还说杰西·欧文斯载誉回到美国，成了国民英雄。布伦戴奇极力想让别人承认——一是一直以来他所做的都是正确的；二是任何针对美国参加此次奥运会（美国参赛一事曾在国内引发大规模抗议，几近抵制）的讨论都只是帮倒忙。

这时顾拜旦插话道："的确，这届奥运会效率很高。德国人的后勤工作一向出类拔萃。"说完，他倚在椅背上，矜持而有礼。"但是，这届奥运无异于耀武扬威，赛场内外全都是军装，不过是想把体育运动政治化，并利用我们的奥运来提升他纳粹的形象。"

"请恕我直言，这不仅仅是效率的事儿，"布伦戴奇反对道，"还有，纳粹的推广宣传也不算大张旗鼓。"

仿佛突然打开了开关一样，顾拜旦身上立刻有了变化。他的身形变大了，姿态更为显著，其肘部抵着桌面，上身似乎抬高了很多。圣克莱尔一瞬间发现了顾拜旦的神态转变——他突然间变得自信决绝，从原本的落魄中破壳而出，精神矍铄，一副万人之上的领袖气魄。那个曾经意志坚定、运筹帷幄、移山倒海的人，那个能开启民智，使芸芸大众明白自己能开创美好未来的人，再度出现在桌旁。

顾拜旦说道："艾弗里，首先，你对美国参与柏林奥运会的说法无可厚非。"

圣克莱尔瞥了一眼梅斯里，显然，他也同样被顾拜旦的气势所震撼。只听顾拜旦继续说道，刻意酝酿着字眼：

"对你通过不懈努力以使你的国家参赛一事，我深表赞同。可是，被我们选中举办奥运会的那个德国，与3年之后的德国，已是江山更迭。[①]然而，不论是主办国还是参赛方，不论哪一方的政权有了变动，我们都不能让奥运委曲求全。”说到这里，他停顿了片刻以示强调，接着加重语气说道：“可是，你和西格弗里德为了迎合纳粹，就表现得过于顺从、过于宽厚。尤其是你，艾弗里，你放弃了底线，连那些对排犹[②]政策的合理抗议——不仅是德国排犹，别的国家也有这种现象——你都视若无睹。在我看来，你是在为巴耶－拉图尔的屈服让步铺路搭桥。我知道他曾经对希特勒很强硬，比如说，他曾要求撤掉所有种族歧视的标识，可他一天天变得软弱下来。”

布伦戴奇马上为自己辩解：“主席先生，他们的奥运组织工作确实做得很好，可谓盛况空前。还有火炬接力，那也许是首届雅典奥运以来最棒的创意。”

“这一点我同意，艾弗里。”顾拜旦说道，“他们是象征主义的大师，而火炬接力，是不朽的奥运精神的恰当体现，令人赞叹。然而，尽管他们有丰富的人力物力和强大的推广能力，我们也不能让国际奥委会明珠暗投。要是被纳粹控制，那真是天理难容。”

圣克莱尔能够看出布伦戴奇有些懊恼，但他选择了让步，不愿再顶撞他的老领导。只见布伦戴奇点了点头，明显是注意到了顾拜旦眼中的怒火。

“我同意，主席先生。”布伦戴奇说道，语调放低，顺从了很多。“西格弗里德也是。对德国人的威胁，我们不会掉以轻心的。”

可顾拜旦并未就此偃旗息鼓。“你知不知道蒂姆到布鲁塞尔，向巴耶－拉图尔递交了提议？”

---

① 1932年（一说1931年），国际奥委会将第11届奥运会会址选在柏林，当时纳粹尚未上台。1933年以阿道夫·希特勒为首的纳粹党夺取了德国政权。鉴于当时的德国政治形势，1934年国际奥委会讨论了是否仍在柏林举行奥运会的问题，并专门成立了一个调查委员会，前往德国实地调查。负责这次调查的正是当时国际奥委会委员艾弗里·布伦戴奇。国际奥委会因受希特勒宣传和表面现象的蒙骗，以及当时欧洲推行绥靖政策的影响，最后仍维持了原议，同意在柏林举行第11届奥运会。

② 希特勒纳粹主义思想理论的核心之一，即种族优越论，竭力鼓吹要保持雅利安人（指欧洲日耳曼人）种族的纯洁性，就必须排斥和征服劣等的犹太民族。纳粹党在掌权之前就大肆宣传反犹排犹，掌权后即大肆迫害犹太人。整个第二次世界大战期间，被残酷屠杀的犹太人约有600万。

“这事儿我不知道。不过我知道，在柏林奥运会结束前，戈培尔和希特勒就讨论过要把德国定为奥运会的永久主办国。还有，德国会加大投入，推广奥林匹克运动。”

这件事出乎大家意料。圣克莱尔颇为震惊，而顾拜旦的语气中带着恼怒：“你早就知道？你还跟他们讨论过？”

“不，不是讨论，只是随便聊了聊，而且，我当时直截了当地告诉戈培尔说，这事绝无可能。我说得很清楚——各国首都轮流主办奥运，这是《奥林匹克宪章》的原则，不可违反。”

顾拜旦不再批评布伦戴奇。他已经阐明了自己的意见，也明白布伦戴奇站在自己这一边。“那么，艾弗里，你觉得现在咱们该怎么办？”

“嗯，首先，我们要通过执委会[①]来否决蒂姆的提议。也不会让巴耶-拉图尔表态支持。”

“你是说，由执委会邮寄投票？”

“我会尽快安排。”布伦戴奇说道，“明天我就跟布罗内说。”

“蒂姆那边怎么办？”听到这句话，圣克莱尔支起了耳朵，他知道，这个问题的答案决定着奥运的历史。

布伦戴奇的回答颇为干脆：“我们会不遗余力，把他踢出奥林匹克运动。”

顾拜旦迅速应道：“真要到了那一步，真要开走一个的话，我宁愿放弃莱瓦尔德[②]，冯·哈尔特是不能碰的。”

对于顾拜旦弃西奥多·莱瓦尔德、保蒂姆的决定，圣克莱尔颇为惊讶；毕竟，西奥多·莱瓦尔德曾担任柏林奥运组委会主席。

---

① 即国际奥委会执行委员会，是国际奥委会的法人代表，主持国际奥委会的全部活动。执委会成员由国际奥委会全会以无记名投票选举产生。执委会主席任期8年，可以竞选连任一次，但是只有4年的任期。副主席和其他委员任期为4年。任期已满的执委除非竞选副主席或主席，否则不能竞选连任。

② 莱瓦尔德：Theodor Lewald，1860—1947，德国著名体操运动员。1895年进入德国内政部工作，成为一名公务员。1898年被任命为体育和娱乐委员会国务秘书（相当于体育部长），后任德国奥委会主席，国际奥委会委员、执委会委员，1936年柏林奥运会的组织委员会主席。

“纳粹一定会力保冯·哈尔特，”布伦戴奇说道，“而莱瓦尔德就好办多了。”

顾拜旦直言道：“我不愿过多削弱蒂姆的权力，也不愿让他上面的人难为他。这些年来，他做得一直很好，也很忠诚；但我敢肯定，在他的国家体制下，他只能自保而已。我觉得，形势所迫之下，他已经变成了一个投机主义者；而现在，他似乎要把自己的信念当作妥协的筹码了。我近期会让蒂姆来洛桑一趟，不会轻饶了他。”

“他阻止不了纳粹的大计。”布伦戴奇说道。

“是，他不能。但我们能。”顾拜旦说道，“你安排好执委会投票的事，我相信，蒂姆会明白他的提议无人支持，然后他就会回德国汇报了事。”

随后，他们的话题转向了杰西·欧文斯，气氛缓和了下来。接着，顾拜旦夸赞了圣克莱尔，说他那篇描写美国黑人杰西·欧文斯和德国金发白人跳远运动员卢茨·朗（Luz Long）友情的文章写得很好。此刻，餐桌上众人一心，其友谊象征着奥林匹克运动的核心使命——跨越边界，将全世界的运动员团结到一起。

晚饭结束时，顾拜旦强烈要求布伦戴奇和梅斯里与他共同参加第二天在国际奥委会办公室里召开的战略会议。大家离开餐馆，在大街上互相道别。布伦戴奇和梅斯里离开后，顾拜旦拉了一下圣克莱尔的衣袖，示意他稍停片刻。

“雅克，我希望明天你也能到场。”顾拜旦对圣克莱尔说道，“这可能是我最后一次在国际奥委会办公室里主持事务了，你最好过去看一看。”圣克莱尔点头同意了，他留意到，顾拜旦眼中的怒火仍未燃尽。

14

委员会

第二天上午，圣克莱尔早早地就沿着坡路去了蒙里普斯，他渴望看看顾拜旦、布伦戴奇、梅斯里在战略会议上的情景。他知道，这次会议的目的是针对蒂姆和纳粹而筹划的一系列行动。由于布罗内生病不能参会，圣克莱尔猜测，梅斯里会帮助顾拜旦与国际奥委会的几位年轻领导人在策略上达成协调。

看到圣克莱尔到场，布伦戴奇明显吃了一惊，他带着疑心眯起眼睛，目视了圣克莱尔片刻。大家各自拉过椅子，在顾拜旦的桌前围成一圈。圣克莱尔觉得自己真真正正坐在奥运历史的车轮上。他们三人穿得很正式，均为西装、马甲；但会议也有温馨亲密的一面——顾拜旦有意将自己的椅子拉近，挤得梅斯里等人紧凑地围坐在一起，几乎膝碰膝。

大家先是谈笑了昨晚的酒以及随后的酣睡，接着顾拜旦开始说正题。他的讲话以一段颇为伤感的回忆开始，但明显别有用心。

"艾弗里，"顾拜旦说道，"你还记得迪东神父吗？"

"当然记得。"布伦戴奇答道，"虽然我从未见过他，但我知道他的名言——'Citius, altius, fortius！'"①

① 即奥运会的口号"更快、更高、更强"。

“是的，他喜欢拉丁语。”顾拜旦说道，“我们对他无比怀念。19 世纪 90 年代我跟帕沙尔·格鲁塞[①]为法国教育改革斗得不可开交时，他坚定不移地站在我这一边。”

“我记得，你在《廿一年之运动》那本书里曾提到过，他帮助你把体育项目推广到了法国的各个学校，是吗？”

“对，”顾拜旦说道，“迪东深信体育运动的道德价值。他也是首位将我的体育理念完整付诸实施的人。他取得了巨大成功。以前我给英式橄榄球比赛当裁判时，经常和他一起参加训练。他体力充沛，一口气能跑 6 英里；他身材比你小一些，但非常结实。”

“我不知道他还爱好体育运动呢。在我想象里，无法把运动员和身穿长袍的神父联系起来。”布伦戴奇面带疑惑地说道，他同样纳闷的是，顾拜旦说这番话的用意何在。圣克莱尔也同样不解。

“是的，迪东在很多方面令人惊讶。他的口才和雄辩能力出类拔萃，煽动性很强，往往带有道德上的愤慨。我曾组织过一次颁奖典礼，参加的都是他的学生及其家长。他在典礼上发言。没记错的话，那是在 1893 年，或是 1894 年，地点是在圣朱利安（Saint-Julien）。他事先听说学校界有人曾发表过带有种族主义情绪的言论，他无法容忍这种行为。于是，在聚精会神的学生和惴惴不安的家长面前，他大义凛然地正面抨击了当时的丑恶现象——反犹主义，并一针见血地指出那其实就是种族歧视。他言辞辛辣，意在摧毁这种偏见，说其在上帝眼下无权存在。”

布伦戴奇低头盯着地板。顾拜旦注意到了，他话锋一转，说道：“好了，回忆到此为止。说正事吧。”

大家都看着顾拜旦，听他接下来要说什么。布伦戴奇也抬起头来看着他。

“首先，艾弗里，”顾拜旦说道，“我得确保你是一心一意的，还有，你得保证西格弗里德也没有二心。如有必要，你负责做通他的工作。你们两个人，

---

① 帕沙尔·格鲁塞：Paschal Grousset，1844—1909，法国政客、记者、翻译、科幻小说家。

虽然跟冯·哈尔特私交不错，也对纳粹心怀赞同，但都得意识到柏林的设想对奥林匹克运动的未来发展、其独立性和自主权的危害。”

“我明白，主席先生。”布伦戴奇说道。他陷入沉思，前额上的皱纹变得更深了。“我会竭尽全力，保证奥林匹克运动的独立性。”

顾拜旦倾过身，将手放在布伦戴奇的膝盖上，说道：“这个威胁不容小觑。艾弗里，我需要你来带领大家突破重围。”

“我会按您说的去办。”布伦戴奇有些激动。圣克莱尔猜想，这可能是他对忠心受到怀疑的反应。

顾拜旦坐直了身子，继续说道：“我们首先要做的，就是把巴耶-拉图尔排除在谈话以外。然后，让亨利给希特勒和戈培尔写一封信；再让他跟蒂姆、冯·哈尔特、冯·查摩尔打个招呼，告诉这些人——他自己已经成立了一个小型的委员会来详细评估他们的提议。”

“好主意。”布伦戴奇赞道，“我喜欢成立委员会这个办法。巴耶-拉图尔的工作不难做，他一开始就表示支持提议的条款，让他同意成立一个新的委员会应该不难。”

“你不要去征求他的同意，”顾拜旦说道，“你就原原本本告诉他我们的打算就行。”

“我？”布伦戴奇问道，“为什么是我去告诉他？”

“因为，是在你和埃德斯特隆的鼓动下，他才对德国主办方产生了赞同之心。所以，要让巴耶-拉图尔看清事情的真相——这是世界体育界的政变。而你，是‘教导’他的最佳人选。他不会抵制你。你得尽快动身去布鲁塞尔，我们不能再浪费时间了。”

布伦戴奇调整了一下坐姿，双腿交叉了起来。圣克莱尔能看出他有些不安——顾拜旦的命令毫无转圜余地。“这样的话，我就得调整从巴黎出发的安排了，不过我能安排好。会后我就给埃德斯特隆打电话，看他愿不愿意在布鲁塞尔与我碰面。”

“这个办法很好，”顾拜旦点头说道，“把我们的策略详细转述给他，还有，在这封信上加上你们三人在布鲁塞尔开会的内容。”说着，他从笔记本里抽出一封信，其内容早已拟好。他将信浏览了一遍，就把它递给布伦戴奇，说道：“就加在第一段后面吧。还有，这封信要让巴耶－拉图尔手写。”

布伦戴奇接过信，读道：“奥林匹克主义未来发展委员会——我喜欢这个名字。”

“理应如此，因为你是成员。”

布伦戴奇继续读道：“我曾征求过国际奥委会终身名誉主席皮埃尔·德·顾拜旦男爵，请他担任奥林匹克主义未来发展委员会主席；委员会的其他成员有：美国的艾弗里·布伦戴奇、瑞典的西格弗里德·埃德斯特隆、洛桑的弗朗西斯·梅斯里博士；由梅斯里担任秘书长。他们能力出众，明察秋毫，既了解历史，又对奥林匹克运动及其理念的未来需要有深刻见解；我对他们由衷信任。他们会逐条评估你的提议，并对所有适当行动提出建议，于9月份提交执委会；再由执委会在明年巴黎召开的国际奥委会会议上发起投票。”

“我们要在巴黎开会吗，我怎么不知道。”梅斯里插话道。

“尚未决定，”顾拜旦说道，“这只是个策略，把亨利排除在外，在解决那些可恶的投机主义分子之前，把控制权掌握在我们手里。”

接下来大家讨论了一系列事宜，有滑雪的比赛规则、奥运会商业化，而在业余主义这件事上争论尤为激烈。顾拜旦还想指责布伦戴奇两句，因为他对艾莉诺·霍尔姆（Eleanor Holm）的处分太过严厉。艾莉诺·霍尔姆是美国游泳运动员，她在随国家队乘船前往德国参加柏林奥运会的旅途中喝了酒，布伦戴奇把她从国家队开除。但布伦戴奇固执己见，顾拜旦也就不再与他争论了。圣克莱尔意识到，这也是顾拜旦的谋略——此事对顾拜旦不甚重要，却给了布伦戴奇一个重拾自信的机会。

会后，圣克莱尔请布伦戴奇第二天上午拿出1个小时接受他的访谈，布伦戴奇同意了。他上午9点要坐火车去日内瓦，于是与圣克莱尔约好7点在洛桑皇宫酒店会面。

15

奥林匹克哲学

第二天早上，当圣克莱尔来到洛桑皇宫酒店时，布伦戴奇已在这里等着他了。布伦戴奇坐在大厅后面玻璃墙边的一张桌子旁边，一边是架黑色大钢琴。他还穿着昨天晚饭时的那双亮面布洛克皮鞋和灰色条纹西装，但衬衣换成了蓝色，领带换成了红色。他面前是一杯卡布奇诺咖啡，他把眼镜放在咖啡的蒸汽上熏一熏，然后再擦干净，圣克莱尔是生平第一次见到这种擦眼镜的方法。他们交谈时，其声音在精致的窗帘和丝绒地毯的环抱中显得格外轻柔。

“我知道是弗朗西斯·梅斯里说服你，来给皮埃尔立传。”布伦戴奇开口说道。

“是的，我对他的故事很感兴趣，这个机会也是千载难逢。”圣克莱尔应道，“我的未婚妻是个美国画家，当时我们正考虑离开巴黎，换个生活环境，刚巧就收到了梅斯里的来信。”

“嗯，我明白了。梅斯里是个好人，一个忠诚的朋友。他积极促成为皮埃尔立传这件事，对奥林匹克运动而言可是大功一件。”

“梅斯里博士说，你曾资助过皮埃尔，给他津贴帮他渡过难关。”

布伦戴奇转头看着窗外，“嗯，我们试着帮他，一共筹集了5000美元，可他不要。他告诉我们，等他死了，把这笔钱交给他的家人。可他现在连维持生计都难。据我所知，虽然他家已经没有多少家财，可家里的财政大权完全掌握在男爵夫人手里，我认为她不可能给他多少。太可怜了，太不公平了。他现在是一贫如洗。”

圣克莱尔不禁纳闷，顾拜旦夫人是否真像传言中那样残忍无情。“你们不会给他一个国际奥委会的保留职务，每周给他付薪水吗？”

“倘若你了解皮埃尔，了解他对奥林匹克主义的贡献，了解他的阶层、家庭、背景，你就会知道，哪怕是从国际奥委会这里拿 1 分钱，都违背了他为之努力的一切，那是他为自己、也为我们立下的一个规矩。投身奥林匹克运动不是为了谋财，我们都以他为榜样，通过体育运动服务全世界。他宁愿身无分文地死去，也不会违反自己的志向。道义和理想是他的一切；也正因为如此，才使他成了一位非凡的领袖。”

“你怎么评价他对奥林匹克运动的贡献，以及复兴奥运的影响？”

“无价，无法估计；要是没有他，奥林匹克运动的发展就不堪设想。”布伦戴奇果断而激动地说道。显然，他对顾拜旦的奥运理念矢志不渝。“1894 年以来，他就是奥林匹克运动一切事务的掌舵人，是奥林匹克运动唯一的常量。如果把他从中抽离，剔除他的意志和驱动力，奥林匹克运动会就无法持续，奥林匹克运动也难以为继。他把一切都奉献给了奥林匹克运动：他的财产、他的精力、他的思想、他的文学天赋……奥运会就是他的孩子。奥运会是属于他的，而不是属于希腊、法国。奥运会是他的，而现在是我们的，因为他已将其传承给了我们。”

“可是，他并非复兴奥运的第一人，在他之前就有人做过。”

“是的，”布伦戴奇承认道，“但仅凭结果就能对他们做出评价。威廉·宾尼·布鲁克斯[①]是个杰出人物，可他所做的只是为了什罗普郡的人民，而非全世界。扎帕斯（Zappas）在希腊也做得不错，可惜半途而废。他们都没有顾拜旦的才华。顾拜旦看到了奥运会在全世界范围的潜力，他创建了一

① 威廉·宾尼·布鲁克斯：William Penny Brookes，1809—1895，英国外科医生、地方法官、植物学家、教育家，复兴现代奥运的先驱，在英国小镇马奇·文洛克（Much Wenlock）组织举办过奥运会。2012年伦敦奥运会吉祥物的名字“文洛克”即源于此。

套体系——各国奥委会、国际单项体育联合会、国际奥委会、洲级赛事——以保证奥林匹克运动的连绵不绝。”

“那他为什么知名度那么小？”

“外界关注的往往是运动员、赛场上的英雄，而非赛事的组织者，其管理者更在其次。身为体育记者，你应该很清楚，媒体最喜欢英雄事迹。而奥林匹克运动，除了少数贵族、商人、专业组织者以外，外人知之甚少。但是，总有一天，全世界都会知道皮埃尔的故事，明白他所做的贡献。而要实现这一目标，你的工作至关重要。”

“希望如此。在这方面，你认为我应该重点关注什么？”

“奥林匹克主义。”布伦戴奇毫不犹豫地答道。

“顾拜旦的奥林匹克哲学？”

“是的，他的哲学——通过体育运动实现友谊与和平。这是我们的奥林匹克运动与同类运动最大的区别。你可以让皮埃尔给你解释一下他的奥林匹克理想——他所创造的体育运动的思想体系。它以个体的卓越为基，最终实现国际上的理解与和平。这个理念充满了理想和抱负，是我平生仅见。”

“你似乎是这一理念的拥趸，却又为什么与德国人走得那么近？”圣克莱尔不禁纳闷，他怎么可能既维护顾拜旦的奥林匹克主义，又赞同纳粹主义。

布伦戴奇目视圣克莱尔片刻，最终开口说道：“我不是个十全十美的人。昨天你也听到皮埃尔说的那些话了。但他知道，我对奥林匹克理想的忠诚和热情是毋庸置疑的。我会继承他的志向，像他那样不屈不挠。”

说完，布伦戴奇沉默了片刻，又继续说道：“你知道，皮埃尔的人生经历是笔宝贵的财富，每个梦想成功的运动员都应该拥有。那就是百折不挠。这是顾拜旦的核心品质，百折不挠，无人能挡。这是自然之力。小小的个头，强大的精神，还有建设美好世界的愿景。”

“你的工作怎样？”圣克莱尔问道，“你愿意接过他的衣钵吗？”

“你的书写得怎么样了？”布伦戴奇反问道，明显是想避开上一个问题。

“他的故事非常迷人。现阶段，我们访谈的是他的少年时期，他的成长经历，他从父母那里受到的教导。”

“他的身体还好？”

“我不是医生，没办法回答。不过他仍定期划船，也常四处走一走。”

“很好。你的书，我什么时候能先睹为快？”

“下次你回洛桑的时候吧。”

“初稿什么时候完稿？”

“梅斯里博士给我定了一年时间。我计划从现在开始，到秋季结束，其间我会尽可能深挖皮埃尔的人生经历，到他启动现代奥运时为止。1896 年之后的事情，都有详细的史料记录，我就不多此一举了。”

“的确，那些都有档案。”布伦戴奇表示同意。

“我想好好发掘一下促成他的奥林匹克理想成型的因素。”

“我认为，1889 年巴黎世博会，也就是埃菲尔铁塔建成那年，对他的思想影响很大。”

“的确，”圣克莱尔说道，“那届世博会是他人生中经历的最重大的国际盛会，可是他关于教育和体育运动的观点应该是在此之前就有了。”

“嗯，”布伦戴奇说道，站起身来，“我等不及要拜读你的大作了，想好书名了吗？”

“我告诉你，不过仅限于你知我知。”圣克莱尔说道。他合上笔记本，站起来与布伦戴奇握手道别。他想，让布伦戴奇觉得他们二人有个小秘密也是无伤大雅的一件事。

“当然。”

“我想的书名是——‘体育天才’。”

“不错，我喜欢。”布伦戴奇说道。他转过身，背着身挥了挥手就离开了。

布伦戴奇走了，可圣克莱尔还在考虑这个人的两难处境。从刚刚短暂的访谈中，圣克莱尔从布伦戴奇这里了解了一些深层的东西——顾拜旦的性格、他在奥林匹克运动中无可替代的作用。可是布伦戴奇这个人，他对顾拜旦尊崇有加，对顾拜旦创下的奥林匹克主义哲学视若珍宝、矢志不渝。但他对纳粹的赞同显而易见，对业余主义也是固执己见。在离开洛桑皇宫酒店之前，圣克莱尔写下了他对布伦戴奇的一些看法——建设美好的世界是顾拜旦的伟大愿景，而布伦戴奇是其忠实拥趸，在他看来，令布伦戴奇对纳粹心生好感的，是其权力机构的权威及其高效的组织能力，而绝非其伐异暴行。

16

地 图

布伦戴奇离开后，圣克莱尔把注意力放回到传记上面。他翻开笔记本，读着顾拜旦少年时期的访谈记录。他不知道最后成稿时会有多少有关顾拜旦父子俩散步的内容，但他决定，既然顾拜旦说一共有十来次，那么，他要跟顾拜旦再谈谈散步的故事，然后再把重点转向圣依纳——对少年顾拜旦影响深远的学校生涯。

在蒙里普斯的办公室里，顾拜旦悠闲地翻看着桌上的文件，圣克莱尔坐在桌子对面，开始了他们的访谈。“这次咱们再简略说说您父亲带您出去散步的事，还有他教给您的知识。”

“我恐怕记不清每次散步的情形了，”顾拜旦说道，抬头凝视天花板，“我们去过很多地方，主要的地标建筑都去过了——荣军院、拿破仑墓、先贤祠、巴黎圣母院、孚日广场（Place des Vosges），还有凡尔赛和谢夫勒斯……”

这时圣克莱尔插话道：“不，不说历史景点，不说建筑，想一想他想教给你什么。”

“啊，记起来了，”顾拜旦说道，“有一件事我终生难忘。”

一天早上，吃过早饭，出门散步之前——我记得当时我们是打算去拉丁区看罗马废墟——父亲取出一张巴黎的旧地图。他拂净桌面上的面包屑，挪开盘子和银器，小心翼翼地将其铺在桌布上。那张地图是画在羊皮纸上的，折痕和边缘处已经磨损得发黄。它是我们家族传承下来的收藏品。

“这是几年前你祖父给我的。”他说道。

“他也带着你去散步吗，像我们这样？”我问道。

“对。他还给我讲了巴黎是怎么发展建设起来的。他可能也是从他父亲那里听来的，我记不清了。这幅地图画于18世纪中期，也许是在1750年，那时我的祖父还没出生呢。”

我站在椅子上，以地图作者的高度俯视其全貌。

“你看到什么了？”父亲问我。这是他最喜欢问的问题，也是引导我看得再仔细一点。这句话直到现在还时常在我脑海里回响。他那是在教我深入观察，看到表面以下的东西——不只看到眼前的景象，还要看到其背后的意义。

我仔细看着，不敢贸然回答这个问题。地图上，塞纳河尤为醒目，它蜿蜒着穿城而过，两岸尽是黑墨水绘成的教堂、小房子和狭窄的街道。我的目光并未流连在塞纳河里的沙洲，寥寥几条宽阔的林荫大道，巴黎圣母院、杜伊勒里宫，以及我家旁边的荣军院，而是注意到了一个由紧凑、蜿蜒的街道交织而成的迷人的大网。

“我看见一个迷宫。”我对父亲说道。

“很好，孩子。巴黎曾经是个迷宫；自中世纪[①]开始，杂乱无序的胡同和小巷逐渐蔓延成一个巨大的迷宫。这里面空气不畅，光线不足，人们就像被囚禁在监狱里，垃圾遍地，臭气熏天。

---

① 中世纪：Middle Ages，约476—1453，是欧洲历史上的一个时代。在这段时期，封建割据导致战争频繁，科技和生产力发展停滞。

“我小的时候，你祖父带我看到的巴黎就是这副样子。可是，身为一位军人，他教给我的并不是为市民把城市建设得更好，而是说要打通城市的街巷，以便军队开入，剿灭革命分子——他们四处设置街垒，弄得市区里大街小巷寸步难行。”

“他们还烧掉富人的房子？”我问道。

“是，他们对人心怀怨恨，就去烧人家的房子。”父亲答道，“你还看到什么了？”他把地图从桌上拿到地下，这样我就能从更高的地方仔细观看。“能看到什么规律吗？”

我眼前一亮，发现一些黑线条——巴黎城就像一组不规则的同心圆，于是开口说道：“有！我看见圆圈，不是很圆，大圈套小圈。”

“很对！”父亲赞道，“那就是巴黎的七堵墙。这些墙展现的，是巴黎从罗马帝国时期不断扩展的过程。从这些墙上，你能看出巴黎是怎么变化的。”

圣克莱尔正在聚精会神地记笔记，这时，他听到大厅里传来愤怒的喊叫声。顾拜旦抬起头来。

“皮埃尔！”脚步声渐近，是一个女人的声音。“你在哪儿？”她的声音愤怒而刺耳。门开了，一个女人走了进来——正是玛丽·罗赞·德·顾拜旦男爵夫人。她面带怒容，看到圣克莱尔在场，更是怒火中烧。圣克莱尔见过她的照片，现在见她毫无尴尬地直闯入门，不由得有些纳闷儿。

“你好，亲爱的。”顾拜旦亲切地说道，“这位是我朋友雅克·圣克莱尔，他是位作家。我跟你说过的，我们——”他顿了顿，看着圣克莱尔，继续说道：“正要出去散步。”

“我不关心你去哪里。”她说道，不为所动。

圣克莱尔站起身来，想跟她打招呼，可她对他置之不理。

“你动过我的包？”她盯着顾拜旦，责难道。

顾拜旦的脸变白了，他稍露吃惊，又悲苦地拉下脸来。他无颜再看圣克莱尔，只是对妻子说道：“没有，亲爱的，我没有。”

她身材不高，挺壮实，上身穿一件紧领波浪袖的白衬衫，下身是黑色毛料及地长裙。她的头发是棕褐色，在头顶梳成一个发髻。她的脸很小，虽已显老态，还因愤怒而带些红色，不过风韵犹存。

听到顾拜旦的回答，她有些烦躁。就在三个人尴尬地呆立原地的时候，她稍稍平复了情绪。“对不起，圣克莱尔先生，”她说道，“我没看到……”她的声音越来越小，到后来细弱蚊蝇。接着她转向顾拜旦，面带蔑视：“别碰我的东西。”说着，她转身摔门而去，噔噔地走回大厅，接着又是一声摔门的巨响。顾拜旦转身面向圣克莱尔，垂头丧气，欲言又止，想跟他解释什么。

“唉，女人啊，”圣克莱尔抢在他前面说道，希望缓和一下尴尬的气氛。“真是不让人省心，对吧？”可他真正想的是，跟这样一个女人一起生活是很痛苦的。

顾拜旦强笑着点了点头。“她把钱看得太重。”说着，他穿上外套，端起杯子喝掉咖啡，“咱们出去走走，回头接着说。”

他们沿山路而行，经过大教堂，走到大学主楼前面一片开阔的广场上。这时顾拜旦才恢复了镇静。但那份窘迫感仍在，就像幕布遮住了阳光一样。圣克莱尔知道，打破这种气氛的最好办法，就是继续刚才的访谈。于是他对顾拜旦说道：“咱们去喝一杯，趁着头绪未乱，把刚才的访谈结束。”顾拜旦同意了。

几口酒下肚，顾拜旦摇了摇头，从被妻子打断的地方继续回忆：

那天上午，父亲和我去了拉丁区，还逛了逛罗马浴池的废墟。他给我说了他的见解——为什么罗马人要在西提岛[①]定居——当然，从军事上来说，塞纳河是个天然屏障。他还使我对巴黎的最初规模有了直观的了

① 西提岛：Île de la Cité，又译城岛，是位于法国巴黎市中心塞纳河中的两座岛屿之一（另一座为圣路易岛），也是巴黎城区的发源地，著名的巴黎圣母院和圣礼拜堂都位于该岛。城岛的西端为一座墨洛温王朝的宫殿，它的东端从墨洛温王朝之后就被作为宗教场所，尤其是在巴黎圣母院创建之后。直到19世纪50年代，城岛大部分还是住宅区与商业区。

解[①]。父亲对我说，圣米歇尔大道原先是卡多·马克西姆斯大街[②]的一部分，直通罗马。不到一个街区之外，在穷人圣朱利安教堂[③]的后院里，墙边有一块巨大的暗黑色长方形石块，长约9英尺，宽约5英尺，大概1英尺厚。他让我猜猜那是什么。我端详了片刻，在其表面发现了一些磨痕。又看了一会儿，明白过来，那是战车车轮留下的痕迹。

“是罗马大路的石板！”我答道。看到我说对了，父亲很高兴。他说这只是路宽的一半，罗马人将路建成两块石板这么宽，以使两辆战车能够在上面并行，或一辆战车在上面轻松掉头，无须开到旁边的软泥地里。而这块石板，是迄今为止巴黎仅存的一块。

听到这里，我心里有些失落，很遗憾再没有机会领略一下过往的世界。类似的重要历史遗物每天都在消失，我不想失去它们。

我向父亲表达了自己的担忧，他说他很理解，但他想让我明白，历史从不会把经验教训和盘托出。“历史上的每一天，都蕴含着无数我们无法得知的秘密。”他对我如此说道。

接着，他带我去了圣日耳曼区的圣安德雷商廊（Cour du Commerce Saint Andre）。那里有一堵13世纪菲利浦·奥古斯都[④]修建的城墙，是巴黎最古老的城墙之一。他让我看墙上一个塔楼的基座。

吃午饭时，父亲给我讲了一些事，我将其铭记于心。那些话在我脑海中变成了一个真理，后来我反复思考，认为那是历史的核心道理。他当天心情不错，口才比平时好很多。

“孩子，我们这个城市，是由千百年来数道城墙围成的圆。在历史和

---

① 2000多年前，巴黎还只是西提岛上的一个小渔村，岛上的主人是古代高卢部族。公元前52年，罗马人征服巴黎，将其命名为吕泰斯，并逐渐将其发展成为一座城市。358年，罗马人在巴黎建造了宫殿，这一年也被视为巴黎建城元年。

② 卡多·马克西姆斯大街：le cardo maximus，又译“中枢大街”。

③ 圣朱利安教堂：church of Saint-Julienle-Pauvre，巴黎最古老的教堂之一，位于塞纳河左岸的巴黎第五区，建于13世纪，哥特式风格。

④ 菲利浦·奥古斯都：Phillip Augustus，1165—1223，法国卡佩王朝国王（1180—1223年在位）。

英雄命运的推动下，一代代人不断在上面增砖添瓦，使这个同心圆不断扩大。我们与这些人的记忆和魂灵并存，他们的故事诞生于此，生死难离。前人的唱诗，穿越时间的边界，传到我们耳中。孩子，在我们这个城市的地理中，精神、神话和历史三位一体。巴黎是个大都市，是灵感之源，这是艺术家们的共识。他们沉浸在其无形的光辉里，渴盼触到灵感的火花，再迸发出众生倾倒的伟大作品。这里有一种特质，能开阔人的眼界，振奋人的灵魂，用艺术的渴望促生新生事物。

“城市的繁荣，社会的昌盛，世界的日新月异，这些景象在历史中周而复始。古代的雅典和罗马、文艺复兴时期的佛罗伦萨、启蒙运动时期的巴黎，均是如此。我有种感觉——这里会再现盛世美景，一个新纪元、新天地、新思潮就在眼前。皮埃尔，我不知道自己能不能看到那一天。我是个保皇派，不是共和派；但以史为鉴，我能看到，那个圆圈始终在扩展，人权终会突破屏障。在我作画的那个小工作间里，如同封闭在自造的监狱中；我虽看到诸多信仰层出不穷，却不幸为自己的信仰所束缚。但是，这就是人生给我——也给你母亲——开通的道路，我欣然受之。”

17

圣依纳学校

三月中旬，布伦戴奇离开洛桑还不到一周时间，梅斯里在办公桌上看到一叠书稿。圣克莱尔在书稿上附了一张字条，说他尤其喜欢圣依纳及卡朗神父的内容，他考虑如何将顾拜旦的作品内容整合进传记里。梅斯里关上办公室门，把手头的事务先放到一边，迫不及待地读了起来。

每个星期天上午，顾拜旦一家都要步行去教堂。皮埃尔记得，从他们家在乌迪诺大街的门口算起，到教堂正门，一共有227步。他们在荣军院大街右拐，就能看见荣军院的金黄圆顶，然后再走一个街区，就到了圣弗朗西斯泽维尔教堂（Saint Francis Xavier）。这是个历史悠久的耶稣会教堂，其拱门的山形墙两侧各有一个钟塔。教堂正面是三扇木质大门，下面是宽阔的花岗岩台阶，门上镶有黑铁，刻着花结和天主教符号。

皮埃尔的母亲曾力促丈夫在绘画中赞颂宗教信仰，这是他们家族的传统，而拿破仑三世和罗马教廷都收藏了他的画作。同样地，她让家人每周都去圣弗朗西斯泽维尔教堂做礼拜，以表现其虔诚。皮埃尔以及任何受过耶稣会教育的孩子都知道，圣弗朗西斯是1534年圣依纳爵·罗耀拉创立耶稣会时的六位伙伴之一。他们以贫穷为愿，对教皇绝对服从。

“如此，我们同心同德。”——小时候，皮埃尔就能背诵罗耀拉所写的《与教会同思索的规则》（*Rules for Thinking with the Church*）中的句子。可是，年纪尚幼的他非常聪慧，并不像父母期望的那样对耶稣会的教条笃信不疑。

查尔斯和玛莉的两个年长的儿子已经进入军界，他们相信，皮埃尔会找到一份神职。可是，皮埃尔有着聪慧的头脑，无尽的好奇心和独立的精神，他的想法与父母的愿望大相径庭。在其佳作《传教士的离开》中，查尔斯曾将皮埃尔及皮埃尔的姐姐玛利亚画入；教会里人人皆知，这是父亲对皮埃尔的期望。然而，皮埃尔知道父亲是了解他的——因为即便是在画中，父亲也是将他画成回头面向画外，心不在焉，对画中的盛典漠然置之。

圣弗朗西斯泽维尔教堂几个街区之外就是荣军院教堂，其教众主要是在巴黎军校参训或服役的军人，但是，在圣弗朗西斯泽维尔教堂里，也有为数不少的军人教众。每个周日上午，圣弗朗西斯泽维尔教堂里都坐满了身穿军装、头戴羽毛军帽或考克帽的军官和士兵。神父主持礼拜，冗长枯燥的经文在拱形屋顶下回荡；皮埃尔则是观察着周围军装的不同设计以及上面象征荣耀的各种徽章。礼拜结束后，皮埃尔会告诉父亲——若是保罗和阿尔伯特也在，就会跟他们说——当天的礼拜上，一共有5个营、20个连。

很小的时候，皮埃尔就接受了基督信仰，并感觉到教众中圣灵的存在。宗教仪式上所灌输的、军队与教堂交融的爱国热情和民族自豪感，常常令他感动不已。每当歌颂神之战争及尘世冲突的赞美诗唱起，同胞们虔诚的颂歌声在教堂里回响，他就感觉到上帝及祖国的召唤，并随之心潮澎湃，满怀感激。他知道自己有一种使命感，那就是去为伟大的祖国做出贡献。但随着他慢慢长大，并学习了《福音书》[①]，了解了耶稣的故事之

① 《福音书》：Gospel，是以记述耶稣生平与复活事迹为主的文件、书信与书籍。在基督教传统中通常意指《新约》圣经中的内容，更狭义的是专指《马太福音》《马可福音》《路加福音》《约翰福音》四福音书。

后，他领悟到了爱之伟大，感觉到内心深处有种矛盾蠢蠢欲动。他不愿将其告诉家人，也绝不会背叛他的祖父及两个哥哥身上的军旅传承；但他开始怀疑——圣弗朗西斯泽维尔教堂那两座象征军队和教堂的钟塔是否真的密不可分。他开始以不同眼光看待耶稣对爱和修行的定义，而不再秉信武装冲突。

◎◎◎◎◎

1872年初秋，普法战争已结束一年，巴黎从德国入侵、巴黎公社内乱的双重打击中慢慢恢复，开始在第三共和国的统治下展开重建。一天晚饭时，皮埃尔的母亲召集全家人，说耶稣会要在塞纳河右岸马德里路（rue de Madrid）上建一所学校，培养优秀学生。这所学校名叫圣依纳（École Saint-Ignace），在此教学的神父水平很高，皮埃尔的母亲认为，圣依纳很快就会成为巴黎的一所名校，以培养国家栋梁而享誉。

“我们要让皮埃尔去那里上学，一开始招生就去。”母亲说道。皮埃尔正把一银匙汤送到嘴边，听言不由一惊。

“可是我喜欢咱们这个街区，妈妈。爸爸也说，我在沃吉哈赫高校（College of Vaugirard）学得很好”。皮埃尔抗议道，心里想的却是他刚刚在安托瓦内特（Antoinette）那里尝到的初吻。安托瓦内特是个黑发美女，住在荣军院广场（Les Invalides Esplanade）一栋住宅楼的六楼，就在一个街区之外。“我不想转学。”

“孩子，”皮埃尔的父亲说道，“沃吉哈赫的教学水平确实不错，你两个哥哥就是在那里上的学。可是，这个新学校里有博学多才的老师。他们在古典文学方面的造诣很高，我相信你也会喜欢住在那里的。”

“住在那儿？”皮埃尔说道，声音一下子拉高了，“你说我要住校？”他左右看着桌子两端的父母，他们四目相对，似乎已达成共识。

“是的，皮埃尔。”母亲说得很坚决，“能在圣依纳住校学习，是非常荣幸的一件事。”

“什么？皮埃尔不能走！”坐在对面的玛利亚说道。她的脸上，惊讶、激动、生气交织在一起，“弟弟年纪还小，不能让他走。”她请求道。

“皮埃尔不小了，需要对人生进行规划。不要忘了耶稣会的教育能塑造美德，也不要再争论了。”父亲说道，举起酒杯，“这位年轻的顾拜旦小伙子要走上命运的正轨了，大家一起举杯，为这千载难逢的机会干杯。”

大家举杯共饮，皮埃尔想的却是那天傍晚在安托瓦内特家阳台上的情景。她的父母都未下班，两人站在阳台上，姑娘的肩后是落日余晖下的荣军院金顶。皮埃尔闭上眼睛，探过身去，他们的双唇粘在一起，那是他从未感受过的甜蜜。我为什么要走呢，他心有不甘。

“皮埃尔，我已邀请卡朗神父前来见你。”母亲说道，“他明天上午就到。”

第二天，皮埃尔郁郁地坐在楼上的沙发里，呆呆地看着窗外墙边的老槐树，仍为转校的事而心中不快。他心想，什么时候气候转暖，园丁就会在树前的长条地里翻土，再种上蔬菜。沙发右边的壁炉里，火苗噼啪作响；母亲则坐在他对面的扶手椅上，背对窗户，对皮埃尔讲着新学校的事情，让他认真听。她好像什么都知道。

“学校的教学楼建得很好，孩子。沿着马德里路，是一排拱形长廊。校园两侧，是宿舍楼和教室，校园东边是礼拜堂。”

“校长是谁？”皮埃尔问道，他此前已听到些许传闻。

“是米歇尔·泰尔哈德神父（Father Michel Telhard），去年他就在沃吉哈赫任职。”

听到泰尔哈德神父又成了他的校长，皮埃尔很高兴。他是个坚强而乐观的人；他待学生很宽厚，不爱惩罚学生。众所周知，他喜欢精彩的辩论，欣赏每一个上帝派来的人才。

“我们今天要见的神父是谁？什么来历？”

“卡朗神父是位很有活力的老师，喜欢古代的东西，正是因为这个原因，我才希望你见一见他。他在索邦大学学历史，后来到阿维尼翁[①]入了神职。”

这时楼下的门铃响了。女仆莫德（Maude）前去开门。

“一定是他来了，”说着，母亲站起身来，“皮埃尔，要表现得尊重一些。”

“放心吧，妈妈。我会像个满心崇拜的侍祭一样。”皮埃尔正绕着沙发踱步，这时楼梯上传来脚步声。卡朗神父随着莫德走上楼来。

只见一头浓密的黑发出现在楼梯口，接着是一张英俊、微笑的脸庞，然后是宽阔的肩膀……卡朗神父走进屋里，直身站立。他个子很高，身材匀称。他身穿黑色毛料法衣，手拿一本很大的羊皮书，书的外面，拦腰紧紧地系着一根黑带子。皮埃尔的母亲上前迎着他，向他伸出手。皮埃尔则紧盯着他，在这一刹那他就明白，此人来者不善。

“欢迎你，神父。”皮埃尔的母亲说道，“你能来我们非常高兴。”

“夫人，很荣幸能造访贵府。”卡朗神父看看四周，见到墙上挂着几幅宗教画，赞赏地点了点头。“更高兴的是，能有机会见一见这位前途无量的学生。学校未建之前，我就早有耳闻。”

“神父，多谢夸奖。我们都很为皮埃尔自豪。”

“老师，见到您很高兴。”皮埃尔说道。他走上前，与卡朗神父握手致意。卡朗神父并未弯腰，或像对待小孩子那样，而只是歪了歪脑袋，伸出手，一本正经地说道：

“很荣幸，皮埃尔。”

从近处看去，皮埃尔注意到，卡朗神父法衣的袖口上缝了三颗纽扣，短披肩饰有缉面线，非常优雅。白领是刚刚浆过的，干净而硬挺。法衣正面，是一列铜纽扣，每颗纽扣上都有耶稣会的十字花纹。主宾各自就座，莫德端上咖啡和一盘玛德琳蛋糕。这时皮埃尔注意到，在卡朗神父的法衣下面，穿着一双黑色的靴子，靴子很旧了，鞋面上还有些划痕。他很高兴能看到神父并非不食人间烟火。

① 阿维尼翁：Avignon，法国东南部城市。

卡朗神父发觉皮埃尔正在端详他，但他并未说什么，而是将手里的羊皮书放在地板上，将其靠在椅子腿上。这样一来，皮埃尔就能清楚地看见书脊上的金字——《古代艺术史》，下面是作者的名字：温克尔曼。皮埃尔对这本书一无所知，但他觉得很奇怪——一个法国神父怎么会带着一本德国人写的书到他家里来。

卡朗神父向皮埃尔的母亲介绍了学校的建设进度，皮埃尔在一旁听着。听上去，一年级学生在学校竣工前就能入校就读，虽然有些不便，但不会打扰他们的学习。卡朗神父语带自信，还有些许兴奋。他边说话，边挥舞着大手，就像个意大利人一样。他坐得很直，并时常转身面向皮埃尔，不致让他觉得冷落。而在他转向皮埃尔的母亲说话时，皮埃尔发现，他的胳膊和后背强壮有力。他不禁好奇起来——这位神父是否坚持体育锻炼。

就在这时，卡朗神父转过身来，将注意力放在了皮埃尔身上。“据可靠消息，你对古代历史很感兴趣。是吗？”

“神父，”皮埃尔开口答道，没有丝毫犹豫，“家父有较深的法国及意大利渊源；家父家母对教会及传统也一秉虔诚。有鉴于此，我对历史兴趣浓厚也是顺理成章之事。是，我很喜欢古代历史。”

“有没有特别感兴趣的时间段？”

皮埃尔答道：“我对古希腊和古罗马的历史尤其感兴趣，文学、戏剧、哲学，以及——”说到这里，他偷瞄了一眼地上的羊皮书，就在他收回眼光之时，他看到神父嘴角上闪过一丝狡黠的微笑。“——当然，还有古代艺术和文艺复兴时期的艺术。”

“我知道你去过罗马。”

“是的，梵蒂冈教皇选举会议期间，父亲曾带我们一家去罗马朝圣。我们去过圣彼得大教堂、西斯廷教堂，到处都去了。我们去拜祭了祖先，我还有机会瞻仰了废墟中的古典艺术。”

“你很幸运，皮埃尔。”卡朗神父说道，“你的父母培养了你对古代文化的鉴赏能力，现在又要确保上帝赐予你的天赋和才华——你早已显现出了惊人的天赋和横溢的才华——尽情释放，以彰显上帝的荣耀。”

此前皮埃尔并未想过会因此会面而感动。但卡朗神父的话——他的真诚、他的语气、他的理解，尤其是他的慧眼识珠——令皮埃尔感动不已。他感觉到一种熟悉的激励、一种呼唤，要带他踏上寻古的使命。他的心情尚未平复，只听卡朗神父继续说道：“我有件事要忏悔，皮埃尔，而这件事你母亲早已知道。”说到这里，他咧开嘴笑了，皮埃尔的母亲也笑了，刚才卡朗神父对皮埃尔的夸奖之词令她甚是自豪。“我对希腊和罗马祖先生活的那个世界也有浓厚兴趣。我喜爱人类创造力的表现形式。我相信，约翰·约阿希姆·温克尔曼（Johann Joachim Winckelmann）的观点也是如此——”说着，他从地下拾起羊皮书，将其放在他与皮埃尔之间的桌子上，将书的正面对着皮埃尔。“——古希腊人所达到的艺术巅峰，至今无可匹敌。”

皮埃尔双眼盯着卡朗神父的手，卡朗神父翻开书，找到做了标记的一页；只见书页上是一张图，图上画的是古希腊的一座雕塑杰作。

“这是《观景楼的阿波罗》。”皮埃尔说道，他很高兴自己能认出这座雕塑，他们一家人到罗马旅游时，曾在梵蒂冈的贝尔维德尔花园里见过。

“那么，你一定知道下一页是什么。”

“《拉奥孔与儿子们》。”

卡朗神父将书翻过一页，倚在椅背上。皮埃尔仔细看着温克尔曼画的雕塑，这座雕塑，正是顾拜旦家族的意大利祖先菲利斯·迪·弗莱迪挖掘出的《拉奥孔与儿子们》。

“皮埃尔，”卡朗神父说道，“我有几堂课是关于古典艺术的，其中就会介绍到温克尔曼的理论。我希望你能出现我的课堂上。我认为，圣依纳所传授的古典艺术之深度和广度，是其他耶稣会学校比不了的。皮埃尔，这不仅仅是课程，而是一次旅行，是一次冒险——我们要在人类创造力的长廊里穿行，为的是感受上帝的荣耀，为的是好学之人的福祉。”

听到这里，皮埃尔抬起头来，说道：“神父，我喜欢这样的冒险。”说着，他站起身来，示意卡朗神父随他而行。他们二人向皮埃尔的母亲致歉，然后顺着楼梯走向皮埃尔父亲的画室。他们站在走廊里，欣赏墙上的油画。上面画的，是1506年菲利斯·迪·弗莱迪将《拉奥孔与儿子们》赠给教皇的情景。虽然年纪尚小，但皮埃尔能感觉到，对卡朗神父来说，能见到这一情景是种心灵的邂逅。

似乎是要印证皮埃尔的猜测，卡朗神父对他说道："我肯定，能认识你们一家，是上帝的旨意。"

接下来，皮埃尔带着卡朗神父参观了父亲的画室，为他介绍父亲的每一幅画作。下午，他们肩并肩坐着，一起翻阅温克尔曼的《古代艺术史》。书还没看完，皮埃尔与卡朗神父均已确定——圣依纳是皮埃尔的命中所属之地。

◎◎◎◎◎

1874年秋，皮埃尔与同学们在圣依纳的学习将满一年。有一天，卡朗神父激动地走进教室，向学生们宣布——他们将密切关注德国考古队在古奥林匹亚的发掘工作。他说，这是个千载难逢的机会，大家能在教室里跟进古希腊文化的再见天日。此次发掘工作由恩斯特·库尔提乌斯①主持，而卡朗神父的一位德国耶稣会好友正是考古队的一员。他答应会向卡朗神父随时通报重大发现。而皮埃尔，虽然只有11岁，却早已是班里的明星学生，他感觉到此次考古发掘会令人振奋。

"然而，我们的课不会等着与发掘工作同步开始，作为古典艺术课程的一部分，我们首先要学的，是帕萨尼亚斯②所写的《希腊志》。"说着，卡朗神父举起一本书以示强调。在当年冬季的课上，他拿来一本法文译本在班上传阅，让每名学生朗读一页古代世界的描述，还让学生们练习

① 恩斯特·库尔提乌斯：Ernst Curtius，1814—1896，德国考古学家、历史学家。

② 帕萨尼亚斯：Pausannias，2世纪（罗马时代）的希腊地理学家，旅行家。

希腊文到法文的翻译。

此后6年的时间里，德国考古人员每年冬季都会奔赴奥林匹亚开展发掘工作。每一学年，卡朗神父都会让皮埃尔的班级阅读德国人的考古发现，并将其与历史记载进行核对。前两年，他们关注的是宙斯神庙山形墙上的雕塑，以及使飞檐锦上添花的柱间壁。第三年，德国考古队有了此行最重大的发现——卡朗神父的耶稣会朋友寄来一封信，信中说，恩斯特·库尔提乌斯的考古队发现了古代著名雕塑《赫尔墨斯与小酒神》(Hermes of Praxiteles)。而他们正是在帕萨尼亚斯所描述的地点——赫拉神庙（Temple of Hera）柱基上——找到这座雕塑的。它被埋在15英尺后的土里，保存完好。

历史的确在圣依纳复活了，50多年后，皮埃尔·德·顾拜旦在其《奥运回忆录》中讲述了这一考古发现对其想象力的影响：

> 在古代历史中，奥林匹亚给我的精神食粮是无与伦比的。这个梦幻的城市将一项使命视作神旨；而这一使命，完全以人和物质为形式，却被视作生命力之源的爱国精神所净化和振兴。这个城市，伴着其连绵不绝的柱廊，在我青春期的视野里隐约可见。

1880年，皮埃尔以优异的成绩从圣依纳毕业。他做好准备，去寻找自己的发展之路。他知道，自己会无比想念那位塑造了他的智慧、授予他华丽文笔的神父。他甚至觉得，凡尔赛宫的喷泉，也无法盛下他的感激之情。皮埃尔还记得毕业前与卡朗神父的一次对话：

“神父，我觉得自己注定要做些什么，为法国做些什么。”皮埃尔说道，“我不知道是什么，但我知道我要去找到它。”

“你应该去找它，皮埃尔。”卡朗神父说道，“但是，如果它是你的使命，它会找到你的。不用担心，不论它是什么，它会找到你的。”

第三章　艺术与爱

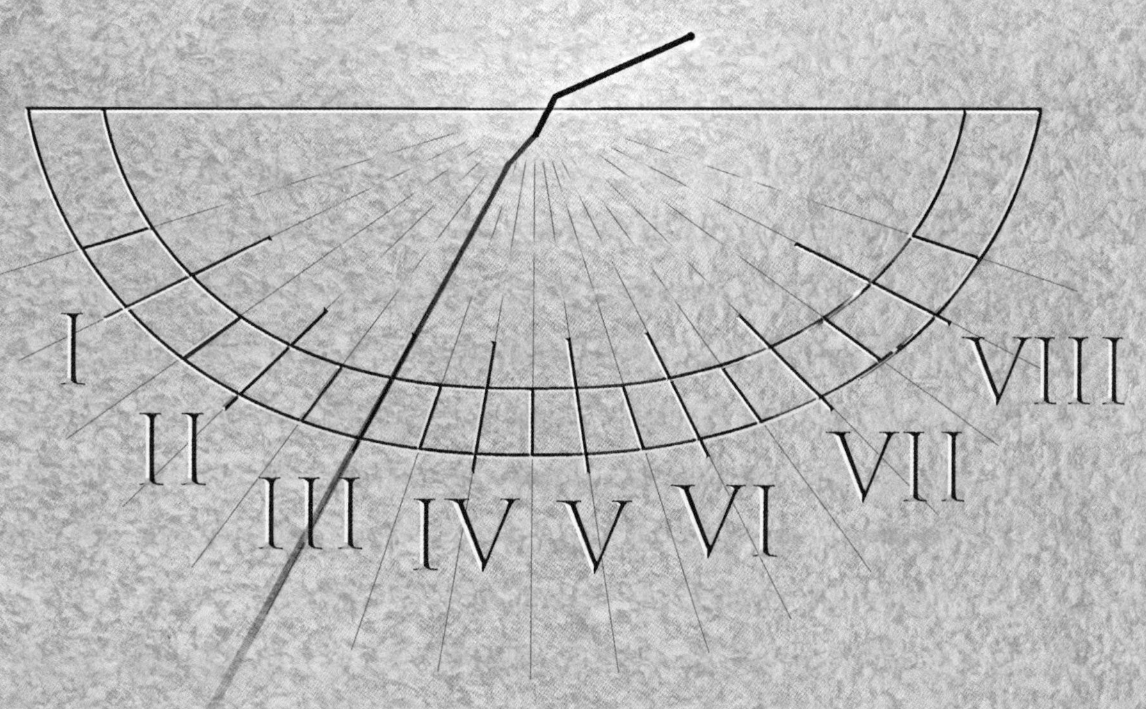

18

午 宴

3月末的一个早晨，朱丽叶从懒觉中醒来，她头脑轻松，心情愉快，精神格外清爽。下床之后，她发现圣克莱尔早就走了。今天，朱丽叶要与奥运之父顾拜旦会面。露台外面，已是日上三竿，波光粼粼的湖面上，大小船只穿梭往来。接下来，她画了一个小时的画，尝试为老人脸上涂肤色的新方法。她以素描开始，在眼睛周围画上皱纹，又添上浓密的大胡子。接着，她把画笔蘸上颜料，考虑着，明暗色调的衬托转换并非易事，不过，她会想出办法的。今天天气晴朗，微风阵阵，一想到能与顾拜旦会面，朱丽叶就按捺不住兴奋之情，她自己都说不清为什么要涉足圣克莱尔的工作领域，可是，为奥运会创始人画像的想法一直在她脑中挥之不去。她甚至还做了一个梦：她在巴黎的画室里为一位年老而尊贵的贵族画像，后者坐在镶金的洛可可式椅子上，身后是19世纪的红色布帘。

下午，朱丽叶穿上她最喜欢的一条蓝色褶边低胸露背裙子，又从厨房的花瓶中剪下一枝玫瑰别在白草帽的宽檐上。她稍早一些出了门，走到码头上看了一会儿轮船和野鸭，然后朝德奥奇城堡走去。她一边走，一边考虑着前一天晚上圣克莱尔给她的建议。

“等你真见到他的时候，可以问一问他，为什么反对女性参加奥运会。”

“什么？你不觉得这样会冒犯他吗？我可不想初次见面就跟他争论起来。”

“不，实话跟你说，我不觉得他会对这个问题大惊小怪。我想，这个问题他早就听过千百遍了，不过由一位美丽的美国姑娘开口发问倒是很少。”

朱丽叶笑了。“看情况再说吧。时机成熟了我就问他。不过，我想给他画像，这是不容商量的。”

朱丽叶比约定时间晚了几分钟。她来到克鲁瓦·德奥奇餐厅，走上台阶，进入大厅。她四处看了看，发现顾拜旦独自坐在露台上。他膝盖上放着一个小手提箱，上面有些纸张。他正在读着什么。一瓶红酒已经打开。

“顾拜旦男爵，您好。”朱丽叶走到桌前，顾拜旦抬起头来。她开口说道，“我是朱丽叶·富兰克林。”说着，她伸出手去。

“认识你很高兴。”顾拜旦说道，迅速站起身来打招呼。“请叫我皮埃尔。终于有幸与你见面。”说着，顾拜旦弯腰行吻手礼。“真不敢相信，雅克把你藏这么久。”

在这一瞬间，朱丽叶惊讶地发现，自己竟然比顾拜旦还高一些。但是顾拜旦的笑容及举止立刻令她不再拘谨。她倾过身去，礼节性地与顾拜旦吻了三下脸颊，被他的胡须扎得脸痒痒的——这是个瑞士社交礼节，她已渐渐习惯并乐在其中。接着，顾拜旦绅士般地为她拉开椅子，请她入座。

朱丽叶坐下，只见顾拜旦脸上仍挂着笑容。尽管被胡须遮住了笑脸，但他的表情非常快乐。“很抱歉，在你来之前我就把酒打开了。我来得早了些，抽空看了几封信。这家店里的人跟我很熟，我在这里就像在家里一样。”

“没关系的，我陪您喝点？”

顾拜旦为她斟酒，说道：“听说你很喜欢巴黎。”

“是的。我去巴黎，一是为了那座城市本身，二是为了艺术。”

“不是为了爱情？”顾拜旦戏谑地瞅了她一眼。

“不，不是为了爱情。我是个浪漫的人，可我的爱情是个意外之喜。”

“那就为意外之喜干杯。”顾拜旦说道，举起了酒杯。

“雅克跟我说，您曾住在巴黎军校所在的7区。”

“是的，你知道那里？”

“我读过巴尔扎克①的小说，对圣日耳曼郊区更熟悉一些。不过，我在罗丹博物馆（Rodin Museum）待过很长时间。”

“研究雕塑？”

“是的，还为了寻找画画的灵感。”

“罗丹博物馆离我家——我在乌迪诺大街的家——只有几个街区的距离，我是在那里长大的。真想念那里啊。”

“您那个家没有了吗？”

“唉，我们搬过来不久就把那栋房子卖了，就在1919年，战争刚结束时。”

“您想念巴黎吗？”

“当然。”顾拜旦说道。他顺手捻着一缕胡须，茫然地看着露台旁边格子棚架上爬满的老葡萄藤。“我想念法国。心里总觉得空空的少了些什么。”说着，他转向朱丽叶，满怀深思地说道：“可是，战争爆发之后，我必须得为奥林匹克运动找一个避难所，搬到一个没有卷入战争的国家去。布罗内和梅斯里是我最忠诚的伙伴，他们在洛桑支持着我的工作，无疑，洛桑就是最好的选择了。”

朱丽叶并未预料到，顾拜旦的话题会突然转向如此严肃的内容。但很明显，在经过与圣克莱尔数个小时的访谈之后，他很容易会进入访谈状态，一下子就能追溯起往事。朱丽叶沉吟片刻，不知该如何开口，但顾拜旦瞬间就明白自己已经跑题了。

“你是怎么喜欢上巴尔扎克的？”顾拜旦一转先前的消沉，脸色又明快起来。

“是受我母亲的熏陶。她喜欢法国文学，尤其喜欢沙龙的社交礼仪和时尚。她说那是华丽的圈套。”

“是的，沙龙是个自成一体的世界。我曾在那个华丽的圈套里挥霍了几年青春。没准我能在巴尔扎克的小说里当个配角。你最喜欢他的哪部小说？”

---

① 巴尔扎克：Honoré·de Balzac，奥诺雷·德·巴尔扎克，1799—1850，法国19世纪著名作家，法国现实主义文学成就最高者之一，被誉为“现代法国小说之父”，其代表作《人间喜剧》被称为“法国社会的百科全书”。

“当然是《朗热公爵夫人》[1]。”

“啊，《人间喜剧》。很深刻，也挺悲惨。”

“是，是个悲剧。可我喜欢那些轻浮的描述——晚宴，社交场，圣日耳曼郊区的女式服装……都是巴尔扎克嘲讽的对象。身为一名画家，我喜欢书里描写的服装和浮华。”

“不是出家之后的苔雷斯修女？”

“书中描写爱情的悲剧的确令人感动，公爵夫人毫不妥协的精神令人钦佩，可是真正抓住我的想象力的，是巴尔扎克描绘的那个世界——当时巴黎人的生活情景。”

“与你有相同感受的大有人在。”顾拜旦说道，“那就是我出生、成长的时空。再也见不到那样的情景了。巴尔扎克真是伟大。”

突然之间，朱丽叶有了一个念头：她能打动顾拜旦，也许还能给他的生活平添一份色彩。她现在考虑的是，能否找到一件合适的衣服去参加梅斯里的家宴。

“我很期待下周梅斯里博士举办的宴会，那是个大家欢聚一堂的好机会。”

“的确，弗朗西斯办的聚会总是非常好，虽不是圣日耳曼郊区鼎盛时期的宴会风格，但是非常奢华。”

面包篮空了，主菜端了上来：朱丽叶是炸虾球，顾拜旦是羊排。这时，朱丽叶觉得该表明此行的目的了。

“雅克跟您说过吧，我想为您画像。”

顾拜旦正在用餐刀切羊排，听到这句话，他停了下来，倚在椅背上，双手

---

① 《朗热公爵夫人》：*Duchess of Langeais*，故事讲述了朗热公爵夫人在一次舞会上认识了蒙特利沃将军。蒙特利沃将军传奇的经历深深地吸引了她，他们不久便相爱了。公爵夫人给将军写了很多信，但是都没有回音，她写了最后一封信，请将军务必在晚上8点钟来见她，否则，她将永远消失。然而，这封信没能及时交到将军的手中，当他看到这封信的时候，钟声正好敲响8点，而此时公爵夫人已经离家出走了。6年以后，将军终于打听到了朗热夫人的消息，并且来到了她所在的修道院。公爵夫人已经变成了苔雷斯修女。他们终于见了面，误会消除，原来他们仍旧深深地爱着对方。当将军再次来到修道院想帮助公爵夫人出逃的时候，她却已因病去世了。

各握刀叉放在桌面上，就像立着的两根小旗杆。他重新端详着朱丽叶，说道：“我知道你在画画，雅克也说过，你厌倦了画风景。可是，你为什么想——”

“不是因为厌倦，皮埃尔。”朱丽叶插话道，“每天晚上雅克回家，都会告诉我一些您的新鲜事儿——您的世界，您的人生，您的思想……都是那么引人入胜。”

朱丽叶一边说，一边观察着顾拜旦的表情。只见他眼角的皱纹更加明显，胡子下的双唇紧闭在一起。

“您的故事早已占据了我的大部分想象空间，”朱丽叶继续说道，“还有您奥运之父的身份……所以，我想为您画像也是情理之中的事，对不对？”

顾拜旦犹豫着陷入沉默，他在认真考虑。终于，他开口说道：“小姐，你过誉了。可是请恕我冒昧，你的资质够不够？虽然雅克对你的画赞不绝口，弗朗西斯也夸你很有才华，说他喜欢你的风景画；可我却一幅画都没见过。”

朱丽叶不安地换了个坐姿，以为顾拜旦要拒绝她了。可是，她还没来得及回复，顾拜旦的脸上就绽出了笑容：“换了是别人的话，我一定会要求先看看他的画，再做决定。可是，你和你那才情卓越的未婚夫似乎是命运女神派来的。你们给了我一个机会，使我能够从容不迫地回忆人生，我很享受这种追忆的过程。所以，我当然乐意请你为我画像。因为我发现，你是那么漂亮聪慧，魅力非凡。还有，我想让雅克知道，你的参与会令我们的工作如虎添翼。”

听了这番话，朱丽叶激动不已。她感觉到了圣克莱尔所说的那种获准进入一个重要的小圈子的特权感。“谢谢您。”她对顾拜旦说道。

“我父亲是位画家，”顾拜旦说道，“我对艺术的喜爱程度不亚于体育。朱丽叶，你若想为我画像，我一定能抽出时间的。”

这是朱丽叶之前盼望的“免检”认可，现在她感受到了。现在，她也肩负使命，而这一使命会让她的艺术才能更上一层楼。“我们会增进彼此的了解，皮埃尔。”朱丽叶如此说道。她觉得该表一表自己的信心，于是又补充道：“我会好好为您画像，保证它是前所未有的。”

他们俩又在餐馆里待了一个半小时。大部分时间里，都是朱丽叶在说，顾拜旦一边听，一边看着她，仿佛是从她那里得到了青春的活力。朱丽叶说想看看顾拜旦的家庭影集，看一下他在人生不同阶段的面容。她说，等自己准备好了，就会先画一些素描，借此研究一下他的面容，待有了十足把握，捕捉到他的神韵之后，就开始用颜料在画布上作画。二人商量好，在圣克莱尔与顾拜旦的访谈期间，朱丽叶偶尔可以在场画素描，前提是圣克莱尔没有异议。

午餐快结束时，朱丽叶觉得已经与顾拜旦建立了一定程度的信任，可以问那个可能会引起争论的问题了。终于，她开口问道："我可以问您奥林匹克的事吗？"

"当然可以，问什么都行。"顾拜旦说着，喝着第三杯咖啡。

"希望这个问题不是太唐突，但是有件事我一直迷惑不解。我关注了洛杉矶奥运会，看到芭贝·迪德里克森[①]的优异表现，我很受鼓舞，我想，很多美国妇女也跟我有同样的感受。"

听到这番话，顾拜旦点了点头，但他的双眉垂了下来，似乎知道朱丽叶要问什么。他说道："是的，她非常优秀。"

"听到您这句评价，我很高兴。在我看来，她的体育水平是毋庸置疑的。可是，雅克曾告诉我说——您坚决反对女性参加奥运会比赛。"

"是的，朱丽叶。"

"可是为什么？您给了世界这么多，为什么不能在起跑线上给女性一席之地？"

"嗯，我要跟你说的是——这些话已经有文章刊载过了——我是那个时代的产物。我的思想成型于那个社会，而其普遍观念就是降低女性的作用，让她们安分守己。鉴于传统、习俗、社会风气的影响，有些观点是有道理的。即便我把奥运带到了现代社会，但我的思想更多地受到了一些古代观念的影响[②]。还

---

① 芭贝·迪德里克森：Mildred Ella "Babe" Didrikson Zaharias，1911—1956，美国人，伟大的全能女运动员。在1932年的国内奥运选拔赛上，她夺得跨栏、跳高、标枪、铅球、跳远和棒球6枚金牌，并在跨栏、跳高和标枪3个项目的比赛中打破世界纪录。洛杉矶奥运会上，因受到女选手只能参加3项比赛的规则限制，她在报名的三项比赛中，分获标枪和80米栏两枚金牌，以及跳高银牌。

② 古代奥运会一直禁止女性参加，甚至不允许女性观看，违者或判死刑。

有就是，看到女孩或年轻妇女在高强度的比赛中奋勇拼搏，我总觉得不大像话。”

“可是芭贝·迪德里克森打破了这些谬论。”朱丽叶插话道，表现得非常固执。顾拜旦仿佛被击中了软肋。

“是的，我的解释过于牵强了。在巴黎奥运会和斯德哥尔摩奥运会上，我们都设立了游泳、射箭、网球的女子项目，可尽管如此，我坚决反对女性参加高强度的比赛项目。连执委会都说我是老脑筋，跟不上时代了。”

朱丽叶不是那种假惺惺的人，她轻声直言道：“真的，皮埃尔，这一点太可惜了。”

“啊，俗话说，人无完人嘛，尤其是我。我错了，也付出了代价。你或许知道，也许不知道，反对女性参加奥运，也是我被迫退休的原因之一。”

“您要是早一点改变观念就好了。”朱丽叶说道。

“我从未反对女性参加体育运动，”皮埃尔说道，“我从未反对在校女生参加锻炼或比赛，我也完全支持在受教育权上男女平等。这都是有据可查的。”

朱丽叶明白多说无益，就不再与顾拜旦争论了，同时不由得为他身上残余的老观念而感到可惜。她想，这点瑕疵无伤大雅，不会影响到她为顾拜旦画像的工作。而这时，顾拜旦却表达了他的愧意：

“我想，你会在内心里原谅我这个老头子的小缺点吧：很明显，他已经跟不上时代的脚步了。”

“是，您是有些跟不上了。不过，时代在发展嘛，您看，现在的奥运会上不是有女运动员了吗？所以，终有一天我会原谅您的。”朱丽叶打趣道。

“我只希望你别受我的陈腐观点影响，把我画丑了。”

朱丽叶笑了。午宴到此结束，二人起身离开。

19

双人自行车

在与布伦戴奇共进晚餐时，布伦戴奇说顾拜旦曾担任英式橄榄球裁判，还曾与迪东神父一同参加训练。这令圣克莱尔颇为惊讶。3 月末的一个下午，在梅斯里的大学办公室里，圣克莱尔与梅斯里一同审阅描写顾拜旦在圣依纳上学期间的经历的书稿。圣克莱尔问起顾拜旦当裁判和训练的事情。

“是的，皮埃尔具备专业橄榄球裁判的水平。我想想，他最后一次执法的比赛是在巴黎举行的国家橄榄球锦标赛（National Rugby Championship），在 1891 年或是 1892 年。就在他正式提出复兴奥运的提议之前。”

“那他一定是个优秀的运动员。”

“是的，他很好胜。我们是 1908 年认识的，那时他的体格很好。”梅斯里博士说道。他把书稿放在桌上，从老花镜的镜架上面看着圣克莱尔。“写得很好，”他轻拍着书稿，“还有一件事，我给你一些皮埃尔和泰迪·罗斯福[①]的来往信件看看吧，你一定会感兴趣的。”

“美国总统罗斯福？”

“是啊，他们俩是朋友。顾拜旦在美国参观大学时，在纽约运动俱乐部（New

---

① 泰迪·罗斯福：即西奥多·罗斯福，Theodore Roosevelt，1858—1919，昵称泰迪（Teddy），美国军事家、政治家、外交家，第26任美国总统。

York Athletic Club）结识了罗斯福。是普林斯顿大学的威廉·密里根·斯隆（William Milligan Sloane）介绍他们认识的。你们谈到威廉·密里根·斯隆了吗？”

“还没有。我曾读过一些有关他的记录，但我们的访谈还没说到他。”

“没关系。他们认识好多年之后，罗斯福当了总统。当上总统之后，他曾数次邀请顾拜旦到白宫做客。”

“太厉害了！他们的通信内容是什么？是商量圣路易斯奥运会的事吗？①”

“最后是说到那届奥运会的事了，其余内容大都是私事。他们俩都对身体健康和体育教育很感兴趣。罗斯福的雄心是把美国建成一个强大的国家。”

“有没有可能罗斯福也是托马斯·阿诺德②的拥趸？”

“不好说。不过我知道，他们俩经常就体育锻炼交换意见。在其中一封信里，皮埃尔讲述了1903年他做过的一次实验，来评估一天的艰苦训练会对人产生什么影响。在法国里埃维拉（Riviera），他在烈日下一连高强度运动了6个小时——跑步、网球、击剑、拳击、骑车、划船……”

“骑车？”圣克莱尔一下子支起了耳朵，他打断了梅斯里的话，“他经常骑车吗？”

“嗯，他喜欢骑车。他初来洛桑时，我正在一家骑行俱乐部，俱乐部里大都是年轻学生。皮埃尔就跟我们一起骑车。那时他都快50岁了，但是在环湖骑行时，他基本上不会掉队，只是在爬坡时会落在队伍后面。”

“真的？”圣克莱尔说道，心情十分激动，“他跟你们一起骑车？”

“我们常常是沿着湖边公路去日内瓦，还有一条路线是蒙特勒（Montreux），再顺着格兰瓦克斯（Grandvaux）上山，进入山区。”

圣克莱尔问道：“格兰瓦克斯在哪儿？”

◎◎◎◎◎

① 是指1904年在美国圣路易斯举办的第3届夏季奥林匹克奥运会。

② 托马斯·阿诺德：Thomas Arnold，1795—1842，英国教育学家、历史学家，1828—1841年担任英格兰沃里克郡（Warwickshire）拉格比学校（Rugby School）的校长，英式橄榄球（rugby）即诞生于这个学校。

后来，圣克莱尔问顾拜旦当初在梅斯里的骑行俱乐部中骑车的经历，后者大笑起来，回忆道：

“真怀念那段时光啊。骑车，路线，爬坡……”接着顾拜旦回忆起了他最开心的骑行经历。“我觉得，最长、最艰苦的骑行路线，是从格兰瓦克斯到山上去吃午饭、看风景，真是又累又自豪。那是我作为运动员最艰苦也最快乐的日子。虽然我年纪很大，但在爬坡时，我能跟住大部队，不掉队。午饭和酒，爬坡成功时大家的伙伴情谊，夕阳和风景……回想起来，我总遗憾自己没能参加更多的团体运动。细节可能慢慢都忘记了，可那天的快乐我始终铭记。”

顾拜旦说，从那以后，他再没去过格兰瓦克斯——那里仍是他在雷蒙湖（Lac Leman）附近最喜欢的地方。此时，圣克莱尔有了个好主意。此后的几个星期时间里，他总是起得很早，骑着他的迪昂巴顿三速自行车出去练习 1 个小时的爬坡骑行；每逢周末，他的骑行时间会多至 3 个小时。朱丽叶曾有几次跟他一起骑车，可圣克莱尔不愿放慢速度等她，而她还没出乌契就被几个小山丘给困住了。

圣克莱尔本来体格就很好，没用多久，他就达到了爬坡骑行的水平。接着，他在洛桑四处寻找，终于在塔诺街一家名叫“裴盖特车行”的店里找到了想要的东西——一辆双人自行车。它有前后两个座位，两套脚蹬，车身加长，后车把就在前车座的下面。圣克莱尔提起自行车举了举，高兴地发现它只比自己那辆迪昂巴顿三速自行车重一点点。

“能不能换一个新牙盘，装一套三速变速器？”圣克莱尔问店主。

“当然可以。”店主裴盖特是个中年人，穿着一件机修工的围裙。“我乐意给你改装一下。需要很长的变速线呢。你星期一来取吧。”

接着他们商量好了价格和改装细节。星期一傍晚，圣克莱尔带着朱丽叶来到店里，想试一试改好的车子。朱丽叶起初难以把握平衡，但很快就适应了，他们在店门口的大街上来来回回地骑着，朱丽叶开心地大笑不止。圣克莱尔加快了速度，试了试变速器的效果。然后他们就将车子骑回家了。路上，他跟朱丽叶愉快地聊着天，心中想的却是找个时间跟顾拜旦一起骑车穿过葡萄园，重访格兰瓦克斯。

20

照片

4月初的一天，朱丽叶陪着圣克莱尔去了蒙里普斯。这是她首次拜访顾拜旦的办公室。一进公园，她就被这里的美景所打动——绿地、花圃，还有高楼和城堡。他们穿过一片绿茵，来到门口的喷泉前面。许多花盆呈半圆形环绕着喷泉，细长的百合花茎探出花盆，各种颜色的凤仙花簇簇拥拥，喷泉的水帘上闪烁着一道彩虹。美景如画，不由得令人沉醉其中。

“雅克，这可不像是个生活拮据的人住的地方啊。”朱丽叶拉着圣克莱尔走到喷泉跟前，对他说道。

“唉，这都不是他们的。”

“你说他穷得叮当响，没想到是这样。”

“朱丽叶，别这么无情。他们是想尽了办法以维持体面。他们的生活条件都是洛桑市慷慨提供的，他过得很不容易。”

“我不是没有人情味，雅克。我喜欢这个小个子老头，不过是很惊讶罢了。”

走进别墅内，朱丽叶欣赏着里面的雕塑、棱槽石柱，以及在阳光下闪烁的马赛克地板，对圣克莱尔说道:“他的生活里到处都是古希腊的东西呢，是吧？”说着，她随着圣克莱尔上了楼梯。

顾拜旦办公室的门是开着的，他们走了进去。顾拜旦正站在办公桌后面，旁边站着一位身穿淡蓝色裙子的年轻女子。她身材苗条，头发扎起，却并未打理。办公桌上是一些文件，上面放着一个黑箱子，箱子是敞着的，他们正从里面拿出一些照片来看。顾拜旦笑容满面，但那位女子抬头看他们时却面露踌躇，她想挤出笑容，可脸上闪过一丝害怕。

“啊，是法国名作家和美丽的美国画家。”顾拜旦说道。他轻轻拉着女子的胳膊，绕过办公桌来迎客。“雅克，朱丽叶，向你们介绍一下：这位是世界上我最喜欢的人——我的女儿，蕾妮。”

“很高兴见到你。”圣克莱尔对女子说道。蕾妮伸出手，却局促地垂下了目光。

朱丽叶见状，赶忙走上前去，她握住蕾妮的手，一手托起她的下巴，直视她的眼睛。“皮埃尔，您有这么漂亮的一个女儿啊，也不早说。”蕾妮有些抗拒，但脸上有了笑容，露出真挚的友好之情。顾拜旦则高兴地笑出声来。

“很高兴见到你，朱丽叶。还有你，圣克莱尔。”蕾妮说道，“爸爸对你们可是赞不绝口呢。”

“那可不是谬赞，是真的很优秀。”顾拜旦插话道。他朝两位女士点了点头，说：“你们俩应该是同年生的。”

“天哪！”朱丽叶惊叫道，“终于能在洛桑认识一位同龄人了。我一直都盼着找个女友呢。”

蕾妮的表情变了，她睁大了眼睛，露出吃惊的神态，好像不知该如何应对是好，仿佛突然之间被这位美国新朋友给吓到了。

顾拜旦及时插话道：“我和蕾妮正在看一些家里的老照片。朱丽叶帮着蕾妮把这些照片分拣一下吧，我和圣克莱尔继续我们的访谈。”

朱丽叶走到桌边，看了看那个黑箱子，圣克莱尔也跟了过去。只见箱子里杂乱地堆着一摞摞的照片。朱丽叶随手拿起两张照片——都是集体照，在某个正门入口处的大台阶上，顾拜旦和妻子并肩而立，身后是一众人等：男士都身着正装，系着领带，女士都穿着优雅的礼服。这可是个图片的宝库啊，朱丽叶想着，这正是她要找的东西。

“这是1924年巴黎国际奥委会开会时的合影。”顾拜旦解释道。

蕾妮指着另一张照片说：“这一张是在布拉格。[①]”

“你知道所有这些照片的来历？”圣克莱尔问蕾妮。

“差不多。”蕾妮答道，“我们全家都致力于爸爸的奥林匹克事业。”

朱丽叶放下手里的照片，伸手到箱子里继续翻看着：“我要找的是一张在正式场合照的近景照。”

“这张吧。在所有正式场合的照片里，我最喜欢这张。”蕾妮说道。她从桌面上的照片和文件下面拿出一个装在相框里的照片。这是一张半身照，照片上的顾拜旦歪着头，嘴角上翘，面露笑容，双眼微眯，颇有魅力。

“很好。”朱丽叶赞道。

蕾妮很高兴，她对朱丽叶说道：“我把这些照片的事讲给你听。”

顾拜旦对蕾妮说：“你带着朱丽叶到红房间(Rouge Room)，到那里去看照片吧。”

朱丽叶原想留在访谈现场，但她看到蕾妮的眼中隐约带有期待之情。“好主意。”她向顾拜旦微笑着说。蕾妮把桌子上散乱的照片收进箱子里，盖上盖子，然后领着朱丽叶向楼梯走去。

◎◎◎◎◎

蕾妮和朱丽叶离开之后，顾拜旦和圣克莱尔迅速踏入了顾拜旦的回忆长廊。这次，他们的访谈内容是关于顾拜旦在圣依纳毕业之后所做的一个决定——不追随两位兄长的脚步进入军界发展。他先是去了圣西尔军校（Saint-Cyr Military Academy），可短短几个月就退学了。在父亲的坚持下，他又去了索邦大学去学法律，可两年之后又放弃了。最终，他决定追随自己的心愿，去了巴黎自由政治科学学院[②]。这所学校的简称“Po”迅速被人熟知。Po是一所新建

---

① 布拉格：Prague，捷克首都，1925年5月国际奥委会在布拉格召开了第24次全会。

② 巴黎自由政治科学学院：École Libre des Sciences Politiques，创建于1872年，巴黎政治学院的前身。

的学院，由第三共和国的学界领袖伊波利特·丹纳[①]和埃米尔·布特米[②]创办，旨在为国家培养新一代的政治家及外交官。[③]顾拜旦知道，法国前总理朱尔·西蒙[④]常到Po讲座，顾拜旦盼着能受到他及丹纳的教导。

"咱们的时间好像有遗漏，"这时圣克莱尔说道，"您是在1883年或1884年去的Po，并于那时与西蒙结识。那么，在您离开圣依纳之后，80年代初的几年里在干什么？"

"我在索邦大学学了两年法律，又去了两次英国。这个咱们说到过。"

"是，可是这也不够5年啊，那几年里，您生活的重心是什么？"

听到这个问题，顾拜旦在椅子里振奋了一下，好像记起了某段回忆。"啊，那段美好时光我是和一位诗人共同度过的。但我不确定是否要写进传记里……我们就将其称作'沙龙时代'吧。"

"巴黎沙龙的诗人？"圣克莱尔问道。听到这个突如其来的信息，他颇为惊讶，而一想到后面隐藏的文学趣闻，他又十分好奇。"什么诗人？叫什么名字？不会是兰波[⑤]吧？"

"不，不是兰波。不过，他曾跟兰波闹得不可开交。他叫让·艾卡德[⑥]。"

听到这里，圣克莱尔一下子想到了顾拜旦在《奥林匹克回忆录》中提及

---

① 伊波利特·丹纳：即伊波利特·阿道尔夫·丹纳，Hippolyte Adolphe Taine，1828—1893，法国著名的文艺理论家、史学家，历史文化学派的奠基者和领袖人物，被称为"批评家心目中的拿破仑"。他的艺术哲学对19世纪的文艺研究有着深远的影响。

② 埃米尔·布特米：Émile Boutmy，1835—1906，法国政治学家、社会学家。

③ 自法兰西第五共和国成立（1958年）以来，法国总统奥朗德及其6位前任中的萨科齐、希拉克和密特朗以及13位总理（法兰西第五共和国至今总共19位总理）出自该校，以及12位外国国家元首与政府首脑、1位联合国秘书长（布特罗斯·加利）。

④ 朱尔·西蒙：Jules François Simon，1814—1896，法国政治领袖、哲学家、法国激进党理论家，1876—1877年在位。

⑤ 兰波：即让·尼古拉·阿蒂尔·兰波，Jean Nicolas Arthur Rimbaud，1854—1891，19世纪法国著名诗人，早期象征主义诗歌的代表人物，超现实主义诗歌的鼻祖，代表作有《醉舟》《地狱一季》《彩画集》等。

⑥ 让·艾卡德：Jean François Victor Aicard，1848—1921，法国诗人、剧作家、小说家。

的—— 1894 年 6 月 23 日，“在索邦大学，您复兴现代奥运那一晚上朗诵了诗歌的人？”

“正是他。”

“啊，真令人意想不到。”

就在这时，轻轻的敲门声打断了二人的交谈。门开了，一个穿着马裤、头戴帽子的小男孩走了进来。“顾拜旦男爵，您的电报。”他说完，走到桌旁，将一张折叠好的纸递给顾拜旦。两个人相视而笑。

“你好啊，让 - 路易斯。”顾拜旦说道。他站起身，伸手到口袋里拿钱。小男孩仰头微笑着看着圣克莱尔，又从顾拜旦手里接过一枚硬币。

“谢谢您，先生。”小男孩抬手拂了下帽檐以示礼节。“我还有两封电报要送，先走了。”他礼貌地说道，接着便急匆匆地出门而去。

顾拜旦顺势坐在桌沿上，看了看电报，说道：“看来，布伦戴奇已经让巴耶 - 拉图尔同意延期讨论纳粹的提案了。”说完，他把电报递给圣克莱尔，接着说道：“信已经寄给德国人，告知他们我们已经成立了委员会。”他绕到桌子后面，坐了下来，翻看着桌子上的一摞文件。“我有些工作要做。”

圣克莱尔大声读着电报的内容：“HBL 完全同意。信已写好寄给冯·哈尔特、冯·查摩尔、蒂姆。已告知埃德斯特隆。等候指示。”

顾拜旦说道：“关于下一步的计划，我已经拟好了几封信，今天下午分别寄给巴耶 - 拉图尔、布伦戴奇和埃德斯特隆。”这时圣克莱尔才明白过来，在过去的一周时间里，顾拜旦待他更像是工作伙伴，而非传记作者。

顾拜旦拿起最上面一封信读起了其中片段，其间不断看看圣克莱尔，对他说道：“与此同时，我将尽快让蒂姆来洛桑会面。如此一来，也能确保冯·哈尔特等人明白委员会工作的重要性。你能替我到火车站一趟，为我发封电报吗？”

“可以，”圣克莱尔说道，心中有些不大情愿，“可是，我不想浪费掉今天的访谈时间。我们说好的，您至少给我半天时间。”

“的确，”顾拜旦说道，“这样吧，咱们一起去电报局，发完电报再找个地方好好聊。”

说完，他低下头，拟好了给蒂姆的电报，接着大声读道：“收到巴耶－拉图尔所寄委员会之信，速与DOC确认，速到洛桑与我会面，尽快告知来时安排。PDC。”

在接下来的一个小时里，顾拜旦忙碌地在给布伦戴奇和埃德斯特隆的信里添加了一些内容，又写了两三封信。然后，他们走到红房间里，向安坐交谈的蕾妮和朱丽叶打了声招呼，接着便朝电报局走去。近两个小时之后，他们终于在火车站咖啡馆（Caf é de la Gare）坐了下来，继续访谈。

顾拜旦说道：“雅克，抱歉耽误你的访谈了，可是你也知道，这件事等不得。这是个火烧眉毛的威胁，我必须立刻着手处理。请你务必理解。还有，请你务必帮帮我，如果让德国人控制了国际奥委会……”

“我明白。”圣克莱尔说道。他刚才点了一瓶红酒，知道酒精能帮助顾拜旦忘掉眼前的紧张态势，沉下心来回顾50年前的往事。“可是，我到洛桑已经两个月了，咱们的访谈才刚刚说到90年代，按这个速度，一个夏天过去，最多能说到1896年在雅典举办的首届奥运会。”

顾拜旦听了大笑起来。“雅克，为了能在希腊举办首届奥运，我花的功夫可多得多啊。”他微笑着，喝了一口酒。“但你说得不对。我们谈了很多往事，还聊过很多历史上有记录的奥运大事。我的朋友，我相信咱们进展得很不错，你已经得知了我的家族历史。弗朗西斯说，我少年时期的事你写得很好；咱们还一起回顾了我的大学时代……”

“是简要回顾了您的大学时代。”圣克莱尔插话道。

“好吧。可是重点你都知道了。你也访谈过布伦戴奇了。所以我说，你的进展相当不错。”

“男爵，您真是乐观。可是我要写的是您一生的经历，我得有更多素材，抓紧赶工。”

◎◎◎◎◎

当晚，圣克莱尔回到家里，只见朱丽叶身穿浴袍坐在长沙发上。她刚洗过澡，头发还湿漉漉的。她打开了一瓶雪莉酒[①]，正俯在咖啡桌上看一排照片。

“看看蕾妮给了我什么。”见到圣克莱尔进来，朱丽叶对他说道。圣克莱尔放下背包，拿了一个酒杯，走了过去。

“给你的？”圣克莱尔问道。他坐了下来，吻了朱丽叶一下，又看向桌面上的照片——朱丽叶按时间顺序把它们都排好了。

“我的意思是——借给我的。这些照片真好。”

“是，可是你要找的是肖像画，面部的特写。”

“对。我还拿到了别的东西呢。”说着，她扬了扬手中一本圣克莱尔未见过的开页相册。“这是我们在整理箱子时发现的，我想你应该会感兴趣。我对蕾妮说这本相册能有助于你写书，她就坚持让我拿回来交给你。”

“她单独跟人相处时是什么情况？”圣克莱尔问道。

“起初有些小心翼翼，羞怯，带点紧张，不大与人有眼神接触。我觉得她可能是很少接触外人。接下来，我跟她聊那些照片的事，她才活跃起来，到最后我们就成好朋友了。我们约好改天一起吃午饭。”

“这是顾拜旦父亲的画室？”圣克莱尔拿起一张锯齿状边缘的小照片问道。照片上是一个画家的背影，他身穿裁缝定做的长外套，站在画架前面，对面墙上挂满了画；他的左边是一扇落地窗，阳光穿窗而入，照在他的身侧。

“对，是皮埃尔的父亲，这是在他们巴黎的家里。”

“跟皮埃尔所说的情况一模一样呢。”

“蕾妮还很喜欢这张。这是在阿尔萨斯，她母亲的家里拍的。”

“啊，这一定就是鲁登巴赫－普雷斯－蒙斯特（Luttenbach-pr è s-Munster）了，皮埃尔随口提到过。”圣克莱尔说道。这张照片拍的是顾拜旦一家人的休闲时光，是他们全家在林边野餐时的情景。照片上，顾拜旦身穿羊毛西装，脚穿皮靴；蕾妮还是个小孩，她站在皮埃尔的腿前；蕾妮的妈妈和外祖母均身着

① 雪莉酒：西班牙产的一种烈性白葡萄酒。

礼服，在一旁看着；顾拜旦的儿子雅克[①]穿着海军海滩装，正眺望远处。“她有没有提到哥哥的事？”圣克莱尔问道。

“没有，也只字未提她的母亲。她好像心里只想着父亲的事业了。她好像非常了解他的人生经历。”

“这些照片太好了。”圣克莱尔注意到，在诸多合影中，顾拜旦总是位于前排中央位置，明显是国际奥委会的核心领导。“看这张工作照，他那时真年轻啊；这应该是跟维凯拉斯[②]在雅典；再看这张，这是在布拉格，是他在作退休致辞，这时他已经很老了。”说着，圣克莱尔心里想道：我得把这些事写进传记里。

“是啊，它们都非常好，值得你用心研究。”朱丽叶环抱住圣克莱尔的双肩，依偎在他身上。“但这事可以先等一等，现在，咱们有更急的事要做。”

---

① 在作者的人物设定中，为顾拜旦立传的体育作者这一人物的姓名是雅克·圣克莱尔，其名字“雅克”与顾拜旦的儿子同名，参考后文顾拜旦去世时的情景，这一设定似有深意。另外，顾拜旦的儿子雅克（1896—1952）因小时候在阳光下长晒而患病；其女儿蕾妮（1902—1968）患有情感障碍，终身未嫁；顾拜旦的两个侄子也死于第一次世界大战前线。

② 维凯拉斯：德米特留斯·维凯拉斯，Demetrius Vikelas，1835—1908，希腊诗人和教育家，首任国际奥委会主席，1894—1896年任职（根据当时的规定，国际奥委会主席必须是当届奥运会举办国公民）。

21

宴会

朱丽叶在为参加梅斯里的家宴而梳妆打扮，而圣克莱尔已经等了一个多小时了。她不让他到卧室和卫生间里去，所以他只好坐在外面的沙发上，耐心地翻阅着一摞法国自行车杂志。这些杂志都是好心的埃德加寄来的，他也是《小日报》的同事里唯一一个与圣克莱尔保持通信并关注传记进度的人。除此之外，他还时常说起法国国内的事情。起初，信的内容大多是与自行车运动有关，尤其是环法自行车赛，还有英式橄榄球；但渐渐地，信里就充斥着对德国事态的担忧，以及对法国政界高层糟糕局面的失望；在一封信中，他如此评价本届政府："毫无志气，毫无远见，毫无骨气。"

圣克莱尔手里拿着一杯波尔多葡萄酒。他端起酒杯，却只是润了润嘴唇；浅浅的一杯酒，他一直都没有喝完——他不想在宴会之前就喝醉。

"你还没好吗？"圣克莱尔高声问道，这已是他第三次问朱丽叶了。"咱们都快迟到一小时了，再晚就失礼了。"

"迟到一个小时不算失礼，是现在的流行做法。"朱丽叶高声回应道。说到后面时，她正开门出来，声音随之大了很多。

圣克莱尔瞠目结舌。朱丽叶身穿一件宽松的绿色窄腰丝裙，裙摆像打开的雨伞一样。她像极了19世纪的交际花。

圣克莱尔站起身来，难以置信地叹道："天哪……"朱丽叶美丽的面庞涂了白粉，双唇抹着亮红色唇膏，双颊略施粉色胭脂。

朱丽叶一言不发，只是向圣克莱尔伸出手来。圣克莱尔拉着她的手，引着她转了一圈，将其打扮尽情欣赏一番。她乌黑的长发在头顶盘成王冠样式，将其优美的长颈凸显出来；她裸露的双肩搭着粉色雪纺披肩，波纹荡漾别具一格；她身穿低胸露背礼裙，饰以褶边蕾丝，令人心迷神荡。她本已迷人的双眼，在睫毛、紫色的眼影和粗笔勾勒的黑色眼线衬托下，显出紫罗兰色，美目流盼，秋波荡人。她的耳坠和项链都是水晶的，熠熠闪烁，蓬巴杜夫人[①]或曾如此佩戴。

"朱丽叶……"圣克莱尔喃喃道，目不转睛地盯着她，惊艳不已。"我不知该怎么说……"

"雅克，今晚我不是朱丽叶。"她如此答道，"我是朗热公爵夫人[②]。今晚，我一定让你终生难忘。"

◎◎◎◎◎

圣克莱尔敲响梅斯里家的门时，天色已暗下来了。门开了，他闪到一边，请"公爵夫人"先进门。开门的女仆见到朱丽叶时，其反应与圣克莱尔预料的完全一样——她瞠目结舌，慌里慌张地闪到一侧。

朱丽叶走过宽敞的大厅，走进温暖的客厅里，圣克莱尔跟在她的身后，所过之处，人人屏息侧目，连酒都忘了喝。顾拜旦和妻子玛丽正手端酒杯与另一对夫妇交谈；看到朱丽叶翩翩而至，仿佛突然出现在舞台中央的仙子一般，他们都呆立原地，目不转睛地看着她。

---

① 蓬巴杜夫人：Madame de Pompadour，1721—1764，法国国王路易十五的情妇、社交名媛，是一个引起争议的历史人物，她曾经是一位拥有政治铁腕的女强人，凭借自己的才色影响到路易十五的统治和法国的艺术。

② 朗热公爵夫人：巴尔扎克代表作《朗热公爵夫人》的主人公，前文中顾拜旦曾与朱丽叶提及。

梅斯里的反应最是好玩，他上前来迎接朱丽叶二人，面带惊讶地咕哝道："朱丽叶小姐，你误会了，我们这不是化装舞会……"他还想道歉，却看到妻子脸上漾起了笑容，两个孙女也咯咯笑着，讶异地望着这边。

朱丽叶向顾拜旦夫妇走去，礼裙发出沙沙的声音。一路走来，裙摆蹭过家具的边沿，拂过宾客的脚面，一室寂静，只能听到大家的呼吸声和裙子丝绸的瑟瑟声。

看着未婚妻的样子，圣克莱尔满心自豪。见她已经吸引了大家的眼球，圣克莱尔才走上前去，抬起朱丽叶戴着白色手套的前臂，说道："女士们先生们，我为大家介绍一下，这位是朗热公爵夫人。"

"噢，巴尔扎克。"玛丽淡淡地说道。

"为参加这个聚会，我从巴黎迢迢而来，目的只有一个，"朱丽叶已进入朗热公爵夫人的角色中。她缓缓转身，姿态优美，将在场主宾魅惑如醉，"那就是见一见我梦中之人——皮埃尔·德·顾拜旦男爵，"说着，她向顾拜旦颔首致意，"当然，还有他迷人的夫人。"

顾拜旦听言，回以深深的鞠躬，起身时已是春风满面。玛丽勉强挤出一个笑脸，梅斯里大笑起来，在场宾客纷纷鼓掌，欢乐的喝彩声随之而来，仿佛纸醉金迷的昨日巴黎重现眼前。圣克莱尔心怀赞叹，看着未婚妻再现社交名媛的魅力，举手投足无不摄人心魄，在场诸人无不在意。顾拜旦毫不犹豫地曲臂前伸，请朱丽叶挽着他的臂弯，仿佛受邀参加路易十四的宫廷盛宴。朱丽叶不费吹灰之力就吸引了众人的眼球，她跟随顾拜旦与在场宾客一一寒暄，随口编着一个个往日故事，将宾客们认作法国历史上的传奇人物——塔列朗（Talleyrand）、蓬巴杜、西哈诺·德·伯吉拉克（Cyrano de Bergerac）……

就在圣克莱尔旁观之时，在朱丽叶这位"法国公主"的煽动下，聚会已变成一场自发的舞台剧。朱丽叶挽着喜不自胜的顾拜旦，周旋在诸位宾客之间，引着大家从书房走到熠熠生辉的餐厅，欢声笑语遐迩可闻。

一片欢乐之中，玛丽却悄悄地退到了壁炉旁边。圣克莱尔等了片刻，然后向她走去。

“圣克莱尔先生。”玛丽向他打招呼，态度却仍然有些冷。

“能再见到您真好，夫人。”圣克莱尔说道。他不知道她现在的心情如何，但见她转头看着狂欢的宾客，脸上闪过一丝笑容，他暗自庆幸。她脸上的皱纹很深，那都是长久以来悲伤留下的印记。但他能从其面容上看到往日的美丽，顾拜旦当初一定是为之倾倒。他们俩初识之时，她刚刚二十多岁，红唇圆润，眉目含情。圣克莱尔曾见过她年轻时的照片，那时的她头发拢起，鹅蛋脸虽说不上美艳，也颇具姿色。

玛丽看着圣克莱尔，眼神柔和下来。“你女朋友真有创意。是你给她出的主意吗？这身打扮太好了，你知道吗，就是放在当时，也是极好的装扮。我很好奇，她怎么知道皮埃尔喜欢巴尔扎克呢？”

“不，夫人。她装扮时不让我看，她打扮好了走出来时，我跟您现在一样惊讶。我唯一帮忙的地方就是给她补了补粉，帮她披上了披肩。”

“这身打扮太迷人了，使我想起了那段快乐的时光，那是我跟皮埃尔年轻时身处的世界啊。”

“啊，”圣克莱尔说道，“我很想听听那个世界的故事。”他正苦于打开她的话匣子。

“圣克莱尔先生，”玛丽说道，眼睛直视着他，“咱们俩首次见面时的情况很……我应该向你道个歉。”她犹豫着，而圣克莱尔赶忙打断了她。

“无须道歉，夫人。是我的不是，我登门拜访却没能知会您一下。”

“有时候我跟皮埃尔的关系过于紧张。”玛丽说道。

圣克莱尔并未搭话，他知道玛丽生性多疑，对人处处防备。

“我们的生活——我们现在的生活……”她仍然吞吞吐吐，却直视着圣克莱尔的双眼，“多年以前，我们开启这个伟大事业——他的伟大事业——的时候，我没预料到生活会变成这样。”

这正是圣克莱尔希望的“开场白”。他移步到她跟前，背对众人，如此便与她面对面了。“顾拜旦夫人，我要为您丈夫写的书，他的经历和愿景……若是没有您，这个故事不可能完整——您的回忆，您的见解，还有您对您二人共有的经历和梦想的看法……”说到这里他卡壳了，心怀犹疑——她真的与顾拜旦有共同的梦想吗?

“我们有过梦想，先生，那些梦想只有通过艰苦奋斗才能实现。还有失望——很多，很多失望。这你是知道的，对吧？”

“当然。但是对我而言，要想使故事不失偏颇，再现您二位漫长的人生旅途……就得找机会与您详谈。您二人是在何时、何地、怎样认识的？那时的世界是什么情况？”

玛丽脸上露出笑容，眼中有了光彩。她抬起手，手指搭在嘴唇上。“最初，他给我的世界带来快乐和欢笑。”说到这里，她迟疑了一下，又继续说道：“咱们可以谈谈这个——那段时光。”说着，她脸上的笑容消失不见，又恢复了疑心重重的样子。“但是，有些事我不想说，不想对你说。”

“我明白，夫人。”圣克莱尔说道，“您能说的部分，都足以帮我了解那个遥远的世界……也是今晚朱丽叶设法重现的世界。”

“我不敢保证，”玛丽说道，“也许我会跟你说说吧。他的事，很少有我不知道的。”她的回答吊足了圣克莱尔的胃口。就在这时，玛丽突然目光一闪，高声说道：“正说谁，谁就到。”

圣克莱尔听言转过身来，只见顾拜旦正向他们走来。“来吧，玛丽，你要错过一个绝佳的时刻了。”顾拜旦对玛丽说道，“朱丽叶演得真是不错。”他又对圣克莱尔说道。接着三人就向沙龙走去。

“朗热公爵夫人”迎着他们。“女士们先生们，咱们差点失礼了呀。”她故作大惊小怪的样子，说道，“今晚的贵客里，还有法国著名作家——体育界的巴尔扎克，自行车项目的福楼拜，奥运会的司汤达[①]，平民运动贵族里的让－雅

① 司汤达：1783—1842，19世纪法国杰出的批判现实主义作家。代表作有《阿尔芒斯》《红与黑》《巴马修道院》等，被誉为最早、最重要的现实主义实践者。

克·卢梭[①]，亦是我朴实的护卫者[②]——才貌双全的雅克·圣克莱尔先生。”

◎◎◎◎◎

这个周日的夜晚，大家兴致都很高。天上已是繁星点点，众人都未散去。顾拜旦、梅斯里、圣克莱尔三人从后门出来，在阳台的椅子上闲坐。晚宴已经结束，房间里的灯光透过玻璃，照在阳台上。空气清新，万籁俱静。他们三个都略带醉意，眉开眼笑，谁也没料到这次聚会能令顾拜旦如此快乐。宴会结束时，在朱丽叶的坚持下，顾拜旦坐到钢琴前，想要演奏几段百老汇乐曲，最终弹出的却是忧郁但优美的肖邦夜曲；朱丽叶本想借着欢快的钢琴曲将气氛再度煽动起来，听到这段曲子只好作罢，而宴会也回归传统，数位新朋友相聚谈笑，狂欢的气氛渐渐偃旗息鼓。

圣克莱尔和梅斯里吸着雪茄，喝着雅凡娜餐后甜酒（Amaro Averna）。圣克莱尔弹了弹烟灰，开口问道：“弗朗西斯，你知道皮埃尔小时候，他父亲一遍遍问他的那个问题吗？”此言一出，又将三人带入了回忆的氛围中。

“当然，”梅斯里答道，“关于皮埃尔少年时的经历，我已经读过很多遍了，他问的是‘孩子，你看到什么了？’”

顾拜旦微笑着说：“他一定愿意看看我今晚见到的一切。”

“我想知道的是，”圣克莱尔说道，“您在展望未来——奥林匹克运动的未来的时候，看到了什么？”

顾拜旦皱起眉头，捻着胡须，目视圣克莱尔：“眼下不适合访谈吧？”

圣克莱尔说道：“稍微问几个问题应该无伤大雅。”说着，他拿出一个小笔记本准备记录。

---

① 让-雅克·卢梭：1712—1778，法国伟大的启蒙思想家、哲学家、教育家、文学家，18世纪法国大革命的思想先驱，杰出的民主政论家和浪漫主义文学流派的开创者，启蒙运动最卓越的代表人物之一，著有《社会契约论》《论科学与艺术》《论人类不平等的起源和基础》《爱弥儿》《忏悔录》《新爱洛漪丝》《植物学通信》等。

② 陪伴女子赴宴会（或舞会等社交场所）的男子。

“雅克，这个问题问得好。”梅斯里说道，“这些年来，我们还真没有花时间好好考虑一下奥运的前景。不过仔细想想，奥运在古希腊延续了 12 个世纪，而我们才刚刚过了 30 年。”

“未来是个谜啊，”顾拜旦说道，“很明显……不过也不难预测，如果你想知道的话。”

“对，我想听一听您的看法。”圣克莱尔耐心等待着，奥运之父则开始谈论奥运的未来：

“首先我想告诉你的，是我能预见到的情况。”顾拜旦说道，“将来会有一个由三个独立机构组成的全球网络，它们会形成一个国际体育大家庭。国际单项体育联合会负责每一个单项运动的发展；国家奥委会负责组织国家队参加每一届奥运会；而国际奥委会统筹管理所有事务，以保证我们长久以来培养的体育价值观和追求卓越、和平的理想能够得到维持和保护，并将其灌输给每一位奥运选手。这样，每位奥运选手都会变成奥林匹克理想的大使；每一届奥运会结束时，他们都以英雄的身份离去，将这些理想带回各自的家园，将其分享给后人。这是一场连绵不绝的运动，奥运理念和理想会穿越时间的界限，一个个运动员，一代代人传递下去，生生不息。”

“从某种程度上说，这已经实现了，不是吗？”圣克莱尔问道。

“跟我的预期并不一样。还仍停留在设想阶段，就像弗朗西斯刚才说的，我们才刚刚上路。其教育意义在很大程度上是缺失的，我的老伙伴们要是在世，恐怕会为之震惊，”他在这里插了一句，却并未做解释，“还有文化层面，在我看来，文化与体育是同等重要的，可我们一直没有做好。”

“咱们先不说缺憾。”圣克莱尔说道，“跟我们说说您的展望吧。”

顾拜旦看着圣克莱尔，眼神柔和下来。“高瞻远瞩，坦诚相对，百折不挠……每当展望未来，我看到的都是与古罗马竞技场相媲美的体育场，象征友谊与和平的体育馆，还有奥运会上全世界欢聚一堂的地标建筑。未来将会有更多经典设计，不亚于斯德哥尔摩的奥运主会场，也能让德国人刚刚修建的高楼大厦自惭形秽。我们不崇尚奢华，也不需要奢华，但是主办城市需要以此向奥运致敬，在国际上提高形象。”

“奥运会将突破时空的限制，在各大洲遍地开花。我们马上就要首次踏上亚洲的土地——1940年由东京举办奥运会。奥林匹克运动最终将突破世间所有的边界，它会散布到每一个国家，通过其主办城市和教育机构传播奥林匹克主义哲学。还有奥运圣火，它会穿越城市的街道，在主会场的火炬台上熊熊燃烧；有一天，它会成为我们梦想创立的体育共同体的终极象征。

“体育将繁荣昌盛，通过成系统的赛事和联盟来增强各大洲及各个国家队的实力。它们会成为心怀奥林匹克梦想的杰出运动员的平台，并鼓励年轻人为之奋斗。随着奥运的发展壮大——这一趋势已越发清晰，不可阻挡——它会吸引越来越多的记者，对体育赛事的报道越来越多，学术界也会更为积极地参与进来。终有一天，会有心理学家和社会学家来研究奥运会的意义，经济学家也开始评估奥运的价值。

“主办国的影响力会增加，竞争也会越发激烈。总有一天，全世界的首都都会争相申办奥运，在其新建的体育场内将五环旗升起，将圣火燃起。那时，无论那一天是远是近，我的灵魂都会为之欢欣鼓舞，因为那标志着奥林匹克运动的影响力达到了世界巅峰。我相信，那一天才是奥林匹克运动影响力的真正开端。”

22

男爵夫人

在圣克莱尔的再三邀请之下，玛丽终于答应接受他的访谈；圣克莱尔非常高兴。但她不愿在蒙里普斯接受采访，而是将地点选在了和平酒店（Hôtel de la Paix）——她短途步行可至，他骑车沿洛桑上坡即可。这是一个4月的阴雨天。圣克莱尔走进酒店大厅，看见玛丽刚好从远门走进餐厅。他脱下潮湿的夹克，看到玛丽抖了抖雨伞，将其收拢起来，又在侍者的引领下去了前窗旁边的小隔间。她头戴黑色帽子，身穿黑色外套，里面是一件圈领白衬衫，肩上挎着一个大手提包。她在座位上坐下，似乎有些焦虑。

“上午好，男爵夫人。”圣克莱尔走到桌前，对玛丽说道。

玛丽向圣克莱尔伸出手，他刚刚握住，她又迅速把手缩了回去。“上午好，圣克莱尔先生。你一路过来，淋了不少雨。”

“雨不大，我已经习惯了。”他把笔记本和笔放在二人之间的桌子上，说道：“我在巴黎时，不管是什么天气，每天都会骑车锻炼。”

“听我丈夫说，你曾参加过环法自行车赛？”

开了个好头，圣克莱尔心想，今天她展示的是好的一面。“是的，20多岁的时候，我本想当一名职业自行车运动员。”

"但是记者的生活更有吸引力？"

"作为自行车运动员，我的局限很明显。我知道自己只能达到那么一个高度。而写作，是没有界限的旅途，前途不可预知。"

"就跟今天上午一样吗？你在阴蒙蒙的雨天跟一个男爵夫人会面，这个老太婆却缄口不言。"

"嗯，说实话，能跟您见一面，夫复何求呢？"

"你真会开玩笑，"玛丽责怪道，嘴角却泛起笑容。"你扔下年轻的'公爵夫人'，来找年老的男爵夫人？"

"跟朱丽叶相处的确令人愉快，可我的写作刚刚有了头绪，而您手里握着一半的内容……我想，如果缺少了您的声音，这个故事就是有缺憾的。"

这时侍者端来两杯卡布奇诺咖啡和一盘蛋糕。玛丽不再说话，她望着窗外，暗灰色的天空漫过屋顶，消失在山下的雾气中。"这件事很复杂，圣克莱尔先生，因为往事不堪回首。我知道你想从我这里听到什么——是复兴奥运的英雄壮举……"

"不，"圣克莱尔插话道，"我不要包装好的说辞，不要粉饰的故事。我想请您原原本本地告诉我——您跟男爵初次见面时发生了什么？您二人怎样走上了复兴奥运的道路？还有，从那时起，你们经历了什么？"

"我很敬佩我的丈夫，还有他的成就。"玛丽说道。她的话语中带着歉意，而非辩解。"我也的确有责任维护他的丰功伟绩。可是，要是我早知道最后会变成这样——要是我早知道他的事业会把我们弄得如此下场……"她犹豫了一下，"或许我……"

圣克莱尔拿起笔，在纸上记了点东西，玛丽顿时闭口不言了。她盯着他的手，明显举棋不定。她抬眼看着圣克莱尔，蓝色的眼睛里露出犹疑之色。

在访谈时，如果遇到访谈对象犹豫不决的情况，圣克莱尔往往有一套说辞。他宽慰玛丽说："这本书完稿会有一两年时间，所以，我们有充足的时间谈一谈您想说的事情，那些现在不方便说的事也能找到合适的表述方法。咱们还是先谈一谈您的家庭吧，还有您的童年？"

听到圣克莱尔将话题转到了家人和成长上面，玛丽再次放松下来。她倚在椅背上，摘下帽子，解开外套的扣子。“我的父亲名叫古斯塔夫·罗赞（Gustave Rothan），”她一边用勺子搅动咖啡，一边说，“他是个很了不起的人，在法兰西第三帝国的最后10年里，他为拿破仑三世担任欧洲公使。普法战争结束后，他写了一套六卷本的外交史。”

玛丽滔滔不绝地讲了起来，仿佛等了半个世纪才等到这个倾诉的机会。她的故事倾泻而出，细节饱满，圣克莱尔奋笔疾书才能跟上她的语速，庆幸的是他的速记法已是今非昔比。当天的访谈结束后，他把手稿整理如下：

玛丽·罗赞出生于一个古老而富有的阿尔萨斯[①]家族，信仰新教[②]。他们家的地产名叫鲁登巴赫庄园（Château de Luttenbach），位于科尔马[③]以西、斯特拉斯堡[④]以南的明斯特山谷中。那是一大片非常好的地产，里面有座很大的石头城堡，城堡前面是铜塑海豚喷泉，后面是大片的花园，四周有漂亮的拱形围墙。鲁登巴赫庄园以对贵族旅人的好客而闻名遐迩，这里曾招待过伏尔泰[⑤]，也吸引了很多喜欢远足的冒险家——这里的森林美丽而偏僻，四下望去无边无际。尽管明斯特小镇距此只有半小时马车车程，可每个到鲁登巴赫来的客人都感觉这里有如世外桃源。

如画的美景也难以掩饰其经历过的动荡的政治更迭。阿尔萨斯－洛林（Alsace-Lorraine）地区位于德法边境，数百年来，两国都将其视作口中肥肉，争抢尤为激烈。阿尔萨斯境内有四条宽广的河流——摩泽尔河（Moselle）、萨尔河（Saar）、莱茵河（Rhine）、罗纳河（Rhône）——灌溉着岸边的大片葡萄园。这里是德法两国战争必争的战利品：1871年

① 阿尔萨斯：法国东北部地区名及旧省名，是法国本土上面积最小的行政区，隔莱茵河与德国相望。

② 新教：基督教的一派，与天主教、正教并称基督教的三大派别，重视信徒直接与上帝相通而无须神父做中介，主张教会制度多样化。

③ 科尔马：Colmar，法国东北部阿尔萨斯的一个小镇，也是上莱茵省首府。

④ 斯特拉斯堡：Strasbourg，法国东北部城市。

⑤ 伏尔泰：Voltaire，1694—1778，法国启蒙思想家、哲学家、作家、历史学家。

被德国占去，第一次世界大战结束时借《凡尔赛合约》又被法国要了回来。

玛丽的父亲全名是让·乔治·古斯塔夫·罗赞（Jean Georges Gustave Rothan），出生于1822年，与皮埃尔的父亲查尔斯·德·顾拜旦同岁。罗赞受故乡政治变迁史的鼓舞和启发，最终在国际外交行业找到了归宿。他热爱和平，品行优良，智力过人，朝气蓬勃，在拿破仑三世的王室中受到垂青，作为第二帝国的外交官先后在普鲁士、土耳其、意大利任职。他写给国内的公务报告文笔流畅、字字珠玉，为他本人赢得更多尊重；不久之后，他就被任命为全权大臣，有权协商并签署国家契约、条约和协议。

罗赞的家庭文化素养很高，他从小耳濡目染，受益匪浅。他利用外交家的职务便利，每到一处必去参观其博物馆和美术馆。在漫长的外派生涯中，从柏林、法兰克福、君士坦丁堡、佛罗伦萨、罗马一路走来，他接触到很多顶尖的艺术品收藏家和艺术商，并常常参加有关绘画和雕塑的沙龙，与圈内人高谈阔论。渐渐地，他的品位提升了，也收藏了一些优秀作品。对优秀画作和小型雕塑的热爱成了他一生的追求，也是他的第二大爱好——仅次于外交。

罗赞的妻子名叫麦瑞·卡洛琳·布劳恩（Marie Caroline Braun），是个美丽活泼的法德混血儿，出生于莱茵河上游地区。成婚不久，他们就搬到了美茵河畔的法兰克福（Frankfurt am Main）新建的大使宅第居住。1861年，他们的独生女克丽斯塔·安娜·玛丽（Christa Anna Marie）出生[①]。小玛丽的法语、德语齐头并进，其聪敏好学不亚于她的父亲，这令她的父母高兴不已。

然而，年轻的大使一家田园牧歌式的生活很快就变得日益紧张和惊恐。19世纪60年代，拿破仑三世妄认为自己的军事才能可比肩其伯父

① 美欧人为孩子取名时往往会选用长辈的名字，以示传承或纪念，为便于识别，译文中将玛丽的母亲名字译成“麦瑞”。另外，本文女性角色共有四个Marie：分别是顾拜旦的母亲“玛莉”、顾拜旦的妻子“玛丽”、顾拜旦的岳母“麦瑞”、顾拜旦的姐姐“玛利亚”。

拿破仑一世，法德两国蛰伏的敌对态势再度抬头，而法国为此付出了惨重代价——生命、财物、国际声望——从此一蹶不振。

19世纪70年代初，罗赞已意识到时局不妙，他一面将艺术收藏品保存在巴黎附近的一个仓库中，一面将全家搬回鲁登巴赫庄园居住。在他的报告中，他一再劝说拿破仑三世勿要挑衅德国（普鲁士），他说法国的情报有误，德国的军备和人员非常强大，而德国人早已磨刀霍霍，只欠事端。他强烈建议两国维持和平局面，通过贸易推进长期共同繁荣。然而，拿破仑三世因一份西班牙报纸披露的电报内容而感觉受到冒犯（埃姆斯密电事件），随即对德宣战。随之而来的便是色当惨败——拿破仑三世及8万名将士被德军围困，最终投降，成了法国军事史上最为耻辱的败绩。法兰西第二帝国迅速土崩瓦解，第三共和国在混乱中登台亮相。罗赞心知俾斯麦麾下的德国军队必将围攻巴黎，他觉得家人在鲁登巴赫庄园应该会安全一些。但他也错了，他们很快就被入侵的德国人从家园赶走，所幸家人之中未有伤亡。

巴黎公社暴乱过后，秩序稍稍平复下来。罗赞一家回到巴黎。他们家在圣乔治广场（Place Saint-Georges）附近，战乱期间，在朋友和仆人的尽心维护下，未遭战火也未遭盗抢，他们为之欣喜若狂。然而，在幼稚的第三共和国执政者眼中，罗赞已是政治的弃儿。他也意识到自己的政治生涯已经结束，于是寄情于自己的艺术收藏，并开始撰写回忆录。此外，他在家中也有快乐之源—— 12岁的玛丽对他的艺术收藏产生了浓厚的兴趣。

“所有的艺术品都封在板条箱中，放在奥特伊[①]的仓库里。”玛丽继续讲道。她点了一杯产自瑞士欧博纳（Aubonne）的白葡萄酒，吃着圣克莱尔点的熟肉。他们已经访谈了近3个小时。“父亲将收藏分数次运到巴黎，一次只运一小部分。

① 奥特伊：Auteuil，法国旧城镇，今为巴黎的一部分。

我们在房子和马厩之间有个很大的行李间，在那里，我们把板条箱撬开，小心翼翼地将艺术品拆封。”

“父亲想一个人干这些活，他不要仆人帮忙，只留我在身边打打下手。我把撬棒递给他，再把板条箱抵在大箱子上，父亲再把板条箱撬开。有时候……”说到这里她轻声笑了起来，“……我拿着羊角锤，用尽吃奶的力气去拔钉子。”

“他的收藏有多少？”圣克莱尔问道，“你们一共打开了多少幅名画？”

“说不上来，不过，我们忙了一个夏天，一直到秋天才干完，忙活了好几个月。拆箱，然后把画挂在各个房间里，如果他觉得挂在那里不好看或者光线不好，就摘下来重新选位置。当时的收藏已经很多了，直到1890年他去世，这个数字仍在不断增加。我可以告诉你的是：父亲去世后那年的5月份里，我和母亲通过圣乔治路上的乔治·贝蒂画廊（Galerie Georges Petit）卖掉了他的收藏，当时的名册上一共有256幅作品。这个以后再说。”

“跟我说说那些画，还有你小时候对画的兴趣；你最喜欢的是哪几幅？”这次访谈进展得真不错，圣克莱尔暗自想到，男爵夫人不难相处。

“那个夏天过得很充实，”玛丽回忆道。她的声音很柔和，眼神带着沉思。“每幅画都各有来历，父亲都会讲给我听，他跟我也越来越亲近。那个夏天之前，父亲在我眼里是很刻板的，很威严；虽说是父亲，可不是那种会宠爱女儿的人。他是名外交官，虽然对我的语言能力和功课甚为自豪，可他终究是帝国的重要人物，公务缠身，日理万机。所以，在抚养我这件事上，母亲担了大部分责任，当然，她做得很好。可是在那个夏天，法国的全权大臣变成了一位真正意义上的父亲；而从板条箱里拿出来的每一幅画，都加深了我对他的敬爱。”

“想一想我接受的教育吧。我父亲的文化水平很高，每看到一幅画，他都能给我讲解画家的意图，作画的风格，其背后的象征意义，还有艺术运动、政治背景、每幅画的出处、经济因素，有时候连画框都能说出一二。通过他的讲解，我知道了一些荷兰的大师、法国著名的宫廷画家、文艺复兴时期意大利的艺术巨人，甚至一些知名度不高但不同凡响的德国艺术家。每当他告诉我他的见解、他喜爱某幅画的原因时，他总是将这些知识融合成一个故事，他的讲解总是以画家的故事开始。”

“那年夏天他教给我的，不仅仅是艺术史。我汲取的，是最好的情感、个人和家族意义，那段经历就像一座连接几代人的桥梁，传递着数个世纪的文化感悟。他跟我说，每件艺术品都是我们的家庭成员，是我的兄弟姐妹。‘当它们离开我们家的时候，无论去了哪里，我们家都是它们起源的一部分；它们会承载着我们的名字传承下去。我们收藏它们，是延续了它们的生命，并引导它们前行。’父亲如此对我说道。”

“您最喜欢的画是哪一幅呢，男爵夫人？”

玛丽不假思索，脱口而出：“我最喜欢的是两幅画，父亲看我对其爱不释手，就把它们挂在我的卧室里了。一幅是《绘画的寓言》（*The Allegory of Painting*），另一幅是《音乐的寓言》（*The Allegory of Music*），都是弗朗索瓦·布歇[①]的作品。他是18世纪法国风格的大师，也许是路易十五在位期间最著名的宫廷画师，还是皇帝情人蓬巴杜夫人的密友。我们就是通过他的画才得以瞻仰蓬巴杜夫人的美貌。但是我喜欢的这两幅作品，描绘的都是艺术家受到灵感女神启发时的情景，表现的是天使和女性的永恒之美。你想不想看看这两幅画，圣克莱尔先生？”

“当然，您还收藏着呢？”

“没有，父亲去世后我们就在拍卖会上把画卖掉了，所有的收藏品一件不剩。但我留了个纪念品。”说着，玛丽伸手到颈后解下一个金吊坠，打开吊坠，里面是嵌金丝珐琅的两幅小画——与她刚刚描述的一模一样。

“真漂亮。”圣克莱尔赞道。想不到玛丽对当年夏天的情景依然记忆犹新。

“这个吊坠是父亲送我的礼物。19世纪80年代那会儿，他的收藏开始在巴黎内外的艺术圈里有了名声。《美术》[②]的编辑保罗·曼特兹（Paul Mantz）曾到家里来进行专访，还写了两篇长篇报道称赞‘罗赞画廊’——他将其称为法

---

① 弗朗索瓦·布歇：François Boucher，1703—1770，法国画家、版画家、设计师，是一位将洛可可风格发挥到极致的画家。曾任法国美术院院长、法国皇家首席画师。

② 《美术》：*Gazette des Beaux-Arts*，法国艺术刊物，创刊于1859年，2002年停刊。

国顶级私人收藏之一。从那以后，到家里来参观的客人就络绎不绝。”

“听起来不像是外交家的退休生活。”.

“对，那是很充实的一段时光。有知识的交汇，有文化的启迪，还常常有突如其来的乐子。”说着，她脸上漾起笑容。

“想起好玩的事了？”圣克莱尔问道。

“对。有一次，一位富有的绅士来访，他收藏了很多布歇的画。他问我父亲能不能看一看我们家那两幅。父亲转向我，对他说：‘啊，那是我女儿玛丽的收藏品，她把画放在自己的画廊里了。要想看画，你得征得她的同意才行。’

“那个人大笑起来，但他听从了父亲的建议，他对我恭恭敬敬的，夸我很有眼光，知道把布歇的画单独收藏起来。我就带他去看画了，很成功。后来，每个要看布歇画的客人，父亲都让他们找我。”

“您父亲一定是个了不起的人。”圣克莱尔说道。

“我认为，在此后的岁月里，父亲才真正展示出他了不起的地方。”玛丽回应道，“第二帝国沦陷之后，我们一家像难民一样从鲁登巴赫庄园逃回来，面对的却是一个动荡的共和国，一个未知的未来。这是父亲人生的最后阶段，却也是他最好的岁月。后来他找到了写作的感觉，开始写书。他写出了一部全面而广受赞誉的帝国政治史，自己也颇为满意。那部六卷本的《外交回忆录》（*Souvenirs Diplomatiques*）在挺长一段时间里销量都很好，此前因为与拿破仑三世的关系，他的声誉多少受到了损害，这部书令人对他刮目相看。父亲虽然离开了政治圈，却并不孤独。以前的帝国官员和大臣为他提供了一个很大的社交圈。在家里他也过得非常平和。那是一段美好的时光。”

◎◎◎◎◎

天色已晚，玛丽仍在追述。突然，她停了下来。圣克莱尔顺着她的目光向窗外望去。雨已经停了，天空是亮灰色，虽然仍然比较阴暗，但已开始放晴。大街对面，顾拜旦和一个人正从小公园里拾阶而上，朝圣弗朗索瓦广场走去。

那个人又高又瘦，与顾拜旦年纪相仿。他们俩都穿着晨礼服，头戴高帽，把雨伞用作手杖，一边走，一边欢快地交谈着。高个子男人步子不太灵便，似乎膝盖有些问题。

“那是吕西安·朱萨德（Lucien Drussard），是皮埃尔在巴黎的老同事，也许是为了国际奥委会的公事过来的。”玛丽说道，“他仍在法国奥委会工作。”

“他们同事多长时间了？”圣克莱尔考虑着，朱萨德是否值得采访一下。

“从一开始就是，我记得很清楚。其实，他从1888年成立‘朱尔西蒙委员会（Jules Simon Committee）’时就跟皮埃尔在一起了。那是皮埃尔创立并主管的第一个体育委员会。朱萨德从中起了关键作用，他把所有的跑步俱乐部都组织起来了。”

圣克莱尔甚是不解——她怎么把朱尔西蒙委员会以及朱萨德的工作记得那么清楚。因为，在圣克莱尔算来，她跟顾拜旦相恋应该是在几年之后。他不禁好奇，玛丽对顾拜旦的事业了解究竟有多少。“也许我该采访一下朱萨德先生。”

“对，应该的。”玛丽说道。她在座位上动了动，好像准备离开的样子。“你现在就要过去找他们吗？”

“不，不，不。”圣克莱尔从桌面上探过手去，搭在了她的手背上，他想稳住玛丽，不愿意放她走。“咱们还有很多事要谈，比如你跟皮埃尔见面的情景，当时你对他的奥林匹克设想的看法……不过，先允许我问问别的，都是简单的小问题。”他希望，到现在她应该会信得过他了。

“再找时间吧，先生。我真得走了。”说着，玛丽开始收拾东西。

“再问一个问题行吗？”

“好吧，如果你坚持的话。”

“您刚才认出朱萨德的时候，我就有点奇怪，您对1888年时他的工作怎么会那么了解。您和皮埃尔不是90年代才认识、相恋的吗？”

“不是的。我们相恋并公开恋情，是在1890年我父亲的葬礼之后。但是，之前很多年我们就认识了。”

“之前很多年你们就认识了？你们初次见面是在什么时候？”

“在一个艺术品拍卖会上。”玛丽答道。“都是跟各自父亲去的，好像是在1878年或是1879年。”

“啊，原来如此。咱们从一开始说起……”

“圣克莱尔先生，”玛丽带着歉意说道，“我真的得走了。咱们谈的时间已经太长了。改天吧。”

◎◎◎◎◎

玛丽打着小阳伞离开了。临走时她说，吕西安·朱萨德可能住在洛桑皇宫酒店；于是圣克莱尔就想去那里找找看。他从和平酒店出发，走了两个街区，穿过圣弗朗索瓦广场熙熙攘攘下班的人群，来在洛桑皇宫酒店前。

玛丽果然猜对了，朱萨德就住在这里。圣克莱尔给他的房间打电话，可是没人接。他正要在前台给朱萨德留张纸条，却见这个高瘦的老头正从电梯里出来。朱萨德右手拿一根手杖，慢慢地走下楼梯，另一只手抓着扶手，头上的帽子一颠一颠的。

“您好，朱萨德先生。”圣克莱尔对他说道。朱萨德正在歇口气，听言带着疑惑看着圣克莱尔，他的眉毛皱在一起，回想着是否认识眼前这个人。

“您好，先生。”朱萨德说道，“有何贵干？”

“我是雅克·圣克莱尔，朱萨德先生。”

朱萨德的眼中立刻有了光彩。

“啊，是皮埃尔的新朋友，来自巴黎的体育大作家。”

“您谬赞了，先生。”圣克莱尔向他伸出手去，朱萨德却很奇怪地用左手接住，与他握了握手。

“皮埃尔跟我说了立传的事。这可是个了不起的事业，皮埃尔也有了活力。”

“谢谢夸奖。我想问问您，能不能接受一下访谈，说说早些年在巴黎的经历，还有您跟皮埃尔所做的工作。”

“啊，那是段很好的时光。”老人说道，“我也很乐意跟你谈一谈。可是我开会就要迟到了，晚饭时还要接着谈公事，明天一早就得去巴黎。”

“很早就动身吗，连喝杯咖啡的时间都没有？”

“是的，真不好意思。三个星期，或者一个月，我就回来了。那时咱们再见面吧。你往巴黎给我写封信，咱们安排一下，皮埃尔有我的地址。”

“好的。”圣克莱尔说道。

朱萨德绕过他，朝门口走去。圣克莱尔转身跟了上去，说道：“我把问题写在信里，您有时间答复吗？”

“不好说，圣克莱尔先生，看情况吧。”朱萨德并未向他告别，他腿脚不便，慢慢地朝旋转门走去，酒店的行李员赶快上前来帮忙。

23

拍卖会

几天之后，圣克莱尔与玛丽再次在和平酒店会面。他们就坐在上次访谈的同一个隔间里，天空也跟那天一样阴蒙蒙的。这次，玛丽早有准备，她跟圣克莱尔讲述了1878年与顾拜旦初识的情景。那时他15岁，她17岁。圣克莱尔整理的书稿如下：

圣乔治广场附近的家里，后院中，玛丽·罗赞的父亲搭了把手，把女儿拉上了马车，他的眼神中带着赞许。玛丽拍了拍白色丝裙的皱褶，坐在父亲旁边的坐垫上。他身穿灰色西裤，黑色外套，在下午的阳光中，与女儿一袭白衣形成鲜明对比。

“去德福奥酒店（Hôtel Drouot），”古斯塔夫·罗赞对车夫说道。车夫听言，甩了一下手中的缰绳。随着啪的一声脆响，枣红马迈步向前，车轮沿鹅卵石路转动起来。

几分钟后，他们就到了德福奥酒店。古斯塔夫让女儿挽着他的胳膊，穿过大厅，走进人头攒动的正厅里。衣着华丽的男女三五成群地沿着墙壁踱步浏览，欣赏着即将拍卖的艺术品。房间中央，屋顶上挂着一个巨大的枝形吊灯，烛光明亮，下面是两个座位区，中间是一条通道，正前方是一个台子。著名的拍卖商查尔斯·裴列（Charles Pillet）——此次活动的拍卖师——身子前倾，胳膊支在放着小木槌的讲台上，正与一位高个子大胡子的男士交谈。玛丽注意到，那位男士旁边站着一位年轻人，也许是他的儿子。年轻人身材不高，但很英俊，他正四下看着厅里的情况，这时，他注意到了她，随之轻轻点了点头，好像两个人认识一样。但玛丽不认识他，于是就昂着头走开了。但是，她的好奇心总是一阵阵作怪——他们俩好像是大厅里唯一的两位年轻人，所以，她一两次回头朝他那边看去，而每次回头，她都发现他的目光一直锁在她的身上。

古斯塔夫发现了拍卖师，而后者也看到了他，于是就停下交谈，向他挥了挥手。古斯塔夫带着玛丽朝拍卖台走去，她强忍着不回头看那个男孩。

他们走到拍卖台前，裴列站直了身子，说道："古斯塔夫·罗赞，不知你想不想认识一下查尔斯·德·顾拜旦？"

"啊，顾拜旦先生，太荣幸了。"古斯塔夫说道，他伸出手，与查尔斯握了握手。

"我也很荣幸，先生。"查尔斯说道，"对你的个人收藏早有耳闻。"

"你的大作如雷贯耳，"古斯塔夫说道，"我曾参加《传教士的离开》的竞拍。"

"真是受宠若惊。"查尔斯说道，接着，他向父女俩介绍皮埃尔，"这是犬子，皮埃尔。"

古斯塔夫与皮埃尔握了握手，说道，"这是小女，玛丽。"他看着女儿，继续说道，"玛丽，这位先生，就是查尔斯·德·顾拜旦男爵，他是当代顶尖的、也是最虔诚的画家。这位是他的公子，查尔斯。"

玛丽不得已转身，直视着皮埃尔那双深色的、炯炯有神的眼睛。而这时，恰逢裴列高声说着能有两位年轻俊美的贵族参加此次拍卖是如何蓬荜生辉、荣幸之至，引开了查尔斯与古斯塔夫的注意力。

玛丽向皮埃尔伸出手。她发现，他比自己年纪稍小。皮埃尔脸上带着灿烂的微笑，彬彬有礼地接住她的手，鞠躬道：“小姐，有缘相识，不胜荣幸。在德福奥酒店巧遇同龄人，真是一件美好的事。”

接着，皮埃尔向古斯塔夫说道：“先生，可否容许我带令爱浏览一下拍卖品？”

“当然。”古斯塔夫微笑着说道，“相信玛丽一定会很感兴趣，想听听你的真知灼见呢。”

查尔斯也是点头允许。接着，两位父亲转过身去，继续与裴列交谈。皮埃尔向玛丽架起胳膊，玛丽稍稍犹豫了一下，就挽住了他的胳膊，开始沿大厅浏览。那就看看这个少年有多少斤两吧，她暗自想道。

他们首先来到雅克·路易·大卫[①]的一幅作品前。这是一幅《跨越阿尔卑斯山圣伯纳隘道的拿破仑》(*Napoleon at the Saint-Bernard Pass*)的习作，不如最终稿精致，尺寸也小一些。

“你知道大卫的作品吗？”皮埃尔问道。

“知道。”说着，玛丽仔细看着这幅画的笔触，“我喜欢这幅习作，我觉得皇帝骑马的形象是最吸引人的，把内心的自我完全表现出来了。”

“保罗·德拉罗什[②]也画过，是《拿破仑越过阿尔卑斯山》(*Napoleon Crossing the Alps*)。”皮埃尔说道。

玛丽本想跟他复述一下众所周知的史实——拿破仑其实是骑着骡子过了阿尔卑斯山，而不是马，但她压下了卖弄知识的欲望。她在想他是否知道其中真相。

“这是新古典主义的代表作，”皮埃尔说道，“父亲曾师从弗朗索瓦·爱德华·皮科特[③]，弗朗索瓦曾与大卫一同学画一起画画，所以我们对他的

---

① 雅克·路易·大卫：Jacques-Louis David，1748—1825，法国著名画家，古典主义画派的奠基人。

② 保罗·德拉罗什：Hippolyte-Paul Delaroche，1797—1859，法国著名学院派画家。

③ 弗朗索瓦·爱德华·皮科特：François Édouard Picot，1786—1868，法国画家，以神话、宗教、历史题材见长。

作品很了解。”

“你最喜欢的是哪幅作品？”

“皮科特的画吗？是《儿时的丘比特和赛琪》（*L'Amour et Psyché*）。”

玛丽知道那幅画，画的是丘比特和赛琪光着身子在一张四柱床上。“不，不是皮科特的，也不是裸体画。”她说道，有些愤愤。“大卫的画，你最喜欢哪幅？”

“啊，你对画很了解啊。嗯，我认为大卫的画里最好的是《马拉之死》（*The Death of Marat*），他为原本阴暗的主题里加上很多明亮的光线。我还喜欢他的一些后期作品，尤其是《维纳斯解除战神马尔斯的武装》。”

“是《被维纳斯解除武装的战神马尔斯》（*Mars Being Disarmed by Venus*）。”玛丽纠正道，“嗯，那幅画很美。”

“它总能唤起我对那个时代的憧憬，多少年了，魂牵梦绕。”

“你是说神话时代吗？”玛丽揶揄地笑道。

“不，不过我真的很喜欢神话。古希腊是我的最爱。”

他们俩继续沿大厅浏览，不时对绘画和艺术品进行点评、交换意见。玛丽得以近距离观察这位少年，他能如数家珍地谈论这些作品，令她颇为惊讶。最后，他们拐进前厅。这里有个被绳索隔开的圆柱形台子，在台子之上，光线之下，摆着一个古希腊的双耳细颈罐，罐体上面绘着两个挤在一起的摔跤手。

皮埃尔立刻被吸引了过去。他目不转睛地看着金褐色罐体上的黑漆，头也不回地开口问道：“你有没有关注德国考古队在古奥林匹亚遗址的挖掘工作？”

玛丽刚刚说到“奥林匹亚”，身为记者的圣克莱尔就敏感地支起了耳朵——这是一个关键信息。“稍等一下，”他立即打断玛丽的追述，“你们第一天认识，皮埃尔就跟您提到了古奥林匹亚？在 1878 年？”

“是啊，很奇怪吗？”

“嗯，普遍的说法是，他在19世纪90年代才萌生了复兴奥运的想法；所以，您说的这个时间有点儿早了。”

“你说的也是真的。当时他并未提到复兴奥运的事，只是谈到古代奥林匹亚。这在当时并不是什么稀奇的事。他跟很多耶稣会的年轻学生一样，都对古希腊、古罗马的事情感兴趣。在课堂上，耶稣会的学生会复述那个理想中的古代世界；更有想象力的学生——皮埃尔当然是其中之一——则真正沉迷在那个世界里。皮埃尔成了一个现代的希腊文化研究者。再加上他的本性——他是个热爱体育的年轻人，我们刚认识的时候，他就坚持到布洛涅森林公园长跑。所以，他对古奥林匹亚尤其入迷。这个你可以去问一问他本人。他在回忆录里也写到了。他，还有他在圣依纳最崇拜的老师卡朗神父，一直密切关注德国考古队的发掘工作。”

“是的，他给我讲过圣依纳和德国考古发掘工作的事了。我觉得惊讶的是，他竟然会在你们初遇时就谈到这个话题。”

“这不奇怪，古奥林匹亚一直是皮埃尔魂牵梦绕的，此外还有古希腊以体育为基础的教育模式。”

“这么说，那些年里，您跟皮埃尔的关系一直持续下来，在他把体育教育传播到法国的运动期间，您也助他一臂之力了。”

“不，不是这样。从德福奥酒店结识之后一年，我跟皮埃尔一直走得很近。那时我们家开始在巴黎有了社交圈，我和皮埃尔相处的时间也多了，就互生情愫。有那么一两年时间，我们俩几乎形影不离。我想，那时我们就知道将来会是如何，也知道我们的关系会发展成什么结果。可是，突然间就断了。”玛丽说道，无奈地叹了口气。

“我们的恋情，来得快，去得也快。接下来，有10年时间我都没见到他，直到1890年我父亲的葬礼。他来帮助我和母亲整理父亲的艺术收藏，准备拿到乔治·贝蒂画廊去拍卖。结果我们再叙旧情，又相恋了。”

圣克莱尔要了午饭。接着，他跟玛丽又谈了三个小时。他对玛丽的人生经历饶有兴趣，不知不觉间，太阳破云而出，傍晚的湖面上绿波荡漾，粼粼闪闪。

在圣克莱尔看来，玛丽是个极好的访谈对象。哪里有什么恶人呢，他不由得纳闷不已，觉得梅斯里有些危言耸听了。可接着他又想起那天在蒙里普斯初见玛丽时，后者狂怒的样子，还有她在梅斯里的家宴上的冷漠表现，以及始终郁郁寡欢的神态……真是难以捉摸啊，他如此想道。在玛丽不断讲话时，圣克莱尔惊叹于她流畅的记忆力，就像打开了一扇闸门一般。最有趣的是，接下来玛丽说到了她跟皮埃尔的恋情是如何结束的。

“我认识皮埃尔的时候，他才 15 岁，我也只有 17 岁。可是他的魅力和聪慧不亚于我见过的任何一位男士。他的眼睛很大，好像要凸出来一样，但是非常有神，尤其是他靠近了注视着你的时候。他的眼睛是很深很深的褐色，近乎于黑色了，只能隐隐看到瞳孔的轮廓线而眼神中总是带着诚意。当他看着你的时候，你会感觉要被他的眼睛吸进去一样。还有，他的身体非常结实，令人意想不到。虽然他举手投足间非常矫捷，但他个头很小，所以乍看之下给人的印象挺瘦弱的，似乎没什么肌肉。我第一次抱他是在我的房间里，我把手放在他的肩膀上，又摸到他的胳膊，那时我才感觉到他的强壮。他的胳膊跟石头一样。很多年以后，我们去鲁登巴赫庄园，在树林里散步的时候，他还能像杂技演员一样轻松地在树上攀爬。他很有体育天分。

“但是真正将我们联系在一起的，是艺术。我们俩都是从各自父亲那里得到了熏陶,有丰厚的文化经验,所以从一开始我们就惺惺相惜。首先是在情感上，因为艺术很容易带入个人感情；其次是在知识上，因为我们比同龄人具备更多知识，能侃侃交谈绘画、雕塑、文化传统。这种联系令人振奋——结识一个同龄的异性，与他有着相同的文化热情和艺术信仰。”

“他是天主教徒，我是新教徒。在当时，我的父母很在意这一点，虽说我不大在乎，但终究是个障碍。但我们分手的真正原因是——我的社交生活很丰富，我遇见了别的男人。”

“您有了新的追求者？”

“是的，岁数比我大一些。”

“是谁？”

“这不重要，他叫裴尔·奥古斯丁·麦拉齐奥。他们家住在蒙梭公园（Park Monceau）旁边的一栋大宅子里。他有一辆华丽的英式马车，车身珐琅黑色抛光，车门上镶着金色的家族徽章，我的女伴们都喜欢他。他是当时我的社交圈子里跳舞最好的。皮埃尔不死心，他很伤心，这我都知道。我处处躲着他，即使他找到家里来，我也拒绝见他。那时我正青春年少，而优秀的男人到处都是。”

24

骑　行

朱丽叶还未起床，圣克莱尔到床边向她道别，他恋恋不舍地挣脱朱丽叶倦怠的吻和缠绵的双臂，离开了卧室。他把两条法国长棍面包、几块奶酪、一瓶酒、一壶水用桌布包起来，连同一条毛巾一起放进挂包里。他把双人自行车倚在房子一侧，将挂包绑在前座和后车把手之间。为了方便骑车，他今天穿着及膝短裤，一件长袖紧身衣，外面套了件短袖T恤；他脚上穿的是黑色短帮骑行运动鞋，很适合在金属脚蹬上发力。这是4月中旬的一个上午，天气很好。

准备完毕，他跨上双人自行车出发了，从乌契开始，上坡前往蒙里普斯，感觉这辆车子比他的迪昂巴顿三速自行车稍稍重了一点。这段上坡路并不远，之前他曾在这两条路上练习过，而换成双人自行车之后，速度只是稍慢了些。他于约定的9点准时到达蒙里普斯，比较轻松，只是稍微出汗。圣克莱尔停下车子，待汗水蒸发掉，凉快下来，才走进别墅里。他上了两层楼梯，来到一个办公室门前，门上写着“国际奥委会”。他轻敲了两下门就径直走了进去。顾拜旦听见动静，抬起头来，他正在写信，而手边已经写好了一摞。他站起身，绕过桌子来迎接圣克莱尔。

“咱们这就要去骑车了，对吧？”顾拜旦问道，向圣克莱尔报以微笑。圣克莱尔刚爬了两层楼，有些喘。看到他身上的汗渍，顾拜旦笑了起来。“看起来在丘陵地区骑行很辛苦啊，你确定能骑得动？”

“只需您稍稍出力，我保证能把咱俩载到格兰瓦克斯。”圣克莱尔拍着大腿说道。他很期待这次挑战。

顾拜旦穿着宽松的棉质运动裤，蓝色的套头衫，衣服还算合适，不过他脚上穿的是一双皮靴，对骑行来说就重了些。

“穿这件怎么样？”顾拜旦问道，手里拿着一件四粒扣人字纹外套，腰间有根腰带。

“太沉了，皮埃尔。你想穿的话没关系，不过真骑起来，你要么得敞开怀，要么得脱掉。”

“好吧，不穿了。不过，你可别指望我能帮你多少啊。”

其实圣克莱尔根本没想过让顾拜旦出力，他只想载着这位老人故地重游而已。

他们跨上双人自行车，出发了。刚开始时，就在蒙里普斯门前的碎石路上，车子摇摇摆摆，但很快他们就掌握了节奏，车子行驶得很稳当。圣克莱尔对顾拜旦的协调能力甚是满意，只蹬了十几下，他们就稳住了自行车，开始加速，先是骑到拉芒什路（rue de la Manche）的硬地上，接着拐弯驶上车道。他们轻松地穿过村庄，一路上顾拜旦骑得很好，既没有过度发力，又足以抵消自己体重的负担。圣克莱尔紧握车把手，坐在车座上，未费太大力气就能保证车子前行。他当即放下心来：有了顾拜旦的稍微用力，他就能将二人载过 2500 英尺的上坡路，抵达格兰瓦克斯。

时值 4 月，上午风和日丽。在温和的阳光中，顾拜旦与圣克莱尔骑车出了蒙里普斯，向山下海边驶去。他们很快就驶过市区，穿过农田和林地，经过普利（Pully）和卢特利（Lutry）两个小镇。路边田野中薄雾蒙蒙，露珠闪烁，左侧是攀升的山麓，山下是大片葡萄园，山坡是王冠样的深绿的森林。他们的呼吸已调整得与骑行相一致，新鲜的空气灌入肺中，圣克莱尔体会到了运动的愉悦。随之而来的，就是顾拜旦所说的“奋斗的快乐”，圣克莱尔不知道顾拜旦此刻是否也有同感，然而，此刻他又为顾拜旦的体力担心起来，这可比他平时的划船剧烈多了。

“您感觉怎么样？”圣克莱尔喊道。

“我觉得能行，”顾拜旦大声答道，“到现在感觉还行。”

“坚持住。”圣克莱尔说道。说罢，他站起身来，用力踩着脚蹬，在经过几处之字形路、越过几个山丘时，他奋力施展骑行技术。不久之后，他们驶上平地，他这才重新坐到车座上。

一个半小时的骑行之后，他们顺利抵达格兰瓦克斯。这里有家小旅馆，外面是个露天咖啡馆，顾拜旦以前来过。他们把车停下，顾拜旦脱掉套头衫，活动着四肢，圣克莱尔则从挂包里取出面包、酒和奶酪。他们坐在一张桌子上，身边的田野匍匐下行，一直延伸到山下的绿林里。眼前的景色美不胜收，圣克莱尔是第一次见到这些。他们尚未到达云层的高度，却已能够看见法属阿尔卑斯山的一些山肩，座座山头像一排白色的头盔，朝意大利和法国南部绵延而去。

他们俩静静地坐了一会儿，调整着呼吸。圣克莱尔观察了一番，确定这次骑行并未将其累坏，但他还是开口问道：“您还好吗，男爵？”

“我很好，雅克。我想起以前的事了。骑车的时候，我从你肩膀看过去，看到前面的路，就想起来了。很多年前，我跟梅斯里的骑行俱乐部的成员骑过这片山地。交谈，欢笑，真是快乐。有个名叫保罗的杂技自行车手，他是最能闹的，他能把前轮抬起来，只用后轮加速前进。我记得最清楚的，还是当初费尽九牛二虎之力骑在前列。”

“我从未想过，”顾拜旦继续说道，“有朝一日还能再骑车到这里来，或者说，哪怕不是骑车，有生之年还能故地重游。对我来说，能在阳光下，吹着清新凉爽的微风，欣赏着美景，真是太快乐了。这一切都要感谢你，还要感谢体育运动。毫无疑问，今天的一切都源于体育。”

“是的。我想跟您共享一下真正的体育时刻。”圣克莱尔说道。

“你是运动员出身，雅克，你想让我看看你的实际表现。今天我见到了，很了不起。这是很多年来我最棒的体育经历了。”

此刻，圣克莱尔感到了巨大的满足，仿佛得到了终极的肯定——他做得对，做得好，真正体现了体育美德。这时他才意识到，他一直在盼望得到顾拜旦的认可。他想展示自己的体育才华和体育精神，想在顾拜旦有关体育的记忆中占有一席之地。

他看着顾拜旦，这位老人微笑的脸庞仿佛在对他说——他们之间已经建立了又一条纽带，那就是由体育而生的宝贵友情。

圣克莱尔拿出笔记本，想要问顾拜旦几个有关他自己体育生涯的问题。

“雅克，”顾拜旦若有所思地说道，“我现在不想说体育有关的事，另找时间吧。我更感兴趣的，是你与最近那位访谈对象的长谈。”

“您夫人？”

“是的，雅克。40年了，你是与她谈话时间最长的人。她心情很好？”

“非常好。两次访谈过程都很愉快。她温文尔雅，一点都没有生气。”

“有这种事？”顾拜旦仿佛不大相信，“我想知道你们都谈了什么。”

“啊，我正想听听您的回忆，印证一下她的说法。”

“好啊。我一定知无不言，言无不尽。你们谈到我们俩初遇的事了？”

“嗯，非常详细。”

“怎么个详细法？”

“您还记得《绘画的寓言》和《音乐的寓言》吗？”

“当然记得，那是她收藏过的画。如此说来，你取得了不小的突破啊，雅克。多少年了，没有人见过她这一面——至少私下里如此。这可比你骑车爬坡的能力更令人惊讶！她是怎么说我俩初次见面的事的？快，跟我说说。”

一个小时过后，圣克莱尔和顾拜旦骑着双人自行车下山返回蒙里普斯。骑行结束后，顾拜旦还是不依不饶，一点一滴地从圣克莱尔嘴里挖着妻子的回忆。他约圣克莱尔一起吃晚饭，还说第二天继续聊。最后，他终于做好了准备，要把他与玛丽·罗赞初遇的情景讲给圣克莱尔听。

25

卧　室

刚刚吃过午饭，顾拜旦和圣克莱尔就坐在了安格莱特利酒店的路边咖啡馆里。顾拜旦已经从圣克莱尔这里听说了玛丽对他们共度的美好时光的回忆，知道她对其颇为留恋，他很是感动。

“从哪里开始说起？”顾拜旦问道，“就从我跟她初次相遇开始吧。”

“好，我也是这么想的。”

“首先，雅克，我想再次向你表示感谢。如果你知道我和妻子在过去十年——也许更长时间里是多么不幸福，你真的不……你就能明白，得知她仍记得——仍能高兴地记得我们相爱的情景，对我来说是多么重要。”

“不用客气，皮埃尔。她很清楚自己曾深爱过你。”

顾拜旦看着湖面远处的地平线，似乎在回味这个想法。接着他开口说道：“咱们开始吧，你的问题是？”

“您还记得您跟玛丽在德福奥酒店初遇时的情景吗？”

“记得，当然记得，历历在目。”顾拜旦眼中闪烁着神采，“那是1878年。我15岁，她17岁，挺成熟。拍卖师介绍我父亲和他父亲认识，然后他们俩又介绍我们俩认识，接着我就被她迷住了。”说着，顾拜旦咧嘴而笑，“你觉得哪里有疑问？”

“她说您见她的第一天就跟她提到了古代奥林匹克。”

“不必奇怪。正是在那一年，德国考古队发现了《赫尔墨斯与小酒神》[①]雕塑，根据帕萨尼亚斯[②]的《希腊志》里描述的地点找到的。而且，就在同一年，巴黎举办了世博会，我面对面观察过自由女神像。”

“这件事务必要讲给我听，现在先说一说——那时的玛丽是怎样的？”

“她穿着一袭白裙，披着粉色披肩，头戴精致的羽毛帽子，刚巧盖住她栗红色头发的顶部。她嘴唇饱满，粉颊圆润，湛蓝的眼睛闪着智慧。说实话，她在法国艺术史方面知识渊博，不，这么说不妥——应该说，她在艺术方面的知识比那时的我更渊博，而我可是在一位画家的培养下长大的。”

“她不是我的初恋，不过，她是我第一个真正爱上的人，也成了我终生的爱人。”

拍卖师裴列敲响木槌，宾客纷纷就座，大厅里安静下来。皮埃尔发现，父亲跟罗赞先生分别坐在了大厅两侧。他恋恋不舍地与玛丽道别，说希望能尽快再见到她。玛丽犹豫了一下就离开了，并未给他明确答复。皮埃尔不知道自己是否打动了玛丽的芳心，他觉得刚才自己故作成熟企图弥补二人年龄的差距，但其痕迹太过明显。毕竟，他还在圣依纳上中学，而她马上就要去巴黎大学了。

他们的座位在玛丽身后五排，跟父亲坐在一起的顾拜旦，情不自禁地为自己刚才在交谈中的笨样子而懊恼不已。曾有一次，在评论德拉克洛瓦[③]时，她说着一口流利的英语。那时他的英语口语也挺好，不过比不

① 《赫尔墨斯与小酒神》：大理石雕像，普拉克西特列斯作于公元前330年左右，他把赫尔墨斯与小酒神的关系表现得很亲密，洋溢着一种诙谐轻松的情调，现已藏于奥林匹亚考古博物馆。

② 帕萨尼亚斯：亦作鲍萨尼阿斯，公元2世纪（罗马时代）希腊史地理学家，旅行家。著有《希腊志》，描述了奥林匹亚和德尔斐的宗教艺术和建筑对研究希腊的古代历史、艺术史、文学史和神话传说有主要意义。

③ 德拉克洛瓦：斐迪南-维克多-欧根·德拉克洛瓦，Eugène Delacroix，1798—1863，法国著名画家，浪漫主义画派的典型代表，代表作有《自由引导人民》。

上她。接着他了解到，玛丽曾到布莱顿[①]上过女子精修学校[②]，在很短的时间内就掌握了英语。

罗赞先生拍下了一幅乔瓦尼·巴蒂斯塔·布兰比拉（Giovanni Battista Brambilla）的作品，皮埃尔饶有兴趣地看着，可惜这时他的父亲看了看怀表，用手肘碰了碰他，接着带他离开了酒店。

坐在返程的大马车上——他的父亲喜欢乘坐6座大马车参加重要社交活动，而德福奥酒店的艺术品拍卖会当然符合这一条件——父子二人看着窗外。马车驶过豪斯曼大街（Haussmann），向巴黎歌剧院驶去。皮埃尔看见父亲摘下帽子，挠了挠前额，眯起了眼睛，长叹了口气，似乎有心事。

“你怎么了，爸爸？”皮埃尔问道。

“啊，没事。就是累了。说实话，我是对今天的拍卖有些失望。价格跌得厉害。似乎所有人都在谈论印象派画家和他们的画展，”他咕哝道，“‘落选者沙龙[③]’，多么荒唐的沙龙名字。我们的世界日新月异，真不知道将来会是怎样。”

这是他父亲的陈词滥调了，说着说着，他就会抱怨起共和国的政局不稳、急切需要君主政体复辟……都是些毫无希望的胡思乱想。

“我觉得罗赞先生拍那幅布兰比拉花了不少钱。”

“对，可是那不是布兰比拉的代表作。还有那幅大卫的素描画，只拍了4万法郎，理应值两倍的价钱。”

马车驶上皇室桥，毫无预兆地颠了一下，皮埃尔父子俩一下子从座位上弹了起来，两个人撞在一起，又慌乱地在座位上坐稳。

---

① 布莱顿：Brighton，英国南部城市。

② 女子精修学校：培养富家女社交能力的学校。

③ 落选者沙龙：Salon des Refuses，亦称被拒绝者的沙龙，始于1863年，拿破仑三世批准成立。落选者沙龙是对当时由学院艺术占主流的官方艺术的一次对抗，印象派作为一种新的艺术流派，在这次沙龙中崭露头角。

他们俩大笑起来。皮埃尔对父亲说："坐着马车过莱茵河，你得有体操运动员的身手才行。"

"哈哈，说得好，儿子。"他父亲很喜欢这个笑话。

"玛丽说，她的父亲收藏颇丰。"

"对，查尔斯·裴列也是这么跟我说的。说罗赞的收藏都挂在圣乔治广场的家里，想来应该是很了不起的。他邀请我去他家做客，我还没打定主意要不要去看看。"

"真的？你要是打算……去的话，一定告诉我一声……"皮埃尔变得吞吞吐吐，他也觉得奇怪，原来自己早就想去玛丽家做客，"我想跟你一起去。"

查尔斯看着儿子，"我想你也是愿意去的，"他如此说道，面带微笑，"小姑娘是挺不错的。"

皮埃尔因暴露了心事而懊恼，又满怀希望地对父亲回以微笑。

"好吧，我来安排一下。"查尔斯说道，"《美术》杂志报道了罗赞的收藏，好像是保罗·曼特兹写的，你到我的旧报刊里找一找。"

接着父子俩一路无话。马车驶到荣军院大道时，查尔斯才开口道："皮埃尔，别抱太大希望。罗赞先生的艺术收藏令人叹服，但在政治上，他不是个有眼力的人。他曾是那个幼稚小皇帝的荒唐政权的一员，尤为不妥的是，他们一家是新教徒。"

"到家之后，"顾拜旦说道，"我用了十分钟就从落满灰尘的一摞《美术》旧杂志里找到了关于罗赞收藏品的文章。父亲刚在二楼的长椅上坐下，手里端着一杯酒。我找到他，跟他一起读了那两篇文章。保罗·曼特兹是个杰出的艺术评论家，他在文章中对罗赞的收藏赞不绝口，而这也引起了父亲的兴趣。我离开时，隐约听到父亲嘟囔着要去他家看一位德国画家的《逃往埃及》（*The Flight into Egypt*），好像是埃斯林戈尔，我记得。"

◎◎◎◎◎

此后，顾拜旦与玛丽相处了一年之久。圣克莱尔费了很大功夫才将顾拜旦的回忆逐字逐句整理成稿。他将顾拜旦到罗赞家做客的回忆打印出来，交给梅斯里看：

要是我记得没错的话，大约三个星期过后，父亲、母亲和我就到圣乔治广场罗赞的家里做客了。他们家的房子不像街坊四邻的大宅子那么气派，不过也很华丽。漂亮的庭院，典雅的大门，还有个梯台式后花园。客厅不算大，不过屋顶很高，有12英尺。罗赞先生按照巴黎沙龙的风格，将其布置成了私人画廊。四周墙上挂满了画。

短暂游览过后，母亲和罗赞夫人去了外面的小阳台。父亲则拉着“公使”——出于对罗赞先生收藏的敬意，父亲开始这样称呼他——回头去看一幅骑马的画。我跟玛丽也随着他们去了。那是一幅杰利柯·西奥多[①]早期的习作；画很漂亮，笔触松弛，应该是为以后的代表作《轻骑兵军官的冲锋》（*L´Officier des Chasseurs de la Garde Imperiale Chargeant*）练习而画的。父亲对其笔法很感兴趣。

“画得很仔细，但明显用笔很急，应该是灵感涌现时匆忙画下的。”父亲说道。他的手指贴近画布，模仿着画家的笔触。我弯下腰仔细观看，玛丽也是如此，我们都感觉到了——两个人的身体靠在了一起。“这幅画的风格就是现在所说的‘印象派画法’，由此可见，所谓的‘印象派画家’还算不上独成一派。”父亲继续说道。

罗赞先生表示同意，接着两位传统主义者的评价就是意料之中的事了。罗赞先生说：“我的沙龙里不挂印象派的画。”听到这里，我和玛丽交换了个眼神——我们俩都不赞成他们的评价，并且都很欣赏印象派的作品。

① 杰利柯·西奥多：Théodore Géricault，1791—1824，法国浪漫主义画派的先驱，对浪漫主义画派和现实主义画派的发展有重要影响。

“皮埃尔，”罗赞先生说道，“刚巧玛丽的私人藏品里有布歇的画，我想她会乐意带你去看一看。”

玛丽听言，端庄地朝她父亲点了点头，微笑着说：“当然，爸爸。谢谢你的建议。”

我让玛丽挽着我的胳膊，请她带我去看画。她带着歉意说：“你一定会觉得我那两幅《寓言》没什么看头，可是我从小就喜欢它们。”

“我的想法可不是那么好猜的。”我对她说道。我们走上楼梯，朝她的闺房走去。“刚巧我对寓言很感兴趣。”

后来，圣克莱尔又把其余的经过打成书稿，他知道梅斯里想看看后事如何。

弧形楼梯一侧的墙上，顺势挂着十多幅罗赞先生收藏的画，有肖像画、风景画、英雄传说，还有神话故事，内容多样，色彩纷呈，且都很专业地装裱排列着。每经过一幅画，皮埃尔都看上一两眼；但他的目光始终流连在玛丽美丽的身体上。她身穿白色褶裙，腰部紧收，衬出玲珑的曲线。她每上一层台阶，前腿迈出，扯得裙摆上移，随即露出后腿一截粉红色结实的小腿。

二人来在玛丽的闺房门口，她手握金色球形门把手，转过身来对皮埃尔说道：“我 11 岁时就住在这个房间，恐怕还留有小女孩的格调。请不要在意房间里的陈设。”

“我很高兴能一睹你的童年印象。”皮埃尔说道。他眉毛轻扬，探过身去，嗅到她身上香水的气味。就在他的脸贴近时，玛丽打开了房门，两人一起走进少女的粉色领地。房间左侧是一扇飘窗，阳光倾泻而入，窗帘收起在窗台一侧，上面放着各种玩偶和枕头、靠垫，窗玻璃旁是一摞整齐摆放的书。门的对面有张四柱天篷床，上面一应铺盖均是乳白色，皮埃尔看到，不禁心头一荡。

这时玛丽背对镜子——皮埃尔得以同时看到她的正面和背面——面向挂着画的墙壁，双臂张开呈V字形，说道："请看，《绘画的寓言》和《音乐的寓言》。"

皮埃尔逼着自己的目光离开玛丽诱人的姿势，转头向画看去。只见那两幅画有神话、天使、象征、女性之美，可谓面面俱到，色彩与内容二者得兼。突然他头脑一热，未出一言，径直走到玛丽面前，二人四目相对，他的双臂随即搂住了她的细腰，她的双臂则抱住了他的脖子，两人的嘴唇接到了一起。这是他们俩第一次接吻，而自从在德福奥酒店见了玛丽一面，这个场景就一直萦绕在皮埃尔脑中。

二人亲密相拥了片刻，玛丽将皮埃尔推开，风情万种地娇笑起来。她转身闪开时，皮埃尔的目光落在了她迷人的双峰上面，旋即又希望她未留意到。

"别得寸进尺啊，皮埃尔。"玛丽说道，"欲望是人之常情，可放肆无礼就不对了。"

她说得对，皮埃尔知道，因为他差点就被欲望冲昏了头。他冷静下来，随着她坐在飘窗的窗台上。

玛丽细心地在上面放了几个垫子，两人面对面各坐一端，中间有块空当，但皮埃尔知道，若是自己探过身去，玛丽也探过身来，他们的嘴唇将会再次相接。

"你年轻又冲动，你还有很多东西要学。"玛丽对他说道，"但是你很英俊，也很健康，你的知识水平和文化水平，比我认识的大多数年轻男士都高一截。"

"这可不敢当，"皮埃尔说道。玛丽穿着低胸露背的礼裙，皮埃尔的目光忍不住又落在了她的胸上，而这次他并不害羞了。"我必须承认，我的艺术知识，或许连艺术鉴赏能力都算在内，都无法与你匹敌。我希望你能挑起这个重担，补足我的教育——在我们共享的各种艺术形式上。"

“哦？真的，你真要学？那好吧，”玛丽说道，缓缓探过身来，而皮埃尔也探过身去，“咱们得拟定一张课程表，因为你要学的东西太多了。”

二人再度吻到一起，而这正是少年皮埃尔的最甜蜜的时刻。

◎◎◎◎◎

那是一个美好的夏天，皮埃尔恋爱了。从秋至冬，他和玛丽如胶似漆，沉浸在少年男女的亲昵之中。他们自由出入双方公馆，还能让家里的仆人驾着马车将他们送到城市的各个角落。对皮埃尔而言，爱情令他变得专一，有了承诺感，他已经开始想象两家联姻后的惊喜的未来；而对玛丽来说，这段感情的意义就没有那么重大——不过是跟一个青涩的年轻追求者打情骂俏而已，她对皮埃尔的感情远没有皮埃尔对她的感情那么强烈。

在圣依纳的最后两年时间里，皮埃尔努力学习，顺利通过了毕业考试，被推选为班里的优秀学生，而这一切都没耽误他试图抓牢玛丽的芳心。在学校之外，皮埃尔从未遇到如此知音，能与之分享自己的经历和观点。从文化层面来说，他们俩均是在艺术氛围中长大，欣赏诸多佳作，了解其传统；从知识层面和政治层面来说，他们俩的观念都与各自家庭传统的帝国政体相左，都对新生的共和国持有认可态度，并接受其平等主义精神。尽管如此，他们都尽力尊重并维持其贵族传统社会结构。二人逐渐成熟，渐渐融入巴黎年轻成年人的世界，但他们仍想维护其特权和自由。

如若不是年龄上有差距，这对情侣很可能就一帆风顺地走下去了。然而，在那个年龄段里，相差两岁意义大不相同。在二人首次接吻之后，15 岁的皮埃尔想的是时时刻刻与玛丽相厮相守；而 17 岁的玛丽比他更自由一些，社交圈子也更大一些，其中不乏数名潜在的追求者。对罗赞一家来说，各种邀请和社交机会如大江之水滔滔不绝，来往的人物林林总总：军官、牧师、阁僚还有昔日第二帝国统治下的大小官员——虽早已失宠，却挥之不去。吸引玛丽的，不仅是艺术世界，还有一个世界令她心旌摇曳，那就是巴黎的沙龙——贵族子弟与新兴中产阶级、暴发户争奇斗艳，抢夺巴黎新一代美女的芳心。卡巴莱[①]和夜总会等场所形成了新的风月之地；但在上层社会，巴黎人的生活与沙龙形影不离。可是，至少是在眼下，皮埃尔还太年轻，无缘进入那个世界。

在圣依纳的最后一年，皮埃尔预感到将要失去玛丽的芳心。他常常在周末乘马车不速造访，满怀期待地希望看到玛丽愿与他同去布洛涅森林公园或战神广场，一如去年那样。而屡次三番，都是仆人为他开门，并且面带惊讶，因为他竟然不知道玛丽出门赴约了；若是皮埃尔问起，仆人也并不讳言男方的名字。皮埃尔终于开始明白，人生第一次明月沟渠之痛已不期而至。后来他才渐渐醒悟过来，为结束二人短暂的恋情，玛丽其实早就在毫不隐讳地做着铺垫，而她发出的各种信号，他都懵懂地未曾会意。

“皮埃尔，下周不行，下个月再说吧。”她曾这样说过。除此之外还有其他暗示：“我不感兴趣。”“哦，稍等，我想一想。不行，我去不了。”……他一直以为玛丽是属于他一个人的，而在一次次失望的打击过后，他的美梦破灭了。而他像个男子汉一样，决心触底反弹。

皮埃尔决定去学习、掌握那个世界的规则。从圣依纳毕业之后，他一头扎进了巴黎的夜生活里。他要到沙龙的社交生活中一试身手，而在那个世界里，他的哥哥保罗、他的祖父朱利安都曾以其诗歌和音乐才华技惊四座，像圣日耳曼郊区晚宴轨道上的明星一般熠熠闪光。不过他要耐心等待，因为他年龄尚小，无法收到那个世界的邀请。但只要时机来临，只要他年满20岁，他将雄鸡初啼，一鸣惊人。

---

① 卡巴莱：起源于法国红磨坊，起初是一种在夜总会演出的歌厅式音乐剧，热辣的歌舞加上宣示性的歌词，后来发展成表现政治、经济和民生的音乐形式。

第四章　心与意

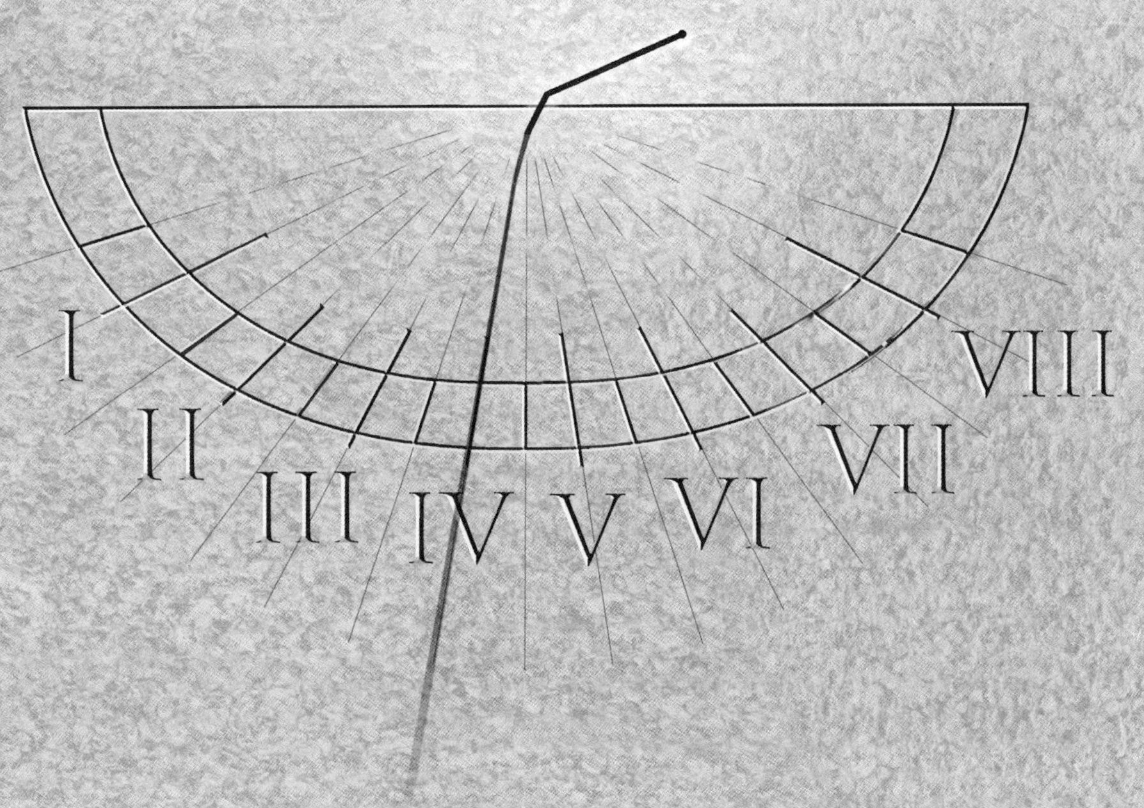

26

沙　龙

虽然顾拜旦在19世纪80年代巴黎的社交生活与其教育改革事业和创办现代奥运事业无太大关联，但圣克莱尔对其兴趣盎然。顾拜旦原是将其看作年轻时的一段轻浮岁月，打算一掠而过；但时值5月，圣克莱尔已经到洛桑三个多月了，他想挖出更多素材。

“您自己计算过，那时您一共参加了一百多场晚宴，几乎次次都有舞会？”圣克莱尔问道，不禁怀疑这个数据的真实性。他知道，在“美好时代”初期，巴黎的确是笙歌曼舞，遍地沙龙。但听到顾拜旦自述其数年间无舞不欢，他仍心怀犹疑。

“你不信？”顾拜旦说道，假装失望的样子。

“两三年里一百多场晚宴——这社交频率也太高了些。更不用说花费的问题了……”

“花费？”顾拜旦挥了下手，打消了圣克莱尔的疑虑，“不需要什么花费。对那些想要在社交圈里打响名头的人来说，花费不是问题。那时，举办晚宴就像现在申办奥运会一样，竞争激烈着呢。相信我。”

在圣克莱尔的坚持下，顾拜旦回忆了在巴黎大小豪宅中举办的一些华丽的舞会，他对沙龙主人的名字——萨冈（Sagan）、瓦雷纳（Varennes）、谢克勒

（Schickler）、罗特希尔德（Rothschild）——还有舞伴的名字记忆犹新，脱口而出。圣克莱尔正想仔细探问，可顾拜旦突然停了下来。

“稍等，我有一本剪贴簿，好像就放在这里了。”说着，顾拜旦跳起身来，带着圣克莱尔穿过蒙里普斯的走廊，来到一个装满箱子的壁橱跟前。他逐个看着架子上的标签，找到了要找的东西。他从一个布满灰尘的纸板箱里，拿出一本红皮书，其封面是几个孩子在玩耍。每一页纸上，都贴着少则一张、多则四张邀请函；皮埃尔还都亲手为其配图：鸟，头戴高帽的男士，华美的楼梯，鞠躬的戏剧艺人……很多邀请函旁边，顾拜旦都记录了当天舞伴的名字。本子最后几页，记录了1882—1885年间他最喜欢的舞伴名字；圣克莱尔数了数，竟然有30多个。

“真是一位花花公子啊。”圣克莱尔叹道。

“当初我可是舞林高手，那是青春的美好年华啊，雅克。”

顾拜旦将剪贴簿放回箱子里，二人走回大厅。圣克莱尔发现，他已经积累了大量素材，足以描绘当时晚宴的情景，也足以阐述顾拜旦进入那个圈子和离开那个圈子的转变。

皮埃尔的哥哥保罗早已离开了那个属于年轻人的沙龙圈，离开了游戏比赛、吟诗诵文、狂欢作乐的时光；现在他的社交生活，是跟将军、政客、暴发户共进沉闷乏味的晚餐。但在他的建议下，皮埃尔决定以跟当时每个年轻巴黎人一样的方式进入社交圈：骑马。

每天两次，一次是在上午，一次是在傍晚，香榭丽舍大道[①]和帝国大道上，华丽的马车就川流不息。车夫一律身穿制服，其颜色与车门上的家族徽章颜色相配。大街旁的马道上，则全是骑马的人。有的风华正茂、朝气蓬勃，有的名花有主、前呼后拥；艺术界的男女主顾，身边总有帽章羽饰的随从。大家的目的地都是阿卡西亚斯大道（Acacias），最受欢

① 香榭丽舍大道：Champs-Élysées，是一条横贯巴黎的东西主干道，始建于1616年，东起协和广场，西至戴高乐广场，全长1800米，最宽处约120米，为双向八车道，被称为“世界上美丽的大街”。

迎的两个地方就是“勒普雷加特兰”(Le Pré Catelan)和“大瀑布”(Le Grande Cascade)——均是布洛涅森林公园里的餐馆。这段骑行不仅是炫耀，也不仅是展示马术——它本身就是地位的象征。在一个无暇从事体育和竞技的社会里，精英的社交生活竟是源于与马的互动；而每个人似乎都在骑马。皮埃尔骑着名叫“柏拉图”的栗红色新马，看着眼前的景象，不禁觉得颇为讽刺。

星期天下午是众人骑马外出的高峰期。这个星期天的下午，皮埃尔与骑马的大队伍一起，在布洛涅森林公园的马道上前行。这时，他听到有人叫他的名字，闻声看去，一群人正在洋槐树下的草地上野餐。他驱马上前打招呼，只见旁边停着一辆黑漆漆的四轮四座大马车，拉车的有四匹马之多，车门上镶着金色的家族盾徽。原来是他在圣依纳的同学莫里斯·杜布瓦(Maurice Dubois)。杜布瓦正兴致勃勃地与萨冈公主(Princess Sagan)一同野餐，而后者可谓当时年轻人中的明星，她富甲一方，是巴黎夜生活的主要召集人之一。接着大家互做介绍，而皮埃尔谨遵兄长嘱咐，将此过程控制得非常简短。然后他就向各位告辞，动身去赛马俱乐部，在那里，他与拉罗什富科公爵(Duke de La Rochefoucauld)有个约会。

◎◎◎◎◎

尚未过去一周，皮埃尔就收到了邀请函。邀请函装在一个细亚麻布信封里，信封上以俊朗的字体写着他的名字，再盖上红色的蜡封，沉甸甸的颇有分量。蜡封上的字母“S”，皮埃尔在星期天下午的布洛涅森林公园里见到过——斑驳的夕阳中，马车车门上的金色盾徽里就是这个字母。他打开邀请函，只见上面写道：“萨冈公主于本周六举办沙龙，敬请光临。”他把邀请函放在桌上，笑了起来，没想到社交生活来得如此之快。他得好好谢谢哥哥保罗才行。

◎◎◎◎◎

皮埃尔的马车停在萨冈公馆门外，排队等着到公馆的大台阶处。马车缓缓靠近台阶，他在车厢里站起来，整了整马甲上的皱褶，慢跑两步，接着纵身一跃，稳稳地落在第一层台阶上。他回头看了看，颇为自得；其他马车上的车夫和宾客看得目瞪口呆。大门处点着一圈火把，身着印度长袍的仆人端着酒杯迎接宾客。皮埃尔快步走上台阶，走到人头攒动的前厅里。锦衣华服的男男女女在此脱下外套，交给一排仆人存放。

他穿过前厅，走进灯火辉煌的沙龙。这里早已聚集了大约50位宾客，他们三五成群，把酒言欢，却也时不时地中断交谈，或是看看刚到的宾客，或是从后墙的镜子中小心检视自己华美的穿着。煤油灯与蜡烛的味道与女士身上的香水混杂在一起，馥郁扑鼻，也为沙龙的气氛增添了几分愉悦。房间两侧各有一个石头结构的大壁炉，大厅里温暖如春。高高的窗帘杆上，挂着一面奢华的天鹅绒窗帘，窗帘搭在玻璃门上，就像一个拱廊一般，玻璃门外即可以看到阳台外面精致的花园。

仆人端着的灰色托盘上用巧克力色装饰着萨冈公主的标志，皮埃尔从托盘里拿了一杯香槟，四下看着。房间对面，他看到几个朋友，在人群散开的空当，他发现一大群人正簇拥着萨冈公主，公主正开怀而笑，在她的带动下，一阵欢笑声响彻大厅。

“你好，莫里斯。”皮埃尔打了个招呼，走到几个人跟前，大家让出一个空当，让皮埃尔加入。

“啊，皮埃尔。”莫里斯跟他握了握手，“要想参加最棒的沙龙，最好的敲门砖就是骑马郊游了，对吧？”说完，他将皮埃尔介绍给眼前的几个人，其中有两个是同校的朋友。

“我听说公主常常会安排一两个表演节目。”皮埃尔说道。

“对，”莫里斯说道，“今晚表演节目的好像是个诗人。当然还有惯例的猜谜游戏，上台表演的往往是新人哦。”

“这么说的话，我得赶快去取取经，想想怎么表演小短剧呢。”

大家喝着酒有说有笑，颇为惬意。但在这浮夸的气氛里，皮埃尔不由得产生一种轻浮的感觉，而轻浮并不符合他的性格。他抽身而出，四处闲逛，与熟人寒暄，与陌生人则只做眼神接触。虽然他尽力融入其中，但他开始怀疑自己是否属于这里。

门口传来清脆的手摇铃声，仆人的领班通知大家晚宴已经准备好了。大家陆续到餐厅就座。餐桌足有一艘小船那么大，桌上摆着一列烛台，水晶酒杯晶莹剔透，各种瓷器银器熠熠生辉，花瓶里绽放着兰花和马蹄莲，一应摆设令人眼花缭乱。宾主落座，一队仆人鱼贯而入，有的手拿玻璃酒瓶，瓶中装着红宝石色的美酒，有的端着小盘的虾和三文鱼肉酱。

坐在皮埃尔左右的，一位是夏琳·舍万（Charlene Chevan），是个与他同龄的金发美女；另一位则颇令皮埃尔惊喜，竟然是埃斯梅拉达·科斯特（Esmeralda Costes）——萨冈公主的伯母，也是原先几位王公的情妇，萨冈公主很喜欢她。转眼之间，主宾的杯中已经倒好了酒；接着，晚宴在此起彼伏的交谈和欢笑中拉开帷幕。一切都在萨冈公主无形的指挥下进行，皮埃尔心想，她在掌控餐桌气氛方面真是优雅而不失偏颇，恰到好处。

珠光宝气的美女夏琳忽闪着眼睫毛，风情万种地与皮埃尔搭讪，但与时而妙语解颐、时而贴耳私语的埃斯梅拉达相比，还是逊色不少。她自觉无趣，遂转过头去，与左边的年长男士攀谈起来。

看到皮埃尔受了冷遇，埃斯梅拉达对他说道：“不要难过，耐心一点，美味都在后头呢。”

“多谢鼓励，夫人。”这时，桌子远端传来一阵大笑，他们转头看去，只见一位红发美女吸引了大家的注意，又向萨冈公主举杯说道：“我可没说双下巴直接反映了将军是两面派，不过我承认，这么解释绝对精妙绝伦。”

大伙儿轰然赞成。一瞬间，皮埃尔仿佛被施了定身咒一般，目不转睛地看着她。她注意到了皮埃尔，也直直地注视着他。片刻之后，她才收回眼神，向皮埃尔扬了扬酒杯，妩媚一笑，又与身边人谈笑起来。她的头发在烛光下变换着色彩，红、橙、褐，幻进幻出。

“那是珍妮特·蒙田（Jennette Montaigne），当红的笔杆子。”埃斯梅拉达对皮埃尔说，“她的讽刺漫画幽默感十足。”

“啊，想起来了。她就是那个在《费加罗报》上讽刺第三共和国伟大人物的人。”皮埃尔说。

“对，就是她。不过我要告诉你，不要轻易说别人‘伟大’，那是不成熟的表现，皮埃尔。不过看他们那些愚蠢的政策，珍妮特倒是大有用武之地。”

晚宴继续，埃斯梅拉达向皮埃尔一一介绍在座的宾客——“……是个风流公子；……是个无赖；……是个新星；……是个罕见的有操守的银行家；……是个杰出的骑手；……是个建筑大师；……是个香料商人；……是个魅力非凡的珠宝商；……是个艺术资助人……”她的评价偶尔刻薄，却令皮埃尔觉得今晚越来越有乐趣。就在晚宴结束，诸人离席之时，埃斯梅拉达对皮埃尔说：“若是你今晚被公主点名表演节目，我倒是一点都不奇怪。只希望你的表现像你哥哥保罗一样好。我们太怀念他充满灵气的诗歌了。”

“啊，保罗的表演才能，我哪能比得上呢。”皮埃尔说道，“不过，若是承命表演，我就尽力而为吧。”

◎◎◎◎◎

半小时过后，宾客离开餐厅，到了客厅里。萨冈公主停下脚步，单臂前伸，轻斜娇首，注视着一位衣着并不光鲜的男子。公主遥遥地指着他，朝他勾了勾手指，让他走上前来。

此人昂首阔步向前，他一头黑色的浓发胡乱向后梳起，蓬乱的黑须裹住方形英俊的脸庞，饱满的嘴唇带着灿烂的微笑。他因公主的召唤而激动不已，眼中涌动着勃勃雄心。他上身穿着一件粗陋的长大衣，早已过时很久，裤子松松垮垮，不成样式。但他身体上散发出的气势轻松震住了现场的气氛——他结实得像头牛一样。皮埃尔这时注意到，此人脚上穿着一双粗糙的靴子，更适合骑马，而非参加沙龙。

他走到公主面前，单手接住公主的手，将其高举过顶，仿佛华尔兹舞的预备动作。然后他缓缓转身，面带微笑，迎着大家的注视，以演员的腔调说道："有一首诗，歌颂您的高雅、美丽和魅力，歌颂上帝赐下天仙之神奇——"

说着，他侧向走了两步，公主也随他而行。接着二人迈步向前，如此就在大厅中间画出一个圈来。众人将他们围在中间，饶有兴趣地聆听此人的表演："这是一位男士发自肺腑的仰慕之情，您可愿意屈尊一听？"

"那就如你所愿，诵诗给我听吧，我的好人儿。"公主答道。她慢慢伴着他转着圈子，显然是很高兴能在众目睽睽之下配合他的表演。"因为你是诗人，放荡不羁、无拘无束才是你的本性。"

"眼前此女，雍容华贵；获其恩准，敬称公主。"此人开口诵道。他注视着萨冈公主蓬松的发式，似已进入角色，带着对神的敬畏——后来皮埃尔才明白，那是他的诗韵。"我指尖所触的金色世界，如天边蔚蓝的大海上，升起的骄阳；万端优雅之态，已使我双目如盲；感激涕零之情，在我血液中流淌。此刻，意义从指尖溜走，理智也不翼而飞。"

皮埃尔注视着他，钦佩不已。只听得他继续吟诵道：

她是我的缪斯，我的贤哲；
今晚，她是我们的米奈德丝①。
她的光辉令我谦卑，
殷勤也是徒劳；

① 米奈德丝：希腊神话中酒神巴克斯的女祭司。

只因她超凡入圣，独具慧眼，
风华绝代，见多识广。

有那么一会儿工夫，皮埃尔分心了，他看着珍妮特·蒙田的身影在人群中闪过，又迅速消失在视线里。他回过头来，继续看那人的表演，恰恰他的诗也到了尾声：

文人墨客赞颂不绝，
剑客弓手见之倾心；
谦卑的游吟诗人将您的魅力传颂，
国王弄臣拜倒如颓。

吟诵结束，此人长时间地深深鞠躬，动作夸张却魅力四射，不亚于巅峰时期舞台上的莫里哀[①]。掌声响起，其间不时夹杂着高声喝彩。萨冈公主吻了他的双颊，随后款步走到大厅一侧，走到一个略微高出地面的台子上，在一张王座样式的椅子上坐了下来。接着，她环视诸位宾客，点了一位魔术师表演下一个节目。趁这个空当，皮埃尔向埃斯梅拉达打听刚才那位诗人的情况，与其现场作诗相比，皮埃尔觉得其表演更令他深刻。

从埃斯梅拉达口中得知，此人名叫让·艾卡德（Jean Aicard），是位诗人、小说家、冒险家，来自普罗旺斯[②]。他数年前来到巴黎，近年来，因其临场吟诗作赋的才华，而在上流社会小有名气。但皮埃尔不知道，今天晚上，会是他与艾卡德长久友谊的开始。

① 莫里哀：Molière，1622—1673，原名让·巴蒂斯特·波克兰（Jean Baptiste Poquelin），法国喜剧作家、演员、戏剧活动家。法国芭蕾舞喜剧的创始人。他是法国17世纪古典主义文学最重要的作家，古典主义喜剧的创建者，在欧洲戏剧史上有十分重要的地位。

② 普罗旺斯：Provence，法国东南部一地区。

那位魔术师表演了几个扑克魔术，在手上变没了几枚硬币，又从拳眼里抽出“无穷无尽”的丝带——大家都知道他是藏在袖筒里了，所以只是惹来零星笑声。最后，他从公主的头发里变出一个鸡蛋，引得宾客一阵抱怨。

“皮埃尔？”公主喊道，“皮埃尔·德·顾拜旦——你在哪儿？”

公主在召唤他。毫无疑问，她是想让他登场表演，重现他哥哥保罗的昔日风采——他曾使“顾拜旦”这个姓氏成为沙龙节目的黄金标杆。

“在这里，公主。”皮埃尔答道，快步上前，“有什么可以为您效劳的？”

公主问道：“请你带我们玩一玩猜谜游戏好不好？”

“您喜欢猜谜游戏？”他的身体因紧张而略微颤动，这是很多表演者的通病。他回想着保罗是怎么教他的，接着就有了自信，他冷静下来，知道自己已经做好了初次登台的准备。

“对啊，”公主答道，“猜戏剧是我最喜欢的。”

“那就猜戏剧吧。”皮埃尔说道，转身面向在场宾客。“承蒙女主人盛情，在下要表演一个戏剧场景。请大家看我的动作，猜出四个答案：戏剧的名字、作者、我模仿的角色，以及具体哪一个场景。”

为了这一刻，皮埃尔事先准备了一个巴黎本地的流行剧目。他单膝跪地，向公主俯身行礼，接着闭上眼睛，回想着小时候在历史大剧院[①]——大仲马[②]在玛莱区的剧场里观看的戏剧场景。

接着他站起身来，举起右手，仿佛在架子上找东西，然后他将其拿在手里，翻手检视，然后将其拿下来，放在左手中。大家的目光紧随着他的一举一动，接下来他的动作已明显表明——他拿着一本书，正在翻阅。

---

① 历史大剧院：Théâtre Historique，位于巴黎圣殿大街，1846年为法国小说家、剧作家大仲马所建。1863年为建造共和国广场而拆毁。

② 亚历山大·仲马：Alexandre Dumas，1802—1870，19世纪法国浪漫主义作家，一生写的各种著作达300卷之多，主要以小说和剧作著称。代表作有《亨利第三及其宫廷》（剧本）、《基督山伯爵》（长篇小说）、《三个火枪手》（长篇小说）等。

“书！”一位女士高喊道。

“跟书有关的戏剧！”一位男士高喊道。皮埃尔立刻报以微笑，并用手指指了一下那个人，示意他说对了。

有人说是《悲惨世界》①，还有人说了几部戏剧的名字，其中就包括《基督山伯爵》②，这个答案有些近了，因为其作者都是大仲马。

皮埃尔摇了摇头，继续下一个动作，但他知道，用不了多久，大家就能猜到谜底了。这其实是保罗的主意：为猜谜游戏准备三个戏剧场景，第一个要简单一些，以引起观众的兴趣；第二个有趣一些，以调动大家的情绪；第三个难度大一些，一是展现自己的表演技巧，二是赢得大家的欣赏。

皮埃尔伸出双手，手掌向外，转头扬眉，面带关切，仿佛是在劝阻逼近的敌人。接着他右手屈向左手，做出拔剑的动作，然后伸臂，抖腕，迎击三个敌人。观众有的在嘀咕，有的则报出答案。

“是达达尼昂（d’Artagnan）对战三个火枪手③。”有人高喊道，随即得到很多人的赞同。但皮埃尔抬起手，示意答案不对，请大家继续往下看。接着他猛地扭头，跳转身来——原来是一场大战，刚才那三个人是他的同伙。

“啊，是达达尼昂和三个火枪手大战黎塞留的卫兵！”这次大家的赞同声和喝彩声更大了。皮埃尔则微笑鞠躬。大厅里掌声雷动。

---

① 《悲惨世界》：*Les Misérables*，法国大作家维克多·雨果在1862年发表的一部著名长篇小说。故事的主线围绕主人公士伦苦刑犯冉·阿让的个人经历，融入了法国的历史、革命、战争、道德哲学、法律、正义、宗教信仰。

② 《基督山伯爵》：*The Count of Monte Cristo*，大仲马的代表作。故事讲述了19世纪一位名叫爱德蒙·唐泰斯的大副受到陷害后的悲惨遭遇以及日后以基督山伯爵身份成功复仇的故事。

③ 《三个火枪手》是大仲马的代表作，1844年出版。小说讲的是没落贵族达达尼昂到巴黎参军，加入国王路易十三的火枪手卫队，和其他三个火枪手成为好朋友。他们为了保护王后西班牙公主安娜·奥地利的名誉，抗击红衣主教黎塞留，突破艰难险阻，从英国白金汉公爵那里取回王后的钻石，挫败了黎塞留的阴谋。

“对，”他说道，“是大仲马的《三个火枪手》。”

“皮埃尔，再来一个。”公主说道。

皮埃尔再次向公主鞠躬，应道：“如您所愿。”接着他考虑着下一个场景。他准备的是莫里哀的名剧《太太学堂》[①]，这是一部喜剧，每两年都会在法兰西喜剧院（Comédie Français）上演一次。他正要开始表演，身后却传来金属的撞击声，大厅里瞬间安静下来，大家纷纷转头看去。只见那个疯子诗人目光炯炯地站在壁炉的炉台上，双手各握一把从壁炉上面取下的剑，双剑交击，碰得叮当作响。皮埃尔揣度着，不知此人意欲何为。

“要想表演大仲马的戏剧，起码得有点武戏。”他大喊道，接着便将一把剑向皮埃尔高高地抛过来。他抛的方向有点偏，但皮埃尔目视剑柄，身体左移，轻松将剑接在手中。接着，皮埃尔熟练地左格右挡，或劈或刺，展示出高超的剑术造诣——这要感谢两位兄长多年来对他的教导。

在场宾客见状，纷纷点头低语，表示对此即兴表演的赞同，萨冈公主则咯咯笑了起来。皮埃尔仍不知此人想要干什么，但他举剑，做出格斗的预备式——剑尖前指，另一只手臂在脑后屈起，脸上挂着灿烂的微笑。

“预备！”艾卡德大喊一声，咧嘴而笑，一个弓步从炉台上跃下，向皮埃尔逼近。但他的突击动作更像是舞台表演，而非真正的实战袭击。皮埃尔巧妙地避开了这一击。

在随后5分钟时间里，二人辗转腾挪、刺挑格挡，金属撞击声不绝于耳，这是剑与剑的对话，是熟练的步法的舞蹈，展示着二人高超的剑术而又不会彼此误伤。很快，二人熟悉了彼此的招式，在相互示意和配合下将格斗变得更加精彩。

这时，皮埃尔轻轻向左方点了下头，艾卡德会意，二人随即交叉换位，背对背，营造出紧张的格斗架势。渐渐地，艾卡德开始厌倦了二人夸张

① 《太太学堂》：*School for Wives*，莫里哀用古典主义创作规则所写，被后世誉为法国古典主义喜剧的开山之作。

的进退攻守，皮埃尔猜想，他可能是打算以精彩互搏结束。他点了点头，接着二人同时出击，剑身相碰，又一路下滑，直到护手盘撞在一起，二人脸对脸，之间只有数英寸距离，接着二人同时发力，将对方推开。这时，皮埃尔看到艾卡德的眉毛动了一下，立即会意；二人同时转身一圈，再次面面相对，将剑斜垂在身侧，表示表演结束。掌声响起，二人先向宾客鞠躬致谢，又走上前去，握手以示庆贺。

节目表演完了，宾客们来到一个大舞厅中，乐队已经恭候多时，舞会开始。皮埃尔本想请心仪的珍妮特·蒙田跳舞，却一时找不到她，只好在埃斯梅拉达的一再怂恿下，与夏琳·舍万进了舞池。一曲过后，又有数位名媛主动与他跳舞——都因他刚刚的精彩表演打动了她们的芳心。

跳舞期间，皮埃尔看到蒙田小姐与一个高个子黑发男子离开了，但她过于专注，并未注意到皮埃尔正看着她。接着，他看见艾卡德一手搂着一个女子出了门。尽管如此，想到长夜漫漫以及眼前唾手可得的欢愉，他还是欣然受之。

皮埃尔离开舞厅的时候，宾客已陆续散去不少。他走到阳台上，去呼吸一下新鲜空气。他刚出舞厅，进到阳台上柔和的暗影里，就听到房子远端、瞭望台的圆形玻璃墙那边传来嬉笑声。接着他就看见了艾卡德，只见他一手拿酒瓶，一手端酒杯，正倚在栏杆上与两位女士聊天。

看到皮埃尔走过来，艾卡德说道："你的剑术不错，我的朋友。我猜，你觉得自己是个运动员？"

皮埃尔笑了起来，随即向两位女士做了自我介绍。这两人一个叫埃米莉·德兰（Émilee Derain），另一个叫吉赛尔·勃戴特（Giselle Bodette），都十分美艳，但年龄比皮埃尔大一些，似乎都有30多岁，与艾卡德的年龄相仿。"有点像运动员，"皮埃尔答道，"但表演天分差你太远。"

"啊，别说表演这个词，拜托了。这次我是丢人丢大发了，想到刚才浮夸的表现，明天我都没脸看自己了。"

“恰恰相反，我认为你的表演技巧相当娴熟。”话虽如此，皮埃尔还是奇怪——一位诗人兼小说家，怎么会成了聚会上的宠儿。

埃米莉走进瞭望台，拿了一个酒杯出来。“你的表演很精彩啊，跟公主配合得也很成功。”她说道。

“去他的公主，”艾卡德说道。他给皮埃尔倒了一杯白兰地，继续说道：“我那是疯了，但明天就好了。干杯。”说着，他向皮埃尔举了举杯，又目带深意地看着他，额头上的皱纹因专注而皱起。“你喜欢骑马吗？”他问道。

“很喜欢，”皮埃尔答道，“你呢？”

“我父亲在普罗旺斯养了些马。明天下午咱们去布洛涅森林公园骑马吧？”

27

彩房子

晚宴之事写完之后，圣克莱尔仍对艾卡德的作诗技巧好奇不已。“皮埃尔，艾卡德是怎么做到的——那些诗句就是直接脱口而出吗？”

“他是个修辞学高手，”顾拜旦解释道，“他将其称作‘即兴诗’。他有语言天赋，又有生活情趣，所以很容易借景抒情。他的声音很有磁性，语调也抑扬顿挫。所见即所赋，就自然而然出口成章了。艾卡德的诗并非首首都是佳作，但我再没有见过第二个像他一样的诗人。”

“您曾问过他吗？”

“问过。他曾跟我说，临场作诗对他来说很轻松；他对自己的天赋很有自信，出口就能成诗。我曾数次见他写诗……奋笔疾书，一挥而就，瞬间就能写满一张纸。”

“我对他的作品略知一二，”圣克莱尔说道，“我相信他曾红极一时，可是他从未跻身一流文人之列。”

皮埃尔听言，转头向窗外望去。“他对才华的驾驭，就像他骑马一个风格，既不会约束，也不会逼它使出全力。不幸的是，他在社交圈里风生水起，却影响了他成为一个严肃意义上的诗人。他被一群非常进步的文人和艺术家排除在外——在我看来其实是忌妒。他们通过印象主义、落选者沙龙和象征主义诗歌打造了一个文化身份，兰波就是其中之一，他对艾卡德很是憎恨。”

“艾卡德的世界与我的截然不同，但当我进入他的世界时，我就被其深深吸引了。他是个社交高手，他对沙龙圈的了解不亚于法国的文化部长。他从不缺乏邀请和社交机会，要不是他爱喝酒的毛病，他在社交圈的地位还能更高一些。他身上有狂野的一面，说实话，我很欣赏。在沙龙上受欢迎只是一个方面，其实他们一直都对艾卡德饮酒狂欢的性格心有芥蒂。他给我介绍过很多卡巴莱和夜总会。在他的长大衣里面，总是装着两个大酒瓶，但喝酒归喝酒，却从不误事，我曾亲眼见过他在醉酒的状态下表演即兴诵诗。”

圣克莱尔看了看笔记本，想到了另一个要问的问题。“第二天您跟他去布洛涅森林公园骑马了吗？”

顾拜旦想了想，答道：“没有，没去布洛涅森林公园。我们经常一起骑马；有一次我们绕着湖骑了一圈，赌注是100法郎。但是，说好的第二天一起骑马，他却爽约了，所以我就骑马去了蒙马特区，找到他家里去了。”

第二天一早，吃过早饭，皮埃尔就跨上柏拉图出发了。柏拉图是一匹栗红色马，也是家里马厩中最高、最壮、最快的马。它前额有块菱形白毛，四蹄如雪，与其焦橙色的身体、铁锈色的鬃毛相得益彰，足以给画家当模特了。皮埃尔一再叮嘱家里的马夫，柏拉图只能用来骑，不可让它拉车。

他骑马经过耶拿桥，向凯旋门走去——昨天艾卡德与他约好8:30在那里会面。他在那里等了一会儿，就翻身下马，放柏拉图在星形广场[①]南面吃草。他看见数位骑马人从蒙梭路（rue de Monceau）过来，希

① 星形广场：Place de l' Étoile，巴黎主要广场之一、凯旋门的所在地。位于塞纳河以北，是巴黎12条主要道路的交会点。该广场始建于1892年，1899年落成。该广场原名星形广场，1918年为纪念第一次世界大战胜利，改名为胜利广场，1941年，在德国统治之下，改名为贝当广场，1944年巴黎解放，为纪念夏尔·戴高乐为法国做出的巨大贡献改名叫戴高乐广场（Place Charles de Gaulle）。

望其中就有艾卡德，可惜没有。到了9点，他决定骑马沿路而上，希望能在半路上遇到从蒙马特而来的艾卡德，可惜也没有。他经过皮加勒(Pigalle)，到了镇上的一个小广场上，在那里问了问路，得知还需沿弗洛尔路（rue de Flore）走1英里，可以顺着左手边的墓地旁的一条土路往前走。

在上午的阳光里，皮埃尔骑马东行，经过一栋栋房屋，一片片田野，一块块农田，白色的圣心堂越来越近。到达墓地之后，他在一块高地停下，回头看着身后的景色，只见巴黎市区一直向南延展，千家万户烟囱林立，灰烟袅袅。那些熟悉的地标建筑也尽收眼底：巴黎圣母院、先贤祠、巴黎大堂（Les Halles）、还有他家旁边的荣军院。这时，一位妇女挎着一篮子鲜花走到墓地门前，顾拜旦问道："您知道让·艾卡德那位诗人住在哪里吗？"

她抬头看着皮埃尔，用手遮住刺眼的阳光，嘴里叽里咕噜地说着什么"彩房子"，然后指了指身后的路，示意沿着路下去左转就到了。

皮埃尔沿路而行，路旁的农田里，农人和牲畜正在辛勤劳作。等他越过一个小土丘，终于看到了艾卡德的家。他并未料到艾卡德的房子会有多么狂野的外表，但目睹之下，他明白了那位妇女说的"彩房子"到底是怎么回事，不禁哑然失笑。艾卡德的房子，是一栋位于山坡上的两层木质农舍，房子三面都有走廊环绕，而房子的外墙和走廊的栏杆都被涂上了各种色彩，乍看上去就像个巨大的调色板。房子就像是由一块块颜色拼凑而成，全是一块块不规则的彩色补丁。房子四周是一圈短围栏，圈起了一个小院，而靠近房子那一侧则野草丛生，上面还攀爬着一些藤本植物。沿着栅栏，种了一些葡萄和西红柿；院子里的菜圃中，长着南瓜、胡萝卜、莴苣、土豆等蔬菜。后院里有个谷仓，下面长着青苔，从外表判断，谷仓很久之前被粉刷过，不过接着又被涂上了一条条的彩色颜料，风格比房子还大胆。

皮埃尔翻身下马，把缰绳系在栅栏上。这时房子的前门开了，艾卡德走了出来。他穿着蓝白条纹套头衫，正把裤带拉到肩上，睡眼惺忪，颇显邋遢。一位农妇打扮的年轻女子从他身后走出来，手里提着一个篮子。艾卡德拍了一下女子的后背，向皮埃尔喊道："快进来，我的朋友！你能自己找来，真是太好了。"

皮埃尔推开大门，走进院子。他脚下是一条不规则的薄片石小路，长着苔藓，头上是横搭而过的葡萄藤。"你好，让。咱们约好在凯旋门会合，然后骑马去布洛涅森林公园的。"

"你说得对，"艾卡德说道，摇了摇头。"可是一瓶苦艾酒下肚，再加上我迷人的管家吉纳维芙（Genevieve），我就把这事忘了。"说着，他指了指那位女子，向皮埃尔示意说的就是她。

皮埃尔走到走廊上，与艾卡德握了握手，然后转过身来。只见吉纳维芙从地里拔了点萝卜、洋葱、土豆，抖掉土，放进篮子里。

她反身朝屋里走来，向皮埃尔微笑说道："附近一带极少见到绅士呢。"

艾卡德假装听不懂她的讽刺，说道："来，皮埃尔，吃点早饭，然后咱们骑马上山看看，有个地方你一定喜欢。"

二人跟着吉纳维芙进到屋里。主厅两侧各有一个侧厅，正前方是楼梯。皮埃尔看了看右边的侧厅，只见一位年轻的长发男子坐在那里揉眼睛；他的靴子扔在地板中央，袜子露着脚趾。

"皮埃尔，这位是查尔斯，画画水平一般，骑术高超。他是普罗旺斯地区埃克斯[①]人，到这里来追随塞尚[②]。"男子站起身来，艾卡德又向他介绍道："查尔斯，这位是皮埃尔·德·顾拜旦，7区来的演员兼剑术家，我们有个约会。"

皮埃尔笑道："我可不是演员，我是个演讲人。"他与查尔斯握了握手；此人与他年龄相仿。皮埃尔往右侧厅里看了看，只见满屋都是印象派风格的画作，有的挂在墙上，有的倚在墙边，有的倚在家具上；这些画都

---

① 埃克斯：Aix-en-Provence，法国东南部城市。

② 塞尚：保罗·塞尚，Paul Cézanne，1839—1906，法国著名画家，是后期印象派的代表人物，被誉为"现代艺术之父""造型之父"。

很不错，虽是习作，但功底很深——静物、风景，还有乡村景色。与技惊公众的雷诺阿[1]、塞尚相比，他还实力不足。但很明显，这些画都是年轻画家探索新路的作品，其意图并非是要跻身沙龙画展——至少不是传统的沙龙画展。大厅对面的左侧厅里，同样满是画作，中间是一张铁架床，铺盖都未整理。

"这些都是查尔斯的画吗?"皮埃尔问道。他们经过楼梯，进到厨房里。吉纳维芙正在炉旁做饭，把菜和培根放进煎锅里。

"不，我们这里有4个画家。还有住在后面谷仓里的。两个来自普罗旺斯，一个来自格勒诺布尔[2]，还有一个是巴黎人。他们给我的生活带来快乐，也能让我接接地气。"

皮埃尔喝着一杯咖啡，艾卡德从一个摞得高高的盘子里吃着煎菜和炒鸡蛋，二人谈论着法国的艺术现状。"你有没有法子让政府多支持一下年轻的艺术家？他们快把我吃穷了。"艾卡德抱怨道。

皮埃尔没有什么好办法。不过，看到艾卡德这个作家尽己所能地供养着刚刚踏上创作历程的年轻艺术家，现在他就在艾卡德家里，这让皮埃尔感到非常振奋。听着艾卡德介绍着家里住着的一位颇有前途的年轻画家的事，皮埃尔思考着自己刚刚踏入的这个世界。小时候在莫维尔庄园时，他曾到农人的家里去，因为自己和他们的孩子是玩伴；长大后，作为年轻的贵族，他曾去过裁缝、印刷工、装订工、银行家、面包师、制革工人——都是些中产阶级的家中；但他极少以朋友的身份坐在人家厨房的桌旁。他被一流的画家抚养长大，对贵族的生活了解颇深，而对劳动阶层的世界知之较少；他从未到过这样的地方——有点像是个新兴的创意社区。他深深吸气，闻着煎土豆和浓咖啡的香味，不禁回想起昨晚的

---

① 雷诺阿：皮耶尔·奥古斯特·雷诺阿，Pierre-Auguste Renoir，1841—1919，法国印象画派著名画家、雕刻家。早期作品是典型的记录真实生活的印象派作品，19世纪80年代中期，转向人像画及肖像画。

② 格勒诺布尔：Grenoble，法国东南部城市。

奇遇——竟然使得他离开了沙龙盛会，来到这位诗人简朴却非凡的家中。

吃过早饭，皮埃尔、艾卡德、查尔斯来到后面的谷仓，这里有个四栏马厩。马厩的斜顶倚着高石墙而建，石墙上长满了苔藓和地衣。艾卡德和查尔斯为马匹套上鞍具，三条狗围着他们又跑又叫。吉纳维芙拿出一个背包让艾卡德背在身上，又往鞍囊里装了几瓶酒、一些奶酪和面包。查尔斯把一个画箱、一个画架、一张画布绑在马背上；皮埃尔则走到前院去找自己的马。

一行三人骑马上路，艾卡德领着他们进了一条林间小路。这是一条人畜踩出的小径，两边的橡树和枫树繁华如盖。不一会儿，他们穿林而出，爬上一个小斜坡，又转了一个弯，来在一块平地上。这里有一小片草地，还有一块石台，从这里望去，整个巴黎市尽收眼底。查尔斯支好画架，开始以城市为背景，描绘左面圣心堂的风景。艾卡德扔给皮埃尔一条毯子，打开酒瓶，将食物摆放在毯子上。接着，他又从背包里取出一支笔和一个本子，却并未打开。二人并肩而立，看了看脚下的城市，然后在毯子上坐下，闲散地说着昨晚在公主面前成功而惊奇的剑术表演，大笑起来。皮埃尔则向艾卡德坦白说，得知自己不需要再表演《太太学堂》时，他真是松了一口气，因为他没有把握将其演好。

在艾卡德的问询下，皮埃尔对他说了说自己的家庭情况；谈了一会儿，艾卡德又说起了自己的志向。

“每次从这里望去，我都思考着下面每栋房子里、每条街道上的私人生活。就像雨果[①]说的那样——人生如戏，无论贫富，其挣扎别无二致。”

“《悲惨世界》，”皮埃尔知道这句话的出处。他接着说道：“堕落是每个人的归宿。”

“堕落是每个人的归宿……”艾卡德重复着这句话，“你有诗人的潜质。”

---

① 雨果：维克多·雨果，Victor Hugo，1802—1885，法国作家，19世纪前期积极浪漫主义文学的代表，被誉为“法兰西的莎士比亚”。其创作历程超过60年，作品包括26卷诗歌、20卷小说、12卷剧本、21卷哲理论著。代表作有长篇小说《巴黎圣母院》《九三年》和《悲惨世界》。

“不，让。我脑中并无卡利俄珀[①]的灵感之音，上帝并未赐予我如你一样的诗才，但我渴望找到属于我自己的艺术形式。”

艾卡德打断了他的话，几乎高喊道：“啊，对，渴望！灵魂的苦恼，每个有知觉的人都无法逃避，永不停歇的地狱烈焰！”

“你的渴望是什么，让？你是想在农场里建起一个艺术园地吗？”

艾卡德仰头大笑，又再次看着远处的巴黎风景。“不，皮埃尔。我很幸运。我的家庭并不富裕，但我父亲——他是个受人尊敬的记者，也是个高超的骑手，他设法让我接受了良好的教育。上学的时候我的诗就崭露头角，我最早的书，是赞美普罗旺斯的生活的，销量很好，我也因此挣了很多钱，这才能到巴黎来生活，成了一个正儿八经的作家。几年前我买下了这个农场，原本是为了养马。后来一个远房表亲来找我，说需要找个地方画画，我就让他住进来了。他后来又带来一些朋友。眨眼间，我家就变成了年轻艺术家的‘寄宿学校’，我也有了很多有趣的酒友和谈友。”

“还有表演，我觉得。”

“这就是可悲之处，皮埃尔。”艾卡德说道，“天赋的堕落，名气的幻象，所处阶层的无止纠缠，裙裳内待君采撷的胴体……没有人能够抗拒。纵情容易，自制太难。”

“可是，你的渴望并未消失，对吧？”

“没有，还在。”他直视着皮埃尔的双眼，“我有一个渴望，我要写一本有关这个城市、有关我们所处时代的小说。写一写我们目睹的变化，中世纪迷宫的消失，还有从废墟中修建的条条林荫大道。我要写一些人，他们曾竭力保护旧物，似乎失掉了所有固守的信念，却又爱上了从失去中萌生的、这座美丽的城市和新的生活。”

听到最后这句话，皮埃尔深为感动，他说：“这个想法不错。不仅仅是救赎的意思，还有自然主义的内涵。就像土里的种子，从黑土中长出红玫瑰，从无生美。”

---

① 卡利俄珀：Calliope，希腊神话中九位缪斯女神中的一位，掌管文诗。

艾卡德注视了皮埃尔片刻，说道："是的，城市生活中蕴含着自然主义哲理。它不像表面上那样是纯人造的物件。你呢，皮埃尔？你的渴望是什么？你要成为当代的猜谜大师吗？"

"才不是。"皮埃尔笑了。"我不知道未来会把我带到哪里，但我有种莫名的渴望。我不知道是不是要寻找一个使命，但我在构思一种理念。"他不知道该怎么跟艾卡德说，或是并不想跟他说——他想帮助法国创造一个新的未来，把第三共和国建设成一个配得上所有荣耀的国家。

就在这时，他们听见查尔斯大喊道："快看！"说着，他抬手指着南方。皮埃尔和艾卡德顺着他的画笔看去，只见两个热气球从战神广场冉冉升起，就在皮埃尔家附近，在荣军院的右边。

"乘风而起的热气球，"艾卡德说道，"它能带你远离战斗，却不是长久之计——当年甘必大乘坐热气球逃离普鲁士围困时，就是这种体会吧。[①]"

皮埃尔站起身来，走到查尔斯跟前，看他画的画。皮埃尔发现，查尔斯用笔，不是画线条，而是涂点，用很多色点构成景物的形象——圣心堂在他笔下就变成了模糊而迷人的数千个白蓝灰点。

他转身回到毯子上，只见艾卡德趴在笔记本上，正奋笔疾书。看到皮埃尔过来，艾卡德从包里拿出一本精装书递给他，"我带了本书给你，希望你喜欢。坐下休息会儿吧。"皮埃尔看着书面，只见上面写着——《米洛的维纳斯》[②]，让·艾卡德著。看到皮埃尔的表情，艾卡德解释道："写

---

① 莱昂·甘必大：Léon Gambetta，1838—1882，法国第二帝国末期和第三共和国初期著名共和派政治家，曾担任国防政府成员（1870—1871），后又任内阁总理和外交部长（1881—1882）。在普法战争中，普军侵占法国整个东北部，直逼巴黎。为了加强和领导设在图尔的政府代表团，甘必大冒着风险，乘气球飞越普军封锁线，离开巴黎。一到图尔，他就以内政部长的身份兼领陆军部长之职。在很短时间内，他重整了残余部队，招募了60万新兵，重建了军事电信联系、侦察情报机构，设立了防御措施研究委员会。

② 《米洛的维纳斯》：*La Vénus de Milo*，1820年一位希腊农夫在爱琴海米洛岛上一个岩穴里的小庙废墟中发掘出土，雕像出土时就已断去双臂，因此也被叫作"断臂女神"。与雕像《萨莫色雷斯的胜利女神》、油画《蒙娜丽莎》合称"卢浮宫镇馆三宝"。

的是雕像被发现的故事。我听说过你的家族逸事，觉得你一定喜欢这个故事。”

这就是皮埃尔与诗人兼小说家让·艾卡德友谊的开始。艾卡德后来成了皮埃尔的骑马伙伴，直言无忌的谈友，还有蒙马特区夜生活的热心向导。这个下午，太阳从巴黎上空划过，日影像表针转动；查尔斯在画画，艾卡德在写作，皮埃尔一边喝着酒，一边首次真正领略了这位打动了萨冈公主、技惊沙龙的诗人的杰出文才。

28

素描

5月中旬的一天，上午时分，朱丽叶来到了蒙里普斯。天空是青灰色的，大片积云缓缓飘动，但在她看来，天空中满满的全是好兆头。再过一会儿，她就要首次为顾拜旦画素描了，这是在为他的画像所做的前期准备。朱丽叶来到别墅大门前，在花园里的环形回车道上停下，欣赏着这里的花和装饰用的大瓮。她想象着把这里作为顾拜旦肖像画的背景，以营造出过往的气氛，但立刻就否定了这个想法，因为显得过于做作。她脑中的奇思妙想层出不穷，设想着该如何围绕顾拜旦的面貌——优美的深褐色的双眼、独特的大胡须来设计背景。现在她比较中意的构图，是模仿达·芬奇的《蒙娜丽莎》，将顾拜旦放在画的正前方，面部和肩部详细着色，背景是巴黎和希腊神庙的远景，与顾拜旦的头部齐平。虽然尚未落笔，但她曾暗中想象过，她给顾拜旦画的肖像画会成为圣克莱尔所写传记的封面；她甚至幻想过，在巴黎的书店里，橱窗中整齐摆放着顾拜旦的传记，夜晚的聚光灯照在她的画上。

朱丽叶侧身将沉重的大门拉开，走进大厅里，她在此逗留了片刻，欣赏着壁龛中的雕塑、阳光中的马赛克地板。这里的陈设是如此高雅，就跟顾拜旦本人一样，她如此想道。接着，她胳膊下面夹着大画板，沿着楼梯上了三楼。站在顾拜旦的办公室门外，她听到圣克莱尔与顾拜旦在里面谈话。她知道，这两个人又在进行传记访谈，而他们打算不中断谈话，让朱丽叶在一旁观察、作画。在她看来，这并不是个理想的开端；因为她更愿意让顾拜旦以一个姿势保持不动。尽管如此，她的画像工作也算正式开始了，所以她很高兴。除此之外，她也想听听访谈的内容，因为这有助于她了解顾拜旦的性格和兴趣，以便使其作品更加传神。

“上午好，先生们。”朱丽叶走进门去，向二人打招呼。圣克莱尔正好问完一个问题，有关顾拜旦的座右铭。

“啊！美丽的朗热公爵夫人大驾光临。”顾拜旦说道，从办公桌后面站起身来。圣克莱尔也站起来了，可顾拜旦抢先一步，上前迎着朱丽叶。二人相视而笑，行吻礼。顾拜旦将一把椅子上的书和文件拿走，请朱丽叶坐下。

朱丽叶将画具放在地下。“多有打扰，希望您不要介意。”说着，她环顾四周——办公桌、顾拜旦办公椅后面的书橱书架、屋里的摆件、房间另一端的书柜、书柜里放着十来件顾拜旦收藏的奥林匹克古物。“我保证不打扰你们谈话，我只是想尽快开始画素描。”

“怎么会呢。”顾拜旦说道，回到办公桌后。“随时欢迎你加入谈话。作为一名‘艺术大师’，”顾拜旦故意用了夸张的词汇，“你的观点是我们俗人想象不到的。”

朱丽叶瞅了一眼圣克莱尔，后者似乎有些烦恼——今天早上他还一再叮嘱，让她不要干扰访谈进程。“我正在问皮埃尔有关他的个人座右铭的事——‘高瞻远瞩，坦诚相对，百折不挠’，”圣克莱尔对朱丽叶说道，“就写在他的藏书票上，你看。”

说着，圣克莱尔拿起一本书来，翻开内封，就看见一张藏书票，上面的图画是希腊神庙，装饰的文字就是顾拜旦的这句座右铭。朱丽叶接过书，仔细看了看藏书票上的图画，说道：“真好看。”而此时，她更坚定了对顾拜旦肖像画背景的设定。

有朱丽叶在场，顾拜旦似乎更有活力了，也一直留意着她的一举一动。朱丽叶准备完毕，坐在椅子上，将画板支在腿上，开始动笔。顾拜旦则转向圣克莱尔，坐直了身子，将右侧面呈现给朱丽叶作画。而他的谈吐，也变得更加奔放，更富哲理。

“所谓‘远见卓识’，常常修饰的是这样一类人。他们能看见未来，发现趋势，识别社会发展的模式，然后提出行动建议，促进改革，发展创意，且都成功有效。我认为，这一远见或预见的领域，并非知识分子、政治领袖或艺术家所独有。”说到这里，顾拜旦向朱丽叶点了下头。“这个座右铭的深意，是要鼓励每一个人都超越现在，向前看——不是地理意义上的远，不是像水手用望远镜观看天际那样，而是每个人——不论男女，”说着，他又向朱丽叶点了下头，“透过眼前的事物，透过表面现象，去看其深层的意义。”

“你看到什么了？”圣克莱尔笑着插话道，“这是您父亲最爱问你的问题。”

“哈，是的。所罗门[①]说得很有道理——太阳底下无新事。父亲曾让我寻找事物的意义，现在，我鼓励每个人都这样做。”

“您认为人们能比现在看到得更多？”

“是的。大多数人的人生都是一掠而过，没有超越表象，看到经历背后的内容，没有从日常生活中转化出更好的领悟。我希望大家都能以小见大，从个人层面上升到国家、甚至世界的层面。我生长的那个年代，各个方面都在发生翻天覆地的变化——工业、经济、政治、文化、社会……有些人将变化视作机遇，有些人却被变化淘汰。有这样一种人，他们能够与时俱进，能养成时代所需的思维习惯，能真正地、深远地看到未来的情形，我认为，对他们来说，机遇无处不在。这就是我和梅斯里在洛桑体育学院（Institute of Physical Education of Lausanne）传授的理念。”

他们的访谈又继续了一个半小时。其间，顾拜旦偶尔会站起身来，一边说一边打手势示意继续访谈，然后绕到朱丽叶身后看看她画得怎样，然后再坐回办公椅上去。有朱丽叶在场，他明显更加健谈，也更有活力了。不知不觉间，他们错过了午饭时间，而顾拜旦仍在滔滔不绝地讲着。朱丽叶正低头看画板，

---

① 所罗门：Solomon，约前1000—前930，古代以色列王国第三位国王，前970—前930年在位。《圣经》中载有其事迹，以其智慧著称。

这时顾拜旦话说到半截突然停住了，他喉咙里咳了一下，好像是呛着了。当朱丽叶抬起头时，只见顾拜旦面色苍白，瘫坐在椅子上，一只手无力地挠着胸口，接着身子向左侧一歪，似乎晕了过去。

“天哪！”朱丽叶叫道。

“皮埃尔！”圣克莱尔大喊一声，“您怎么了？”他丢下笔记本，快步绕到办公桌后，扶起顾拜旦的肩膀，将其依靠在椅背上。

这时顾拜旦恢复了知觉。他胸口上的手垂了下去，一句话也没说，低下头，过了几秒钟，就开始大口吸气，双肩和胸口起伏不定。终于，他抬起头，将后脑勺靠在椅背上，张开嘴，继续吸气。

“没关系，我还好。”顾拜旦有气无力地说道，正在恢复力气。“刚才是有口气没喘上来，没事儿。”

当然有事，而且很严重！圣克莱尔如此想道。在他的坚持下，他们结束了当天的访谈，顾拜旦也未有什么异议。

◎◎◎◎◎

圣克莱尔和朱丽叶一起离开。他们走了两三个街区，来到和平酒店对面的一个小公园，在两棵树之间的一个铁长凳上坐了下来。这两棵树被修剪成圆锥形，与周围的绿色景观完美地融为一体，圣克莱尔和朱丽叶在这里坐了一个下午。阴暗的天空下，湖水向南延展，消失在薄雾中。他俩静静地坐了几分钟，回想着刚刚的经历，这个上午，他们与一位老人亲密度过，而他已成了他们生活的中心。圣克莱尔的意识已与顾拜旦的生活、事业的时间线齐平；现在朱丽叶也加入进来，进入一个被奥林匹克精神附身的小个子法国贵族所打造的、想象力丰富的世界。尽管二人并未深谈，但朱丽叶知道，他们与顾拜旦相处另有深意，绝非写书、画像那么简单。

圣克莱尔明显受到了惊吓，他不断摇着头，脑中思绪烦乱。朱丽叶知道他是关心顾拜旦的身体健康。她关切地看着圣克莱尔，只见他摩着额头，用手捂住鼻子和嘴，心烦意乱地长叹一声。

“要是他……我们……”圣克莱尔突然站起身来，“我得跟梅斯里博士谈一谈。太可怕了。”他在原地踱来踱去。朱丽叶不知道顾拜旦是病情严重还是仅仅眩晕，但她知道圣克莱尔为何烦躁。她记得圣克莱尔跟她说过，他的父亲在他很小时就去世了，好像是 13 岁那年。圣克莱尔从不愿跟她多说，每次谈起，总是转移话题。而现在朱丽叶知道，圣克莱尔与顾拜旦的关系已渐渐有了父子之情。她知道圣克莱尔喜欢得到顾拜旦的认可。她默默看着圣克莱尔，发现他变得更加焦虑了。

“亲爱的，”她对圣克莱尔说道，“雅克，坐一会吧。那只是次普通的晕厥，我们都知道他很健康，你还和他骑车……”

“世事难料，”圣克莱尔摇摇头说道，“弗朗西斯总是说立传的事很紧迫。”朱丽叶站起身来，走到圣克莱尔面前，紧紧地抱住了他，平复他的情绪。圣克莱尔把头埋在她肩上，忍住一声呜咽，慢慢平静下来。二人坐回长凳上，默默无语。

终于圣克莱尔开口说道:“让我看看你画得怎么样。”说着,指了指她的包。

朱丽叶从包里拿出画板,掀开封面,将其摊放在膝盖上。圣克莱尔低头看去，只见这页纸上一共画了 4 个面部素描，两个侧面，一个斜面，一个正面。四幅素描均是草草勾勒出了顾拜旦的头发和下巴，有几处用铅笔涂了些暗影。顾拜旦笑起来的时候，眼角纹就叠得很深，其中有张画把这个特点画得分外传神。而每一张画，都很好地表现出了他的年龄。

“他真的很老了，”圣克莱尔说道，他已被朱丽叶的画深深触动。“你看他的面容，全是岁月的痕迹。他偶尔能迸发出年轻人的活力，但常常会因年老体衰露出疲态。”

“太可惜了，咱们没能早一些认识他。”朱丽叶说道，“我觉得他很独特，有种独一无二的天分。”

“是的。但是我想你才意识到梅斯里博士给我写的第一封信里透露的真相——”圣克莱尔说道,“我担心,倘若我们不赶快为子孙后代记录下他的故事,定会悔之莫及。”

“你认为他病得很重?”朱丽叶问道，声音里带着担心。说着，她翻了一页画纸，将第二幅素描呈现出来。

“我不知道，希望不是吧。”圣克莱尔又看着这张画——这张画上的头像比前一张的大一些，画中顾拜旦深邃的双眼凝视着他，栩栩如生。“画得真好，”圣克莱尔说道，倾过身来亲了亲朱丽叶的脸颊。“你观察得很仔细，抓住了他的神韵。”

听到圣克莱尔的夸奖，朱丽叶笑了。她低下头，再次看着自己画的素描，用手指描摹着顾拜旦那鹰喙一样的鼻梁。“跟他在一起的时候，总能有种别处体会不到的感觉，”朱丽叶说道，“他不像是圣人，不食烟火，而是让人感觉沐浴在智慧之中。”

“我想，你感觉到的不是智慧。但是，只要你敞开心扉，就能感觉到他身上散发着一种东西。过去一个月里我都在思考这个问题，我认为那是一种启迪的力量。”

“启迪……”朱丽叶重复道，“对，正是这样。但不是突然的顿悟，而是慢慢地令你感到振奋，想做得更好，或想做一些更有意义的事。”

“我认为，经过了这么多年的艰苦奋斗，把古代奥林匹克理想带了回来，经过数以千计的会议、讲话、活动、提议、改革，那么多的明争暗斗，皮埃尔其实已经变成了那个理念的化身：超越自我，变得更加卓越。这个理念似乎已经和他融为一体，只要与他相处，就能感受到它的影响。”

“奥运会也有这种影响，不是吗?它能使世界各地的人都产生这种渴望——”朱丽叶赞同道，“更上一层楼的渴望。也许这就是他对我们的影响。”

“你说的有道理，也许，这就是他对我们的影响。”圣克莱尔说道。他又站起身来，来回踱起了步子。

29

计 策

几个小时之后，圣克莱尔和朱丽叶回到家中，闷闷不乐地坐在沙发上。从公园回来以后，圣克莱尔就一直在联系梅斯里博士，可电话一直没人接。而对朱丽叶所说、所问的每一句话，他变得越来越沉闷、冷淡和不耐烦。现在，他正翻看着访谈笔记，心不在焉地把玩着笔和本子，一会儿磨牙，一会儿咬嘴唇，这都是朱丽叶从没见过的表现。朱丽叶也是心中索然，一边画着素描，一边留意圣克莱尔的情况。他们打开了一瓶酒，却都没有心思吃饭。二人都没什么话说，根本聊不起来。

这时，电话响了，打破了紧张的沉寂。圣克莱尔跳起身来，去接电话。

“梅斯里博士！”他几乎是在喊了，“皮埃尔今天晕过去了。话说到一半就晕倒了。我一度以为他死了……”他说不下去了，朱丽叶来到他身后，将手搭在他的肩上，想听听他们在电话里说些什么。“不，不，我没有夸大，我看不像是一般的晕厥。”

朱丽叶听到梅斯里博士下面的话：“啊，我刚刚跟他说过话了，他很正常，雅克。其实，他今天的热情很高呢。他说你们今天过得挺不错的，还说朱丽叶也过去给他画素描了。”朱丽叶感觉到圣克莱尔的身体不再紧绷，放松了下来。

“真的？”他的声音上扬，几乎破了音。朱丽叶现在明白了，圣克莱尔对顾拜旦的关切比自己猜想的还要深。“你确定吗？可我看像是……我不知道，可是他是先喘不过气来，后晕过去的。”

“雅克，不管是什么，都过去了，不必多虑。”

“你得给他做次检查。”

“你听我的，皮埃尔很好。”梅斯里说道，接着便转移了话题，“他让你和我明天一早就到蒙里普斯开会。卡尔·蒂姆正从慕尼黑赶过来，他带来了希特勒对巴耶－拉图尔那封信的回应。”

“好的。”圣克莱尔说道，却对这个惊人的消息无动于衷。“咱们明天在蒙里普斯见面。”

梅斯里最后又宽慰了圣克莱尔几句：“雅克，我比你早去一会儿，好好检查一下他的身体情况。你 9 点到吧。”

圣克莱尔挂了电话，朱丽叶抱了抱他。她知道刚才电话里圣克莱尔应该问梅斯里几个问题，却不知怎的没有问，她要问问他，正好能让他把注意力放在眼下的工作上面，她问道：“皮埃尔计划让奥林匹克主义委员会评估他们的提议了，德国人那边有回信了？”

“是的。”圣克莱尔答道，“不是奥林匹克主义委员会，是奥林匹克主义未来发展委员会。”

“皮埃尔觉得这是个很严重的威胁吗？”朱丽叶继续问道，逼着未婚夫厘清思路。“我的意思是——德国人很强势。”

圣克莱尔沉吟片刻，他拿起酒杯，转身面向朱丽叶，说道：“是的，当然。皮埃尔看透了他们的想法——这是企图政变，是国际奥委会独立性的灭顶之灾，但他不会屈服的。这是个很严重的问题。”

◎◎◎◎◎

第二天上午，圣克莱尔来到蒙里普斯，梅斯里已经在大台阶下等着他了。“他没事，”梅斯里说道，与圣克莱尔握手致意。

“怎么回事？”圣克莱尔问道，“把我们俩吓坏了，尤其是朱丽叶。”

“通俗点说，就是大家所说的晕厥。”梅斯里解释道，“你想听听专业说法吗？”

“对。”圣克莱尔这时已随着梅斯里走到了台阶顶端，停了下来。

“用专业术语来讲，叫‘血管迷走神经晕厥’。托马斯·路易斯（Thomas Lewis）的最新研究表明，发病时患者的全部意识会短暂失去，接着很快就恢复过来。”

圣克莱尔打开笔记本，让梅斯里逐字告诉他病症的写法。“就这样？”

“是的，雅克。他现在很好，没有失忆，也没有中风的迹象。”

“就是说不需要担心了？”

“这个不敢说，”梅斯里答道，“这不是他首次发病，去年他就轻微中风一次。咱们先进去吧，这事回头再说，他着急开会。”

圣克莱尔随着梅斯里走上楼梯，觉得脚下的地面仿佛变了样子——自己正站在悬崖边上，身上的绳子快磨断了，只能抓着一根救生索……圣克莱尔的思绪回到很久之前的一天：在巴黎的公园里，他骑着自行车跟在父亲身后，他们就要骑到大门口了，门外就是大街……想着这些，他们走到了顾拜旦的办公室门前，梅斯里打开门；圣克莱尔压下心中的焦虑，走了进去。

“你好，雅克。”顾拜旦说道，与圣克莱尔握了握手。“不要为昨天的小插曲担心。我年纪大了，要是睡眠不足，老天爷就警告我一下。”

“好，听您的。”圣克莱尔说道。他看着老人的眼睛，企图从中看到真相，顾拜旦却转过脸去，躲开了他的目光。圣克莱尔与梅斯里在顾拜旦对面坐下，他注意到，办公桌上放着巴耶－拉图尔写给德国人的信的一个副本。

“我猜，主席[①]的信达到目的了？”梅斯里问道。

皮埃尔从桌子上拿起信来，说道：“蒂姆带着希特勒的回信来到时，咱们才能知道；但我觉得咱们的信已经表明了立场。亨利得明白过来——他的提议

---

① 指现任奥委会主席巴耶－拉图尔。

对国际奥委会是灭顶之灾。”

“他是按你的草稿写的吗？”梅斯里问道。

“一字不差。”顾拜旦答道，“奥林匹克主义未来发展委员会已经成立了。冯·哈尔特、冯·查摩尔、蒂姆，我想还有希特勒、戈培尔应该都得到这个消息了。”

“很好。”梅斯里说道。

“很好？”顾拜旦反问道，“这只是权宜之计。咱们现在面临的，是雅典奥运会以来最可怕的威胁，雅典那次，乔治国王就想由希腊永久承办奥运。”

圣克莱尔很高兴又能进入访谈的状态，他在本子上做了点笔记，打算找机会问问雅典奥运会后的争斗。“这些年来，您面对过很多磨难。”他如此评论道。

“这倒是真的。”顾拜旦回应道，“奥林匹克运动从不缺少敌人，和平的福音总会引来暴力。不过这次，更像是自作孽。我都不知道亨利脑子里在想什么，竟然能同意那九条提议——把国际奥委会搬到柏林，让那个反犹分子重新任命奥委会委员，把委员们43年来拼命维护的自主权、独立性一扫而光，让德国成为奥运会的永久举办国……简直不可思议。”

说着，他从桌子上拿起信，又将其丢下了。“奥林匹克主义未来发展委员会成立，只是稍解燃眉之急，奥林匹克主义的未来已是危如累卵了。”

顾拜旦沉吟片刻，抬手挠着前额。他看着眼前的圣、梅二人，近乎黑色的双眼轮流在他们身上驻足。

“弗朗西斯，雅克，在跟卡尔面对面交涉之前，我全仰仗你们俩了，请你们帮我做点事。”

“他什么时候到？”梅斯里问道，“是一个人来的？”

“是的，是一个人——谢天谢地。要是冯·查摩尔跟他一起来，那才麻烦，冯·查摩尔比他难对付多了。”

“那是个无情的混蛋，不是吗？”梅斯里脱口说道，却立刻因说了粗话而略显窘态。

顾拜旦点了点头，说道：“卡尔的火车大约今天下午4点到站，他要住在博尔河酒店。毫无疑问，他预想着我会按礼数办事——在他抵达洛桑的当晚就到酒店与他会面，请他吃饭或喝酒。但这次我要让他空等一场。”

“等多久？”梅斯里问道。

“等到他难受为止。”顾拜旦答道，“在事情有转机之前，咱们要架空蒂姆和他的纳粹朋友在国际奥委会的职权。”

“不能把他晾在一边不理不睬，”梅斯里说道，“他是咱们的老朋友啊。”

“啊，你理解错了，不是不理他，”顾拜旦解释道，“是不能对他太热情。接受现实吧，他是为那个想要控制国际奥委会和奥林匹克的人跑腿送信来的。只要有一点蛛丝马迹，让他感觉到自己不能完成任务，不能跟我们重新达成合作，他就会如临大敌，也一定焦虑不安。”

“卡尔的确性子急躁。”梅斯里同意道。

“换作是你，你也急。”顾拜旦说道，“这是咱们第一个战略优势。”

顾拜旦和梅斯里已经认识卡尔·蒂姆很多年了，他们向圣克莱尔简要介绍了一下此人的背景来历：卡尔·莱姆是个杰出的体育行政官员，一个知识分子；他很有头脑，精力无穷。德国人曾迷恋19世纪兴盛的“体操运动员运动”[①]，这是一种大众体操运动，而卡尔·蒂姆帮助德国体育重整发展方向，走出了这一误区。

“1908年卡尔首次参加我们的伦敦会议，那时我就认为他是老天赐给我们的帮手。”顾拜旦说道，“那次他是代表德国来申办1916年的奥运会，也做好了周全的计划。他本人是运动员出身，给人印象很深刻。他很魁梧，五大三粗的，雅克，今天你就能亲眼看一看。如果不是世界大战爆发，他能把1916年柏林奥运会组织得有声有色。可是1933年希特勒掌权之后，他就变成了一个投机主义者，对奥运理念也不是那么忠诚了。”

---

① “体操运动员运动”：Turner movement，Turner一词源于德语“Turnvater”本意为“体操之父”，是指德美两国的诸多体操俱乐部。“体操运动员运动”是19世纪早期由“体操之父”弗里德里希·路德维希·雅恩在德国发起的一次运动，兼有体育和政治双重目的，其成员大都参与了1848年德国革命。革命失败后，“体操运动员运动”遭到镇压，很多成员离开德国，移民美国。

年轻时的卡尔·蒂姆对体育的热情丝毫不亚于顾拜旦，他推动德国进行现代体育改革，在全国范围内成立体育俱乐部，还在战后强烈呼吁德国重返奥运会大家庭。但是纳粹利用了他，以权力和支持做诱饵把他招入麾下。为迎合戈培尔，他灵光一现想出了火炬传递的创意，也成功创立了这个新的奥林匹克传统。可是，戈培尔削弱了蒂姆的权力，只是为了举办1936年奥运会才把他留在了委员会中。如今，蒂姆已经变成了德国与国际奥委会的中间人，没有了往日决策和全力以赴的热情。德国人知道蒂姆很仰慕顾拜旦，对顾拜旦有些愚忠，所以，在本届奥运之前，他们派蒂姆数次到洛桑劝说顾拜旦——奥运的标志人物——出席。而顾拜旦次次都拒绝了，连同奢华的迎来送往——希特勒的专机和豪车。顾拜旦知道这样做会令蒂姆难堪、难过，但他始终拒绝前往柏林。

顾拜旦看到圣克莱尔正在忙着做记录，就对他说道："以后我会好好跟你讲讲这段故事，好让你写在传记里面。现在，我们要集中精力想想怎么应对卡尔。"

圣克莱尔听言，抬头看着顾拜旦，说道："我不会放下笔的，皮埃尔。我要把咱们所做的一切都记录下来，之后我还要您详细跟我说说希特勒邀请您出席奥运的事。"

顾拜旦未置可否，继续说道："我想让你们俩到车站去接他。弗朗西斯，一见到他，你就得表现得很严厉，直截了当地对他说：'卡尔，你背着皮埃尔在搞什么鬼？你是要毁了奥林匹克运动吗？'"

"你想让我一见面就质问他吗？"

"对，跟他对质。表现出你的愤怒。"顾拜旦果断说道，"提前练习一下。这样就能先吓他一跳。要确保让他明白——我知道他背叛我了。"

"他的确是背叛你了啊，"梅斯里说道，"这也是我们百思不得其解的地方——众所周知，他是崇拜你的。"

"在今日的德国，崇拜已经是一种病了。卡尔不会认为他背叛了我或背叛了国际奥委会。这正是你跟他对质的关键。还有，雅克，不要等着弗朗西斯介绍你你就向卡尔做自我介绍。要是有必要，就打断他们的谈话。我猜他早就知道你的名字。其实，他肯定知道你写书的事；但是你要跟他强调，你是受《小日报》委派来洛桑的。”

“你想让他以为——我知道他所做的一切，以及他将要做的一切。”圣克莱尔明白过来了。

“对。我们把真相寄托在你的笔上。你问他今晚能不能接受采访。如果他说要跟我见面，你就当面否决掉。”说到这里，顾拜旦沉吟片刻，“不，弗朗西斯，这句话你来说。就说我太忙了，今天不能见他，等明天吧。”

“我倒是真想采访蒂姆，从他那里获得一些传记的素材，”圣克莱尔说道，“就目前而言，他是德国最好的奥林匹克历史学家了吧？”

“嗯，是的。”顾拜旦说道，“他能给你提供很多事情的来龙去脉。多年来，他一直是我们的密友。但他变成今天这样，真是丢人。”

“皮埃尔，我想，你先前说过的话是对的。”梅斯里这时说道，“他应该是别无选择。”

圣克莱尔注意到，当听到这句颇含同情的话语时，顾拜旦的脸沉了下来。尽管知道已被蒂姆背叛，但顾拜旦和梅斯里对他依然难忘旧情。接着，他们三人又商讨一番。顾拜旦叮嘱梅斯里，在把蒂姆送到酒店之后，再向他汇报情况。

30

夜总会

圣克莱尔很喜欢顾拜旦与艾卡德二人的友情故事，喜欢描写艾卡德这个人及其无拘无束的行事。他想把艾卡德作为一个主要角色写进传记里——故事的一端是顾拜旦初次涉足成人世界，另一端是顾拜旦在巴黎宣布奥运归来，而艾卡德把这两端串联了起来。

周六傍晚时分，顾拜旦和艾卡德来到蒙马特的一个小广场上，在“艺术家餐厅”（Café de la Artiste）外的一张桌子旁坐下来。几位画家和陶艺人收拾各自物品，放在车上运走了，将小镇的中心地带留给前来过夜生活的人。愉悦的音乐从街对面的酒吧里喧嚣而来，却又被餐馆中传出的笑声、说话声掩盖下去。

“所谓‘美人’，就是这种啊。”艾卡德说道，示意皮埃尔看一看——两位发型优美的女子正走下陡峭的石阶，向下面的村子走去。

皮埃尔点头表示同意。“干杯。”他向艾卡德举了举手中的“巴黎人”酒。刚才皮埃尔对艾卡德说自己从没喝过这种酒，艾卡德就执意点了让他尝尝。“巴黎人”酒由苦艾酒和薄荷酒调和而成，甜得发腻。皮埃尔一口下肚，吐舌说道：“你真的喜欢这种味道？”

“当然不喜欢。不过你必须得有研究。今晚与女士们周旋，你得点出个十杯八杯的。我想让你知道，请女士喝的酒是什么味道。”

“那尝一小口就知道了。”

“不，不，口味不是关键。我想让你感受一下这种酒的效果。到时候咱们喝的是伏特加或红酒，可这‘巴黎人’既受欢迎，后劲又大。”

“咱们要去哪儿？”

“再过 1 个小时左右，就步行去黑猫夜总会[①]，你就要进入我的世界了。”

◎◎◎◎◎

巴黎上空升起一轮圆月，艾卡德领着皮埃尔开始了蒙马特的夜总会之旅：黑猫、狡兔之家(Lapin Agile),以及有两个风车的煎饼磨坊(Moulin de la Galette)。每到一处，都是声光交汇的浪潮，都是摩肩接踵的舞者和狂欢者；而到处都有人认得艾卡德——看门人、夜店老板、顾客、服务员,还有好多朋友。他像个建筑师一样,对每家夜总会的结构了若指掌,知道密室在哪里、隔间在哪里，还知道好位置被占之后可以去哪里。艾卡德开怀畅饮，皮埃尔却不敢像他一样，多少有些拘谨；即便如此，四周的狂欢氛围也不断冲击着皮埃尔的感官，令他无法抗拒。

一晚上下来,艾卡德给皮埃尔介绍了六七个舞伴,他们总是来去匆匆,往往是刚跳完一支舞就换下一个地方。在夜总会的热潮中，他们纵情流汗狂欢，只有出门赶往下一个夜总会的途中才得以放松片刻。时过午夜，他们从煎饼磨坊出来，大口呼吸着室外的新鲜空气。

“不再逛了,”艾卡德大喊道，快步在拥挤的街道上穿行。“大体情况

① 黑猫夜总会：Le Chat Noir，是由艺术家Rodolphe Salis于1881年创立，是巴黎现代史上的第一个夜总会，位于蒙马特高地。蒙马特地处巴黎城外，所以不必支付税金，当地还盛产葡萄酒，于是很快就发展成为一个娱乐中心。

你都看到了，皮埃尔。现在，咱们去享受最精华的部分，只有真正的内行人才知道。”

“去哪儿？”

“我最喜欢的地方，跟主流的夜总会有些不一样。”说着，艾卡德转向一个暗影中的小巷。“就在那边，”他说着，朝皮埃尔招了招手。他们又转了一个弯，只见走道尽头有个门，门上是个扇形雨篷，门口点着蓝灯，站着一位身穿黑衣的大块头男子。艾卡德和皮埃尔走近时，男子转过身来。

“啊，让，是你！”他对艾卡德说道，“欢迎。”

皮埃尔跟在艾卡德身后，穿过一个窄厅，进入一个拱形高顶的大房间里。这里灯光璀璨、热浪扑鼻，肉欲飞扬。房间远端有个音乐台，正高声演奏着乐曲；台上有位主持人，乍看之下更像是个喜剧演员而非歌手，他正抓着一个扩音器嘶声喊唱。木地板舞池里有一队浓妆艳抹的舞女，她们随着舞步不断撩起裙子，露出光白的臀部，引得观众叫好声和口哨声此起彼伏，喧嚣不已。环绕舞池的，是一个很窄的观众台，男男女女挤在铁栏杆处，看着下面的表演。房间两侧，观众台下，柱架之间，是成排的桌子，桌子尽头是一个镶着镜子的吧台，后墙处是豪华的座位和条凳。

皮埃尔跟着艾卡德从人群中挤过去，来到舞池边上的一个桌旁。皮埃尔立刻就被这里的气氛所感染，体内的酒精不断冲击着他的热情。一位身穿黑色无尾礼服的英俊男子迎着他们二人，并拉出一个座位请艾卡德坐下。

“这个位置可以吗，先生？”他问艾卡德，脸上挂着明快的笑容。

“很好，安德尔。跟往常一样，绝佳的视角。这位是我的朋友，皮埃尔·德·顾拜旦男爵。皮埃尔，这位是安德尔·德拉奇，是这里的老板。”

“认识你很高兴，安德尔。”皮埃尔说道，与安德尔握了一下手。他注意到，此人的面部轮廓可谓完美，其黑色的浓发像丝绸一般光泽照人，唇上的胡须涂过蜡，打理得一丝不苟。

“服务员！”安德尔举起胳膊喊了一声，一位身穿白色马甲的服务员立刻出现在桌边，听候他们吩咐。这时安德尔才转身离去，去招呼其他的客人。艾卡德点了瓶伏特加。

“这人又帅又周到，难怪能在娱乐业做得风生水起。”皮埃尔说道。音乐声太大，他只能贴着艾卡德的耳朵说话。

“他活得很滋润，每天的艳福挡都挡不住。他最早是开妓院的，但是，稍有远见的男人都不会只想着床上的事儿。”

伏特加拿来了。艾卡德给自己和皮埃尔倒上酒。他端起酒杯，一仰头一饮而尽；皮埃尔则克制一点，只喝了一小口。

一曲结束，一曲又起，人们从房间两侧拥入舞池。舞女们想要回到舞台上去，有些鲁莽的男子则抓住她们不让走。歌手开始唱歌，她唱的显然是老客们都熟悉的流行歌曲，随着节奏加快，大家都跟着唱了起来。皮埃尔看着舞池里的众人，只见他们的舞姿各有不同，有些娴熟而流畅，有些则生疏而笨拙。艾卡德看到一个大胖子笨拙地与一位年轻女子搭讪，忍不住指着这个人大笑不已。

在人群闪动的空隙间，皮埃尔看到房间另一端的桌旁坐着很多女士。她们或三五成群，或孑然一身，陆续有人接受了男子的邀请，从镜子墙前站起身来，走到舞池中。皮埃尔也受到了舞曲的感染，生出跳舞的欲望。但他知道这不是风度翩翩、飘逸洒脱的华尔兹，他害怕自己会在这自由奔放中迷失自己。

这时，桌子晃了一下，艾卡德站起身来。他对皮埃尔说：“我发现一朵鲜花，等着我去采撷。”皮埃尔饶有兴致地看着艾卡德。只见他踉踉跄跄地从他们身后的人群里挤出一条路，来到一个桌前——桌旁坐着一位身穿亮粉色裙子的年轻美女。

艾卡德凑过身去，那位女士身子向后一闪，却明显没有生气，因为她与几位女伴笑了起来，又对艾卡德独一无二的发型而感到好奇。片刻过后，她就被艾卡德英俊的面容所迷，站起身来，与艾卡德一起朝皮埃尔的方向走来；接着她回头向女伴们投以会意的眼神，随着艾卡德进了舞池。

皮埃尔犹豫了一下，也站起身来，抓起那瓶伏特加，一手端着酒杯，朝一位标致的女士走去。

◎◎◎◎◎

“如果没记错的话，当晚结束时，我们拿着一瓶威士忌，跟两个女人坐上了马车。”顾拜旦说道，摇了摇头。“当天晚上，我们是在艾卡德的彩房子里过的夜。”

“跟沙龙的情况截然不同。”圣克莱尔说道。

“天壤之别。但那只是一段长时间的寻欢作乐史的开始，我也不愿回顾。每一次晚宴、每一次精致的圆形大厅里的舞会，都对应着另一种截然不同的生活，有点疯狂，却无法抗拒。对那段日子，我并不心怀自豪，因为收获并不多，我只是沉迷在灯红酒绿的社交生活里。而且它消磨了我的自制力。”

“您是怎么找回自制力的呢？”

“是爱情。我爱上一个女人。她喜欢夜生活，但与纵情酒色相比，她更感兴趣的是新奇的想法和思想的交流。她叫珍妮特·蒙田，是个聪慧的讽刺漫画家。”

“漫画家？是不是您在萨冈公主的沙龙上见过的红发女子？”

“对，就是她。”

“您又在沙龙上遇见她了？”

“不，是在夜总会。艾卡德介绍我俩认识的。”

31

德国来使

顾拜旦与圣克莱尔在国际奥委会办公室里等着蒂姆。他问圣克莱尔："你们昨天去车站接他时，蒂姆是什么反应？"顾拜旦已经让蒂姆在博尔河酒店等了一天，丝毫未通音信。直到傍晚，他才给蒂姆送了个信儿，让他5点整到蒙里普斯开会。

"跟您预想的一模一样。"

"他有没有生气？"

"没有。"圣克莱尔答道，"不过，他非常失望，过了一会才明白过来。在车站时，弗朗西斯一动不动等着他从乘客通道里出来，并未上前迎接；二人碰面时，弗朗西斯既不回应笑脸，也不跟蒂姆握手。蒂姆显得心事重重，疑惑不解，他悻悻地垂下手，这时弗朗西斯朝他开火了。"

"弗朗西斯有没有说到背叛的事？"

"说了，说得很清楚。蒂姆重复着他的话，说'背叛？什么背叛？'接着他回过头，好像是在看着身后，不知该如何是好。"

"可怜的卡尔，"顾拜旦说道，"他知道这次来不会太轻松，可是回去的时候更不好受。"

"我做了自我介绍，他的确早就知道我的名字。但弗朗西斯接着就打断了我们，让蒂姆自己吃晚饭。我们随后就离开了，把他扔在身后不管。气氛真的很紧张，我还忘了请他接受访谈。”

“会有机会的。他也愿意在这边拉拢一下，至少是想找个人说说话。”

顾拜旦坐在了办公桌后的椅子上，又指挥着圣克莱尔，把办公桌前两把客人坐的椅子拉到一边，这样蒂姆来的时候，就是独自坐在顾拜旦对面了。5点整，他们听到蒂姆上楼、敲门的声音。门开了，蒂姆在门口迟疑片刻，又走了进来。由于身材庞大，他一进门，办公室立刻显得小了很多。

顾拜旦站起身来，向他伸出手，说道：“请坐，卡尔。我很希望自己能说这句话——见到你很高兴。”

蒂姆将提箱放在地上，双手接过顾拜旦的手，握了握，说道：“啊，先生，见到你很高兴。”他强挤出一个笑脸，伸手将帽子摘掉。他身穿一件灰色西服，系着红色领带，领带上是个白色圆圈，圈里是个黑色的纳粹标志。

顾拜旦定定地看着他，半分钟没有说话。

“你对我们的提议有些心烦，我明白。”蒂姆开口了，带着理解的语气说道。

“你的语言水平不可能这么差，卡尔。”顾拜旦硬生生答道，根本不领情。“你很明白，‘有些心烦’这个词可是轻描淡写了。”

“我不明白，你怎么就看不到元首和部长的提议中的好处呢？”

“你不明白，卡尔？”顾拜旦的情绪并未波动，但声音提高了。“你不明白我为什么感觉遭到背叛？因为他们的设想会危害到体育的自主权！你最清楚，为了保证奥运会的独立性，我奋斗了40多年。别跟我耍花腔。”

“可是柏林能给奥林匹克运动带来新的活力和资源——”

“卡尔！”顾拜旦怒喊一声，打断了他的话，“别在这敷衍了。你是在自欺欺人。他们这么做会毁了奥林匹克运动，会把奥运会变成政治工具，比戈培尔去年的做法更恶劣。你们的元首的确很有本事，但他的本事是正义的还是邪恶的，尚难下定论。而越来越多的人发现，第三帝国[①]对和平的威胁越来越大。”

---

① 第三帝国：指纳粹德国，“第三帝国”一词指的是继承了中世纪的神圣罗马帝国（962—1806）“第一帝国”与近代的德意志帝国（1871—1918）“第二帝国”的德国。

“那些批评都是误传。”蒂姆说道，颇有自信地提高了声音。

“时间会证明一切，但现在上涨的舆论无须争辩。我跟你讲讲我的经历吧。你知道去年我拒绝了所有邀请，没有出席柏林奥运会。”说到这里，他停下来看了圣克莱尔一眼，确定他正在记录。“我知道你们为什么想让我出席——作为工具，宣传道具，雷芬斯塔尔[①]电影中的一个象征符号。虽然我没有出席，但我维护了这届奥运会。奥运会结束后，《车报》[②]从巴黎派记者来洛桑，让我对这届奥运会发表谴责，但我拒绝了。我做不到。我说这届柏林奥运会是有史以来最好的一届；这在法国国内引发强烈愤慨，我被我的祖国骂成法西斯主义者。之后的抨击和谩骂接连不断，但我的立场从未改变；我坚持认为柏林奥运会举办得很成功，也竭力维护组织者所做的工作；即便我知道里面有些问题，有些甚至侵害了我毕生的承诺——人人平等地享有体育，但我还是维护着它。我知道存在反犹主义现象，虽然被藏在了幕后，可还是蠢蠢欲动。但我维护的，是运动才华的成功；我维护的，是你，卡尔。看看我得到了什么回报——你们要毁掉奥林匹克运动，要上演抢权闹剧。”

“咱们可以调整提议的内容，我肯定，咱们一定能达成一致。”

“不，不会的，卡尔。我跟你说说为什么。你、冯·哈尔特、冯·查摩尔提交给巴耶-拉图尔的那个提案，是对国际体育的致命打击，是要摧毁我们辛苦所做的一切工作。我不明白你为什么看不到这一点。把国际奥委会总部搬到柏林；更改国际奥委会委员的选拔制度，这样希特勒就能随意任命自己的手下当委员；不再由世界各国轮流举办奥运会，而只能由德国举办……这些比1896年希腊人的要求更过分，太过分！可起码希腊与奥运还有历史渊源。轮流举办奥运会，才能保证奥运会的未来，保证其在全世界都受人欢迎。你得明白这一点，你得记清楚！”

---

① 雷芬斯塔尔：莱妮·雷芬斯塔尔，Leni Riefenstahl，1902—2003，德国著名舞蹈家、电影演员、导演、制片人、摄影家、作家，20世纪德国最有名也是最有争议的女性，《时代》周刊评选20世纪一百位最重要艺术家中唯一一位女性。她曾受希特勒委托，拍摄了大型纪录片《奥林匹亚》，这也是第一部纪录夏季奥运会的电影。

② 《车报》：*L'Auto*，1900年创刊，现法国著名体育报刊《队报》（1946年）的前身。

“皮埃尔，你别生气。”蒂姆说道，“我相信，这届柏林奥运会壮大了奥林匹克运动，我还相信，这份提议能将全球体育提升到新的层次，能把你的伟大愿景推得更远。”

“对不起，卡尔，”顾拜旦的声音缓和了很多，“但我们看得很清楚——”说着，他朝圣克莱尔打了个手势，后者并未停止记录。“——为了你的主子，你放弃了原则，放弃了你对国际体育的承诺。你为奥林匹克运动做了很多杰出的工作，比如说，圣火传递就是个绝佳的创意。但是你的提议只能被视为背叛。你差一点儿——”说着，他抬起手来，拇指和食指差点捏到一起，“——就差这么一点儿，就变成奥林匹克大家庭的害群之马。多年来你的付出令我心有不忍，不想太为难你，但我的憎恨与日俱增。”

听到这句话，圣克莱尔抬头看着二人。只见顾拜旦凝视着蒂姆，而蒂姆则低头看着别处，思考着该如何回应顾拜旦的指责。他暗自想到，若不是对顾拜旦心怀敬仰或者爱戴，蒂姆恐怕早就跳起来动手了。

“卡尔，你不介意的话，我还有别的事情要处理。”顾拜旦故意傲慢地说道，“你请回吧。明天我们会召集会议，讨论如何答复你的提议。我会写封信让你带回柏林。”

◎◎◎◎◎

蒂姆离开了，顾拜旦的强硬和愤怒一下子消失不见。他似乎很沮丧，圣克莱尔张口欲言，但顾拜旦抬起手制止了他，他要安静一下。顾拜旦趴到桌上，双手捂住哀伤的脸庞，似喘似叹地吞吐着气息，似乎是在抽泣。

“这是我最长的一段友谊，就这么完了。”他抬起头，喃喃道；接着起身离开了办公室。几分钟后，他回来了，拿一条湿毛巾擦着脸，随后瘫坐在办公椅中。看着他疲惫的样子，圣克莱尔明白过来——刚刚对蒂姆的一通斥责，已经耗尽了他全身的气力。并不是因为这件事很难——当然不算容易——而是因为，他们的友谊是在奥林匹克的世界里建立起来的，跨越了国界，经历了时间考验，有着共同的使命，所以感情非常之深。

“这么做，对您来说太难了。”圣克莱尔说道。

“不仅仅是难的问题，雅克。十多年了，我都没有对人发过这么大的火。”

“他是自作自受。”

“是，可即使这样，也没有轻松多少。”

“明天让他带回的信，您写好了吗？”

“写好了。不过眼下，它不过是拖延时间而已——信上说，我们的委员会将会在10月份向执委会提交建议书。”

“他们不能反对，是吗？”

“是。但我还要给卡尔一些东西，让他带回去给他的主子。”

“什么？您又不欠他什么。”

顾拜旦在办公桌上摸索片刻，从一摞文件下面拿出一个文件夹。

“我有个秘密，雅克，现在，除你之外没有人知道。我打算把我的个人档案交给德国人，根本上说，是交给卡尔。他们的大学系统，对学术的热爱，多年以来在奥林匹亚的考古发掘，还有他们对古代奥运的研究……”他停顿了片刻，让圣克莱尔听仔细。“总而言之，尽管他们存在政治操控，还有最近提议的这个诡计，但他们为了保护奥林匹克理想所做的工作一点都不比别人少。”

圣克莱尔还是觉得难以置信。“您真的要这么做？”他惊骇不已——顾拜旦刚刚与蒂姆翻脸，却又做出这种事来。“我——我不敢相信。您知道他们的狼子野心，还要把自己的档案交给他们？”

“我知道。但这是卡尔答应我的，他答应给我保管，我知道他能履行这个承诺。他们要在柏林建造奥林匹克资料馆。”

“法国怎么样？您的档案放在巴黎不是更好？那是您发起奥林匹克运动的地方。”

“法国？他们对我的批判，不用我跟你多说了吧。因为我维护柏林奥运会，《车报》暗指我是个法西斯主义者。4年前我70岁生日，全世界都发来了贺电，唯独没有法国。”

“可是您爱法国，皮埃尔，还有……”

“这不是问题关键，雅克。他们不会像卡尔一样，建设那种世界性的研究中心，他们没有资金。还有，我在巴黎已经没有职高位尊的支持者了，朱萨德是仅剩的一个，但他的职权也不够。”

“要是爆发战争怎么办？”

“啊，战争在所难免，雅克。我们还无法预测爆发的时间，但战争一定会来的。我会把国际奥委会的档案挪到瑞士，我的档案则放在柏林。”

圣克莱尔猜测，顾拜旦现在已是人脉和物力山穷水尽，所以愿意与任何人合作，只要对方能保管好他的档案。这个想法令圣克莱尔颇为失望。“我不想这么说，可是听起来您这是要两边下注，这个决定并不明智。”

“我得想办法保管这些档案。”

“弗朗西斯知道这件事吗？”

“他会明白的。他知道德国人在奥林匹克方面的学术水平。”

“天啊，皮埃尔，我不知道……”圣克莱尔一时失语，他低头看了看笔记本，找到了一个话题。“给我讲讲希特勒派豪车来蒙里普斯接您的事吧。”

“我现在不想谈那件事。”

“为什么？”

“因为那天，卡尔从黑色加长奔驰车上下来的时候，他穿着长筒军靴和纳粹军装。此前我从未见他那副样子，以后也不愿再看见。”

32

漫画家

在写顾拜旦的爱情故事的时候，圣克莱尔脑子里只有一个念头，那就是能感动朱丽叶。5月的一天晚上，他将书稿交给朱丽叶，让她试读一下，自己则坐在沙发里喝着酒。看到朱丽叶手不释卷地从头读到尾，圣克莱尔知道这是个好兆头。

在蒙马特的夜生活里放纵了一年之后，顾拜旦遇到了一个女人，她成了他的挚爱，并使他远离了醉生梦死的生活。

1884年夏天的一个晚上，黑猫夜总会里，在震耳的音乐和舞池的喧嚣声中，艾卡德伏在桌子上与皮埃尔说话，以便对方能听到。艾卡德嘴里喷出的酒气一阵阵拂过皮埃尔的脸庞。皮埃尔的心思却不在他这里，他注视着艾卡德的身后，目光追随着自己首次参加沙龙时无缘相识的那头红发。

他看得很清楚。女子坐在后墙的条凳上，红发映在身后的镜子中；她正与两位女伴边喝酒边聊天。他还看到，女子拿起一个笔记本，迅速在上面写了些什么。

“后墙那边有个大美人啊，让。”皮埃尔指着红发女子对艾卡德说道，却未说自己其实知道她的名字。“很多年没见过这么漂亮的红头发了。”

艾卡德坐回椅子中，转头看去。“啊，是珍妮特·蒙田。人们都叫她‘红珍妮’，因为她下笔毒辣，针针见血。你应该在《费加罗报》上见过她的漫画。她很有才华，不过听说有些喜怒无常。”

“你认识她？”皮埃尔问。这时舞厅里换了一首流行歌曲，大家纷纷跟着唱了起来，跳舞的人也涌进舞池，一时间人声鼎沸。

“什么？”

“你能帮我介绍一下吗？”皮埃尔朝艾卡德喊道。

艾卡德站起身来，朝皮埃尔打了个手势，示意跟在他的后面。“别抱太大希望，我的朋友。”他对皮埃尔说道，“今晚你够呛能把她带回去。”

“只要能跟她在一块儿，在哪我都高兴。”皮埃尔说道。

一步步走近，她的样貌愈发清晰，皮埃尔也愈发迷醉。珍妮特的面部轮廓非常精致，红色发绺与白嫩的肌肤对比鲜明；她身穿黑色裙子，未露肩背，前面是一个小的荷叶领。她伏在桌子上与同伴说话，皮埃尔看到她苗条娇小的身材，不由得心猿意马。

“你好，珍妮特。”艾卡德向红发女子打招呼。他和皮埃尔走到桌前，就像两个到吧台买酒的人。皮埃尔面带微笑，注视着珍妮特——也许不太礼貌，他如此想到，不过实在情不自禁。珍妮特抬起头来，迷人的蓝色眼睛看着皮埃尔。皮埃尔的双手垂在两侧，紧张地微微颤抖，他深吸了一口气，拇指和食指使劲捏搓着，以求平静下来。

“你好，让。”珍妮特向艾卡德说道，却并未转移目光。她露齿而笑，一副调笑的神态。“你带来的这位帅小伙是谁？”

“这是智慧的旋风，”艾卡德说道，摊手示向皮埃尔，“一马当先的骑手，一个有着画家之灵魂和酒神之心的潇洒的狂人。珍妮特，这是一位绝望的仰慕者，你若不施青眼，他都不愿再吸入下一口空气。”皮埃尔也配合着艾卡德的夸张表演，向珍妮特深深鞠了一躬。只听艾卡德继续说道：

“请允许我向你介绍——皮埃尔·德·顾拜旦男爵，斗胆引荐与你。”

珍妮特伸出手来，皮埃尔优雅地接过来，吻了一下她的手背。她的皮肤又软又暖。施礼完毕，她却扣住了他的手指，没有松开。

“让有些夸大其词了。”皮埃尔说道，“但他说你令我神魂颠倒，这是真真切切的实话。”

珍妮特大笑起来，然后将两位女伴向他们做了介绍。接着，三位女士挤了挤，给皮埃尔和艾卡德让出座来。

皮埃尔看到，珍妮特带在身边的是一个小速写本，上面画着黑猫夜总会的老板罗道尔夫·萨利(Rodolphe Salis)，他长胡子的下巴歪在一边，漂亮的鼻子画得出奇的大，很好地抓住了人物的特点。

“我不常来这里了，让。”珍妮特说，“但是《喧闹》[①]约稿，让画一幅罗道尔夫的漫画，所以我就过来观察一下，再动笔。”

“看上去你早就动笔了啊。”艾卡德说道，指了指她的速写本。她迅速将其拿起来，放到了一边。“你最近都去哪儿了？我知道你忙得跟街垒里的红贝雷帽[②]似的。”

珍妮特又笑了起来。“你的消息倒是挺灵通的。”

“我喜欢你画的人物，最近看了很多。”

“《费加罗报》总是要新素材。”珍妮特说。

皮埃尔这时说道：“听让说，政治漫画是你的专长，艺术是其次。”他怀疑珍妮特是否还记得二人在沙龙上初次见面时的情形，想开口问，却又咽回了。

“这个嘛，作家、诗人、画家容易交到朋友，所以，对待他们不能像对待共和党人一样无情。”珍妮特答道。

“我知道你用笔如用刀，刀刀见血。”

“说到刀了，”珍妮特大声说道，以使艾卡德也能听见。“我好像记得，

---

① 《喧闹》：*Le Charivari*，法国巴黎的漫画杂志（1832—1937）。

② 红色贝雷帽：法国大革命时期反抗武装的标志。

你们俩去年为公主表演过一个好节目呢。”

“那可不是节目，女士。”艾卡德说道，故作神秘地凑向另两位女士。“我是真要杀他，”说着，他伸出胳膊，模仿了一个刺剑的动作，“要不是皮埃尔剑术高超，他的命早就没了。”

珍妮特听言转向皮埃尔，微笑着柔声问道：“那么，大剑师不表演节目的时候，都在干些什么呢？”

这时舞曲换成了一首慢节奏的音乐，皮埃尔灵机一动，说：“啊，也会偶尔跳跳舞。不知可有荣幸与您共舞一曲呢？”

“第一次约会时我从不跳舞。”珍妮特说，“但是，多跟诗人和男爵待一会儿倒是不错。先生们，我有点饿了，咱们找个安静点的餐馆，彼此熟悉一下怎么样？”

◎◎◎◎◎

此后他们又吃过几次饭，皮埃尔和珍妮特的关系近了很多，但珍妮特始终跟他保持一定距离，这令皮埃尔非常沮丧。皮埃尔一边耐心等待，一边专心地研究她的漫画，她的漫画风格与安德烈·吉尔[①]、奥诺雷·杜米埃[②]极其相似，商界和政界的丑闻是她的专长。每当被她疏远，皮埃尔就担心不已,希望不是年龄差距的魔咒令她如此避讳。当时皮埃尔21岁，而据他推测，珍妮特应该接近30岁了。但皮埃尔能肯定的是，她喜欢自己，而自己也爱上了她——数个月时间里，珍妮特都是刻意安排二人的约会时间，似乎是要保护个人的隐私不受二人交往的影响。但是，就在皮埃尔担忧不已时，珍妮特突然之间改变了态度，对他敞开了心扉。

珍妮特与皮埃尔坐上一辆马车，她对车夫喊道：“8区豪斯曼大街。”这是皮埃尔第一次去她的公寓。

---

① 安德烈·吉尔：André Gill, 1840—1885, 法国著名讽刺漫画家。

② 奥诺雷·杜米埃：Honoré Daumier, 1808—1879, 法国版画家、讽刺漫画家、画家、雕刻家。

皮埃尔伸出手，想把她拉到座位这边来，但她妩媚地朝皮埃尔摇了摇头，笑着说:“管好你的热情，男爵。我有事要做。”

说着，她打开随身的大提包，拿出速写本，掀开新画的那幅漫画，又拿出笔，想往纸上写东西。马车在蒙马特的鹅卵石路上隆隆行驶着。

“不可能的，”皮埃尔说道，“在马车上怎么能画画！”这时，马车颠簸摇摆了几下，仿佛是在印证皮埃尔的观点。

“我不是画画，是给编辑写几句话，是关于咱们‘敬爱的’公共工程部长卡诺的。”

“你就没有闲下来的时候?”皮埃尔问道。

“当然有，时不时的。我不是工作狂。”

“别人可不是这么说的。”

“谣言你也信?你刚巧见到我忙的时候而已。”

“这是浪漫时刻，亲爱的。”皮埃尔说道，“把笔放下。”

珍妮特扬起眉毛，摇了摇头，面露愠色:“走着瞧，顾拜旦先生。”

“你要在我名字前面加称谓的话，得说‘男爵’才对。”

“好，好，好，顾拜旦先生。”珍妮特说道，对他的奚落不以为意。她合上速写本，将它扔进包里。“让我看看你有多么浪漫。”说着，她伸出双臂搂住他的脖子，使他俯下身来；二人嘴唇接触的那一刻，她却张开了嘴，与皮埃尔湿吻在一起。

二人来到珍妮特的公寓楼，一进楼门，皮埃尔不禁惊讶不已。一楼的门厅很矮，只有几盏瓦斯灯，所以照明很差。门廊装着设计高雅的双开门，空间却非常狭小，只放了一个伞架，另一面墙上全是信箱。门廊内没有大厅，却装了一个新奇玩意:楼内电梯。电梯门前是一列传统的石头台阶；电梯门柱是铁质的，上有浮雕，图案是鸢尾和卷草纹。

皮埃尔能感觉到,珍妮特一直在注视着自己的反应。她按动电梯按钮，只听得上下金属机关阵阵作响，电梯通道里的缆绳同时上下移动，轿厢缓缓地向一楼落下。

“哇，你总是能给人惊喜。我不知道公寓楼里还能装电梯呢。”

“我父亲第一次在夏乐宫坐过，就坚持要在这栋楼里装一部。”

“啊，是1878年的巴黎世博会。”

“对。”珍妮特说道，“这个公寓其实是我父亲的，呃，应该说——以前是我父亲的；他基本上不到市里来了。”

电梯哐啷一声，到了。珍妮特拉开折叠门，又拉开电梯门。皮埃尔抓住门把手，让珍妮特先走进去。电梯里面很暗，只有零星光线穿过折叠门的间隙照进来。轿厢空间很小，仅能容下他们两个人。珍妮特贴在电梯壁上，让皮埃尔也走进来。折叠门在他身后啪的一声关上了，二人面对面站着，相隔只有数英寸的距离。

“你得把第二层门也关上，要不电梯不走。”珍妮特说道。

皮埃尔没有转身，手伸到身后抓住门把手，将门拉上；却因为发力的缘故，身子前倾，与珍妮特靠得更近了。珍妮特伸手按下顶层的按钮。电梯缓缓向六楼升起，他们俩又吻在一起。

◎◎◎◎◎

二人走进珍妮特的公寓，她直接把他带到了客厅里。壁炉上方挂着一张珍妮特父亲的肖像画，壁炉架上是几张家人的照片，还有一束装饰用的羽毛。她松开皮埃尔的手，解下围巾，将其抛在满满当当的衣帽架上，接着朝门厅走去。

“不用拘束，随便看看吧。”说着，她就消失在门厅的阴影里，随后，门厅另一端亮起了灯。皮埃尔绕过房间中央的沙发和桌子，近处观看墙边的工作台。阳台处，是一个很宽的落地门，门上装的是华丽的铅条玻璃；透过玻璃，隐约可以看到外面的阳台。工作台上放着一个很长的托盘，里面放着铅笔等各种文具用品，还有几张画稿，画的是他们在马车上谈过的公共工程部长卡诺。工作台前的墙上，全是珍妮特以前的作品。最底下的几张是几个镶框的杂志封面，但镶框外面又随手用图钉挂了很多画纸，把下面的杂志封面挡得七七八八。皮埃尔仔细一看这些画纸，认出了很多人物：西蒙、费里、拿破仑一世、拿破仑三世、豪斯曼、雨果、福楼拜、马内、左拉……都画得栩栩如生，刻意夸大了他们的自大或愚蠢。他掀起这些画纸，看到底下的一张镶框的杂志封面——是《费加罗报》，画的是俾斯麦①。画中的俾斯麦脑袋硕大无比，腿间夹着一个炮艇，就像小孩子骑木马一样。皮埃尔不由得开怀而笑。

这时，皮埃尔听到玻璃碰撞的丁丁声，他转过身来，只见珍妮特端着两个酒杯向他走来，她外面裹着一个大丝巾，里面穿着蕾丝吊带背心。珍妮特俯身轻吻了皮埃尔一下，又递给他一杯二人常喝的潘诺酒②。

“还好你不是政客，”珍妮特说完摸了摸自己的嘴唇。“你的胡子太适合讽刺漫画的标准了，长得不像话。”

“能看到你未完成的作品，真是种款待。”皮埃尔笑着说，“你就没画过赞美别人的画？怎么每一幅都是拿别人的缺点大做文章。”

“什么时候咱们的领导阶层改了愚蠢的毛病，我就改变画风，歌功颂德。”说着，她抬手把发带解开，甩了甩头，一头红发溢在肩头。

皮埃尔见状心中一动，他靠上前去，用未拿酒杯的那只手搂住珍妮特的纤腰，热情满满地深吻着她，她也激烈回应着。随后，珍妮特站起身来，拉着皮埃尔沿着门厅进了卧室——温馨的烛光下，柔软的睡床向他们敞开怀抱。

---

① 俾斯麦：Otto von Bismarck，奥托·爱德华·利奥波德·冯·俾斯麦，1815—1898，德意志帝国第一任首相（1871—1890），人称“铁血首相”。

② 潘诺酒：Pernod，又称绿茴香酒，产于法国，酿造中使用了茴香等15种药材。颜色呈浅青色，半透明状，有浓郁的茴香味。

◎◎◎◎◎

温存过后，二人懒懒地躺在床上；珍妮特又在速写板上画画。皮埃尔下了床，在卧室里四处闲逛，看着她的书、首饰等物品。

“你就爱乱看，是吧？”珍妮特问道。

“好奇而已。”皮埃尔答道。这时他注意到，在卧室和通往厨房的门廊之间，有个两阶凳，凳面上放着两个哑铃。“这是什么？”说着，他弯腰拿起哑铃——每个有20磅重。“你要练肌肉？”他看着珍妮特，轻松地弯举着哑铃。

“那是我父亲的，他喜欢健身。我也不知道自己为什么还留着这些东西——你看见那个引体向上杆了吗？”她指了指门洞。

皮埃尔转身看去，只见门道上方安装了一个金属杆，大概离地7英尺。他猜，珍妮特的父亲应该是踩在两阶凳上够到的。他放下哑铃，把两阶凳挪到引体向上杆下面。

“我父亲最多能做20个，”珍妮特说道，兴致勃勃地坐起身来看着皮埃尔。皮埃尔面朝珍妮特，站在了凳子上。只听她继续说道：“你能做那么多吗？”

“20个可不算少。”皮埃尔说。他伸手向上够了够，横杆离他的指尖还有大约半英尺的距离。“你帮我数着。”说完，他一跃而起，抓住了横杆。

珍妮特开心地笑着，“1，2，3……”数了起来。皮埃尔快速做着引体向上，轻松地拉起自己的身体，每次下巴都越过横杆；他面带微笑，好像是故意炫耀一般。“18,19,20——天啊，你真厉害！”珍妮特赞道。

这时皮埃尔呼吸开始变粗，速度降了下来，但每次额头都能越过横杆。

“27,28……”这时珍妮特已是真的有些震惊了，“比罗伯特做的还多！”

皮埃尔不知道罗伯特是谁，但他很高兴超越了这个人。“35……”珍妮特还在数着，皮埃尔也觉得快没力气了，但他还在坚持。终于，随着珍妮特高喊一声“40！”皮埃尔落在凳子上，又几步跑进卧室，一头扎在床上，痛苦不堪地喘着粗气。

“太厉害了！顾拜旦先生。”珍妮特趴在皮埃尔剧烈起伏的胸膛上，轻吻了一下他的嘴唇。“你创下了这间公寓的纪录。”

“罗伯特是谁？”皮埃尔问道。

“一个英国贵族。”珍妮特答道。“我不想骗你，皮埃尔。他是我心爱的人，可是两个月前，他离开我回伦敦去了。我不知道这辈子还能不能再见到他。我们相爱三年，我会永远爱他。但他已经是我的过去了，而就目前来说，你是我的现在。”

“这么说的话，那就好好珍惜现在吧。”

朱丽叶读到这里就停下了。她俯身亲了圣克莱尔一下，说道，“我喜欢这部分内容，我爱你。”接着，她趴在他耳边，勾魂摄魄地悄声说道：“咱们也好好珍惜一下现在吧。”

33

致辞

1937年6月中旬的一天，梅斯里博士通知大家说，洛桑大学要举行现代奥运会创办43周年庆典，届时想邀请顾拜旦致辞。顾拜旦欣然答应，接着就安排好了日程表，并取消了本周与圣克莱尔的访谈，以做准备。直到6月23日星期三，亦即庆典当天的上午，顾拜旦才“再度现身”。他请圣克莱尔参加事先安排好的两个会面：一个是会见两位国际奥委会新委员，他们想要在自己国内发展奥林匹克运动，此次前来是征求顾拜旦的建议；一个是会见帕沃·鲁米[①]带领的芬兰奥运选手代表团，他们是来拜会奥运之父的。在与两位国际奥委会新委员会谈过后，顾拜旦和圣克莱尔等着与鲁米见面，可一个小时过去了，他还未露面，顾拜旦猜想一定是火车晚点了。

“晚上就能见到他了，我肯定。”顾拜旦说道，原谅了这位田径奇才的迟到。

顾拜旦的演讲安排在了晚上7点，圣克莱尔决定下午就出发。他和朱丽叶4点钟就从乌契动身，沿着长长的山路而去。朱丽叶提了一个布料的大提包，里面装着画板。二人来到柏格路上，圣克莱尔带着朱丽叶进了一家名叫“欧博纳”

① 帕沃·鲁米：Paavo Nurmi，1897—1973，芬兰田径运动员，被誉为“芬兰飞人”。他在运动生涯中共22次打破世界纪录。他于1920年、1924年、1928年三次参加奥运会，共获得9枚金牌、3枚银牌，是奥运史上获得金牌最多的田径运动员。

的巧克力店（Aubonne Chocolatière），给她买了一盒昂贵的德菲丝巧克力。朱丽叶明显无法抗拒其美味，一会儿就半盒下了肚，圣克莱尔赶忙盖好盒子，将巧克力收了起来。

他们俩沿着蜿蜒的山路上行，经过大教堂，来到鹅卵石铺就的里彭广场（Place de la Riponne）——亦是洛桑最大的广场，东面矗立着新古典主义建筑风格的胡米内宫（Palais de Rumine），那就是洛桑大学所在之处。圣克莱尔和朱丽叶坐在广场南面的一个咖啡馆里，喝着产自梅多克（Médoc）圣朱利安产区[①]的葡萄酒，看着一天下来仍在奔波忙碌的路人。那天天气晴朗，气候宜人，向东面望去，洛桑大学意大利风格的教学楼清晰可见，虽因岁月的侵蚀而呈现出深褐色，却在两端双塔的衬托下英姿非凡。这时，一些汽车、马车陆续在校门前停下，下车的都是当地的要人。圣克莱尔看到其中有身穿长袍的身影，他猜测应该是洛桑大学的教务长和一位主教。

这时，圣克莱尔从穿越大广场的人群中认出了帕沃·鲁米，他和两位芬兰同伴大踏步走过。最后，梅斯里博士的车载着顾拜旦夫妇二人也到了。圣克莱尔叫过服务员来结账，这时顾拜旦一行已经慢慢地走上了台阶。走到台阶顶层时，顾拜旦停下脚步，转过身来看了看眼前的城市，看了看下面按部就班生活在自己节奏中的市民。

圣克莱尔和朱丽叶快步穿过大广场，这时顾拜旦夫妇已经走进前门，开始在长长的拱顶大台阶拾级而上，梅斯里则是一路随行。接着他们走到了正厅，在高高的拱顶下，是一个华美的海豚喷泉，四周是一片空阔地带；顾拜旦停了下来，而圣克莱尔开始听到了阵阵低语声，且声音越来越大。顺着顾拜旦激动的眼神看去，只见在20根圆柱围成的正厅上方，是一圈悬空走廊，大批年轻人趴在栏杆上，足足有数百人，他们都带着期待甚至敬畏的眼神望着顾拜旦。

梅斯里博士领着顾拜旦夫妇又上了一层楼梯，最终到达礼堂。圣克莱尔则在正厅逗留了一会儿。“这种认可和致意，本应是他在世界各地都能享受到的

① 圣朱利安（Saint-Julien）位于梅多克（Médoc）产区中部，葡萄种植总面积达900公顷，是梅多克六大著名子产区之一。

才对。”他对朱丽叶说道，接着便领着她上了楼梯。他们俩走进礼堂时，顾拜旦和梅斯里正把玛丽带到第一排就座，这里坐着的是国际奥委会的数位委员，还有几位贵宾。接着顾拜旦和梅斯里向大讲台走去。圣克莱尔想坐在礼堂的中间位置，但朱丽叶执意要往前坐，这样她就能在顾拜旦发言时看得更清楚。

圣克莱尔看到礼堂里几乎座无虚席，心中十分高兴。到场的观众大概有500人，其中还有一些十几岁的男孩，他们坐在一起，也许是同班同学，或是同一个体育队的队友。考虑到今天不是周末或节假日，而是星期三的晚上，这么多人到场真是相当不错；但圣克莱尔又立刻明白过来，梅斯里一定是利用了职务和工作上的人脉，才请来了这么多人。

这时，教务长走上大讲台，调了一下银色支架上麦克风的角度，使其正对自己的下巴，然后做简单发言。他说："能举办一系列公共演讲是洛桑大学的骄傲。"——声音在高墙和屋顶之间回荡，每个角落都听得清清楚楚。

"今晚，我们有幸请到一位嘉宾为大家致辞。他的伟业，已在10届夏季奥运会和4届冬季奥运会上得以展现。不论是在大街小巷里穿行，还是在日内瓦湖里划艇，我们洛桑人几乎都知道他，并且能从远处认出他；但很少有人有如此荣幸，近距离见到这位杰出人物站在大讲台上。今晚，我们无比高兴，能请到他——皮埃尔·德·顾拜旦男爵为我们致辞。43年前的今天，顾拜旦男爵在巴黎发起了奥林匹克运动；今晚，我们请他为我们讲一讲，在他眼中，奥林匹克运动的过去、现在和将来。在此之前，为了方便大家了解他的伟大成就及其历史背景，首先，我想请我们学校的医学院院长弗朗西斯·梅斯里博士，对顾拜旦男爵做正式介绍。"

梅斯里站起身来。两群男孩跳起身来，热烈鼓掌，却立刻意识到梅斯里博士并非今晚的主角，于是又都坐了下来。梅斯里伸出手，微笑着示意他们少安毋躁，却差点笑场。

"请大家理解这群年轻体操运动员的澎湃热情。"梅斯里说道，"他们知道会从奥运之父这里听到奥林匹克运动的故事，太过激动。"

梅斯里开始发言。朱丽叶拿出速写本开始画画，圣克莱尔则拿出笔记本，记录了一些教务长的发言内容以及礼堂的气氛。

"我们深感自豪，因为今晚出席典礼的贵宾里，有帕沃·鲁米及数位芬兰奥运选手，他们在竞技场上取得了真正伟大的荣誉。"梅斯里说道，他伸手示意在座的几位嘉宾，而他们也起立向观众致意。"帕沃·鲁米是奥运历史上最伟大的奖牌获得者。从1920年的安特卫普到1928年的阿姆斯特丹，3届奥运会上他一共拿到12枚奖牌；其中9枚金牌，3枚银牌。这一成绩至今无人能及。他还是唯一一个同时保持着500米、5000米和10000米三项世界纪录的运动员。你若问他是怎么做到的，他会告诉你，要成为一名奥运选手，要进入国家队，要站上领奖台，需要的是常人无法企及的自制力、动力和干劲。迄今为止，已经产生了4000名奥运奖牌获得者，他们都配得上英雄的称号。但我相信，若论牺牲和奉献，他们谁都无法与奥运之父相比——是他将这个最伟大的体育盛事写进了全世界的日历。"

接着，梅斯里用了5分钟时间，介绍了顾拜旦的背景以及事业中的重大事项，提到了他历经的困难和挫折。他这些介绍，使在场观众明白，这个人配得上他们最高的敬意和感激。圣克莱尔则记下了梅斯里提到的几个对头的名字，将其列入奥林匹克"恶人堂"中：帕沙尔·格鲁塞，巴黎公社拥护者，脾气暴躁，强烈反对顾拜旦推行的法国学校系统改革；希腊的诸位政客，曾试图拒绝首届奥运会的举办；阿尔弗雷德·皮卡尔[①]，1900年巴黎世博会的委员长，对顾拜旦组织当年夏天的第二届奥运会暗中拆台；还有美国奥委会的领导人詹姆斯·苏利文[②]，他曾数次企图夺取奥林匹克运动的控制权。

"皮埃尔·德·顾拜旦突破重重困难，给我们这个世界献上最伟大的人类团结盛事，通过国际体育运动推进和平与友谊。下面，请与我一起欢迎——法国的好儿子，洛桑的优秀市民——皮埃尔·德·顾拜旦男爵上台！"

---

① 阿尔弗雷德·皮卡尔：Alfred Picard，1844—1913，曾任1889年巴黎世博会评审团主席，1893年出任1900年巴黎世博会委员长，1912—1913年任国务委员会副主席。

② 詹姆斯·苏利文：James Edward Sullivan，1862–1914，业余体育联合会（AAU）的创立人之一，1908年美国奥委会秘书长。

梅斯里话音刚落，在场观众长时间起立鼓掌；顾拜旦走到大讲台上，等着大家安静下来。梅斯里把职责完成得太好，或许有点过分，但是把这次机会充分利用起来了。

“女士们，先生们，”顾拜旦开始致辞，“如果有一天你要公开致辞，我希望你能跟我一样，有幸让你的朋友做出场介绍——他的奉献精神没有边界，他的忠诚像这所大学的基石一样毫不动摇，他对你的理想——在我而言，就是奥林匹克运动的未来——深信不疑，热情不减。如果你也幸运地享有这样的时刻，你就会明白，有一位像弗朗西斯·梅斯里博士这样与你风雨同舟了29年的好朋友，心里会是怎样的感受。谢谢你，弗朗西斯。

“今天，大家共聚一堂，庆祝奥林匹克运动的历史。奥林匹克43岁了，却比我、比你们中的很多人都年轻。今天，我想站在广义的历史角度，给大家讲一讲奥林匹克运动为什么会顺应这个时代的需要，奥林匹克运动怎样帮助我们发现过往的承诺，并推动承诺在未来的实现。

“承蒙大家允许，像奥运会的历史、奥运史上的英雄壮举，还有体育运动的不朽等等，我就不再赘述了。今天想先跟大家说一说我小时候的故事。

“我小的时候，巴黎经历了天翻地覆的变化。在我出生前10年里，塞纳省省长豪斯曼男爵受拿破仑三世之命，开始对巴黎进行大规模改建。我父亲是位虔诚的君主主义者，直到他去世的那一天，从未改变其保守的观点；所以他对豪斯曼的改建计划颇吝赞同。但从我很小的时候开始，父亲就希望我能明白——我所出生的这个城市，与他年幼时那个拥堵的老城相比，发生了怎样的变化。狭窄的街道，中世纪的茅舍棚屋组成的迷宫，变成了今天大家熟知的现代化都市，有着宽阔的林荫大道、壮丽的高楼大厦和美不胜收的风景。他带着我在巴黎城里散步，指给我看各处发生的变化；但在出门之前，他会拿出一张一百多年前的巴黎地图让我看，一遍遍问我一个简单的问题：‘你看到什么了？’”

圣克莱尔跟其他观众一样，都在认真听着顾拜旦讲述自己与父亲在巴黎城内散步的故事。尽管他曾听过，也曾将其付诸笔端，但在顾拜旦将故事的重心转向巴黎的旧城墙时，他还是有些惊讶。顾拜旦说巴黎的七层城墙代表着城市扩展的进程，每一堵新墙都把原本生活在城外的人囊括进来。

“很多很多年之后，”顾拜旦总结道，“我才明白过来，那一层层的城墙蕴含着一个历史哲理，一个有关过去、现在和将来的永恒的真相。历史教给我们的道理，就藏在那些城墙里——以及从古至今全世界的城市、城镇、乡村里的成千上万、无数堵墙里。这个道理就是：包容之墙不断在扩展，不可阻挡。墙，常常被视作排除外在的标志，但长久以来同样起着包容内在的作用。

“有时候，这些围墙会显著扩展，不是物理上、地理上的扩展，而是概念上、法律上、感情上的扩展。比如美国殖民地宣布从英国独立，为国民争来了生存、自由和追逐幸福的权利；比如法兰西第三共和国使国内和海外殖民地的所有国民都享有自由、平等和友爱。

“随着一代代人不断传承，越来越多的人获得了这些国民的权利和待遇。最近取得突破的是女性选举权，以后还会有更多。而这些情况在体育领域已屡见不鲜；在赛场中，对每一个人而言，天赋和能力是唯一的衡量标准，也是唯一的入场券。在奥运会上，国王与贫民同场竞技、公平竞争。

“这就是我和朋友们所看到的奥运会的未来——通过体育运动，拆掉人与人的间隔，将包容的圆圈扩展到世界的每个角落。锻炼和竞技能给个体带来益处。除此之外，我们还看到体育运动的社会影响，它能解决产生敌对情绪的社会、政治、经济分歧；它能消除造成社会隔阂的阶级差异；它能在运动场上将全世界平等地团结在一起。就像我曾经写过的一句话：‘在运动场上，大家不是仇人，也不是政敌，而是一起比赛的选手，仅此而已。’

“更重要的是，鉴于我们这一代人的成长经历，我们发现体育运动能促进友谊，还可能发起一场新的、世界范围的运动，形成一个强大的和平联盟。我们想要打造的这个圆圈，是以体育运动为中心的友谊与和平。奥运五环代表着五个大洲，也真的是以体育运动为中心的包容的大环。今天，奥运五环已经囊括了五十多个国家，有五十多个国家成立了国家奥委会。我相信，在我身后，奥林匹克运动将继续发扬光大，将友谊与和平的圆圈扩展到世界的每一个角落。”

说到这里，顾拜旦停顿了一下，圣克莱尔发现，他双肩一耸，深吸了一口气，继续下面的发言：

“接下来我要讲一讲，我为什么认为奥林匹克运动有能力做到这些，”顾拜旦讲道，声音非常坚定，“我为什么相信奥林匹克运动具有无限潜力，我为什么觉得它才刚刚起步、还未长大。

“有人说体育运动的作用有限，不能创造和平。我要说，可以。它能在和平进程中起到关键作用，帮助我们把世界建设得更加美好。有了社会目标，与教育联系在一起，传播奥林匹克理想的核心价值观，体育运动的影响力才会更大。那么，如何实现奥林匹克理想呢？请容我在下面阐述一下。”

听到这里，圣克莱尔心中一动，赶快把笔记本翻到新的一页，准备记录。他预感到顾拜旦下面要说的，是他此前未曾听到的道理。

“我认为，奥林匹克理想的实现，需要经过五个阶段。”顾拜旦继续说道，“从个体到全体，从卓越表现到相互尊重，从相互尊重到产生友谊，从友谊到国际上的相互理解，从相互理解到渴望和平。这样一来，体育运动就推动了和平的进展。

“首先是个体追求卓越。每位奥林匹克运动员都会告诉你，追求卓越需要有自制力、动力、毅力、忍耐力、冷静的专注力，不让任何困难或伤病阻碍你达成目标。伤病、挫折、分心、延迟，这都在所难免，但只有克服所有困难，才能实现卓越。而伤病是卓越的大敌。

“奥林匹克主义旨在培养人的一种心态——争取发挥出最高竞技水平，也就是现在运动员常说的自豪感。在奥林匹克的世界里，追求卓越才会脱颖而出。他们从本地区的竞赛中脱颖而出，去面对全国的选手；然后进入国家队，随队出征奥运。在国家代表团入场式上，在随队踏入主会场的那一刻，他们已经为祖国赢得了荣耀。他们已经成了奥运选手。

“当他们踏入赛场，与其他国家的冠军、与全世界的顶尖运动员同场竞技的时候，他们就会彼此心生尊重。当你与别国的选手站在起跑线上的时候，你心里想的当然是击败他，但你又会不由得尊重他。因为他和你一样，为了追求卓越，都付出太多，永不言弃。不论他与你是多么不同，你们都是体育场上的好兄弟，都是潜在的冠军，都距离金字塔顶只有数步的距离。你们会逼出对方的潜力，向着卓越迈进，最终站上全世界最高的领奖台。就像一句希腊名言所说的那样：'亲手得来的成就无比荣耀。'

"尊重之余，友谊随之而来。赛场上的友谊往往不同凡响，意义深远。今晚到场的嘉宾中，有一位著名的奥林匹克记者，是来自巴黎《小日报》的雅克·圣克莱尔。他曾写过一篇文章，描述了柏林奥运会上杰西·欧文斯和卢茨·朗的友谊。如果你知道这个故事，那么你应该明白，如果不是在体育场上，他们的友谊是绝不可能发生的。大家想一想，一个是美国阿拉巴马州奴隶的孙子，一个是金发碧眼的德国超人[①]。卢茨·朗奉希特勒之命，要不惜一切代价赢得比赛，但他却给杰西·欧文斯加油打气，还给他提出了切实可行的建议，助他获得跳远冠军。大家想一想这个故事，就会知道，我所说的友谊是完全可能实现的。

"由此很容易便能联想到，这些奥运选手回国之后，会在所到之处播下国际间相互理解的种子。也不难想象，终有一天，成千上万的奥运选手会在本国传递和平的火炬。"

说到这里，顾拜旦停顿了片刻。圣克莱尔明白，他是想让大家有时间思考一下他所言非虚。

"女士们，先生们，我是个理想主义者，在任何情况下都坚信有最好的结果，相信每个设想都有好的潜力，从失败中看到出路，目标高远。现在，我已不再盲目乐观，但我的理想从未失去。我托付终生的，正是奥林匹克运动的核心理念——奥林匹克主义。"

顾拜旦又停顿了片刻，最后结束致辞："谢谢大家。"

雷鸣般的掌声随即响起。顾拜旦在大讲台上逗留片刻，四顾致意，接受大家的赞赏。圣克莱尔在观众席看着眼前的一切，不由心想，这种能令顾拜旦享受其中的公共活动，会不会已为数不多。

---

① 按照希特勒的种族论，各人种排第一的是金发碧眼的雅利安人，亦即所谓的超人。

34

奥运选手

庆典结束后，一大群仰慕者将顾拜旦团团围住，一一向他表示感谢，谢谢他的致辞，也谢谢他毕生为奥林匹克事业所做的一切。圣克莱尔则站在顾拜旦身后，听着他们的交谈。圣克莱尔能看出来，顾拜旦对大家的反应身怀感激，他一一询问对方的名字，对排在最后的梅斯里的那些少年运动员们尤其热情。帕沃·鲁米和他的朋友们耐心等着，直到顾拜旦与观众的交流结束之后，才走上前来，请他去皇宫酒店的酒吧喝点酒。起初顾拜旦婉言拒绝，说自己已经累了，但在帕沃·鲁米的坚持下，终于还是答应了。圣克莱尔觉得，顾拜旦现在情绪高涨，不会抵触聚众庆祝；他由此又想起了玛丽，不知道她是否也从今晚的庆典中收获启迪。可是她已经走了，没说再见，没有道贺，也没有为丈夫感到高兴。

梅斯里去开车，说到酒吧跟他们会面。几分钟后，顾拜旦一行就沿着玛德琳路（rue Madeleine）朝老城镇走去，圣克莱尔与朱丽叶走在他们后面。顾拜旦领着大家走进皇宫酒店的旋转门，上楼，走进哈瓦那酒吧（Havana Bar）里。梅斯里已经在那里等着他们了。大家在一圈茶色皮椅上坐下，椅子扶手上钉着一排黄铜平头钉，闪闪发光。顾拜旦倚墙而坐，左右两边分别是梅斯里和圣克莱尔，芬兰的运动员们坐在顾拜旦对面的一个矮桌上。酒很快就端上来了，下酒的几盘坚果也很受欢迎。朱丽叶独坐一桌，她安静地坐在桌尾，将眼前情景画在速写本上。

顾拜旦对她说道：“朱丽叶，你是不是要把这次著名的聚会画下来，传给子孙后代呀。”其他人纷纷向她看过来。

“就是画点自己的印象，”朱丽叶回答，“要是不小心成了名画，我就照样子多画几幅，给你们每人一张。”

顾拜旦笑了笑，又转向帕沃·鲁米。圣克莱尔打开笔记本准备记录。大家首先夸赞了顾拜旦今晚的致辞，接着帕沃·鲁米提议干了一杯酒。

“为了您为我们、为全世界的运动员、为我们的子孙后代所做的一切，干杯！我们想对您说一声——谢谢。”

“帕沃，你们能出席今晚的庆典，我真的深感荣幸。”顾拜旦说道，“你们使得周年庆典锦上添花。”

圣克莱尔知道，帕沃·鲁米和他的伙伴们一定有问题想问顾拜旦，想跟他好好交流一下，可是顾拜旦抢在他们前面先问了一个问题：“跟我说说你们的生活，你们现在都在干什么？”

“我们还在以不同方式从事体育事业。”帕沃·鲁米说道，他的同伴们纷纷点头。“有的在教书，有的在当教练，我们鼓励年轻人加入体育运动，尽已所能激发人们对体育的热爱。”

“你们能继续从事体育工作，真是太好了。”顾拜旦说道。

“我们都在帮助芬兰奥委会工作，”帕沃·鲁米继续说道，“我们每年都参加奥委会的会议，每个人都尽力帮助组建奥运国家队。”

帕沃·鲁米的同伴中有位名叫阿玛斯·基努恩（Armas Kinnunen）的人，他长得挺瘦，一头卷发，也是位跑步运动员。他跟顾拜旦说话还有些紧张：“我们一旦发现好苗子，就努力推动他们提高。我们发现奥林匹克主义——也就是加入国家队，代表国家出征奥运会的想法——非常能鼓舞人心。”

“你们都退役了，竟然还能带动那么多芬兰年轻人重视奥运？”

帕沃·鲁米和同伴都笑了。“当然了,”鲁米说,“跑步仍然是最受欢迎的体育项目,此外还有十来个项目也挺热门。可是现在,学校里笼罩着一种焦虑情绪,并开始影响学生们的体育表现。”

“战争的传言?”

“是的,很多人都担心未来的局势,年轻人都有些心绪不宁。但最有意思的是,通过体育运动推动和平的设想,大大缓解了他们的焦虑情绪。”帕沃·鲁米说道。

“说起来您一定不会相信,”基努恩说道,“当我们跟学生谈到‘奥运是友谊与和平的基石’时,他们都非常感兴趣。”

“你们真的太令我振奋,”顾拜旦说完,却低下了头。“宛如天籁之音啊,”顾拜旦继续说道,仍然低着头,呼吸有些沉重。“我希望每天都能从世界各地听到这样的好消息。”

大家这才意识到,这位老人已经很累了。但鲁米显然不愿如此结束与顾拜旦的交流。他说道:“男爵,在来洛桑途中的三天时间里,我们一直在讨论您,讨论奥运会;现在终于见到您了,我们有三个问题想要当面请教。”

“好啊,”顾拜旦说道,“请尽管问吧。”

圣克莱尔看了看鲁米。他长了一张方形脸,露着直爽和真诚,额头很宽,双眼的眼距也很宽,鼻子坚挺,脸上稍有些皱纹;尽管他已年过四十,却仍然精力充沛。他身上洋溢着热情,对奥运之父的敬仰一目了然。

“谢谢您。”鲁米说道,“第一个问题是,您目睹的最伟大的赛场表现是哪个?第二个问题是,您目睹的最伟大的单项体育赛事是哪个?最后一个问题是,您是怎么想到通过体育实现和平这个设想的,是什么驱动着您将友谊与和平作为奥运会的真正基石?”

“唔……”顾拜旦沉吟道,他抿着嘴唇,沉思片刻,然后开口说道:“前两个问题很简单;第三个问题有些复杂,那是一个想法在5年时间里演变而来。”

圣克莱尔闻言,立刻在笔记本上做了备忘录,以后要找时间与顾拜旦谈谈体育与和平这个想法的演变过程,还要探究一下这一理念的起源。

这时顾拜旦抬起头来，似乎恢复了一些精力。他说道：“帕沃，毫无疑问，你是我在赛场上见过的可以位列奥林匹斯山巅的跑步运动员。另外，恕我冒昧，我在雅克的文章中得知了杰西·欧文斯的故事，但并未亲眼见到他本人。不过我曾看过一场比赛，那人的表现真可谓盖世无双，到现在25年过去了，我仍认为那是体育世界里的奇迹。”

大家都满怀期待地看着顾拜旦，但圣克莱尔已知道顾拜旦说的是谁。

“吉姆·索普。”顾拜旦说道，“他是我见过的最伟大的运动员。他有无人匹敌的体力，牛一样的力量，舞蹈家一样的平衡性和敏捷性，风一样的速度，多才多艺。十项全能是奥运会上最难的项目，旨在决出世界上最伟大的全能运动员；五项全能虽然比十项全能难度稍小，但也异常艰苦。这两个项目，赢下一个已属难得；而在一届比赛中包揽这两项的冠军，简直难以置信。”①

“即使你们像我一样曾目睹他的才能，也只能惑而不解。标枪、撑竿跳、短跑、跨栏、铅球……他简直是无所不能。在那届斯德哥尔摩奥运会上，我们刚好坐在赛场旁边；而近距离地观看他的表现，更让人为之称奇。1500米项目上，他如离弦之箭，一骑绝尘地从我们身边飞过，我们能看到他的汗水一滴滴落下。没有人能追得上他，他跑得太快了。”

“他为人谦逊，但也许是最有才华的、最质朴的运动员，从此之后再也见不到这样的人了。我相信大家都记得，在颁奖仪式上，古斯塔夫国王把奖牌挂在他的脖子上，并宣布其为世界上最伟大的运动员，而索普那句著名的回答是：

① 古代奥运即有五项全能项目，包括赛跑、跳远、铁饼、标枪和角力。据传，19世纪一名年轻的法国骑兵军官受命骑马传信。途中，他遭遇一名敌兵，二人比剑决斗，军官获胜；但他的坐骑被另一名敌兵射杀，军官又用枪击毙敌兵，跑步前行。最后游泳渡河，将信送达。顾拜旦根据传说创立了现代五项，并在1912年斯德哥尔摩奥运会上成为比赛项目，包括射击、击剑、游泳、马术和越野跑。现代男子十项全能比赛是1904年美国圣路易斯第三届奥运会上开设，比赛项目历经演变。1924年第八届奥运会取消男子五项全能，只保留男子十项全能，参加比赛的运动员要在两天内按顺序完成十个项目。第一天：100米跑、跳远、铅球、跳高、400米跑；第二天：110米跨栏、铁饼、撑竿跳高、标枪、1500米跑。在1912年斯德哥尔摩奥运会上，美国印第安人吉姆·索普以破世界纪录的成绩获得五项全能和十项全能两枚金牌。

‘谢谢，国王。’”

大家都笑了。顾拜旦接着为大家讲述了亲历的一件逸事。“美国奥运国家队住在船上，真巧，我记得船好像是叫‘芬兰号’。一天下午，我上船去找索普，事先没打招呼。船停泊在斯德哥尔摩老城（Gamla stan），离瑞典皇宫不远。可惜索普不在船上。我就跟他的室友艾贝尔·基维亚特①聊了一会儿。艾贝尔是当时1500米的世界纪录保持者，可惜在这次比赛中只拿到了银牌，他是个很不错的年轻人，可以说是当时最好的犹太籍长跑运动员。他对我说，从美国到瑞典的途中，队员们都在船上疯了一样地训练，唯独索普除外；大多数时候，索普就是躺在甲板上的折叠躺椅里，惬意地吸着香烟。连索普的队友都对其运动能力惊讶不已。”

说到这里，顾拜旦停下来喝了口酒。鲁米又为大家要酒，梅斯里却为顾拜旦要了杯冰水。

“索普的传奇可谓实至名归，”鲁米借机将话题引到一个颇有争议的事件上，“我觉得，奥委会因为他曾打棒球挣过钱就取消了他的奖牌，这点挺可恨的。”他的愤愤之情很明显。圣克莱尔记得，5年前，鲁米也曾因为从事有偿体育运动而被视作不符合奥运选手条件，未能参加1932年洛杉矶奥运会。他说这话也是带着个人情绪的。

顾拜旦却并未对鲁米语气的转变而感到惊讶，也没有逃避问题。他说：“的确，在国际奥委会成员中，头脑清晰的人都知道业余主义是个毒瘤。这个争议为时最久，今天仍侵害着体育运动。等级差别是个顽疾，尤其难办的是，那些纯粹主义者将自己视为特权阶层，还手握大权。”说着，顾拜旦握紧了身前的拳头，向鲁米点头表示同意他的观点。而后者见到顾拜旦如此反应，显得非常高兴。

“您认为迄今为止最棒的一届奥运会是哪一届？”鲁米继续问道。

---

① 艾贝尔·基维亚特：Abel Kiviat，1892—1991，美国中距离跑步运动员，曾多次打破、创造1500米男子世界纪录，在1912年斯德哥尔摩奥运会1500米项目中获得银牌。1985年入选美国田径名人堂。是当时年龄最长的奥运奖牌获得者，后担任纽约运动俱乐部委员。

“任何悠久的传统，都只有一个起点；”顾拜旦答道，“在这一点上，1896年雅典奥运会可谓独一无二。在坐船前往雅典的途中，我们怀揣对奇迹的期望，而那届奥运会也的确未让我们失望。”他停顿片刻，一一望着在座诸人。“当时我们所有人都满怀期待——通过奥运仪式体验到与古代世界的神秘联系。第五天，我们的愿望成真了，奥运真的复活了。那是一种无法用言语表达的震撼——现在与过去相交相融，穿越时光的界限，永恒不朽。在马拉松项目上，一位身穿白裙[①]的希腊农民，身背一个国家的荣耀，一路领跑进入体育场，他的肩上承载着古代神秘的邂逅，穿越诸多世纪，向我们跑来。斯皮里宗·路易斯（Spiridon Loues），他带着一个民族的热切希望和梦想，获得了冠军，重振了曾经只属于希腊的巨大荣耀。他在跑道上行进，一路上观众欢呼不断，整座城市的爱国热情被提到新的高度，举国欢腾的气氛把我们淹没。马拉松是所有比赛项目中最有象征意义的一个，它能令人想起希腊人在马拉松获得的奇迹胜利以及菲迪皮茨英勇的献身精神[②]。路易斯跑完 26 英里，穿越 15 个世纪，弥合了时空的距离，那一刻的激情和快乐绝无可能再现。在那场比赛中，历史跨越了 1500 年，画上了一个完美的圆圈，而它所引发的民族自豪感，在这个世界再也不会看到第二种。”

顾拜旦的故事讲完了。他已经很累，却仍咬牙坚持着，不愿令鲁米这位传奇长跑运动员及其伙伴们失望，因为他们都致力于传播奥林匹克理想。顾拜旦看着鲁米，等他开口说话。

---

① 原文fustanella，意为传统百褶裙，多为男士穿着，在希腊，也是作为军队的服装出现。

② 马拉松原为希腊的一个地名，在雅典东北30公里处。马拉松这个比赛项目起源于公元前490年发生在马拉松的一场战役，交战双方是波斯人和雅典人，史称希波战争，雅典人最终获得了胜利。为了让故乡人民尽快知道胜利的喜讯，统帅米勒狄派一个叫菲迪皮茨的士兵回雅典报信。菲迪皮茨一路快跑，将胜利的消息送达，但随后就倒在地上死了。在1896年第1届现代奥运会上，顾拜旦采纳了历史学家布莱尔的建议，以这一史事设立了马拉松赛跑这个项目，把当年菲迪皮茨送信跑的距离——42.193公里作为赛跑的距离。1908年第4届奥运会在伦敦举行，为方便英国王室人员观看马拉松比赛，将起点设在温莎宫的阳台下，终点设在奥林匹克运动场内，距离为26英里385码，即42.195公里，国际田联后来将该距离确立为马拉松的标准距离。

“因为我经常要给年轻人讲述一些奥运相关的真实故事，”鲁米说道，“所以，我最感兴趣的是，您是怎么想到通过奥运实现和平，或把和平当成奥运的基础？”

顾拜旦看了看梅斯里，又看了看朱丽叶，接着环视众人，说道：“我刚刚说过，这个问题一两句话解释不清，那是一个设想在数年时间里演变的结果。”

“尽管如此，我仍然很感兴趣。”鲁米说，“我想听听这个故事，好带回去讲给学生们听。”

“嗯，如果你想听故事的话，我可以大略给你讲讲体育与和平的联系是怎么建立起来的，以及它如何成为我的奥林匹克计划的精髓。”接着顾拜旦就开始讲，大家都全神贯注地听着。这个故事，顾拜旦将其称作《诗人，公主，雕像》。

圣克莱尔奋笔疾书，唯恐漏下只言片语，他相信，这个故事很适合用在传记里。

第五章　体育与和平

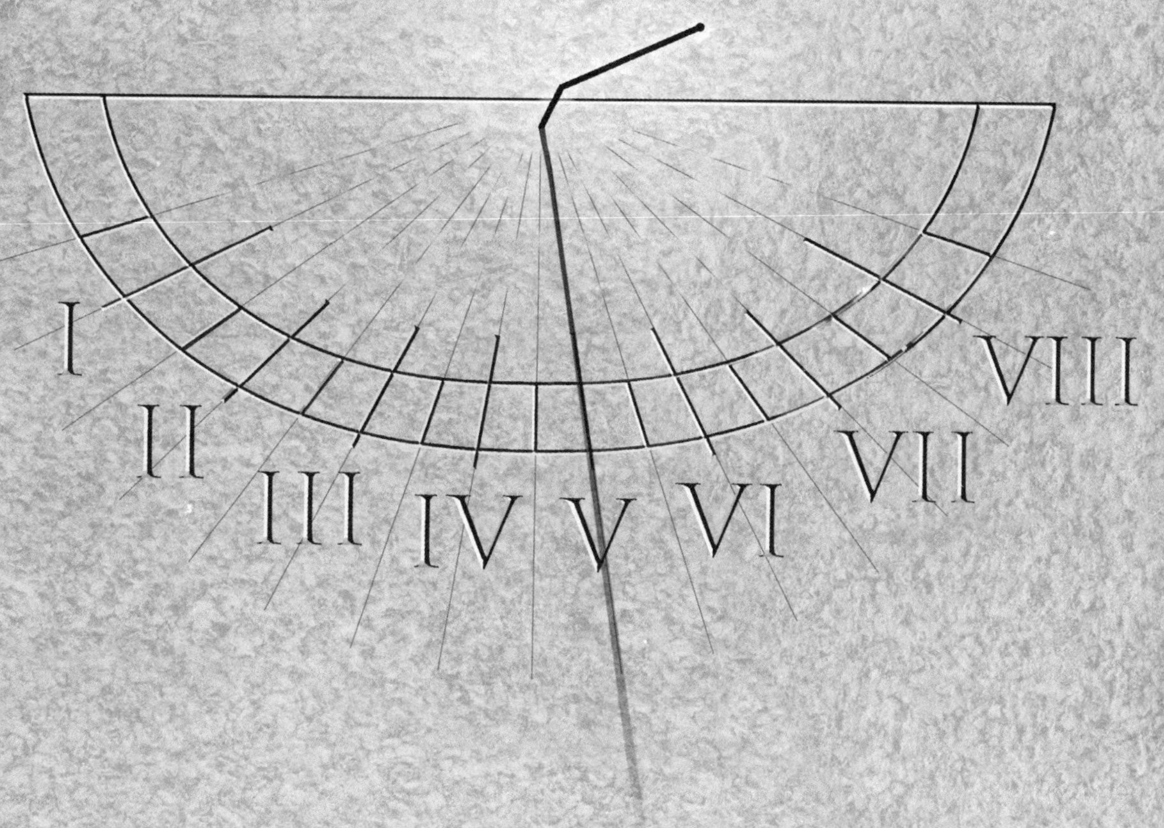

35

老伙伴

过了几天，时间已是6月末。一个炎热的下午，圣克莱尔从蒙里普斯回来，看到门框齐眉处塞着一封来自洛桑皇宫酒店的信。信中笔迹潦草，他花了好几分钟才看明白："我已从巴黎回来了，这次要在洛桑待一周时间；星期五上午9点到酒店大厅与我会面。吕西安·朱萨德。"这可是个好消息。朱萨德跟顾拜旦一样，都是贵族出身。他与顾拜旦在大学时相识，是顾拜旦的朋友，也是顾拜旦复兴奥运事业上最早的伙伴。圣克莱尔相信，从他那里一定能得到宝贵的素材。

圣克莱尔喝着酒，朱丽叶在做饭——正搅动着炉子上锅里棕色的肉汤。圣克莱尔将这个消息告诉了她。"我觉得，在顾拜旦最早开始教育改革时，朱萨德是个关键人物。"

"朱萨德？"朱丽叶问道，努力回想着。"啊，又是一个古代体育遗物，对吧？"，她笑道，"又瘦又高的那个？"

圣克莱尔笑了，"放尊重点儿。他可不是什么遗物。他还在法国奥委会任职，跟皮埃尔的岁数差不多大，得有70多岁了。"

"我都开始怀疑，你总是跟老头子们在一起，是不是为了显出自己年轻，感觉很好？"

“跟他们相处，我的确感觉自己很年轻。”圣克莱尔承认道，“可我不是还有你嘛，跟你在一块儿，我就感觉老了。”

“我知道。年到四十，老得太快，真吓人。”朱丽叶开玩笑道，“我得给你找个替补。”

圣克莱尔绕过餐桌，抓了朱丽叶的手腕，将她转过身来，说道：“不许说替补的事。”说着，他吻了她一下，又回去喝酒了。

◎◎◎◎◎

皇宫酒店里，朱萨德和圣克莱尔来到方格天花板下的楼梯前，朱萨德提起手杖，搀住了圣克莱尔的胳膊，二人开始上楼梯。“我还能走得动，”老人说道，“不过，上下楼梯时有人扶一把真好。”

走上台阶，圣克莱尔搀着朱萨德，将他带到一个大理石桌前。桌面上放着一个插着鲜花的大花瓶。圣克莱尔带着朱萨德绕过桌子时发现，朱萨德确已年老体衰——他步履蹒跚，而圣克莱尔扶着他的胳膊，感觉就像抓着布裹的骨头一样。圣克莱尔搀着朱萨德绕过钢琴，走上第二段楼梯；他瞅了一眼老人的手，上面皮包着骨头，血管和筋腱凸起，就像秋天落叶上的脉络一样，皮肤下面青色的血管清晰可见。

二人坐了下来——就在四个月前圣克莱尔采访艾弗里·布伦戴奇的同一个座位上。朱萨德坐下后恢复了气力，他笑谈往事，滔滔不绝。说起初次见到顾拜旦时的印象，眼中闪烁着快乐的光芒，圣克莱尔也跟他一起笑。

“第一次见他时，我想的是——这个高谈阔论的小拿破仑是谁？当时是在巴黎自由政治科学学院——我们都称 Po——的一个大教室里，正有一节讨论课。上课的是著名的朱尔·西蒙，他 10 年前当过法国总理，我们都想在他面前好好表现一下。当时是 1883 年，或是 1884 年。我正站着发言，却被身后最后一排的一个同学打断了。那是个小个子男生，身材匀称，穿着一件整洁的定制西服，我对他的第一印象就是无所畏惧。他站起来开始发言，声音很有穿透力；他口才很好，说明他天资聪明，且受过良好教育。当时我就知道，这个对立方的辩手不好对付。尽管他是在反驳我的观点，但他的处理方式很巧妙，我立刻就对他有了惺惺相惜的感觉。他又有风度，又有热情，刚二十出头，就已经成了一个有修养的公众人物。”

“听起来像是个意气风发的年轻人。你们争论的话题是什么？”

“我记得，好像是关于神父在法国教育系统中的地位。大家都知道，法国教育受教会控制的时间已经太久。但他们的学校和教育仍有价值。我的观点与朱尔·费里[①]总理在一年前推行的改革不同。我认为，对天主教神父——耶稣会、特拉普派、圣方济各会——在我们教育系统中的影响，应该是维持，而不是完全取缔。对费里推行的教育改革政策并不完全赞同，我阐述这个问题，只是想让朱尔·西蒙明白我的立场。但皮埃尔是费里及其改革运动的拥趸——我很快就发现了这一点；他反驳我的观点，还点到了我的名字，而那时我们俩还相互不认识。”

“您还记得他说了些什么吗？”

大厅中央有一些茂盛的植物，其正上方天花板上，挂着一个巨大的枝形吊灯。朱萨德抬起头，看着吊灯上闪烁的吊坠，紧抿双唇，仔细回想着。片刻过后，他收回仰望的眼神，似乎记起来了。“我记得，皮埃尔说的好像是‘朱萨德先生明显与我们一样，对给予我们教导的神父感情深厚；也许他愿意承认——从那些不必每堂课都以一段《圣经》开始的学者身上，也有很多东西要学。’”

说到这里，朱萨德停了下来，看着圣克莱尔以速记法快速记录着他的每一句话。“我很惊讶，”他继续说道，“因为我们都是一年级新生，同学们仅在一起上过一两次课，他竟然知道我的名字。课后，我们俩交谈时，我发现他竟然知道班上每个学生的名字，比老师们记得还多。我从未见过这样的学生。”

记忆的闸门一开，朱萨德侃侃而谈，也变得更加愉快起来。他语速不快，

---

① 朱尔·费里：Jules Ferry，即朱尔·弗朗索瓦-卡米尔·费里，1832—1893，法国共和派政治家，两度担任法国总理（1880年9月23日—1881年11月14日，1883年2月21日—1885年4月6日），任内以推行政教分离、殖民扩张、免费世俗义务教育而闻名。

以便圣克莱尔不会遗漏。“就在那一周，我们一起去喝酒，那是我们第一次长时间谈话，因此我了解到他的很多情况。与其说他是到Po来学习的，倒不如说是来完成使命的。那时，他早就成了法国教育改革的先驱。他对法国需要的改变有独到的见解；从第二帝国时期的维克托·杜律伊[①]，到朱尔·西蒙担任总理时期，再到朱尔·费里1880年兼任总理和教育部长时期，他似乎对其中渐渐发生的巨变了如指掌。别人看到的，是混乱；而皮埃尔看到的，是连贯。他目光犀利，站在历史的角度看到了法国教育系统的演变。他相信，费里于1880年推行的全民教育以及成立的国家教育部，会把我们置于法国的新时代前沿。在跟他谈论这些改变时，我从他的观点里学到很多。所以，入学第一年，我们就走得很近了，经常会一起出去喝酒、社交，还在吃晚饭时讨论当天的课程。”

“那时他就关注于把体育纳入教育之中吗？”

“没有。那时他才去过英国一次，他开始关注体育是在第二、第三次去英国时。但我记得，他很崇拜托马斯·阿诺德，他是拉格比的校长，把体育运动推广到了英国大大小小的学校里。1885年，皮埃尔去拉格比考察，在那里受到了启迪。回来之后，他对我说他有个设想。我记得很清楚，因为就在他回来不久，我们一起参加了维克多·雨果的葬礼。我们俩同岁，当时都是22岁。在拉格比，他在精神上得到了启迪，就像有些人说的‘顿悟’。那是与当时不断演变的贵族角色相关联的一种社会洞察力。他好像大彻大悟一样，有了一种特殊的使命感——为了法国，提高其体育事业的国际知名度。当时，在体育教育的地位方面，法国是非常落后的。当然，我想你也知道，他本人就是个运动员。皮埃尔热爱运动，渴望竞争，总喜欢体育比赛。当时我练的是跑步，我们一起跑步、比赛，还一起打网球、骑马。他还会击剑，甚至喜欢拳击。”

圣克莱尔与朱萨德又谈了两个小时，然后二人约定，第二天上午老地方再见。第二次访谈过后，圣克莱尔回到家里，把访谈内容整理成稿。这部分书稿，说的是皮埃尔与朱尔·西蒙早期的交往经历，以及皮埃尔将朱萨德介绍给让·艾

---

① 维克托·杜律伊：Victor Duruy，1811—1894，法国历史学家，政治家，第二帝国时期担任教育大臣。

卡德那晚的情形。但在整理朱萨德的回忆之前,圣克莱尔先对Po做了一番介绍,以此开篇。

巴黎自由政治科学学院,简称“Po”,由埃米尔·布特米、艾伯特·索雷尔[①]、伊波利特·丹纳数位法国精英知识分子,以及数位第三共和国前任政治高层人物于1872年创办,旨在为法国的未来开拓思路,为国家培养新一代的政治家及外交官。他们只以优点和智力为衡量标准,公平公正地招贤纳士,把年青一代的精英集中起来,辅以最好的老师和政治领袖,打造一个新的思想学派,为国家的社会、政治、经济问题出谋划策。在这个藏龙卧虎的校园里,新兴资产阶级的子弟、新晋的意见领袖、落寞贵族的后代,能跟刚刚退出政坛或谋求上台的政客们共商国是。

这是不同寻常的学术体验,也再一次为顾拜旦敞开了机会的大门——就像曾有颇多局限的圣依纳一样,使他得以站到教育的前沿,与那些法国未来的塑造者们面对面交流。这是最高层面的教育体验,而皮埃尔·德·顾拜旦早已相信教育是法国未来的关键,所以,在这里他如鱼得水,可以自由表达、讨论、修改自己的理念。更重要的是,他能与权力人物交流往来,为胸中熊熊燃烧的雄心寻找用武之地。

◎◎◎◎◎

又高又瘦的吕西安·朱萨德身穿双排扣长礼服,未系扣子也未扎腰带,像个绅士一般。他站在Po的一个阶梯教室门外,等着他的朋友皮埃尔;皮埃尔正在跟授完课的朱尔·西蒙交流问题。吕西安和皮埃尔约好了要去圣日耳曼街(Saint-Germain)上新开的花神咖啡馆[②],皮埃尔说到那

① 艾伯特·索雷尔:Albert Sorel,1842—1906,法国历史学家。

② 花神咖啡馆:Café de Flore,巴黎三大著名咖啡馆之一,1865年开始营业,位于巴黎第六区圣日耳曼街172号,因当时门前装有一尊古罗马女神Flore的雕像而得名,以接待文化名人而闻名,毕加索、萨特、布雷东等都在此喝过咖啡。

里要给他介绍认识一位来自普罗旺斯的诗人。吕西安站在大理石地面的走廊上，与经过的几个熟人点头致意；他拈起马甲上的金链子，从口袋里拎出怀表看了看，他们已经迟到了，不过没关系，因为他们说好要喝到半夜。吕西安性情平和，一天的课程结束，他立刻换上了一副闲情逸致。

他转过头，向教室里望去，只见皮埃尔站在教室前面，倚着西蒙的讲桌。朱尔·西蒙的脑门亮光光的，两侧的灰发像毛刷一样向上裹起来；他一边手拿一摞纸放进小提箱里，一边认真听着皮埃尔侃侃而谈。皮埃尔边说边打手势，他伸出双手，掌心向上，似乎是在呼吁什么；西蒙的大鼻子上架着眼镜，他从镜架上方看着皮埃尔，还不时点头以示同意。这时，西蒙从讲桌后面绕出来，伸出一只手，请皮埃尔随他一起向教室外面走来。这个亲密的动作令吕西安甚为惊讶。西蒙一边走，一边说，他的胳膊搂在皮埃尔的肩上，二人从阶梯教室的前排走过。看到他们朝自己走过来，吕西安感觉到，他们交流的不仅是课堂内容。

西蒙和皮埃尔走出教室，皮埃尔向吕西安走过来。西蒙对吕西安说道："吕西安先生，你们两位绅士今晚有什么安排？是出去玩吗？"

吕西安答道："老师，我们要与一位南方省的人物讨论些问题。"

皮埃尔笑道："我们要去跟我的朋友让·艾卡德喝一杯。"

"啊，是他，挺好的一个作家。"西蒙说道，"皮埃尔，明天咱们继续聊，我很想听听你的建议。"说完，这位法国前总理转身，潇洒地沿走廊离去。

"建议？"吕西安讶道，"你又搞什么诡计？"

二人离开学校，沿吉约姆路（rue de Guillaume）朝圣日耳曼街走去，他们在路口右转，又走了两个街区，到了花神咖啡馆。

吕西安的好奇心还未下去。"你们出来的时候，他搂着你的肩膀，就像搂着自己的孩子一样。你们好像早就很熟了。"

"那只是他对我们的鼓励方式罢了，吕西安。不过你说得对，他对我的一个想法很感兴趣，我们已经聊过好几次了。"

“你跟总理？聊？”

顾拜旦站在咖啡馆门前，望着马路对面的圣日耳曼德普雷教堂（Saint-Germain-des-Prés），说道：“对，聊天。上次是在他的书房里，一边喝着白兰地。这就是Po的办学宗旨，不是吗？集思广益。”说完，他转身就要进门，可被吕西安一把抓住了。

“在他的书房里？”吕西安的声音扬了起来，带着惊讶和忌妒。这可是全班同学都可望而不可即的殊荣。“你提什么建议了？”

“啊，就是个小想法而已。Po的办学宗旨之一，就是传承丹纳的学术思想。我对丹纳的《评英格兰》（*Notes on England*）提了一些看法，尤其是第四章的内容，他对英国教育的观点。”

“啊，我感觉那是20年前的书了吧？你准备去实地考察一下？”

“准备好材料，再有了介绍信，我打算今年夏天就去一趟。有关需要考察的内容，我已经给朱尔详细汇报过了。”

“朱尔？”吕西安问道。他不敢相信皮埃尔与朱尔·西蒙已经到了直乎名字的程度。

“对啊，我叫他朱尔。”皮埃尔说道，明知吕西安对此忌妒不已。“我们俩对教育的演变有相同的观点，吕西安。”

吕西安一时无语。皮埃尔看着街道上客人们停放的马匹和马车。“啊，那是让的马。”他指着一匹枣红色的马说道。“去玩一会吧，我的朋友。”说着，他推开咖啡馆的门，让吕西安进去。

艾卡德正在吧台那里等着他们，他刚端起一杯红酒抿了一口，这时皮埃尔介绍二人认识。

“真是闻名不如见面，吕西安。”艾卡德微笑着说道。他用力握了握吕西安的手，“像树一样高，像树枝一样瘦。”

吕西安也用力握回去，却不是对手。他看着艾卡德蓬乱的头发、炯炯有神的双眼、粗糙的骑马裤、过时的长大衣。松开手之后，他不禁纳闷，皮埃尔怎么会跟这样的人交上朋友。“也很高兴认识你。”他说道，将手放到身后放松一下手指。“皮埃尔对你的文才和谈兴赞不绝口，更不要说你的骑术。”

“真的非常感谢，吕西安。皮埃尔总是喜欢夸奖人的。”说着，艾卡德递给他们俩一人一杯红酒，“他跟我说你的骑术也不错，如果你愿意的话，星期天傍晚跟我们一起骑马吧，都是有钱人，男女都有，那时咱们见识一下你的骑术。”

“让相信一个尚未证实的理论。”皮埃尔说道，举起酒杯示意三人同饮。“星期天傍晚的布洛涅森林公园里，马车里的那些女士只是想把骑马的男士们拽下马来。”

让开怀大笑。吕西安幻想着自己被一位穿着蓬松礼裙的美丽的公爵夫人拽到大马车的车厢里的情形，不由得有些小兴奋。至此，他至少了解到了艾卡德的部分魅力。

“我在厨房门旁边留了张桌子，这样就能看到服务员的动向。”说着，艾卡德一手既端酒杯又抓住酒瓶的瓶颈，另一只手扶着吕西安的肩头，带他们朝桌子走去。

三人落座。艾卡德突然向吕西安说起自己的情况，好像需要做一番介绍似的。“我是个共和主义者，吕西安。相信你也注意到了我直率的平等主义作风。不论是平民百姓还是贵族，我都喜欢与他们混在一起。我发现，五花八门的生活体验对我的写作来说非常重要。”

“啊，是的。”吕西安说道。“这是个堂而皇之的理论，说生活体验对写作来说是无可代替的。我早就以为这个说法已经没有市场了，不过被某些作家用作借口，掩饰其荒诞不经的行为而已。”

“或许那是因为你没有足够的真正的生活体验，或许是因为你不知道如何找到真正的洞察力。不过我想知道，你说的是什么作家？”

皮埃尔坐在桌子对面，伏在桌面上，咧着大嘴笑个不停，显然是很享受眼前二人的争论。他趁机火上浇油：“让，你知道吧，吕西安特别喜欢儒勒·凡尔纳[1]的科幻小说；他认为《海底两万里》(*Twenty Thousand Leagues Under the Sea*)是世界名著。"

吕西安听言，仰头得意而笑，对自己的文学偏好甚是自豪。可艾卡德皱了皱眉头，说道："我不想说科幻小说令人厌恶，那样就太过分了。儒勒·凡尔纳这人不错，但他的作品称不上文学。不过是来自幻想世界的明信片，来自无人居住之地的童话罢了。"

"如此说来，"吕西安举了举酒杯，婉转说道，"我要转告尼摩船长[2]，下次潜水时就不带你了。"皮埃尔和艾卡德大笑起来。吕西安不愿再与艾卡德发生争执，于是说道："我们已发现了一个不同观点，但既然咱们共同的朋友认为我们有很多共同之处，那么咱们就找一找共同的话题吧。"

"你想谈什么？"这时一位年轻的女服务员为他们拿来一篮子面包和一瓶水。

三人均抬头看着服务员，齐声说道："谢谢，小姐。"吕西安等了片刻，待她转身离去，才开口说道："女人，让。我想谈谈女人。我明白，你是这方面的大师。而作为年轻人，我则是非常好学的。"

◎◎◎◎◎

夜色渐晚，酒尽人酣。吕西安觉得自己好像加入了一个才子与粗人组成的兄弟会，一个是粗野的骑手，另一个是位绅士。皮埃尔兴高采烈，大笑不止；艾卡德粗鄙直率，放浪形骸。看着眼前二人，吕西安脑中又浮现出朱尔·西蒙搂着爱徒的情形。那个人，与眼前这个人，其对比与反差令他着迷。吕西安不禁奇怪，怎样才能将眼前的寻欢作乐与皮埃尔

---

① 儒勒·凡尔纳：Jules Verne，1828—1905，19世纪法国小说家、剧作家、诗人。凡尔纳一生创作了大量优秀的文学作品，代表作有《格兰特船长的儿女》《海底两万里》《神秘岛》等。他的作品对科幻文学流派有着重要的影响，被誉为"科幻小说之父"。

② 尼摩船长：科幻小说《海底两万里》中的角色。

的雄心壮志联系起来。

“皮埃尔，”吕西安一本正经地说道，“跟我们说说你今天与朱尔·西蒙讨论的事吧？”说着，他转向艾卡德，补充道，“你真该看看他们俩的样子，就像父子俩一样——杰出的法国前总理，搂着年轻皮埃尔的肩膀。”

“又跟权力人物走近了，皮埃尔。”艾卡德说道，“对日渐势衰的贵族来说，这一步倒是在预料之中。”

“我的朋友，我想说，贵族并未真正没落。”皮埃尔倚在椅背上，伸了伸四肢。“而且我相信，前总理——也许现任总理也是，都同意我的观点。尽管你想用花天酒地使我们堕落，但在这动荡的共和国，我们还是大有可为的。”

“西蒙好像对你的想法很感兴趣。”吕西安说道。

“嗯，就今日法国而言，朱尔·西蒙也许是最有远见的人，也是最有人脉的人，能帮助我们重新定义贵族的作用。说到我的想法，吕西安，它还远不到取得成果的时候；但我肯定，它已经引起了西蒙的兴趣，很快就能得到他的认可。他想让我去见见威廉·亨利·沃丁顿[①]。”

“法国驻英大使，了不起的人物。”艾卡德说道，“我倒是不觉得奇怪，贵族的劲头从未衰退。”

“若说皮埃尔的驱动力是贵族的那股劲头，我会觉得，他的潜力不可小觑。我们刚刚到Po一年时间，”吕西安说道，“而像皮埃尔这样得到西蒙垂青的学生好像再没有第二个了。沃丁顿……天啊，那可是高层的引荐。”

“到时候看吧，”皮埃尔说道，“前景的确不错。西蒙对我说，沃丁顿有丰厚的体育背景，他在拉格比和剑桥上过学。”

---

① 威廉·亨利·沃丁顿：William Henry Waddington，1826—1894，法国学者、外交家、政治家。1879年2月4日—1879年12月28日任法国总理，1883年—1893年任法国驻英大使。

◎◎◎◎◎

第二次访谈时，吕西安对圣克莱尔说，他保留了一本 19 世纪 80 年代写的日记，在这次访谈之前又浏览了一下。他拿出几张纸，看着上面写的内容。“雅克，”他说道，“我想重点说三件事，要想弄明白皮埃尔那时的动机和决心，这三件事是非常关键的。一是到拉格比考察，以及在那里受到的启迪；二是此后与威廉·格莱斯顿[①]的会面；第三——”

“格莱斯顿？”听到这个名字，圣克莱尔抬起头来，打断了朱萨德。“威廉·格莱斯顿，英国首相？皮埃尔跟他见过面？”

“对，就是那个威廉·格莱斯顿。”朱萨德说道，等不及要把第三件事说出来，“第三就是维克多·雨果的葬礼，这个你也许知道，是第三共和国治下首个国葬。”

“您说的这几件事都很有意思，”圣克莱尔说道，“我想详细了解一下。”

“那我就跟你说说。但是首先，你要能真正明白皮埃尔对西蒙及周围人的影响。”

“昨天您说过，皮埃尔有一种不可抗拒的人格魅力。”

“是的，但那只是部分原因，真正关键的是他的思想。尽管他那时很年轻，但他的想法以及表达能力，使他具有一种权威性。看到他跟西蒙、跟教授们、跟校外的政府权力人物打交道，是很有趣的。跟那些人在一起，他毫不卑微，毫不胆怯，似乎他的头脑与他们相比毫不逊色。而他们也对皮埃尔平等相待。皮埃尔的表述令人信服，他一张口，你就知道他的想法切实可行，而且很有必要。”

“当时我就有种感觉，觉得我们会创造历史，所以我全心全意投入这份事业当中——我们要一起改革法国的教育系统。当时我们人数不多，但改革运动发展得很快，皮埃尔随之开始写作，西蒙迫不及待想要读他的大作。他的第二本书是《法国的英式教育》(*L'Education Anglaise en France*)，其内容已不仅仅

---

① 威廉·格莱斯顿：即威廉·尤尔特·格莱斯顿（William Ewart Gladstone，1809—1898），英国政治家，曾作为自由党人四次出任英国首相（1868—1874年、1880—1885年、1886年以及1892—1894年）。

是对丹纳的补充了。这本书促使我们整改了法国体育。皮埃尔发现了这个机会，并借此成立了‘法国体育运动推广与体育教育委员会’（Committee to Promote Sport and Physical Education in France）。”

“就是朱尔·西蒙委员会？”

“是的，但西蒙只是名义上的领导，真正掌握大权的是皮埃尔。”朱萨德说道，“这样一来，我们就比其他十多个法国体育协会更具权威性，还直接打开了通往朱尔·费里的大门。西蒙带着皮埃尔去跟他见过面。”

“那时费里还是法国总理吗？”

“不，他一两年前就卸任了。但那时他是1889年巴黎世博会组织工作的负责人。原来，他和西蒙想让皮埃尔协助组织世博会。他们需要有才华、有活力的人，而皮埃尔二者兼备。”

接下来的几个小时里，朱萨德对一件件往事侃侃而谈，圣克莱尔则奋笔疾书，将其记录下来：西蒙，沃丁顿，费里，拉格比，格莱斯顿、雨果的葬礼……每件往事都蕴含着数个奇闻逸事以及个人见解。说到最后，朱萨德的声音里有了疲惫的迹象。

圣克莱尔抬起头，只见朱萨德拿出怀表看了看，说道：“我得走了，雅克。能与你重温往事，真是一件高兴的事。”

圣克莱尔意犹未尽，不愿就此结束访谈，但他还是同意了。他搀着老人从椅子上站起来，二人离开了皇宫酒店。走到门外，朱萨德执意自己走，不再让圣克莱尔扶着他。像个恢复期的运动员一样，他站直了身子，双腿发力，沿着人行道向圣弗朗索瓦广场走去；他姿态坚定，每走一步，手杖都拄在地面上。天空灰蒙蒙的，鹅卵石地面有些湿滑，但他的步伐很稳。朱萨德要去参加一个会谈，参会的是国际自行车联盟（Union Cycliste Internationale）的两位代表以及国际赛艇联合会（Fédération Internationale des Sociétésd’Aviron）的两位代表。这是他在洛桑的日常事务。

二人走到教堂旁边，在熙熙攘攘的路人之外，他们停了下来。朱萨德倚在冷冰冰的教堂石墙上，沉思片刻；圣克莱尔等着，知道老人有些最后的感想要告诉他。

“雅克，你现在做的这件事很重要，”朱萨德说道，“需要把皮埃尔的故事宣传一下，让更多人知道他对体育世界的贡献。”

“谢谢您，吕西安。谢谢您能拿出时间接受访谈。如果有需要的话，希望还能与您会面。”

“当然，雅克，随时恭候。”

二人握手作别。圣克莱尔注视着这位瘦长的老人——身穿西服，头戴礼帽，慢慢地沿着鹅卵石铺就的柏格路前行；他歪头看着地面，小心翼翼地走在人群中；只看到他的帽顶游游荡荡，转过街角，从视线中消失了。

圣克莱尔转身回家，脑中思绪万千。岁月如梭，光阴易逝，人的记忆是那么脆弱；而令人扼腕而叹的是，每一天的每个时刻，我们身边的那些故事，不论是平凡的还是卓越的，是充满激情的还是暗藏欺诈的，都像朱萨德的身影一样，渐渐远去、消失了。

36

拉格比，格莱斯顿，雨果

伦敦，1885年的一个早晨，皮埃尔乘一辆出租马车到了尤斯顿(Euston)火车站。他给了车夫优厚的小费，又叫行李搬运工将他的行李箱和两个衣箱搬上火车。阳光逐散农田上空清晨的雾气，皮埃尔坐在火车的头等舱里，看着窗外川流不息的英国乡村景色。整洁的灌木篱笆，篱笆隔开的牧场和林地，大片绿地上的畜栏中数不清的牛羊马……从他的眼前飞逝而过。赫默尔亨普斯特德(Hemel Hempstead)、莱顿巴泽德(Leighton Buzzard)、沃尔弗顿(Wolverton)、朗巴克比(Long Buckby)……火车途经一个个城镇、乡村，在大大小小的中间站停下，却并未打断皮埃尔的思绪。

他心里想的全是此行的目的地，还有期盼已久的一次会面。虽然不是什么重要的会议，却是要与伟大的托马斯·阿诺德博士见面。此刻他脑中幻想的情景，是拉格比学校的操场上，一队队男孩身穿白色运动服，头戴各色校帽，四处奔跑，高声喊叫；而身穿大衣的博士站在一边，目带赞赏地看着他们。

火车到站，皮埃尔下了火车，等着行李搬运工将他的行李箱搬下来。他站在小小的砖头站房前面，欣赏着木头站牌上手工雕刻的名字：拉格比。看到这个名字，皮埃尔想起了心中一些有意义的事情，那是他热爱的体育项目的起源。15岁在圣依纳上学时，他在《青年杂志》(*The Journal of Youth*)上读到了连载的阿诺德的传奇故事；故事的名字是《学生时代》(*School Days*)，作者是汤姆·布朗（Tom Brown)。从那时起，那就在他的梦想生活中占据了一席之地。

“这么说，您的这次短途旅行是要考察一些寄宿学校和大学，而拉格比是您的第二站？”圣克莱尔问道，“您此行的特殊目的是什么？”

顾拜旦沉思片刻，答道：“是的，是很短暂；但那是我第三次到英国了。此前我去过伊顿公学(Eaton)、哈罗公学(Harrow)、查特豪斯公学(Charterhouse)，又返回伦敦参加了几次晚宴和会谈；这次是打算从拉格比出发，去剑桥和牛津。我要写一本有关英国教育的书，这一系列的考察是为了收集素材，并且寻找法国可以借鉴的经验。”

“但是在拉格比，您改变了计划？”

“那是个转折点，我找到了新的方向。”顾拜旦说道，“在我这一生中，类似的情况并不多——一念之间，我发现了真正的目标，决定立刻返回伦敦。”

在拉格比，顾拜旦的日程迅速进入一个固定模式——上午去学校，与校长及教职员工会面、交流，在体操课上观察学生们练习、游戏；下午去图书馆和档案馆，翻阅与托马斯·阿诺德博士有关的材料。第二次到图书馆时，他看到了一些学生的笔记本，上面记录了英式橄榄球从足球比赛中演变而出的经过。

顾拜旦读着这些记录，不禁沉迷其中——那是1823年夏天一个炎热的下午，一个名叫威廉·沃尔特·埃利斯（William Walter Ellis）的学生因自己不能像同学们那样流畅地带球而烦恼不已，情急之下，他不顾违反足球规则，把足球抱在怀里，从双方球员中穿插跑过，朝球门冲去；大家都被他的疯狂举动搞得兴奋不已，在他身后追逐争抢。此后数年时间里，校舍里的学生们在练习簿上记录下了“拉格比”这一体育项目的所有规则及其演变，其中就包括托马斯·阿诺德的儿子马修·阿诺德（Matthew Arnold），他后来成了世界著名的诗人。

看着这些用铅笔书写的英式橄榄球规则，顾拜旦不禁惊奇不已：绿色操场上，两个球门之间的一场球赛，仅仅有了一点改变，就产生了无限选择，吸引了不同才华、不同身体素质、不同志向的男生参加。

想象着在校学生突破既有传统，创造出了一种新的体育项目，顾拜旦深受鼓舞。这是怎样的自由啊，他如此想道，这是多么棒的学习氛围。

完成了当天下午的写作，这一天又是收获颇丰。顾拜旦踌躇满志，心中涌起奔跑的冲动。他回到酒店，换好衣服，就出门，按拉格比学生的方式进行了5英里越野跑；跑步的同时还欣赏了校园和林地的新景致。第二天，他参加了学生们的两场足球比赛和一场英式橄榄球比赛，晚上到市里犒劳了自己一顿美餐。

◎◎◎◎◎

在拉格比的第四天，顾拜旦沿着主干道前往校舍——亦是校园里的第一栋建筑物。他路过客流络绎的面包店、商店，店老板们都已认识了他，纷纷向这位法国绅士点头致意。顾拜旦抬起头，看着校舍的雉堞塔楼，不由得想起了亚瑟王与圆桌骑士的传说。他知道拉格比的男孩们都喜欢沃尔特·斯科特[①]，喜欢他描写的英国历史上的英雄事迹。顾拜旦走进校门，穿过校舍前的小庭院——阿诺德博士曾在这里与学生们一起玩“墙手球”(fives)游戏。一些男生正去上课，他们穿着整洁的蓝色夹克衫，系着领带，肩上挎着书包。顾拜旦走到教学楼后面平整的草地上，又看到了头两天在拉格比看到的同样一幕：身穿白色运动服的男生或成组，或成队，或

① 沃尔特·斯科特：Walter Scott，1771—1832，英国19世纪著名的历史小说家、诗人、作家，代表作有《艾凡赫》等。

成班，都在广阔的操场上运动，追着球跑，相互高喊，在裁判的哨声中停下，在教练的指导下抢球……另有一队男生刚从更衣室里出来，他们排成一列，做着早晨的伸展训练和体操，教练则是站在看台高处指挥着学生们的动作。

远处学生们的声音有些模糊，但声音里带着欢乐；这是拉格比男孩们发自肺腑的声音，跟此前顾拜旦考察过的每一所英国学校操场上的声音一样，跟英国大学里年轻人的声音一样。在操场上，教室里的压力都消失不见，学习、纪律、倒计时的压力都被运动的快乐所取代。“运动的快乐”，这是顾拜旦创造的词汇，它势不可当，使广大青少年畅快地享受运动的乐趣，从运动中得到鼓舞和启迪。

早晨的天空，万里无云，顾拜旦看着眼前的景象，领悟到了英国学校体育运动的真髓。拉格比整个小镇都像是个竞技场，运动的传统似乎无孔不入——左边红砖结构的更衣室，右边的大体育馆，路对面校园里维多利亚时期的楼宇，再远处市民的房子，无处不在。在拉格比，运动的声音就像顾拜旦脚下的花圃，沿着公路一直蔓延到拉格比教堂（Rugby Champel）。顾拜旦注视着教堂，看着钟塔里的吊钟，知道是它在晚些时候召集学生们到教堂里做礼拜；拉格比教堂是神圣的，因为它被赋予了英国最伟大的教育家的意象。顾拜旦当时就想，这倒是恰到好处：大操场上屹立的教堂，就像王国里的城堡，而“国王”托马斯·阿诺德就沉睡在其冰冷的石基之下。

顾拜旦走上仍然潮湿的草地，准备与一位英式橄榄球教练、一位青年队队长会面。他暗自想道，等会要过来好好参观一下这所教堂。

◎◎◎◎◎

西边天际，晚霞红橙相间，顾拜旦结束了一天的考察，沿着巴比路（Baby Road）的围墙走着。操场上的运动也告一段落，孩子们小跑着回到更衣室，明天继续。顾拜旦向路对面望去，只见古典主义风格的图书馆正对着他，其屋顶窗和拱窗砌着白色石头和花纹红砖。

顾拜旦走到操场尽头，来到“女王门”（Queen’s Gate）。维多利亚女王曾穿过此门，走到拉格比的操场上。顾拜旦沿着围墙边上的道路，来到教堂后面。礼拜早已结束很久，教堂里应该是空的。他在原地站了一会儿，看了看教堂塔楼的设计：这座新塔楼刚刚于1882年完工，通体红橙色的砖头与白色的石头交替罗列，直耸入云，顶端是个圆锥形钟塔。教堂后面，是大片彩色的玻璃窗，上面绘着基督教的传说以及英国的传统神话。

塔楼底部是一个开在拱壁上的小门，顾拜旦知道，校长就是从这里直接走到教堂内的讲坛上，向下面的学生们演说。他推开门，走上阿诺德博士曾经站立的讲台。教堂里一片宁静，他的眼前是一排排座位，被中央走廊一分为二。墙上嵌着一块块灰色的墓碑，上面刻着名字和碑文，那都是拉格比一代代的杰出人物。教堂中的宁静，恰恰正是无声的威严，代表着悼念、传统和神圣的记忆。

讲台右侧，是一段弧形楼梯通向讲坛。顾拜旦把书包放在座位上，走上讲坛。他看着眼下的大厅，就在这里，那位伟大的教育家首次阐述了自己的哲理；就在这里，在阿诺德事业的早期，其身体、头脑、心灵三位一体的教育理念就达到了当代巅峰。顾拜旦想象着孩子们满怀期待聆听这位敬仰之人演讲的情景——汤姆·布朗的《学生时代》中将其描述得栩栩如生。

顾拜旦把胳膊放在讲坛上。这里就是阿诺德曾经放演说稿的地方。这时他才注意到，讲坛竟然是木质的，被雕刻成了鹰的样子，其头、胸、翅膀都有体现。这只鹰正对着台下的听众，后背却是平的，可以掀开放书本纸张等物。如此设计，意图再明显不过，任何一位学生都能明白其寓意——雄鹰振翅高飞。

当天下午早些时候，顾拜旦读了阿诺德哲学的一些简介，这是一位接受访谈的教练给他的。上面说，阿诺德第一步是想培养学生的宗教和道德原则，进而是绅士素养，而在此之后，在前两步的基础上，再培养他们的知识。阿诺德在拉格比学校创造了一个世界，它是一种教育模板，其影响力注定会传遍英伦，继而走向世界。在这里，追求理想和活在现实是相平衡的，如此一来，每位学生都会成长为一个德、智、体全面发展的人，在人生的方方面面，都明白自己的责任和能力。在那份材料最后一页，有一句格言，它描绘了阿诺德眼中理想化的学生是什么样子：每天早上醒来，在他眼中，一切都是开放式的问题。

顾拜旦思考着，不知自己能不能循着阿诺德的脚步，不断开拓创新。这时，他看到讲坛下面的花岗岩上刻着一个名字。他走下讲坛，仔细看了看——“托马斯·阿诺德”。顾拜旦抬头看着讲坛上的十字架，心中一凛。这一刻，他觉得一股热潮在体内涌动；他脸涨得通红，渴望听到阿诺德的声音。

彩色玻璃外，太阳已没，教堂里暗了下来，也愈发安静了。顾拜旦又低头看了看花岗岩石碑上阿诺德的名字，他伸出手，手指循着浅浅的刻痕划动。突然间，他想起小时候在罗马阿拉柯利的圣玛丽亚教堂里，父亲在他身边跪下，手指在冰冷的墓碑上轻抚祖先菲利斯·迪·弗莱迪的名字……他又体会到了那种感动，这一刻，如醍醐灌顶。顾拜旦跪在石板上，知道这就是命运的安排，是他内心深处的渴望将他带到这里，他还知道，在他的渴望与阿诺德的遗志交汇之际，这座教堂一直在呼唤着自己。

顾拜旦站起身来，又抬头看了看十字架，讲坛上的雄鹰，还有天花板上美轮美奂的木雕手艺。他强烈感觉到，这种传统以及整合的精神财富是重要的，体育中蕴含的行为守则和有教育意义的道德准则也是重要的。他知道，自己正站在一个新时代的开端；他更知道，此刻自己正在这个新时代的发源地。现在，顾拜旦领悟到了此次英国之行的真髓——他要以教育改革为根，以影响力不断增长的体育为辅，去完成他的使命。

当天，顾拜旦走出教堂的时候，他觉得自己好像找到了命中注定的方向，长久以来在心底模糊不清的渴望终于豁然明朗。他知道自己想把“运动的快乐”带到法国的大小学校；他还想象着，当初圣依纳若是在马德里路上有个偌大的绿色操场，他的学校生活将会变得更加美好。顾拜旦确信自己会比别的男生更擅长各种运动；他更为肯定的是，当他的同学们跑出更衣室，将学业暂时抛在脑后，远离教室的束缚，尽情施展身体机能，那时，他们将会有更多发现，有更重要的领悟。他们将学会团队精神、彼此合作、为大我牺牲小我。法国的学生不应脱离这种学校体验，这是他们应得的东西。

顾拜旦回到酒店房间，收到一封来自西蒙的电报，上面写着：“格莱斯顿同意于本周四与你见面，到伦敦沃丁顿大使处报到。”

他不敢相信这时间上的巧合，简直是天意。他就要与英国首相会面了。原先请西蒙引荐时，顾拜旦的目的是为写书而做访谈，但现在他改了主意，他要向格莱斯顿阐述一下他对大英帝国核心文化力量的解读。顾拜旦立刻开始收拾行李，一边想着该如何感谢西蒙为他安排的此次会面，还要谢谢他对自己的信心——毕竟，他只有22岁而已。

“朱尔·西蒙是怎么说服格莱斯顿见您的？”圣克莱尔问道，对其中关联心怀疑惑。

“十多年前，他们分别是两个国家的总理和首相，在国际事务上交流很多，渐渐形成了一种战略伙伴关系；朱尔告诉我说，后来这种关系又发展成了友谊。但是，跟很多政治关系一样，最后他们俩还是闹僵了，因为在殖民地问题上存在分歧。尽管如此，在我的劝说下，西蒙还是向那边提交了会面的请求——通过法国驻英大使馆。我去了，本想能见到沃丁顿，可是不巧，他那天上午去巴黎了。”

“格莱斯顿还是同意与您见面？”

“我觉得他将此事看作一种姿态，以期修复他与西蒙的宝贵友情。”

“你们在哪里见的面？”

"在他位于威斯敏斯特的办公室里。"

◎◎◎◎◎

在返回伦敦的火车上，顾拜旦奋笔疾书，将他对英国国民性格的理解融入令人信服的论点中，准备讲给格莱斯顿听。其内容包括他所考察过的诸多学校的办学特色——伊顿公学、哈罗公学、查特豪斯公学、温彻斯特公学（Winchester）、惠灵顿公学（Wellington）、拉格比、牛津、剑桥、伦敦国王学院（Kings）……还有调查过的其他六七个地方。他的结论是，在预科学校中扎根的游戏，到大学里就变成了体育传统，其价值观和影响力进而形成英国国民性格的基础。这就是大英帝国的核心力量，是社会和社会整合的基础材料。阿诺德创建的，不是一个系统、一个"工厂"、一个教育机构，而是扎根于民族力量的一种心态——将个体的力量融合在一起，这里所说的力量，不是蛮力，而是合作、互动、互尊的价值观；从而形成英国国民社会的特色品质。

格莱斯顿是保持英国繁荣稳定的最杰出、最果断的政治权威。这已是他第二次担任英国首相，他是传统的保卫者，是国际舞台上最为强势的国家领导人之一。顾拜旦深呼吸着，想到自己竟然有机会向这位政治巨人阐述自己的观点，仍觉得不可思议。

当天晚些时候，在经过一道道由秘书、助理、行政官员组成的"关卡"之后——他们都带着挑剔指责的目光看顾拜旦，他被人带进一个小得出人意料的办公室里。突然之间，他就与英国首相独处一室了。格莱斯顿正趴在大办公桌上翻阅文件，无暇抬头看他，只是挥了下手中的笔，示意顾拜旦坐下。

顾拜旦坐了下来，隔着桌子，情不自禁地注视着这位经常出现在讽刺漫画中的人物。他似乎永远都皱着眉头，鼻子很大，鼻梁很高，两条法令纹从鼻侧一直延伸到嘴角；脸上满是因整日思考而留下的皱纹，那是50年来因操劳国家大事而留下的印记；白发稀疏而纤柔，在脑袋上四处乱窜，虽不算蓬乱，却不容易打理。他有些焦躁，明显是个不苟言笑的人；当他最终抬起头来看着顾拜旦时，其眼光犀利，像活着的维多利亚时期纪念碑一样透着威严，使人感觉到能与他共处一室十分荣幸。二人尚未相互问候，他就开口直奔主题：

“我猜，西蒙这些年很享受讲台上的生活，给未来的共和主义者传授人生哲理？”

“是的，作为政界元老，他在索邦大学和巴黎自由政治科学学院过得不错。他向您致以诚挚的问候。”

格莱斯顿咕哝道：“十多年不通音信，现在一句话就想让我见他的助手，真是莫名其妙。”

对格莱斯顿的怠慢，顾拜旦不以为意，他鼓起勇气，尽力平复颤抖的声音：“因为他知道，对我提出的理论，您一定或臧或否；这是个哲学见解，说的是英国国民性格的核心是如何形成、并反过来形成了大英帝国的基础力量。”

“他认为我会对你的理论感兴趣？”

顾拜旦不露怯意，向格莱斯顿强调了英国比法国的优势：“贵国建设了世界上最好的文明社会，还把控着不断发展的全球经济；而在此期间，我的祖国经历了四次革命，三任王权，两个帝国，最后成立了共和国，可谓风雨飘摇。我一直在研究贵国令人钦佩的稳定性的原因何在，关于贵国的国民力量和社会力量，我形成了一个理论。”

“很好，那就听听你的见解吧。”

顾拜旦对托马斯·阿诺德短暂却影响深远的事业做了阐述，介绍了其人格培养课程体系的传承，实施的自主、团队协作的道德规范，及其在英国大小学校中的广泛传播。顾拜旦引用阿诺德的话，描述了当代英国人的特征：精神高尚、体格健壮、学识丰富、善于交际、志存高远、心系国运。随后，他将单调、过分强调智力教育的法式教育和古希腊风格的全面发展的英式教育进行了对比。最后总结说，正是学校竞技体育中的品格培养造成了英国的社会稳定，英国每一代领导人、每一代劳动人民都能轻松适应各自在社会秩序中的位置。发言结束时，顾拜旦感觉已将见解阐述得淋漓尽致，并用出色的修辞逻辑使格莱斯顿信服不已。

格莱斯顿看着别处，陷入思考。他抬起手，挠了挠额角，又拿起笔，打开日程表，掀到第二天的日程，只见上面密密麻麻安排好了各种会议。格莱斯顿小心翼翼地将11:15的一个安排划掉，在空白处写上了顾拜旦的名字。

“你明天11:15再过来一趟，咱们简要讨论一下。我对你的见解感兴趣，但我需要考虑一下，再跟一位朋友讨论讨论。乍听之下，你的见解颇有道理，但至少对我来说它是个新颖的观点，值得好好考虑。”

接着他大喊一声：“范恩斯沃斯！”办公室的门立刻打开，一位助理大步走了进来。

“先生。”他应道。

“顾拜旦先生日程繁忙，把明天佩里的会面推迟吧。”格莱斯顿说道。

“是，先生。”

格莱斯顿傲慢地挥了下手，又伏案工作。顾拜旦起身告辞，他抬起头说道：“替我向朱尔问好，跟他说，下次来伦敦时我请他吃饭。”

第二天的会面很简短，但颇令人满意。格莱斯顿对顾拜旦独到的见解和想法赞赏有加。他对顾拜旦简单说道：“我认为你的理论鞭辟入里，可以深入扩展一下。”

当天下午，顾拜旦走回酒店。一路上，他的脑中始终有个念头挥之不去——命运已经降临他的头上。看似很轻松的，一位英国首相和两位法国总理的大门都已向他打开；他们每个人都支持他的想法和工作。尽管他的教育改革之路才刚刚起步，但他的特殊使命感由来已久，并已长时间萦绕在心头之上。他又记起自己从圣依纳毕业时卡朗神父对自己说的话：“你应该去找它，皮埃尔。但是，如果它是你的使命，它会找到你的。”

◎◎◎◎◎

顾拜旦听从了格莱斯顿的建议。他再接再厉，不断将各种想法记录在笔记本上——如何能将英国学校的体育活动引进法国的教育系统。回到巴黎时，他手头上已经积累了一部书稿的内容。顾拜旦循着丹纳的足迹，在其基础上开拓创新，试图阐明体育教育的本质和益处。其中心主要围绕校内的体育运动，其组织方式，如何全方位引进英式教育（他将其称作“le régime Arnoldian”），以及如何修改完善更适合法国校园。他回想着，法国第二帝国时期，教育大臣维克托·杜律伊曾将体育锻炼纳入学校课程，但那都是军事训练，在顾拜旦看来，它不适合学校环境，不会给人鼓舞，也无益于学生的品格培养。顾拜旦和阿诺德一样，都想给学生们一些自由，让他们组织自己的活动；他渴望来自比赛的竞争。德国的“全民健美体操”理论由“体操运动员运动”发起，后被弗里德里希·路德维希·雅恩[①]转变成了一种社会行为；而在顾拜旦看来，这种方式的结果是社会从众性，而非解放人的创造力。他不断思考，而每次都会得出相同的结论——阿诺德是对的，阿诺德的理论适用于法国的情况。顾拜旦当初读到汤姆·布朗的《学生时代》时，曾为之欣喜而惊讶，一想到能让法国所有的学生都体会到这种感受，他心中的爱国热情就一阵阵涌动。

随后一个月时间里，顾拜旦专心致志地撰写书稿，准备拿给朱尔·西蒙看一看。他志在得到西蒙的肯定，甚至想请西蒙为本书作序。他知道，要打动西蒙，关键是将他的作品建立在丹纳的《英国概述》(*Notes sur l'Angleterre*)基础之上。顾拜旦已经知道法国教育真正需要的是什么了，他对此深信不疑。他精心抄写了一段丹纳的文字，将其钉在房间的墙上：

① 弗里德里希·路德维希·雅恩：Friedrich Ludwig Jahn，1778—1852，德国体操运动创始人，发明了双杠、吊环、平衡木和鞍马，被称为“德国国民体操之父”。

英国的小学生每天的学习时间最多只有6个小时，而我们是11个小时，这是很不合理的。在英国孩子们的一天里，有很大一部分时间是在室外度过，田野森林，江河湖海，没有任何约束。青少年需要体育锻炼。若是逼着他们只用脑子，变成佝偻的书虫，那是违反自然规律的。在英国，孩子们每天参加各种运动或游戏：墙手球、足球、跑步、划船、板球……运动能给他们带来自豪感，通过学校中同学之间的激烈竞争，他们选拔和训练出最好的球员或桨手，再彼此较量。

西蒙读了顾拜旦书稿的前一百页，说道："咱们去拜访一下伊波利特·丹纳，关于下一步怎么办，听听他的建议。"

几天后，西蒙和顾拜旦一起乘马车去了拉丁区，到丹纳家里登门拜访。丹纳正坐在窗前，面前是一个茶几，茶几对面摆放着三把椅子。这位老人身体虚弱，他坐在椅子里，并未起身迎接西蒙二人。顾拜旦知道丹纳与自己的观点基本一致，所以并未多费口舌，向其简要介绍了自己的想法——要在法国所有公立和私立学校里建立地位平等的体育教育和智力教育。顾拜旦称赞了丹纳早期的见解，并向这位老学者概述了在全法国的大小学校中建立学生体育协会、操场、泳池、体操馆的前景。他还提出了一个计划，其中包括培训教练、为每项体育运动制定统一的规则、寻求立法以保证每个孩子而非权贵阶级享有运动的权利……他结束发言时，丹纳深吸一口气，看着西蒙说道："我们的理念终于后继有人了。"

丹纳基本上同意了顾拜旦所有的意见，他接着把话题转向如何在全国范围内普及体育运动上面；三个人讨论了一番，却并未有实质结论。会谈结束时，丹纳邀请西蒙和顾拜旦这个周日来参加他和夫人举办的沙龙。他说，希望借沙龙这个机会，让顾拜旦跟客人们讲述一下他的想法，虽然，这些人也许不会全盘同意，但是，一旦他们接受了顾拜旦的观点，将会有助于其推广。

顾拜旦和西蒙乘马车返回Po。顾拜旦明白，他们的教育改革行动收获了一位重量级的盟友。顾拜旦兴高采烈，西蒙心情也不错，他对顾拜旦说，觉得自己帮助一位爱徒开启了伟大的前景。而此前，他早有数个想法，要把顾拜旦的活力和才华应用在手头其他几件大事上面。

数月之内，顾拜旦关于体育与教育的文章就在勒普雷[①]的期刊《社会改革》(*Le Réforme Sociale*)以及各大报纸、体育杂志上刊登了。顾拜旦甚至发行了自己的刊物，名叫《体育杂志》(*Le Revue Sport*)，每月一期，每期60页，其中的文章基本上都出自他的笔下。顾拜旦思如泉涌，其使命的方向也越发清晰。

◎◎◎◎◎

1885年5月，维克多·雨果去世，法国举国哀悼。顾拜旦的文章里处处都是哀痛之情。他的父亲、朱尔·西蒙，以及西蒙的政敌，均对雨果为法国文化所做的贡献及其不屈的原则敬佩不已。

顾拜旦手拿一份《费加罗报》来到父亲的画室，报纸头条即是对法国痛失这一英雄人物的哀悼。查尔斯正在作画，他转身看着儿子，说道："雨果是个正直的人。因为反对小人觊觎王权而被迫离开法国流亡格恩西岛，他可称得上是一个品质伟大的人。"[②]

"他们要给他举行国葬，"皮埃尔说道，"送葬仪式是从凯旋门到先贤祠，在先贤祠下葬。"

---

① 勒普雷：即皮埃尔·纪尧姆·弗雷德里克·勒普雷，Pierre Guillaume Frédéric le Play，1806—1882，法国工程师，社会学家和经济学家，曾受拿破仑三世的委托与任命，组织举办了1855年和1867年两届世界博览会。

② 1845年法王路易·菲利普绶予雨果上议院议员职位。1849年法国大革命爆发，法王路易被处死。雨果奔走鼓吹革命，赢得新共和政体的尊敬，当选国民代表及国会议员。1852年拿破仑三世上台，雨果对此大加攻击，被放逐国外，此后20年间各处漂泊。1870年法国成立第二共和国，雨果结束流亡生涯回到祖国。1876年，当选法国参议员。

查尔斯望向窗外，看着荣军院的金色圆顶，说道：“先贤祠？嗯，他是个伟大的作家，法国人崇尚思想家。”

当天晚些时候，顾拜旦到索邦大学西蒙的办公室找他——西蒙也在这里任教。“他是个出类拔萃的伟大共和主义者。”西蒙说道。在结束了自愿接受的海外流放之后，雨果曾在第三共和国担任国会议员。“我很喜欢他的诗，《沉思集》（*Les Contemplations*）是最好的；而《悲惨世界》和《钟楼怪人》（*Notre-Dame*）么？”说着，他摇了摇头，“这两部小说虽然引人入胜，可我感觉太悲伤了些。”

“这些我都喜欢。”顾拜旦说道，“死后入葬先贤祠，他绝对配得上——‘伟人们，祖国感谢你们。’[①]”

“嗯，在这些身背荣耀的人里加入一位知识分子的代表，也是很好的。”西蒙说道，“我受邀参加送葬，就跟在灵车后面，你愿意跟我一起去吗？”

听到这个邀请，顾拜旦大吃一惊——这是西蒙对他的又一个肯定。可是他早已打算跟珍妮特、艾卡德一起去。“当然愿意，我很荣幸。我能带一两个朋友去吗？”

“可以。把名字告诉我，我把他们加到送葬队伍里。”

◎◎◎◎◎

顾拜旦、珍妮特、让·艾卡德、吕西安·朱萨德从人群中挤过，来到一块由宪兵队用绳索为达官显要隔离出来的地带。看到眼前景象，顾拜旦惊异不已。为了纪念雨果这位法国人杰出的儿子，当局把一块巨大的黑布披在了凯旋门上；凯旋门顶上拿破仑的战车雕塑也被盖住，仿佛是在宣告今天所有的荣耀都属于一位诗人。黑幕布挂在凯旋门的左侧，如同一位立正姿势的士兵的斗篷。雄伟的凯旋门内，是曾经摆放雨果遗体的停灵台；台子上方，是一个美观大方、亮光闪闪的尖顶骨灰罐。顾

① 此句是先贤祠的铭文。

拜旦想道，那里面盛着的不是一位逝去的灵魂的骨灰，而是举国珍惜的雨果佳话。在入口处，艾卡德被一位宪兵拦住了，经过一番交涉，他们还是被放行了。这时，送葬开始。他们手挽手站成一排；西蒙在他们前面几排，在凯旋门西面的一块空地上，跟数位共和国政客站在一起。队伍最前面是一队旗手，他们后面是两匹黑马，马拉着灵车，灵车上是雨果的灵柩，上面覆盖着法国国旗。队伍沿香榭丽舍大街（Avenue des Champs-Élysées）缓缓行进。顾拜旦肃穆地向西蒙、朱尔·费里、威廉·亨利·沃丁顿一一点头致意。到现在为止，他跟沃丁顿还未正式会面。而现在，这些人都站成一排，西蒙作为法国前总理，站在现任总理亨利·布里松[①]、法国现任总统儒勒·格雷维[②]身后，好像整个过会都倾巢出动，来参加这位伟人的葬礼。香榭丽舍大街两旁挤满了前来悼念的群众。沿街的阳台和窗户人头攒动，争相一睹雨果的灵柩。据第二天的报纸报道，当天有200多万人参加了悼念活动。[③]

先贤祠前搭起一个台子，饰以黑色绸布和旗帜。马车拉着雨果的灵柩来到台前，围观群众环绕在讲台正面的广场上。皮埃尔带着珍妮特、艾卡德、吕西安离开坐在VIP席位的西蒙众人，来在离台子最近的前排。他们刚刚站定，就听到喇叭吹起。几位著名作家——包括爱弥尔·左拉[④]、阿纳托尔·法朗士[⑤]等人——将雨果的灵柩从灵车上抬下来，沿着

① 亨利·布里松：欧仁·亨利·布里松，Eugene Henri Brisson，1835—1912，法国政治家，1885—1886年和1898年两次出任法国总理。

② 儒勒·格雷维：弗朗索瓦·保罗·儒勒·格雷维，Francois Paul Jules Grévy，1807—1891，法国政治家。法兰西第三共和国总统（1879—1887）。

③ 雨果于5月22日去世，次日，法国宣布为雨果进行国葬。5月31日，雨果的遗体由穷人的灵车（依其遗嘱“死后用装载穷人的灵车将他送往公墓埋葬，拒绝任何教会主持其葬礼”。）拉到凯旋门下，安放在停灵台上停灵一夜。6月1日，雨果下葬先贤祠。

④ 爱弥尔·左拉：Émile Zola，1840—1902，法国自然主义小说家和理论家，自然主义文学流派创始人与领袖。代表作有《小酒店》《萌芽》《娜娜》《金钱》等。

⑤ 阿纳托尔·法朗士：Anatole France，1844—1924，法国作家、文学评论家、社会活动家。代表作有《金色诗篇》《波纳尔之罪》，1921年获诺贝尔文学奖。

斜坡将其放在台子上。人们纷纷涌向先贤祠的广场，熙熙攘攘一直挤到卢森堡公园的围墙处，苏福洛路（rue Soufflot）很快就被封锁了。

左拉及其他护柩人在台子上就座。艾卡德看在眼里，说道："连现实主义者和意见领袖都向这位老诗人鞠躬了。"

吕西安侧过身，问珍妮特："你打算把这个场景画下来吗？"

"当然。"珍妮特说道，"我要为《费加罗报》画一幅雨果的漫画，我要把他画成英雄，赞美他。"

"那些站在他旁边的政客们怎么办？"顾拜旦问道。

"今天就放过他们，"珍妮特答道，"就让他们沾沾雨果的光吧。"

致辞开始。顾拜旦突然意识到，看到第三共和国的领导人一同向一位作家表示敬意，的确提高了他们在自己心中的地位。他相信，一个拥有这种价值观的社会，一个将艺术表达置于文化顶端的社会，未来可期。雨果配得上他们的敬意。在法国风雨飘摇的时期，他的声音振奋了国人的精神。他的故事从某种程度上为后人保留了希望，旨在提升并保卫人的权利，每个人的权利。

国旗升起，又降半旗以向雨果的一生致敬。顾拜旦感觉心中再次涌起一股爱国热情。他也想为自己的事业升起国旗；他的事业，将把法国孩子们的教育体验带到一个开放而快乐的新层次；而他相信，雨果一定会对他的目标报以赞许。

当天晚上，大家聚在圣日耳曼郊区的一个酒吧里缅怀雨果的人生和作品，一时间杯盏交错。艾卡德举起手中的潘诺酒，示意大家干杯；又一一看着诸人，说道："他是个伤感的家伙，却是个了不起的人。"

"维克多·雨果死了，但浪漫主义还活着。"顾拜旦说道。

37

画　像

梅斯里帮朱丽叶在大教堂附近的一栋楼里找了个小房间，让她用作画室。房间的屋顶是折线形，装着斜窗。窗户正对哥特式教堂的塔楼，北面光线很好，甚合她的心意。朱丽叶指挥着两位工人，在后墙处建了一个双层的平台，在天花板上装了一根长管子，这样就能用布帘更换各种不同的背景了。台子后面，就是她准备的各种颜色的布帘，包括淡黄、粉色、黄色、蓝色、红色。今天，她要用一条蓝色天鹅绒布帘当背景，这样会显得顾拜旦的肤色更好。朱丽叶还在古董店里找到一把路易十六时期的椅子，椅子上覆盖着舒适的衬垫，绣着金色锦缎鸢尾花图案，用平头钉结实地钉在雕花的木椅上。她把椅子放在工作室双层平台的中央，如果坐在上面，正好可以看到窗外的大教堂，只是会被面前画板上的画布挡住一点点视线。

房间一角放着一个旧沙发，沙发上铺着厚厚的雪尼尔花绒床罩，还有几个靠枕。朱丽叶的画笔、颜料、美工刀、抹布满满地放在一个小凳子上。房间里还有一个装着镜子的餐具柜和两个落地灯。

顾拜旦首次参加画像的那个下午，朱丽叶安排了两三个小时。圣克莱尔和朱丽叶提前到画室里，一起做好了画像的准备工作。圣克莱尔带了一个电热板和一个咖啡壶，还有几条长棍面包、几块奶酪、一瓶酒。

从蒙里普斯到画室路程很短，但颇为陡峭，顾拜旦准时来到。他手拿礼帽，身穿褐色羊毛西服、马甲，系着领带。他一头白发梳理得很整齐，上唇两撇胡子尤为引人注目。

“欢迎来到‘富兰克林画室’。”朱丽叶说道,颇带夸张地向顾拜旦伸出手去。后者接住她的手，俯身吻了手背一下。

“再见到你很高兴，艺术家小姐。”顾拜旦拖着长音说道，这次给了朱丽叶一个新的昵称。

“我让雅克参加咱们第一次画像工作，希望您不要介意。”圣克莱尔听言迈步向前，迎着顾拜旦。朱丽叶继续说：“画像期间咱们可以聊聊天，他最喜欢记录谈话内容了。”

“当然不介意。”顾拜旦说道。他与圣克莱尔握了握手，看到后者的笔记本早已打开放在沙发上，就朝他会意地使了个眼色。

朱丽叶伸手将顾拜旦掉转身来，对着台子，向其解释她的打算。顾拜旦脚步轻盈地走到台子上，绕着椅子转了两圈。圣克莱尔再次发现，朱丽叶真能带动顾拜旦的情绪；在她面前，顾拜旦比平时活泼很多。顾拜旦喜欢她，因为她像大多数美国人一样，性格直率；还有，她年轻漂亮、聪明而有风情。在梅斯里家的晚宴上，她扮演的朗热公爵夫人已深入其心，顾拜旦对她印象极佳。

关于朱丽叶的绘画水平，顾拜旦礼貌地不予评价；但从其言辞中，圣克莱尔得知，顾拜旦并不看重朱丽叶画得怎样，而是更珍惜这些与她交流的机会。顾拜旦曾说，他希望这幅晚年的肖像画有一天能挂在奥林匹克博物馆的展厅里；但圣克莱尔知道，顾拜旦并没有期望这幅画能像他父亲的画一样，成为经典作品。

圣克莱尔煮好咖啡，三人闲聊了一会儿，朱丽叶就催促赶快开始画像。她指导着顾拜旦坐好姿势：“您能转一下椅子，身子稍微偏左一些吗？”当然，顾拜旦照做了。

朱丽叶开始用铅笔描绘场景轮廓，同时与顾拜旦聊起天来，他们的话题很快就转向奥林匹克，其效率不亚于圣克莱尔的采访——因为顾拜旦跟她谈话更自然一些。但在正式转入话题之前，顾拜旦先问了朱丽叶几个问题。

“朱丽叶，我可以问问你在费城的家人的事吗？”顾拜旦说道。他并未转头看她，而是遵从朱丽叶的指示，注视着窗外天空掩映下的教堂塔楼。

“当然可以啊。可是您也得回答我的几个问题才行。”

“好，很公平。我很想知道，你是不是伟大的本杰明·富兰克林[①]的后代。”

“为什么这么问，您觉得我跟他很像吗？”

顾拜旦笑了起来，圣克莱尔也笑了。“你的美貌和他可一点儿都不沾边。”顾拜旦说道，“但是你们姓氏相同，还生活在同一个城市。”

“我母亲常说，本杰明·富兰克林是我们家的一个远亲。我哥哥艾伦在宾夕法尼亚大学上学的时候，跟所有人都说本是他的亲伯父——他是家里唯一一个把本杰明·富兰克林称作‘本’的人，可我从未发现有什么血缘证据。”

“跟我说说你的家庭和你上学的经历吧。”顾拜旦说道，“还有，你是怎么去巴黎的，怎么落入一个体育记者‘魔掌’的。”

圣克莱尔在沙发里嘟囔道：“体育记者是个现代的、名声很好的职业，我亲爱的先生。我好像记得，您也曾是其中一分子啊。”

“啊，是的，当成爱好。”顾拜旦说道，目光仍直视窗外。

“要是您不介意的话，皮埃尔，咱们的故事就讲讲这个法国无赖是怎么引起我的注意的。”朱丽叶说道。

“悉听尊便，小姐。”

朱丽叶一边画着画，一边前后左右看着皮埃尔，同时说着话。自从与圣克莱尔认识以来，她说的这些事，已经跟圣克莱尔的朋友们讲过很多次了。“我在布林莫尔（Bryn Mar）长大。布林莫尔是费城郊区主干线地区（Main Line）一个繁华怡人的社区。我父亲有英国血统，是个银行家。他每天都乘火车到费城，

---

① 本杰明·富兰克林：Benjamin Franklin，1706—1790，美国著名政治家、物理学家、出版商、印刷商、记者、作家、慈善家、外交家、发明家。他是美国独立战争的重要领导人之一，参与了多项重要文件的草拟，并曾出任美国驻法国大使，取得法国支持美国独立的成果。本杰明·富兰克林生于波士顿，少年时即来到费城，在此创业，开印刷所、办报纸、结交地方名流、创办大学等。

他在中城（Center City）工作，距离市政厅两三个街区那么远。”

“在威廉·潘的影子里？[①]”

“是的，您怎么知道费城的情况？”听到顾拜旦提到伫立在市政厅塔楼上的威廉·潘雕像，朱丽叶不由得惊讶不已。

“是一个普林斯顿的朋友跟我说的，他给我看了一些当地著名的建筑物照片。你的母亲是什么情况？”

“她出生于宾夕法尼亚州东北部的波科诺山（Pocono Mountains）一个威尔士的煤矿工人家庭。她长得很漂亮，有艺术天赋，后来考进了费城艺术学院（Philadelphia Academy of Fine Arts），我上的也是这所学校。学校离我父亲的办公室有几个街区的距离。”

“啊，他们就是在那里认识的。”顾拜旦说道，他听得很认真。

“其实，他们是在胡桃街剧院（Walnut Street Theater）的一场戏剧之后认识的——我父亲去看节目，母亲在台上表演。她最初是个画家，但很有戏剧天分，总是梦想着能当一名演员。”

“你扮演朗热公爵夫人的天分是不是从她那里遗传来的？”

朱丽叶笑道：“也许吧。她表演了5年时间，后来父亲说服她在家当了全职太太；在随后6年时间里，她先后生下我哥哥艾伦，我，还有我弟弟马修。她再也没有重返舞台，却并不遗憾。她过得很充实，我的父母常常会去欧洲旅行。”说到这里，朱丽叶片刻未说话，专注地画了一会儿，又接着说道：“说到刚才您说我扮演朗热公爵夫人的事，我以前没有想过，不过母亲有个衣橱，里面全是她以前的戏服，我们俩常常会为全家表演节目。我喜欢那些华丽的服饰，对于我和童年的伙伴们来说，那是最纯粹的快乐，您知道小姑娘们都喜欢穿衣打扮。”

“你也觉得舞台有吸引力吗？”

“我只想画画。母亲常说，她的表演要比画画好很多。但是，戏剧对我的吸引力并没有那么大。在费城，我认识的画家都想去法国，我也是。我觉得这

① 1682年，英国探险家威廉·潘（Quaker William Penn）发现并命名了费城。费城市政厅大楼在20世纪初是世界第一高楼，楼顶上有其雕像。

都源于托马斯·伊肯斯[1]，19世纪中叶他从我的母校毕业，随后就去了法国美术学院学习。”

“托马斯是个很聪明的人。”圣克莱尔坐在沙发上评论道，他对这个故事已经有些厌烦了。

“我到了巴黎才一个月，就去卢森堡公园写生，想画那里的喷泉。然后，每天我在公园里散步的时候，这位年轻而英俊的法国人就开始出现在我眼前，还骑着自行车绕着我转圈。”

“这么说，是体育运动把你们俩牵到一起的。”顾拜旦笑道。

朱丽叶妩媚一笑，说：“嗯，也算是吧。”说着，她朝圣克莱尔笑了笑，“您累了吗，皮埃尔？”她问道。

“不，没事。”顾拜旦答道。他仍笔直地坐在椅子上，没有倚着椅背，也没有露出懒散的样子。

他们俩又聊了一个小时，这次是顾拜旦跟朱丽叶讲述他的童年及小时候巴黎的剧院。朱丽叶开始用铅笔描绘顾拜旦的面部细节，而顾拜旦则讲起了小时候看的木偶戏，在卢森堡公园里划船，还有他跟马车夫的儿子马库斯在田野里的小游戏。圣克莱尔在笔记本上做了标记，等有时间了要请顾拜旦详细讲一讲。朱丽叶则对顾拜旦解释说，像这样一坐就是三个小时的画像过程，至少还得两到三次。最后，她终于谈到了一个话题，而圣克莱尔知道，她早就想问这个问题了。

“皮埃尔，我知道您和雅克已经谈过了，但您介不介意我问几个关于奥林匹克的问题？”

“问吧。”

“我还是不清楚是怎么开始的——复兴奥运的想法是从哪里来的？”

“啊哈，”顾拜旦说道，“这么说，今天你是要替雅克工作了。明显你是受

---

① 托马斯·伊肯斯：Thomas Cowperthwait Eakins，1844—1916，美国现实主义画家、摄影家、雕刻家、美术教育家。毕业于美国宾州美术学院，1866年赴巴黎学习古典艺术，回国后潜心从事美术教学工作并创作了大量作品。

了他的感染，有了体育记者的感觉。”

“她总是跟我说，想要采访采访您，皮埃尔。”说着圣克莱尔站起来，走到朱丽叶跟前，看了看画板，“只有画像是不够的。”

朱丽叶嘘了两声把他撵到一边，又伸出铅笔指了指他的脸，以示警告。

“每个人都想知道这个创意诞生的确切时间。”顾拜旦说道，“也就是念头形成的时间。可是我的设想有十多个来源，仔细想想可能更多，都是空中楼阁。”

“也有付诸实践的。”圣克莱尔说道。

“对，是的。”顾拜旦详细讲述了几个历史上的先行者，这些他已牢记于心：“以前有人曾试图复兴奥运，都是地区性的或国家性的。有个富有的希腊实业家，名叫埃万耶洛斯·扎帕斯（Evangelos Zappas），他捐了一大笔钱，想在雅典创办新的奥运会，只为希腊人创办。1859—1890年期间，他的后人组织了四次奥运，但困难重重，没能坚持下来。早在17世纪，瑞典人也举办过奥运；17世纪初的十年间，英国人罗伯特·多佛尔举办过几届（Robert Dover）科茨沃尔德奥运会（Cotswold Olimpick Games），可惜都虎头蛇尾了。最成功的，应该是英国的威廉·宾尼·布鲁克斯，他是个杰出的医生，慷慨的绅士，在威尔士边境处的小镇马奇·文洛克组织举办过奥运会。他举办的奥运会从19世纪50年代一直持续到90年代。在1866年博览会期间，布鲁克斯以奥运之名在水晶宫[①]举行了全国性的比赛，可此后比赛就再没有出过马奇·文洛克小镇。1888年，在我第一次全世界体育考察期间，我曾见过他。他邀请我参加了1890年的奥运会，我有幸为几名获奖者颁奖。事实上，我是从布鲁克斯医生那里知道了扎帕斯举办奥运会的事，以及他此前的努力。可惜知道他们俩的人不多。”

“原来您的想法是从这里来的；两年以后您就首次提出了复兴奥运的提议，对吧？”

“也是，也不是。”顾拜旦答道。“在法国举办奥运的想法是两个人提出的。

---

① 水晶宫：Crystal Palace，英国伦敦一个以钢铁为骨架、玻璃为主要建材的建筑，是19世纪的英国建筑奇观之一。建成于1851年，最初位于伦敦市中心的海德公园内，是万国工业博览会场地。1854年被迁到伦敦南部，在1936年的一场大火中被付之一炬。

一个是乔治斯·德·圣克莱尔（Georges de Saint-Clair），他是我早期的伙伴；另一个是帕沙尔·格鲁塞，他提议的呼声更高一些，这个人是我在法国推行体育运动的主要竞争对手。他们提出复兴奥运的设想是在 1886 年至 1887 年左右；那时我也开始探讨这个想法。1892 年我第一次提出了复兴奥运的提议，但很可惜，那个提议流产了。但那次失败，造就了 1894 年的成功。”

“您有竞争对手？”朱丽叶问道。

顾拜旦张开嘴，大呼了一口气，摇了摇头，说道：“恐怕‘竞争对手’这个词不足以表达其意思。格鲁塞远非竞争对手那么简单，他是个冷血的敌人。在我推动奥运国际化的路途中，有很多人对我公开反对、冷嘲热讽、抨击不断，而格鲁塞排在首位。”

“那么我们就要听一听这个帕沙尔·格鲁塞，还有其他敌人的故事了，对吧？不过我仍对您的奥运设想有点疑惑——雅克告诉我说，您在《奥运回忆录》中宣称，那是您一人的设想。”

顾拜旦瞅了一眼沙发的位置，说道：“是的，我把功劳揽在了自己身上。但那是被逼无奈做出的反应。1896 年在雅典举办了首届奥运会，在此期间，我为复兴奥运所做的贡献没有得到任何感激或公众认可，对我来说那是奇耻大辱，玛丽也失望至极。随后几年，不断有人站出来企图坐享其成；我这么做是想确定自己是唯一的发起人。”

“可布鲁克斯医生呢？”朱丽叶问道。这次，顾拜旦的身体动了。他转过身，看着朱丽叶，又看着圣克莱尔。朱丽叶停下画画，从画板后站了出来。

“这个争议永远都会存在，”顾拜旦说道，“但我的设想并非仅仅是举办一次运动会，而是复兴一个古代的盛典。它对社会、甚至对希腊文明的精神影响和社会影响远超我们今日所知的任何制度，在当时的影响力也许相当于中世纪教会的影响力。”

顾拜旦停顿片刻，朱丽叶又回到了画板后面，顾拜旦仍然很激动：“我的奥运概念，远远不止于运动会，而是一场体育运动，其背后的驱动力是一种价值观，旨在把世界建设得更加美好……”他停顿了一下，继续说道，“我想下面的话你早已听过了。”

这时圣克莱尔记完了笔记，他抬头问道：“各国，或各个城市轮流举办奥运的全球化概念，是您自己的设想，对吧？”

“是的，是我提出来的。”顾拜旦答道，“可在某种程度上，它也存在误解。真正改变一切的，不是设想，而是工作；而工作是艰苦而没有尽头的。年轻时，我还能咬牙坚持住；可年纪大了，我就无力应对奥运背后的暗流和权力斗争了。”

日暮天暗，第一次长时间的画像工作告一段落。顾拜旦此时已经渐渐身子前倾，不断直腰正肩以缓解久坐的不适。朱丽叶还想继续，可她也看出顾拜旦已经太累了。

“您真是个了不起的模特，皮埃尔。还有，这次访谈也很好啊。”朱丽叶从画板后走出来，将铅笔放进凳子上的一个杯子里。她走上台子，顾拜旦站起身来，她将手搭在他的肩上。“谢谢您。”朱丽叶直视着顾拜旦的双眼说道，“您真棒，各方面都是。”

“你太客气了，公爵夫人。”顾拜旦说道。他轻吻了朱丽叶的脸颊三下。“这幅画我先不看了，等你准备好让我看的时候再看。”

38

共和主义者

顾拜旦从办公桌后面站起来，从书柜上拿起一个相框，将其递给圣克莱尔。相片上的人是朱尔·西蒙，他那时50岁左右，身穿很正式的双排扣西装，扣子扣得一丝不苟；西服的大翻领里面穿的是白衬衫，扎着领结，刚好露出脖子上的一圈窄边。左面的光线照亮了西蒙的侧脸，他则注视着光亮的地方，表情透着坚定，嘴巴两边是圆形的嘴角纹。他的额头很高，两侧脸上各有一道浓密的连鬓胡子，头发向后梳起，像一个暗黑色的圆团。

“西蒙是个了不起的思想家，影响了他当时所处的时代。”顾拜旦低头看着照片，说道。“他们这些人博学多才，致力于打造一个平等的未来；将法兰西第三共和国发展成了自由的温床，人人都享有机遇。”

圣克莱尔将照片还给顾拜旦，说道：“如果没有他，您还能做到这一切吗？”

“绝不可能。他的名字，他的认可，他对我的事业的参与，都是无价的。我上他的课时，他已经70岁高龄了；我很幸运，因为我知道他正在寻找青年才俊来做接班人。”

“您怎么知道他要找什么？”

“因为我读过他写的东西，知道他讲课的内容，我读过他写的那些讲义，做过调查。”顾拜旦将照片放回书柜上，到办公桌后面坐了下来。“我知道他是那场浩大的教育改革运动中的一员，我想加入其中。但我关心的不止这一件事。”

“还有什么？”

“我知道他正和朱尔·费里一起筹备1889年的世博会，他们的组织工作需要人手。”

“费里当时不是总理，对吧？”圣克莱尔问道。

“不是。不过他1880年在任时，在格雷维总统手下做过世博会的筹备工作，尽管他卸任了，但费里还是请他继续监管世博会的后续工作。你绝对想象不到，对法兰西第三共和国的政治家们来说，世博会的影响力是多么重要——他们相信，这届世博会是对1870年以来法国取得的发展成果的最终认可。”

“所以，您打算借此机会推广您的体育设想？”圣克莱尔问道。

“开始时并没有这个打算，”顾拜旦回答，“但我们的策略就是这样逐渐形成的。”

“西蒙对体育教育很感兴趣吗？”

“是的，威廉·亨利·沃丁顿也是。”

在与顾拜旦合作的过程中，西蒙开始为他的爱徒穿针引线。雨果的葬礼过后不久，顾拜旦仍因得到丹纳的认可而情绪高涨。他和西蒙有过几次会面，讨论过下一步的打算。

“将体育纳入教育一直是我们的设想之一，尽管不是核心问题。”西蒙说道，“对费里和我而言，那只是时间问题。”

二人在索邦大学旁边散步，边走边谈。夜幕已降，二人准备分手。“你们有什么特别的计划吗？”

西蒙停下脚步。“沃丁顿有些想法。”接着他恍然大悟，“该死。你还没见过沃丁顿，是吧？”

“没有，总是缘悭一面。”从西蒙第一次建议顾拜旦拜见一下这位驻英大使，算来已经过去一年多了，可沃丁顿不是四处奔波，就是日程安排不开，所以顾拜旦至今还未与他会面。

“你现在就得去见他，最晚明天。他就在巴黎，我估计他两天后就会返回伦敦。”

“为什么这么着急？”

“他会理解你对体育运动的看重，他本人接受的正是英式教育；而你所追求的目标，在英式教育身上都有典型体现。”

◎◎◎◎◎

威廉·亨利·沃丁顿在马莱区档案街（rue des Archives）上有座宅邸。顾拜旦驾着马车，提前动身前去拜访沃丁顿。他穿过圣米歇尔广场，越过西提岛，经过市政厅，进入旧时贵族的聚居地。对法国人而言，沃丁顿是个很稀奇的姓氏，更不消说他还当了一任总理、两任教育部长——他担教育部长时，其中一任的时任总理就是西蒙。沃丁顿的父亲是英国人，母亲是法国人，父母在布列塔尼经营纺织业，生意做得很大。

顾拜旦提前半个小时来到沃丁顿的宅邸。他牵着马车走进庭院，一个马夫走了过来，接过他手里的缰绳。他掸了掸身上的灰尘。一个女仆领着他走进屋子，穿过客厅，到了书房里。女仆转身离去，关门之前对顾拜旦说，大使正从爱丽舍宫[①]赶回来，能准时开始他们的会面。

书房里铺着波斯地毯。顾拜旦站在房间中央，看着周围的陈设。这是一个男人的书房——墙边立着黑色桃木书柜，墙上挂着画、照片，还有镶在框里的文件。房间一端是一张大书桌，另一端是壁炉，壁炉前面是一张矮桌，桌旁环绕着一条长沙发椅和四把椅子。阳光从两扇双开落地门照进来，门两侧厚厚的金色门帘就像舞台上的幕布，收拢在一边。两扇门之间是个齐腰的餐具柜，宽阔的柜面上摆放着艺术品、纪念品和陶瓷制品。柜子上方的墙上，挂着一些沃丁顿各个时期的照片。

① 爱丽舍宫：Élysée Palace，建于1718年，1873年法兰西第三共和国正式指定其为法国总统府。

有两张照片立刻吸引了顾拜旦的注意力。一张是剑桥大学赛艇队在泰晤士河上，另一张是三名身穿白色校服头戴校帽的男孩站在拉格比教堂前面。沃丁顿年轻时热爱体育运动，而据西蒙所说，时至今日他仍热情不减。

顾拜旦仔细看着照片上年轻而健壮的沃丁顿。他知道沃丁顿的情况。他们家的纺织厂位于法国靠近大西洋岸边的地方，那里机器昼夜不停，财富滚滚而来，是当地的巨富。但他们对当地的学校不甚满意，于是，沃丁顿的父亲就想起了自己接受的英式教育的好处，并于19世纪40年代将儿子安排进了拉格比学校。少年沃丁顿是操场上的健将，擅长各种体育项目，他帮助拉格比学校数次夺得英式橄榄球校际比赛的冠军，并因优异的体育表现进入剑桥大学三一学院。剑桥大学和牛津大学每年都要在泰晤士河进行赛艇比赛，赛道起于帕特尼（Putney），终点站是莫特莱克（Mortlake）。1849年是这项比赛的第四年，在这一年的比赛中，沃丁顿与其他7名队友联合击败了牛津大学。顾拜旦刚才看到的赛艇队黑白照片，拍摄的就是当时的情景。

这时，顾拜旦听到有人走近。他转过身来，刚巧门也打开了。沃丁顿大步走进屋内，他身披黑色短斗篷，身材魁梧，身后跟着两位年轻男士，均身着黑色西服，一位拿着手提箱，另一位拿着笔和敞开的记事本。沃丁顿将帽子和斗篷摘下，将其扔到一边，走到书桌后面，未与顾拜旦寒暄，而是直接开口说道："西蒙对你评价很高，顾拜旦先生；他还说你有些想法我会感兴趣。你先请坐，稍候片刻。"

那两位年轻人在书桌一侧坐下，顾拜旦则坐在了沃丁顿的对面。沃丁顿翻看着一摞文件，将几个信封逐个交给两位助理，把工作一一交代完毕。

"好了，顾拜旦先生，说说你的想法。"沃丁顿说道。他语带急躁和迫力，稍微令人生畏。他注视着顾拜旦，后者不由心生道歉告别、另约时间会面的想法。沃丁顿脸宽面红，胸厚肩阔，他的脖子很粗，衣领显得很紧。

他的灰发梳成偏分，唇上的胡须与浓密的络腮胡连成一片。

顾拜旦刚要说话，却因喉咙发干而咽了口唾沫，哽了一下。他还未来得及张口，沃丁顿就先说话了：

“是巴黎自由政治科学学院的事吗？西蒙需要我帮忙？”

顾拜旦借机恢复平静，他坐直了身子，迎着沃丁顿的目光，说道：“不是的，先生。我要说的是伟大的教育改革运动，在过去10年里，法国三位远见卓识的总理对此均给予充分支持。”

“我猜，我荣幸地被你算在里面了。”

“当然，有西蒙，有您——沃丁顿，还有费里。”顾拜旦说道，“费里的法案使每名法国孩子都享受到公立教育的权利；但任何了解一点政治的当代学生都知道，如果没有朱尔·西蒙和威廉·亨利·沃丁顿，就不会有这项法案。这是你们三个人接力的结果。”

“那么，皮埃尔·德·顾拜旦男爵有什么提议，来继续接力这一成绩呢？”

这正是顾拜旦想要的问题，但他抿嘴沉吟片刻，酝酿着沃丁顿的期望，然后回答了两个字——“体育。”沃丁顿听言，抬起头，面露惊讶，仔细看着顾拜旦。

“先生，”顾拜旦继续说道，“我追随伊波利特·丹纳的足迹，考察过20多所英国大小学校。在拉格比的操场上，我看到了法国教育的未来，而在剑桥和牛津，我看到了国际竞争的未来。”

沃丁顿身子前倾，双肘支着桌面，下巴枕在手背上，再度打量着顾拜旦。“我好像认识你父亲，”他说道，“他是位画家，对吧？”

“是的，他是个古典主义画家，主要画宗教题材的作品，是我母亲执意让他这样的。”这时他注意到，一位助理正记录着他们的谈话内容。

“你的家人是天主教徒，是吧？”沃丁顿问道。

“是的。”

“几年前的一个晚上，我跟你父亲有过一次交谈。我记得是在卢森堡宫(Luxembourg Palace)。”沃丁顿说道,“他是个很英俊的绅士,个子挺高。我记得，当天他有一幅画参展，好像是关于传教士的。”

“是《传教士的离开》，那是他最有名的一幅画了。”

“对，就是这幅画。可是，若是我没记错的话，他对第三共和国没什么好感。”

“的确如此，先生。”

“他是个君主主义者，是吧？”

“是的。他现在还盼着亨利五世复辟。就是尚博尔伯爵[①](Comte de Chambord)。”

沃丁顿倚到椅背上，欣然大声说道：“过去一个世纪里，波旁王朝的运气实在太差。我记得，老亨利已经死了吧。”

“是的，”顾拜旦说道，“我曾跟家人一起长途跋涉，去奥地利提洛尔(Tyrol)的弗罗斯多夫城堡(Schloss Frohsdorf)拜访他,那时我15岁。他那时候已经是风烛残年了。不过他只是我父亲的一厢情愿,我父亲认为,王室总有继承。”

“啊,是的。还有巴黎伯爵[②]。我不时在伦敦见到他。这个人好高骛远,游手好闲，难成大事。”

“在我父母的要求下，我每次到英国都会去拜望一下他。”

“那么，一个君主主义者的儿子，一个世袭的男爵，怎么会成了第三共和国教育改革运动的倡议者？”

---

① 尚博尔伯爵：亨利五世，Henri V de France，1820—1883，全名亨利·查理·斐迪南·玛丽·迪厄东内(Henri Charles Ferdinand Marie Dieudonné)，出生后被封波尔多公爵及尚博尔伯爵，是有名无实的法国国王，从1844年起成为正统派的拥立对象。在七月王朝、第二共和国、第二帝国期间，他一直要求坐上法国王位。在流亡中他只剩尚博尔城堡一处封地，喜欢用“尚博尔伯爵”的头衔。

② 巴黎伯爵：Comte de Paris，路易·菲利普·阿尔伯特·德·奥尔良，Louis Philippe Albert d'Orléans，1838—1894，史称“菲利普七世”。法王路易·菲利普之孙。1842年成为王储并受封巴黎伯爵。1848年二月革命爆发，流亡英国。1861年至1862年，作为志愿兵参加美国南北战争。1870年巴黎公社被镇压，他返回法国。1886年退隐英国。

"大使先生，我爱我的祖国，但我的志向与父母的期望并不相符，与他们对这个国家的预期也不一样。"

"我猜，他们想让你当画家，或去圣西尔军校。"

"这两条路都符合我的家族传统。我的祖父是个将军，在拿破仑时期、王朝复辟时期都曾统兵作过战。我的两个哥哥都在军队有所成就。"

"接着就是Po① 对你敞开大门，你在那里认识了名师朱尔·西蒙？"

"嗯，长话短说，的确如此。"

"那么，体育运动又是从哪里冒出来的？"

"我一直热爱运动。骑马、划船、击剑、拳击、跑步，甚至还有摔跤，都是我喜欢的运动项目。可是各个学校里都没有运动员的培养环境。我曾数次亲自前往考察拉格比学校，您在那里的教育经历，恰恰就是我们所需要的——强健年轻人的体魄，使他们有目标感，帮助第三共和国实现全民教育的承诺。"

"男爵，我现在时间很紧，咱们不能详谈了。但是，西蒙让你来见我是对的。他知道，我相信体育运动能改变人生、创造更美好的社会。我想详细了解一下你的计划，尤其是你打算如何解决法国体育组织混乱不堪的问题。去伦敦之前，我会跟西蒙谈一次，看看我能帮上什么忙。"

"那简直太好了，先生。下次我去伦敦时，能否有幸去拜访您？"

"当然，大使馆的大门为你打开，欢迎来访。"

"沃丁顿加入之后，体育推广的速度就加快了？"圣克莱尔看着顾拜旦问道。后者正忙着在书桌上写信。

"没有，还得等一段时间。"顾拜旦答道，"具体时间记不清了，我想想……西蒙、沃丁顿、我，我们三个通了很长一段时间信，大约一年以后，在马克西姆餐厅（Maxim’s）一起吃饭时，我们才把计划制订好。"

---

① Po：巴黎自由政治科学学院的简称，前文有所提及。

“马克西姆……”圣克莱尔重复着这家餐厅的名字，知道它是当时顾拜旦几人社交的根据地，“听起来像去是庆祝什么事。”

“我写了些关于体育教育的东西，西蒙和沃丁顿读了其中一部分内容。后来我将其发表了，就是《法国的英式教育》。”顾拜旦停下写信，倚在椅背上，“我们打算在书出版之前聚在一起开个战略会议，商量推广体育教育的事；西蒙建议一起吃顿饭，边吃边聊。马克西姆餐厅是我选的。”

当晚，顾拜旦与两位前法国总理同坐在巴黎最好的一家餐厅里，享受一顿盛宴；而这两人都一心想要帮他制订计划，将体育教育纳入法国的教育系统。沃丁顿建议说，在为公立学校制定体育课程之前，重中之重的任务是将法国现有却稚嫩的体育运动组织归拢在一个联盟组织之下。

“首先就是要控制法国所有的体育项目。现在我们还没有一个中央机构，应该建立起来。这是个好机会。看看亨利皇家赛艇会是怎么做的，学学他们是怎么统一管理英国赛艇项目的。”

“怎么做才好？”顾拜旦问道，“立法？”

“不行，”西蒙说道，“通过立法来确立体育中央机构，需要太多政治权衡。”

“西蒙说得对，”沃丁顿说道，“立法只会拖我们的后腿。”

听到沃丁顿说“我们”，顾拜旦很高兴。

“我建议采取三步走的策略。”沃丁顿继续说道，“首先，在法国的体育协会里找出一个杰出的领导者。”

“那就是乔治斯·德·圣克莱尔了，”西蒙说道，“他很有管理才能。”

“很好，”沃丁顿说道，“不管选的是谁，我们要让他与皮埃尔合作，成立一个总的协会，把现有的所有体育项目——自行车、拳击、击剑、马术等——都归入这个联盟组织里。”

顾拜旦听言，发表意见道：“通过巴黎赛马俱乐部，我跟几个类似协会有过交流，您说的事有难度，争议太多。就跟蜂巢一样，每个俱乐部都各自为政。”

“嗯，如果体育需要经历我们预想的成长过程，如果它具有我们深信的那种影响力，那么就必须使其实现标准化。”

“我同意。”西蒙说道，“在为学校制定体育课程之前，先要实现体育组织机构的标准化和竞技项目的标准化。”

“第二，”沃丁顿说道，“我说的这个委员会，咱们就叫它‘法国体育发展与竞技联合会（French Union for Sport Development and Competition）’吧，需要一个极具威望的人来担任领导，一是能吸引众多体育协会的加入，二是能约束这些协会。”

顾拜旦专心地听着，沃丁顿显然比他和西蒙更了解体育的管理之道。

这时，沃丁顿转过头，定睛看着西蒙，说道：“最好的人选是谁呢？”

西蒙立刻反对道：“亨利，你别看我，我都72岁了，能为体育做些什么呢？”

“名望、理论、学识、创意、权威。”沃丁顿对答如流，“你到伦敦来一趟，我介绍你认识一下亨利皇家赛艇会的人，你会发现，你这一代人还是很有魄力的。”

“他说得对，教授。”顾拜旦附和道，“体育界的每一个人都会遵从您的领导，还有我们在教育上的抱负，二者结合，您处理事务就简单多了。”

沃丁顿对顾拜旦的附和未有表示，而是继续说道：“第三，就是想办法把体育教育与即将举行的世博会联系起来。1880年费里开始筹备这届世博会，现在已经有很多政府机构参与其中了。我们可以将其用作一个平台，推广我们对未来体育的看法。”

“好主意。”西蒙赞道。

◎◎◎◎◎

《法国的英式教育》的稿子，西蒙和沃丁顿陆陆续续都读完了。二人均提出了各自建议，但对其观点全盘同意。顾拜旦将书稿修改整理完毕，请西蒙为其作序。他知道，有了西蒙的作序，书稿内容就有了权威性，所提出的理论就得到了肯定；此外，还能大大增强该书在权威人士和法国知识分子圈内的接受度。西蒙爽快地答应了，说会尽快拟出稿子，下周三会面时交给他。顾拜旦兴奋不已。

当天，顾拜旦坐在西蒙办公桌对面，手里拿着导师写的序言。他读着手中的文字，心中的感动和鼓舞之情就像两名短跑运动员，在赛道上肩并肩奋勇冲刺。在序言中，西蒙雄辩有力地宣称——顾拜旦所提的改革势在必行。

西蒙将法国的教育现状描述得很是黯淡——学生们毕业时手拿学士学位，却一开口就咳嗽连连，因为其体质太差、羸弱不堪。他认为，这是“surmenage”[①]的直接结果，法国学校里的压力和过重的学业令学生们不堪重负。他最后总结说，皮埃尔·德·顾拜旦已制订了一个计划，可借鉴英国多年以来的体育教育，减轻学生的负担。这篇序言对顾拜旦不吝赞誉，必将提高其在法国教育界、体育界，当然还有政界高层圈中的声望。

“很明显，你和我已经取得了很大进展。”西蒙说道。他从老花镜镜框上面看着顾拜旦，说话时两片巨大的灰色连鬓胡子像翅膀一样上下摆动。“你接过丹纳的旗帜，推动教育改革；你在这本书里提到很多当前法国急需的设想。你应该知道，我对此深为感激。”说完，他等着顾拜旦的回应。

“当然，我明白。您也知道，您给了我很大帮助，我也很感激您。”顾拜旦说道。

“嗯，有件事需要你去做。”西蒙说道，“你的观察能力、文字能力和在组织工作上的洞察力，都能派上用场。”

---

① “surmenage”：法语，意为“劳累过度”。

"您尽管说，我一定尽力而为。"顾拜旦猜到西蒙是要他在1889年世博会筹备工作上帮忙，他很高兴，因为西蒙相信他有能力胜任这些工作。

"很好，"西蒙说道，"我需要你对世博会的筹备工作现状进行评估，还需要宣扬一下弗雷德里克·帕西[①]为世博会组织的'世界和平大会'(Universal Congress on World Peace)。"

"世博会的整体规划有什么纰漏吗？"

"只是人手不足而已，朱尔·费里很担心。这也是意料之中的，凡是跟世博会有关的事他都担心。法国的国际声望在此一举，他希望我能多尽点心。"

"看1867年和1878年的情况，我相信这届世博会一定会很精彩。"

"这么说，你愿意帮忙？"

"我很乐意，只是有一件事——今天我本想跟您提一下，我想在世博会期间也举行一届大会。"

"哦？你的想法是？"

"体育教育大会(Congress on Physical Education)。沃丁顿曾提过，要把咱们的教育改革与这届世博会联系起来，您还记得吗？从那时起我就在想办法。"

"对，我记得。"

"我想组织一届大会，与会的是全世界的体育和教育高层。"

"嗯，"西蒙皱眉沉吟道，"我想想怎么跟费里说这件事。"

"我起草了一份征求意见书，"顾拜旦说道。他从提箱里拿出几张纸，递给西蒙，"都写在里面了。"

① 弗雷德里克·帕西：Frédéric Passy，1822—1912，法国经济学家，首届诺贝尔和平奖获得者之一。

39

诗人，公主，雕像

7月的第一个周日，下午，阳光明媚。圣克莱尔和顾拜旦沿着乌契码头（Quay d' Ouchy）散步。路的一边是湖水，另一边是一排法国梧桐；远处就是德奥奇城堡，海里有人租了明轮船[①]在游玩，这种船的运行原理与自行车颇为相似。他们身后，传来朱丽叶和蕾妮欢快的笑声，她们俩现在已是朋友，正打着阳伞跟在圣克莱尔和顾拜旦后面。听到她们俩的笑声，顾拜旦的脸上呈现出笑容，圣克莱尔也很愉快。

“她们俩相处得很好，我很高兴，”顾拜旦说道，“蕾妮需要结交一些同龄的朋友。”

“她心情很好，皮埃尔。”圣克莱尔说道。

“嗯，她现在状态不错。我们这一周的安排是什么，我的朋友？咱们即将谈到的，是哪段往事呢？”

“我从您和朱萨德这里收集了足够素材，写完了1889年世博会的内容。还

---

① 明轮船：指在船的两侧安装有轮子的一种船，由于轮子的一部分露在水面上边，因此被称为明轮船。一般有两种推进方式，一种是原始的以人力踩踏木轮推进，一种是现代的以蒸汽机和螺旋桨推进。

有，男爵夫人勉强同意再接受一次访谈。这一周，我想了解一下贝尔塔·冯·苏特纳男爵夫人[①]在那届世博会上的情况，还有您与帕沙尔·格鲁塞的斗争。”

“啊，这可是强烈的对比。一个是倡导和平的公主，另一个是邪恶的魔鬼。”顾拜旦皱皱眉头，说道，“两三次访谈就能把他们俩的事说个差不多。还有什么？”

“我考虑在传记中简要介绍一下您的主要伙伴和对手。”

顾拜旦停下脚步，转身看着蕾妮和朱丽叶——她们俩正眺望着远处水面上行驶的明轮船和游动的野鸭。“伙伴和对手，”他重复道，“这两种人倒是应有尽有；不过，若说力量对比，以及对我的激励，还是后者居多。”

“好的，咱们随后再谈这个话题。”圣克莱尔说道，“现在，我给您看点东西。”

“是我的传记吗？”圣克莱尔注意到，顾拜旦的声音中带着惊讶，因为他此前从未给顾拜旦看过传记的稿子。

“算是吧。我抽时间把您那天演讲后在皇宫酒店聚会时给帕沃·鲁米讲的事——诗人，公主，雕像——整理成稿，又加上了一些后来您给我讲的情况。”

“啊，是的，你由此产生了对贝尔塔的兴趣。”

“对。”圣克莱尔说道。他从怀里拿出一摞打印好的书稿递给顾拜旦。

顾拜旦接过书稿，说道：“咱们找个地方坐坐。”

他们在树下找了个长凳坐了下来，顾拜旦立刻开始读起来。

---

① 贝尔塔·冯·苏特纳男爵夫人：Baroness Bertha von Suttner，1843—1914，全名Bertha Sophie Felicitas Freifrau von Suttner，奥地利小说家，激进的和平主义者。她曾在苏特纳家族中担任家庭教师，与亚瑟·甘达卡·冯·苏特纳（Arthur Gundaccar von Suttner）男爵互生情愫，但是遭到男爵家族的强烈反对。1876年她前往巴黎，为阿尔弗雷德·诺贝尔担任秘书；但一个星期之后就返回维也纳跟亚瑟结婚。1889年她发表了小说《放下武器》，这使她一举成为奥地利和平运动的象征，并于1891年创立了奥地利和平主义组织。1892—1899年她担任国际和平主义期刊《放下武器》的编辑。据称，诺贝尔是受其影响而设立了诺贝尔和平奖。她于1905年获得诺贝尔和平奖，是第一个获得诺贝尔和平奖的女性，是居里夫人之后第二位诺贝尔奖女性得主。奥地利的2欧元硬币上的头像即是她。

1886年夏季的一天，艾卡德带着顾拜旦到香榭丽舍大道吃午饭，还执意让顾拜旦下午陪他去弗雷德里克·奥古斯特·巴特勒迪[①]的工作室看看。弗雷德里克是位著名的雕塑家，《自由女神像》就是出自他手；不过当时这座雕像的名字是“自由照耀世界”（Liberty Enlightening the World）。这座雕像已于前一年运到了纽约，伫立在自由岛（Bedloe Island）的哈德逊河口，但弗雷德里克仍在进行其后续工作。

马车离开香榭丽舍大道，一路向北，朝蒙梭公园[②]驶去。他们要去的是“嘉热戈捷公司”（Gaget, Gauthier & Company）的铸铜厂，亦即自由女神像的建造地。两年前，这里的脚手架高耸入云，密如蛛网。当时顾拜旦和珍妮特来过这里，珍妮特认识弗雷德里克，她当时是要给《费加罗报》画一幅自由女神像的漫画，所以带着顾拜旦一起到实地看了看。他们从雕像脚部进入内部，沿着内部钢架结构上行——当初埃菲尔铁塔也是在这里设计建造的——最后站在雕像的火炬上面，俯视着巴黎的景观，叹为观止。

马车沿着鹅卵石铺就的库尔塞勒路（rue de Courcelles）颠簸而行，顾拜旦想起那天跟珍妮特同来时的情景。他们俩刚转过街角，就从屋檐上方看到了自由女神那伸出的巨臂，不由得心生敬畏。他还记得，1878年巴黎世博会时他曾在战神广场近距离看过雕像的头和肩膀。当时圣依纳组织学生实地参观，他和同学们从雕像内部爬到了王冠上面。

“你还记得1878年自由女神像在战神广场树立起来的时候，她的头和肩膀引起的轰动吗？”顾拜旦问道。

“记得。看着雕像的脸，就像站在女神面前一样。”艾卡德不由得大喊一声，“太壮观了！”

看到艾卡德热情洋溢的样子，顾拜旦不仅哑然失笑。“虽说是件很荣

① 弗雷德里克·奥古斯特·巴特勒迪：Frédéric Auguste Bartholdi，1834—1904，法国著名雕塑家，美国纽约著名的自由女神像的作者。

② 蒙梭公园：Parc Monceau，18世纪晚期奥尔良公爵（Philippe d'Orléans）所建的英式花园，位于库尔赛乐林荫大道（boulevard de Courcelles）。

幸的事，不过，我们为什么要去拜访弗雷德里克？”

“我要写一首关于自由女神像的诗，歌颂其英雄史诗般的诞生过程。”

“原来你是想歌颂法美友谊啊，很好。是受人所托？”

“不，是我答应他的。有一次我在外面吃晚饭时碰到了弗雷德里克，我对他说，我要写一首诗颂扬一下他的非凡工作。”

“我猜，你是赶不上进度了吧。”

“也许吧。不过我没有设定时限，还有时间，10月份雕像才正式完工。”

“你还有好几个月时间。”

“你会喜欢弗雷德里克的。他是个哲学家兼艺术家，是位了不起的共和主义者。他很久之前就设想建造这个雕像了，那时法国还在第三帝国统治之下。”

“那我们为什么要去铸造厂，而不是去他的工作室呢？”

“这是他的建议。车间里有一个完成的铸像，跟自由女神像一模一样，我记得大概有9英尺高。我要请他解释一下雕像的象征意义，了解一下他在建造过程中所做的艺术选择，当面看着雕像解释起来会容易一些。”

“那为什么让我陪着呢？”

“这次会面，还有个来自奥地利的年轻公主，名叫贝尔塔·冯·苏特纳。我想你能把她牵制住，不让她碍事儿。”

“你想得真周到。你是在利用我的贵族身份吧。不过我想，关于雕像的象征意义，你也许需要我的一些见解。”

“对啊，只要你别被公主分了心就好。”

“哦？她很漂亮吗？”

“不是传统意义上的漂亮，不过，你不是喜欢珍妮特那种类型吗，就我了解的情况，公主颇有学识，并且热心于和平事业。”

“和平？”

“是的，其实说起来倒是有点讽刺。她为阿尔弗雷德·诺贝尔[①]工作，就是那位‘炸药先生’，可她却成了和平运动中的一个公众人物。”

“不知道西蒙认不认识她。”

马车驶进嘉热戈捷公司大门，二人下了车。他们站在两排建筑物中间的路上，右边一排是铁皮矮屋顶的车间，左边一排是砖混结构的房子，房子上支着熔炉的烟囱，有几根烟囱正突突地向空中喷着浓烟。地面上、门廊里、窗台上都铺着一层金属粉末和黑色烟灰。他们前面，路的尽头，是一个高顶的棚子，棚子里面是个空旷的院子——两年前，自由女神像就立在这个院子里。

一个长头发、络腮胡、矮墩墩的男子从车间最后一扇门里走出来，身上穿着灰泥斑驳的工作服。他朝顾拜旦二人这边望过来，高声打了个招呼。

“嗨，弗雷德里克！”艾卡德也朝他喊道，挥了挥手。在他来到身边时，又握了握他那满是石灰的手。

二人跟着弗雷德里克进了车间。灰暗的车间里混乱嘈杂，石膏块、金属、木头遍地都是。工作台前、空地上，一群身着脏兮兮工作服的工人正挽着袖子捶打、撬拨、锯削、折弯、拧螺丝、安装部件。顾拜旦看到，在车间远端地面上的一堆残骸中间，放着自由女神像手臂的石膏模型，就是手持火炬的那只手臂。

弗雷德里克此时已经走上一段短楼梯，走进一个明亮的房间里，房间的后墙处装有窗户。顾拜旦和艾卡德跟着进了房间。这间工作室非常大，房间中央是一张齐腰的大桌子，桌子上放着很多图纸，图纸上画的都是

---

① 阿尔弗雷德·诺贝尔：阿尔弗雷德·贝恩哈德·诺贝尔，Alfred Bernhard Nobel，1833—1896，瑞典化学家、工程师、发明家、军工装备制造商，炸药的发明者。诺贝尔一生拥有355项专利发明，并在欧美等五大洲20个国家开设了约100家公司和工厂，积累了巨额财富。1895年，诺贝尔立嘱将其大部分遗产（约920万美元）作为基金，设立诺贝尔奖，将每年所得利息分为5份，分为物理学奖、化学奖、生理学或医学奖、文学奖、和平奖5种奖金，授予在以上领域对人类做出重大贡献的人。

雕塑、门、金属部件。房间里还七零八碎地放着一些半成品，都是黏土做的有底座的半身像。顾拜旦看了看，认不出雕像的原型是谁，正想开口发问，却听得弗雷德里克说道："这边来，先生们。"说着就带着二人穿过后墙处的走廊，走下一段楼梯，进入一个大房间里。与刚才的工作室相比，这个房间要高雅很多，高高的天花板上挂着枝形吊灯，一室通明。这个房间是个展厅，里面摆着那个9英尺高的自由女神像，她站在大理石基座上，通体都是铜绿色。

"这是我们用来筹款的地方，"弗雷德里克解释道，"在这样一个私密环境里，这样大小的复制品很有吸引力。"说完他便闭口不语，让二人欣赏周围情况。

顾拜旦四下看去，房间里满是奢华的家具，墙上是宽大的磨砂拱窗，窗上挂的是厚厚的金色窗帘。淡黄粉色的墙上镶着护墙板，墙上挂着很多画，画的都是这家铸造厂的作品。

"先生们。"欢快的女子声音从身后传来，顾拜旦和艾卡德转过身来，只见一位女士从楼梯处走进屋里。"外面都是尘灰，这里倒是令人惊讶呢。"她提着裙摆走下楼梯，裙摆随步伐轻轻荡漾。她身着一件黑色纽扣外衣，里面是白色荷叶领衬衫。令顾拜旦惊讶的是，她头上戴着一顶女式小礼帽，样式跟他的一模一样，可谓"情侣帽"。这位女士40岁左右，身材矮壮，很是强健。顾拜旦脱帽行礼，艾卡德鞠躬行礼。

她缓步上前，弗雷德里克托起她的手，行吻手礼，然后为在场三人做介绍。"这位是冯·苏特纳男爵夫人。"他说道。听到这个头衔，顾拜旦有些惊讶，因为艾卡德先前说她是位公主。顾拜旦瞅了艾卡德一眼，却见他正咧嘴窃笑——这家伙又在拿贵族开玩笑。

"这位是诗人让·艾卡德；这位是他的朋友，名叫——"弗雷德里克高调地挥了下手。

"皮埃尔·德·顾拜旦男爵。"艾卡德抢先说道。二人分别上前，抬起她戴着手套的手，行吻手礼。

“先生们,很荣幸能与你们在这尊非凡的和平女神像面前会面。”听言，诸人均转身看着自由女神像。只听她继续说道:“弗雷德里克，相信我们三人一样，都对你这个杰作背后的灵感来源极感兴趣。”

“先生，几年前我曾有机会跟珍妮特·蒙田登上这尊雕像。”顾拜旦说道，“若能亲耳听你讲述此事，我深感荣幸。”

“啊，珍妮特还好吗？”弗雷德里克问道，“你们没带她一起来，真是太可惜了。”

“我会把你的问候带给她。”

“那好吧，让，”弗雷德里克说道，“我首先说说创意是从哪里来的，为什么会选定一个代表自由的形象。”

随后30分钟的时间里，弗雷德里克一段精心炮制、久经考验的讲述令三人如痴如醉，期间穿插着停顿和手势，一是增加感染力，二是引得三人的目光在雕像身上一个又一个象征元素上流连忘返。这段解说词，他大概已经讲过一百多遍，对象有各国大使、艺术专业学生，以及慕名而来的记者。而顾拜旦发现，虽然已是陈词滥调，但其感染力和鼓舞力丝毫不减。

弗雷德里克讲述了自由女神像诞生的故事：20多年前，也就是1865年,在一次晚宴上,拉布莱[①]率先提出了这个创意——由法国送给美国一个极具象征意义的礼物，以庆祝10年后美国独立100周年。弗雷德里克当时只有31岁，却满怀艺术家的雄心壮志；他早就有个想法，要在法国修建的苏伊士运河港口立一座大雕像，而这个非凡的创意常常令人为之神往。

“我想为现代世界——尤其是为埃及——重现古代七大奇迹的罗德岛

---

① 拉布莱：Édouard René Lefèbvre de Laboulaye，1811—1883，法国法学家、诗人、作家、废奴活动家，自由女神像创意的提出者。

太阳神巨像[①]的辉煌。”弗雷德里克说道。顾拜旦听言，感觉一扇凡人无法企及的世界在他面前打开。“可是，为美国建造一座大雕像的创意似乎更了不起。”

弗雷德里克大胆的远见，以及为实现梦想甘冒巨大风险的意志，都令顾拜旦无比钦佩。

弗雷德里克将自己的想法告诉了拉布莱，后者立刻欣然接受；随后二人就开始制订计划、讨论细节。不久之后，他们决定借用罗马神话中掌管自由的女神“利贝塔斯（Libertas）”的形象来设计雕塑。

“美国人热爱自由，自由是美国人的核心特性。看这个，”说着，他从口袋里拿出一枚1美元硬币，将其抛给艾卡德。“这是他们首个版本的自由女神形象，你看，她是坐着的；这是第二个版本，是十年之后的。”说着，他又抛给顾拜旦一枚硬币。顾拜旦将其接住，知道这枚硬币上的图案是自由女神的头像，其发带上刻着“自由”二字。

“我想使其外表尽量简单，让人把注意力都放在其背后的象征意义上面。所以，我们为自由女神设计了stola和pella，也就是罗马样式的长袍和斗篷。”

随后弗雷德里克谈到，将自由女神像的头部设计成光芒四射的冠冕样子，其七道尖芒象征世界七大洲、七大洋[②]。顾拜旦抬头看着面前雕像的面庞，不由得心中有些疑惑，这样一个女神雕像能否真正推动世界团结。七这个数字，他想道，在基督教中象征着完美。至简至美。她振臂向前的姿势，象征着挣脱了脚下的锁链和脚镣，获得了自由。她手中的书，上面刻有罗马数字——1776年7月4日，代表着《独立宣言》。最后，弗雷德里克高举右臂，仿佛像自由女神一样在全世界面前举起火炬，说道：

① 太阳神巨像：Colossus of Rhodes，古代世界七大奇迹之一。它是希腊太阳神赫利俄斯的青铜铸像，高约33米，建在罗德市港口入口处，公元前282年完工，公元前226年在地震中损毁。

② 七大洋：一种细分的概念，指北太平洋、南太平洋、北大西洋、南大西洋、印度洋、北冰洋、南冰洋。

"普罗米修斯[①]的火种，自由的火焰燃烧在每个人的灵魂深处。这把火炬的光芒，来自那些渴望打碎所有束缚我们锁链的人，将会照亮整个世界。"

顾拜旦看着火炬上面静态的火焰，想象着雕像在纽约港口高高伫立的情景。他尚未去过纽约，却曾多次想象过那里的样子。他想知道，当那些游客或者移民心怀梦想和希望来到美国，看到这座巨像，仰视自由女神这代表美好前途的火炬，他们会是作何感想。真是太奇妙了，他如此想道，这是以静态形式呈现出的启迪，是金属架构蕴含的象征意义，虽然没有丝毫生气，却传达出如此强大的生命力；令他感到惊叹的还有，一个人的头脑中竟然能迸发出这么丰富的创意。

弗雷德里克随后谈到了工程细节，筹款活动，以及他们是如何为如此庞大的文化项目奔波游说。最令顾拜旦震惊的是，竟然有那么多人自愿提供支持。既有众多在校的小学生，他们捐出了自己的零花钱；又有像尤金·塞克里坦（Pierre-Eugène Secrétan）这样的人——他外号"铜王"；自由女神像的长袍和斗篷共需128000磅铜，全由他一人捐献。

弗雷德里克沉吟片刻，对顾拜旦说道："皮埃尔，你陪陪男爵夫人，我带艾卡德去铸造车间看看。那边不是女士能待的地方。"

"好的。"顾拜旦答道。他转身面向贝尔塔·冯·苏特纳男爵夫人，让她挽着自己的手臂，伸出另一只手，示意二人到房间一端的沙发处。"你认识我的朋友朱尔·西蒙吗？"顾拜旦问。

贝尔塔有些惊讶："当然，我们是好朋友，而且都是和平大会的成员。"

顾拜旦携着贝尔塔来到一个红色天鹅绒沙发跟前，沙发前面是两把巴洛克风格的椅子。他们俩并肩坐在沙发上，开始谈论各自与西蒙的交往。

"他是我的老师，我在他手下工作有几年了。最近，他让我协助他监管世博会筹备工作的进展情况。是朱尔·费里让他负责的。"

"哦。我跟朱尔的关系也很近。弗雷德里克·帕西是'世界和平大会'的主管，一年前他介绍我跟朱尔·西蒙认识。我想，朱尔会在和平大会

① 普罗米修斯：Prometheus，希腊神话中的神，从天上为人类盗来火种，因此受到宙斯的惩罚。

开幕式上做重要讲话。”

“是的。我正帮他起草致辞。”

“哦？你是作家？”

“算是吧，那是我的副业。我正在写一本书，说的是法国应该借鉴英式教育，进行教育改革。朱尔要为我的书作序。”

“那你的主业是什么？”

“我提议在1889年世博会期间举办一个体育教育的会议。”顾拜旦说道，“这是个国际大会，旨在将体育尤其是团队体育项目纳入法国的教育系统。你呢？”

“我正在写一本小说，跟你一样，写书也是我的副业。我的主业是和平运动。”

“或许咱们有机会在世博会上合作。你的小说是关于什么的？”

“关于战争，以及战争的不合理、战争造成的破坏，还有对和平的渴望。”贝尔塔注视着顾拜旦，“实质上，就是对和平的呼吁。”

“战争的阴云总是不散，”顾拜旦说道，“我已经见过太多惨剧。艾卡德说，你为阿尔弗雷德·诺贝尔工作。”

“是的。我知道你在想什么。”说着，她咧嘴轻笑。

“我真的很好奇。”顾拜旦说道，他很享受二人的对话，“他是炸弹大王，你却在推动世界和平，这个组合真的很奇怪。”

“他热爱和平，也是个很有远见的人。他通过炸药挣了很多钱，但我知道，尽管受了点误导，但他想把钱用在善事上。他认为，通过威力巨大的炸药会让人们害怕，从而不敢发动战争。我认为他的观点是错误的，但我很高兴，因为他很支持我的工作。”

“嗯，我也支持。我开始对你的和平运动及其所有的可能性感兴趣了。”

贝尔塔将手搭在顾拜旦的手上，像福音传道者一样说道：“男爵，我们生活在一个属于梦想家的时代，一切皆有可能。我们要终止国家间的暴力，找到一个正确的竞争方式，而不是付诸冲突和战争。”

顾拜旦听言，感慨颇多。可他还未来得及开口，艾卡德和弗雷德里克就回来了，还问他们俩想不想去喝一杯。二人欣然同意。短短数周之后，贝尔塔·冯·苏特纳就成了顾拜旦的重要顾问兼知心朋友。二人各司其职，一个是筹备世博会，另一个是推广和平运动，且都是各自领导的左右手；他们开始合作，共享信息和见解，以促成各自目标的实现。顾拜旦跟贝尔塔及其丈夫亚瑟交往甚密，亚瑟对和平与社会公平的热情不亚于他的妻子。艾卡德偶尔也会跟他们一起，他还执意让大家称呼贝尔塔为“公主”。

顾拜旦从书稿上抬起头来，眼睛有些湿润。“犹如往日重现啊，雅克。我很感动，你写的真是生动。真不敢相信，从我的回忆里你能拼凑出这么好的内容。还有，我对自由女神像的象征意义，好像讲得没有那么详细，对吧？”

“是的。不过我做过调查，弗雷德里克应该是这样讲解的。”

“啊，看来我的传记真是找对人了。”

这时，蕾妮和朱丽叶从湖边走了过来。顾拜旦从长椅上站起来。蕾妮问道：“爸爸，你觉得雅克写得怎么样？你喜欢吗？”

顾拜旦沉吟片刻，说道：“Ars poetica”。[①]说着，他亲切地看着女儿。“圣克莱尔先生把我的经历做了加工处理，给其插上了翅膀。亚里士多德[②]曾经说过——‘历史陈述具体的事件，而诗所陈述的事具有普遍性。’[③]。雅克的文字，二者兼具。”

---

① 《Ars poetica》（诗艺），由古罗马帝国诗人、批评家贺拉斯（Horace）所著，是一封写给罗马贵族皮索父子的诗体长信，共476行。信中结合当时罗马文艺现状，提出了有关诗和戏剧创作的原则问题，体现了一种在继承传统中求创新的现实主义精神，它上承亚里士多德，下开文艺复兴和后来的古典主义理论之端，对16—18世纪的文学创作，尤其是戏剧与诗歌影响深远。

② 亚里士多德：Aristotle，前384—前322，古希腊先哲，世界古代史上伟大的哲学家、科学家和教育家，希腊哲学的集大成者。

③ 出自亚里士多德《诗学》第九章。亚里士多德称诗与历史的区别在于“一个描写已发生的事，另一个描写可能发生的事。因此，诗比历史更具有哲学性，意义更重大，因为诗所陈述的事具有普遍性，而历史是陈述具体的事件”。

顾拜旦让蕾妮挽着他的胳膊，转身向德奥奇城堡走去。圣克莱尔和朱丽叶紧紧跟在后面，只听顾拜旦说道："蕾妮，我想，是上帝把雅克和朱丽叶派到我们身边来的，他们的才华和善良似乎没有止境。"

◎◎◎◎◎

当天晚上，圣克莱尔和朱丽叶在家中一边喝酒，一边谈论着当天与顾拜旦父女相处的经历。"这么说，那位男爵夫人——或者说'公主'——对皮埃尔的影响很深。就是她启发了皮埃尔，使他明白体育运动具有推进和平的效力吗？"

"不是，在她的启发下，皮埃尔明白了当时的和平运动的影响力。"圣克莱尔说道，"他看到了体育与和平相联合的潜力。一个想法在他的脑中成形，那就是和平可以成为体育运动的一个道德基础。这个想法的形成极为关键，它使皮埃尔确立了体育在教育中的作用。在他对奥林匹克理想的定义中——那天晚上在洛桑大学你也听到他的演讲了——和平就是奥运的第五环，是从个体到全体的最后一步。"

"第五环——我喜欢这个词。不过，那天晚上皮埃尔好像没提到第五环的事啊。"

"是的。是我想出来的，我想找个办法概括一下他的奥林匹克理想的五个阶段。"

"我对这位冯·苏特纳男爵夫人很感兴趣，想多了解一下。"朱丽叶说道，"我想找她写的那本小说读一读。"

圣克莱尔从背包里拿出一摞纸，比他先前让顾拜旦读的书稿还要厚一些。他从中抽出几张纸，对朱丽叶说道："先读读这个。这是对她的人生和事业的概述。她是一个非凡而令人信服的女人。能认识她，皮埃尔实在幸运，他们成了好朋友、好伙伴。

1843年，贝尔塔·金斯基·冯·齐尼奇出生在一个败落的奥地利贵族家庭。就在她出生之前，她的父亲突然离世，一家人苦苦挣扎，以图维持原有的社会地位。她在家乡维也纳长大，接受的是家庭教育。女家庭教师教授给她语言、钢琴、表达，还培养了她的独立精神。年轻的贝尔塔聪慧且有文才，尽管家里想的是通过包办婚姻借此提升家族的地位，但她志在游历，要为爱情而结婚。近30岁时，她在卡尔·冯·苏特纳男爵（Baron Karl von Suttner）家中担任家庭教师，与他的儿子亚瑟坠入爱河。因为亚瑟一家不算富裕，贝尔塔的家人极力反对他们的爱情；亚瑟一家也是如此。贝尔塔伤心不已，却坚定地要走自己的路。随后，她看到一份招聘广告，决定去巴黎工作。1875年，32岁的她乘火车去了巴黎，为阿尔弗雷德·诺贝尔担任秘书。那时诺贝尔42岁，因发明炸药而积累了巨额财富。贝尔塔的聪慧和文化气息点燃了诺贝尔的热情；他对这位年轻女子顿生好感，甚至多少还有了些情愫。可惜她只为他工作了8天就离开了。

尽管二人相处时间很短，但在手头的秘书工作之外，贝尔塔与诺贝尔进行了广泛的交流，话题主要围绕艺术、人文与和平，尤其是如何制止战争。诺贝尔对她印象极佳，二人成了好友。此后，诺贝尔一直与她保持联系，也始终给予她支持。

贝尔塔不顾家人的强烈反对，毅然决然地返回维也纳，与亚瑟·冯·苏特纳私奔了。二人在高加索地区游走生活了近10年时间，他们合著了6部小说，并且开始为和平运动奔走呼号。其间她与诺贝尔一直保持通信，诺贝尔鼓励着她的文学与和平追求。19世纪80年代中期，为了二人共同的追求，贝尔塔与丈夫来到巴黎，与诺贝尔得以重聚。她劝诺贝尔将其财富用于和平事业，但诺贝尔的理念是——强大的武器会令人心生恐惧，不敢发动战争；贝尔塔则总是想说服他，让他放弃这个错误的观点。

此时的贝尔塔已全心投入和平事业，她加入了由霍奇森·普拉特创办、总部设在伦敦的“国际和平与仲裁协会”（International Peace and Arbitration Association）。不久之后，她与普拉特及其巴黎同事弗雷德里克·帕西一起，筹备1889年在巴黎世博会上举办的首届世界和平大会。此次大会上，将由朱尔·西蒙做主旨发言，而顾拜旦就在观众席中。

1890年，贝尔塔的小说《放下武器》(*Lay Down Your Arms*)以其尖锐而残酷的战争描写轰动一时。这部小说，是对世界和平的号召，也有助于推广蒸蒸日上的和平运动。1891年，在罗马举行的第二届世界和平大会上，她首次做了以和平为主题的公开发言，一跃成为和平运动中最强势、最有影响力的领袖之一。同年，她的丈夫组织成立了“打击反犹主义协会”(Society to Combat Anti-Semitism)，二人开始强烈抨击当时日见其盛的反犹主义现象。1893年，贝尔塔协助成立了设在瑞士首都伯尔尼(Bern)的“国际和平局”(International Peace Bureau)，并协助皮埃尔·德·顾拜旦男爵组织了于1894年6月23日在索邦大学召开的奥林匹克大会，而正是在这次会议上诞生了现代奥运。她对顾拜旦的理念——通过体育运动推进世界友谊与和平——深信不疑。通过顾拜旦的努力以及贝尔塔的影响力，当晚共有78位社会名流参加了会议，其中就有弗雷德里克·帕西和霍奇森·普拉特。也正是因为受到了贝尔塔的影响，诺贝尔在1896年去世时才会立下遗嘱，用其巨额财产设立“诺贝尔奖”，每年都对在文学、生理学或医学、物理学、化学、和平5个领域做出重大贡献的人进行表彰。贝尔塔夫妇二人孜孜不倦地投身于和平运动，先后帮助德国和奥地利成立了国家和平委员会。1914年，就在第一次世界大战爆发之前，她在奥地利去世，对不愿见到战争的她来说，也算幸运之事。

“啊，她的一生真是令人惊叹。”朱丽叶说道，她把书稿放在面前的咖啡桌上，“在那个年代能如此独立，如此坦率敢言。”说着，她摇了摇头，“真奇怪，后人竟然很少知道她的事迹。”

“那个时代很多伟大的人物都被遗忘了。”圣克莱尔说道，“我们来洛桑所做的一切，就是为了防止这种遗憾重演。”

40

玛丽的回忆

时近盛夏，洛桑已是酷暑难耐。玛丽一直拒绝再次接受圣克莱尔的访谈。顾拜旦误以为回忆他的美丽的恋情会拉近二人的关系，所以才会与圣克莱尔叙述了二人交往的点点滴滴；可玛丽却对此怀恨于心。圣克莱尔心想，这真是不可理喻。在顾拜旦打算讲讲他们一家初次到她家拜访的经历时，玛丽勃然大怒，继而再三拒绝接受圣克莱尔的访谈。这一天，在蒙里普斯的楼梯上，圣克莱尔碰到了玛丽，随即再次请她接受访谈，但她答道：“不，我对丈夫的事无话可说。”说完，就疾步离开了。圣克莱尔觉得已经没有机会再次采访玛丽，这时朱丽叶却出了个主意，说可以让蕾妮替他说说情。蕾妮的请求果然奏效，玛丽答应再跟圣克莱尔谈一次。

多年以来，圣克莱尔总结出一个经验：在采访对象难以相处或不情愿时，最好将访谈地点设在其熟悉的地方；于是他便请玛丽到和平酒店与他会面。圣克莱尔选的还是上次访谈时的那个窗边小隔间，他早到了一会儿，一边等着玛丽，一边翻看两个月前的访谈记录。考虑着玛丽喜怒无常的脾气，他突然意识到自己犯了个大错，当时没能趁热打铁。“真该死。”他暗自咒骂自己，他好不容易与玛丽建立了信任，随后却任由大把时间流逝，未有建树。也许她是因为圣克莱尔没有表现出关注和感激而灰心了。

这时玛丽面无表情地从侧门走了进来，来到隔间，脸上没有一丝笑意。她在长椅上坐下，看到圣克莱尔为她点好的卡布奇诺咖啡和蛋糕，也没有向他表达谢意。她头戴一顶饰有羽毛的蓝色大檐帽，像个小阳伞一样，尽管二人距离很近，她却并未摘下帽子。她抿着嘴唇，目光如炬。

“请您原谅，男爵夫人。”圣克莱尔说道。他想去握玛丽的手，却知道时机未到。玛丽没有反应，没有像他期望的那样回应“为什么”，而只是注视着他。接着她端起咖啡，低头喝了一口，帽檐就把她整个脸都遮住了。

“我最近忙于准备卡尔·蒂姆的来访、皮埃尔的周年发言，以及吕西安·朱萨德的访谈，还有传记所需的大量调查和写作任务……”她仍是没有反应，只是冷冷地看着他。“结果把您——这位最有价值、最重要的采访对象，以及皮埃尔最亲密、最信任的伙伴——给疏忽了。”圣克莱尔如此说道，除了有点过火的奉承话，他说的大都是实情。

“嗯，我在这儿了，圣克莱尔先生。我还有别的事，所以有话请直说。还有，请你不要再让我女儿帮你传话了。”

“好的，男爵夫人。”圣克莱尔答道。他看着笔记本，打消了所有为蕾妮辩护的念头。“上次访谈时，咱们刚刚谈到您与皮埃尔合作创办现代奥运。我知道你们的恋情起于 1890 年，在您父亲的葬礼之后数月；可是我很奇怪，您竟然了解他此前十年里工作的点点滴滴。”

“这有什么好奇怪的？你知道，我们俩在工作中——在他的奥运事业里——是密不可分的合作关系，是不是？”

“嗯，是的。可我说的，是你们第一段恋情结束和第二段恋情开始之间那段时期。当时您并未在他身边，可您对他所有的情况都了如指掌。”

“是的，当时我并未参与。不过，自从我们投身于皮埃尔的奥林匹克事业，真正开始筹划奥运，我就想了解整件事的来龙去脉。1889 年巴黎举办了世博会，一年之后我们就相爱了。所以，那些事情都还没忘，牵扯的人也都还在。我跟他说得很清楚，我想从一开始就全程参与，所以我让他告诉我此前的所有经过，那些事，他给我反复讲过很多遍。他也认为我有必要了解整个事件和所有牵扯在内的人。”

“这么说，您知道很多事情的内幕和细节，比如说，他与朱萨德、西蒙、沃丁顿等人的交往？”玛丽听言，下巴一紧，紧闭双唇，定定地看着圣克莱尔，他一下子明白过来——玛丽把这个问题理解成了对她的质疑。

“是的，先生，我什么都知道，而且，我的记忆力比顾拜旦强很多。我跟你说……”

圣克莱尔知道，玛丽这是打开了话匣子，可是几句话听下来，他突然发现，玛丽说的是他们所取得的成果，这一点有些出乎他的意料。他快速记录着玛丽的话，心中却有种感觉——其实她一直都想把这些事倾诉给他。“发起一个运动，想要改变世界，就得担起责任，承担其后果。”玛丽侃侃说道，声音突然变得柔和起来，“想法再好，如若不是拿一生去奋斗，都是痴人说梦。我愿意这么做。在奥运的理想和行动上，我和皮埃尔都是一致的。他经常说，我们这是在造反。其实，在我们的婚礼上，当他掀开我的面纱俯身吻我的时候，他在我耳边就是这么说的：‘咱们俩一起造反吧。’”说到这里，她低下头去，帽檐遮住了脸庞，继续说道：

“跟那时的数百万欧洲人一样，我也非常迷恋古典的东西。复兴古代奥运是个浪漫的设想，我跟皮埃尔一样狂热。我们都想给世界打造一些不朽的东西——国与国的竞技，通过运动会，能推进和平，在世界各地的年轻人之间建立友谊。我们需要到世界各国的首都游说宣传，走遍世界的每一个角落，就像我的父亲为了祖国而四处奔波一样。奥林匹克运动将会成为我们俩一生的事业，每次想到这件事，我都振奋不已。我感觉自己是在跟一位高瞻远瞩的伟人为伴，可是我不知道，我要为此付出代价，而随着时间的推移，这个代价会越来越大。”

她抬起头来，表情已变。圣克莱尔在笔记的空白处写了一个词——心碎。

“可是我只看见了荣耀，没有预见这件事的风险。我和皮埃尔满心都是美好的梦想。我们俩谈的全是这场运动的潜力——每四年一届友谊的盛会，把全世界团结在一起。我们俩都是梦想家，不过我们并非不切实际。皮埃尔是个面面俱到的人，他极具组织天赋，而且，他像众多横扫赛场的伟大运动员一样，自律且坚定。奥林匹克就像是他的孩子，他永不言弃。”说到“孩子”这个比喻，玛丽住口不言，旁顾片刻，强忍住一声叹息。

“我知道后面的工作会很难——把各个国家的委员会联合起来，在遥远的城市里举办大型活动……1892年，皮埃尔在索邦大学首次提出复兴奥运的建议，得来的却是一片嘲笑，当时我眼睁睁地看着他忍受那份煎熬。可是，仅仅在20个月之后，他的同一个提议得到了认可，我又感到无比自豪。因为，虽然只有寥寥几个志同道合的盟友，但他意志坚决，誓要做成此事。后来就是在雅典，我第一次真真切切地感受到了那种酸楚。那届奥运会盛况空前，远远超出了我们的期望，运动员们的拼搏竞技也非常精彩。可是，希腊人把皮埃尔挤到一边，像光天化日之下厚颜无耻的贼人一样，抢走了他的功劳，抹杀了他的奉献：这是无比的羞辱，令人震惊，令人寒心。当时我几乎崩溃，几乎无法理解——为什么皮埃尔还能无动于衷地坦然受之，还举杯向希腊人表达赞赏和祝贺。”

此时她说的，已经偏离了圣克莱尔所问的问题，但圣克莱尔很想听她继续讲下去。可他又不能让她离题太远，同时又希望她能保持这股从回忆中涌起的激动和清晰的条理。于是他启发道：“请您给我讲一讲，你们俩首次决定投身奥运梦想是在什么时候？你们的动力来自哪里？”

玛丽的回答几乎是脱口而出。很明显，尽管表面上颇为不屑，但她早就想对圣克莱尔阐述自己的动机及作用。“我们俩复合之后，也许是因为我们俩复合这件事吧，我意识到，我们俩的人生所代表的已不仅仅是两个人的生活经历。我们都是法国的最后一代贵族，出生时就有了特权，可渐渐变得衰败，饱受抨击，在国家政治权力层面没有多少社会公信力。虽说可以凭借财富和爵位悠闲度日，但《哥达年鉴》① 上记载的威望和特权已经不再。事实上，身为贵族，就会受到敌视。”

圣克莱尔在笔记本空白处迅速写道：哥达 = 贵族，敌人 = 格鲁塞？

玛丽继续说道：“我们这个阶层的这一代人，当时都竭力寻找在巴黎、在

① 《哥达年鉴》：*Almanach de Gotha*，1763年首次在德国的哥达印刷出版，上面详细记载着欧洲王室及贵族的相关谱系等内容。

新法国的出路，可太难了。我们还生活在旧有的社会规矩里，那就是不准工作和经商。而另一方面，所谓的‘贵族义务’[①]又需要我们做得更多，为我们的世界无私奉献。我们左右为难，想反抗这一传统，同时却又想设法为这一传统增光添彩，为我们这个日渐衰败的阶级和传统、也为第三共和国做点贡献。我跟皮埃尔一个是天主教徒，另一个是新教徒，我们俩的结合本身就是传统的禁忌；我们的爱情给我们带来一些声望，因为我们可以公开宣称我们不受传统的束缚。”

说完，玛丽停顿片刻，从手提包里拿出一个小粉盒，为微红的脸颊扑了扑粉。圣克莱尔借机插话道：“你们的爱情力量令人鼓舞。”

对这句恭维话，玛丽不以为然，她意识到，也许她在无意间美化了她和顾拜旦的早期关系。“不要有太多浪漫幻想，记者先生。我嫁的这个人，我们的婚后生活，大多都是令人失望的。是的，我们曾携手做了很多大事；但我们经历的不幸、遭受的损失，都是他一人造成的。他把他的全部财产以及我的大部分财产都花在了梦想上面，他不会理财，冷落家人，家里一有问题就溜之大吉……我永远都不会原谅他，但我绝不会否定他的成就以及我们共创的事业。如此说来，我是这场婚姻的囚徒。我们近况很差，你想必也看到了。”

“可是男爵夫人，如果可以这样说的话，您是他最坚定的拥护者。而且我知道，您之所以生气，大部分原因是他受到了世人的不公对待。”

玛丽再次扭头看向一边。“你说得不错，我的确拥护着他。”说着，她转回头看着圣克莱尔，“你有多少次从亚历山大三世桥[②]上走过？就是连接荣军院和巴黎大皇宫[③]的那座大桥。”

---

① 欧洲贵族的价值观，即享有特权就得承担责任。

② 亚历山大三世桥：亚历山大三世桥（Pont Alexandre III）是法国巴黎跨越塞纳河的一座拱桥，1900年落成，全长107米，连接右岸的香榭丽舍大街地区和左岸的荣军院和埃菲尔铁塔地区。这座桥是由俄国沙皇尼古拉二世作为法俄亲善的礼物捐赠给法国的，以尼古拉二世的父亲亚历山大三世名字命名。

③ 巴黎大皇宫：巴黎大皇宫（Grand Palais）位于巴黎香榭丽舍大道，为举办1900年世界博览会而建。世博会后，其他建筑拆除，只留下巴黎大皇宫和埃菲尔铁塔这两座建筑作为法国及巴黎的象征。

“好几百次吧。”圣克莱尔答道。他脑中随即浮现出亚历山大三世桥华丽的景象。

“桥柱底部有四个盾牌，代表了四大自由，其中三个刻着三位法国伟人的名字。你能说出是哪三个人吗？”

“不能，我只能猜着说。”

“弗雷德里克·勒普雷[①]、菲利·福尔[②]、阿尔弗雷德·皮卡尔[③]。”玛丽眼光闪烁地说道，“都是杰出人物，都为世博会做出了突出贡献。跟他们的功绩相比——不看国内，而是看看国际影响——皮埃尔毫不逊色，完全配得上把名字刻在桥柱上面，或者被铭刻在其他同等重要的地方。”

“我同意，法国的确未能给他应得的荣誉。”

“不只是荣誉的问题，圣克莱尔先生。当时的法国民众对贵族阶层怀有敌视，是根深蒂固的不信任，到现在依然如此。”

“是源于帕沙尔·格鲁塞吗？”

“是的。他是个劲敌，言语刻薄，却能蛊惑人心。皮埃尔说他煽动民众，是个恶劣的民族主义者。他是这一切的主使。”

“您认识他吗？”

“只是有所耳闻——一个革命者、作家。但是顾拜旦一家都了解他，知道他是第一共和国时崛起的人物……”她边说边想，“……我在勒普雷的联盟会议上见过他，皮埃尔在会上发言了。唉，”她突然说道，“先前我跟你说，从我们俩第一次恋爱结束，到我父亲的葬礼，这期间我没见过皮埃尔，那是我记错了。我见过他一次，时间很短，是在一次会议上，那次会议被格鲁塞搅和了。”

---

① 弗雷德里克·勒普雷：即皮埃尔·纪尧姆·弗雷德里克·勒普雷，Pierre Guillaume Frédéric le Play，1806—1882，法国工程师、社会学家、经济学家，曾受拿破仑三世的委托与任命，组织举办了1855年和1867年两届世界博览会。

② 菲利·福尔：即弗朗索瓦·菲利·福尔，Francois Flix Faure，1841—1899，法兰西第三共和国第六任总统（1895—1899）。

③ 阿尔弗雷德·皮卡尔：Alfred Picard，1844—1913，1889年巴黎世博会评审团主席，1893年任1900年巴黎世博会总代表，1912—1913年任法国国务委员会副主席。

“什么时间？在什么地方？”

“记不清了，是在19世纪80年代中期，1885年或1886年吧。”玛丽说道，“我有个朋友名叫索菲（Sophie），她是勒普雷的联盟中的活跃分子。那天是16号，我记得是在奥特伊公馆[①]。”

◎◎◎◎◎

夜幕初降，街道上的马车和行人熙熙攘攘，玛丽·罗赞和朋友索菲乘坐的马车已寸步难行。二人只好下了马车，步行一个多街区的距离前往奥特伊公馆。奥特伊公馆是这个小镇的镇公所，“和平社会联盟”（Union de la Paix Sociale）要在这里召开全体会议。19世纪80年代早期，弗雷德里克·勒普雷发起了和平社会联盟，这一社会兼政治组织旨在为第三共和国的人民——全体人民——提供一个发言的平台，从而通过一个直接渠道介入政治进程，影响国家发展方向。各地方联盟与勒普雷本人一样受到民众欢迎，而勒普雷已成了法国社会活动界的显要人物，也是法国深受敬仰的思想家和领袖。

看到有这么多人来参会，玛丽有些害怕，但她还是向人群里挤去，一心想要体验一次勒普雷的会议。索菲则紧随其后，她是联盟的活跃分子，这次就是她说服了玛丽，一起到奥特伊来参会。二人紧赶慢赶，从街道上的人、马、车之间循路而行，终于来在人头攒动的镇公所台阶前。

“在那边！”索菲说道。她看到一排熟铁栅栏上有个门把手，就抢在前面走过去，玛丽则紧紧地跟在她的后面。二人挤过台阶上的人群，从前门的人堆里挤进大厅。大厅前面是个讲台，讲台下面是一排栅栏。二人再度从人缝里向前挤。玛丽沿着墙前行，走到前排。这里有一排曲木椅子，她看见有两位头戴礼帽的男士坐在椅子上。

玛丽清了清嗓子，咳嗽了一两声，终于引起两位男士的注意。他们

① 奥特伊公馆：Hôtel de Auteuil，奥特伊原为巴黎西部一个小城镇，现为巴黎一部分。

抬起头，玛丽和索菲向其报以微笑。两位男士赶紧脱帽行礼，并起身将座位让给了她们，四人寒暄一番。这时第一位发言人上台了。他大声地请在场人员肃静，然后通报了上个月到下个月的活动安排，又下了几个通知。最后，他介绍当地联盟的领导人上台发言。此人很是聪明，他呼吁推进社会公平，赢得了与会人员的一致赞许。玛丽记得，其出发点是基督教的慷慨美德，虽然很有道理，也很有说服力，但玛丽觉得，会众鱼龙混杂，鲜有权贵阶层人士，所以对其呼吁的效果不抱太大希望。接着是另一位发言者，其口才稍逊，过多强调均等二字。掌声过后，他也走下台去，接着与会人员开始自由讨论。

最初，大厅里讨论的话题五花八门，但最后集中到了不公平的教育系统上。大厅对面，一位年轻人站在椅子上，正夸张地挥舞着手臂发言，身边聚集了一大群人。听到他的声音，玛丽立刻听出来那人是谁了。

“民众需要的不是领导，而是指导。”这位衣着整洁的年轻贵族说道，“而要指导，就要接受教育。文明的未来——法国社会的未来——并不取决于政治和经济政策，而是取决于教育的发展方向。我们必须集中力量，打开教育的大门，让所有人、所有国民都能享有一直以来可望而不可得的——学习、成长、成才的机会。”

“哎呀！”玛丽对索菲说道，“那是皮埃尔·德·顾拜旦，我很久以前的男朋友。”

看到顾拜旦成为众人瞩目的焦点，玛丽不禁惊骇不已；但他的的确确做到了，以其有理有据的论断平息了大厅里的喧嚣。他的即席演说，每次停顿都能赢得众人的掌声和赞同。他谈到了一系列观点，但其中心论点是——当前法国最大的问题是教育改革。他倡议法国进行文化转型，从而使得法国各地的孩子都能接受教育，而这正是19世纪80年代初朱尔·费里所推行的法案。顾拜旦正在向大家发起倡议，这时一位男子以雄浑而愤怒的声音打断了他，并冲到前面高声反驳。这位男子说大家绝不可以让一位贵族指手画脚，给法国指点教育发展方向，不仅教育，别的事务也是如此。

此人正是帕沙尔·格鲁塞，这位经验丰富的革命者面带怒色、激情昂扬，一路推搡着来到顾拜旦面前。顾拜旦仍站在椅子上，见状身子一侧，双手护在身前，以为这人是要打架。这时一位头发蓬乱的男子出现在顾拜旦身前，他护住顾拜旦，拦下了格鲁塞。格鲁塞手指顾拜旦，高声喊道："我们不止一次从这群寄生虫手里拯救了法国，现在，我们必须保护好她，不让他们的阴谋再度得逞！"

格鲁塞反对的，不是顾拜旦的观点，而是提出这些观点的人，或者说是此人所处的阶级。尽管如此，他的煽动成功了。大厅里顿时炸了锅，一群人向前台蜂拥而去，众人推推搡搡，恶语相向，联盟的领导人大声维持着秩序，却徒劳无功。玛丽和索菲撤到墙边，反身向门口逃去。门外不断有人冲进来，她们俩则是奋力向外挤。

玛丽被索菲拉到门口，外面的冷空气吹在脸上。她回头看了一眼，刚巧又看到了顾拜旦，他的朋友们正拥着他从人群里挤出来。二人目光相对，带着惊诧和惊喜，心中均闪过模糊而深情的回忆。就在这时，在纷乱的推挤下，他朝一边看去，而她也被人流带出门外。会场已变成混乱的战场，玛丽和索菲匆匆赶回马车处。

◎◎◎◎◎

讲完那晚的经历，玛丽似乎完全放松下来。她不再焦躁，勉强朝圣克莱尔笑了一下。她点了一杯樱桃白兰地，摘下帽子。"我不能在这儿待得太久，圣克莱尔先生。但是，你若想从我这里打听重要事件，我将尽力而为。"

这次，圣克莱尔可是真真切切地看到了玛丽多变的性情，也不知道眼前的愉快情绪能维持多久。"谢谢您，男爵夫人。我知道，回顾这些往事对您来说并非易事，对此我深表感谢。"他翻看了前面几页笔记，突然想到——玛丽也许能给他讲一讲 19 世纪 80 年代的事件。她记忆力很好，又有条理，是个绝佳的访谈对象。“关于格鲁塞如何反对皮埃尔的教育改革,我很想多了解一些情况，但眼下我遇到了困难，无法完整再现皮埃尔的教育改革及其结果。还有，他的教育改革跟1889年的大会有什么关系，又怎么促成了奥运会的复兴。”

服务员端来了玛丽的樱桃白兰地。她端起酒杯抿了一小口，又拿起餐巾沾了沾嘴唇,在餐巾上留下淡淡的口红痕迹。“这倒没什么难的,”她开口说道,“20世纪前10年里，我们俩经常到欧洲各国出席奥运会，参加国际奥委会的会议，世界大战结束后，我经常会与国际奥委会新晋委员的妻子们一起喝茶，期间给她们简要讲一讲奥林匹克的历史。虽然我很想借机批评某些反对者，但皮埃尔执意不许，我只好作罢。那些故事似乎很能鼓舞人心，能帮助新晋委员夫妇做好奥委会的工作。”

“您会跟她们讲19世纪80年代的事?”

“当然。要让国际奥委会的每位成员都明白——皮埃尔在复兴奥运之初，就将教育与体育运动紧密联系在一起。首先我会给她们讲一讲奥林匹克运动的起源：皮埃尔最先是想要改革法国的教育系统；多年以来，这一改革一直蹒跚难行，他想投身其中。然后我会从他在拉格比的启迪说起，一直讲到现代奥运会的创立。按时间顺序，把来龙去脉交代清楚。”

“真不错。您能给我概括一下吗?”

“很久没有讲过了呢，不过应该能行。”玛丽说道。圣克莱尔觉得，这个问题他是问到点子上了。“通过在勒普雷的会议上发言，皮埃尔创下了名声；之后他又为勒普雷的《社会改革》杂志写了大量文章。但他的事业真正起步于拉格比的考察，他在拉格比厘清了思路，回来时已是专心于体育了。在巴黎自由政治科学学院上学期间，他和西蒙建立了紧密的合作关系。西蒙赞同他的观点，将他介绍给沃丁顿和费里，还请他协助1889年巴黎世博会的组织工作。”

“那时他有了举办体育教育大会的想法。”圣克莱尔插话道。

“正是。令皮埃尔早早确立地位有两个因素，一是他出版了《法国的英式教育》这本著作，二是他组织成立了‘法国体育运动推广与体育教育委员会’，这个委员会的主席是西蒙，所以又被称作‘朱尔·西蒙委员会’。皮埃尔26岁时，已经成了第三共和国推广学校体育教育的第一人。他在学校里推广体育课程，早期也多少取得了一些成果，尤其是在蒙热（Monge School）和阿尔萨斯（Alsacienne），因为这两所学校此前就有基本的体育项目。但是，朱尔·西蒙委员会刚刚成立，格鲁塞随即就发起了一个对立的运动，他还指责皮埃尔及其支持者，说他们破坏了法国的体育传统。”

“格鲁塞是不是拿法国民族主义做文章？”

“对，他就是这么做的，还把皮埃尔说成卖国贼。格鲁塞是皮埃尔的死敌，对皮埃尔无比尖酸刻薄。我认为他是痛恨贵族，而皮埃尔对他来说是首当其冲者。他说，皮埃尔是用英国体育的苦难来折磨法国的学生。我读过他的一些批评文章。他把皮埃尔成功组织的学校体育赛事称作可悲的欢庆。他还成立了自己的‘体育教育国家联盟’（Ligue Nationale d’Éducation Physique），基本上就是把法国的传统体育运动与皮埃尔的规划往相反的方向引领；他在爱国主义上面大做文章，把皮埃尔描绘成阴险的卖国贼。他的确得逞了，在学校系统里倒行逆施，还连续数年组织举办了一个名叫‘lendits’的年度体育节。”

“很精明的一个对手。”

“是的，格鲁塞算是个真正的威胁。但是，皮埃尔在政府里有很厉害的盟友；因为格鲁塞曾与巴黎公社有牵连，所以政府的人不信任他。有了西蒙、沃丁顿、费里的协助，皮埃尔最终胜利了。在1889年巴黎世博会上，格鲁塞被置身于外，而皮埃尔一举确立了自己的领袖地位。”

“但是，他在一定程度上阻碍了皮埃尔在学校推广体育教育的工作。”

“的确如此。”玛丽一手托着下巴，考虑了一下。“我觉得，格鲁塞的反对，其实对皮埃尔起到了积极的影响。他开始以全新的视角去看待爱国主义和民族主义，并且站在国际主义的角度考虑二者的相互关系。他在格鲁塞身上所看到的爱国主义，其实与盲目排外有些类似，不过在号召抵制国外影响这一方面有着奇效。皮埃尔的奥运会设想的基础，就是一个能置于国际主义框架内的、健康的民族主义形式。”

“这样一来，我就既能因祖国获得银牌而欢呼庆贺，又能对获得金牌的队伍表达赞赏之情。”

“正是如此。”说着，玛丽低头看了看表，“格鲁塞的成功只是昙花一现，而皮埃尔的成功却是恒久不衰的。1890年，皮埃尔结识了亨利·迪东神父[①]，并得到了他的支持，从而把体育教育纳入法国的大小学校。”

“真是精彩，男爵夫人。可是，咱们能回到您的访谈内容上来吗？”圣克莱尔担心她又会着急离开。“我对您的讲述很感兴趣，不过在这本传记中需要对格鲁塞做一番阐述。”

“我真的得走了，”说着，玛丽戴上了帽子。“我简单跟你说说此后的事吧。在体育教育大会举办前一年，皮埃尔发出了一份全球调查问卷，统计全世界范围内体育活动及体育教育的状况。仅从美国，就收到了来自各个俱乐部和大学的90多份回复。他得以与美国、瑞典、德国、匈牙利、英国、希腊等国的志同道合者联合起来。这些人后来成了皮埃尔复兴奥运的坚定的盟友，其中很多人都成了国际奥委会的委员。1889年，巴黎世博会取得了巨大成功，尽管体育教育大会只是其中一个不起眼的小活动，展示的内容也是寥寥可数，但它为皮埃尔的志向铺设了一个重要的国际体育平台。世博会结束后，他就动身前往美国，考察了十多所大学，巩固了人脉，并且，与后来在奥运复兴大业中的强力伙伴——普林斯顿大学的威廉·密里根·斯隆，建立了不朽的友谊……”

圣克莱尔低头看着笔记本，记录着玛丽的讲述，却听到她不作声了。他抬起头，只见蕾妮正向他们走来。

“蕾妮，怎么了？”玛丽厉声问道。

“你好，雅克。”蕾妮先是跟圣克莱尔打了个招呼。她低头看着地面，说道：“妈妈，桑娅（Sonya）请您立刻回去。”未做解释，也没有道别，玛丽就从隔间起身而出，急匆匆地离开了。蕾妮紧随其后，回头朝圣克莱尔点头致意，随即与母亲一起从侧门走了。圣克莱尔知道，桑娅是个护工，负责照料顾拜旦的儿子雅克。

---

① 亨利·迪东神父：Henri Didon，1840—1900，法国著名神父、作家、教育家，大力推广青少年体育运动，奥运会的座右铭“更快、更高、更强”就是他提出的。

41

遗嘱

7月第二周里炎热的一天，白天即将过去，圣克莱尔离开蒙里普斯，步行上山。他与梅斯里约好在里彭广场小酌，但他并不着急，因为距离约定时间还有半个小时。与玛丽的访谈已经过去了一个星期，而他感觉这是他在洛桑最富成效的一个星期。皮埃尔1889年巴黎世博会的回忆已经整理得差不多了，圣克莱尔将其塑造成了一个活力四射、把握命运的年轻人。他的背包里，装着刚刚写好的5章传记，打算拿给梅斯里看一看。

圣克莱尔来到陡峭的阶梯市场(Escaliers du Marché)。阶梯旁是一排小店，他在一个书摊前停下，看了看，买了一本卷了边的旧书《娜嘉》。这是安德烈·布勒东[①]的超现实主义作品，描写了巴黎十天的生活。多年以前他曾读过这本书，原本是为了学习新的写作风格，却迷上了书中对偶遇及寻找自我的精彩描写。他把书放进背包里，继续拾阶而上。这时大学里下课了，学生们汇成人流，鱼贯下山。

圣克莱尔来到“学院咖啡馆”(Café Academe)，在其路边桌旁的一把弯木旧椅上坐了下来，点了一杯潘诺酒。胡米内宫就在他正对面，一览无余。他翻

---

① 安德烈·布勒东：André Breton，1896—1966，法国超现实主义创始人，理论家，诗人，小说家。

开《娜嘉》,一边看书,一边等着梅斯里。不一会儿,只听得旁边的椅子被人拉开,他抬起头，瞧见了梅里斯博士那魁梧的身躯，还有灰色圆礼帽下，他那与灰暗天空形成鲜明对比的灿烂笑容。

“哦？雅克，”梅斯里用一根手指挑起书的封面，看了一眼，说道，“你是想在超现实主义作家那里得到指点，解开洛桑的不解之谜吗。”

“你好，弗朗西斯。你知道布勒东？真令我惊讶呢。”

梅斯里坐了下来，叫过服务员，点了一杯樱桃白兰地。“这里的学生，曾经对自动写作[①]和偶遇非常着迷。在瑞士，布勒东的《超现实主义宣言》(Surrealist Manifesto)比达利[②]的伟大作品更有影响力。库尔特·施维特斯[③]的拼贴画在我们的艺术课上风行一时。”

“啊，对。自动写作。我看这本书的起因就是想领略一下这种创作方式，可没什么收获。”

“很可惜咱们的会面也不是偶遇，不过我很高兴你能约我见面。”梅斯里说道，“男爵还好吗？”

“很好。他还坚持划船，散步休息时也是一如既往地快走，关于1889年巴黎世博会的事也是记忆犹新。”

“我知道他参与了那届世博会，不过我们一直没有谈论过这件事。传记的进展如何？”

“很不错。我刚写完最新的5章内容，请你过目。”

“太好了。里面写了1889年世博会的事了？”

“对，截止到他动身去美国。”

二人边喝酒边聊。圣克莱尔向梅斯里汇报了最近与顾拜旦、玛丽、吕西

---

① 自动写作：布勒东提倡的一种超现实主义创作方法。

② 达利：即萨尔瓦多·多明哥·菲利普·哈辛托·达利–多梅内克，普波尔侯爵，Salvador Domingo Felipe Jacinto Dali i Domenech, Marqués de Púbol, 1904—1989，西班牙著名画家，以其超现实主义作品而闻名。

③ 库尔特·施维特斯：Kurt Schwitters, 1887—1948，德国艺术家，以拼贴画闻名。

安·朱萨德的访谈，以及自己在各个方面的不断调研。约定的1小时很快过去，梅斯里遂建议二人共进晚餐，便到咖啡馆里去给家里打电话，而圣克莱尔则知道朱丽叶能理解他不回家吃晚饭的事，因为自己经常因为访谈而错过饭点。

夜幕降临，圣克莱尔和梅斯里起身去吃饭。梅斯里热情地说道："老城墙那边，阿莱塔（Tower of Ale）旁边有家店，他们做的干酪面包和土豆饼特别好吃，那是家瑞士餐厅，名叫'天鹅餐厅'，你一定会喜欢的。"

天鹅餐厅位于街角，石墙上安的是旧木门。梅斯里推开门，圣克莱尔立刻闻到饭菜的香味。餐厅在地面以下，二人拾级而下，只见里面是一个个华丽而朦胧的小隔间，窗户都很高。二人在一个隔间坐下，梅斯里点了两杯红衣主教[①]，又要过酒水单，点了葡萄酒。

"雅克，"梅斯里对圣克莱尔说道，"我觉得你该压缩一下他在巴黎的生活，着重写一写他的奥林匹克考察之旅。"这时他们的酒端上来了，梅斯里举起杯子，说道："敬皮埃尔。"

"敬皮埃尔。"圣克莱尔附和道。"是的，我知道。看似我在皮埃尔的早期生活着墨过多。但是，当初我跟你说过，奥运复兴之后，资料就很翔实了，有大量档案可供参考。"

"我明白，"梅斯里注视着圣克莱尔，"可是时间不等人啊。"

"别着急，会来得及的。那天我跟皮埃尔说，9月份我们就能进展到雅典的首届奥运会了，从那开始，每一届奥运会连贯下来，就好写多了。"

"你觉得年底前能完成全书的初稿吗？"

"嗯，差不多。最难的部分是弄明白他的动力来源，这一块已经基本上完成了。"

"如果时间不够用，我可以改一改合同，宽限些时间。"

"谢谢你。先看看到年底情况怎样再说吧。"

"我想说的是，到目前为止，我对你的工作很满意。"

"谢谢你，弗朗西斯。"

---

① 红衣主教：Cardinal，瑞士生产的著名啤酒。

这时服务员拿来了梅斯里点的酒，是一瓶波美侯[①]，随之而来的是一份鸭肉片拼盘。

“有件事我要问问你，”圣克莱尔说道，“上周末，我以前的同事埃德加给我写来一封信，上面说皮埃尔在遗嘱里面写了很奇怪的遗愿——他想把心脏埋在奥林匹亚。”

“是的，我跟他谈过这件事。这是法国知识分子和领袖人物献身事业的一个老传统了。”

“我是头一次听说。”

“是真的。最早的一个是他所崇拜的甘贝塔[②]，他的心脏埋在了先贤祠里。他还跟我说，有个将军的心脏埋在了荣军院，就在拿破仑墓的旁边，以示永恒的追随。”

“这么说，他想把自己与奥林匹亚永远联系在一起。”

“想想他这一生，他的心脏还真的属于奥林匹亚，那是他的命运诞生之地。”

“我想，心脏代表的是他最爱的东西。但是，他的心脏怎么运过去？谁护送？”

“我不知道。”

这时主菜端了上来。圣克莱尔从背包里拿出一摞书稿，对梅斯里说道：“你若想在吃饭时读一读，我是不介意的。”他喜欢看着别人读他的作品，而梅斯里立刻把书稿接了过去，用手指轻抚整齐打印的纸张。

“我本不想失礼，不过，你若执意让我一睹为快的话，我就先看看第一章吧。”

---

① 波美侯：Pomerol，位于波尔多葡萄酒产区东部。

② 甘贝塔：即莱昂·甘贝塔，Léon Gambetta，1838—1882，法国著名政治家。

42

裁判经历与埃菲尔铁塔

新稿共有五章，刚读第一章，梅斯里就手不释卷了：

◎◎◎◎◎

作为一名体育管理者，顾拜旦的一大优势就是他对各种体育项目的规则都了如指掌。他早就发现，体育运动与生活中大多数情况一样，倘若不能了解每个竞技项目的具体规则，就无法建立国际通行的体育标准，不能在体育场上推行骑士精神——亦即公平竞赛。

也许当时每个人都明白，如果体育运动没有全球通行的规则，那么就很难成为国际交流的方式。这一难题令他异常兴奋，随之细心研究每个现代体育项目的历史，将其规则的演变了然于心。1889 年巴黎世博会期间，在他的体育教育大会上，他强烈主张为每个体育项目制定国际统一标准。数年之后，他的体育知识已非常渊博，从 1896 年开始，至 1924 年他在巴黎卸任国际奥委会主席，其间的每一届奥运会的比赛项目，他都是权威人士。他始终孜孜不倦地学习研究各种体育运动的细枝末节。

顾拜旦真正了解到体育规则的重要性，始于布洛涅森林公园。那天，他在那观看了一场英式橄榄球比赛。

埃斯迪萨克公爵（Duc d’Éstissac）亚历山大·德·拉·罗什福科（Alexandre de la Rochefoucauld）是个魅力非凡、富可敌国的贵族，也是巴黎赛马会（Paris Jockey Club）的主管。1886年年初一个周六的上午，在其邀请之下，顾拜旦前往布洛涅森林公园的游乐园（Le Jardin d’Acclimatation）观看一场业余英式橄榄球比赛。罗什福科家族与顾拜旦家族是数百年的世交，老公爵也早就赞同支持顾拜旦的体育教育设想。顾拜旦曾两次在其赛马会上致辞，向其颇具社会影响力又喜欢体育运动的贵族成员讲述将体育锻炼纳入法国教育的重要性。

阳光照耀下，操场上的草坪露珠闪烁。顾拜旦与罗什福科坐在破旧的看台上面，看着队员们从更衣室里鱼贯而出。顾拜旦身穿西装，头戴真丝礼帽，与罗什福科的打扮类似。不过他觉得他俩穿得过于庄重了，因为别的观众穿的都是休闲装或运动服。

顾拜旦没想到罗什福科竟然会邀请他观看英式橄榄球比赛，这可是一项殊荣，不由得惊喜万分，在看台上站起，甚至跳了几下；看台本就破旧不稳，这下更是摇摇晃晃，几乎坍塌，老公爵也差点掉下去。

“皮埃尔，安分一点儿。”罗什福科抓着屁股下的座板，抗议道。

顾拜旦笑道：“这看台，倒是离我预想中赛马会的排场有点儿差距。你那些隆尚（longchamp）的朋友不捧场啊。”

“不是的。这是我侄子的比赛，不是我们赛马会的活动。我也只邀请了你一个人，因为我知道你喜欢拉格比小镇，热爱英式橄榄球。还有，我想让你评价一下杰勒德（Gerard）的水平。”

队员们正在球场上热身。顾拜旦放眼看去，看见一个健壮的年轻人，一头卷发，穿着红色运动服。“嗯，我看见他了。”双方队员各穿红色和黑色运动服，却没有像英国的橄榄球比赛一样头戴帽子、身穿统一的运动裤。

热身还在继续，比赛已过了开始时间。操场边上一阵骚乱，边裁在向两队教练解释着什么，周围人则围了过去一看究竟。

“没有裁判。”顾拜旦已经明白问题所在了。这时两位教练向他们走了过来，登上看台——显然明白罗什福科公爵是在场的权威。杰勒德也跑了过来。

杰勒德的教练开口道：“裁判还没来，没有人管控比赛纪律，”其他队员都停下热身，看着他们商量对策，“比赛非乱成一锅粥不可。”

“太可惜了，”老公爵说道，“他在来的路上吗？”

“不知道，”另一位教练说道，“我和约翰能当裁判，不过没办法保证公正。”

这时皮埃尔决定毛遂自荐。“你们有哨子吗？”他问道。大家纷纷转过头看着他。

“你能当裁判？”罗什福科愣了一下，惊讶不已。

“可以。能不能借给我一套运动服？”顾拜旦低头看了看脚上的软皮鞋，穿这个在草地上奔跑一定是要滑倒的，“还要一双钉鞋。”他补充道。

“没问题，男爵。”杰勒德答道，“去更衣室换衣服吧。”

老公爵对顾拜旦说道：“你真是太好了，皮埃尔。”看到问题迎刃而解，他显然很高兴，“我不知道你还能当裁判呢。”

“在掌握了英式橄榄球的规则之后，我执法过很多比赛，大多数都是英国预备学校的比赛。今天在场的都是成年人，想必都会公平竞赛的。”

10分钟后，顾拜旦弯着腰，手拿橄榄球，两侧是争球的队员。他屏住呼吸，准备开球。在接下来的一个小时里，他在球场上前奔后跑，当队员们抢作一团时，他用尽全身力气将这些强壮的小伙子分开。在他的控制之下，比赛进展顺畅，只出现了五六次界外球和高拦截的情况。他偶尔向看台看去，只见老公爵很是享受他的执法，尤其是在他高喊“蹲下！”“触球！”“预备！”“开始！”的指令，让双方队员开始拼抢时。最后，身穿黑色运动服的一方发起最后一击，以 23 ：20 击败了杰勒德的球队。皮埃尔去更衣室洗浴更衣，一大群球员围上来感谢他的执法。罗什福科公爵对他赞不绝口，当晚便要设宴款待他。

顾拜旦很喜欢这种比赛后的情谊。在一群身强力壮、情绪激昂、怒气冲冲的小伙子面前，他成功地执法了比赛，即便是在最激烈的时候也保证了自己的权威。对这次成功担任裁判，他很是高兴。他在比赛中被争球的队员撞了肩膀，有几处擦伤现在还疼个不停，但他意犹未尽。对他来说，当裁判能保持身体状态，还能与诸多球队联盟、很多重视体育的人士保持密切联系。当天离开时，他脑中想的全是一个念头：他要锻炼身体。

◎◎◎◎◎

当天晚上，回到家里，坐在书桌前，顾拜旦制订了一份正式的跑步计划：从巴黎 7 区的家中出发，到布洛涅森林公园，再返回，全程 10 英里。他刚刚 23 岁，但自从圣依纳毕业以来，他已多次跑过这条路线——没有一百次，也有好几十次了。长跑是他主要的锻炼方式，辅以健美操、引体向上，还有击剑、拳击、骑马等。但他从未像一个真正的运动员一样勤奋锻炼以保持健康。以前，他偶尔会跟巴黎竞技俱乐部（Paris Racing Club）的成员一起跑跑步，也认识几个每天坚持在布洛涅森林公园绕湖跑步的人。现在，顾拜旦越发将自己看作一位体育运动的倡导者，他明白，自己的身体状况对其使命而言至关重要。

于是他开始坚持每天上午跑步——要么是在开始工作之前，要么是上午过半，需要从写作中休息片刻的时候。他定好步速，拿着怀表，记录每次跑步的时间，打算将训练和健身的关系总结成理论。他的新目标是精确了解一下经过几个星期、几个月、几年的锻炼，身体的变化情况。

他的身体的确发生了变化。在数周时间里，他制定的目标逐一实现。

在此后6年的锻炼中，顾拜旦在法国的英式橄榄球裁判中不断进步，最终脱颖而出，在1892年于法兰西体育场（Stade de France）举行的国家锦标赛上，在6万名观众面前执法了比赛，从而达到自己作为一位业余裁判的事业巅峰。在那场比赛中，法国竞技俱乐部（Racing Club of France）代表队以4：3赢了法兰西体育场（Stade Français）代表队。而顾拜旦也就此结束了自己的裁判生涯——只有一次例外：1906年1月1日他生日那天，他一度复出，执法了法国的首场英式橄榄球国际比赛，对手是新西兰。他有更多志向，工作量也过大，不得已放弃了裁判事业。尽管如此，他对这段经历心怀感激，因为裁判员职责逼迫他养成了自律的好习惯。从1886年到1892年，他在跑步中收获的不仅是身体的健康，还有他在历史看台的前排的一席之地。

◎◎◎◎◎

西蒙曾和顾拜旦说过，关于1889年巴黎世博会，有件大事一直悬而未决。在1886年年末的一个早晨，顾拜旦在《费加罗报》上看到了其中究竟：法国著名工程师、现代铁艺大师、桥梁专家古斯塔夫·埃菲尔（Gustave Eiffel）在角逐中获胜，要为1889年巴黎世博会设计建造地标建筑。埃菲尔及其团队的方案是建造一座铁塔，消息传出，立刻引发了激烈争论，大量文人、知识分子对其方案大加抨击。在巴黎这个自视为世界艺术与建筑之都的城市里，某个建筑设计方案成为街谈巷议的焦点并不为奇，但这次争议范围之广大令人叹为观止。大多数人都对其工业美学以及尖顶设计持负面评价。费里、西蒙、沃丁顿并未公开评论，也未与顾拜旦谈及他们对此设计的看法。但有些公众人物，如巴黎歌剧院的设计师查尔斯·加尼叶（Charles Garnier），他在各家新闻媒体上对埃菲尔的方案狂轰滥炸。顾拜旦惊讶地发现，在埃菲尔的反对者中，竟然有法国饱受爱戴的小说家小仲马[①]，以及著名短篇小说作家莫泊桑[②]。他们怒不可遏地给法国公共工程部长写了一封公开信，称埃菲尔铁塔"丑陋怪异"，"必将成为巴黎之耻"。

但是埃菲尔是个讲究实干的人。在获得设计建造权之后的数月时间里，就在战神广场热火朝天地开始了改造。晨跑时，顾拜旦总能看到一大群工人在塞纳河边挖掘。又过了数月，坑挖得越来越深，一堵石墙平地而起，就像古罗马堡垒遗址一般。1887年4月，四个深坑已经完工，每个坑内都有一个石头砂浆塔墩，从地底向内、向上而起，顺着它们的线条，能预见到将来汇合的塔尖位置。

顾拜旦在晨跑时，喜欢绕着塔墩跑一圈，期间常常看到埃菲尔本人在地基下面监督工程进展。石墙建成之后，上面又加上了钢条和支架，有些还安装了巨大的空气泵。顾拜旦心想，这些设施能使其承受巨大冲击，真是太聪明了。接着向布洛涅森林公园跑去。他随即想到，自由女神像的内部框架也是由埃菲尔设计建造的，巴特勒迪才得以为雕像"穿上"外袍。

在随后22个月的时间里，埃菲尔铁塔堆铁累钢，平地而起，成为巴黎天际线上最醒目、最反传统的地标建筑。看着眼前发生的一切，顾拜旦不由得惊叹不已。在他看来，铁塔每高一层，其伟大就愈强一分。每次从附近跑过，看着铁塔一日日增高，战神广场上为世博会而建的会场渐渐成形，他的爱国热情不由得阵阵高涨。跑步的速度越来越快，感觉也越来越好。

每一层新建的铁塔，每一幢新增的建筑，都为他的梦想增添新的愉悦。鉴于顾拜旦现在的地位及日益扩大的影响力，及其本人在此次世博会期

---

① 小仲马：Alexandre Dumas，1824—1895，法国著名小说家、剧作家，大仲马之子，代表作有《茶花女》等。

② 莫泊桑：居伊·德·莫泊桑，Henri René Albert Guy de Maupassant，1850—1893，法国批判现实主义作家，代表作有《项链》《羊脂球》《我的叔叔于勒》等。

间的参与，他无法不把眼前节节升高的地标建筑看作对自己的一个挑战。倘若这个年轻的共和国能成功举办一届前所未有的世博会——世人对此已是越发肯定——那么他顾拜旦的志向怎么就不能更大一点呢？

顾拜旦跑步的记录越积越多，世博会也越来越近，他越发觉得自己有多么幸运：他出生于贵族家庭，享有特权，对此他心怀感激。如今，贵族特权大都不再，但他的感激之情越发浓厚，因为第三共和国通过新的自由给了他更多权利。他脑中始终有个念头挥之不去：他是最幸运的人之一，在这特定的时期生活在这特定的城市。他感觉自己就像是个巨轮上的领航员，正朝新的地平线驶去，如同即将发现新世界的哥伦布[①]一样。也许他不是这艘巨轮的船长，但他觉得，在体育的发展方面，六分仪[②]就握在他的手中。

在长跑期间，他还发现了内心深处的一些东西：是一种近乎崇敬的，对其出生的这个城市日益加深的热爱。他知道，自己的这股爱国之情源于少年时的成长历程，巴黎已经融入了他的身体。而他身上所表现出来的，正是巴黎的文明和努力。这座城市用其创意无限的艺术令他全家报以满腔热爱，也为他注入了雄心壮志。跑过战神广场时，他偶尔会心生惋惜之情——他知道，华丽盛大的世博会必定是短暂的。虽然埃菲尔铁塔会被保留下来，但一旦展会结束，眼前这些林立的琼楼玉宇都将消失。旋即他又领会着巴黎的美妙，他安慰自己——不管潮起潮落，光明之城那无匹的美丽和无限的启迪将会永存于世。

在跑过的大街小巷中，顾拜旦还发现了一些值得欣赏的东西：或是守护入口的熠熠生辉的青铜狮子，或是拱廊里栩栩如生的雕塑作品。春天里，丁香花和紫藤的香气从各家阳台上袅袅而下；七叶树上，白色的

---

① 哥伦布：克里斯托弗·哥伦布，Christopher Columbus，1451—1506，意大利人，探险家、殖民者、航海家，1492年到1502年，哥伦布在西班牙国王支持下先后4次出海远航，开辟了横渡大西洋到美洲的航路。

② 六分仪：航海定向仪器。

花朵傲然绽放。他像个专注的记者一样，事无巨细，尽收眼底。而每次出门跑步，在巴黎的街区中穿行，他都能发现一些赏心悦目的景致。

战神广场上的建筑物如雨后春笋，而埃菲尔铁塔又如鹤立鸡群，既令人着迷，又惹人非议。巴黎久富艺术传统，在其看来，这座代表19世纪工业美学的铁塔就像伦敦那一排排供工人居住的平房一样卑贱低俗。愤怒与指责无休无止，各路行家仍对其不住抨击，说它是个“四脚着地的笨拙的铁兽”“丑恶的黑色骷髅”“巴黎天际的一道刀疤”……

埃菲尔对这些批评和指责充耳不闻，很多人站出来为其辩护，珍妮特·蒙田就是其中之一，她用其犀利的笔锋做出回击。她曾对顾拜旦说，那些人不过是些“滑稽的守旧分子，妄图从中作梗，否认第三共和国所取得的公认的进步”。关于埃菲尔铁塔的争论，为珍妮特提供了大量漫画素材，她的讽刺漫画不断出现在《费加罗报》《小日报》，甚至《美术》杂志上面。在她画得最好、最大的一幅漫画中，古斯塔夫·埃菲尔手拿一把铁塔形状的剑，与反对他的“三剑客”——小仲马、莫泊桑、查尔斯·加尼叶——斗在一起。他们三人至今不肯罢休，还在公开抨击埃菲尔将钢铁与艺术相融的表现形式。珍妮特将此三人丑化：蒜头鼻、小眼睛、小耳朵、原始人才有的大下巴，还有狭窄的前额，以暗指其思考能力的匮乏。尽管经过压缩和夸大，以硕大无比的脑袋和渺小的身躯暗指其狂妄自大，但其笔下的公共人物依旧一眼可辨，顾拜旦不禁对她的漫画能力钦佩不已。顾拜旦正在世博会的筹备事项中从事管理工作，从而得以为她提供具有争议的内幕，而她则将此付诸笔端，借漫画进行讽刺。对此，珍妮特对顾拜旦甚是感激。顾拜旦常常会在她的作品中看到自己所提的建议，感到他们二人的亲密关系有着更广阔的影响。他对她独特而桀骜不驯的艺术越发敬重，对她的爱也日渐加深。

43

世博会组织工作

梅斯里抬起头，带着赞许看了圣克莱尔一眼，随即翻到第二章：

◎◎◎◎◎

此时的顾拜旦，一边担任朱尔·西蒙在1889年世博会筹备工作的行政助理，一边推广自己的体育教育大会，其声望与日俱增。而他发现，生活中立刻充满了大大小小的组织会议。西蒙曾在1867年世博会期间辅助弗雷德里克·勒普雷工作，也曾在1878年世博会期间担当重任。于是，朱尔·费里执意要他全程监督1889年世博会的筹备进展，并参加委员会的重要会议，以了解整体组织情况和进展情况。西蒙则执意将顾拜旦带在身边，让他做记录、写报告、制定行动步骤。他们参加了交通委员会的工作会议，听取了关于一个小型铁路工程——窄轨轻便铁路线的建造进展。这段铁路环绕世博会园区而建，旨在运送游客往返于战神广场和荣军院广场。顾拜旦的笔记本上满满当当写着住房计划：数千名建造、维护世博会的建筑工人，还有旨在为世博会增添异域气氛的艺人、工匠、肚皮舞演员……他们还检查了各个大型展馆的建设进度：机械展厅（Gallery of Machines）、人文与艺术大厅（Halls of Humanity and the Liberal Arts）、各个法属殖民地的特色展厅，还有一个设在荣军院草坪上的农业展馆……其中最富争议、久决不下的，当属此次世博会上的画展。它可谓巴黎沙龙的升级版本，旨在选取100年里法国的经典画作。打个比方来说，就是从1789年法国大革命画下第一笔，到目前的第三共和国那人人平等的画布上收笔。

他们参加了诸多工作会议：售票计划、VIP通道的设置、开幕式、显要人物的座位安排、媒体宣传，以及全部三个月的活动和项目安排。结果，各地游客蜂拥而至，原定三个月的世博会最终用了六个月才结束，游客人数高达3200万，远超历届世博会的游客人数。三个月的时间里，共举办了60场会展，其中就包括西蒙和顾拜旦主导的那两个。

顾拜旦发现，在诸多会议中，最令他受益的是乔治·伯杰（George Berger）的总体筹备会。因为他们关注的是游客的整体体验，亦即给他们留下怎样的印象、产生怎样的愿景、受到怎样的启迪、了解怎样的信息，而非展品的细枝末节。此次世博会的主题是“启蒙”，重点是教育。然而在顾拜旦看来，它更倾向于娱乐，而非教育。当然，只要有心，游客就能了解到世界工农业的革新、建筑和艺术的潮流走向、自由主义的进展、政府的平等框架等等内容；他们还能领略到埃及、阿根廷、委内瑞拉、印度尼西亚——法国在亚非两洲的诸多殖民地的不同文化特色。但在顾拜旦看来，最令人着迷、印象深刻的，当属水牛比尔①的“荒野西部秀”（Wild West Show）。他的表演团中有多位高超的骑手、枪手，还有女神枪手安妮·欧克丽（Annie Oakley）及其随从、美国印第安苏族酋长“坐着的公牛”（Sitting Bull）。在1889年春天的巴黎，15步内必能见到水牛比尔的图像，画中的他骑

① 水牛比尔：Buffalo Bill，即威廉·弗雷德里克·科迪，William Frederick Cody，1846—1917，美国南北战争军人、农场经营人、边境拓垦人、美洲野牛猎手和马戏表演者。

着金色高头大马，驱赶着一群巨大的公牛迎面冲来。

每次会议，都会由一位不同的政府官员或组织者主持，西蒙则针对其管理模式提出见解，就像一位大师点出众人的优点和不足。西蒙和顾拜旦每周与费里会面一次，西蒙向其汇报总体进展情况，提出哪里延误、哪里出现问题，然后向费里寻求解决方法。费里随后便会与伯杰会谈，商量各个事项的急缓轻重。

顾拜旦曾数次向西蒙抱怨，说需要操办自己的体育教育大会，不能总随西蒙去参加各种会议。但西蒙仍要求他陪同，他对顾拜旦解释说："这是很好的学习机会，能学到组织大型活动的技巧和方法。这就像是组织活动的学位课程，皮埃尔，你要感激这样的机会，因为在我身边你能学到很多东西，这些知识在大学里是学不到的。"

费里对顾拜旦所做的报告很满意，又单独派他到人文科学馆（Palace of Liberal Arts）考察其全面备展情况。这里将展示法国的历史以及共和政体的发展前景——亦即第三共和国治下自由、平等和友爱的艺术表现。顾拜旦顿时充满干劲。

顾拜旦很幸运，因为西蒙积极参与到了首届世界和平大会中，他的担子轻了很多。大会的联合主席——巴黎的弗雷德里克·帕西和伦敦的霍奇森·普拉特均亲力亲为，同心协力，大会的组织工作和谐有序，契合主旨。他们的会议也是有条不紊，由数位秘书巨细无遗地记录在案。于是，西蒙就免了顾拜旦很多报告工作。

贝尔塔·冯·苏特纳随时向顾拜旦通报最新进展。一天下午，顾拜旦和贝尔塔在人文科学馆里等着西蒙，后者正与查尔斯·加尼叶私人会晤。借这个空当，贝尔塔跟顾拜旦讲了讲最新情况。

"和平运动的影响力是毋庸置疑的，皮埃尔。"贝尔塔说道，语气一如既往的坚定。

二人看着工人们将一桶桶白色灰泥抹在一个人造山洞的岩层上，

以做出更新世[①]尼安德特人[②]居住的山洞的效果。加尼叶主持的展览是自古以来的"人类栖息史"。

"再跟我讲讲，你为什么要用'运动'这个词？"顾拜旦问道。

"因为这是一整套设想，在国家之间、各国领导人之间传播蔓延，给他们灌输一种希望——新的国际主义影响力将帮助人类摆脱矛盾冲突，找到战争的替代途径。"贝尔塔答道。

"这么说这是一场思想运动，"顾拜旦说道，"可是，在俾斯麦的时代，是不是有些理想化了？"

"我们早就超越俾斯麦的时代了。不要只看着过去，把着眼点放在年轻人身上。把新思想的种子种在年轻人的脑中。你会看到其效果的。世界和平大会旨在关注年轻人——培养下一代人的和平理想。"

"你想通过每个国家的教育系统进行推广吗？"

贝尔塔挽着顾拜旦的手臂，带他走到展馆的阳台上。"是的，"她答道，"但是普拉特和帕西还打算创办每年一届的世界和平大会，走遍世界，让世界各国年轻人都加入进来。巴黎将是我们的第一站。"

"为什么呢？每年一届大会，商讨和平，做演讲，还有各种哲学讨论？这可是个繁重的工作。这样规模的博览会，可是每十年才能举办一次啊。"说着，他伸手示意眼前的世博会现场——埃菲尔铁塔、花艺展示、喷泉、雕塑、大小建筑，还有阳光下巴黎大皇宫蓝色的圆屋顶。

"我认为，他们设想的活动比这个要小一些，"贝尔塔说道，"不过，他们想把年轻人集中起来，研讨、调解、举办文化和艺术活动，甚至在国家间举行体育比赛。"

---

① 更新世：Pleistocene-era，亦称洪积世（从258万8000年前到1万1700年前），地质时代第四纪的早期。这一时期绝大多数动、植物属种与现代物种相似，人类也在这一时期出现。

② 尼安德特人：Neanderthal man，简称尼人，因其化石发现于德国尼安德特山洞而得名。尼安德特人是现代欧洲人祖先的近亲，从12万年前开始统治着整个欧洲、亚洲西部以及非洲北部，在2万4000年前消失。

“体育比赛？每年一届的国际体育比赛？”

“差不多吧。这届和平大会上会有详细介绍。”

这时西蒙来了，三人走下台阶，走到荣誉广场上（Court of Honor）。顾拜旦说道：“刚才贝尔塔跟我说，普拉特和帕西打算举办一系列世界和平大会，体育比赛就是其中一个项目。”

“用体育推动和平？很好嘛。通过体育来增进国际友谊，”西蒙说道，“皮埃尔，你的才华有用武之地了。”

◎◎◎◎◎

通过参加世博会的筹备会议，顾拜旦还有别的收获。他的人脉得以迅速扩张。众人皆知他是西蒙的年轻同伴。大家都知道西蒙曾为他写的书《法国的英式教育》作序，也早就确立了这位年轻人在法国体育界的声望。大家把他看作可结交的盟友，甚至会通过他向西蒙建言献策。除了诸多见解之外，他还学会了如何用内行人的眼光看待活动事项。他能看出活动的组织问题出在哪里，为何大多数展会都落后进度，知道埃菲尔铁塔的电梯还要多久才能完工。他知道，5月6日星期一开幕那天，世博会的各项工作很难全部就绪。但他知道，这其实无关紧要，游客一定会蜂拥而至。即便有些展会尚未完全备好，但会场的气氛已经营造出来了。宏伟壮丽的建筑物、花园、喷泉……足以在游客心中留下震撼迷人的印象，这个宏大的公共活动可谓实至名归。

因公事繁忙，顾拜旦只好把珍妮特先放在一边。他常常失约，很晚才匆匆赶到她的家中温存片刻。他知道自己把爱情排在了志向后面，但珍妮特似乎并不介意，甚至很享受这种奔忙的恋情。世博会的盛大开幕式日益临近，顾拜旦想找个办法让她体验一下筹备工作的兴奋，同时又能与她多多相处。终于，他在筹备委员会的秘密计划中找到一个机会。星期六，开幕式之前两天，天黑之后，趁着没人注意会场之时，将会做一次灯光测试。巴黎是现代化的都市，而电灯照明在此次世博会上是首次被大规模使用。为了展现一场史无前例的视觉盛宴，点燃在场游客的激情，伯杰打算在开幕式当晚点亮会场的 1 万个灯泡。此次灯光测试，为的是确保照明系统正常运行。顾拜旦预感到，其景象一定无与伦比。

◎◎◎◎◎

“我原以为对皮埃尔参与世博会的情况一清二楚，却从来没听说他曾协助西蒙干了这么多工作。”梅斯里说道。他喝了一口啤酒，翻到五章手稿的第三章，说道：“雅克，这本传记一定会非同凡响的。”

44

光明之城

在家里的车夫亨利的帮助下，皮埃尔在马车的行李箱里放了几把小椅子和一张野餐桌。他偷偷拿了母亲最好的一块桌布，还有几个枝状大烛台。他在一个箱子里放了一瓶冰镇香槟，几瓶波尔多葡萄酒，几块上好的奶酪、火腿，还有一些葡萄，又把玻璃器皿小心翼翼地放进铺了软垫的篮子里。他准备周六晚上带父母出去玩，不准他们在习惯的就寝时间上床睡觉，却不告诉他们要去哪里，也不说明原因。7:30，亨利把马车备好，一家人上了车，先过了耶拿桥去珍妮特家把她接上。皮埃尔搀着珍妮特上了马车。她向查尔斯和玛莉问好——他们已经共进数次晚餐，早就认识了。珍妮特一上车，就问他们俩是否知道当晚的安排。

“我们也不知道这是要去哪儿，”查尔斯说道，“连亨利都瞒着我们。”

“我猜，”玛莉说道，“他一定是带我们去看世博会的什么特殊场合，不过我们的着装似乎不大合适。”皮埃尔先前对他们说，让他们穿适合野餐的休闲装。马车徐徐而行，又从耶拿桥返回，最后驶上夏乐宫附近的一个小山丘，在一块美丽的草坪上停了下来。皮埃尔和亨利忙着从马车上搬下桌椅，查尔斯、玛莉、珍妮特则欣赏着塞纳河对面的世博会园区。

“真是宏伟啊。”查尔斯赞道。听到这位绘画大师开口称赞眼前景致，皮埃尔很是高兴。

从这里看去，埃菲尔铁塔这座工业艺术的杰作傲然独立，无比壮观。铁塔后面，荣誉广场三面环绕着壮丽的宫殿，每座宫殿都是蓝绿色的穹顶。春日暮色中，彩陶做成的圆顶闪烁着迷离的光彩。若是从夏乐宫看过去，会正对埃菲尔铁塔的四个柱墩，而从这个角度看去，世博会展区尽收眼底。

“皮埃尔，”玛莉说道，“你把我们带到这里来，是要看一场美丽的烟花表演吗？”

“不是的，母亲。”皮埃尔答道。他跟亨利在地上铺了一张厚厚的毯子。“但我保证，再过一会儿，您一定会喜欢那美景的。”

“美景？”查尔斯问道。他转过身去，想要找找线索。一群工人正在检查铁塔上的铆钉。

“是的，父亲。等会儿您看到的，是前所未有的美景。”

“已经有椅子了，为什么又铺上毯子？”珍妮特笑着问道。

“累了可以躺下休息一会。”皮埃尔解释道。其实，他之所以带毯子来，是想灯光熄灭、亨利将他父母送回家之后，与珍妮特一起躺着看星星。

“看，夏乐宫阳台上有一群人。”皮埃尔说。大家都转身看去。“今晚一定有什么事吧。”的确如此，夏乐宫阳台的栅栏后面，一小群人正在喝着酒等着。皮埃尔知道，他们也是在等着看灯光测试。虽然相隔很远，但他认出几个人来，都是筹备会的成员。筹备委员会要求大家保守秘密，不过消息还是走漏了。皮埃尔看到，已经有人零零星星聚在塞纳河边。

夜幕已降，大家围坐在野餐桌边，看着宏大的世博会园区渐渐消失在夜色中。皮埃尔点起蜡烛，借这个空当，给大家讲解了园区里每栋建筑物的用途以及整体布局，其实这些事大家已经从报纸上知道得差不多了。城市里瓦斯灯点了起来，街道上星星点点，沿着他们脚下的码头蜿蜒而行，灯光映在塞纳河上。窄轨轻便铁路线也在进行最后一次测试，只听到列车从塞纳河上驶过，绕过荣军院，消失在远处。在瓦斯灯光下，工人们在世博会园区里匆忙来去，展厅里隐约传来锤击声，偶尔还能听到埃菲尔铁塔脚下电梯启停的金属撞击声——电梯仍未完工，无法承载游客。

皮埃尔借着烛光看了看表，差不多10点了。他为大家满上酒，站起身来，说希望今晚会是美好而难忘的。他心怀感激之情，一是感激那几位使他能有今日地位的贵人，二是与这几位大人物所希望的一样，感激第三共和国卓越而恒久的进步。此时此刻，尽管父亲不大愿意听，但皮埃尔想借机发表一番带有政治色彩的祝酒词。

“亨利，”皮埃尔又端起一杯香槟，对车夫说道，“来，跟我们一块儿吧。”

大家都站起身来，共同举杯。皮埃尔说道：“母亲，父亲，珍妮特……希望第三共和国的美景能照亮我们的心，鼓舞我们的精神。虽然大家可能不太赞同我的平等主义思想，但等会儿看到那番美景时，我希望你们能跟我一样兴奋。愿今晚从这里发出的灯光能为法国带来荣耀，能把甘贝塔、费里、西蒙、卡诺的志向带到五湖四海。干杯！”

大家举杯而饮。查尔斯看着皮埃尔说道：“孩子，愿你的共和国稳定持久——”话未说完，只见皮埃尔脸上映出光亮，他转过身去，只听得从夏乐宫及四周暗处传来一片惊叹之声。出现在他们面前的，是美若仙境的璀璨美景。

埃菲尔铁塔披挂着点点灯光，在夜空的衬托下，犹如闪烁的串串明珠。成千上万颗灯泡从粗壮的塔墩一直延升到宝石般的塔尖，更显其设计之美。此时的埃菲尔铁塔犹如灯塔一般，照亮巴黎的大小屋顶，仿佛要将这座城市领入电气魔法的未来。铁塔一枝独秀，世博会展区的大小建筑也纷纷亮起灯来，形成众星捧月之势。

“看荣誉广场那边。”皮埃尔说道。大家低头看去，只见广场三面的宫墙被灯光照得雪白，仿佛浸泡在光的海洋之中。

“好像太阳要从地底下升起来一样，”玛莉说道，“谢谢你，皮埃尔，谢谢你让母亲看到这美丽的奇迹。”

“这么一看，铁塔还真像个杰作。”查尔斯说道，“四个斜面清晰可辨，线条优美。”

的确如此。埃菲尔铁塔四个塔墩形成的大拱桥被身上的一串灯光勾勒出来，仿佛两个矩形方框里的画一样，塔墩上面是铁塔的第一层，其灯光更加密集，呈圆桶状并列环绕，用珍妮特的话说，“就像30瓶香槟酒，等着开瓶痛饮”。

“太漂亮了。”皮埃尔赞道。

查尔斯补充道：“我喜欢塔尖的样子。”

大家的目光顺着狭长的塔身上扬，一直看到塔尖上的王冠。

“设计得太了不起了。”珍妮特赞道，欣赏着塔尖像马赛克一般摆放的灯泡，“就在王冠下面，像脖子上的项链。”

“真的呢，”玛莉说道，“但我觉得像头戴王冠的王后。”

查尔斯搂住玛莉的肩膀，说道：“不论是像国王还是像王后，对法国来说，这都是个美好的时刻。”

这时，就像刚才突然亮起来一样，灯光一下子全部熄灭了，魔法世界瞬间消失。大家都笑了起来，又共同举杯，共享这一欢乐时刻。

“我想，以后三个月时间里，咱们每天晚上都能看到这个美景，”玛莉说道，“我得更改睡觉时间了。”

亨利收拾好物品，驾着马车将皮埃尔的父母送回家了。皮埃尔与珍妮特并排躺在毯子上，看着夜空中的点点繁星。皮埃尔满脑子还是刚才的盛况和启迪，兴奋不已：“好像是上帝把天堂的华盖铺到了巴黎上空，让我们看一看未来的景象。”

“我同意你说的未来可能性，但今晚的美景与上帝无关。那是两位天才的杰作。”珍妮特说道。

“埃菲尔和爱迪生？”[①]

“对，就是他俩。不过，现在先别想他们的事了，好吗？”说着，她凑过来，与皮埃尔吻在一起。

◎◎◎◎◎

“你把铁塔灯光测试这件大事放在他们一家的小环境里讲述，我喜欢这种处理方式，也喜欢你对皮埃尔与珍妮特二人恋情的描写。”梅斯里如此评论道。他心系流畅的故事叙述，不忍释卷，又翻到第四章读了起来。

① 托马斯·阿尔瓦·爱迪生：Thomas Alva Edison，1847—1931，美国发明家、企业家。他一生的发明共有两千多项，拥有专利一千多项。他发明的留声机、摄影机、电灯对世界有极大影响。1889年巴黎世博会期间，他在机械展厅里展示了留声机。

45

世博会开幕式

1889年5月6日，星期一，巴黎世博会的盛大开幕式将于下午2点在荣誉广场举行。朱尔·西蒙邀请顾拜旦跟他以及诸位部长和政府高官一起，随法国总统萨迪·卡诺[①]参加游行。游行从香榭丽舍大道开始，穿过耶拿桥、埃菲尔铁塔，抵达荣誉广场。顾拜旦礼貌地谢绝了西蒙的邀请，说他希望在荣誉广场观看盛大的场面以及总统的游行队伍到来。西蒙听他竟然会拒绝与总统一起游行的殊荣，颇感迷惘。顾拜旦向他解释说，他想跟珍妮特、让·艾卡德以及几位好友共度这一时刻，西蒙随即表示理解。最后，二人决定在开幕式现场会面。

顾拜旦从伯杰的筹备委员会那里订下了正面看台的6个座位，邀请珍妮特、艾卡德、朱萨德、乔治斯·德·圣克莱尔——他在体育教育大会工作上的伙伴，以及贝尔塔·冯·苏特纳跟他一起参加开幕式。他们约好，星期一中午在战神广场西南角的巴黎军校附近集合。这样就能一起从荣誉广场的VIP入口进入开幕式现场。主入口有20万观众等待入场，

① 萨迪·卡诺：玛利·弗朗索瓦·萨迪·卡诺，Marie François Sadi Carnot，1837—1894，1882年任公共工程部部长。1887年当选法兰西第三共和国的第四任总统，1894年在里昂博览会上遇刺身亡。

如此一来他们就免了排队之苦。大家陆续赶到，看到近在眼前的埃菲尔铁塔，顾拜旦不由得震撼不已。现场的节日气氛颇有感染性，人人都激动万分。珍妮特挽着顾拜旦的手臂，一行人穿过大门，绕过机械展厅那玻璃和钢铁结构的闪闪发光的大展馆——亦是此次世博会上最大的单体建筑物。行走过程中，顾拜旦将自己在筹备会议上得知的情况向大家做了一番介绍。

“机械展厅的外部建筑美轮美奂，不过里面就没什么值得看的了。眼下，准备好的展览项目只有一个，那就是托马斯·爱迪生的电气产品。”

“不值得一看吗？”珍妮特问道。

“不着急，晚些时候再去看也不迟。卡诺总统先去看美术博物馆(Palais des Beaux-Arts)，然后再去看爱迪生的展览。咱们跟着他就行了。”

机械展馆占地超过15英亩。顾拜旦挽着珍妮特，几位朋友跟在身边。他一边走，一边向大家一一讲述机械展馆的主建筑物及展厅设置情况。之后大家穿过荣誉广场，爬上大看台。落座20分钟，一队身着盛装胸甲骑兵策马走上大桥，从埃菲尔铁塔下面穿过，与铁塔的金属框架相得益彰。观众不约而同地欢呼起来。骑兵队步伐齐整，雄赳赳地前行，士兵头上的帽章在阳光下熠熠生辉。一队旗兵擎着法国国旗走过，后面跟着的就是政府官员。一位准将在前领队，带着诸位官员走过大桥；他的护胸甲闪闪发光，上面的羽饰随风轻摆。荣誉广场已用绳子隔离出一个通道供贵宾进入，一百名仪仗兵拦住熙熙攘攘的人群，而人群已将广场中央的喷泉和花池围得水泄不通。

从看台上望去，顾拜旦几人能清晰地看到广场的盛况以及游行队伍行进。抬头向上，洛可可式的穹顶在阳光下闪烁，就像上帝的眼睛；屋顶上，是象征法国今日及未来的7米高的玛丽安雕像[①]。

---

① 玛丽安雕像：Marianne，法兰西共和国的国家象征，象征自由和理性。其形象多出现在政府大楼及法院的雕塑、硬币、邮票中。

盛况空前，大家目不暇接。荣誉广场一侧，美术馆双子建筑前面的大道上摆放着一排历史伟人雕塑，就像圣彼得大教堂[1]屋顶上的圣人雕像一样。游行队伍从埃菲尔铁塔远端穿过，顾拜旦看到了卡诺总统。朱尔·费里、朱尔·西蒙与两队官员、内阁部长一起跟在卡诺身后。

在观众的欢呼声和马蹄的嗒嗒声中，军号和定音鼓宣布游行队伍已经抵达。顾拜旦从埃菲尔铁塔顶端收回目光，转向茂盛的花园和仍未通水的喷泉。他看着经典的玛丽安雕像、两侧宫墙的优美线条，突然意识到法国成功创办了有史以来最盛大的一场露天盛典。开幕式现场就像一个露天大教堂，而在场的每个人都能感受到其振奋之情。他转向珍妮特，与她分享心中喜悦，后者则与他四目相对，继而深吻在一起。这一刻，对顾拜旦而言，于公于私都是幸福快乐的。

大家站着欢呼着，艾卡德展开双臂，将顾拜旦和珍妮特二人拥在怀里。这时，卡诺总统及其随从人员走上台阶，登上中央屋顶下的花彩装饰的主席台。诸人站毕，法国总理皮埃尔·蒂拉尔[2]宣布升国旗，奏国歌，现场气氛再度高涨。然而，总理并非此次盛典的主角，升旗仪式完毕，他立刻将主席台让给了卡诺总统。卡诺首先宣布玛丽安雕像的落成，艾卡德与朱萨德率先起立，与观众一起热烈鼓掌。玛丽安与圣母玛利亚颇有相似之处，又令人联想起圣女贞德的英勇事迹，继而使人展望一个充满自由、平等与友爱的社会。卡诺总统开始致辞，顾拜旦全神贯注聆听着。卡诺宣称人类迎来一个全新的时代，并且提出，在法国大革命100周年之际，最值得庆祝的是人权的实现以及共和政体的建立。顾拜旦早有心理准备，但仍压抑不住内心的爱国热情。他记得小时候曾跟母亲说过，他对法国爱得狂热，而现在，他感觉到这种狂热依然如故。看到朋友们

---

① 圣彼得大教堂：St.Peter's，位于梵蒂冈，建于1506年至1626年，由米开朗琪罗设计，是天主教会重要象征。教堂前面是能容纳30万人的圣彼得广场，广场由两个半圆形长廊环绕，长廊顶上有142个教会史上著名圣男圣女的雕像。

② 皮埃尔·蒂拉尔：Pierre Tirard，1889—1890年在任。

都围在自己身边，顾拜旦觉得卡诺总统是在代表他们发言。卡诺对法兰西第三共和国成立18年以来取得的成就表示赞赏，并对国人的创造力和远见致以祝贺。说着，他手臂一伸，指向不远处的埃菲尔铁塔，人群又爆发出一阵欢呼。

卡诺致辞完毕，几位官员抬着一个巨大的开关走上主席台——当然只是个道具。卡诺也很配合，动作夸张地打开了开关。巨大的喷泉同时喷水，一股股水柱从海豚雕像口中交叉着射向高空，会场上空顿时出现了一个水流组成的穹顶，仿佛大自然的恩赐。观众席再度沸腾起来。

顾拜旦和珍妮特快步走下看台，来到主席台上。贵宾已开始向美术博物馆走去。他们俩走到西蒙身边，顾拜旦凑近西蒙的耳朵说道："开幕式很棒。"这时，伯杰以及美术委员会的主席已领着卡诺总统观赏起法国一个世纪以来的绘画杰作。画展尚未完全准备好，但已对外开放。

"我觉得胸甲骑兵有些多余了，不过布朗热将军说可能会有安全威胁，就把他们加上了。没想到歪打正着，营造的气氛很不错。"西蒙对顾拜旦解释道。大家停了下来，听伯杰讲述法国的美术史，尽管大家经过的画廊墙上空空如也。

卡诺总统显然看够了这个未完成的展会，他打断了伯杰的介绍，大声说道："咱们去看看爱迪生的展览吧，我听说很精彩。"

玻璃和钢铁架构的机械展厅里，四处摆放着仍未打开的板条箱。伯杰匆匆在前带路，将大家带到爱迪生那占地一英亩的展位前。即便是在白天，他的展位上也是灯火通明。这位天才发明家头顶白色乱发，马甲只扣了一两个纽扣，像个小男孩一样站出来迎接大家。伯杰碰了他一下，他才意识过来，赶忙上前与卡诺总统热情握手。

到眼下为止，爱迪生最引人注目的展品是电灯。这时，他向大家展示了轰动本届世博会的第二件展品——留声机，人类历史上最早的录音设备。在场的大多数人都曾听说过，但很少亲耳听过机器发出的人声。

珍妮特用手肘顶了顶顾拜旦，二人从西蒙身边走开，跟众人一起围在爱迪生和卡诺总统身边。爱迪生正在向卡诺总统介绍眼前这台古怪的机器，卡诺总统则迷惑不解地看着机器上的蜡筒。这时，爱迪生将一根金属管放在了蜡筒上面，大厅里随即奏起《马赛曲》，雄厚的男高音清晰可辨。

歌曲播放完毕，爱迪生又请卡诺总统看了另一个配有耳机的留声机。他向总统演示了机器的使用方法，接着伸手帮总统摘下帽子，戴上耳机。

“真是个地道的美国人呢，”珍妮特悄声对顾拜旦说道，几乎笑出声来，“在总统跟前一点都不羞怯。”

“嗯，他是比较能出风头的。”

这时，卡诺总统一脸兴奋地四下转身，大家都知道他听到了什么。“太棒了，爱迪生先生！”他不知道戴着耳机说话是什么效果，嗓门特别大，“太棒了！”

爱迪生随后带着总统一行走进他的展区。而大多数游客都逗留在后，在5台留声机跟前耐心地排队体验。轮到顾拜旦和珍妮特了，他们俩戴上耳机，面面相觑，只听得耳机里传来洪亮而有机器风格的美式口音：“Vive Carnot, vive la France, vive la république!”①

◎◎◎◎◎

“那次开幕式是皮埃尔一次非凡的经历，”梅斯里说道，“不过我记得，他和珍妮特的恋情不久之后就结束了，对吧？”

“是的。”圣克莱尔答道。

“最后一章我回家再读吧。雅克，你的书稿比我预期的好太多了。我不是文学评论家，不过在我看来，你的写作水平又提高了呢。”

7月的夜晚，依然炎热。圣克莱尔走在回家的路上，因梅斯里的肯定而心有暖意。他知道传记的写作沿正轨而行，他希望梅斯里也同样喜欢第五章关于世博会的内容。

---

① 意为“卡诺万岁，法国万岁，共和国万岁”！

46

世博会

在随后三个星期里，顾拜旦与乔治斯·德·圣克莱尔专心准备他们的体育教育大会。期间，他抽空陪珍妮特参观了世博会的展览，几乎一场不落。看到父母也满意于第三共和国取得的成就，他很高兴，有几次带父母到世博会园区共进午餐。有一次他们去了埃菲尔铁塔的第一层，不停地谈论着游览过程中看到的地标建筑。

在所有展会中，珍妮特最喜欢狭窄的开罗街（Rue de Cairo）。这是一个由一条蜿蜒的埃及街道及两侧白色灰泥墙店铺组成的露天市场，各种商铺、饭馆、酒吧应有尽有。街上常常挤满了埃及小男孩驱赶的驴车，商铺中贩卖的都是开罗手艺人制作的商品，原汁原味，甚是迷人。埃菲尔铁塔下面，纷纷攘攘围绕着世界各国的展馆，玻利维亚、尼加拉瓜、阿根廷、墨西哥……每个展馆都带有异域风情的设计图案和屋顶轮廓线。游客仿佛置身梦幻之中，进入了一个由各国创造力打造的神话世界。

珍妮特挽着顾拜旦的胳膊，二人一起去了奥塞码头（quay d' Orsay）。法国诸多殖民地的展馆设在此处。他们带来了本国的艺术家、厨师、艺人，向外界展示各自的文化风情。二人在加蓬街上观看非洲木雕艺人雕刻，到海防街品尝蘸鱼肉酱的越南长棍面包，还一边喝着甜茶，一边观看几位身穿盛装、头戴饰品的爪哇舞者表演舞蹈。他俩到柬埔寨的宝塔一探究竟，在突尼斯城堡里抽过水烟，还爬上过阿尔及利亚清真寺的塔尖。

在荣军院的大广场上，他们参观了战争馆（War Pavilion）。顾拜旦为法国曾取得的战功而骄傲，可一想起他最近参加的和平运动，心中不由得五味杂陈。他们又去看了法国及欧洲农业展，其间顾拜旦带路去看葡萄栽植展，跟波尔多的酿酒师交谈了很久。

每到晚上，光明之城就灯火通明，也仿佛点燃了成千上万狂欢者的热情。异国的声色盛宴和美酒佳肴，将遥远国度的夜生活汇聚于此，热闹非凡。一天晚上，顾拜旦和珍妮特在开罗街听到有人在唱阿拉伯歌曲，用排钟、鼓以及土耳其弦乐器伴奏。珍妮特拉着顾拜旦循声走了过去，只见一位埃及的肚皮舞女正随着音乐表演，周围观众不时发出啧啧称赞声。她身上披着薄纱，其嘴唇、手臂、小腿、美臀都荡人心扉，顾拜旦在蒙马特区的夜店里从未看过这种异域情色。

在这令人眼花缭乱的展会上，顾拜旦看到自己的未来正在展开。一方面，他已在第三共和国的领导层博得令人尊重的一席之地；另一方面，他找到了自己深爱的女人。在世博会上的每一天，他都感觉到心中激荡着民族自豪感和对珍妮特的爱恋，如同爱迪生电路里的两股电流一般。

8月，他即将踏上北美之旅，去考察美国大学体育的情况。他知道，待他返回之时，一定会拥有更多的机遇和幸福。于是，他决定在动身之前向珍妮特求婚。

◎◎◎◎◎

顾拜旦和圣克莱尔坐在安格莱特利酒店的餐厅里，顾拜旦回想着当初向珍妮特求婚的情景。

“啊，40年了，”顾拜旦说道，“我一直都没有再想那件事。”

“什么？”圣克莱尔惊问道，“您一直都没有回想过跟她求婚的事？真的？”

“是，是的。也许是因为我根本就没有向她求婚。我们分手了。”

“怎么回事？”

“说来话长，不过也很简单。每天晚上我们都一起回她家，乘着小电梯到她的公寓里，享受巴黎美好的夜晚。直到一天晚上，我们回到她的公寓，在一楼门厅的信箱里取信。信箱里有一个小信封，从伦敦寄来的。我看到她的表情了——先是吃惊，接着难掩欢喜之情。她把信一折，就收起来了。我也没有过问，因为我看见了寄信地址。我知道，信是罗伯特写来的，就是珍妮特的前男友。”

“他回巴黎了？”

◎◎◎◎◎

顾拜旦和珍妮特原定第二天要一起吃午饭，然后去小皇宫（Petit Palais）找乔治斯·德·圣克莱尔，检查一遍体育教育大会的启动环节。可珍妮特让人送信来，说她不能来了，临时有事，要去见《费加罗报》的编辑。顾拜旦并未多想。可她随后又推掉了晚餐以及第二天的安排。之后她就与顾拜旦断了联系。顾拜旦去她的公寓找她，却不见踪影。他不断给她送信，都是石沉大海。体育教育大会还有一周就要举行，启动仪式上有个环节叫作“马术与骑马的艺术”，很久之前她就答应参加，如今她只是送来了一张纸条：“对不起，皮埃尔，我不能参加了。”

顾拜旦知道，若是她对他吐露实情，一定会是带着反常的情绪。尽管如此，他还是盼着能听到她的声音。他一遍遍在脑中预演二人的对话，想象自己无法忍耐的情景。

“是罗伯特，对吧？他要回巴黎，还是已经回来了？”

“求求你，不要问了。”她会低声呜咽道。

顾拜旦埋头工作，不去想她。马术会展只吸引了赛马会的寥寥数位成员，草草收场。这也反映了顾拜旦索然的兴趣，没有兴致做最后关头的推广，而这都是他所擅长的事。他的发言依然精彩，也跟乔治斯·德·圣克莱尔合作，向观众展示了一些马术技巧——由两位骑手在木马上演示。但他总是心不在焉。

两天之后，埃菲尔铁塔二层要举行一个招待会。招待会由伯杰发起，邀请一些出版界的人士和记者，到场的还有此次世博会筹备工作的诸位同事。顾拜旦也参加了。他正与人交谈，这时听到一阵熟悉的欢快的笑声，他随即转头看去。只见大厅对面，珍妮特正倚在栏杆上。她背对着他，一位高大英俊的男士——毫无疑问是罗伯特——正搂着她的纤腰。顾拜旦向她走去，珍妮特突然转身向大厅里看来，顾拜旦立刻站住了。罗伯特也随着她转过身来。珍妮特与顾拜旦四目相对，她的笑容消失了，一脸沮丧。顾拜旦从未经历过如此尴尬不安的时刻，他很想走上前去跟她对质一番，却转过身，没有走回同事们身边，而是顺着楼梯走下了铁塔。

◎◎◎◎◎

“这个打击真是太大了，”圣克莱尔说道，“您还要继续举办体育教育大会。”

“大会没什么问题。”顾拜旦说道，“乔治斯·德·圣克莱尔很够朋友，他把工作都替我做了。他见我状态不佳，就挺身而出，在朱尔·西蒙委员会的支持下，顺利举办了大会。我每场展会都会露面，也只能做这么多了，露个面而已。我们召开了各个项目的研讨会，包括体操、射击、游泳、划船，还有田径运动，不过主要是竞走和跑步。每个研讨会都紧紧围绕技术问题展开，商量制定各个项目的标准规则。蒙热是当时全巴黎体育活动开展得最好的学校。他们派出一些学生现场示范，比如在塞纳河上赛艇，在布洛涅森林公园竞走，使研讨会变得有理有据。但是我们并未举办真正的比赛项目，而且说实话，大会的效果不太理想。闭幕会是在美术博物馆举行的，我在会议上做报告，汇报了我在北美、英国、欧洲大陆众多大小学校、俱乐部、大学里考察到的体育教育现状。”

“您有没有提到国际化的趋势？”

“考察的结果，主要是体育运动的蓬勃发展。尽管国家很多，各有不同，但很容易看到一个相同的现象，那就是体育正在兴起。在美国大学里，这一现象尤为突出，其规模比英国还要大。尽管未来尚不明确，但回顾历史，美国必将成为世界体育第一强国。”

“我还是不能理解，珍妮特给您的打击那么大，您竟然还能若无其事地参加完大会。”

“啊，我想起来了。”顾拜旦露齿一笑，说道，“报告结束时，我曾即兴发表一番演说，效果还不错。”

◎◎◎◎◎

顾拜旦站在战略角度介绍了他考察的结果，汇报了他走访的全世界130所大学、俱乐部的情况，如现有的体育项目、参与人数、现有的体育联盟、比赛项目等等。讲完了以上内容，他把讲稿放在一边，半晌没有说话。观众都期待地看着他。他突然想离开这里，逃离这个大厅，远离这繁文缛节和伤心之地。他想远行，想喝酒。一想起珍妮特变心一事，他就心绪烦乱。这时他听到在场观众开始低声抱怨，意识到需要控制好自己，控制好会场气氛。他决定为大家解读一下报告中数字的意义。有了这个想法，他立刻觉得心中涌起灵感，烦乱一扫而空，头脑变得清晰有条理。

镀金的美术博物馆华丽无比，到场参会的有一百多人。他们大都是受朱尔·西蒙委员会之邀前来参会，志在为法国建立更好的体育运动体系。这是顾拜旦最喜欢的听众：他们能帮他推广体育教育项目，进而改变法国孩子的人生。会场里的抱怨声越来越大，顾拜旦却不做理会。他向大厅后面看去，与贝尔塔双目相接。贝尔塔身边坐着的是西蒙，他正拿着笔，读着膝盖上的讲稿。几天之后，他就要在世界和平大会上做重要发言。顾拜旦抬起手，示意大家安静下来。

“此时此刻，某地的一个操场边上，一个孩子正弯腰系鞋带。”顾拜旦开始讲道，“他准备到球场上去，跟朋友们踢一小时的足球。从他们的体育游戏，到维持一个帝国所需的基础，二者很难一下联系起来。话虽如此，二者之间却有着直接的联系。我们这个时代最伟大的教育家，已经从操场上看到了未来前景。这些孩子在长大成人的过程中，学会了基本的团队合作，知道了自律的好处，塑造了坚忍的性格，体验到胜利的喜悦，对未来社会而言，他们都是瑰宝。

“拉格比的托马斯·阿诺德先生看到的不止于此。他还看到了体育运动的无穷潜力——不仅是强身健体，还能强化精神；不仅是锻炼筋肉骨骼，还能塑造性格；不仅是培养队友友情，还能凝聚人心，增强自豪感。

“阿诺德在拉格比开创了独特的东西，那就是蕴含社会宗旨的体育运动。这种体育运动，旨在培养学生的各种价值观：友谊、相互尊重、为大我牺牲小我、在伙伴跌倒时将其扶起并给予鼓励，鼓励他们再接再厉。

“阿诺德开创的这种教育模式迅速辐射了整个英国的教育体系，从预备学校到大学，无一例外。培养了一代又一代英国人，服务社会、找准定位、各司其职，使大英帝国发展到前所未有的高度。而在此期间，我们的祖国却动乱不断，先后经历了两任国王、两个帝国、三个共和国、四次革命。

“今天，法国又处在了新的悬崖边上。我们参与的这届世博会，就是向全世界展示我们这个新社会的潜力。在过去18年时间里，我国取得了举世瞩目的成就，但要做的事情还有太多。今天，决定我们未来的，不是政治，也不是宗教，而是教育的发展方向。

“我们推崇英式体育教育，将英国视作模板，是想让法国学校仿效其模式，通过体育运动向孩子们灌输相仿的价值观，因此，我们曾受到格鲁塞先生及其联盟成员的批评甚至诋毁。他们认为，借鉴英国的成功经验就会毒害我们的孩子。但是，对成功者妄加菲薄、龟缩在陈旧而效率低下的传统之中，其本身就是极其愚蠢的。

“今天在座的有很多都是法国的校长，我要告诉你们，我报告中所有的数据都是真实的，体育教育的大势不可阻挡。看看美国吧，看看体育运动已将这个年轻的国家变得多么强大。他们学到了阿诺德理论的真谛。现在，法国正致力于建设新的社会，而体育运动必须在国人心中占据一席之地。

“法兰西第三共和国正在全世界面前展示新的前景、塑造新的传统，而体育运动，也应像在别国的情况一样，举足轻重。我们正迈向体育的新时代，我将其称作‘国际体育新时代’。而我们也不难预见到，不久之后，世界各国将在体育场上相互竞技，就像咱们行政区里学校之间进行比赛一样。

“我们不能、也不应置身于世界体育强国之外。可是，要实现这一目标，就得在我们的学校系统中纳入新的体育教育模式。我和朱尔·西蒙委员会的诸位同事愿意为大家提供帮助，但我们需要你们的认可和权威。我们希望你们能打开学校大门，让我们去完成这些年来杜律伊、费里、沃丁顿、朱尔·西蒙酝酿已久的教育改革。”

发言结束，掌声雷动。一群人争相走上讲台，与顾拜旦握手，感谢他的启迪，西蒙也在其中。“讲得很好，”他凑近顾拜旦夸奖道，“下次还要更好。”说着，他把自己发言的讲稿塞到顾拜旦手中，“帮我把把关，星期天晚上你也要到场。”

顾拜旦与众人握过手，感谢他们参加会议。他看见贝尔塔和乔治斯站在门口等着他。

“顺利结束了，”乔治斯说道，“真可惜，体育项目的演示环节做得不是太好，不过我们已经是尽最大努力了。”

“先生们，我建议大家一起去喝一杯，庆祝一下。”贝尔塔双手分别挽起顾拜旦和乔治斯的胳膊，向门外走去。他们穿过熙熙攘攘的美术博物馆长厅，经过了一个展厅。顾拜旦心弦一动。他原地站住，向门口看去，只见一群游客正围着看维克多·拉卢[1]复原的古代奥林匹亚模型。齐腰的宽桌面上，摆放着建筑物、廊柱、纪念碑、道路、田野……与德国考古队描绘的情况一模一样，精妙无比。顾拜旦暗自决定，在动身去北美之前，一定找时间来好好看一看拉卢的杰作。

---

① 维克多·拉卢：Victor Alexandre Frederic Laloux，1850–1937，法国建筑师、巴黎艺术美术学院教授。

第六章　快乐与痛苦

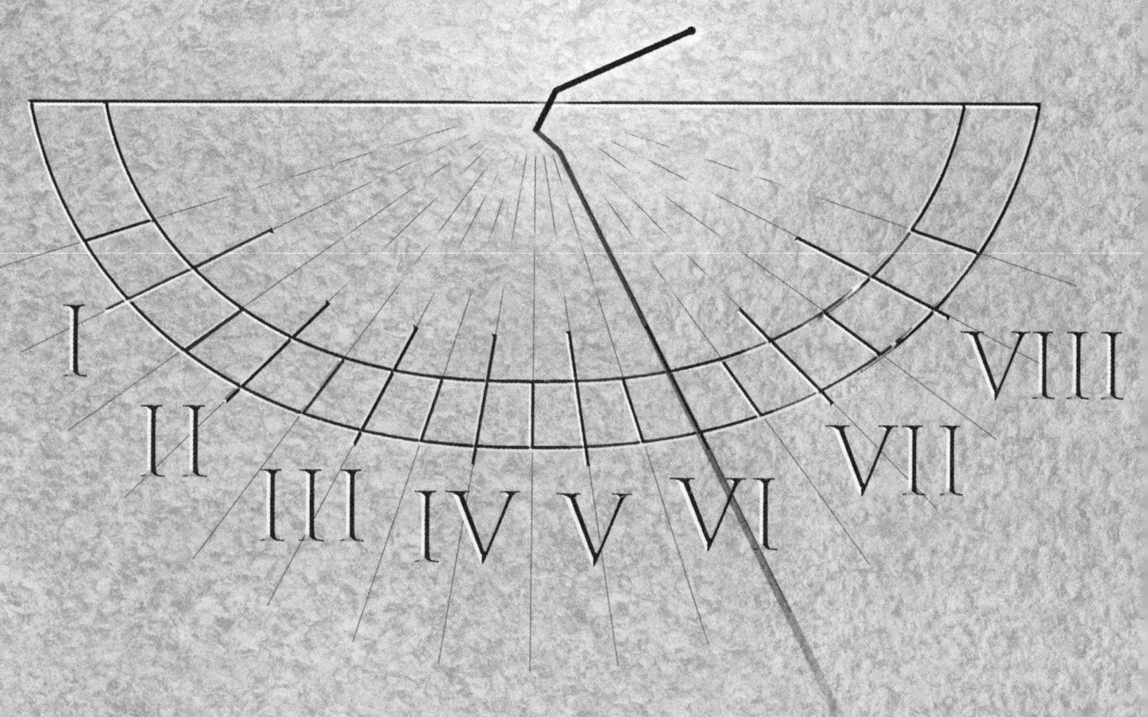

47

赴美途中

顾拜旦在莫维尔庄园过了一个月的隐居生活，偶尔外出也只是到林中散步。他想借此从心中、脑海将珍妮特变心的事抹掉。一个月之后，他乘火车从圣拉扎尔（Saint-Lazare）赶到勒阿弗尔（Le Havre），转乘法国航运公司的“诺曼底号”双螺旋桨蒸汽船前往美国纽约。此次航程16天，横跨大西洋。上船之后，他感到一阵阵焦虑不安，就像海上起伏的波浪一样。他依然割舍不下对珍妮特的爱恋。他坐卧不宁，上船的第一个晚上，他在甲板上和走廊里走来走去，既无心欣赏宁静的海上风景，也远离酒吧里的欢宴。以后会有时间把酒言欢的，他对自己如此说道，眼下他想做的只是独处，用运动把自己搞得筋疲力尽。8个小时时间里，他在船上各层甲板之间来回走动，终于身心俱疲，从午夜一直睡到第二天下午。

顾拜旦从一排折叠躺椅中抽出一把，在左舷处找到一个僻静之地。头顶上是悬挂的救生艇，恰好为他遮阳。他手拿一本笔记本，坐了下来。他打算好好回顾一下，在世博会上学到了什么，以及在与珍妮特的5年之恋中失去了什么。

他认为自己身为组织小组的一员所经历的，是有史以来最成功的一届世博会。本届巴黎世博会在6个月时间里吸引了3200万名游客，几乎跟法国总人口一样多（3800万）。他一边记笔记，一边回忆着本届世博会的布置、建筑，以及如此长时间的大型活动的后勤保障工作——工人、住宿、交通、票务、庆祝活动、盈亏、预算，还有不可避免的困难与障碍。他还写到，尽管出现了数不清的小故障、小失败，以及太多误工和延期等情况，本届世博会还是为游客提供了一场无与伦比的体验。

他认为此次世博会的筹委会职责至关重要：一位主席全权负责所有工作的进展和实施，他手下的委员会及一大批助理随时待命，督促各项工作。他还想到了法兰西第三共和国的历任领导人，费里、勒普雷、格雷维、卡诺、西蒙、沃丁顿……在结局未卜的情况下，他们怀着“船到桥头自然直”的自信，毅然举办了这届盛会。他们坚信，只要成功举办，那么本届世博会将是对他们的政治哲学以及平等主义社会的最终肯定。

他看到、学到的一切，令他产生了组织和举办大型活动的想法。这场活动，在时间上是短暂的，但会永恒地留在人们心中；这场活动，将会以其创造力、文化意义、影响范围以及可期的未来，给一座城市、一个国家、甚至全世界带来鼓舞和启迪。他想的是，自己对体育运动和体育教育的热情能否在这样一场活动中起到更大作用以及体育能否成为这场运动的核心组织原则。

在海上一连数日，他都埋头写作，将最近的经验总结出来，以备日后参考。他把其中一些内容整理成调查问卷，准备在美国大学的考察期间使用：哈佛、康奈尔、艾摩斯特（Amherst），第一站将是芝加哥大学。可是，不论他工作得多么刻苦，多么专心，总会受到情绪的冲击。工作带来的慰藉也变得寥寥无几。罗伯特搂着珍妮特的情景、珍妮特欢快的笑声，总是在他脑中挥之不去。他一度放弃抵抗，任由沮丧占据心田。他指望借由此次远行放松一下，能有一些安心的时间专于工作，让这无尽的大海净化他的内心。他合上笔记本，躺在躺椅上，听着蒸汽机的轰鸣和螺旋桨片搅动海水的声音，似乎得到了一丝安慰。

他的思绪又回到西蒙致辞结束后的那个午夜，他在美术博物馆里独自欣赏古代奥林匹亚模型的时刻。

◎◎◎◎◎

在约定的晚上11点，一个值夜班的工作人员手拿提灯，打开美术博物馆的后门，让顾拜旦进来，带着他穿过主展馆的雕塑和展台，来到一间黑暗的展厅门前。这里就是奥林匹亚模型的展出地。他把提灯放在地上，递给顾拜旦一个未点燃的提灯，打开玻璃罩子，一阵煤油味儿扑鼻而来。他把提灯点着，灯芯跳了两下，越来越亮。

“我一个小时后回来，你慢慢看。”

顾拜旦提起灯，走进屋内。他的目光立刻落在墙上一幅精致的壁画上。画上是想象中的奥林匹亚最辉煌的时刻。晦暗的灯光下，顾拜旦靠近壁画，边走边看。最前面屹立的是宙斯神庙那巨大的石柱和壮观的台阶。神庙前面是祭坛，上空袅袅地升着青烟。山行墙上的雕塑、雕带[①]上的浮雕栩栩如生。顾拜旦认出了赫拉克勒斯[②]的12个功绩。在阿尔提斯[③]圣林（Sacred Grove）宽阔的平地一端，是赫拉神庙和水神庙（Nymphaeum）。水神庙是一个背倚克洛诺斯山（Mount Kronos）而建的纪念碑样的喷泉。山脚下是个梯状斜坡，斜坡前是一排美丽的小神庙，那都是古希腊的国库。画上还有一个拱形通道入口。古代奥运会上，每名运动员都是从这里走上竞技场。阿尔提斯的地面上，到处都是下有底座的青铜和大理石纪念碑，彰显着一千年里在此竞技的盛况。许多跑步、摔跤、跳高运动员正在训练，身着宽大外袍的希腊人三五成群，或四处走动，或原地站立，有的还打

① 古典建筑柱石横梁与挑檐之间的部分。

② 赫拉克勒斯:Herakles，希腊神话中的英雄人物，曾杀死各种猛兽怪物，死后成神，即武仙座。

③ 阿尔提斯:Altis，古奥林匹亚圣地的中心区域。

着手势，似乎是在讨论当天的比赛。

顾拜旦曾常常幻想这一场景，但眼前的壁画比他想象的更加清晰，使他仿佛置身其中。古时的情景从未如此真实，神话传说变成了现实。

他转向桌面上的奥林匹亚模型。他将灯高高提起，看着眼前这按比例再现的立体景象：花草树木、绿山、体育场里的泥土地面、阿尔提斯的进出通道……一切都栩栩如生，仿佛是从高空飞翔的鹰背上俯视而得。

此时此刻，顾拜旦第一次明白克洛诺斯山正代表着奥林匹亚的发展。他如痴如醉地看着眼前完美和谐的布局：一边是体育馆，另一边是体育场，中间是阿尔提斯圣林，三者像王冠一样将克洛诺斯围在中间。

模型下方，是传说中的阿尔菲欧斯河（Alpheios），它从模型前端绕过，与科拉德奥斯河（Kladeos）交汇。圣地只比水面高出几码，对比二者海拔差异，顾拜旦明白了为什么15世纪的洪水和地震将奥林匹亚埋得如此之深。

他幻想着从奥林匹亚的一个小村庄里出发，越过山岭向圣地走去。在山头上，能看到露天体育馆里全是跑步、跳远、扔标枪的运动员；经过石柱长廊，走到摔跤场，看到摔跤手和拳击手在此训练，而即使在训练中，残忍的古希腊式搏击也会出现伤亡；接着来到一个砖石结构的工作间，这里是著名的天才雕刻家菲尼亚斯（Phinesas）工作的地方，他用象牙和黄金雕刻了宙斯像，令每一位游客叹为观止。阿尔提斯门口，是腓力圆形神庙（Philippeion），是马其顿国王腓力二世[①]为纪念其在战车竞速中的胜利而建。而圣地中最醒目的当属宙斯神庙和赫拉神庙。顾拜旦看着眼前大大小小的神庙，形态各异的雕塑，国库、运动场，不由得想象4万名观众坐在山坡上，为他们喜欢的运动员欢呼呐喊。他又仔细看着回音长廊（Echo Colonnade）那长而窄的屋顶轮廓线，这里就是

① 腓力二世：Philip II of Macedon，前382—前336，亚历山大大帝和腓力三世的父亲。腓力二世在位的20多年间，马其顿的军事、经济等迅猛发展，由一个内乱不止的小国崛起为希腊城邦的首领，为其子亚历山大的征服创造了条件。

和平使节和宣布比赛开始的号手们待过的地方。

顾拜旦不由得将《神圣休战条约》[①]与一个星期之前他参加的世界和平大会联系起来。一边是借上古神祇之名，在战争期间维持和平；一边是西蒙、帕西、普拉特的倡议，他们像现代的和平使节一样，呼吁国与国之间停止敌对行动。二者竟存在妙不可言的联系。现在他想知道，古代奥林匹亚所带来的和平理念是否仍像少年时那样牵动着他的心，那时的他亲历了1870年普法战争之残酷，渴望和平的到来。他再次读起模型旁边的文字介绍，上面说，和平使节宣读《神圣休战条约》，三个月时间内，希腊帝国全境参加奥运会的运动员都神圣不可侵犯。

帕西和普拉特提出，作为和平运动的基础，每年都要将世界各国的年轻人会聚一堂，进行文化交流、教育、友谊赛等活动；在得知这一设想之后不久，顾拜旦就开始思考——仅仅是体育运动本身，即可令整个人类文明世界平静下来，用体育热情感染交战各方，使其放下武器。这一设想是否恰逢其时？

眼前的“奥林匹亚”与顾拜旦小时候幻想过的奥林匹亚并不完全一样，不过也相差无几。而在他看来，画中的景象比模型更加形象。就在他转身准备离开时，他又举起提灯看了最后一眼。他知道，终有一天他会前往希腊，朝拜那古代的遗迹；因为他知道，那里有些东西正在等待着他。

① 《神圣休战条约》：Sacred Truce，公元前884年古希腊伊利斯王和斯巴达王达成了一项定期在奥林匹亚举行集会（即奥林匹克运动会）的协议，并签订了《神圣休战条约》。《条约》规定，在举行奥运会期间，任何人不得携带武器进入奥林匹亚；还规定希腊各城邦在任何时候都不得侵入奥林匹亚圣地；即使是战争发生在奥运会举行期间，交战双方都必须宣布停战。停战时间开始规定1个月，后延至3个月。停战期间，凡是参加奥运会的人都受到神的保护，不可侵犯。

48

美国之行

7月中旬的一个下午，阳光灿烂。圣克莱尔在意大利餐馆阳台上藤叶繁茂的棚架下面找了张桌子坐了下来。他正品尝着一杯白葡萄酒，这时顾拜旦来了，拎着一个小提箱。

“我拿了些资料给你。”顾拜旦坐了下来，点了一杯红酒，轻抚着提箱的皮面说道。阳光从枝叶缝隙里穿过，照在皮箱上，斑斑驳驳。顾拜旦摘下圆礼帽，顿时脸上也被投射了一束束光线，明暗相间。他看上去有些疲惫，眼角的皱纹很深，但精神很好，好像因为找到了什么重要的东西而高兴。

“我猜猜，”圣克莱尔逗他道，“是您的结婚证和婚礼的来客登记簿。”

顾拜旦的笑容一下不见了，“来客登记簿？你的想象力真丰富。玛丽那里有没有？”

“我开玩笑呢。不过，我想找个时间看看这些东西。您拿来的是什么？”

“是一些重要的政府文件。”说着，顾拜旦从皮箱里拿出一摞纸，递了过来，“政府公告，正式宣布召开 1889 年体育大会。”

圣克莱尔有些失望，却尽力不表现出来。关于 1889 年世博会的事，他已经把必要的内容都写完了，不想为了证明其真实性而进行修改、再加入政府公文的内容。“很好，”他草草翻看了一眼文件，将其放进背包里，“还有什么？”

“这是法国公共教育部（Ministry of Public Instruction）的公告，说的是我即将赴美考察多所大学。”他将文件递给圣克莱尔，补充道，“这其实相当于给我盖了红戳，把我的考察变成了官方公务。但是，要说今天上午我找到的最好的东西，还是这个——”

圣克莱尔接过顾拜旦递给他的文件，发现是朱尔·费里写给顾拜旦的一封信。信中对西蒙的这位得意弟子表达了满意之情，希望早日看到他对美国高等教育现状的考察报告。圣克莱尔出声朗读着费里的信：“我们知道，你的报告一定会是准确无误、事实清楚。”读完，他举起酒杯，敬顾拜旦道：“这可是很高的评价，皮埃尔。他看过你在世博会期间的报告，一定是对你信心百倍。”

顾拜旦举杯点头道：“的确如此。他知道，我需要考察美国体育的发展趋势，这样才能反驳格鲁塞的攻击——他们说我的计划是恶毒的，因为全是照搬英国那一套。我要去美国看看，一是寻找有力证据，二是收集国际体育兴盛的数据。”

圣克莱尔看着1889年中期的时间安排，不禁纳闷，顾拜旦要如何做到用那么短的时间迅速考察20多所大学。“这样一来，您就能以公共教育部的名义写信、与考察对象安排日程？”

“不，不全是如此。我的确写信预约了大概5所大学。其他大部分学校都是普林斯顿大学的威廉·斯隆介绍的。”

圣克莱尔闻言很是惊讶。“斯隆？您在国际奥委会的同事？这么说，您在首次赴美之前就认识他了？可您在《奥运回忆录》里没写啊。”

“是的，我是在1888年夏天丹纳的沙龙上认识他的，就是巴黎世博会的前一年。还有，他可不只是个同事。他是我的坚强盟友，也是我最好的朋友和知己。”

“今天下午将是漫长而充实的。”圣克莱尔说道，“咱们先谈谈您的美国之行，然后再回顾一下您与斯隆首次见面的情形。”

◎◎◎◎◎

1889年8月，在北大西洋上行驶了16天之后，“诺曼底号”终于驶入纽约港。顾拜旦也真正亲眼看到了壮丽的自由女神像。当时，每艘进港的法国船只都会驶近自由岛，让乘客好好看看自由女神像，瞻仰一下祖国的艺术杰作。顾拜旦暂时摆脱对珍妮特的思念，赞叹欣赏神像的壮观。他又想起巴特勒迪给他看的缩微版模型，不禁对其保真度甚为钦佩。这座雕像现已正式更名为“自由女神像”，其外袍曲线优美，熠熠不朽，比他预想的更加优雅。神像脚下的巨大基座，是靠美国报业巨头约瑟夫·普利策[①]发起的筹款活动建成的，神像稳稳地立在上面，在顾拜旦看来，其摆放位置恰到好处。

顾拜旦看着自由女神像的脸庞，突然意识到自己已身在美国。他转头向曼哈顿[②]看去，目光首次落在这个年轻而雄心勃勃的大都市上。纽约倒映在水中，色彩灰暗，在他看来，多了一些工业味道，少了些魅力气息。可是，在他上岸之后，看到其活力四射的大街小巷和来自五湖四海的人种和语言……这才是他希望看到的美国。两位强壮的搬运工将他的旅行箱拿到马车后厢，他随即上了马车，在曼哈顿穿行。一路上他向窗外看去，商店、门头房，还有代表新世界的五彩斑斓的标识，令他目不暇接。他希望，这次美国之行能把珍妮特·蒙田永远从他的脑中抹去。

这次他要在美国待4个月时间，日程表上已经安排好了20多所要考察的大学。来之前，巴黎几个游历丰富的朋友建议他入住第五大道酒店（Fifth Avenue Hotel）。酒店位于麦迪逊广场花园（Madison Square Park）南端，占据了23大道和24大道之间的整个街区，甚是奢华。他

① 约瑟夫·普利策：Joseph Pulitzer, 1847—1911，匈牙利裔美国人，美国报业巨头，普利策奖和哥伦比亚大学新闻学院的创办人。

② 曼哈顿：Manhattan，美国纽约市5个行政区之一，是纽约的市中心，纽约最重要的商业、金融、保险机构均分布在这里。

在这里住了 3 天。他还听从了朋友们的建议，第二天晚上到德尔莫尼克餐厅（Delmonico’s）吃了晚饭——这家餐厅以其法国菜而在纽约赫赫有名。他将在纽约待三周到一个月时间，将其当作根据地，就近考察几所大学，然后前往波士顿大学做演讲。除了参加纽约运动俱乐部的两次会议和几次社交活动，他还打算到中央公园（Central Park）里跑步，去看看市政厅旁边的新闻大厦，到圣帕特里克大教堂[①]做礼拜，再去大都会艺术博物馆[②]参观一下。

第二天一早，他步行穿过麦迪逊广场（Madison Square）和联合广场（Union Square），一边走，一边欣赏街道两边建筑上不规则的手绘标识。在联合广场一侧，他看到一群年轻人在跳舞，一位手风琴艺人一边演奏一边唱着《纽约的人行道》（*The Sidewalks of New York*）。一些衣衫褴褛的乞丐围在一个牛奶站前，索要施舍。顾拜旦登上一辆开往市中心的公共汽车。路上，他看到很多人都骑着自行车，不禁惊讶不已——这种两轮的交通工具已经在新世界流行起来。顾拜旦本身是位作家，偶尔还客串记者角色，所以他对报业很感兴趣。他从公园大道（Park Row）经过市政厅、论坛报大厦（Tribune Building）、波特大厦（Potter Building），直至公园大道，发现大大小小的报业驻扎于此。数栋高楼大厦之中，伫立着普利策所建的纽约世界大楼（New York World Building）。其浮雕细工尚需一年才能完工，届时将是纽约的最高建筑物。然而对顾拜旦而言，这种高度尚不足称奇，因为他早已对仰望埃菲尔铁塔习以为常了。

顾拜旦在街角的一个报摊上买了一份《纽约世界报》（*New York*

---

① 圣帕特里克大教堂：St. Patrick's Cathedral，是一个新哥特式风格的罗马天主教堂，位于纽约第五大道，始建于1858年，现为纽约的地标建筑之一。

② 大都会艺术博物馆：Metropolitan Museum of Art，美国最大的艺术博物馆，位于纽约第五大道82号大街，占地面积13万平方米，始建于1870年，1872年对公众开放。与英国伦敦的大英博物馆、法国巴黎的卢浮宫、俄罗斯圣彼得堡的艾尔米塔什博物馆齐名，并称世界四大博物馆。

World)，读了一篇娜丽·布莱[①]的文章。她是《纽约世界报》的一名记者，眼下即将出门远行，开启创纪录的80天环游地球，以印证儒勒·凡尔纳小说中的设想。

◎◎◎◎◎

在数周时间里，顾拜旦辗转各地，考察了艾摩斯特大学、宾夕法尼亚大学、美国天主教大学。之后，他搭乘一辆出租马车——他了解到，纽约人将其称作"taxi"——沿第六大道前往纽约运动俱乐部。

他准时抵达，此次会见的人叫威廉·白金汉·柯蒂斯（William Buckingham Curtis）。此人是一名传奇拳击手、跑步运动员、链球运动员、编辑、体育推广人。1868年，柯蒂斯与同伴联合创办了纽约运动俱乐部，并担任其主席至今。他是当今美国体育界举足轻重的人物。顾拜旦从斯隆那里听说，一年之前，柯蒂斯创办了业余体育联合会[②]。这一组织，在未来的岁月里对美国体育的发展起到了重大作用。1906年，詹姆斯·苏利文继任主席职位，雄心勃勃的他，为了争夺这个年轻国家体育界的控制权，已经与各个大学争得不亦乐乎。

纽约运动俱乐部被其成员称作"城市俱乐部"，位于55大街和第六大道的十字路口处。顾拜旦刚一进门，就被前台接待员认出来了，被直接领去了柯蒂斯的办公室。柯蒂斯身着衬衫，正坐在办公桌后修改报纸底稿。顾拜旦一眼就看出，他拿的是《时代精神》（*Spirit of the Times*）——这位实业家本人创办的体育报纸。柯蒂斯从眼镜架上面看了看，认出了顾拜旦，立刻放下笔，绕过办公桌，上前与顾拜旦握手。

---

① 娜丽·布莱：Nellie Bly, Elizabeth Cochran Seaman（1864—1922）的笔名，美国著名记者、作家、实业家、发明家、慈善工作者。为印证法国著名科幻小说家儒勒·凡尔纳《八十天环游地球》中的内容，她于1889年10月14日从新泽西州霍博肯出发，于1890年1月25日返回，历时72天，全程24899英里。

② 业余体育联合会：Amateur Athletic Union，美国奥委会的前身。

“欢迎来到纽约运动俱乐部。”柯蒂斯对顾拜旦说道。顾拜旦的手比他要小很多，两人用力地握了手。柯蒂斯咧了咧嘴，虽然他已是50多岁，身体依然强健。

“感谢你能抽出时间与我会面。”顾拜旦用流利的英语说道，随即在办公桌前坐了下来。他的英语水平足以应付在美的各项事务。

柯蒂斯也坐了下来。“你竟然能得到威廉·斯隆的认可，太了不起了，他可是我们重量级的成员。”

“威廉的引荐，给了我很大帮助。”顾拜旦说道，“当然，他还给我介绍了体育运动在美国大学里日益兴盛的情况，见解非常深刻。”

“这不奇怪，威廉对法国一直是很欣赏的。”说着，柯蒂斯从办公桌上的木质文件盒中拿出几张普林斯顿大学的来信，都是斯隆给他写的亲笔信。“他概述了你现在的工作，说你要把体育纳入法国教育体系，还要调查我们的大学体育现状。你在美国的行程是如何安排的？”

“先去波士顿参加体育教育大会，然后向西去芝加哥，向南去新奥尔良，再返回普林斯顿，一路考察各地的大学。”

“这段路程可不短啊。波士顿的大会倒是很不错。”

“你去不去？”

“不行，我抽不开身。苏利文和其他几位同事代表业余体育联合会参会。你认识他吗？”

“我知道他，但一直未能有幸与他结识。”

“可别当成幸运的事，苏利文的脾气很暴躁的。”

“哦，我知道了，我会小心的。”

“下个月你能不能过来？我们要举行比赛，有赛艇、跑步和拳击，就在坦纳岛（Tanner's Island）的新俱乐部举行。届时会有500多位客人。”

“谢谢邀请。我曾读到过，你在佩罕马诺（PelhamManor）的桑德（Sound）开了一家夏季俱乐部。”

“你的消息很灵通啊。那里设计的是夏季俱乐部，不过四季可用。关于我们的俱乐部及其活动，你有什么特别想了解的吗？”

顾拜旦拿出笔记本，说道：“是的，你若是不介意的话，我有几个问题想问。”

“我一定知无不言。”

二人热情交谈了一个小时之久。柯蒂斯对各项事务了若指掌，他跟顾拜旦介绍了纽约运动俱乐部的运作情况，俱乐部的诸多体育项目，俱乐部组织推广的比赛，甚至还介绍了俱乐部中一些杰出的运动员。顾拜旦记录了十多个纽约运动俱乐部的个人和团体体育项目，既有常见的体操、拳击、击剑、田径项目，又有水上项目、马术，甚至还有登山项目。

更重要的是，柯蒂斯给顾拜旦深刻阐述了目前美国体育界的大论战。一边是美国大学体育和团队体育的兴起，一边是热衷于大众体操模式的大学校长及管理者不断打压竞技体育。“你这次去波士顿，一定会听到约翰·霍普金斯大学（Johns Hopkins）的爱德华·哈特维尔（Edward Hartwell）大放厥词，”柯蒂斯说道，“他还是鼓吹腐朽的德国体育模式，或者是瑞典模式？”

二人的会谈远超预想的一个小时，最后，顾拜旦与柯蒂斯已是非常亲近，他称其“比尔老爹”——这是柯蒂斯的外号，因为他培养了很多优秀的体育运动员。会谈过程中，二人一度谈到了国际比赛与合作。柯蒂斯说道：“我们真正需要的，是从英国和法国派两支队伍过来，好好打几场英式橄榄球比赛。我很想看看，在跑步、拳击、摔跤等方面，我们的小伙子们跟你们对抗的结果。如果你们能选派出优秀选手，我很乐意组织几次比赛来切磋一下。”

会谈结束了，顾拜旦合上笔记本。柯蒂斯执意要带他参观一下俱乐部里的体育馆、跑道、游泳池等设施。参观完毕，二人走下楼梯，来到入口处。柯蒂斯对顾拜旦说，等他考察结束回到纽约，一定要再来拜访。他想听听皮埃尔的考察结果，并刊登在《时代精神》上面。此外，他还想介绍几个人给顾拜旦认识一下，其中就包括泰迪·罗斯福——纽约的政治界和运动界中冉冉升起的新星。

“你对体育教育这么感兴趣，一定会欣赏罗斯福教导街头小混混的做法。他在市中心和布鲁克林[1]创办了好几个体育馆，教这些人拳击，以控制暴力和犯罪。还真让很多孩子迷途知返了。”

离开纽约运动俱乐部的时候，顾拜旦回想着柯蒂斯的开诚布公、对各项体育运动的热爱，以及他分享信息和见解的意愿，不由得兴奋不已。此人身上，恰恰具备了顾拜旦此行希望看到的美国人的国民性格。倘若此次考察之路上还能再接触几个像柯蒂斯这样的人，那一定不虚此行。

◎◎◎◎◎

几周之后，顾拜旦乘火车去了奥尔巴尼(Albany)，又转车去了波士顿。这不是一条直达线路，不过在当时是唯一的选择了。路途中，他思考着即将踏入的美国新兴的大学体育世界。虽然竞技体育在美国大学校园中风行，但是，正如柯蒂斯告诉他的那样，绝大多数大学校长和管理者都担心团队体育会影响学生的学习。顾拜旦此次考察，会与康奈尔大学的安德鲁·怀特(Andrew White)、约翰·霍普金斯大学的丹尼尔·吉尔曼(Daniel Gilman)，以及哈佛大学的查尔斯·艾略特(Charles Eliot)会面。他知道，这三人所提倡的体育教育，是德国和瑞典那种约束较多、激情较少的锻炼形式。他还知道，此次波士顿会议将为那个争执不下的问题提供最大的论战平台——德国和瑞典的体操教育模式，哪种更适合美国高等教育的学生。

事实上，这个问题早已过时，没有多少意义。即便是在法国，也早就不算是个问题了。死板的体操运动时代已经结束。竞技体育正在美国

---

① 布鲁克林：Brooklyn，布鲁克林区位于曼哈顿东南部，是纽约市五大区之一，曾为黑人等少数民族聚居区，曾是美国犯罪率最高的地区。

兴起，势头正劲，不可阻挡，就像托马斯·阿诺德的学校体育模式在英国的情况一样，一发而不可收。一个崭新的体育教育模式已经降临。它结合了个体自由与团体合作，像一股全能的力量席卷全球，将所有过时、呆板的形式一扫而光。在顾拜旦看来，体育运动体现了新的全球时代的所有美好前景，理应物尽其用。

列车在秋日的康涅狄格州(Connecticut)乡间穿行,顾拜旦暗中决定，在此次会议上他要故意贬低集体体操模式，利用这次机会，将阿诺德的模式作为体育的未来介绍给大家。作为此行的官方职责，他本应向大会汇报体育教育大会的情况以及考察的情况，但他正在酝酿另一个强有力的发言。他决定重演当初在体育教育大会上的一幕。他知道，此次会议的与会者当中，肯定有很多人赞同竞技体育。他认为，自己此行的目的之一，就是随时随地开诚布公地阐述体育的发展方向。

火车抵达波士顿后湾车站（Back Bay Station）已是日暮，顾拜旦乘马车去了预订的小旅馆。旅馆位于亨廷顿大街（Huntington Avenue），就在公共图书馆旁边。路不算远，几分钟之后就到了。顾拜旦惊讶于此行的迅捷，给了车夫双倍小费。他本想当晚就近散散步，可又改了主意，决定第二天一早再出门，去麻省理工学院（Massachusetts Institute of Technology）参观一下。

他在旅馆里吃了晚饭，修改了一下大会的发言稿，又看了看斯隆派来参会的三位发言者的材料。“波士顿身体锻炼大会”（Boston Conference on Physical Training）——这个名字起得太差，顾拜旦心想，太有局限性了，要是叫“体育教育大会”就好多了。本次会议的主席是美国教育部部长威廉·T.哈里斯（William T. Harris），另两位发言者分别是约翰·霍普金斯大学体育主任爱德华·哈特维尔博士、来自艾摩斯特的哈佛教授兼体育教育改革家爱德华·希区柯克（Edward Hitchcock）。顾拜旦尚未与哈里斯见面，但斯隆和西蒙都曾在信中将他介绍给哈里斯。顾拜旦真心盼望能与他交谈几分钟，若是能一起喝杯咖啡就更好了。

◎◎◎◎◎

马车在蒙马特区的鹅卵石路上颠簸而行，珍妮特的脸庞在暗影中时隐时现。夜晚的柔光中，她的一头红发闪烁着光泽。顾拜旦为她神魂颠倒，他急迫地念着她的名字，近乎是在乞求。她轻声回应，随即二人都不作声了。他一把将她拉了过来，一头埋进她那散发着迷人香气的头发里。他吻着她的脖子，闻到了薰衣草香水的气味，此外还有一股说不上名字的香味。起初，二人的嘴唇只是轻轻接触，时而因马车的颠簸而分开。他将她拉得更近，二人深吻在一处。她的舌头上有茴香酒的余味，这是爱的蜜汁……他又闻到一股香气，不由得好奇心大发。

“除了薰衣草香水，你还涂了什么？味道挺熟悉，可就是说不上名字。”

“是你最喜欢的味道啊，皮埃尔，”珍妮特悄声说道，“是香子兰，我特意为你涂的。”说着，她又吻上了他的嘴唇……

一阵敲门声将顾拜旦从美梦中惊醒，他睁开眼睛，只见灰色的冬日阳光照进屋内。

“6点了，先生。”门外传来男服务员的声音，“您要的叫醒服务。”

顾拜旦嘟哝着说了句谢谢，又把脸埋在枕头里，想再去回味一下梦中那销魂的薰衣草香气，以及珍妮特身上迷人的香子兰味道。他起床，俯在脸盆上，往脸上泼了些冷水，注意到旁边肥皂盒里有一块法国洗衣皂。整洁的褐色包装纸上印着紫色的“薰衣草”三个字。他拿起香皂嗅了嗅，怀疑是它诱发了自己的春梦。

他走到窗边，看着亨廷顿大街对面麻省理工学院的校园和科普利广场（Copley Square）。这是一个灰蒙蒙的早晨，几辆马车、一些工人和学生正在路口穿行。科普利广场前面，是波尔斯顿大街（Boylston Street），从这里看去，能看到罗杰斯大楼。大楼共有四层，为红砖结构，正面和屋顶均为希腊风格，亨廷顿礼堂（Huntington Hall）就在里面。他理了理胡须，擦了擦未刮胡子的脸颊。他知道，今天的会议不是他的终点，而是一个起点：从此开始，他的生活里将再也没有珍妮特。他将专心于此次考察，将她从心里、梦里完全剔除。焦虑感已经没有了。他知道，失恋的伤口正在愈合。现在，他需要做的是锻炼意志，忘却她的音容笑貌。而他确信，“意志的锻炼”将是本次会议上一个热议的话题。

◎◎◎◎◎

在前往亨廷顿礼堂的路上，顾拜旦在三一教堂（Trinity Place）驻足片刻，看了看麻省理工学院校园里的核心建筑群。他很是惊讶，学校的校园竟然那么小，在城市中只占据了一个街区的空间。同时又惊叹不已，就是这寥寥数栋建筑，竟然产生了如此巨大的影响力，名声显赫。他绕过洛厄尔电气工程实验室（Lowell Electrical Engineering Laboratory），经过克莱尔顿大街（Clarendon）和波尔斯顿大街，随后汇入拥挤的人流，走上罗杰斯大楼的台阶，进入亨廷顿礼堂。

亨廷顿礼堂，跟其所在的这座大楼一样，虽属于麻省理工学院，却也用于举办各种各样的公共活动——政治集会、学术研讨会，甚至旅行展会和文艺表演。两千多名与会代表进入礼堂，气氛迅速热烈起来。顾拜旦在大厅中央左侧通道处找了个座位，坐了下来，却数次起身，为经过的人——甚至有几位女士——让路。会场的座位呈半圆形排列，他们是要到前面中间去。9：50，讲台后面的门打开了，教育部长领着上午的一众发言者走上台去。

主持人首先向大家介绍了从加利福尼亚、华盛顿、得克萨斯、路易斯安那等地远道而来的与会代表，接着就请哈里斯部长致大会开幕辞。

哈里斯首先将自愿的锻炼——或者说是能够缓解大脑压力的锻炼——在无意识间对重要脏器的影响与那些非自愿的锻炼进行了对比。

顾拜旦对这段评述不以为然。但接下来，他谈到了比赛在个人发展方面的重要作用。顾拜旦立刻支起耳朵,尽量一字不差地将他的发言记录下来：

“我们都知道比赛和锻炼的区别，”哈里斯说道，“在比赛中，情况千变万化，参与者有真正的奋斗目标。比赛在教育中是有用武之地的。我们日益发现，比赛具有极其重要的作用，它通过自发行动实现个体发展。通过比赛，人得以了解并指挥自己的身体，从而获得自尊并学会区分自己与他人的冲动与喜好。通过比赛，可以强健体魄，培养个性。那些只允许成年人参加比赛的国家，在这方面就有所欠缺。”

哈里斯最后讲到，那些未能领会比赛——顾拜旦将其理解为自由的竞技体育项目——之重要性的国家必将自食其果。顾拜旦听言,大受鼓舞。他又看了一遍刚才的笔记，觉得颇有共鸣。接着，哈里斯介绍下一位代表——约翰·霍普金斯大学的哈特维尔上台发言。大家鼓掌完毕，顾拜旦看了一眼同排的观众，只见大家的膝盖上都摊开了笔记本在做记录，不由得大感惊讶。在通道另一面的观众都在记笔记，记下体育活动作为各层次教育中一个环节之重要性。

哈特维尔阐述了体育发展在美国高等教育机构中的重要作用。顾拜旦再一次感觉到美国这个年轻国家的奋发力量。能跻身于美国历史如此特殊的时刻，他倍感荣幸。此刻，他正坐在一群教育家之间，而他们的国家刚刚开始萌生对体育和竞技的热爱，一个年轻的巨人即将踏上体育教育的征程。通过这一伟大事业，在国民的个性发展和修养过程中注入竞争精神。顾拜旦看到了这一时刻的无穷潜力：在他眼中，在场的诸人就是一根根丝线，他们终将编织成一张铺天盖地的挂毯，而这张挂毯将覆盖美国全境，并预示其强大的未来，就像阿诺德当初为大英帝国所做的一样。

哈特维尔发言完毕，随后是一场德国体操表演，接着是一场专题讨论：争议的双方分别是德国体育模式的支持者和瑞典体育模式的支持者。值得赞扬的是，哈特维尔在讨论中有力地支持了竞技体育相对于集体体操的益处。讨论结束后，休会吃午饭。参会人员陆续走出礼堂，到后湾的大小餐厅进餐。顾拜旦挤进熙熙攘攘的人群，四处寻找哈里斯及上午的几位发言者，可惜没有找到。他猜，这几位应该是私下吃饭去了，于是就决定等下午的议程结束后再找他们，要么就等自己发言完毕后找个机会也行。

下午，会议继续。顾拜旦上台发言。主持人介绍他时，说他是巴黎体育教育大会的主席，前来就其大会做报告，并汇报一下对国际体育发展的调查结果。顾拜旦首先向哈里斯主席及上午的几位发言者表示感谢，又请大家谅解其不太娴熟的英语，他将用一段发言表达其高屋建瓴的观点——应继续推广美国大学和公立学校中的体育教育和竞技体育项目。

“女士们先生们，今天上午，”他开始讲道，“我们经历了一场热烈的讨论，讨论的是两种体操模式各自的优点。我从巴黎而来，为大家带来一个消息——这场论战已经结束了，胜出的是体育运动。全世界全社会都向他们的孩子、学生，还有成年人打开了体育运动的大门。他们开始认识到，我们常说的‘体操’，也就是军事训练和死板的锻炼模式，相对于它而言，竞技体育——也就是哈里斯部长上午所说的‘比赛’——有着明显的优势。

“今天，我站在大家面前，带来的是一份世界范围内的调查报告，它清晰而简明地反映了体育运动的兴起。”说着，他拿起一摞纸让大家看了看。“发言结束后，我将给大家看看这份报告。但首先，我想向大家简要汇报一下，在今年6月的体育教育大会上，世界各国的参会领导所达成的共识。

“新的国际主义正使我们这个世界迅速聚拢在一起，而以上数据反映的，正是一个在此风起云涌时刻的突出现象：体育运动。它提供了一个如此珍奇的机遇，亦即国际交融与和睦的新的平台，我们理应好好把握。展望未来，展望体育运动为教育提供的这一天赐良机，我们必须要明白——时不我待。正如莎士比亚在《裘力斯·凯撒》中所写的那样：

世事如潮起潮落，

弄潮而起，则飞黄腾达，

延误时机，则搁浅于滩，一事无成。

眼下大潮已至，

倘不能乘风破浪，

必将追悔莫及。

“女士们先生们，眼下大潮已至，体育已是遍地开花。若要将其好好利用，就得强化其在教育以及民主方面的作用。体育运动能唤醒人身上高贵的本性，也能为战争助纣为虐。左右其方向的，完全在于它在教育中扮演的角色。若能妥善统筹管理，体育运动将成为任何伟大社会的中流砥柱。”

说到这里，他稍稍停顿片刻，拿出在世界体育教育大会上的讲稿，读道：“此时此刻，某地的一个操场边上，一个孩子正弯腰系鞋带。”顾拜旦开始讲道，“他准备到球场上去，跟朋友们踢一小时的足球。从他们的体育游戏，到维持一个帝国所需的基础，二者很难一下联系起来。话虽如此，二者之间却有着直接的联系……”

随后，顾拜旦继续发言，他将托马斯·阿诺德誉为当代最伟大的教育家，说他对强大的大英帝国居功甚伟，却鲜有人知道这一点。他断言道，如果美国能继续弘扬阿诺德的精神，将拉格比的体育课程纳入其教育体系（他说美国早已这么做了），那么，美国就能成为世界上最强大的国家。借此时机，顾拜旦还毫不羞怯地大肆宣传了体育教育大会的影响力。他说，正如他报告中的数据所反映的那样，他的报告早已在遥远的非洲和亚洲鼓舞着体育的成长。

多年的文笔修养助他在波士顿大会上大放异彩。他的发言绚丽收场，在场观众起立喝彩。哈里斯部长率先走上台去，向他表示祝贺，在全场观众的注视下与他热情握手。

二人分别时，哈里斯执意邀请顾拜旦在当天的事务结束之后一起去喝杯酒。当天下午，每次演讲的空当，总有人走到顾拜旦身前，不仅表示对其观点的赞同，还感谢他在世界各国之间建立体育交流的桥梁。会议结束后，顾拜旦前往新百利大街（Newberry Street）一家名叫麦格林奇（McGlinchy）的爱尔兰酒吧与哈里斯碰面。一到酒吧，他发现哈特维尔和希区柯克竟然也在。随后几人谈论了大学里体育与学习的矛盾。尽管稍微有点不情愿，但在哈里斯部长的表率下，哈特维尔和希区柯克均表示将全力支持顾拜旦此次美国考察，并随时提供所需信息。顾拜旦高兴坏了。他正准备离开波士顿，正式开启美国体育教育的考察之旅，他的激情和干劲已使万事俱备。到达美国仅数日，他已为自己确立了一个独特的身份——世界体育大使，在这个年轻的国家，与其体育教育一线的大人物结交合作。他不由得好奇，多年之前托克维尔[①]开始美国之旅的时候，是否也得到了同样的赞同和助力。

◎◎◎◎◎

趁着还在波士顿，顾拜旦到剑桥参观了海明威体育馆（Hemenway Gymnasium），馆长萨金特博士（Sargent）亲自为他导览。在这里，他参观了紧张激烈的体检过程——每名学生都得参加，或是为了矫正身形，或是为了强身健体。萨金特让一位颇为健康的年轻人做示范，用测力计、肺活量计、听诊器等设备，检查其力量、肺活量、心率等数据，满分为50分。顾拜旦在一旁看着，惊奇不已。此处的体检水平及推荐的矫正运动均令顾拜旦忍俊不禁，他认为萨金特博士所做的体检更像是搞医学，

① 托克维尔：亚历西斯·德·托克维尔，Alexis de Tocqueville，1805—1859，法国政治思想家、历史学家。曾赴美考察其民主制度及根源，著有《论美国的民主》（1835）。

而非体育运动。

自此，顾拜旦为期四个月的考察风风火火地展开了。离开波士顿之后，他先是去了马萨诸塞州的莱诺克斯（Lenox）。在这里，作为来访的贵族，在一群自以为是而排外的上流阶级之中，他度过了一个不太愉快的周末。他匆匆返回艾摩斯特，希区柯克教授为他展示了一场伴乐体操表演。希区柯克提供的宣传册中的内容对上帝有着非同一般的强调，由此可知，这位老人是带着福音派信徒的眼光来看待体育锻炼的。顾拜旦对此甚为惊讶，他想，体育的形式多种多样，可被塑造成各种用途。

随后他去了蒙特利尔，考察了两所大学，又去了伊萨卡的康奈尔大学。在那里，他与怀特校长（President White）一见如故，并向其阐述了他对体操的最初认知——在美国体育教育中，这种死板的锻炼方式必定没有出路。之后他去了芝加哥。站在密歇根湖的岸边，他心下骇然：这个18年前曾付之一炬的城市已迅速成长为商业大都市。他参观了芝加哥著名的工业中心。在这里，铂尔曼①曾因制造火车而发家致富，并通过文化、教育和体育设施为工人们提高生活水平，结果有喜有悲。在此期间，顾拜旦在赫尔馆②目睹了城市的贫困惨状，并与简·亚当斯③促膝长谈，对其投身帮助穷困百姓的事迹深表钦佩。

除了多元化的社会之外，美国与顾拜旦预想的情况大致吻合。此次美国之行主要是乘火车，1889年里，他的火车行程达近10万英里，在美国东部画了一个不规则的大圆。他穿过圣路易斯，前往新奥尔良，又越过美国南部，折回华盛顿，去了巴尔的摩，最后到达普林斯顿。一路走来，这个国家、其大城小镇、其人民，尤其是其教育系统及学校里多

---

① 铂尔曼：即George Mortimer Pullman，1831—1897，美国工程师、实业家，设计了铂尔曼卧车，建造了铂尔曼小镇供工人生活。

② 赫尔馆：Hull House，芝加哥的社会福利机构，为社区内的贫困者提供实质上的帮助。

③ 简·亚当斯：Jane Addams，1860—1935，美国芝加哥赫尔馆的创始人。她因争取妇女、黑人移居的权利而获得1931年诺贝尔和平奖，也是美国第一位获得诺贝尔和平奖的女性。

种多样的体育项目，都给他留下了深刻的印象。

但是，美国有些地方也颇令他失望。美国存在针对黑人的种族歧视现象，这一点他并不感到奇怪，令他不安的是其种族歧视的普遍性和强度。在杜兰大学[①]，在读到其同名捐助者巨额捐赠的宗旨时，他发现这所学校当初竟然只是为了培养白人学生而设。而在社会活动的方方面面，他都目睹了对黑人的排斥和蔑视。他思考着黑人问题，思考着目睹的对黑人的侮辱和欺凌现象，开始明白为什么这些无理的条款会被写入州法中。他在笔记中如此写道："倘若美国的南方诸州不改愚蠢，继续施行如此荒唐的法律，他们终有一天要为此付出巨大代价。"

最后，顾拜旦前往普林斯顿大学，与著名的亲法教授威廉·密里根·斯隆[②]会面。截至此时，他已经考察了20多所大学，撰写了数百页考察报告。

---

① 杜兰大学：Tulane University，位于美国路易斯安那州新奥尔良市，1834年成立，初为公立的"路易斯安那医学院"，1847年成为综合性大学"路易斯安那大学"；1884年州政府通过法案，将此学校转交由保罗·杜兰（Paul Tulane）创办的杜兰教育基金运营管理，改为私立大学"杜兰大学"。

② 威廉的全名。

49

丹纳的沙龙

7月的一个傍晚，圣克莱尔和顾拜旦离开意大利餐馆，步行上山，往蒙里普斯走去。二人边走边谈，步速不是顾拜旦偏爱的快步，而是闲散的漫步，圣克莱尔也得以边走边记笔记。他停下来写字时，顾拜旦也停下来，站在一边，或是回答圣克莱尔的问题，或是静静地等着他写完。

“1889 年您跟斯隆在普林斯顿大学会面时，有没有见到一些大学校队里的运动员？”

“有，见过十多个吧。斯隆带我好好参观了一下学校的体育设施。我会见了学校的教练组，还有很多教授及夫人——他们有些是学校运动委员会的成员，有的则对体育兴趣寥寥。我们观看了足球队训练，参加了几场校内比赛。以内部视角观察美国体育团队训练和体育教育的现状，与我在美国其他大学看到的情况大致相仿。美国人的性格当中很自然地带有团队精神和学校荣誉感。不过那次考察并非全围绕体育展开。斯隆的家在斯坦沃茨（Stanworth），他在家里为我举办了几次晚宴。其间我们谈了很多，关于教育理论和政治等。他认识的人真多。哎，他还是伍德罗·威尔逊[①]的好朋友。”

“您见过威尔逊？”

“没有。他在普林斯顿上过学，又在我考察之后的那一年回到了母校。我跟他擦肩而过。他在世纪之交当上了学校的校长。我记得威廉说过，伍德罗·威尔逊热爱运动，上学时曾担任普林斯顿大学的足球队队长和棒球队队长。”

“我记得您曾说过，您跟斯隆第一次见面是在伊波利特·丹纳家里？”

“是的，那是1888年一个周日下午，在丹纳家的沙龙上。是夏天还是秋天，记不清了，就在巴黎世博会之前一年。我们俩畅谈了美国的高等教育。其实，认识了威廉之后，我到美国考察的计划就很明晰了。他为我提供了很多见解和指点，还做了很多重要的引荐。”

“您经常去丹纳的沙龙吗？”

“是的，定期参加。”顾拜旦答道，“丹纳是我的学术偶像。在西蒙带我去拜访过他之后，我几乎每个星期天下午都去他家里。跟他太太也很熟了。他们认识很多世界各地的学者、作家、知识分子。”

丹纳的家位于先贤祠附近圣米歇尔大道旁的一个小巷中。一个晴朗的周日下午，顾拜旦从马车上下来，向车夫付了钱，走上台阶，走进丹纳家里。男管家为他开门，他随即就被鼎沸的交谈声淹没了。他摘下礼帽，将其交给管家，穿过大厅拥挤的人群，拐过前厅，径直走进主客厅里。他知道，丹纳一定会坐在前窗下的壁龛前面。他没有挤到丹纳身边，也没有打断他与别人的谈话，只是与他递了个眼神，点头致意，然后撤身而出。丹纳好像正跟身边人讨论一个有关医院和诊所的议会法案。毋庸置疑，这个问题十分紧迫，顾拜旦却对其没什么兴趣。

---

① 伍德罗·威尔逊：托马斯·伍德罗·威尔逊，Thomas Woodrow Wilson，1856—1924，美国第28任总统（1913—1921）。1873年，伍德罗·威尔逊在戴维森学院（Davidson College）上了一年学，之后转到普林斯顿大学就读，1879年毕业。1890年在普林斯顿大学任法学和政治经济学教授。1902年任校长。

他走进餐厅，客人们三五成群，餐桌上陈列着自助佳肴，两侧各有一列客人在取食。他绕着桌子走了一圈，在盘子里放了些蔬菜、鹅肝酱、意大利面，无心之间听到四周诸多谈话。丹纳的沙龙为他提供了一个机会，在这里他听到各种话题：议会的无能、巴黎电灯更新工程的缓慢进展、即将来临的国庆选举，还有对当下热门的乔治·布朗热将军（General Georges Boulanger）的激烈评论——有人将其视作法国的未来，有人则认为第三共和国将葬送在他手上。

顾拜旦倚着柱子，端着盘子，看着客人们进出房间和沙龙中发言者的种种表现：或是语惊四座，或是提出话题，或是表达见解，或是引发争议以使他人停止交谈瞩目于此。倘若丹纳起身说话，房间所有人都会毕恭毕敬地听他发言。倘若他要介绍一位发言者，大家均是洗耳恭听，多年前西蒙带他来时，丹纳就将其介绍给在场的客人，这是他对所欣赏之人的肯定。知识界或学术界的沙龙就是如此，这种社交集会带有明确的目的：或是评判观点，通过公共讨论来加以臧否；或是与其他见解高深者进行切磋。

突然，顾拜旦听到两个房间之外爆出一阵大笑，在嘈杂声的间隙中传来一句话，他听到立刻转头看去。他听到的是一个悦耳的男中音，那人说的是流畅的法语，将其美语口音掩饰得很好，“我们的大学正在发生改变”这个话题立刻引起了顾拜旦的兴趣，随后的话更是令他心动。他放下盘子，循着声音走去。听声音的出处，应该是在房子后面的玻璃暖房里。

玻璃暖房是丹纳夫人的园艺天地，在斑驳的阳光和丛丛花枝绿叶中，站着一位高壮、方下巴的美国人。他长相英俊，穿着三件套西装，扎着英式斜纹领带，正滔滔不绝讲述着美国高等教育日益提高的标准。人们已将他围了个水泄不通。顾拜旦走到人群中，认出几个熟人，互相点头示意。说话的人是普林斯顿大学的威廉·密里根·斯隆教授。他说约翰·霍普金斯大学正在美国开展一个独立研究项目，其模式是霍普金斯大学校长连续数次赴德考察所得。斯隆将其称作学术领导力的制高点。

“霍普金斯是为学术革新而创。它是我们的第一所研究生学校，由教育改革者特许建立，领导美国所有大学向新的方向发展。哈佛、耶鲁、普林斯顿、哥伦比亚、康奈尔，都会如法炮制。”

顾拜旦又听了几分钟，随后便与斯隆详细讨论起教育改革。半小时之后，顾拜旦已将话题引到法国教育系统无力应势改变上，大多数听众已渐渐散开。顾拜旦也不想将话题限制得如此小众，可他控制不住自己，而斯隆与他交谈甚欢，对他的观点很感兴趣。

“我叫威廉·斯隆。”斯隆终于打算与顾拜旦结识一下，他向顾拜旦伸出手，咧嘴而笑。

看到只剩下他们二人倾心而谈，顾拜旦很是高兴，大有巧遇知音之感。他也不拘礼节地说道:“很高兴能认识你，威廉。我叫皮埃尔·德·顾拜旦。”

“咱们拿杯酒，坐下谈吧。”说着，斯隆慢慢向餐桌走去。这时，从客厅里传来丹纳与众不同的声音。

原来，丹纳是要将维克多·德鲁利（Victor Duruy）介绍给大家。斯隆与顾拜旦走到客厅，听丹纳讲话。德鲁利曾在拿破仑三世的第二帝国担任公共教育大臣，他最近出版了修订版的《希腊史》（*History of Greece*），根据德国考古队的发现，对古代奥林匹亚进行了详尽描述。

“你关注了德国人在奥林匹亚的挖掘工作吗？”斯隆问道。二人走到书房暗处的一个安静角落里，在窗前的两把椅子上坐了下来。

“是的，我跟耶稣会的同学们看了他们的年度报告。我的老师卡朗神父对德国考古队在奥林匹亚的挖掘工作极感兴趣。”

“我打算弄本德鲁利的书读一读。”

“那你得排在我后面了。”顾拜旦笑着说道。

“我可以等，男爵。因为我已经有一本德语版了。”

“啊，你懂德语？”

“我在德国上的学，又给乔治·班克罗夫特[①]当过助理，在德国生活了三年。”

“你去德国，又回普林斯顿，这条路走得挺有意思，我很想听听你的经历。不过现在，我更想知道美国高等教育的发展趋势，以及为什么你了解得这么多。”

两个小时过后，顾拜旦已经了解到，斯隆与学术圈的精英分子交从甚密，认识很多美国大学的高层人物。此刻，他正陪同安德鲁·怀特来巴黎公干。安德鲁·怀特是康奈尔大学的校长，也是约翰·霍普金斯大学创立的幕后中坚。怀特当天下午也来参加了丹纳的沙龙，不过提前离开了。他们打算两周之后离开巴黎，斯隆答应走之前将顾拜旦引见给怀特。顾拜旦向斯隆讲述了自己的经历，而后者的反应令顾拜旦倍感振奋。斯隆不仅赞同顾拜旦对法国教育系统的改革，还对他的观点——体育教育应该与德育智育同等重要——完全赞同。他很难理解格鲁塞对英式教育模式的抨击，法国人为何要忍而受之。对顾拜旦打算赴美考察一事，斯隆颇感兴趣。他向顾拜旦介绍了美国大学的诸位校长、教授、体育领袖，建议他考察时与这些人会面，二人的交谈越发投契。顾拜旦邀请斯隆当晚共进晚餐。晚餐结束时，顾拜旦知道，自己已找到首个美国盟友兼知己。

◎◎◎◎◎

“跟斯隆谈过之后，我知道我最想要的是什么了，”顾拜旦回忆道，“我需要美国人的热情、活力和自信。我要请他和他的同事们跟我一起，加强国际体育运动的影响力，组织开展国家间的体育比赛，甚至复兴奥运，将其用作现代教育的平台。”

“当天你们提到奥运会了？”圣克莱尔问道。他想，与顾拜旦的这次访谈也许使他发现了奥运设想的源头——这个时间点从未正式确定下来。

① 乔治·班克罗夫特：George Bancroft，1800—1891，美国历史学家、政治家，美国驻欧大使。

“在离开丹纳的沙龙之前，我们详谈了古代奥运会的事。不过谈得最多的，还是德鲁利的书和德国考古队的发掘工作。”顾拜旦盯着天花板，目带沉思，“我们都明白国际比赛的重要性，但我不确定当天是否谈到了现代奥运会的设想。”

“可是，您的确发现斯隆是个重要的盟友。”

“当时我没有意识到他的重要性有多大，不知道他会成为我事业的中流砥柱。就在雅典奥运会之前，我才明白，我跟斯隆的奥林匹克友谊是无与伦比的。”

夜已深了，圣克莱尔和顾拜旦很少访谈到这么晚。圣克莱尔很好奇，为什么顾拜旦不愿太早或太晚工作。此刻他只想多了解一下斯隆的事，所以这个念头只是闪过而已。他又跟顾拜旦谈了一会儿，此时他已确定——威廉·斯隆一直是顾拜旦最重要的伙伴，对其国际体育、国际竞技设想的成形起着至关重要的作用，而这两个设想，正是奥林匹克运动的根基。于是，他决定深挖一下他们二人的故事。

“咱们返过头来，谈谈斯隆在您首次美国之行时所做的引荐。这些引荐有多么重要？”

“多么重要？我跟你说三个名字吧。”顾拜旦答道，“怀特、艾略特、吉尔曼。他们分别是康奈尔、哈佛、约翰·霍普金斯大学的校长，都是斯隆的朋友，都提倡国际和平，都是奥运会的坚强支持者。”

“他们也参加了和平运动？”

“怀特和吉尔曼跟帕西和普拉特的关系很近，他们参加过好几次世界和平大会。”

二人继续谈着，圣克莱尔详细而深入地探究斯隆在早期的作用。这时顾拜旦揉了揉眼睛，深深地陷在椅子里。

“我知道时间很晚了，”圣克莱尔说道，“咱们快速回顾一下您考察普林斯顿大学的经过，还有你们刚刚建立合作时的情况。首先谈谈在斯隆家的事吧。”

50

斯　隆

圣克莱尔请《小日报》的同事给他寄来一包资料，是威廉·斯隆的作品及学术事业。资料大都来自《纽约先驱论坛报》（*New York Herald*）在巴黎的档案、《纽约时报》，以及法国各家报纸上刊载的斯隆著作书评中的作者介绍。圣克莱尔读完这些资料，将斯隆的生平概括成稿，剔除了他在奥林匹克运动中的工作，打算将其用在顾拜旦的传记中。

威廉·密里根·斯隆集奇才与通才于一身，他承父祖之志，是个爱国者，却性情豁达，没有国别偏见。1850年他出生于俄亥俄州里士满。他的父亲是一位苏格兰长老会牧师，曾担任三所大学的校长，是一位广受欢迎的系统神学教授，也是位杰出的演说家。深受父亲影响的斯隆小时候就对语言格外感兴趣，学习的热情也很高。他母亲家族的社会地位则更高一些——祖上可以追溯到“五月花号”[①]上的成员，是大变革时期

① “五月花号”：Mayflower，英国清教徒首次去北美殖民地所乘船只。由于不堪忍受英国国教的残酷迫害，一部分英国清教徒于1620年9月16日在牧师布莱斯特率领下乘五月花号前往北美。全船乘客102名，其中教徒35名，其余为工匠、渔民、农民及14名契约奴。11月21日，在登陆前，在船上制定并签署了《五月花号公约》，有41名自由的成年男子在上面签字。此公约奠定了新英格兰诸州自治政府的基础。

的元老人物。

斯隆的父亲才干突出，不久之后，他们一家就从俄亥俄州的小镇来到纽约。1855年，詹姆斯·伦维克·威尔逊·斯隆教士（Reverend James Renwick Wilson Sloane）就在加尔文派的大本营——第三改革宗长老会（Third Reformed Presbyterian Church）——开始布道。而少年斯隆则像一匹初登赛道的良驹一样，在曼哈顿的玛莎·华盛顿学院(Martha Washington Collegiate）精进学业。他兴趣广泛，门门功课出类拔萃，令他的父亲甚是欣慰，老师们也对他赞叹不已。在家人的鼓励下，他一路跳级，比同龄人早三年进入哥伦比亚大学，年仅18岁就以优异成绩学成毕业，获得文科学位。少年老成的斯隆回到俄亥俄州，在匹兹堡大学的纽维尔研究所（Newell Graduate Institute）教拉丁语，从此开启了一段学术生涯，并于日后在国际上为他赢得了广泛赞誉。

然而，斯隆的雄心壮志并不受限于俄亥俄州。1872年，怀着精益求精的渴望，他去了德国，在柏林大学和莱比锡大学——当时世界公认的两所顶级大学——继续学业。在柏林大学，他醉心研究历史，其德语和法语也达到了大学毕业生的水平。东方历史，尤其是中东地区的历史成了他新的兴趣点。他的才华引起了当时美国驻柏林公使乔治·班克罗夫特的注意，他请斯隆担任其私人秘书。不久之后，二人就合作完成了班克罗夫特的大作《美国史》（*History of the United States*）的第十卷内容。除此之外，班克罗夫特还将斯隆带入了体育锻炼的世界，而此前斯隆对此几乎一无所知。不管天气如何，班克罗夫特每天都会锻炼两个小时。虽然斯隆当时还很年轻，但他对美食情有独钟，身材早就走了样。他跟不上班克罗夫特的锻炼强度，但受他影响，有时也在健身房里举举重什么的，减了几磅肥肉。这些锻炼首次激起了斯隆对体育的热情，不是从事其运动，而是研究其历史。不久之后，他就开始研究起体育运动对社会团结和身体发育的影响，继而为他返美之后从事体育工作打下基础。

1875年，斯隆通过了毕业论文[《穆罕默德时代之前的阿拉伯诗歌》（*Arabic Poetry before the Time of Mahomet*）]答辩。他拿到了博士学位，随即准备回国。他早就打算赶在1876年美国百年国庆时回国，而在乔治·班克罗夫特的引荐下，普林斯顿大学为他提供了一份语言学助理教授的职位。在普林斯顿的第一年里，他一人教授三门语言课程——拉丁语、希伯来语、阿拉伯语，还有一门玄学课程。

来到普林斯顿之后不久，他就与一位美丽的历史系学生坠入爱河。她叫玛莉·约翰斯顿（Mary Johnston），其祖父是戴维斯·约翰斯顿（Davis Johnston）上校，曾在乔治·华盛顿[①]麾下任职。其外祖父是大卫·埃斯佩（David Espey），是1775年殖民地会议的参会成员，而这次会议直接导致了日后《美国独立宣言》[②]的发表。在与斯隆的首次约会中，玛莉·约翰斯顿就对他说得很清楚，正是因为外祖父的遗传，只要责无旁贷，她就会起身反抗。很快二人就如胶似漆一般。他们俩都喜欢历史，对美国的未来有相同的看法。同年，斯隆在普林斯顿的贝亚德路20号买下25英亩土地，开始建造斯坦沃茨（Stanworth）别墅，第二年就与妻子入住其中。这栋石头建构的房子是由一家波士顿公司按照斯隆的要求设计而成的：一条维多利亚风格的华丽的长廊，其庭院由美国顶尖的景观设计师弗雷德里克·劳·欧姆斯特德[③]操刀。斯隆总是乐此不疲地向人炫耀他的房子，还常常乘坐前任房产主留给他的一驾旧驴车带着客人们游览庭院，观赏其茂盛的林地和广阔的草地。

19世纪80年代早期，斯隆已在普林斯顿大学教授多门语言课以及世界史课，成了一颗冉冉升起的新星。他周围的学者大都对美国日

① 乔治·华盛顿：George Washington，1732—1799，美国杰出的资产阶级政治家、军事家、革命家，美国开国元勋、首任总统。

② 《美国独立宣言》：*The Declaration of Independence*，是北美洲13个英属殖民地宣告自大不列颠王国独立，并宣明此举正当性之文告。

③ 弗雷德里克·劳·欧姆斯特德：Frederick Law Olmsted，1822—1903，是公认的美国风景园林之父，纽约中央公园及美国国会大厦周围的庭院景致，就出自其手。

益兴盛的体育运动持反对态度。但斯隆抓住这个机会，在普林斯顿创办了体育机构，于1881年加入了运动顾问委员会（Athletic Advisory Council），三年后即被任命为主席。之后，他与学生代表、学校的运动队教练一起，一边制定体育比赛规则，一边保证学生的德育和智育不会被新兴的体育热潮所影响。

普林斯顿大学意识到斯隆的重要性及领导能力，于1883年正式聘任他为历史哲学教授。有了这个职位，他得以在欧洲四处走访并担任客座授课。几乎每个夏天，他都会出访英国、法国、德国、意大利，虽然大多数都是公务出差，但也能开展自己的研究。他的创作欲望与日俱增。1885年，他又接受了一个职位，担任《新普林斯顿评论》（*New Princeton Review*）的主编。借着这个文学评论的平台，他继续酝酿自己的写作梦。1888年，他的注意力转向法国历史。同年，出版了他的第一本书——《詹姆斯·伦维克·威尔逊·斯隆的生平及著作》（*The Life and Work of James Renwick Wilson Sloane*），追溯其学术历程，向父亲致敬。

除了与皮埃尔·德·顾拜旦合作，参与奥林匹克运动之外，斯隆事业的另一面是他杰出的学术业绩。他的首部历史著作——《法国战争与革命》（*The French War and the Revolution*）出版于1893年，得到了伊波利特·丹纳的高度赞扬，称他为“最了解法国的外国人”。此后，斯隆的代表作随即而来：兼具权威性与娱乐性于一身的四卷本的大部头传记《拿破仑·波拿巴之一生》（*Life of Napoleon Bonaparte*）。这部书出版于1896年，但之前已经在《世纪杂志》（*The Century Magazine*）上分26期连载，而《世纪杂志》也成了斯隆最喜欢的发稿平台。

斯隆在普林斯顿一待就是近20年，随后他回到纽约，受聘于哥伦比亚大学，担任颇负盛望的“塞斯·洛历史系教授”[①]一职，任教时间达30

① “塞斯·洛历史系教授”：Seth Low professor of history，以哥伦比亚大学校长塞斯·洛之名命名。

年之久。1904 年，美国艺术和文学学会[①]成立，斯隆是其创始人之一。1920 年，首任主席，同时也是斯隆的好友兼同事的威廉·迪恩·豪威尔斯[②]去世，斯隆担任了学会的第二任主席。他将自己对历史的热情传授给一届又一届学生，也相继出版发表了四部著作和数百篇文章。

斯隆与妻子共生育了两子两女。1928 年，一家人共同庆祝了斯隆夫妇的金婚。该年 11 月，斯隆与世长辞。他的葬礼在纽约举行，大批仰慕者前来悼念，不论男女老幼，均对其称赞有加。《纽约时报》刊登了他的讣告。然而，讣告中却只字未提他在奥林匹克运动的创立以及为此事打上体育道德的印记所做的长期而崇高的工作。

斯隆阅历丰富，通晓世故。他身材伟岸，却动作轻快，心脏像个小型发电厂一样能量无穷。他身高 6 英尺，体重 240 磅，但在每个认识他的人眼中，似乎总是不知疲倦。他谈吐睿智，热爱生活，浑身上下散发着魅力。他是个豁达的人，但在原则问题和道德问题上，总是严守底线，如有必要，不惜翻脸。他不避讳争议，随时可以凭其学识将对方驳倒。他若是喜欢你，或像对待顾拜旦那样，赞同你的目标，那么，他的友谊就会坚定不移，可为你赴汤蹈火。

◎◎◎◎◎

顾拜旦乘火车去了新泽西州首府特伦敦（Trenton），又在马车上颠簸了两个小时，穿过新泽西的乡间小路，前往普林斯顿。看着乡间的景色，他不禁想起英格兰之行中看到的广袤而斑驳的田园。他知道，在殖民地时期，普林斯顿大学名叫新泽西大学，是殖民地上建立的第四所大学，

① 美国艺术和文学学会：The American Academy of Arts and Letters，又译美国艺术文学院，是一个培养、协助并支持美国文学、音乐以及艺术的组织。

② 威廉·迪恩·豪威尔斯：William Dean Howells，1837—1920，小说家、文学批评家，美国现实主义文学奠基人。

后来成了声名显赫的8所常春藤学校[①]之一。

普林斯顿大学是顾拜旦此行要考察的最后一所大学，他的美国之行也将随之画上句号。他倚在车厢里的旧靠垫上，一阵哀愁涌上心头。他思念祖国，希望听一听乡音，也开启与珍妮特分手之后的生活。但他留恋美国这个美好的国家和在这里的经历。这个自由与民主的国度的业绩是法国可望而不可即的——尽管经历了一次内战，却在一个政府统治下度过了一个世纪之久，未发生政权更迭。美国已经在他心中有了一席之地。他想知道，亚历西斯·德·托克维尔以及此前的诸多法国考察者，在即将结束美国之行时是做何感想。顾拜旦此行覆盖了近20个州，行程5000英里，回顾历程，他对此行的耳闻目睹都印象深刻。波士顿大会以及学生们身上的青春活力都令他感觉身处一个新型的社会之中。最令他不能忘怀的，当属芝加哥，当属简·亚当斯女士创办的赫尔馆。在这个崇尚自立商业繁荣的国度,不乏同情心和援助之手。而说到他的考察之旅，迄今为止，就他整理的文档和笔记而言，他对这些大学的专业水平相当满意。他知道，凭借这些资料，他足以向朱尔·费里以及法国呼吁教育改革的人士呈上一份出色的报告。不仅如此，他还在酝酿又一部关于教育的重要书稿。《大西洋彼岸的大学》(*Universités Transatlantiques*)此时已在他脑中初具雏形，初稿的素材收集整理已近尾声。当马车离开土路，驶上铺面道路，顾拜旦想，此次美国之行，令他印象最深的是美国人坚强的性格和个性。人人思想开放，时刻在寻找下一个机遇。似乎每一位美国人的性格中都有一个核心追求——就像每一天都是一个全新的开始一样。这不仅仅是比喻意义上的新的一天，而是真正意义上的人

---

① 常春藤学校：Ivy League，常春藤联盟，是由美国东北部地区的8所大学组成的大学联盟。这8所院校包括：哈佛大学、宾夕法尼亚大学、耶鲁大学、普林斯顿大学、哥伦比亚大学、达特茅斯学院、布朗大学及康奈尔大学，都是美国首屈一指的大学，历史悠久，治学严谨，许多著名的科学家、政界要人、商贾巨子都毕业于此。其中，康奈尔大学建立于美国独立战争之后，其余7所大学均建立于美国独立战争之前。在美国，常青藤学校是顶尖名校的代名词。

生的新开端。在美国人的意识里，乐观主义总在闪闪发光。

◎◎◎◎◎

黄昏时分，顾拜旦由华盛顿大街抵达普林斯顿。马车慢慢驶入这个最具美式风格的小镇，他首先注意到的是路边房子的规模之大。他大概数了数，众多房子的三层护墙板上，有六七种不同的维多利亚时代设计风格。房子的前面都是平坦的草地，宽阔的走廊，还有数不胜数的山行墙。这里的人似乎都喜欢白色底漆加黑色点缀的样式。艾卡德一定不喜欢这样朴素单调的配色，他如此想道。

学校的操场映入眼帘，一种熟悉的兴奋之情在顾拜旦胸中涌起。很快，马车就来到普林斯顿大学华丽的铁艺正门前。看到纳苏楼（Naiman Hall）那华丽的石头建筑，顾拜旦不禁联想起了英国的大学。

马夫一拽缰绳，马车左转，校园从顾拜旦视线里消失了。接着又是一个转向，驶入另一条大街，前方的大片土地上，又有几栋维多利亚风格的大楼。马车驶入贝亚德路（Bayard Lane），拐进一栋三层石头宅邸的私人车道。房子的前廊上覆盖着藤蔓植物，饰有浮雕和花饰，一看就是某位木雕艺人的俗丽之作。这个家的主人多少有点艺术品位。

马车缓缓停下，斯隆教授出现在前廊，身边还有个小男孩。斯隆的大手搭在男孩肩上，二人等着客人到来。男孩身穿吊带短裤和长袜。

顾拜旦下了马车，只见一位山一样的男人站在身前，其衬衣袖子和马甲几乎要被膨胀的身材撑破。斯隆喜气洋洋，很明显，家中有法国客人到访令他很高兴。二人尚未说话，却都笑了起来，显然很高兴再度会面。

“欢迎来到斯坦沃茨，皮埃尔。”斯隆兴高采烈地说道，“孩子，来，跟皮埃尔·德·顾拜旦男爵问好。这是我儿子，詹姆斯，今年8岁了。”男孩从台阶上跳下来，与顾拜旦用力地握了握手，难掩激动之情。“我表哥是耶鲁大学橄榄球队的四分卫。”他大声说道。

“啊，真了不起，詹姆斯。”顾拜旦看到斯隆向他使了个眼色，便会意地说道，“你们全家人一定都为他骄傲吧。你也打橄榄球吗？”

“不，我喜欢跑步。”詹姆斯答道。接着，他似乎想要为顾拜旦演示一下，就扭头向房子的拐角处跑去。

斯隆走过来，帮车夫卸行李。“听说我们的法国客人是位国际体育项目的专家，詹姆斯很高兴。”二人这才握了握手。这时，斯隆夫人和他们的小女儿也出来迎客。大家正在寒暄，詹姆斯已绕房子跑了一圈，从房子的另一个拐角处跑了出来，大家都夸他跑得快。随后大家将顾拜旦的行李拿到二楼阳面的一个客房中，就在斯隆的书房上面。

“再过1个小时吃晚饭。”斯隆夫人一边说，一边为顾拜旦拍松枕头。“希望你不介意。我们晚饭吃得很早，为的是能让孩子们早点上床睡觉。”

“当然不介意。”顾拜旦答道。他从詹姆斯手里接过旅行皮箱，将其放在橡木衣橱和梳妆台之间。“很高兴能与你们一家共进晚餐。”

“不是什么正式晚宴，穿衬衫就行。”斯隆一边说，一边领着家人向门口走去。“吃饭之前，先到我的书房里喝杯酒吧。”

顾拜旦略微洗漱，然后下楼，来到书房门前。他敲了敲门，随后推门进去。只见整间书房三面墙上全是书架，里面摆的全是书和斯隆在旅途中收集的艺术品。向阳的那边是一扇落地窗，暮光越过走廊，照进屋内。

“都安顿好了？”斯隆把笔放在一边，从书桌后面站起身来。

“好了。房间很舒适。威廉，谢谢你的招待。住过那么多酒店，能住在家里的感觉真好。”

“Ce n’est rien。”[①] 斯隆用法语答道。说着，他走到墙边小吧台处，酒和酒杯一应俱全。“波旁还是黑麦？”（均为美国威士忌种类）

“我喝黑麦吧，年轻时我就放弃波旁了。”[②]

---

① 法语，意为“不客气，不算什么”。

② 波旁王朝在法国的统治始于1589年亨利四世，到1792年被推翻；后在1814—1830年两次复辟，于1830年七月革命中被彻底推翻。此处顾拜旦是借酒的名字开了个政治玩笑。

斯隆大笑起来。他递给顾拜旦一杯黑麦，又举杯与他碰杯，说道“Santé”（法语，干杯）。其间他上下打量着顾拜旦，开口问道："皮埃尔，你介意我问一下吗——你身高到底是多少？"

"5英尺4英寸。"顾拜旦答道，他猜到斯隆在想什么，于是又补充道，"跟某位皇帝一样高。"①

"正是！"斯隆咧嘴而笑，"那么我的理解是——你想当法国体育界的拿破仑？"

"对，不过我可不敢称帝，得让大家推举才行。"

"很聪明。也许我能帮你实现大业。"

二人坐下详谈。斯隆说着法语，像个谋士一样，为顾拜旦做好了下周的安排，其中包括：一次学校考察，与运动员和教练会面，与几位教授及其夫人共进一两次晚餐，还要参加几个关于国际体育发展的筹备会。

顾拜旦完全同意斯隆的安排，随后回答了斯隆的询问，向他解释了此行的经过以及对美国体育现状的了解。这时斯隆夫人打断了二人的交谈，叫他们去吃晚饭。

◎◎◎◎◎

斯隆家有一个长方形的邓肯·法福②餐桌，餐厅上方是水晶枝形吊灯，桌面光可鉴人。斯隆将顾拜旦此行描述为对美国运动品质真髓的探索，一家人听得聚精会神。随后，斯隆向顾拜旦讲述了他的新英格兰之行和学校的任命，以及他由此得出的结论——体育运动很快就会成为联结大西洋两岸的桥梁，相隔万里的国家之间会举行体育比赛。斯隆夫人对这个话题很感兴趣，孩子们尽管听不懂，也不失礼数。

"玛莉，"斯隆对妻子说道，"我和皮埃尔都认为，国际体育必须建立

① 指拿破仑。

② 邓肯·法福：Duncan Phyfe，美国家居设计师品牌，以优雅精美著称。

在道德基础上。”

“嗯，我认为，你如果想在普林斯顿大学现有成绩的基础上更上一层楼的话，这一点倒是必须的。”

“这么说，你支持我跟皮埃尔携手？”

“会出国吗？”斯隆夫人最关心的还是自己的喜好。

“未来几年可能要去一两次巴黎。”

“那我同意了。”

“就这么说定了，明天就开始筹备。”斯隆说道，“皮埃尔，我觉得有必要让玛莉和孩子们了解一下你的家族史。你愿意给我们讲讲顾拜旦家族的来历吗？”

在接下来的半个小时里，顾拜旦向斯隆一家讲述了家族的历史：菲利斯·迪·弗莱迪的经历、《拉奥孔与儿子们》雕像的发现经过、皮埃尔·德·弗莱迪担任国王内侍的情况、祖上通过香料贸易发了财、曾叔祖亨利·路易斯·德·弗莱迪在1789年法国大革命中与王后玛丽·安托瓦内特被斩首、祖父在拿破仑麾下任职又经历了复辟、父亲成功的画家生涯……他将故事说得通俗易懂，以便两个孩子理解，同时又保持其情节的精彩动人，以防两位大人觉得无趣。

晚饭结束时，斯隆先是让夫人介绍了她祖上的光辉业绩，又讲了讲自己的家族史，这些事孩子们早就听过了。

“我读过《哥达年鉴》，多少了解一些你的家族历史，”斯隆说道，“所以，你的故事并不令我感到惊奇。可是伙计，我不想让你以为你面前坐着的是一些平头百姓。斯隆家族，起码在我看来，是美国的贵族。当然，是低层的贵族。我的母亲，其祖先可以追溯到‘五月花号’。所以，我们是美国的元勋后代。我们通过殖民地领袖特朗布尔这一支繁衍下来，人才辈出，其中有很多政府官员和成功商人。我的祖上，有参加了大陆会议的，还有成了著名画家的——詹姆斯·特朗布尔（James Trumbull）。美国开国元勋签署《独立宣言》的那张名画就是他画的。”

这番交心之谈之后，斯隆与孩子们亲吻道晚安。夫人把孩子们带到楼上准备睡觉，斯隆和顾拜旦又回到书房里。

◎◎◎◎◎

顾拜旦向圣克莱尔简要介绍了他与斯隆的早期友情，又向他讲述了二人在普林斯顿的最后一次谈话。“在我的美国之行结束之时，我与斯隆已是莫逆之交。我们达成共识，要携手推进国际体育发展。”

“你们讨论过奥运会的设想吗？”

“我们关注的大都是两到三个国家之间的团队竞技，但也曾提及复兴奥运的想法。我们共同的目标是以教育为基础发展体育运动，所以，当时我们更关注的是如何在体育训练和体育比赛中构建普世价值观。几年之后，这个难题通过奥林匹克主义哲学才得以解决。但最初我们考虑的是，通过普拉特和帕西所提的年度国际青年大会来解决这一问题，友谊也成了我们的长期核心目标。我们想通过体育运动来培养国际友谊，推进和平。这一目标使得我们，或者说，使得威廉实现了个人价值。”

◎◎◎◎◎

晚饭过后，斯隆与顾拜旦返回书房，为顾拜旦完善下周的安排，并为以后的合作拟定步骤。斯隆活力四射，他手拿威士忌酒杯在房间里来回走动，表达着对远景的热情。

“皮埃尔，我心底有很强的使命感。它源于我苏格兰长老会的成长背景。三周之前你坐着破马车来到普林斯顿，看到你温和的法国人面容、意大利人样的双眼，又呼吁我帮你建立国际体育的道德基础——伙计，那一刻我就知道，天意如此。”

斯隆在窗边站定，看着窗外的贝亚德路，端着酒杯的手在身前平摆了一下，以强调自己的观点。“我们若想以推进世界友谊与和平为目标来打造体育哲学，以道德为核心发展体育运动，为塑造人类精神而推广体育意识，就必须对友谊二字有深刻领会。”

顾拜旦点头以示同意，却并未出言回应；他知道斯隆还有后话。果然，斯隆继续说道：“什么是友谊？难道不是彼此间希望、志向、梦想的相互扶持？是无私利他、互助互爱，是相互鼓励、共享胜败，是相互尊重、开诚布公。最重要的，是不离不弃。”说着，他大笑起来。

他向顾拜旦说了些心里话，令后者始料不及。“我需要一个好朋友，皮埃尔。我很清楚，你也需要一个好朋友，尤其是在美国。你也许会觉得奇怪，但是，在美国，你的学业进展越快，人就变得越孤独。我总是比同龄人超前一些——我在哥大毕业时，同班同学都比我大三到五岁，而我早先的那些同学才刚刚高中毕业。我的父亲总是在督促我，让我以学识来荣耀上帝。我不知道上帝有没有在我的思想和学术追求中获得愉悦，但他赐予我的天赋令我很早就扬名瞩目。可是，我小小年纪就被迫变得老成持重，几乎没有莫逆之交。”

“如此说来，你的经历无独有偶。”顾拜旦颇有同感地说道，“过去十年里，我曾结交几位好友，尤其是几位狂野不羁的诗人。但在教育改革、推广体育教育的路上，我是孤独的，很难有私交。大多数时候，我都跟年长的政客打交道，而他们早就没有了寻觅知己的兴趣。虽然偶尔也有交心之谈，但我在美国四个月了，与人吃了不知多少顿饭，可每次会面都带着这样那样的目的，没有交情可言。我在美国见过上百个人了，与他们相处很愉快，却没遇到一个知音，直到我认识了你。”

斯隆听言，从书房另一端走到顾拜旦身前，伸出未端酒杯的胳膊，给了顾拜旦一个拥抱，接着退后一步，说道：“如此说来，皮埃尔，我们的友谊就是新型体育和国家间友谊的基础。”

51

噩 梦

顾拜旦这个周末要去日内瓦看望几个老朋友，他告诉圣克莱尔不能与他访谈了。星期六，圣克莱尔一整天都在整理访谈笔记，想找找顾拜旦与威廉·宾尼·布鲁克斯医生、亨利·迪东神父的交往资料。他们俩都是顾拜旦奥运复兴运动的得力盟友。他的头绪太多，细节复杂，进展很慢，但他对目前传记的进展很满意，也盼着与顾拜旦下一周的访谈。星期日下午，圣克莱尔与朱丽叶骑着双人自行车去了湖边，又骑到蒙特勒，在那里吃了奶酪火锅，然后返回。晚上，二人先是各自忙各自的工作，接着聊了会儿天，看了会儿书，又在烛光中云雨一番，很晚才睡。

星期一早上，圣克莱尔还在睡觉，电话响了。他睡眼惺忪地接起电话。是梅斯里博士，他很着急："雅克，马上赶到蒙里普斯。"

圣克莱尔听言一惊，一下清醒过来："皮埃尔还好吗？"

"啊，他没事，只是很心烦，愤怒。男爵夫人把他的书和资料都扔到路边了，我们得过去帮忙收拾一下。"

"什么？她把他的资料都扔了？有多少？可不能丢啊，那是奥林匹克运动的史料。"

"我知道。我现在在医院，眼下离不开。我一个小时以后到蒙里普斯。"

圣克莱尔匆匆穿上衣服，跟朱丽叶转述了梅斯里的话。“男爵夫人一定跟皮埃尔大吵了一架，”他猜测道，“她这是要毁了我们的工作成果。”

“天啊，”朱丽叶惊道，一边穿上浴袍，“我能帮上忙吗？”

“不知道。到时候给你打电话吧。”

圣克莱尔骑车上山，看到地面并不湿滑，他很是高兴。天空阴暗，但湿气不大，不像是会下雨的样子。他全速骑车，穿过铁路桥时已是浑身大汗，骑进蒙里普斯公园西南门时已上气不接下气。

他沿公园里的小路上坡而行，远远地看见顾拜旦站在别墅旁的一堆箱子、书、纸中间，这里是扔垃圾的地方。老人正在逐一检查物品，并把箱子堆到一边。他的外套已经脱掉了，衬衣上全是一块块汗渍。

“雅克，”看到圣克莱尔来到身前，顾拜旦轻声与他打招呼，表情甚是沮丧，“谢谢你能过来帮忙。咱们把文件装到箱子里，再搬上楼。”他双手各抓着一摞文件，朝眼前的烂摊子摆了摆手。

“这是怎么回事？”

顾拜旦咬牙切齿地说：“我还没弄明白。护工在帮我收拾，他说昨晚有辆车来过，一个男人搬走了几个箱子。”

圣克莱尔朝一个开盖的箱子里看了看，只见里面装着顾拜旦的手写信件，用的都是国际奥委会的信笺。“她为什么这么做？这都是史料啊。”

顾拜旦转过身，在一个箱子上坐下，并未回答圣克莱尔的问题。

“我搬不动了。”

“我来搬，您休息一下。”

“好。”顾拜旦说道，“把这些搬到楼上办公室里，我有把钥匙，平时很少用，咱们得把这些东西锁起来了。”

护工从楼里走了出来。顾拜旦向圣克莱尔介绍说，他叫伯纳德。伯纳德身穿工装裤，头戴贝雷帽，他与圣克莱尔打个招呼，就反身继续搬箱子去了。圣克莱尔也搬起一个箱子，跟在伯纳德身后，上楼去了国际奥委会办公室。伯纳德已将后墙处的家具挪开，把箱子都摞在那里，紧靠着一个橱子，橱子里的档案完好无损。

“伯纳德，你知道丢了几个箱子吗？”

“不到5个，”伯纳德答道，“这些都是我搬到垃圾堆去的，请您不要告诉男爵。是男爵夫人让我搬的。”

“什么时候的事？”

“周六晚上。”伯纳德答道，“我听到她在大喊大叫，就走了过来，看见她在客厅里，一边哭一边喊着‘不公平’。”

“她为什么这样生气？发生什么事了吗？”

“我不知道。我问她发生了什么事，她站起身来，带着我来到楼上的国际奥委会办公室。她大喊：‘我要让他从这里滚出去！’接着就让我把所有的箱子都扔到路边。我还想劝劝她，可她朝我尖叫：‘快点儿！’”

这时梅斯里来了，朱丽叶也来了。很快，他们就把文件都装箱，整齐地堆放在办公室里。气氛很是尴尬。顾拜旦到办公桌后坐下，说：“我要检查一遍，看看丢了什么。需要一两天时间。”

“男爵夫人在哪儿？”梅斯里担心地问。

“她不在，”顾拜旦回答，“我不知道她去哪里了。”

“她为什么要这么做？”梅斯里又问道。

房间里霎时安静下来。顾拜旦没有回答。他手捂前额，倚在椅背上。

“咱们去看看能不能把丢了的文件找回来。”梅斯里说完，示意圣克莱尔和朱丽叶该走了。

来到楼下，他们看到伯纳德在一楼的护工房里。梅斯里向他仔细解释说，国际奥委会的文件是极其珍贵的，一定要保护好，不能让男爵夫人碰到。接着又问他：“你知道是谁把箱子拉走了吗？”

“那辆车是德福勒先生的。”伯纳德答道。

梅斯里眯起眼睛，“不能让他弄走。”

德福勒是奥林匹克纪念品收藏家，他经常向顾拜旦和梅斯里打听奥林匹克档案的事。他在圣劳伦特街（rue Saint-Laurent）上有家古董店。

“跟我来，”梅斯里对圣克莱尔和朱丽叶说道，“你们跟我去找德福勒。有记者陪着大有帮助。”他们上了梅斯里的汽车，朝老城区的中心路（rue Centrale）驶去。

“气死我了，”梅斯里说道，“男爵夫人怎么会使出这么低劣的手段？她怎么疯成这样？天啊，那些文档和书是他仅剩的东西了。她知道这对他是致命的打击。”

“太狠心了，简直难以置信。”朱丽叶说道。车停了下来，圣克莱尔与朱丽叶跟在梅斯里身后走上一条步行街，又转到圣劳伦特街上。梅斯里走得很快。

“我用了好多年时间帮皮埃尔建立奥林匹克图书馆和档案馆，”梅斯里说道，“每一张纸都极有价值。”

德福勒古董店位于路的左侧，橱窗里满满当当地摆着旧灯具、书写工具、水晶制品、银器、陶瓷，还有几个木雕精细的小柜子。

梅斯里用肩膀顶开玻璃店门，三个人走了进去。有个铃铛响了一声，一位戴眼镜的男人从柜台后面抬起头来。店里有股旧书的霉味，四下一看，果然在桌子上、墙边的博古架上摆满了旧书。墙上挂着几幅画，上面落了灰尘，画框也脏兮兮的。一屋子都是19世纪的家具摆设。

那个男人站起身来迎接梅斯里。

“你好，德福勒，”梅斯里说道，懒得与他客套，“你应该知道我为什么来吧。”

“顾拜旦的文档？”

“这么说真是你拉走的？”

“当然是我。男爵夫人没告诉你？”

“告诉我什么？”

“她授权我处理男爵的部分奥林匹克文档。”

“她，授权你？真是无稽之谈。”

“哦，我打算有机会给她点报酬——”

梅斯里打断了他的话，“你不会有机会了，因为我要把东西拉回去。这是国际奥委会的财物，她无权处置。”

“慢着，我不想惹麻烦，”德福勒说道，“但我有权处置她送给我的东西。”

“错，你没有这个权利。”梅斯里说得很强硬。他大踏步走到柜台前，说道，“这位是雅克·圣克莱尔，他正在撰写男爵及其档案的文章。如有必要，我们可要报警了。”

“啊，记者。原来就是你啊。难怪她给我打电话时会那么生气。”

“什么？”圣克莱尔看了看朱丽叶和梅斯里，惊问道，“男爵夫人生我的气？”

“是的，她还对男爵很生气。因为他把儿子介绍给你认识，就是那个弱智。”

圣克莱尔听言，顿时不知所措。梅斯里也有些气馁，无言地看着圣克莱尔。

“她说绝不会让你写他的事，一个字都不行。相信我，她可说到做到。”德福勒说。

男爵夫人竟然把他看作家庭的威胁，圣克莱尔惊得目瞪口呆。他知道顾拜旦一家对其儿子是什么态度——爱与保护，不愿让他被外界所知，也不愿他被人指指点点。顾拜旦将其交代得很清楚，也非常信任圣克莱尔，这才将儿子的事告诉他。“我绝不会辜负他们的信任，也绝不会对他们一家不恭敬。”他说道。

“把东西给我们，”梅斯里转向德福勒，说道，“不然我就叫警察了。”

德福勒最终还是屈服了。他将三人带到后面一个房间。这里杂乱地堆放着各种家具。门边有四个箱子，最上面一个敞着盖子，露出里面的文件。三人围在箱子边上，梅斯里从箱子里拿出一些文件检查着。

“天啊，”他说道，“这是皮埃尔的通信。这是写给格巴尔的……这是写给克梅尼的……这是写给斯隆的……这都是奥林匹克的历史文献啊。”他摇摇头，目光犀利地盯着德福勒，“还有什么？你有没有从里面拿走东西？”

“没有，一张纸都没碰。”德福勒答道，“我就是打开最上面的箱子看了看里面几个文件，一件都不少。”

“就这些？你说实话！”

“真的。”

“你们在这里等着，我去把车开过来。”说着，梅斯里打开后门，走了出去。

圣克莱尔伸手从箱子里掏出一摞斯隆写给顾拜旦的信，他一边读信，一边留意身前的箱子。

德福勒在他身边，有点儿坐立不安。“这么说，你在写男爵的传记？”

圣克莱尔抬头，冷冰冰地看着德福勒，片刻未有回答。德福勒躲开了他的盯视，圣克莱尔开口说道：“这是机密。”

圣克莱尔看了看朱丽叶，她已走到房间深处，正摸着柜子上一个华丽的大画框。“这个以前一定装过一幅好画。”她如此赞道。她拂去画框上的灰尘，露出其全貌——通体金色，四角各有花果雕饰。她看见一个抹布，就拿起来，将画框擦得更干净一些。

“这个画框卖不卖？”她开口问道，画框在她手中闪闪发光。

“卖。”德福勒已难掩心中烦躁，“你们快离开我的店。”

门外传来停车的声音，梅斯里走了进来。三人将四个箱子搬出房间，搬到梅斯里汽车后座上。德福勒一再说，他只拉走四个箱子，因为他的车里已经装了很多旧家具，再装不下别的东西了。不过他又说，他离开的时候，看到有别人去了……另一辆车停到了蒙里普斯的私人车道上，是辆黑色的奔驰。

“你知道是谁的车吗？”梅斯里问道。

“这你得去问男爵夫人。她也许还叫了别的人。”

三人上车前往蒙里普斯。路上，圣克莱尔向梅斯里和朱丽叶解释自己是如何触怒了男爵夫人。

“星期五上午，我去蒙里普斯见皮埃尔。我停下车子，听到院子里传来欢笑声。我就走进院子，看见皮埃尔正跟儿子踢球玩，保姆在一边看着。我跟他们在一起待了有 5 分钟，然后保姆就说该到屋里去了。皮埃尔为我作介绍，可雅克不说话，他只是露出一个扭曲的微笑，直直地看着我，睁大了眼睛。然后我们一起上楼，他抓住我的手，就跟个小孩子似的。我们走到二楼，皮埃尔转身去办公室，这时我看见男爵夫人站在二楼的休息平台上看着我们。我们目光相对时，她狠狠地瞪了我一眼，一扭头就上楼了。我觉得没什么大不了的，但她显然是生气了。我得找时间跟她谈谈，看看能不能做通工作。”

圣克莱尔并未告诉他们——在看到雅克身体不协调的那一刻，他是多么震惊。他连摆两三次腿，才能踢中一次球。这是很不寻常的一幕：奥运之父皮埃尔·德·顾拜旦男爵在教他41岁的儿子玩最简单的游戏；这也是很辛酸的一刻，圣克莱尔当即领悟到，如果将其写入传记，无疑会令其具有一种悲情的反讽意味。可他现在知道，这部分内容是绝不能用了。

◎◎◎◎◎

三人返回蒙里普斯，将四个箱子搬到顾拜旦的办公室里，顾拜旦还在整理文档。房间中央有两把客椅，他坐在其中一把椅子上，脚下是个敞盖的箱子。箱子已是半空，拿出来的文件都摞在另一把椅子上。顾拜旦检阅着一份份文件，随手在笔记本上记下文件名称。

“丢了什么东西吗？”梅斯里问道。

“还没整理完，不好说。”顾拜旦耸了耸肩膀，显然对现状已泰然处之。他微微一笑，说，“弗朗西斯，咱们得逐一查对记录。两个老图书馆理员又有活干了。”圣克莱尔知道二人已在奥林匹克文档整理工作上浸淫多年，他们最终会将问题解决好。

“会整理好的，”梅斯里说道，“男爵夫人在吗？”

“没有，”顾拜旦答道，“现在先别去招惹她。”

“好吧，皮埃尔，”梅斯里说，“我得回学校去了，晚点给你打电话。”

朱丽叶拥抱了顾拜旦一下，又与圣克莱尔吻别，悄声在他耳边说道：“我想要德福勒店里那个画框，用来放皮埃尔的肖像画。”

顾拜旦将椅子上的文件搬走，请圣克莱尔坐在他对面。

“您还好吗？”圣克莱尔问。

顾拜旦抬起头来，目露疲态，双肩塌落。“真是永无宁日啊，对吧，雅克？猫总是要挠人的，一有机会就伤你一次。”

圣克莱尔知道，顾拜旦说的是他的妻子。虽然他尚未读过顾拜旦的日记，但梅斯里曾跟他说过，在私底下，顾拜旦将妻子称作“猫”，将女儿称作“鸟”。

"她是生我的气，"圣克莱尔说道，"她担心我会写您儿子的事。"

顾拜旦摇了摇头，弯腰捡起一份文件。"这不是生气的事，雅克。也不是因为你，我的朋友。是我。"他无奈地说道，"在大多数婚姻中，爱恨就在一线之间。多年的艰苦辛酸和怒目恶语，已经再也找不到爱的情谊了。那只猫恨我，恨得根深蒂固。她怪我，说我把家业都败光了。我们眼下的生活都是演出来的，奥运的名声是我们仅有的颜面了。"

说完，顾拜旦眉眼低垂，一言不发。在这黯然的时刻，圣克莱尔也无语相劝。他伸出手，搭在顾拜旦的肩上，轻轻捏了两下以示安慰，任这沉默持续下去。

顾拜旦拿起一份文件，看了看，将其递给圣克莱尔。圣克莱尔接过文件，倚在椅背上读着。这是1894年6月索邦大会的大纲，就在这次大会上，顾拜旦成功复兴了奥运。

"真是讽刺，这竟然是她要扔掉的东西。"顾拜旦说道，"这是奥林匹克运动巅峰时刻的记录。我猜，很少有人会在回顾一生的时候想起这辈子有什么巅峰时刻。可是，在皮埃尔·德·顾拜旦的一生中，这次大会就是这样的时刻。亲爱的玛丽·罗赞，她也曾是个离经叛道的人，曾跟我并肩站在这个大竞技场上，一同迎接新世界的到来。可现在，在她看来，那一时刻要扔进垃圾堆里了。"

"我觉得她不是真的要扔掉这些东西。"圣克莱尔出言相劝，却一点儿底气都没有。

"要是能让儿子恢复如初，她什么都做得出来。那孩子小时候是她的命根子。"

"他怎么回事，皮埃尔？"

"以后再说吧，"顾拜旦叹了口气，继续翻看箱子里的文件。

圣克莱尔觉得最好让顾拜旦独自整理这些文件，于是便说道："咱们休息一两天吧。我想借这个时间好好看看威廉·密里根·斯隆的文档资料。"

顾拜旦听言抬起头来，"谢谢你，雅克。"他简单答道，"如此最好。"

52

斯隆的信

圣克莱尔读着斯隆写给顾拜旦的一厚摞信。他发现，这位国际学者对奥林匹克运动的付出与激情始终毫不动摇。在信中，他常常提及体育运动的道德价值，对体育场上诞生的友谊尤其憧憬。

信中夹着斯隆发表在《世纪杂志》上的一篇文章的复印件，时间是1912年斯德哥尔摩奥运会前夕。此时，距巴黎大会上决定复兴奥运已过了18年，距斯隆与顾拜旦的首次会面已过去了24年。文章的题目是《奥运设想——其缘起、创立及发展》，发表日期为1912年7月，正值美国国家队踏上第5届奥运会的征程之时。奥运会结束后，斯隆将这篇文章寄给了顾拜旦，上附一张纸条："谨以此文纪念你我二十载的携手努力，盼君首肯。"

文章开篇对当时的体育发展做了一番介绍。斯隆估计，在美国，有4万多名业余运动员在从事训练，在英国则更多；且有成千上万的观众观看其表现。当谈到奥运会的创办和主旨时，他将其称作"高尚的竞技"，称其主旨是"充当国际调停的媒介"。

斯隆在信中说，1894年成功举办的巴黎大会，是奥运会及国际奥委会的开端。他将顾拜旦称作"一个受过古典教育、具有古典精神的人"，并将功劳记在他的头上，说他将全世界的体育领袖会聚于"西方世界最早的大学——索邦大学，以唤起现代奥运会的复兴”。

在谈到顾拜旦在美国推广奥运的工作时，斯隆是这样说的：“在美国，他受到热烈欢迎，找到很多志同道合者。在美国，与在其他几处考察之地一样，奥运设想令人满怀憧憬。”但同时他也提到了顾拜旦早期被拒的遭遇，“当然，很多人无暇顾及一位理想主义者及其信条。但每个国家都有一小部分人，对此毫不泄气。”

斯隆还提到了自己的理想，他说，奥运会把成千上万的年轻人聚在一起进行友好的竞技，“自然而然地将国际间的猜疑与不信一扫而光。”

斯隆的信，字里行间透露着对顾拜旦的尊重之情。他说顾拜旦是“讨论的发起者，行动的带头人”。回顾已经成功举办的四届奥运会，展望即将到来的第5届奥运会，斯隆总结了他们取得的成就，并向1894年巴黎大会以来五位仍然活跃的国际奥委会委员表示祝贺——他自己，瑞典的巴尔克将军，法国的克洛先生，著名的波西米亚小说家基利·古斯－亚尔科夫斯基博士（Dr. Ji˘r í Guth-Jarkovsky），以及国际奥委会主席顾拜旦。

斯隆在信中继续写道：“以上诸人，以及故去的和仍在世的诸多同伴，他们在艰难险阻面前矢志不渝，直至今日之胜利。但顾拜旦先生所做的终身奉献，他的聪明才智，他无私的时间和金钱……简言之，有了他的信念和功绩，奥运大业才得以稳固如斯。”

◎◎◎◎◎

圣克莱尔继续读着信件，被带入了现代奥运会的早期历史之中，并发现了一些矛盾冲突。而这些事，顾拜旦在他的《奥运回忆录》中并未提及。他每读一封信都会记些笔记，读到斯隆写给《美国历史杂志》（*American Journal of History*）的一篇文章时，三个想法在他脑中渐渐成型。

首先，很明显，斯隆是顾拜旦最得力的顾问。针对体育中的政治问题为顾拜旦建言献策。他勇挑重担，为大部分竞技体育项目制定标准规则。1894年索邦大会上，他担任了业余运动委员会的主席。如此一来，顾拜旦才得以轻装上阵，全力推广奥运设想，思考长远的战略发展。

其次，斯隆在美国国内极力维护顾拜旦。1900 年在巴黎、1904 年在圣路易斯、1908 年在伦敦，詹姆斯·苏利文曾三次公然挑衅，猛烈抨击顾拜旦，企图削弱顾拜旦的地位，夺取奥林匹克运动的控制权。但在斯隆的帮助下，其后的类似攻击纷纷落败，并最终偃旗息鼓。在 1912 年的一封信中，斯隆如此写道："无须担心苏利文和惠特尼，他们的饭碗在我手里。"卡斯帕·惠特尼（Caspar Whitney）是苏利文的铁杆盟友，他是《哈勃周刊》（Harper' s Weekly）一位颇有影响力的作家，也是业余主义的信徒。

斯隆在美国新兴的奥林匹克界可谓一手遮天，就像他在普林斯顿大学的历史哲学课上一样，其权威无可撼动。因为他是国际奥委会的元老，也是美国在国际奥委会的唯一委员。他带领着美国的奥林匹克运动界，像一头巨兽一样穿过了新世界的大门。1916 年，他在国际奥委会办公室里签署成立了美国奥委会，就此功德圆满。而他招募苏利文、惠特尼以及纽约运动俱乐部的柯蒂斯在美国奥委会中任职，他们对此深怀感激。

最后，对顾拜旦而言，不论于公于私，斯隆都是他的左膀右臂。在 30 年的通信中，圣克莱尔还发现了一些蛛丝马迹，这些事比公务和体育政治更令他感动。岁月流逝，斯隆的来信中的理解和同情越发浓厚。与他人相比，斯隆显然更了解顾拜旦的家事及其艰辛——亦即那些外界未知的经济困难和感情危机。他在信中提到了"疾病""悲伤""康复"等词，似乎知道老朋友每时每刻的精神状态。他的一句句宽慰之语、体己之话，都鼓励着朋友咬紧牙关渡过每一次困难。

圣克莱尔坐在沙发上，身前散放着那摞信件。他拿着一封信，对朱丽叶说道："你听这个，这是战争时期写来的一封信，就在顾拜旦全家从巴黎搬到洛桑之后。'亲爱的皮埃尔……读到你信中的忧愁，我的心情久久不能平复……听说你心爱的妻子仍未康复，我们[①]万分沮丧。但我们知道，她终究会好起来的。

① 指斯隆一家。

她会克服困难，与你再度夫唱妇随……这些转变往往是极其痛苦的，而在玛丽这件事上，战争无疑加剧了她的压力……谨向你们表示最亲的致意。你的挚友，威廉。”

“天啊！”听到这里，朱丽叶惊叫一声，走到沙发跟前把信拿走。“男爵夫人曾经精神崩溃过？”

“有十多封信都提到了她的问题，有些则是提到了他们的孩子。”圣克莱尔答道。说着，他又读了一封信的片段：‘我们为蕾妮祈祷……希望她早日从手术中康复过来。’我猜，她可能接受过电休克疗法。”

“啊呀！所以，看到男爵夫人刚做的事，你才会猜她是不是复发了？你不会把这些可怜的隐私都写到传记里吧？”

圣克莱尔沉吟不语，考虑着朱丽叶的问题。“我不知道，我不想写，我得征求一下皮埃尔的意见。在现存的文档中，他对这些事只字未提。也许他写在日记里了，可他不会愿意将其公之于众的。”

◎◎◎◎◎

圣克莱尔继续读着斯隆的来信，其内容大多与奥林匹克事务和顾拜旦的设想有关。对比之下，对顾拜旦个人生活的关心就淡了一些。圣克莱尔越读就越觉得斯隆与顾拜旦情如手足，他们是信奉奥林匹克精神的两兄弟，是饱学的体育爱好者，是两位杰出人士。他们携手并进，打造一支全身心投入体育事业的世界精英集团。

斯隆对奥林匹克运动的特征做了概述，对1912年所取得的成就做了总结，圣克莱尔从中获益颇深。他用打字机将这三条内容打了出来，准备与顾拜旦讨论一下。

奥林匹克理念能走多远尚未可知，但其当下作用显而易见：其一，建立并巩固友谊的纽带，与所有文明国家通过频繁、和平的交往所建立的纽带类似；

其二，净化体育运动，革除体育竞技中的自私和阴险手段，保证公平竞争，保障弱者的竞技权利，以及尽可能地使年轻人享受竞技的快乐，而非只盯着名次。

在奥林匹克理念面前，运动员人人平等。由国家负担其参赛费用，如此一来，符合参赛条件的运动员除了付出时间之外无须任何花费。

奥林匹克运动的人员会有变动，但其发轫之记忆将会永存，体育爱好者及全人类都会将其深深铭记。奥林匹克理念已经生根发芽，一个庞大的组织早已成型，今日每个文明国家都涌现出大量热情的从业者和生力军。”

圣克莱尔收拾好信件，装进背包里。看完这些信，圣克莱尔终于明白过来：斯隆对顾拜旦的工作做了同时代最权威的评判。在奥林匹克运动的早期参与者中，斯隆通过独一无二的智力、眼力和辩证能力评价了顾拜旦的成就。而圣克莱尔觉得，斯隆的评价可谓精准无误。

53

祈 祷

1937年7月已近尾声，一天上午，圣克莱尔到蒙里普斯，在“扔箱子”风波之后与顾拜旦重启访谈。他来到蒙里普斯，只见玛丽正从大厅的台阶下来。

“很高兴见到您，男爵夫人。”圣克莱尔说道，“希望您能接受我最诚挚的道歉——”

玛丽打断了他的话，“不许你用我儿子来炒作你的传记。我决不允许。”说完，她就从他身边走过，下嘴唇微颤，露出一个冷笑。“雅克代表的是我们大错特错的人生，你明白我的意思吗，圣克莱尔先生？”

“是，夫人，我明白。我保证，绝不会使您的家人丢脸。您无须担心，我只是想保证您后世流芳。”话虽如此，圣克莱尔却有些迟疑，不知能否守住这个承诺。

“不，我很担心。”玛丽说道，在门口站定，“我们跟媒体打交道不是一两年了，我听到过太多空头承诺。你应该很清楚，为了保护家族的名声，我可是什么都干得出来。”

未等圣克莱尔回应，她就转身出门而去。圣克莱尔向窗外望去，只见她脚步匆匆，沿着蒙里普斯的林荫大道朝大门走去。真是一个矛盾的人啊，他不由想道。她竭力维持家族的后名，可如今她做的事，却恰恰是要毁了它。他有太多问题想要问她，只能再等机会了。他不知能否重获她的信任，可说来奇怪，她反复无常的性格反而令他心生希望，感到此事大有可能。

办公室里，顾拜旦显然心烦意乱。他弓着身子坐在办公桌前，双手抱头，看到圣克莱尔进门，他甚至懒得假装热情。

“雅克，今天早上我过得很糟糕，夫人还在生气。”

“是啊，刚才我碰到她了，她很不愿意看到我。”

“今天我的谈兴不大。”

一听访谈又可能延迟，圣克莱尔就有些急躁。可他又不好开口相逼，只好建议道：“咱们出去呼吸下新鲜空气吧。”

“其实，我需要的不只是新鲜空气。我想散步去教堂。你愿意跟我一块儿吗？”

“当然。”圣克莱尔把背包背好。

二人走出蒙里普斯，循路上山，朝教堂走去。一路无话。尽管有一肚子关于斯隆及其来信的问题，但圣克莱尔知道，他得等到顾拜旦愿意开口。

他们来到中心路的桥边。顾拜旦停了下来，对圣克莱尔说道：“咱们从这边下去，走阶梯市场吧，就当锻炼身体了。”

阶梯很陡峭，但二人步伐不慢。顾拜旦在前带路，二人来到旧城墙上。他们站在教堂前的一块小广场上，向下望去。圣克莱尔趴在墙头，眺望湖对面的法国境内。

“真壮观啊。”顾拜旦赞道。他休息片刻，调匀呼吸。远足到底激起了一点他平时的热情。“怎么都看不够。你到教堂里面去过吗？花了50年才建成，不管是高度还是体积，都是一个杰作。”

“我还没进去过。”

“走，进去看看，一会儿就出来了。”

教堂的两扇大门是木质的，四周是一个大拱顶，上面刻着圣徒和天使像。

圣克莱尔随着顾拜旦走进门内。圣克莱尔对宗教没有太大兴趣，他感兴趣的是其建筑，所以，他很少去教堂。相比他见过的绝大多数教堂，这个教堂似乎要高一些，内部也更狭长一些。从门口到耳堂、后殿、彩色玻璃窗的距离很远。教堂里人不多，分散着坐在前五排的座位上，神父正在带他们做礼拜。其轻缓的声音时隐时现，就像大风天里山谷中远逝的回声。

顾拜旦沿中央甬道走上前去，屈膝行礼，在一个座位上落座，低下头。圣克莱尔仍站在门口，他看着顾拜旦的举动，心生疑惑，不知老人是否找到了心灵的慰藉。他暗想，要找机会问问顾拜旦的信仰，及其如何帮他应对妻子的怒和儿子的苦。

半个小时过后，顾拜旦出来了。二人走下楼梯，在一个小酒馆里吃午饭。顾拜旦点了奶酪煎蛋卷和奶油吐司，圣克莱尔点了三明治。顾拜旦向窗外望去，看着外面来来往往的行人。酒送来了，圣克莱尔翻开了笔记本。“雅克，为了更好的将来，干杯。”顾拜旦说道。

尽管顾拜旦的笑容并非发自真心，但圣克莱尔还是松了口气，因为二人又回到长谈的模式了。“祈祷有用吗？”他问道。

顾拜旦深吸一口气，又长叹一声，似乎因二人谈的是现在而非往事而庆幸。“是的，有用。也许是上帝带给我安慰，也许只是熟悉的老习惯令人安心，我说不清……可即便只是虚假的慰藉，在祈祷过后，我都觉得心情平和。”

“这就是他们说的圣灵之安宁吧。”圣克莱尔尽量不去怀疑顾拜旦的观点。

顾拜旦听言，斜眼看着圣克莱尔，“我知道你不信这个，雅克。你也听我说过，天主教是死亡的宗教，可有时候我真是别无所托了。”

“对不起，我知道时机不对，不过我真不想再浪费时间了。咱们得咬牙坚持下去。”

“好吧，你要谈的话题是什么？”

“威廉·密里根·斯隆。”

接下来的 1 个小时，顾拜旦讲，圣克莱尔记录。不过大多是对圣克莱尔已知内容的确定。于是，圣克莱尔决定问问顾拜旦的家庭危机。“斯隆的信中带有一种不寻常的亲切……经常会提到家庭事务……困难……生病……”说到这里圣克莱尔住口不语，因为他看见顾拜旦的脸一下子僵住了，他从未见过顾拜旦这副样子。这是个新突破。“我不得不问。皮埃尔，您夫人是不是曾经精神崩溃？蕾妮是不是接受过精神分裂的治疗？”

顾拜旦的面容已经变了形。他恶狠狠地盯着圣克莱尔，其眼神令圣克莱尔想起了玛丽怒视他时所感觉到的敌意。但紧接着顾拜旦压下了怒火，他叹了口气，说道：“我不想再说这件事了，雅克。”

“好吧，先不谈了。但早晚免不了的，斯隆在信中也提到了。”

“我跟威廉的关系很近。他知道我们一家大大小小的经历。可他的信都属于私人来信，不在国际奥委会的官方史料里。如果你想继续谈的话，换个话题才行。”

圣克莱尔未料到顾拜旦会拒绝他，以前他从未回避他问的任何问题。不过他知道，这次真的触到老人的底线了。“好吧，那就谈谈1889年底您从美国返回法国之后，是如何与玛丽重拾旧情的。”

54

罗赞去世

1890年1月，在经过4个月的美国考察，继以一个星期与家人在诺曼底的莫维尔庄园度假之后，顾拜旦回到巴黎。他觉得好似跟这座城市、跟一些朋友失去了联系。回来之后，他跟西蒙和沃丁顿共进晚餐，向二人详细汇报了美国之行的收获。除此之外，他在数月时间里深居简出，一是为费里准备报告，二是勤奋地完成他第三本书——《大西洋彼岸的大学》——的书稿。

生活里没有了珍妮特，顾拜旦决定在写完书之前杜绝社交互动。但他跟让·艾卡德、贝尔塔·冯·苏特纳小聚了一次。其间，他还去了巴黎竞技俱乐部，一是锻炼身体，二是与乔治斯·圣克莱尔会面。他们要为新成立的“法国体育运动联合会”(Union des Sociétés Françaises de Sports Athlétiques)筹备活动。“法国体育运动联合会”简称USFSA，由“朱尔·西蒙委员会”和乔治斯·圣克莱尔的“法国徒步运动联合会”(Union des Sociétiés Françaises de Courses à Pied)合并而成。他们在体育教育大会上取得各方面成功，一跃成为法国体育发展和推广的领头羊。

贝尔塔及其丈夫亚瑟，还有让·艾卡德常常约顾拜旦出去，或者是吃晚饭，或者是在花神咖啡馆里喝酒，往往很晚才放他回去。聚会上，他听贝尔塔夫妇给他介绍和平运动的新进展，听艾卡德最新的作品和社交逸闻。但大多数时候是顾拜旦在说，他们在听。朋友们对他在美的一切都兴趣盎然——美国的城市、大学，尤其是他与威廉·斯隆的友情。斯隆是亲法派，也是丹纳等人的朋友，更使得顾拜旦的故事扣动人心。贝尔塔执意要顾拜旦陪她去罗马参加当年举行的第二届世界和平大会。顾拜旦了解到，他的两位美国朋友——康奈尔大学的怀特、哈佛大学的艾略特——也将参会，于是就欣然答应了。贝尔塔还跟他说，她最近刚刚完成了小说《放下武器》，希望在付梓之前请顾拜旦读一遍最终稿。尽管她的丈夫以及阿尔弗雷德·诺贝尔对这本小说赞誉有加，但她心里还是没底，希望听听顾拜旦的意见。

顾拜旦答应贝尔塔第二天就开始读她的小说，可第二天起床之后，在早餐桌上翻看《小日报》时，一则讣告令他心生遗憾，并在无意间改变了他的未来——古斯塔夫·罗赞去世了。

◎◎◎◎◎

巴黎归正会（Reformed Church）教堂的一间小前厅里，一袭黑衣的玛丽与母亲坐在第一排座位上，身前几码处，就是古斯塔夫·罗赞安身的棺材。为满足少数新教徒的需要，1811 年拿破仑通过法令，设立了这一教堂。很多人早早就来凭吊这位杰出人士，教堂里的座位很快就坐满了。顾拜旦从教堂后面的座位上看去，只见很多前政府高官及罗赞在艺术界的朋友向前走去，在其妻女跟前停下，低声慰问几句，然后一一走到棺材前，低头默哀。一位老友礼毕离开，玛丽的母亲身子一颤，低声抽泣起来,教堂内悄声的交谈随即静了下来。玛丽伸手搂住母亲的肩膀，用一条带花边的手绢为她拭去眼泪。

顾拜旦等了一会，走到她们身前，玛丽正在低声劝慰母亲，于是他便静静站着。玛丽终于抬起头来。

“啊，皮埃尔！”玛丽讶道。她的母亲听言也抬起头来。

“你好，皮埃尔。”罗赞夫人说道，“要是知道你来看他，古斯塔夫一定会很高兴的。”

“夫人，请节哀顺变。”顾拜旦单膝跪在她们身前，泪水盈眶。“罗赞先生是应运而生的人，他有着独特的文化品位，是位杰出的外交家和作家，也是一位优秀的丈夫和父亲。能认识他，我很自豪。”

罗赞夫人听言又啜泣起来。玛丽说道：“谢谢你，皮埃尔。”顾拜旦站起身来，她又补充道，“很高兴能再见到你。”

丧礼结束，教堂内的来客渐渐散去。顾拜旦看见玛丽正随着人流前行，他在门口站住，她正巧走了过来。

“皮埃尔，”玛丽柔声对他说道，伸手搭在他的前臂上，轻轻捏了捏，“你能来，母亲和我都很感激。”

二人四目相对，顾拜旦又想起多年前对玛丽的感情。那时她是多么年轻漂亮，他如此想道，现在也是。可丧礼不是说这些话的场合，于是他回应道：“不要客气，玛丽。出于对你父亲的敬重，我是绝不会缺席他的葬礼的。看到你们，我又想起了那些美好的时刻。”

玛丽眼中亮光一闪，泪水流了下来。“我想告诉你，这次能再见到你，我真的很高兴。”

顾拜旦听出了她话里的意思，他凑过身去，直视她的双眼，说道：“玛丽，希望没有失礼，我想说……”

玛丽满怀期待地看着他。

“我能去看你吗？”

玛丽倾身亲了顾拜旦的两侧脸颊，说道：“一定要来。”说完，她转身走进人群，向母亲走去。

◎◎◎◎◎

鉴于罗赞家中的悲伤气氛，以及玛丽经历的变动——为其年迈的母亲安排余生的生活。顾拜旦等了两个星期，才给玛丽送了个信儿，询问何时可以上门拜访。两天之后，他收到回复。葬礼之后过了一个月，顾拜旦去了圣乔治广场玛丽的家中。

看门人打开门，顾拜旦走了进去，眼前的一切与记忆中12年前一模一样。弧形楼梯的墙上，同样的位置还挂着同样的画。玛丽从客厅里出来迎接他。他心想，不知《绘画的寓言》和《音乐的寓言》两幅画是否还安然挂在玛丽的闺房中。

顾拜旦跟着玛丽来到日光室，罗赞夫人正坐在桌前整理一本大账本。玛丽腾出一把椅子，椅子前面散乱地摆放着各种纸片、票据，还有公文——顾拜旦知道，那是证明名画出处的凭证。

"皮埃尔，"罗赞夫人站起身来，朝顾拜旦伸出手，"很高兴你能到家里来。"

"夫人，看到您又有了笑脸，我很欣慰。"说着，他看了一眼桌面，"希望没有打扰你们的正事。"

"啊，不要担心。古斯塔夫的遗产打理很是烦琐，我和玛丽都忙晕头了。你来了，正好让她分分心。"

"我需要分心吗，母亲？"玛丽兴致勃勃地说，"好吧，那就看看皮埃尔有没有这个本事了。"说罢，她挽起顾拜旦的胳膊离开了，留下罗赞夫人一人整理文件。

"葬礼过后，我一直都盼着见到你。"玛丽对顾拜旦说道。二人穿过前厅，来到房子一侧一间四周是玻璃墙的客厅。

听她如此直白地说出心中渴望，没有惺惺作态，顾拜旦很高兴。他说道："我也早就想过来拜访，只是怕有失礼数。"

玛丽答道："礼数固然重要，我怕的是你没听懂我的邀请。"她在一个双人小沙发上坐下，又朝他拍了拍旁边的坐垫。顾拜旦到她身侧坐下。玛丽摇了下铃铛，一位女仆走了过来，玛丽让她去拿一瓶上好的白葡萄酒过来。

“下次我会及时回应的。”顾拜旦答道，突然想起了当年她撇他而去杳无回音的痛苦记忆。这次两人角色对换，他挺高兴，却又感觉到主动权仍在玛丽手里。

酒送来了。玛丽转头面对顾拜旦，一只胳膊搭在顾拜旦背后的靠背上。顾拜旦只觉得被她身上的香气包围。玛丽举起酒杯，说道：“为我们以前、以后的时光，干杯。”

“为我们能再叙旧情，干杯。”顾拜旦觉得二人之间有股强烈的磁力。他按捺住狂乱的心，不想表现得太过性急。

“我能跟你说实话吗？”玛丽问道。

“当然。”顾拜旦与她面面相对，一副洗耳恭听的样子。“什么都可以说。”

“我已经很长时间没跟人好好说说话了，除了母亲和父亲的几个好朋友。我们为父亲的后事忙得焦头烂额，太麻烦了。”

顾拜旦想问问她的那些朋友，当然还有数位追求者，但他决定等她自己开口。“想必是很复杂的。”他颇有同感地应道。

“又复杂，又紧急，可是……”

她只把话说了一半，却突然凑过来吻住了顾拜旦的嘴唇。转瞬之间，二人便拥吻在一起。顾拜旦大吃一惊，有些措手不及，但她的嘴唇，她的冲动和主动，还有二人的浓情，都令他想起了多年前为她意乱情迷的原因。

这时，隔壁房间传来动静，二人赶忙分了开来。罗赞夫人在呼唤玛丽，家里来客人了。二人站起身来，各自整理凌乱的衣服。玛丽抚着顾拜旦的脸说道：“两周以后，我会去参加罗特希尔德的晚宴舞会。你去不去？”

“要是收到邀请，我当然会去。”

“会邀请你的。对不起，我得走了。来的客人是乔治·贝蒂画廊的普雷维尔先生，他来为我父亲的藏品估价。”

“你们要卖掉他的画？”顾拜旦在此疑惑不解。

“以后再跟你解释吧，皮埃尔，一两句话说不清。”

◎◎◎◎◎

当时顾拜旦并不知道，尽管他对玛丽的情况了解甚少，而玛丽对他可是太清楚了。事实上，她暗中关注着顾拜旦的教育改革和体育推广工作，或是报纸上零星的报道，或是父亲朋友和她的社交圈里的传言——他们都与巴黎赛马会有联系。那晚勒普雷联盟会议上，玛丽对顾拜旦的发言印象极深，看到他逃过了帕沙尔·格鲁塞的攻击，她松了口气。虽然没有联系，但从此之后，玛丽就一直密切关注着顾拜旦的动向。她知道他在巴黎世博会工作中举足轻重，知道他是朱尔·西蒙及第三共和国领导层的好友，还知道他写书、办报、发行杂志。

她一直以为，自己之所以对顾拜旦的事如此好奇，是因为他少年时曾迷恋过她，其魅力至今还在她的记忆中徘徊。在一次晚宴上，当一位朋友告诉她顾拜旦与珍妮特·蒙田结束了多年恋情的消息时，她的心竟然怦然而动。她不得不承认，她对顾拜旦的感觉不仅仅是少年时的青涩回忆。她听说过珍妮特，但不知道这位漫画家曾是顾拜旦的恋人。事实上，尽管她不时关注顾拜旦的事业，但她从未打探其私生活情况。1889年夏末，她正与一位名叫安德鲁·佩恩（Andrew Payne）的英国商人恋爱，两人谈了近一年时间了。听到顾拜旦与珍妮特分手的消息时，安德鲁·佩恩就坐在餐桌的对面。

即便如此，若非情况有变，导致顾拜旦再次进入她的脑海的话，二人恐怕也不会再有交集了。佩恩的公司将他调到印度新德里工作，他离开了巴黎，与玛丽的恋情无疾而终。她原本打算搬离父母家，或是去当英语老师，打破贵族不工作的束缚，开始自己的事业。可是她的父亲当年秋天病倒了，第二年年初就撒手人寰。这次巨变在她的世界里掀起惊天大浪，她们母女俩发现，家里的财产竟然不足以维持二人在圣乔治广场的体面生活。家里的财政一直是父亲管控的，虽然他是一位颇有慧眼的艺术收藏家，可他对画的热情往往令其越过底线，将家财挥霍在名画上面。他身后留给妻女的财富，可全都挂在家里的墙上了。所以，她们打算举办一次拍卖会。然而，在咨询过乔治·贝蒂画廊一位信得过的朋友之后，她们悲痛地得知，要想弄到所需的钱款，她们得卖掉250多幅画才行。

为了保持家里的生活稳定，玛丽不得不压下自己的心情，放弃创业的志向，以在父亲临终前给母亲精神支持。在安静的夜里，她常常会回想起父亲这一生，尤其是他对艺术的热爱。她从父亲那里继承了这种对文化创造力的热爱。进入冬季，圣诞临近，她的思绪也游走得更远。她回忆起人生中最美好的时光，那时她能对父亲的名画及其历史如数家珍，其形象的描述每每令父亲为之自豪不已。她还想起了多年来与历任恋人谈论艺术的情形，却突然发现，这些人里，只有一个人对画的学识和热情能与她媲美，那就是皮埃尔·德·顾拜旦。在父亲行将就木的几周时间里，顾拜旦与其他人一样，频繁出现在玛丽的脑海中。而他天主教徒的身份更使得她的回忆有了别样的意义——他们二人跨越宗教信仰的鸿沟，建立起艺术的连线。她开始考虑与顾拜旦重建联系，想跟他谈谈家里的收藏品以及失去的不舍。所以，看到顾拜旦来参加父亲的葬礼，她禁不住相信这是命运的安排。

◎◎◎◎◎

顾拜旦与父亲在家里二楼的主厅里，一起喝了杯酒，聊了聊古斯塔夫·罗赞的艺术收藏，约定时间过了之后，才来到罗特希尔德的晚宴舞会。他径直去了舞厅。华丽的穹顶下，舞厅内金光四射，乐队正演奏着一曲华尔兹；舞池里，男女宾客均身着晚礼服，带着晚宴的愉悦旋转舞步。

顾拜旦看见玛丽正与一位男士共舞，不由得心中一阵懊恼。华尔兹舞结束，玛丽和舞伴转向乐队，鼓掌致谢。顾拜旦朝他们走了过去。那位男士仍握着玛丽的手。顾拜旦直视玛丽的双眼，不露痕迹地假装与玛丽并不相识，玛丽也聪明地配合着他。

“先生，您是第一等的绅士，不知您能否赏光，让一位男爵与您迷人的舞伴共舞一曲，享受与之共舞的欢愉呢？”

那位男士听言，与玛丽使了个眼色，又正襟款款说道：“先生，若是换作别的时候，我也许就满足您的愿望了。可我们也是刚刚——”

“阿兰，长夜未央嘛，”玛丽打断了他的话，“再说，我跟谁跳舞，不是应该由我自己来决定的吗？”

未等男士说话，顾拜旦就大胆地向前一步，将玛丽搂在怀里，舞曲也恰恰高声奏起。顾拜旦扭过玛丽的身子，转了个大圈，加入到舞池中。

“您如此年轻，可刚才的表现真是聪明。”顾拜旦继续假装不认识玛丽。

“聪明只是手到擒来的，”玛丽答道，明显很享受这陌生人的游戏，“可是您要知道，咱们能共舞此曲，不是因为聪明，而是因为一时兴起。”

“恰恰相反，女士。您现在可是被命运搂在怀里，而跟命运共舞才是聪明的。”

“哦？先生，未请教命运的尊姓大名是？”

“皮埃尔·德·顾拜旦男爵。”

“那好吧，皮埃尔，”玛丽说道，与顾拜旦协调地旋转着舞步，二人的身子紧贴在一起，“很高兴能重回你的怀抱。”

◎◎◎◎◎

那个夜晚，标志着顾拜旦和玛丽的恋情正式开始。一曲未毕，二人已深陷爱河。他们也都知道此次旧情复燃意味着什么。顾拜旦的热恋释放了玛丽的生活压力，而反过来，玛丽的爱也把顾拜旦从珍妮特走后的失落中解放出来。随后几个月时间里，顾拜旦成了罗赞家的常客。他帮着罗赞夫人、玛丽为藏品估价，并保证每幅画的证明文件都符合乔治·贝蒂画廊的要求。

乔治·贝蒂画廊是巴黎最好的画廊，罗赞一家对此次拍卖抱有极高的期望。1877年，乔治·贝蒂的父亲去世，22岁的他继承了这家圣乔治路上的画廊，随即就开始广泛收集印象派画家的作品，并通过一系列主题展览展示出他独到的眼光。他的画廊距离罗赞家只有几个街区的距离，因此，古斯塔夫·罗赞是店里的常客。后来当乔治·贝蒂将画廊搬到一个更大的地方，罗赞还因新址离家远了颇为失望。但他能理解乔治·贝蒂的做法，因为这位年轻的艺术商很快就成了巴黎首屈一指的拍卖师。之后乔治·贝蒂又将画廊搬到赛泽路（rue de Sèze）上由他亲自设计建造的公馆中，并于1887年、1889年两次举办重大展览。在1887年艺术展上，奥古斯特·罗丹[①]展出了《吻》（*The Kiss*）及《加莱义民》（*The Burghers of Calais*）中的三个人物。此次展览引起轰动，也巩固了罗丹这位法国雕塑大师的地位。在1889年的展览中，乔治·贝蒂同时展出莫奈和罗丹两位大师的作品，为观众呈现了一场文化盛宴。

顾拜旦想好好利用这个机会，为罗赞一家谋得最高的收入，于是便施展全身解数帮忙。在他的安排下，离拍卖还有一个月时间时，就将《美术》杂志编辑保罗·曼特兹发表于1874年的报道——报道中称赞“罗赞画廊”是巴黎顶级私人收藏之一——复印了若干份，将其送到乔治·贝蒂画廊以做宣传。而在认真研究了罗赞的收藏之后，他对其品质惊讶不已。

罗赞的收藏中不乏雅克·路易·大卫、扬·哈菲克松·斯特恩[②]、弗朗西斯哥·戈雅[③]、安东尼·凡·戴克[④]、彼得·勃鲁盖尔[⑤]的作品，还有

① 奥古斯特·罗丹：Auguste Rodin，1840—1917，法国现实主义雕塑艺术家。

② 扬·哈菲克松·斯特恩：Jan Havickszoon Steen，1626—1679，17世纪荷兰风俗画家。

③ 弗朗西斯哥·戈雅：Francisco José de Goya y Lucientes，1746—1828，西班牙浪漫主义画派画家。

④ 安东尼·凡·戴克：Anthony van Dyck，1599—1641，比利时弗拉芒族画家，是英国国王查理一世时期的英国宫廷首席画家。

⑤ 彼得·勃鲁盖尔：Bruegel Pieter，1525—1569，16世纪荷兰伟大画家，一生以农村生活为创作题材。

弗朗索瓦·布歇的《绘画的寓言》《音乐的寓言》——顾拜旦对这两幅画印象深刻，所有这些收藏品能为罗赞一家带来75万法郎的收入。

1890年5月，乔治·贝蒂画廊举行罗赞收藏品的拍卖会。赛泽路上的画廊里人头攒动。顾拜旦、顾拜旦的父亲、罗赞夫人、玛丽坐在一起，听着拍卖师一声声的吆喝，他们又是悲伤，又是激动。最先拍卖的几幅作品竞争激烈，报价一路走高，下午将尽，拍卖的节奏才缓了下来。拍卖的总收入只比顾拜旦预计的少了一点儿，古斯塔夫·罗赞的收藏也被家人销售殆尽。不管怎么说，有了这些钱，罗赞夫人和玛丽可保一生一世无忧。只是家里的墙上光秃秃的，只留下昔日挂画时的方形痕迹。看到这个，总会令人想起罗赞家的败落。于是，顾拜旦一周内就安排好了粉刷匠，并让玛丽寻找挂毯、墙帷以及便宜点的画作再将墙壁装饰起来。

◎◎◎◎◎

圣克莱尔写完罗赞去世后的相关事宜，突然想起玛丽曾说过痛失遗产的事——顾拜旦把他们俩的钱全都投在了奥林匹克复兴运动上了。圣克莱尔翻看以前的笔记，找到了玛丽在接受访谈时的原话，字字句句都渗透着她的苦怨。

◎◎◎◎◎

“圣克莱尔先生，你要知道，那次拍卖所得是我所获遗产的绝大部分，是父亲留给我的。那可是很大一笔钱，是父亲用他独到的文化藏品眼光以及精明的投资换来的，来之不易。家里的每幅画我都了若指掌，我舍不得卖，可又不得不卖。父亲已经走了，家中生计、仆人以及我今后的生活……都需要钱。我尽力守着这笔钱，可到现在，几乎在我们的奥林匹克历程中消耗而尽。”

55

画框

7月末的一个周六上午，圣克莱尔骑了1个小时自行车，甚是辛苦。他从乌契西面出发，一路经过科佩城堡（Coppet）和韦尔苏瓦（Versoix），到达日内瓦郊区，然后原路返回。他仍纠结于玛丽生气一事，想设法说动她再接受一次访谈。如有可能，他想重建她对他的信任。圣克莱尔在湖边一边骑车一边想，不知她尚未吐露的回忆究竟有什么。他想知道——他得知道——她在复兴奥运的大业中起到的作用，她对索邦会议的独特见解，还有她在雅典蒙羞之后的悲伤。圣克莱尔知道，倘若玛丽真的认为他辜负了他们的信任，欲将其家庭惨剧公之于众，使他们的生活雪上加霜，那么，他将再不会从她嘴里听到一个字了。但他尚未打算就此作罢。圣克莱尔骑车回到家里，决定再试一次，直截了当请求玛丽的谅解。他将不惜颜面恳求她，唤起她的历史责任感。从第一次访谈时他就知道，玛丽希望自己的功绩被后人传颂。

圣克莱尔在屋外把自行车擦干净，这时已是日上三竿。他将自行车倚放在墙边，打算过一会儿去蒙里普斯找玛丽。可他刚走进厨房，朱丽叶就执意让他改变今天的计划。

“今天你得跟我出去一趟，”朱丽叶递给圣克莱尔一杯咖啡，对他说道。她早已穿上了轻快的运动衫和宽松长裤，这身打扮圣克莱尔还是首次看到。

“要去哪里呢，殿下？”

“到德福勒古董店去。”

“去那个贼窝干什么？”

“我要那个旧画框，装皮埃尔的肖像画。”

“什么旧画框？”这时，圣克莱尔注意到柜子上放着一顶新的瑞士帽子。帽子由绿色羊毛毡材质，上有褐色缎带，还插着一根羽毛。这顶帽子他也是头一次见。

“就是咱们在古董店的后屋里找到皮埃尔的箱子时，我发现的那个画框。”

“我不记得了，”说着，圣克莱尔拿起帽子，将其递给朱丽叶，“看这身打扮我就知道，你又开始买东西了。”

朱丽叶接过帽子，立刻将其戴在头上，转身背对着圣克莱尔，又回头给他一个笑脸：“你喜欢吗？”

“很漂亮。”圣克莱尔说道。事实的确如此，帽子斜戴在朱丽叶的头上，只遮住她一半的头发，另一半长发从帽檐一边垂下。

“这是最新款式。”

“德福勒先生一定会被迷住的。”

“不用你跟他说话，我来跟他交涉。不过，你得把画框搬到我的画室去。”

◎◎◎◎◎

一个小时之后，圣克莱尔就扛着刚刚擦干净的画框，跟着朱丽叶前往画室。画框比他预想的要重一些。

朱丽叶跟德福勒讨价还价，用1000法郎——约40美元把画框买了下来。她说，这个价格很不错。似乎是要弥补此前的愧疚，德福勒将画框擦得铮亮，连圣克莱尔都觉得这次是淘到宝了。

“你怎么知道这个画框大小合适呢？”圣克莱尔将画框换到左肩上，问道。

“我觉得刚刚好——长36英寸，宽24英寸，我目测的。”

爬上朱丽叶的画室台阶时，圣克莱尔已微微出汗，但他很高兴能帮朱丽叶干点活儿。他将画框倚放在墙边，立刻就发现画与框可谓天造地设的一对，而在画框的金色纹饰衬托下，顾拜旦的肖像画必将大放异彩。

“天啊！”朱丽叶将顾拜旦的肖像画与画框并列摆放，“简直太合适了。就像是为了搭配金色的画框，特意让皮埃尔穿了褐色的衣服一样。”二人并肩站在画框前，看着接近完工的肖像画以及华丽的画框。

“我还不知道你马上就要画完了呢，”圣克莱尔说道，凑近了仔细看着画中顾拜旦的脸庞，“他的眼睛炯炯有神，太棒了。”

“只是用了点白颜料而已，”朱丽叶解释道，“你觉得天空中飘动的奥运五环怎么样？”

“很漂亮。就像是他的梦想飘在空中一样，就像是天神赋予他的使命。我喜欢背景里的古希腊废墟，是奥林匹亚吗？”

“算是吧，一部分是真的，一部分是虚构的。”

“这是你迄今为止最好的画作，真正的突破。真了不起，得拿来当封面才行。”

朱丽叶并未回话，圣克莱尔于是转过身去。只见朱丽叶眼中泪光闪闪，呜咽一声，突然抱住了圣克莱尔，将脸埋在他的肩上。“谢谢你，雅克，”她说道，“谢谢你把我带到这里，带我认识他。”

圣克莱尔拥抱了朱丽叶一会儿，然后拿下她搂住他脖子的双手，走到窗前，“他见过这幅画吗？”

“没有，还没完成吗？我想在画完装框之后再给他看。”

“他一定会喜欢的。”

这时，圣克莱尔看到一个熟悉的身影从邻近建筑物里走出来，朝教堂走去。片刻过后，他才弄明白那人是谁。“是男爵夫人！”他近乎喊了出来。接着，圣克莱尔从朱丽叶身侧跑了出去，只是在门口稍微停顿了一下，说道，“我得跟她谈谈。你的画真的很漂亮，亲爱的，很棒！”说着，他就匆匆下楼而去。

◎◎◎◎◎

圣克莱尔追上了玛丽，与她一起走。起初他并未说话，只是与她并肩走到了阶梯下面。

终于，他开口问道："您到底能不能原谅我？"玛丽盯着他，双唇紧抿，面露怒色，又一言不发继续往下走。

"夫人，求您了。"圣克莱尔说道，继续跟在她的后面。"很对不起，您对我生气是应该的，我绝不会辜负您的信任了。"玛丽仍没有回应。此时二人已经来到老教堂墙边的公路上，下面又是一截台阶。圣克莱尔决定最后再试一次。他快速超到玛丽身前，面对面迎着她，"夫人，"他说道，竭力打消她的疑虑，"关于您的儿子，我保证一个字都不提，只写您和您丈夫的事，我保证。"

玛丽停下脚步，又盯着他，却仍不说话，依旧板着脸。圣克莱尔知道自己的道歉有些莫名其妙，但他需要做通她的工作，"您已经很好地提供了您的故事。您与您父亲的艺术经历，还有您与皮埃尔早期的恋情……这些故事会使传记充实起来。可我还得跟您谈谈奥运复兴运动的事。您看到了什么，您做了些什么——"这时他意识到自己语速过快，于是便缓缓说道，"还有您在雅典的经历。"

"呸！"玛丽听言挥了下手，"雅典是失望的开端。"说完她沉吟片刻，似乎是在深思什么问题，然后抬头说道："好吧，圣克莱尔先生，我接受你的访谈。不过咱们得说好——管他呢，他就待在日内瓦吧。"

日内瓦？圣克莱尔一头雾水。"咱们再到和平酒店访谈？"

玛丽犹豫片刻，看着周围来来往往上下台阶的行人。

"下周一可以吗？"

终于，她好像拿定了主意，"不，下周二上午10点整。"她语带警告，好像上次访谈时他迟到了似的。说罢，她就走了，连句再见都没说。

◎◎◎◎◎

星期二上午，天又是灰蒙蒙的，又阴又潮，似乎是要下雨。圣克莱尔和玛丽在和平酒店前窗下的一个包厢坐下，这里是他们访谈的老地方。玛丽在包里翻了一阵，似乎是在找什么东西，又把玩着手里的餐巾和刀叉，故意地不去直视圣克莱尔。服务员过来了，她终于抬起头来。她盯着服务员，似乎是被他冒犯了一样。

“一杯卡布奇诺。”她对服务员说道。

“一杯卡布奇诺，一个羊角面包，谢谢。”圣克莱尔对服务员说道。他不知该如何开口。

“夫人……”圣克莱尔刚吐出两个字，只见玛丽瞪着他，双唇紧抿，伸手指着他的鼻子说道：“一个字都不许提雅克或蕾妮。”

“我明白，夫人。不作描写，也没有一个字的评判。可是，我得说说他们俩出生啊，就像提到您的婚姻一样，免不了的。”

玛丽无奈地低下了头。圣克莱尔看到她的肩头略微塌了下去。“你知道我的意思，圣克莱尔先生。你不能把他描述成一个——”说到这里她卡壳了，寻找着合适的字眼，“——一个不幸的孩子或大人。”

“绝不会的，我保证。”圣克莱尔答道。话虽如此，可他知道自己无法真正守诺。他很肯定，顾拜旦与玛丽的儿子并非不幸。那天下午他们一起踢过球，圣克莱尔看得很清楚，雅克·德·顾拜旦生活在自己的世界里。也许，那是个超然而隔绝的世界，也许它充满简单幼稚的想法，但那绝非一个不幸的世界。不管怎么说，他都得写一写他们儿子的悲剧，但眼下他得撒谎，因为他更需要玛丽的回忆。而玛丽多次对他正言厉色，因此，对于撒谎这件事，他并不觉得愧疚。他对玛丽说道：“那些先放下不提，先继续讲您的故事吧。”

“我不会粉饰什么，先生，”这时，服务员把咖啡端来了，玛丽放低了声音，“但我不能整天陪你访谈。”

二人都喝了一口咖啡，圣克莱尔翻开笔记本。“我明白，我也不会让您粉饰故事的。”他强装出耐心的样子。“您曾提到，在复兴奥运的活动中，您是男爵的伙伴。咱们开门见山地说吧，在筹备索邦大会的工作中，您参与了多少？”

“哪一次？”玛丽明显还带着怒气。可未等圣克莱尔回答，她就明确表态：“两次奥林匹克大会，我都积极参与了。首先是1892年的会议，那次奥运复兴失败了，因为那次提议有点……怎么说呢，是匆忙上阵。1894年的大会，我是皮埃尔的企划秘书。那次大会也是在索邦召开的，众所周知，会议成功了。我们作为一个团队参加了雅典奥运会，那次经历简直能把人气死。”

圣克莱尔想称赞她两句，于是就抬起手，打断了玛丽的话。“夫人，您刚刚提到了奥运复兴最关键的一段时期——1892年提议的失败，1894年奥林匹克大会的成功，1896年雅典的首届奥运会。您能详细谈一谈以上几件大事吗？”

“看需要多少时间吧。”说着，玛丽拿起餐巾，轻轻擦了擦嘴唇。“我刚才说了，我不愿在这儿坐一整天。”

“不会那么久的。咱们先谈谈1892年提议失败的事。怎么回事？我听说过，也读过资料，说是因为准备不足，时机不妥，理念不够成熟。”

听到这里，玛丽一脸愤愤。“准备不足？简直荒唐。1892年我们做了充分的准备。那是法国体育运动联合会成立5周年。皮埃尔将这次会议称作‘禧年’，非常重要，时机也非常好。是的，1894年那次大会更盛大，内容更丰富，当然筹备工作也更复杂；可两次大会都是在索邦举行的，都有体育赛事、宴会、音乐、发言。我想，如果你去问皮埃尔，他的回答跟我是一样的：问题不在时机妥不妥，在于参会人员。1892年的参会人员里，没有足够的国际体育界人士来回应我们的提议。我们邀请了一些真正的体育领军人物，但大多都是老师和学生，没有组成强大的国际团队。我们以为法国人对奥运会的热情就足以成事，可我们错了。没有人反对奥林匹克的提议，没有拒绝，但是缺少足够的了解和理解来支持我们推进工作。或许是时机尚未成熟，但亨利·迪东、乔治斯·德·圣克莱尔等人，尤其是贝尔塔，他们都鼓励我们发起提议。”

“您是说，冯·苏特纳和迪东鼓励皮埃尔，还有您，发起奥运提议？”

“这些事你应该都知道了才对，圣克莱尔先生。你的调研工作是怎么做的？”

圣克莱尔耸了耸肩，表示无奈，又抬了抬手，示意玛丽继续往下讲。玛丽翻了个白眼，叹了口气，仿佛又生气了。圣克莱尔知道时间不等人，就直接将话题跳到了 1894 年的奥林匹克大会。可玛丽又绕到贝尔塔·冯·苏特纳身上去了，而这次她又吐露了一个长久不能释怀的怨恨，也令圣克莱尔颇为惊讶。

“是贝尔塔让阿尔弗雷德·诺贝尔拿出钱来创设了诺贝尔奖，尤其是诺贝尔和平奖，这你是知道的，对吧？”

“我知道诺贝尔受其影响很大，不过不知道诺贝尔奖完全是她的主意。”

“嗯，我们是知道的。”玛丽哼道，“阿尔弗雷德是 1895 年去世的，就在索邦大会和雅典奥运会之间。诺贝尔奖首次颁发是在 1901 年，立刻就蜚声世界。”

“她真是个了不起的女人。”圣克莱尔沉思道，他感觉到玛丽是有什么话要说。

“是，是了不起。你知道谁获得了首个诺贝尔和平奖吗？不知道！第二个呢？第五个呢？第十三个呢？”

“不知道，对不起。我知道贝尔塔获得过一次，帕西获得过一次，不过我对诺贝尔奖的获奖历史了解不多。”

“你应该好好研究一下。弗雷德里克·帕西获得了首个诺贝尔和平奖；其实那个奖是颁给他和亨利·杜兰特[①]的——就是那个创立了红十字会的人，不过那是另一件事了。第二个诺贝尔和平奖颁给了埃利·迪科曼[②]。第五个颁给了贝尔塔。几年后弗雷德里克·贝耶[③]也获了奖。第十三个颁给了亨利·拉方丹[④]。你知道他们的共同之处是什么吗？”

“他们都参加了国际和平运动？”

---

① 亨利·杜兰特：Jean Henri Dunant, 1828—1910，瑞士商人，人道主义者，红十字会创办人，后人尊称他为“红十字会之父”，第一届诺贝尔和平奖得主。

② 埃利·迪科曼：Élie Ducommun, 1833—1906，瑞士作家，代表作品有《和平事业》《和平运动简史》等，1902年诺贝尔和平奖金获得者。

③ 弗雷德里克·贝耶：Fredrik Bajer, 1837—1922，丹麦和平运动家，国际和平局名誉主席，丹麦议会成员，1908年与克拉斯·蓬图斯·阿诺尔德松同获诺贝尔和平奖。

④ 亨利·拉方丹：Henri La Fontaine, 1854—1943，比利时社会活动家，著名法学家，国际和平局永久主席，比利时议员。

“不对。共同之处是——那天晚上他们都在场。”

“在场？在索邦大学？参加奥林匹克大会？”

“是的。他们都是奥运会诞生的一分子。从许多方面来说，奥林匹克运动其实是在国际和平运动的赞助下诞生的；而贝尔塔·冯·苏特纳，愿上帝保佑她，她就是奥林匹克的接生员。”

“当晚竟然有五位诺贝尔和平奖得主参会，真是太不可思议了。其中联系竟从未被公开报道过，真奇怪。”

“那些年我们都很低调，只是向获奖的朋友表示祝贺，再静静地等着轮到自己的时候。”

听到玛丽话中有话，圣克莱尔大吃一惊。“轮到你们？”

“很奇怪吗？我认为我们……”玛丽犹豫了一下，换了个说法，“皮埃尔配得上这个奖。1910年诺贝尔和平奖颁发给了位于瑞士首都伯尔尼的国际和平局，他们当晚也出席索邦大会了。事实上，你看一看索邦大会的参会人员名单，能找到近80个国际和平局的成员。翻翻他们的传记，你就会发现我说的都是事实——他们一半以上都与当时的和平运动有直接联系。”

“如此说来，从诞生的那一刻起，这场运动就正如皮埃尔所说的那样——”

“从诞生到现在，一直都是通过体育运动来推广世界和平。这是个不争的事实，圣克莱尔先生。可为什么它没有得到相应的认可呢？为什么谁都能得奖，唯独没有皮埃尔呢？”

“可他被提名……”圣克莱尔记得，梅斯里曾跟他提过，去年顾拜旦被提名了。

“哼！”玛丽听言转过头去，看着窗外。“是，去年，是被德国人提名了，可诺贝尔委员会没有通过。去年的诺贝尔和平奖颁给了卡尔·冯·奥西茨基[①]，一位与纳粹斗争的德国记者，还曾被德国人关过大牢。我不是说奥西茨基配不

---

① 卡尔·冯·奥西茨基：Carl von Ossietzky，1889—1938，德国记者、作家、政论家，著名反法西斯的和平战士。1935年获得诺贝尔和平奖。

上这个奖。我的意思是，皮埃尔也应该得奖。这太不公平了，可这在我们经受的千百个不公待遇中，只算是其中之一。”

圣克莱尔大为震惊——不仅是因为玛丽所吐露的未获诺贝尔和平奖的失望，或许他也为之感到失望，还因为看到玛丽如此善变，刚刚又站到了顾拜旦的一边，维护他的利益。简直是翻手为敌，覆手为友。圣克莱尔趴在笔记本上，匆匆记下有关诺贝尔和平奖的事，不愿看玛丽的眼睛。

突然间，光线大亮，太阳破云而出，窗外城市在晴空下一片光辉，深蓝色的湖水闪着粼粼波光。二人都抬起头看着外面，而玛丽好像觉得这是个信号，要结束此次访谈了。

“对不起，圣克莱尔先生，我不想再谈下去了。”说着，玛丽离开座位，站起身来。

“我明白，咱们什么时候能再见面？您的访谈太有帮助了。”说着，圣克莱尔起身向玛丽道别。

“很高兴能为你提供一些思考的素材。”玛丽又露出标志性的苦脸，未有告别，转身径直向大门走去。

56

真 相

这周的周日，圣克莱尔与朱丽叶喝酒笑谈至深夜。第二天早晨，他静悄悄地起了床，喝了杯咖啡，上山骑了会儿自行车。空中弥漫着轻雾，湿度很大，当他骑到大学附近时，开始下起小雨。他来到火车站时，雨已经很大，他也湿透了。但他打算继续骑。这时他看到一个熟悉的身影，推开候车室的大门，看了看乌云密布的天空。是顾拜旦。他拿着小提箱，好像是刚跟人会过面。圣克莱尔在路边停下车子，好奇为什么顾拜旦会在星期一早晨从火车站出来。顾拜旦打开伞，穿过街道，沿着路边的门头房朝蒙里普斯走去。圣克莱尔见顾拜旦转身上了台阶，准备穿城而过，他就猛蹬自行车，提前绕路赶到蒙里普斯门口。顾拜旦也到了。

“您出门真早。”圣克莱尔说道。顾拜旦刚从埃特拉兹路(rue Étraz)走上来，气喘吁吁的。

“嗯……跟一位老朋友吃了顿早饭。”

“是我认识的人吗？”

“你不认识，是个法国同事，现在住在皇宫大酒店。”

“哦，你刚才是去了皇宫大酒店？”

“是的，他今天上午就走。”

"您送他去了火车站？"

这个问题问得有些出其不意，顾拜旦慌乱答道："没送他，下这么大雨。"他一边说，一边躲闪着圣克莱尔的目光，"访谈之前，我还有些工作要做。"

"好的，一个小时后再见。"圣克莱尔骑车离开了，但他能感觉到顾拜旦一直在盯着他的后背。

圣克莱尔回到家里，立刻拨打了梅斯里家里的电话。

"上午好，雅克，周末过得怎么样？"

"挺好的，今天早晨皮埃尔对我撒谎了。"

"撒谎？你说什么？"

"早上7点，下着大雨，我看见皮埃尔从火车站出来。我没跟他打招呼，直接骑车去蒙里普斯等着他。他却跟我说他跟人在皇宫大酒店共进早餐。"

"你到我这里来一趟，咱们详谈吧。"梅斯里说道，"我知道你早晚会发现的。"

◎◎◎◎◎

"去年夏天，玛丽开始整天对他咆哮不已，似乎濒临崩溃。"梅斯里说道。此刻他正跟圣克莱尔坐在家里二楼的小书房里。"他早就搬出卧室了，嗯，是被玛丽赶出来的。其实，她是想把他从蒙里普斯彻底赶出去。"

"请继续讲，"圣克莱尔说道，这时他想起了斯隆的来信，以及信中提到的男爵夫人曾经的精神崩溃。

"她怒气难消，而他担心蕾妮和雅克。所以他就在日内瓦的梅尔罗斯旅馆（Pension Melrose）住了下来，租金很便宜。"

"租房子的钱从哪里来的？"

"朋友给的。"梅斯里扭头看向一边，似有隐瞒。圣克莱尔随即明白，钱是梅斯里出的。

"男爵夫人那边呢？她愿意维持这种状态？"

"他们达成一项共识。你在洛桑写书期间，她愿意配合做做样子。情况需要时，他就住在蒙里普斯。”

“他为什么不直接告诉我实情呢？”

“你认为呢，雅克？他不想让自己的传记充斥着失败和家庭不幸啊。”

“你为什么不告诉我呢？”

“我答应过他，在他未准备好说出真相之前，我也绝口不提。在我把你请到洛桑来之前，他还特意嘱咐过。”

回家的路上，圣克莱尔的脑中闪过很多往事：每次他没有预约就造访蒙里普斯时，顾拜旦总是不在；每次访谈时，他若是很早就到了，顾拜旦也是不在；玛丽总是独来独往，与顾拜旦几乎没有交流；每个周末，顾拜旦总是要去日内瓦见朋友；他偶尔会看到顾拜旦拿着手提箱在洛桑行走……自己为什么没能早一点想到呢？这个谎言并未让他生气，反而觉得有些悲哀。他开始好奇，顾拜旦的故事里还有多少谎言。“我要找出真相，”他暗下决心。

◎◎◎◎◎

日内瓦梅尔罗斯旅馆就在格朗日公园（Parc La Grange）一个街区之外。顾拜旦的公寓颇为寒酸，这让圣克莱尔惊骇不已。与蒙里普斯相比，这里的条件不是差一个档次，而是各个方面都相差十万八千里。窗下有张小桌子，桌子上放着显示顾拜旦写作习惯的纸笔墨水，除此之外，再无任何私人痕迹，连他在洛桑办公室里的个人财物和服饰都没有。另一张小桌子上放着一个烤盘，一个盆，屋里一股变质奶酪的酸臭味。门厅那边是洗手间。看到眼前景象，圣克莱尔无法接受，笑不出来，也难掩对“奥运之父”的悲哀。住在这种地方，顾拜旦怎能不忧伤？

“咱们出去好好吃顿饭，”圣克莱尔说道。他坐在床沿上，突然想要逃离这里。“我请客，不准跟我争。咱们喝瓶好酒。”

听到这句话，顾拜旦似乎精神一振。他戴上礼帽，穿上一件轻便的运动服，与圣克莱尔走出门去。二人沿克洛路（rue du Clos）疾步前行，来到湖边的普罗姆酒店（Prom du Lac）。八月的天空，满是红橙色的晚霞，湖水在暮光下显出深蓝色。温暖的轻风令二人心情舒畅。他们缓步走进英国花园（Jardin Anglais），朝勃朗峰大桥（pont du Mont-Blanc）走去。

顾拜旦在桥上站住，看着卢梭岛（Île Rousseau），转过身来。“我有个好主意。咱们今晚去吃奶酪火锅吧。我知道个好地方，老城的莱萨姆勒酒店（Les Armures），就在市政厅对面。”

“奶酪火锅，好啊。我正好补充能量，等会儿好有劲儿骑车回去。”圣克莱尔意识到他和顾拜旦彼此轻松戏谑，二人之间有处敏感，谁都不愿触碰。“他们那里有没有好酒？”

“有。事实上，我认为那家饭店是被约翰·卡尔文[①]赐福了。”顾拜旦笑道，“宗教改革博物馆（Museum of the Reformation）就在那边，是大学的一部分。”

“日内瓦是很多伟大的宗教领袖的根据地啊。”

“他们将其称作堡垒，信仰的堡垒。”

“那就为他们的健康喝一杯吧。”

二人喝了两瓶酒，吃了两根法国长棍面包，还有三份奶酪火锅。

吃饭过程中，圣克莱尔总忍不住想问问顾拜旦，已经六个月了，为什么要一直对他隐瞒住在日内瓦的事，为什么要骗他。但他忍住了，想等顾拜旦自己开口。二人谈的大都是早已熟悉的事情。圣克莱尔也破天荒地没有翻开笔记本做记录。顾拜旦问了问传记的进度，二人甚至还谈到了上周巴黎举行的英式橄榄球比赛的结果。尽管如此，自从二人结识以来，他们的谈话之间首次出现了紧张的沉默，话与话之间的停顿越来越长，眼神的回避也越来越多。

圣克莱尔任由这尴尬升级，他只是耐心等待着。

终于，顾拜旦受不了这紧张的气氛，开口说道：“我欠你一个道歉，我的朋友。我还欠你一个解释——为什么一直以来都对你隐瞒我的真实情况。”

---

① 约翰·卡尔文：John Calvin，1509—1564，法国著名的宗教改革家、神学家、基督教新教的重要派别加尔文教派创始人，人称日内瓦的教皇。

顾拜旦结结巴巴的，这个口才一向很好的人竟然也费力于表达，或者是因为缺少勇气去谈论这个难以言表的生活真相。“我想跟你解释一些情况，这些事我从未坦诚地跟人说过。”说完他住口不语，转头看着别处。

“说吧，皮埃尔。我不会记录下来。”

顾拜旦转回头来看着圣克莱尔，眼睛已经湿润了。“你知道我们经历了什么，我和玛丽，迫使我们现在过着双重生活。”

圣克莱尔点了点头，说道：“我并不完全理解，有必要这么做吗？”

“我们是离经叛道的人，开始时又有钱又有志向，打算改变这个世界。在索邦大会取得巨大成功之后，我们似乎将命运握在了手里，好像一切都能实现。那时我们心里全是一个想法——我们抓住了未来。就像一对高贵的共和国夫妻，准备走出神庙，走向等待我们的世界。”

“我认为——”话刚出口，他就改口道，“不，不是认为，是知道。我知道我在她的脑中灌输了美梦和理想，当奥运会如我们所愿时，迎接她的，迎接我们的，将是无尽的赞美。当时我不知道她的心理很脆弱，或者是会变得脆弱。在去雅典奥运会的路上，我们的期待相当高——不仅是对奥运会，还有我们的功绩。可事与愿违，希腊人架空了我们，抹杀了我们所有的功劳。我只是觉得被人辜负，而此事对她的打击是毁灭性的。她无法忍受鸠占鹊巢的耻辱。最初她只是回到住处之后暗中哭泣，但她的愤怒与日俱增……后来她就开始整天絮叨，说‘这是不对的，不对，他们不能抹杀你的功劳啊。’渐渐就失去了理智。”

“为什么对她的打击如此之大？”

“真正原因无从得知，”顾拜旦答道，“我也曾疑惑不解，觉得可能是与小时候她的家庭在战争中的经历有关——他们一家赶在德国人到达之前从鲁登巴赫逃到巴黎，接着巴黎也被包围了，再度被迫背井离乡。也许是这种动荡给她埋下了焦虑的种子，我不知道。雅典奥运会结束了，我们的生活也变了。我们的婚姻里，有些东西破裂了。我当时不知道，可这是不可挽回的。”

说到这里，顾拜旦片刻无语，犹豫着该不该继续说下去，但最终他还是往下说了：“她第一次崩溃——现在他们称作‘精神崩溃’，当年就发生了。当时她正怀着蕾妮。我把情况告诉了斯隆。他总是很牵挂我，还有玛丽。他是唯一一个理解我们的人。他了解焦虑发作和精神病。病发之后，她就会变得孤僻、狂怒不已，对我恶语相向，有时候还会动手。”

“雅克出生以后，生活似乎翻开了新的一页。我减少了奥运的工作，想在家里多陪陪她。借着在家的时间，撰写《法兰西第三共和国期间法国的演变》。随着奥林匹克运动加快发展，第二届奥林匹克会议即将在法国勒阿弗尔召开，我想，我们的婚姻就要恢复正常了，我们的梦想也能回来了。然而，当我们去她家在鲁登巴赫的庄园度假时，真正的悲剧到来了。”

“您儿子犯病了？”圣克莱尔问道，知道这次顾拜旦讲的都是事实。

“是的，他犯病了。玛丽总说那是中暑，可我一直认为他生下来就有先天性缺陷，无论如何，他迟早会犯病的。当时我们在鲁登巴赫的小树林边上野餐，只有我、玛丽和雅克三个人。那天又闷又热。雅克在婴儿车里睡得很香，我就拉着玛丽在附近踢球。我们踢了很长一段时间，中间喝酒，追逐打闹，可原本愉快的夏日，被一声尖叫、接着是呜咽打碎了。”

“这么说，是有特殊的——是中暑吗？”圣克莱尔的记者本能驱使着他刨根问底，可他还是忍住了。

顾拜旦点了点头，低下头去。“也许是吧。孩子在太阳底下晒得太久了。”

“可是您说过……也许是先天性的。”圣克莱尔想给顾拜旦一些安慰。

“这就无从得知了。但我知道，从那开始，我的家庭生活就画上了句号。从此之后，我就过上了两面的生活。一面是众人眼里光鲜华丽的样子，围绕一个伟大事业组织、参加盛大活动。一面是连续数周在充满焦虑的房子里，忍受着玛丽的尖叫和辱骂。”

“您女儿出生以后呢？”

“蕾妮的出生，是我们一个重新开始的机会。从某种程度上来看，也的确如此。可随着孩子慢慢长大，玛丽的悲伤却不断加深，她对蕾妮的保护欲有些过度了。可以理解，不过也有副作用。蕾妮反而使我们俩变得疏远开来。她将蕾妮当成私人物品，起初是把雅克交给保姆看管，后来干脆请了全职护工。”

“玛丽与我的疏远经历了几个阶段。她的性格变了，变得满心恐惧，总是紧张兮兮，还总把我当成威胁。只要我在场，她就好像受到惊吓一样。我一进房间，她就紧紧地盯着我，有时甚至像只野猫一样咆哮，把孩子移出我的视线。”

“这不正常，我也受不了。偶尔她会不知怎么就好起来，像天气转晴一样，连续几天像以往一样正常。接着就是连续两三个月相安无事，我就误以为一切都要好转。可接着就风云突变，她的状态急转直下，又变得消沉易怒，比前次尤甚。我咨询过很多医生，可唯一一个真正看明白她的情况的医生，其诊断令我胆寒。他说，她已经处在了精神崩溃的边缘，要么好转，要么重复发作，再次崩溃，并逐渐恶化。”

顾拜旦低头看着双手，手里摆弄着长长的火锅叉，用叉子轻敲着眼前的酒杯。他做了个苦脸，闭上了眼睛。即使现在回想起来，那段回忆也是极其痛苦的。

“结果跟那位医生诊断的情况一样。她崩溃又恢复，接着我们就一起到世界各地出席活动，庆祝奥林匹克运动的发展。有时候她也享受其中，但不知什么事——比如说，她平时不放在眼里的花费、雅克的事、我临时延长的出差……这些鸡毛蒜皮的小事都能点着炸药桶，毫无前兆。那10年里她一共崩溃过三次，还病了很长时间。”

“您的朋友和同事知道吗？”

“我为她遮掩，尽我所能不让外界得知。斯隆知道。他是我唯一一个倾诉痛苦的人。他有照顾精神病家人的经验，在大学里也研究这方面的问题。他很同情我。不过，有好几次，同事的夫人似乎也知道一二，因为我会突然为玛丽长时间不在公开场合露面编造借口。她们都很好，没有刨根问底。这样我就过起了两面的生活。我是奥运之父，他们都尊重我。”

“蕾妮呢？在这样的环境里，她过得怎么样？”

“蕾妮的世界很不稳定，她的状态也不稳定。现在她变得很坚强了，真不可思议。可她的童年过得很不舒心。玛丽对她的爱是令人窒息的，她占有欲太强，又变化无常，前一刻还是温声细语、关怀备至，一转眼就变成尖声厉语的恶妇。”

说到这里，顾拜旦停了下来，“家庭的事就说这么多吧，雅克。玛丽和我已经疏远多年，但我们还伪装成夫妇的样子，似乎我们的婚姻就是奥林匹克运动的力量来源。我们过着双重生活，我之前一直都不愿让你知道。”

访谈就此作罢。顾拜旦拿起餐刀，将锅底的一块熟奶酪的外皮割下来，6英寸的奶酪皮像一片金色的刨花一样搭在刀刃上。顾拜旦将其递给圣克莱尔。

“尝尝，这是最好的部位。”

◎◎◎◎◎

二人走出饭店，经过拱门后的炮台，静静地走在主街（Grand-Rue）上。这是个暖夜，圣克莱尔感觉到气氛的沉闷。他明白，对顾拜旦来说，敞开心扉将其双重生活倾诉于他是件不容易的事，对此他深为感激。可他心里挣扎得厉害：现在他还不知道该如何撇开其悲剧的一面，去描写顾拜旦的人生。

他们并肩走在夜影中，橱窗里的灯光吸引了他们的眼睛。顾拜旦停下脚步，看着拱廊嵌壁中一家玩具店明亮的橱窗。他走上前去，圣克莱尔也跟了过去，说道：“跟个小城市似的。”

“是啊，”顾拜旦应道。他凑近了一些，二人的身影都映在橱窗的玻璃上。倾诉了心里话之后的两个人，在夜晚的橱窗框架中定格。二人并肩而立的样子令圣克莱尔感动不已，他真希望能将此时此刻拍成照片留念。

“做工真是精细啊，”顾拜旦说道，“看这雕工细节，看这涂色。”二人看着的，是一个法国城堡的微雕，又漂亮又精致：城堡位于一个小山丘上，城堡外的良田像地毯一样铺开，中间点缀着农舍、篱笆、干活的农夫。田野里到处都是放牧的马、牛、羊，四周树林环绕，左边是一条小溪。下面角落处的桥上是一队骑兵，他们身着白色的裤子和缀有红色衣领的蓝色上衣，帽子上插着羽毛，与以前的士兵打扮一模一样。顾拜旦的目光越过城墙，向城堡内看去。从橱窗的倒影上，圣克莱尔看到顾拜旦的脸上绽出了笑容。

“是国王和王后察访民情。”顾拜旦解释道。

圣克莱尔听言凑过身去，只见国王位于市场中央，货摊的阳篷下，满满地摆放着肉类、蔬菜、面包。国王身穿红袍，头戴金冠，像个快乐的演说家一样，伸开双臂，友好地面对周围仰慕的民众。王后俯身摊手，身前是一群从她这里领走礼物的小孩。孩子们个个兴高采烈，有两个孩子早已怀抱王室的赏赐跑得远远的了。城堡和桥墩的石头建构栩栩如生，胸墙上的卫兵也惟妙惟肖。穿过城门是条主路，生意人和贵族来往穿梭。

“真是件艺术杰作。”顾拜旦说道。

看到顾拜旦陶醉于眼前景象，圣克莱尔困惑不已。沙盘两侧的架子上，摆满了各式各样的士兵人偶，还有法国各阶层人物的人偶。

“那是蓬巴杜夫人！”顾拜旦指着一个人偶说道，“还有伏尔泰，卢梭！”他大惊小怪的，仿佛有了什么重大发现一样。

圣克莱尔后退两步，看着橱窗中顾拜旦的倒影——他正满心好奇地陶醉在一个幻想世界之中。

第七章　盟友与敌人

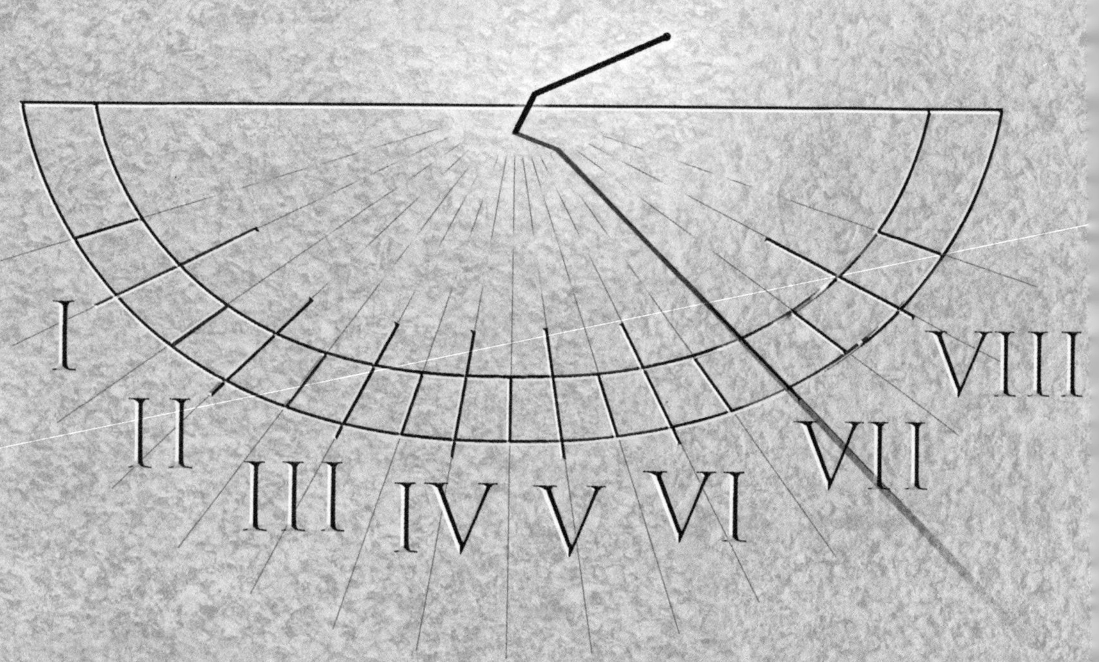

57

崩　溃

8月初在日内瓦的一夜长谈，让圣克莱尔看到了顾拜旦不为人知的一面，他感觉与顾拜旦的信任又加深了一层，二人的交流更加坦诚了。在他的记者生涯中，也曾遇到过数月时间对他隐瞒实情、在痛苦的倾诉中吐露心声的对象，他从这些采访经历中得到很多经验教训。这种采访中的突破，往往会有负面影响。采访对象常常会打退堂鼓，因吐露了隐藏多年的心声而有负罪感，因不知真相曝光后的后果而忐忑不安，因辜负了当事人的信任而心怀愧疚。

圣克莱尔知道，传记作者的工作，就是揭开访谈对象层层包裹的假象的保护层，帮助他们掩埋剧烈的焦虑，避开精神上的痛苦，找到每个人都需要的舒适感。可他也知道，从暗处发掘真相需要付出代价，那是一种怨恨，有时候因太过强烈而无法消除。

连续数天时间，圣克莱尔都没有联系顾拜旦。他决定给顾拜旦一些喘息的空间，希望顾拜旦在准备好恢复访谈时主动找他。这些天里，他忙于翻阅顾拜旦与美国大学盟友的来往信件——怀特、艾略特、吉尔曼等。在信中他注意到，他们热情高涨地提倡举行国际体育比赛、学生交流、举办奥运会，以及——令圣克莱尔颇为惊讶的——全力以赴地发起一系列主题是法国及其历史和现状的学生辩论会。在为国际体育发展寻求支持的过程中，顾拜旦竟然同时发起了一个野心勃勃的学术创新——举办一次知识竞赛，为获胜者颁发奖牌，旨在加强法美两国学生对彼此国家的了解。圣克莱尔感到奇怪，不知道这件事为何顾拜旦未在《奥运回忆录》中提及。

又过了几天，他又翻阅了一些顾拜旦与国际奥委会早期成员及盟友的通信，如匈牙利的费伦茨·凯姆尼[①]、瑞典的维克托·巴尔克将军[②]、波西米亚小说家基利·古斯－亚尔科夫斯基。

5天之后，他的笔记越写越多，问题也越来越多。圣克莱尔只好面对这个现实——顾拜旦打退堂鼓了。好几个上午和下午，他骑着自行车去找顾拜旦，可他去顾拜旦在蒙里普斯的办公室时，要么是锁着门，要么就是人去屋空。他打电话过去，总也没人接；他从门缝下面塞纸条，也杳无回音。圣克莱尔忍不住在想，是不是自己做得有些过分了，继而开始从私人感情方面感觉到顾拜旦失联的影响。作为一名记者，他对人类行为有足够深入的了解，可熟练地使出欲擒故纵的手段；可他觉得自己对顾拜旦的依恋太强，无法等他太久，认为顾拜旦会自己找来的自信也快速消逝。他想念这位老人。他给梅斯里打电话，可问不出个所以然来。

“该怎么办？”一天晚上睡觉前，圣克莱尔问朱丽叶。“要是他过于愧疚，不愿再接受访谈了，怎么办？”

“别说傻话了，皮埃尔哪儿都不会去。他需要你，就像你需要他一样。他对你的书也是付出了心血。我敢肯定，他和你一样，都对传记满怀希望。”说着，朱丽叶翻过身来，搂住了他的胸膛。

“你说得有些道理，可他已经跟我断了联系，是故意的，都一个星期了。”

朱丽叶看着他的眼睛，说道：“雅克，听我说，我们都知道，顾拜旦最大

---

① 费伦茨·凯姆尼：Ferenc Keméy, 1860—1944，匈牙利教育家、改革家，国际和平局成员，国际奥委会创始人之一，国际奥委会首任秘书长。

② 维克托·巴尔克将军：Viktor Gustaf Balck, 1844—1928，瑞典军官，体育活动家，国际奥委会创始人之一，被誉为“瑞典体育之父”。

的特点就是绝不会半途而废。是的，他对你吐露了不为人知的心底话，也许事实真相会影响他的事迹，可这事尚未结束，他会回来的。”

圣克莱尔吻了吻朱丽叶。可待她睡着之后，圣克莱尔却依旧忧虑不安，脑中全是不好的念头。他度过了一个不眠之夜。第二天早上，当他端起咖啡的时候，发现自己的手一个劲儿地在抖。他意识到，因为顾拜旦躲着不露面，他已经变得焦躁起来了。终于，他联系上了梅斯里，约好当天下午去他的办公室会面。

梅斯里在大学的台阶上等着圣克莱尔。“去喝杯咖啡吧。”他对圣克莱尔说道。圣克莱尔随着他穿过里彭广场，朝咖啡店走去。

“你发现了他的秘密，吓到他了。”二人一边找桌子，梅斯里一边对圣克莱尔说道。

“你是说，我发现了他在日内瓦租房子独居的事？”

“是的。他一直很有把握，觉得可以把事情瞒住。可还是被你发现了，他的防线就崩塌了。”

“他是不是后悔跟我说了那么多的事？”

“懊悔是肯定有的。”二人找了张背对大学的桌子坐了下来。广场上、人行道上人头攒动，今天是个观察行人的好日子。

“我只希望不会跟他闹得不愉快。”圣克莱尔盯着梅斯里的脸，看他作何反应。只见梅斯里笑了起来，圣克莱尔心里的石头落了地。

“不，不会的，雅克。怎么会不愉快。皮埃尔担心的只有玛丽。他从未对别人谈起过她的……嗯，病。我跟他保证过，你绝不会向玛丽透露这些事的。”

“他现在在哪儿？”

“就在日内瓦。明天早上他会到德奥奇城堡那边划船。你明天过来跟我们一起吃早饭吧。也许你们能恢复访谈也说不定。”

圣克莱尔听言，顿时振奋起来。“谢谢你，弗朗西斯。真是太好了。”

◎◎◎◎◎

圣克莱尔拐过德奥奇城堡一角，穿过树林，朝日内瓦湖岸走去。他听见有两个人在大声惊呼，看见他们疯狂地挥舞着手臂，惹得湖岸附近一阵骚乱。圣克莱尔快步向他们跑去。他认出来那是梅斯里和埃米尔·德鲁特，他们正朝湖里的顾拜旦大喊。圣克莱尔还未来到二人跟前，只见梅斯里脱掉上衣，将一艘小艇推进湖里，全力划桨朝顾拜旦驶去。圣克莱尔来到湖边，大口喘气，他看到顾拜旦的船就在远处，顾拜旦则趴在船桨上，一动不动，对朋友的大喊毫无反应。

“皮埃尔！”圣克莱尔大叫一声，“啊呀！”他问埃米尔，“怎么会这样？”他惊得声音都变了。

“我不知道，雅克。”年老的饭店老板将手搭在圣克莱尔的肩上，分外沉重。“弗朗西斯说，他看见皮埃尔不划了，接着就伏倒了。我也是刚刚跑过来。”

“他的头抬起过吗？”圣克莱尔吓坏了，他想一头扎进水里游过去。

“希望没什么事。看，弗朗西斯就到他身边了。”

二人在岸上看着，只见梅斯里将小艇掉头，与顾拜旦的小艇头对头，这样就与顾拜旦面对面了。梅斯里将小艇划到与顾拜旦一臂的距离，一把扔掉船桨，伸手将两艘小艇拉在一起，接着一只脚迈过船舷，以稳住两艘小艇，然后将顾拜旦扶正坐姿。顾拜旦的脑袋无力地垂在胸前，好像微微抬起了头，与梅斯里说了几句话。梅斯里急匆匆地将顾拜旦放倒，将两艘小艇头尾绑在一起，朝岸边划来，顾拜旦的小艇则被绳子拖在后面。

此时岸边已集结了一群围观的人。圣克莱尔站在齐腰深的水里，用力拖住梅斯里和顾拜旦的小艇。埃米尔·德鲁特和另外几个人则拉住船头，将他们拖到岸上。顾拜旦被人从船里抬了出来。经过圣克莱尔身边时，二人四目相接。顾拜旦的嘴歪向一边，想对他说话。圣克莱尔从水里走出来，背上背包，紧跟在梅斯里身后。梅斯里则指挥着四位男士架起胳膊，将顾拜旦抬上了梅斯里的汽车。

“雅克，我先送他去医院，一检查完身体我就给你打电话。”梅斯里对圣克莱尔说道。

◎◎◎◎◎

圣克莱尔到家的时候，朱丽叶正要出门去画室。圣克莱尔把事情经过告诉了她，把她吓了一跳。朱丽叶宽慰了他几句，可一点儿用都没有。她只好与他吻别，去了画室。圣克莱尔一整天都待在家里，坐在阳台上，为下面几个月的访谈列计划，还喝了一瓶酒。每时每刻，他都盼着电话铃声响起。阳台上的落地门开着，这样他就能在电话响起时立刻冲过去。可从下午到黄昏，电话一点动静都没有。朱丽叶回来了，她在他身边坐下，看着日薄西山，阿尔卑斯山顶上的天空布满红、粉、橙色的云霞。

圣克莱尔把注意力放在传记上面，他回想着上次与顾拜旦访谈的内容，盼着万万不可就此断了线索。“1890年和1891年，皮埃尔结识了两位挚友……”他一边想，一边不自觉地说出声来。

朱丽叶接过话茬，轻声说道：“我猜，是两个新盟友？”

“是布鲁克斯和迪东……我们打算下次访谈时说说这两人的事。他想让我详细了解他们俩所做的工作。”

“我记得，在说到早期的几届奥运会时，他曾提到过布鲁克斯。”

“我也记得……是你给他画像的时候说的。”

“你想从这里开始继续访谈？”

“是的。”圣克莱尔答道，却没有再说话。这时电话响了，他一跃而起，去接电话。

“雅克，是脑卒中，但不严重，现在的说法是轻微脑中风。”梅斯里说道。电话里有微弱的电流声，嗡嗡嘤嘤地起伏着。

“脑卒中？很严重，对吧？”

“在一些病人身上，是挺严重的。这取决于中风的程度。皮埃尔的恢复能力很好，他的语言表达能力受了影响，三个小时没能说话，不过现在已经好了。”

“我什么时候能见他？”

“明天上午我再给你打电话。我想，明天下午你就能来探望他了。男爵夫人和蕾妮已经过来了。”

“以后呢？”

“明天你过来以后再说吧。他刚才说想见你呢。”

“好。他要在医院待多久？”

“再多住几天吧，这样便于观察他的康复情况。”

◎◎◎◎◎

护士给圣克莱尔指路，让他去走廊尽头右边的病房。他轻手轻脚地走到病房门前，通过门上的长条玻璃向内看去。顾拜旦正坐在病床上，他的大腿上面架着一个小桌子，正在写着什么。蕾妮站在他的旁边，手里拿着几页纸，像个秘书一样给他读着纸上的内容。看到玛丽不在场，病房内一片祥和，圣克莱尔松了口气。阳光穿窗而入，病房是白色的，蕾妮的裙子和顾拜旦的病号服也是白色的，床单和被单干干净净、一尘不染。圣克莱尔的视野有限，但这单纯的色调令他觉得分外平和。他推开门，面带微笑走了进去。

“下午好，皮埃尔。你好，蕾妮。”他对二人说道。父女俩闻言抬起头来。

“雅克·圣克莱尔，真没想到，”顾拜旦有些大惊小怪，或许是故意为之吧，圣克莱尔想道，为了克服说话的不便。他能看得出来，顾拜旦的左边嘴角微微下垂，多少影响了他的表达。顾拜旦放下笔，隔着病床桌伸开双臂，欢迎圣克莱尔的到来。圣克莱尔心下感激，上前与他拥抱了一下，感觉到老人的胡须刷过他的脸颊，而顾拜旦的拥抱也比往常久了些。

“很高兴见到你。”蕾妮说道，绕过床来。圣克莱尔扶着她的双肩，二人眼神接触时，蕾妮却快速躲开了目光。互吻三下脸颊，蕾妮随即退到了一边。

“您现在怎么能工作呢，皮埃尔？”圣克莱尔手扶床尾的铁床架，说道，“梅斯里博士不是让你多休息吗？”

“这就是休息了，雅克。日常工作就是休息。”顾拜旦说道。圣克莱尔再一次注意到，顾拜旦的每一个字都似乎是从嘴角挤出来的，发音有点不同。顾拜旦拿起笔，指着蕾妮说道，“这段小插曲倒是让我发现了一个得力助手。”

“嗯，先帮您两天忙吧。母亲那边也需要我呢，父亲明天就能下床了。”

“明天？”

“我们还有工作要做，雅克。”顾拜旦说道。他将病床桌递给蕾妮，掀开被子，把腿挪到床沿上。圣克莱尔过去搀他，但他举手制止了他，随即站起身来。“我欠你一个道歉，我的朋友。”

“皮埃尔，没关系的，没什么大不了的。”

“可不是这样。”顾拜旦绕过床，突然充满了活力。“很对不起，没能回复你的电话和留言。只是，我需要考虑一些事情，还有……”他看着圣克莱尔，“希望你能原谅我。”

“您的任何怠慢都不受追究了。”圣克莱尔说道。二人都笑了起来。

“蕾妮，把那个箱子给雅克。”顾拜旦说道。蕾妮从角落里取过一个纸箱子，将其放在床上。“上个星期，我整理了一下资料，这些都是布鲁克斯和迪东为1894年巴黎大会所做的工作，你用得着。”说着，他掀开箱子的盖子，“还有这个，”他从箱子里拿出一本大理石纹理封面的笔记本，郑重说道，“这是我90年代的日记，从马奇·文洛克的考察开始，1892年的经历全都写在里面了。”

“太好了，”圣克莱尔接过日记，翻看了一下。他翻到1891年12月的一篇日记，首句写的是：“贝尔塔和亚瑟从罗马归来，交给我一份文件，上面列着和平会议的一些决议……”

“在这本日记里，你能找到一些原汁原味的感想，”顾拜旦说道，为圣克莱尔拉过一把椅子，“坐吧，拿出你的笔记本来。”

“您确定现在就开始访谈？”

“当然！上次你说想要写一写威廉·宾尼·布鲁克斯和亨利·迪东的事，咱们现在就开始谈。”说着，他又上了床。“不过，首先我要给你看样东西。”

“什么？”

“蕾妮，把卡尔·蒂姆的信给雅克看看。”顾拜旦的语调发生了变化。“纳粹要来了，雅克。卡尔和冯·查摩尔要亲自给我送来1936年奥运会的最终报告。”

“最终报告？”

顾拜旦向蕾妮做了个手势，蕾妮又将病床桌架在了他的腿上。“是的，他们已经完成了奥运会的官方总结。”顾拜旦一边说着，一边不屑地挥了下手中的笔，拿出一摞纸整理着。“这是每届组委会最后的正式报告。”

圣克莱尔带着难以置信的感觉读完了德国人的信。他原以为，顾拜旦通过设立奥林匹克主义未来发展委员会，已经成功延缓了纳粹的魔爪。他在给德国人的信中明确表示，在国际奥委会执委会下次会议之前，将不会对德国人的提议做出任何决定，而圣克莱尔知道，执委会的下次会议将在9月份召开。

“有必要亲自来送吗？”圣克莱尔问道，他认为顾拜旦可以推迟他们的来访。他觉得若是顾拜旦接见了那些意图夺走奥林匹克运动的人的先遣兵，恐怕会加剧他的病情。

“从表面上看，是他们的礼数。但明眼人都知道，这是他们的诡计。根本没有必要给我一份报告。他们只不过是想来给我施加压力，让我在他们那9条提议的事上服软。”

“您能不能找个借口，推迟他们的来访，直到执委会开会？”

“也许可以。但我宁愿在咱们的‘主场’见他们。”顾拜旦的话语中带着一股坚定。“咱们得做好应对的准备，雅克，要有清晰的策略。我需要你和弗朗西斯帮忙。”

“您想让我怎么做？”

“先访谈吧，纳粹的事随后再说。你想了解布鲁克斯和迪东的什么情况？”

接下来的几分钟时间里，二人讨论了顾拜旦的老同事和老朋友。顾拜旦坐直了身子，为圣克莱尔坚持访谈这两人的情况而表示赞赏，“你这样做是正确的，给这些相关人物应有的记述。从斯隆到布鲁克斯到迪东再到贝尔塔，这之间有一条明显的主线。”

“是的，”圣克莱尔应道，“我打算拿出一章的篇幅专门写他们，名字就叫‘盟友’，从西蒙到迪东，把他们与索邦大会联系起来。”

“是的，他们都是我的盟友。倘若没有强大而坚定的支持者，是不可能发起一场运动的。”顾拜旦同意道，“他们都曾帮我渡过难关。我毫不怀疑，是老天安排他们一路指引着我。斯隆是其中最坚定、最忠诚的一位，是我真正的伙伴，但这些人对我的事业和设想都非常重要。”

“咱们返过头去，谈谈布鲁克斯医生，还有您去马奇·文洛克考察的经过。”

“你读过我写的关于什罗普郡（Shropshire）的内容了？”

“读过了。很有趣，写得很好，所以我才想好好听您讲一讲。”

“从各个方面、各个层面来说，布鲁克斯医生都给了我极大的启迪。他组织的奥运会有些怪异，但是营造了一种团体精神，一种对乡村生活的热爱之情，跟我见过的其他体育运动都不一样。”

“咱们从头开始，您是怎么认识他的？”

两个小时过去了，顾拜旦看上去有些累了，思路也模糊起来。圣克莱尔结束了此次访谈，去找梅斯里。他在办公室里找到了他。

“他执意要工作，”圣克莱尔说道，在办公桌前的椅子上坐下，“我们谈了近3个小时。我有些担心。他说话的样子，一边的嘴角是耷拉着的，很难相信他的身体没有问题。”

“听我说，雅克，”梅斯里站起身来，侧坐在桌沿上，“我真正疑虑的，是他恢复得太快，也许是因为他的底子很好吧。当我在水里救起他的时候，情况似乎很严重，可现在来看，只是轻微脑中风而已。他的语言能力恢复了，书写能力似乎一点儿都没受影响，这往往是表示没有大问题了。”

“以后是不是会复发，或者更严重？”

梅斯里叹了口气，低下了头，“恐怕是的，不过也说不准。有时候，轻微脑中风预示着病情会加剧，不过，或许他会完全康复，连续数年不再复发。”说完，他拿起手提箱，朝门口走去。

“可这并不乐观啊。”圣克莱尔随着梅斯里出了门，二人站在走廊里，梅斯里将一只手搭在圣克莱尔的肩上。

“我只想说一件事。传记的事对他很有好处。如果他还有劲头继续访谈，那就是一剂良药。传记是他恢复过来时想到的第一件事。当时他说：‘雅克在哪儿？我要见他。’”

听到访谈能令顾拜旦保持活力，圣克莱尔从中寻得一些慰藉。可他禁不住心中的恐惧，害怕不能长久。

“再加把劲。你快写到巴黎了，是吧——奥运复兴大会？”

“是，进展比较慢，不过就要写到了。可纳粹又来捣乱。”

“嗯，他们也能刺激他鼓起干劲儿。加油吧。”

58

布鲁克斯医生与迪东神父

圣克莱尔积累了足够的访谈资料，打算把顾拜旦与布鲁克斯的接触分成三个部分来写。撰稿之际，他又突然想到，同样的办法也可以用在迪东的内容上面。于是就将这些事情汇总成了一章。

1889年初，一封信从英国什罗普郡马奇·文洛克小镇寄到了巴黎乌迪诺大街。写信人是威廉·宾尼·布鲁克斯医生，信中附了一本小册子，介绍了当地一年一度的体育节——马奇·文洛克奥林匹克运动会。这个体育节在布鲁克斯的赞助下，从1850年创办，迄今已有近40年历史。在信中顾拜旦得知，布鲁克斯在《伦敦时报》(*London Times*)上看到了一篇启事，介绍了即将举行的巴黎体育教育大会。他还看到了顾拜旦发出的问卷调查，征集世界各地体育推广的做法。布鲁克斯感到责无旁贷，就给他写了信。他详细介绍了马奇·文洛克奥林匹克运动会的传统、比赛项目，还提到是受了古希腊奥运会的启发，才有了这个设想，以促进当地发展。他还让顾拜旦看看马奇·文洛克奥林匹亚协会(Much Wenlock Olympian Society)章程中所写的宗旨:“协会应通过鼓励户外锻炼，通过每年一届争夺奖品和奖牌的体育竞技，致力于提高文洛克人民的德智体水平。而奖品和奖牌，旨在表彰优秀的文艺作品，以及卓越的力量和技巧。”

得知一种“奥林匹亚”运动会竟然在托马斯·阿诺德的祖国不为人知地举办了40年之久，顾拜旦惊诧不已。他展开一幅英国大地图，在威尔士边境附近找到了什罗普郡。他给布鲁克斯回信，邀请他来参加巴黎大会。随即二人就开始了频繁地通信。布鲁克斯一再邀请顾拜旦到现场看一看马奇·文洛克奥林匹克运动会。顾拜旦原打算于1890年夏季去文洛克，但因与玛丽恋爱，以及忙于推广学校体育，计划只好推迟，直到秋季才得以成行。

为迎接顾拜旦的考察，布鲁克斯决定于10月6日星期三这天举办一次体育节，以便顾拜旦全面了解奥林匹克运动会对这个小村镇的意义，为顾拜旦的体育事业提供参考。

◎◎◎◎◎

星期二傍晚，下着小雨。火车绕了个大弯，驶进马奇·文洛克火车站。车站只是一个小房子，墙板漆成鲜艳的红白色，周围是精心种植的花草。顾拜旦坐在车座上，看了一眼外面高高的石墙废墟、文洛克修道院的旧炮台，以及四周郁郁葱葱的景色。一下火车，布鲁克斯医生就迎接上来，他留着白胡子，头戴高礼帽，撑着一把大伞，身后还跟着几位当地代表人物。顾拜旦与大家一一握手。马奇·文洛克奥林匹亚协会的副主席是安德鲁，他陪着顾拜旦和布鲁克斯去了盖斯凯尔阿姆斯酒店（Gaskell Arms Hotel），顾拜旦在此预订了两晚住宿。

几个小时过后，顾拜旦到酒店餐厅一角与布鲁克斯、安德鲁会面，希望能与他们在吃饭时详谈。大家尚未来得及端杯祝酒，镇民就陆续而来，纷纷到桌前与顾拜旦打招呼。他们都知道顾拜旦是谁，告辞离开时也都说与他第二天比赛时再见。连餐厅的服务员——布鲁克斯介绍其名为罗伯特·吉布森——也要参加第二天的骑兵对决比赛，顾拜旦还是头一次听说这种体育项目。

晚餐期间，顾拜旦为布鲁克斯详细介绍了巴黎大会的情况以及他访美考察的经历。布鲁克斯已是81岁高龄，头顶只剩一圈干枯的白发，眼中也露着疲态。他向顾拜旦介绍了当地体育节的历史及其对百姓的影响，热情洋溢地表达了他对古希腊的热爱，还对顾拜旦的几本著作、其雄辩的文章、其在法国学校推广英式体育教育的工作表示了赞赏。他们一致同意，体育运动对男女老幼都有益处。

布鲁克斯是个谦虚、质朴的人，在阐述体育节所取得的成功时，他一度表示有点言过其实了。“我只是个好心的乡村医生，对马奇·文洛克这个绿色的小山村、对这里的人民有种永恒的爱而已。”

这时安德鲁插话道：“您太谦虚了。您是位乐善好施的大善人，什罗普郡一代代家庭都敬爱着您。”

接着，布鲁克斯谈到了他曾心怀大志，想把奥林匹克运动会拓展到英国的其他城市和郡，甚至传播回希腊，可均未能实现。顾拜旦全神贯注地听着，想起自己的志向以及与斯隆的对话。

“1866年世博会期间，我们在水晶宫举办了一次奥林匹克运动会，取得了巨大成功，却再无后继。我写了很多信，呼吁继续办下去，可没有用。我们在伯明翰举办了一届，下一年在什鲁斯伯里（Shrewsbury）举办了一届，其后几年又换了几个地方，可在哪里都没扎下根。之后，我给希腊国王和王后写信，建议在雅典举办一届奥林匹克运动会，可他们不同意，只是送了一个大银杯作为奖励。那时他们也有自己的奥林匹克运动会，这你是知道的。”

“不，我不知道。”顾拜旦说道。布鲁克斯就给他介绍了1859、1870、1875、1889年雅典举行的奥林匹克运动会，捐资赞助的是埃万耶洛斯·扎帕斯，一位恋古的希腊富翁。

罗伯特撤掉了几个空盘子，布鲁克斯又为大家点了杯波尔多葡萄酒。他扬起眉毛，等着顾拜旦的反应。

顾拜旦说道："布鲁克斯医生，与您有相同奥运梦想的人还有很多。现代奥运的理念已在四处萌生。"他向布鲁克斯介绍了格鲁塞和圣克莱尔昙花一现的奥运提议，以及1810年前拿破仑在巴黎战神广场举行的奥运会。接着，他说出了自己的志向。"我相信，听完这个您一定会感兴趣的。我在美国结识了一个新伙伴，就是普林斯顿大学的威廉·斯隆。我们俩刚刚讨论过这个设想。国际体育竞技还未成气候，但我们相信，它已经势不可当，近在眼前了。它的登台亮相是命中注定的事，也许可以借奥运会这张皮来吸引公众的注意力。"

布鲁克斯听言，咧嘴而笑，眼中闪动着泪花，仿佛被美妙的歌或诗打动了心扉。他伸出胳膊，大手紧紧抓住顾拜旦的前臂，发自心底地说："看到你的火车进站，我就有种预感，果然跟我从你的信里、你的书里感觉到的一样。你要把我的事业向前推进，带着它穿过我未曾企及的边界。从里到外你都是个法国人，可你心系全世界。我们手里有个使命，需要年轻人的活力将其完成。明天，看过我们的体育节，你就能明白我的意思了。"

◎◎◎◎◎

第二天，天公不作美，下起了大雨。布鲁克斯和顾拜旦各自打着一把黑伞，握了握手。盖斯凯尔阿姆斯酒店前面已排起了长长的游行队列，二人在队伍中的贵宾位置站好。队伍中男女老幼皆有，都身着中世纪的服装。此外还有一队骑士，他们手持长矛骑在马上，有的身材魁梧，有的则娇小灵便。虽然在雨中多少有些不雅，但他们都在马鞍上悠然自得。雨下得很大，游行队伍中却洋溢着欢笑，整条街都是欢乐的。

"这是我们的惯例，"布鲁克斯向顾拜旦解释道。尽管天气不好，但他的眼中闪烁着自豪。“先绕城一周，调动居民的热情，然后去赛场举行开幕式，再开始比赛。”

这时，一位“传令兵”出现在他们面前。这位年轻人的一身打扮就像封建时代的皇家随从——红色天鹅绒上衣，头戴黑色皮帽，帽子上镶着铃铛，紧身的马裤上套着白色长筒袜，白色风琴样的拉夫领绕在他的脖子上，为他苍白的脸颊添了几分容光。他面带微笑，向顾拜旦点头致意。“先生，可以开始了吗？”他问布鲁克斯。布鲁克斯前前后后看了看淋得湿漉漉的游行队伍，说道：“开始吧。”

“传令兵”大声宣布游行开始。一群身着农人服饰的女孩从屋檐下面跑出来，手提装着花瓣的篮子，站在骑手的后面。骑手在前带路，奏起小号，步调一致地开始前行。女孩们撒着花瓣，一队同样身着农家服饰的唱诗班男孩跟在撒花女孩队列的后面，唱起一首英国乡村歌曲。顾拜旦不知道他们唱的是什么，但整个游行队伍都跟着齐声唱了起来。

游行队伍绕过居民区，朝草地走去。队伍经过时，镇上的居民纷纷从房子里走出来，淋着雨欢呼雀跃，拍手吹口哨，还大声叫着队伍中朋友的名字。看到他们如此热情，顾拜旦不禁惊讶不已。“按说街上的人应该很多，可这是我们第一次在秋季举办体育节，还下着雨……”布鲁克斯对顾拜旦解释道。

“不必道歉，真的，先生。”顾拜旦应道，“您组织的这次活动非常好……”他本想说“您为我组织的”，可忍住了口。几分钟后，他们就抵达草地边上。骑手领着队伍穿过一个由枝叶鲜花搭成的凯旋门，凯旋门上挂着一个横幅，上面是漂亮的手写体：“热烈欢迎皮埃尔·德·顾拜旦男爵。”

大家来到一个长方形的草地上，周围的树将其围成一个方形的竞技场。顾拜旦注意到，草地对面的大看台上早已挤满了手持雨伞的观众。向草地中央看去，那里有两条平行的赛道，他猜那将用于赛跑和骑马项目。带队的骑手转过身来停下，后面的撒花女孩和唱诗班男孩聚在他们周围。

顾拜旦站在布鲁克斯身边，游行队伍围成了一个大圈。

活动的第一项议程是以顾拜旦的名义种一棵树。那是一棵橡树，与前些年种下的、树龄不一的纪念树并列围在草地四周。接着布鲁克斯致辞，他赞颂了希腊的奥运会传统，并赞美了顾拜旦，说他是世界体育创新的先驱。大雨没有要停的意思，但树还是种下了，香槟酒也打开了，庆典继续。顾拜旦坐在看台上，观看各项赛事，有赛跑，几种投掷比赛，还有一个举重比赛。观众为选手们高声喝彩加油。每个项目结束，顾拜旦都跟随布鲁克斯到领奖台前。先是一位身着长袍的美女上前为获胜者戴上花冠，获胜者单膝跪地，吻美女的手，然后再由布鲁克斯和顾拜旦为获胜者颁发奖牌。

布鲁克斯一边看着比赛，一边为顾拜旦详细讲解。他说，这个奇妙的体育会是结合了传统的奥林匹克运动会和英国中世纪的浪漫侠义精神。“在我们的文学作品中，《艾梵赫》①是最受欢迎的。比起赫拉克勒斯、尤利西斯②、阿喀琉斯③，他们更喜欢罗宾汉和狮心王。1850年首次举办这个体育会时，我就知道，要是能在其中加上一些圆桌骑士的元素，一定会使其更有吸引力。”

当天最后一项赛事是骑兵对决，观众的热情也最高。比赛开始后，顾拜旦立刻明白为什么这项比赛如此受欢迎了。比赛场上，一条栅栏与看台平行，骑手策马飞奔，马蹄溅起一片烂泥；骑手在马鞍上直起身子，放低长矛，要刺中看台前面挂在钉子上的一个小金环。长矛与杆子相撞，

---

① 《艾梵赫》：*Ivanhoe*，英国著名的历史小说家、诗人沃尔特·司各特爵士（Walter Scott）的代表作，小说描写了“狮心王”理查东征时失踪，他的弟弟约翰趁机篡位。理查秘密回国，在艾凡赫及绿林好汉罗宾汉等人的帮助下，终于战胜约翰，重登王位，肃清叛逆。

② 尤利西斯：Ulysses，即希腊神话传说中的人物奥德修斯，是希腊西部伊塔卡岛之王，随联军参加了特洛伊战争。战争结束后历经十年苦难回到故乡。

③ 阿喀琉斯：Achilles，荷马史诗《伊利亚特》中一个半人半神的英雄，希腊第一勇士。他是海洋女神忒提斯和英雄珀琉斯之子，出生后被母亲浸在冥河水中，除脚踵外全身刀枪不入。在特洛伊战争中杀死特洛伊第一勇士赫克托耳，使希腊军转败为胜，后被帕里斯的暗箭射中脚踵而死。

发出响亮的叮当声，随之就是长矛被弹飞，还有多位骑手掉下马来；但有几位骑手成功刺中金环，赢得观众的高声喝彩。顾拜旦为骑手们的技巧惊讶不已，他们都是镇上的居民，身材各异，形形色色，可他们明显都热爱竞技，享受此刻的激情。

一天的活动结束了，布鲁克斯设家宴招待顾拜旦。晚宴过程中，博学的布鲁克斯医生表达了发展一个大范围参与的奥运会的急迫性，顾拜旦则热情地做了回应，并请老人耐心等待，随后就向他介绍了自己的前期计划。“需要花一点时间，来联合合适的国际人物，以谋得对现代奥林匹克运动的支持。除此之外，就像您的体育节一样，我们还设想将其用于教育和人格塑造。不是仅仅比出一些世界冠军，而是增进世界各国人民的友谊。”

◎◎◎◎◎

几天之后，圣克莱尔又身处熟悉的模式中——蒙里普斯顾拜旦的办公室里，坐在顾拜旦的办公桌对面，忙于传记的访谈工作。此时顾拜旦最终总结了布鲁克斯医生对他思想的影响，而圣克莱尔刚在笔记本上写完一段话，抬头看着顾拜旦。

“在那个小村镇度过的每一刻，对他的敬仰之情都在增加。”顾拜旦口齿清晰，原先嘴舌不利落的现象全都没有了，这令圣克莱尔松了口气。“他想看到奥运会在更大范围，以国际规模复兴。尽管他的推广工作未见成效，但他在马奇·文洛克将奥林匹克精神保持住了。而他在理论和实践方面都给了我教导和启迪。”

“您从布鲁克斯那里得到的最重要的启示是什么？”

“复兴奥运这一设想的支持者比我想象的要多。从扎帕斯和希腊人的经验中我学到很多，回到巴黎之后我就开始仔细研究。但在我考察文洛克期间，布鲁克斯医生传递给我的东西更实际一些。他向我展示了即便是在弹丸之地，传统、仪式、庆典也能像在国家或国际舞台上一样，产生庄严的效果。他的体育节有种特殊的魅力，我从中看到的是——发言、游行、奖牌、音乐、歌曲、旗帜、颁奖等都能令参与者心生崇敬，感动心灵，仿佛时间停止一样。我在巴黎世博会期间学到很多展览和庆典的知识，而马奇·文洛克之行为我再次验证了这些知识。布鲁克斯医生不仅仅是个慈善家。对我而言，他是上帝的信使，他那些鼓励的话语，我在很多年里都念念不忘。”

“他为什么没去巴黎参加奥林匹克大会？”

“身体原因。我跟他会面那年，他已是81岁高龄了。当时我就感觉到了，他很清楚自己的身体状况一天不如一天。大会之后那一年他就去世了。但他走的时候已经知道自己的事业后继有人，这也正是他的梦想。”

圣克莱尔匆匆记着笔记，二人都未说话。写完这段之后，圣克莱尔提起笔，抬头看着顾拜旦，问道：“对比一下布鲁克斯医生和迪东神父，他们在您的奥林匹克事业中影响有何不同？”

“我与布鲁克斯医生认识时间不长，但我们俩都知道，他是将接力棒交给了我。那是一代又一代人传承的奥运大业。但我们从未在任何事情上有过合作。而迪东神父，他就生活在巴黎南部的阿尔克伊（Arcueil），在他的学校里推广我的体育理念。在他的帮助下，我们扩大了宗教学校和公立学校的交流。在那些年里，他始终在为奥林匹克事业摇旗呐喊。但最主要的是，他是我的好朋友，也可以说是跑友。”

“您是说，你们俩一起跑步？”

“是的。我认识他的时候，他50岁左右，尽管个头又矮又胖，还穿着天主教白色法袍，但他能跑很远。我们俩第一次合作，就是在他的学校里组织‘追踪游戏’（paper rally）。”

“您第一次见到他是在哪里？”

“一天下午，我步行去他在拉丁区的办公室跟他会面。他在卢森堡公园和索邦大学之间的圣雅克路（rue St. Jacques）上有间小办公室，他一周来这里一次，与人会面。”

"他是个公众人物？"

"哦，你还不了解他的情况。"顾拜旦说道，"我猜，大概是我为他写的悼词没能真正体现他的贡献。"

圣克莱尔想起来了，1900 年迪东神父去世时，顾拜旦曾发表了一篇文章以作悼念。那天顾拜旦问布伦戴奇是否还记得迪东神父，第二天圣克莱尔就找到那篇文章读了读。"我记得您在文章中向他表示了敬意，说他是位道德高尚的、杰出的演讲家，还在集会上痛斥了反犹主义。可我对他的具体情况了解不多，只知道他提出了'更快、更高、更强'的奥运口号。"

顾拜旦看着书桌上的纸，手指在上面画了一通，似乎是在写什么东西。他深吸一口气，开口说道："亨利·迪东是我们那个时代最有才华、最有影响力的演说家之一。在有些人眼中，他还是位杰出的作家。很多次，他在玛德琳教堂（Eglise de la Madeleine）用拉丁语布道，教堂里座无虚席，连过道里都站满了人。他的声音抑扬顿挫，就像大提琴一样。他长得很英俊，宽额头，一头乌黑的浓发，哪怕是从教堂最后一排座位上，也能轻松认出他的模样。"

"他还擅长使用身体语言，"说着，顾拜旦探出右手，手指张开呈爪状，然后慢慢握拳，收回胳膊，将其置于胸口位置。"他用身体语言将修辞融入事实之中，他的逻辑无懈可击，他对宗教的热情触动每一位听众的心灵。他信奉社会公正，坚守道德，曾数次与教堂发生龃龉。"

"听起来像是个社会改革活动家。"

"不，他只是个哲人，受上帝之召在世间布道；他还是位教师，对讲授的内容有着坚定不移的信念。在那个社会风气放纵，离婚频频的年代，他为婚姻的永恒大声疾呼。我记得那是 19 世纪 70 年代后期，他的呼声引来了社会不满。很多信奉天主教的名人的离婚都是得到教会认可的，最终，大主教把他派到了科西嘉岛[①]，好让他消停消停。他一去就是 7 年，期间他追随耶稣的脚步还去了巴勒斯坦。回到巴黎时，他带来了完稿的《基督传》（*Life of Christ*），并在

---

① 科西嘉岛：Corsica，地中海的第四大岛，位于法国本土东南。

1890年出版，就在我认识他之前。这本书引起了轰动，其畅销程度就像是与巴尔扎克和雨果合著的一样。他也一举回到公众视线之中。我读了一些书评，知道他被任命为阿尔贝（École Albert le Grand）的校长。我又搜集了一些信息，在一篇采访中得知他要为学校制定新的课程表，其中就包括体育课。我简直不敢相信——他在学校里已经开设了击剑、骑马和体操课。然而，阿尔贝的前任校长曾拒绝了我所有关于体育课的提议。”

“您之前就跟阿尔贝有过联系？那是您在朱尔西蒙委员会和法国体育运动联合会的工作吗？”

“当然。以这两个组织的名义，我早就开始在法国国内奔走，拜访过大约100所学校。一是评估各个学校里体育的开展情况，二是推广基本的运动项目。蒙热和阿尔萨斯是最突出的两所学校。总体而言，宗教学校是最难做工作的。耶稣会学校不愿发展体育运动，因为他们不愿与公立学校竞争。说实话，那时我只做通了两所宗教学校的工作，分别是热尔松（Gerson）和瑞伊利（Juilly）。在我看来，像迪东神父这样杰出的、热爱体育教育的天主教校长，是我的命中贵人。”

“您与他结识时，是抱着怎样的心情？”

“自豪而乐观，希望不需要浪费口舌。事实也的确如此。我们俩一见如故，而他对我说的话，一听就与我不谋而合。”

“您还记得是哪一天吗？”

“记得。是我28岁生日的第二天，1891年1月2日。”

◎◎◎◎◎

顾拜旦被带到走廊一角的办公室。里面有个黑色的石头壁炉，壁炉架上面挂着一张耶稣的画像。他在椅子上坐下，等着迪东神父。房间里有窗户，可在阴天的下午，屋里有些暗。房间里陈设很简朴，四壁是暗色的镶木板墙，墙边是一个橱柜，橱柜前面是一张小桌子。橱柜上面放着一摞刚印好的《基督传》，椅子上也有几本。顾拜旦猜，这些书可能是迪东神父拿来签名送人的。

这时门开了，身披白袍的迪东走进屋来，像个雪人似的。一条黑腰带将法袍紧紧地系在他那肥胖的腰身上。顾拜旦起身迎接他，二人首次面对面，迪东面带微笑，眼睛里闪烁着愉悦之色。

“我是亨利·迪东。”神父自我介绍道。他声音低沉，大力地与顾拜旦握手。

顾拜旦也报上名字。二人四目相对，相隔仅有半英尺左右。“谢谢您肯见我——”顾拜旦开口说道，但立刻被迪东打断了。

“别客气。”迪东说道，绕到了桌子后面。他撸起法袍的袖子，坐了下来。“能认识法国体育运动联合会的秘书长，我很高兴。我很仰慕朱尔·西蒙，也很赞赏你们在学校推广体育运动的工作。这正是我们所需要的。”他着重说道，“法国的孩子们需要体育运动。”

“你对我们的工作有多少了解？”

“返回巴黎之后，我被任命为阿尔贝的校长。我跟一些校长谈过，想知道哪些经验可以借鉴，谁有创新举措，谁在引领发展潮流。在蒙热和阿尔萨斯，我从很多人那里听说顾拜旦这个名字。我了解不多，但我愿意学习。先跟我说说你的情况吧。”

顾拜旦也不愿再浪费时间，当即向迪东概述了他在英国和美国的考察，体育教育大会，以及对眼前的会谈最有价值的——他与西蒙携手在法国教育系统中推广体育运动的工作。“现在有大约20所学校已经将体育纳入学校课程，正在修建或筹办运动场地。但是在校际间举办比赛项目遇到了障碍。”

“这是预料之中的事。宗教学校很不愿意与非教会管理的公立学校打交道。我太了解这些同行的迂腐思想了。”迪东说道。“需要我帮什么忙吗，男爵？你们的近期目标是什么？”

“我需要有人出面大力提倡校际间的体育比赛。如果能找到一个主办比赛的学校，就能明显加快这一计划的进程。”

迪东手托下巴，说道：“提倡一事很好办。你想的比赛项目是什么？”

“你听说过‘追踪游戏’吗，又叫‘狗追兔子’？”

迪东没听说过。不过，1个小时之内，两个人就拟定好了一条“追踪游戏”的路线——从阿尔贝校园出发，9英里一圈。顾拜旦向迪东解释说，这种比赛就像猎犬追野兔，第一队选手——“野兔”——先跑，边跑边撒纸屑；第二队选手——“猎犬”——在后面追。纸屑是乱撒的，以使“猎犬”难以追寻线索，所以，“猎犬”需要散开队形，各个方向四下寻找，直到再次找到线索，然后再跟着“头犬”展开追逐。

这天下午迪东还有别的会面，但他延长了与顾拜旦的谈话，两人足足谈了两个小时之久。他们相处融洽，对教育和体育有同样的目标，也有相同的平等主义价值观。顾拜旦对迪东讲述了对体育教育的世界潮流的看法，迪东仔细聆听，他说自己已经看到了运动和比赛是学生在校体验的重要内容，“在塑造性格，培养自尊互尊、自信心、友好情谊方面至关重要。”迪东早已在阿尔贝有所创新——学生无须穿制服、受到像成年人一样的对待、被赋予个人和集体责任、某些方面允许自主决定等，并且，所有学生都要参加体育运动。对这些创新举措，顾拜旦深感震撼。他认为，这是阿诺德办学理念在法国的翻版。

二人约好下周末在阿尔克伊再次会面，以便让顾拜旦实地查看一下迪东在学校推行的体育项目，并为“追踪游戏”制订最终方案。这天下午，当迪东送顾拜旦出门时，他稍稍评论了一下迪东的畅销书《基督传》。

迪东的回答再次令顾拜旦对他刮目相看。他说：“倘若上帝保佑此书畅销，收入不错，那我就把所有书款用于学校建设。我首先要做的就是为学校建一个新的体育馆。”

◎◎◎◎◎

周末过后，阿尔贝要举办“追踪游戏”的通知已经发出。迪东参与顾拜旦的体育项目的消息迅速在巴黎附近的学校中传开，也直接传到了各公立、私立学校校长的耳中。这些校长有的以前就曾考虑过顾拜旦的改革措施，不过大都对其不屑一顾。

迪东的确是个推广的好帮手，他深知发表一系列公告的重要性。一个星期之后，他在接受天主教主流报纸《十字架报》(*La Croix*)采访时说，他的学校成立了“阿尔贝体育协会”(Athletic Association of Albert le Grand)，并申请加入法国体育运动联合会。数日之内，顾拜旦就发表声明，以法国体育运动联合会主席朱尔·西蒙的名义欢迎阿尔贝体育协会成为其第 21 个成员。

在第一届阿尔克伊“追踪游戏”当天，阿尔贝校园外的草地上聚集了一大群人。薄雾未散，朝露仍在。学校旁边是个城堡，拉普拉斯公园(Laplace Park)环绕其外。48 名男孩早已跃跃欲试，迪东的牧师队伍身穿白色法袍，担任裁判。一些家长和邻居都来观看比赛。顾拜旦向选手们发言，介绍了游戏规则。他身穿法兰绒跑步裤，打算在前带路，并且选了三个男孩——“野兔”——与他同行。比赛开始，顾拜旦一行向拉普拉斯公园跑去，其余选手和观众耐心等待。迪东正与受邀而来的《小巴黎人报》(*Le Petit Journa*)的记者谈得兴起，错过了起跑时间。他奋起直追，一边高喊着让顾拜旦等一等他。“野兔”们消失在公园的树林中，其余 45 名男孩——“猎犬”——一拥而出。

顾拜旦领着三个“野兔”，按照事先与迪东制定的路线，直接穿过城堡的庭院，朝维勒加斯特(Villejust)跑去。他们绕过小村，爬上谢维耶(Chevilly)的一座小山，经过拉伊(l’Hay)和皇后镇(Bourg-la-Reine)，沿着一条土路穿过索镇(Sceaux)的铁轨，又绕了一个大圈，抵达巴涅(Bagneux)小高地，然后返回阿尔克伊，抵达阿尔贝。此行全长 9 英里多，

“猎犬”们用了约两个小时才回到终点线。很多人掉队，一些人筋疲力尽，但都受到了热情的迎接。

比赛结束时，阳光已将晨露晒干，给了大家一个晴朗的上午。此次比赛大获成功。第二天《小巴黎人报》的报道抓准了此次活动的精神，将孩子们的行为描写得英勇振奋，还将迪东与顾拜旦的合作表述为学校体育活动的突破。未出一周时间，法兰西岛①的校长们就开始考虑举办各自的“追踪游戏”比赛。但报道中也清楚地提到，迪东和顾拜旦的合作才刚刚开始。迪东此前已经放出消息，说阿尔贝体育协会准备在三月份举办首届年度校际“追踪游戏”比赛，当地所有学校均可参加。

◎◎◎◎◎

回想起“猎犬”们穿过终点线的酣畅时刻，顾拜旦露齿而笑，“那次比赛是法国体育运动联合会伟大成功的开始，这都是迪东神父的功劳。”

“他跟您跑完全程吗？”

“没有，他中间走了几条捷径，有几次他被落在后面，弯着腰，涨红了脸，大口喘气，尽管如此，他也乐在其中。我们跑到谢维耶的一个小山丘上，看着下面的‘猎犬’们四处寻找线索，大笑不止。他很高兴。我还记得一个情景：在皇后镇附近的一个种田的山丘上，他跳过一条沟，落地不稳，弄得法袍上全是泥土。那天过得顺利又快乐，‘追踪游戏’之后，真正的越野跑随之开始，也成了当地学校的一个特色。”

“我明白您为什么叫他‘命中贵人’了。”

“是的。但他真正的贡献还在后面。两个月之后，三月末，我们举办了首届阿尔贝体育协会锦标赛，一举拉开了法国校际体育比赛的序幕。”

---

① 法兰西岛：Île-de-France，法国本土22个大区之一，也是法国首都巴黎的首都圈，该区域以首都巴黎为中心，因此俗称为大巴黎地区。

◎◎◎◎◎

锦标赛那天上午，顾拜旦小心地将一把椅子放在阿尔贝校园一端的地上，站在上面看着。四面灰色石墙将校园围成矩形，拱门上、墙上全是参赛各校的横幅和旗帜。他看着近三百人的人群，心中满是成就感、自豪感和感激之情。迪东神父正在向大家致欢迎词，鼓舞人心。他说，为了强身健体，为上帝的荣耀和学校的荣誉而赛，其乐无穷。顾拜旦知道迪东接下来会说什么，因为几天前他就在阿尔贝的训练中听迪东讲过一遍。在那次讲话中，他向师生们介绍了学校的新校训，号召大家奋力拼搏，享受其中。

“我曾跟阿尔贝的选手们说过，今天我们不是为自己而跑。我们跑过草地，穿过树林，是在行使天父的恩赐。只要刻苦训练，跑得更快；只要眼界放远，人尽其才；只要增强力量，精诚合作；天父的恩赐在每个人身上皆可体现。不论是作为个人还是作为集体，今天我想对你们每个人说——你们能跑得更快，跳得更高，变得更强。更快、更高、更强，为了上帝的荣耀和学校的荣誉而赛。这是阿尔贝的新校训，也是我对你们每个人的呼吁。希望大家在今天的比赛中与伙伴们同场竞技，全力以赴。”

迪东的发言令在场男女老幼心情澎湃，均感觉参加此次锦标赛就是创造历史。发言完毕，迪东请赛事主管顾拜旦上台为各队介绍比赛规则和指令。顾拜旦不想影响迪东掀起的热情，于是便长话短说，随即让132名选手站到起跑线上。各位天主教神父负责指挥选手们排好队。男孩们目视远处空旷的拉普拉斯公园，个个摩拳擦掌。“野兔”们出发了，顾拜旦看着攒动的人群，五颜六色的队服，感受到空气中弥漫的热情，不由得陶醉其中。

“猎犬”们出动了。他们身着各色运动衫和帽子，摩肩接踵地朝田野里冲去，就像顾拜旦在拉格比看到的情形一样。“猎犬”们很快便分散开来，或成一线，或成一组，而从其衣服的颜色，顾拜旦就能分辨出他们来自哪所学校。沙普塔尔（Chaptal）是黑色衣服、红色帽子；布冯（Buffon）是蓝色衣服、黄色帽子；阿尔萨斯（Alsacienne）的一个小队最先抵达树林，他们红底白星的运动衫很快就消失在树林里；绿衣白帽的路易斯（Louis le Grand）选手紧随其后；身穿蓝白线条衫的官道尔塞（Condorcet）选手、头戴白帽的米舍莱（Michelet）选手、身着传统的天主教黑白运动衫的阿尔贝选手仍未出视野，落在了其他学校的后面。顾拜旦不知道这是否是他们保留体力的策略。他很想看看蒙热和阿尔萨斯两所学校的表现，他知道他们也派队参赛了。

这次“野兔”们是朝多个方向奔跑的，经过默东（Meudon）、维利本（Villebon）、维利兹（Vélizy）、维罗夫莱（Viroflay）、沙维尔（Chaville），全程近10英里。顾拜旦知道，不论比赛过程如何，他和迪东已经成功了。他们终于打破了多年以来顾拜旦突而未破的屏障，在宗教学校和普通学校、公立学校和私立学校之间开启了首次校际比赛。这是个新的开始，虽然只是个地区性的活动，但预示着更深远的未来。当天他就心知，其他更高更宽更牢固的障碍，也会被体育的团结力量推倒。浩大的全球运动即将从众多地区性活动中破茧而出，一飞冲天。

◎◎◎◎◎

“迪东神父为什么那么积极、意愿那么强烈？”圣克莱尔问道。

“他相信体育的力量，”顾拜旦毫不犹豫地答道，“第一届锦标赛圆满结束，我们尝到了成功的滋味，也都意识到体育的作用不止于此。他继续努力，把阿尔贝的体育和智育推向前进，渐渐也成了我的奥运梦想的信徒。除了提出那个精彩的口号，他还利用言论和神职的影响力帮助我的事业。其实，正是在他的鼓励下，我才首次提出复兴奥运的提议。”

“您第一次见到他，就跟他说了您的奥运梦想？”

“没有，我们认识之后不久，这个想法就自然而然出现在我的脑中了。”顾拜旦解释道，“10多岁时，他曾在格勒诺布尔[①]的荣多学校（Rondeau School）上学，师从拉科代尔神父（Father Lacordaire），那是当时的一位名师。每年他们都举办一届奥运会。”

“哦？什么时候的事？哪些年？”

“我不知道迪东是不是从头开始参与，但我记得拉科代尔是在上世纪30年代开创了奥运传统。”

“比马奇·文洛克还早？”

“是的，我认为如此。”顾拜旦有些迟疑，似乎之前并未考虑过这个问题。“体育教育在迪东心中根深蒂固。他将自己视作上帝的仆人，而且他说话算话，把所有书款都用在了学校建设上面，基本上将其变成了一个体育学院。”

“他建了什么？”

“一个新体育馆。但首先，他是从隔壁的拉普拉斯城堡买下了7公顷土地。他把整个公园都买下了。接着他建了一个马术大厅，兼能举办宴会、召开会议；修了一条配有更衣室的跑道；还有一个综合游泳馆。”

“每年一届的‘追踪游戏’锦标赛进展得怎样？”

“成了国内一个最好最激烈的比赛。雅典奥运会之前一年，也就是我结婚那年，锦标赛吸引了当地众多队伍，法兰西体育场、里昂FC（FC Lyon）、世界俱乐部（Cosmopolitan Club）等俱乐部，以及来自沙特尔（Chartres）、蒙莫朗西（Montmorency）、凡尔赛（Versailles）、蒙鲁日（Montrouge）都派队参赛，我记得那年好像共有32支代表队，甚至连巴黎的英美运动俱乐部（Anglo-American Athletic Club）也来参赛了。”

“您二位引领了巴黎的竞技体育。”

“是的，不过，我们通过法国体育运动联合会开展的工作更了不起。两三年时间里，大约是到1894年吧，法国的大小校园里已经有了一百多个操场或体育设施。”

---

① 格勒诺布尔：Grenoble，法国东南部城市。

“你们的合作真有成效。”

“不仅仅是合作，更深的是友情。我们还用大篷车拉着 20 个学生去看了首届奥运会。”

“稍等一下。刚才您说，在迪东神父的鼓励下，您第一次提出了复兴奥运的设想。而我之前跟男爵夫人访谈时，她说您那次提议未获通过。”

59

奥林匹克理念

关于顾拜旦奥运设想的缘起、演变和成型，圣克莱尔通过访谈和调研，收集了所需的素材，将其整理成稿供梅斯里审阅。

◎◎◎◎◎

早在1887年，皮埃尔·德·顾拜旦男爵就曾写到过奥运会的事。他认为，法国的年轻一代在现有的教育体系中受害匪浅，没有锻炼身体的机会。他如此写道："他们需要的，是奥林匹亚的尘埃所给予的激励。"当时他并未想过要复兴奥运会，也不知道心中萌生的这个念头将会为世界各地的年轻人打开体育这座神庙的大门。他只是从个人经历，从古代奥林匹亚的启迪中得知，体育锻炼能解放束缚，能让人自由探索内心世界，找到新的快乐、新的身份，自信地奔赴新的未来。在他看来，法国的孩子们正束缚于一个智育系统，而自己也是好不容易从这个系统中熬下来。他对孩子们心怀同情，却暂时无能为力。在赴美考察、与斯隆长谈之后，他开始与沃丁顿携手，借亨利赛艇俱乐部（Henley Rowing Club）之力，组织首届法英赛艇比赛。奥林匹克理念于此刻开始萌生，它一遍遍在顾拜旦心中反复浮现，越来越急迫，就像是使命一般在召唤他。这一理念超越了法国的界限，而其受众，他现在将其称作“全球青年”。

在顾拜旦与威廉·斯隆的对话中，一个想法——复兴奥运、将其用作普及体育运动的平台——常常出现，但二人并未谈及其组织机制。在考察布鲁克斯医生为他举办的什罗普郡体育节上，奥林匹克理念有了模糊的轮廓。尽管布鲁克斯和顾拜旦热情高涨，但他们都不知道该如何将此地区性的活动推向国际舞台。在贝尔塔·冯·苏特纳等人的一再鼓励下，顾拜旦发现，若能将和平，甚至更高尚的道德价值与体育融合起来，将会大有可为，却不能确定在现实政治的背景下能否得到政府的支持。

直至有一天，疑虑消散，成竹于心。顾拜旦突然找到了人生的目标，接下了使命的召唤。古代世界再次向他的家族伸出手来：宙斯之手抚在他的后背，推着他前行，让他明白了身在人世的目的。复兴奥运的大业注定要由他来完成。有了这个信念之后，他清醒地发现，此前所有的人生经历都是为了这一刻、为了这场运动而备。他还感觉到，将自己推向体育的这股热情无休无止。他的一身本领与这一时机是天作之合。眼下的体育运动是一股国际潮流，却没有相应的指导委员会，像一匹甩掉骑手的马四处乱奔。必须有人挺身而出，用其远见卓识统领这股力量，用其正确的理念和与之相配的意志，使之有序发展。

雨果有句名言，“理念逢其时，所向披靡。”顾拜旦一直将其视作指引；但通过阅读阿纳托尔·法朗士的小说和散文，他对自己的事业有了更清晰的了解。夜晚烛光下,他都是读着法朗士的文字入睡的。而他发现，法朗士简直写出了他的心声:“人靠行动而非想法而活。”还有一句话被顾拜旦当成了座右铭，他将其抄写下来，贴在书桌旁边的墙上:“要成就大事，不仅要有行动，还要有梦想；不仅要有规划，还要有信念。”

于是，他开始梦想现代奥运会，并为其复兴制订计划。万事俱备，只欠东风；而这东风，需要他自己招来。

◎◎◎◎◎

1891 年 11 月中旬，第二届世界和平大会在罗马闭幕。数周之后，贝尔塔·冯·苏特纳男爵夫人像一阵和平主义旋风呼啸着返回巴黎。媒体给予她热烈关注，均提及她在世界和平大会开幕式上所做的重要发言。她早已因小说《放下武器》而蜚声国际，而在为期两周的罗马会议中，她再度脱颖而出，成为了世界和平运动的首位女性领袖人物，其道德魅力使会议上推行的和平解决方案变得分外明晰。

顾拜旦迫切想要知道和平会议的具体情况，在贝尔塔和亚瑟夫妇回巴黎之后一周之内两次登门拜访，却都未能与之谋面，他留了字条。他们给他写信道歉。第二封信后单独附了一封亚瑟的信，信中说，他将举办一个小型晚宴庆祝妻子的优异表现和领袖风采，特邀请顾拜旦前往。

宴会当天，顾拜旦去玛丽家里接她。玛丽身穿白色晚礼裙，戴着一串珍珠项链，特别迷人。而她的吻表明，她很高兴，能跟这位新追求者一同参加正式社交活动。二人抵达布洛涅森林公园的大瀑布餐厅（la Grande Cascade），将外套及顾拜旦的礼帽放在衣帽间，但天有点冷，所以顾拜旦并未解下脖子上的白色丝巾。二人跟在一位女服务员身后，穿过座无虚席的大厅，来到一个 12 人的包间。亚瑟在门口迎着他们，再次为顾拜旦两次登门扑空而道歉。

“贝尔塔一直在主导奥地利和波西米亚两个国家和平分会的发展工作，”亚瑟解释道，“这次我们是有急事才赶回来的。”

亚瑟把门打开，玛丽在前，顾拜旦在后，二人走进包间内。贝尔塔正与朱尔·西蒙聊天，看到他们进来，她叫着二人的名字，并伸手招呼他们过去。贝尔塔身穿紫色晚礼裙，披着一条金色蕾丝边的披肩，头发绾起，戴着一个黑色的冕状头饰。顾拜旦让玛丽挽着他的胳膊，朝贝尔塔、朱尔·西蒙走去。他一边走，一边四下看着，朝陌生的两男两女点头示意——后来他才知道，其中一位就是埃利·迪科曼，也是一位和平运动先驱。

“贝尔塔，”顾拜旦来到贝尔塔面前，吻了吻她的脸颊，说道：“媒体对你可是赞不绝口啊。”

“这是应该的嘛。”西蒙走上前来说道，大家相互打着招呼。

“玛丽可以做证，”贝尔塔说道：“一个女人，要不是因为唱歌跳舞，或有莎拉·伯恩哈特[①]的才华，想上新闻可比登天还难。”

“你过谦了，男爵夫人，”西蒙说道，“你可不是哗众取宠的人，你的事迹完全配得上头版头条。”

贝尔塔优雅地表示西蒙谬赞了。顾拜旦补充道：“据我所知，你在罗马会议上的表现令人心悦诚服。”

“是，我的发言挺受欢迎的。”

“皮埃尔收到一封来自罗马的信，信里对你好一顿夸奖，”玛丽说道，向顾拜旦点了点头，“是一个美国人写来的。”

顾拜旦听言接过话茬，“是丹尼尔·吉尔曼，约翰·霍普金斯大学的校长。他说——”

“吉尔曼？我们今晚也邀请了他呢。”贝尔塔说道。

“真是个令人惊喜的好消息。两年前我考察霍普金斯大学时未能与他见面，正盼着他来巴黎时见见他呢。”

这时亚瑟在门口喊了一声，大家纷纷转头向门口看去。只见弗雷德里克·帕西——世界和平运动的元老——走了进来。他白色的胡须和银边眼镜熠熠生辉，像个圣人一般。西蒙和贝尔塔赶忙上前迎接，顾拜旦则对玛丽耳语道：“这就是和平运动的发起人。看样子，今晚不是一个一般的庆祝宴，更像是和平运动的领导层会议。”

“天呀，他的胡子可真醒目，”玛丽说道，“他年纪跟朱尔一样大？”

---

① 莎拉·伯恩哈特：Sarah Bernhardt，1844—1923，19世纪末到20世纪初法国著名女演员。

“不，不一样。朱尔比他大五六岁。”顾拜旦记得帕西和朱尔在巴黎世界和平大会时曾开玩笑地算了算余生还有多少日子。

帕西与顾拜旦和玛丽简单寒暄两句，就去跟别的客人打招呼了。随后吉尔曼和最后两位客人也到了。吉尔曼和顾拜旦因这次巧合而欢欣不已，贝尔塔招呼众人落座。贝尔塔和亚瑟坐在桌子两端，帕西和西蒙这两位老政治家面对面坐在桌子中央位置。顾拜旦发现他与迪科曼对坐，大为高兴。

服务员鱼贯而入，亚瑟当即表达了对爱妻的赞美之情。他手端香槟，情真意切地请大家与他共饮：“谨以此酒敬才华横溢的作家，热情澎湃的和平使者，我眼中最美的女人——贝尔塔，我们对你仰慕有加，愿与你在和平运动的道路上并肩同行。”

在座诸人齐声附和。贝尔塔说道：“亚瑟，你总是这么夸我，不过身在如此一个令人敬重的聚会上，我很高兴能成为大家关注的焦点。”说着，她转头向两侧的帕西、西蒙分别示意，“我们携手在罗马取得了巨大成就，但要建设一个更美好的世界，容不得一点松懈。”

这时主菜上来了，大家开始用餐。西蒙又将话题引向罗马会议，并为自己未能出席而道歉。“弗雷德里克，我在报纸上一直关注会议的进程，但我很想听听你对大会的总结。”

帕西用餐巾擦了擦嘴，看了看贝尔塔和迪科曼，开口说道：“朱尔，第三届世界和平大会取得了实质性的进展，这是毋庸置疑的。在上次巴黎大会的基础上，我们再接再厉，制定具体措施来展示和平运动和国际仲裁工作取得的进展。此次大会的决议深远而实用，用我的话说，就是可随时付诸实施。”

“好极了！”西蒙赞道，“在我看来，你决定把总部设在瑞士，也真是远见卓识。”

“我们要在一开始就表明组织的中立立场，”帕西看着迪科曼说道，“大家也许还不知道，埃利已经答应出任主席一职，不日上任。”

诸人纷纷表示赞同。西蒙率先端起酒杯，“祝贺，埃利。你的办公室设在哪里？”

“我们考虑过日内瓦，不过，因为我在伯尔尼工作，那边有很多支持者，所以选择了那里。大家想必已在报纸上看到了，我们的当务之急是让各国任命和平代表，我们还要在全世界督促成立国家和平委员会，要做到二者兼备，伯尔尼是最合适的地方了。”

“有几个国家的和平委员会已经在伯尔尼成立了。”亚瑟补充道，他的话又引得妻子开了口：

“我们在维也纳和布拉格找到很多同志，”贝尔塔说道，“这两个国家的和平委员会已经成立，并早已产生政治影响。”

“你们的年度世界和平大会打算什么时候召开？”顾拜旦问道。他最想问的其实是体育相关的问题，但忍住了。

“这个也许是我们最好的创意了，”帕西答道，“霍奇森的设想是，每年在不同的国家举办。我们还未想好第一届在哪里召开，不过霍奇森正在牵头考虑，还有一些教育改革方面的建议。”

“举例说一下。”西蒙说道。

“在每所学校的课程中都加入一门外语，”贝尔塔说道，“旨在增强年轻人对别国的理解。”

这时坐在桌子一端的吉尔曼说道：“教育在和平运动中有着长远的影响。”在座诸人纷纷扭头看着他，他又补充道，“在美国，我们在学士学段强制学习一门外语，申请硕士研究生也必须掌握一门外语。”

“这件事已经得到越来越多的认可，”帕西说道，“我们的国际学生大会将会推进世界各国的友谊和文化交流。”

“体育活动也是交流的内容之一？”西蒙问道。

“当然。”

贝尔塔说道：“弗雷德里克，皮埃尔和朱尔早就开始讨论国际比赛的事了，皮埃尔还成功组织了几次国际赛艇比赛。”

“是跟英美两国的朋友们合作完成的，”顾拜旦说道，“今年夏天我们还要举办第一届国际运动会，由巴黎竞技俱乐部主办。”

“届时我们可以讨论一下共同关心的问题，”迪科曼隔着桌子看着顾拜旦，开口说道。

“我拭目以待。”顾拜旦答道。

玛丽这时也加入交谈，话题不离顾拜旦的体育推广计划。顾拜旦借机阐述了他的观点——在为各国年轻人举办的国际活动中，体育应作为中心组织原则。他相信，通过这样的国际活动，各国运动员将成为世界友谊与和平的使者。

顾拜旦刚说完，帕西就回应道：“你所说的体育运动，其关注面比我们设想的要狭窄一些，”他的话语穿过浓浓的白胡子，“但我赞同你的想法。体育运动正在蓬勃兴起，运动员可以担当这样的角色。”说着，他环顾餐桌，得到大家的一致赞同。

“体育在美国大为普及，其社会影响力早已超过了在欧洲的情况，”吉尔曼说道，“将来，体育必将具有强大的国际影响力，这一点，皮埃尔已经在《大西洋彼岸的大学》中讲得很清楚。”

帕西听得频频点头。这时甜点上来了，大家边吃边聊。宴终人散之前，顾拜旦与吉尔曼约好第二天会面，与迪科曼约好在后者离开巴黎之前详谈一次。经过此番努力，顾拜旦与和平运动及美国高等教育高层人物的纽带得到了加强，继而得以进一步打造他的奥运理念。

顾拜旦和玛丽坐马车返回圣乔治广场，他俩腿上盖着毯子，胳膊相挽。顾拜旦对玛丽说，他相信和平运动与体育的完美结合是可能实现的，其媒介就是奥运会。

“他们肯定会支持你的，皮埃尔。奥运会能把他们的年度学生交流活动提升到新的高度。”

听到玛丽的鼓励，顾拜旦很高兴。他吻了她一下，说道：“希望如此。

但体育应占主导地位，体育是绝无仅有的团结力量。”

◎◎◎◎◎

那次晚餐之后，顾拜旦复兴奥运的设想已渐具雏形，他也得以制订更具体的计划。此前他与斯隆在组织问题上大伤脑筋，但有了和平运动的启发，这个问题迎刃而解。随后他想到，可以成立国际奥林匹克委员会来指导各国分会——他将其称作国家奥林匹克委员会——的工作。当时各种国际组织如雨后春笋，层出不穷，红十字会、万国邮政联盟……纷纷在世界各国扩展工作。他知道，斯隆能组织成立美国的国家奥委会，巴尔克将军能组建瑞典的奥运代表队，他的老校友费伦茨·凯姆尼能在匈牙利有所建树。而以上每个委员会，都将成为各国的首个国家体育组织，服务和平理念，组建并强化体育团体，增强社会凝聚力，通过奥林匹克竞赛提高国际友谊和联系。他决定跟乔治斯·圣克莱尔携手，在法国体育运动联合会协助下，举办一届奥林匹克大会。他同时意识到，法国体育运动联合会已有近70个体育俱乐部和体育协会，成员近7000名，此次大会可谓顺理成章之事。考虑到乔治斯·圣克莱尔在1887年所做的组织工作，顾拜旦觉得，可以在巴黎举办此次大会，名义是庆祝法国体育运动联合会的五周年纪念。主意一定，他立刻给斯隆写信，并打算邀请怀特、吉尔曼、艾略特等人担任主办委员会成员。

◎◎◎◎◎

连续数天，顾拜旦都因一件事寝食难安——他怕自己的设想会冒犯到和平运动的朋友们。一天晚上，他来到玛德琳广场，看着广场对面五层楼上朱尔·西蒙家的窗户。夜已深了，西蒙家里没有灯光。不过，他还是决定冒着打扰导师休息的罪过，上楼去找他谈谈。他急需西蒙的建议，一刻也等不了了。他担心，一旦自己宣布举行世界性的奥运会，而其内容与和平运动丝毫不差，帕西、普拉特、迪科曼等人会做何反应。他们会不会觉得他背叛了他们，剽窃了他们的创意？如此一来，他如何还能得到国际和平运动的辅助？他怎么才能让和平运动的领导者们明白，他与他们的目标是一致的？他认为，与他们尚不明确的和平庆典相比，奥运会更能普及国际体育、促进国际和平。

敲了三下门之后，西蒙猛地把门打开了。他身穿睡衣，手拿烛台，头发乱蓬蓬的，身后一片黑暗。他眼中带着不悦，堵在门口，说道："哪有人这么晚还串门的。"

"朱尔，真对不起。我有几个紧急问题，需要您的建议。"顾拜旦已经焦头烂额好几个小时了，只要西蒙愿意见他，让他求他都行。

"这么急，等不到明天？"尽管语带不悦，西蒙还是让出了一条路，让这位倔性子的学生进了门。"去书房吧。"说着，就带着顾拜旦沿走廊而去。

二人在书房里坐定，顾拜旦详细阐述了心中的纠结。但西蒙的话语打消了他的忧虑：

"皮埃尔，不必疑惑，也不必懊悔。为了推广国家和国际体育，你已经努力了很久。不用担心帕西和普拉特，只管放手去做就行了；如果他们有异议，我去做他们的工作。"

交谈过后，西蒙走到窗前，目光越过月光下的屋顶，看着广场对面的玛德琳雕像。顾拜旦也顺着他的目光看去。几分钟之后，西蒙转过身来，指着书架对顾拜旦说道："皮埃尔，你去把中间书架上的几本书拿开。"

顾拜旦看去，只见书架上有四本书，两端各有一个骑士雕塑充当书立。他立刻起身，将这套书从书架上取了下来。"啊，是《堂吉诃德》，西班牙语版。"他把书放在桌子上，却发现其中一本书的封面上有个洞。"这是什么？"他问道，一边用手指摸着那个洞。他翻开书，只见那个洞像是被虫子钻出来的一样，一直延伸到第二本书里，尽头嵌着一枚铅弹头。

"那是该死的巴黎公社给我的纪念品。"西蒙答道，"子弹是从窗户里射进来的。”

“他们想暗杀您？”

“我不确定他们是否知道我住在这里，只是胡乱扫射一通。子弹打进了这套书里。托马斯·杰斐逊[①]担任美国驻法大使时，就是用这套书自学西班牙语。我也买了一套，以纪念我与一场进步革命的联系。”

“您是想借此表明暴力与和平的观点？”

“你想出来的那些设想，甚至是你借鉴来的那些设想，都必须付诸实施。它们本应举世瞩目才对。说到底，此事关乎体育运动的权利，关乎体育作为和平桥梁的作用。这是我们信奉的一切。不要因为猜疑和威胁而止步。你不做，别人也会做，但这些设想在别人手里实施起来，可能与你的梦想大相径庭。”

尽管坚持不懈努力，但时至1892年秋季，局势已经很明显——顾拜旦推广奥运会的设想只得到寥寥的国际支持。他的邀请函和信并未如预期的一样在英国、美国或欧洲大陆激起热情，只有少数国际体育或教育领袖人物计划前来参加11月的会议。但顾拜旦并不气馁，他将注意力转向法国，在同胞们身上想办法。他与忠实的伙伴乔治斯·圣克莱尔携手，发动法国体育运动联合会的成员于11月11日到索邦大学大礼堂（Grand Amphithéâtre de la Sorbonne）参会，届时他将提出复兴奥运的提议。此外，他还向迪东神父寻求帮助，请他联合其他天主教兄弟学校派出庞大的学生代表团。他请来俄国贵族弗拉基米尔大公（Grand Duke Vladimir）主持会议，卡诺总统是会议的主要赞助人，历史学家、后来担任法国驻美大使的朱尔斯·朱瑟朗（Jules Jusserand）将在大会上做主题为中世纪体育运动的讲座。顾拜旦的兄长保罗将表演一段但丁和维吉尔的滑稽短剧。通过朱尔·西蒙及其贵

① 托马斯·杰斐逊：Thomas Jefferson，1743—1826，美国著名政治家，美国第三任总统（1801—1809），《独立宣言》起草人之一，同时也是农业学、园艺学、建筑学、词源学、考古学、数学、密码学、测量学与古生物学等学科的专家，又身兼作家、律师与小提琴手，美国弗吉尼亚大学的创办人。

族社交圈，顾拜旦得以请来一众贵宾，或者登台发言，或者在会场前排就座。

然而，会议开始的那一刻，顾拜旦站在台上，心却沉了下去。他发现，参会人员过于法国化了，太年轻，太局限于地区性的体育运动，与国际亲善、把体育打造成国际友谊的纽带没有太大关系。虽然会场内座无虚席，可他知道，他的大目标无法实现了。顾拜旦站在济济一堂的会场内发言，他突然意识到，参会人员中缺少了最关键的一个群体——世界和平运动的领导层。贝尔塔与亚瑟夫妇到场了，他们俩会将会议经过和精神传达给帕西、普拉特、迪科曼以及世界和平运动圈子，但顾拜旦知道，若是这些人也能到场，跟在场的诸位国际领导人物相接洽，其效果不可同日而语。

顾拜旦张开手臂，慷慨激昂地发言。听众聚精会神，似乎能跟上他的思路。终于，到了揭晓主题的时刻，他首次提出这一伟大设想："众所周知，电报、火车、电话、积极的科学研究、国际会议、国际展览对和平的贡献，比所有条约和外交协议加起来都多。我希望，我相信，体育运动能做的贡献更多。我们将赛艇运动员、跑步运动员、击剑运动员派到别国的土地，他们就会成为我们和平的使者。这是未来的、真正的自由交易。将其引进欧洲大陆，和平大业就有了新的、强大的辅佐。由此我想到了一个提议……在现有的适宜条件下，我们可以携起手来做一件辉煌的大好事，那就是——复兴奥运会。"

在场听众大都一知半解，但都略感兴趣，这给了顾拜旦一点希望。他强调了体育的重要性，呼吁将全世界年轻人聚集于友好的奥林匹克盛会，通过体育推进和平，为古代的运动会赋予新的形式……然而与会人员的兴致一直不高。会场的气氛平静如水，只有礼节性的回应。他的提议没有换来欢呼喝彩，甚至连所需的支持都欠奉。顾拜旦那华丽的梦想渐渐褪色，他尝到了无人买账的苦涩滋味。

◎◎◎◎◎

圣克莱尔与顾拜旦讨论了大会当晚的情形，他发现，顾拜旦在自己的文字中淡化了当时的失望之情。

“您在《奥运回忆录》中写道，没有人真正理解您的提议。”圣克莱尔说道。

“我写得太绝对了，少数几个人还是明白的。”

圣克莱尔听言，顿觉矛盾。“稍等，”说着，他从包里拿出一本顾拜旦所著的《奥运回忆录》，“我给您读一下：‘事前我早已预知各种可能性，可事到眼前，却出乎意料。反对、异议、讽刺，甚至冷漠？全都没有。大家纷纷鼓掌，均表示赞同，都祝愿我能成功，可没有人真正理解。一段完全不被理解的时期即将来临，很长一段时间未有改观。’”

“是，我是那样写的，却是半真半假。事实上，是我犯了大错，不该把会议的意图隐瞒到最后一刻。结果，参会者没人预料到会听到复兴奥运的提议，对加入复兴行动、寻找主办国、组织奥运会等事宜没有心理准备。实际上，我们自己同样也未做好准备，即使真获得了与会者的赞同，我们也不知道下一步该怎么办。”

“你们那时还没做好复兴奥运后的后续工作？”

“是的，可以这么说。当时我没有得到法国政府的全力支持，也未能将奥运会纳入1900年的巴黎世博会，更麻烦的是缺少国际上的支持。”

“所以您的梦想在那天晚上破灭了，一无所获。”

“也不尽然。”顾拜旦强调道，“我得到的教训是无价的。那天晚上，我终于明白了，要想成功需要付出什么代价。”

◎◎◎◎◎

失败的沃土上却种下了成功的种子。顾拜旦像个被击倒的拳击手一样，仅仅过了几秒，就站起身来，走上前去，摆好架势，准备再战。

玛丽所言不无道理——与会者的身份的确是个关键。而顾拜旦也意识到，掩盖真正的目的只会带来灾难性后果。他需要一些更为志同道合的听众，能接受他的提议，做好行动的准备。他还决定，要更清晰明确地在更大范围内宣扬自己的志向。下次在索邦召开会议时，大家就能对参会的目的了然于心。他打算先去美英两国寻求国际支持。第二年夏天，1893 年的世博会将在美国芝加哥举行，顾拜旦受法国公共教育部委派，将作为官方代表参加此次世博会。而他也会借此机会第二次访问美国多所大学，意在为奥运复兴争取支持。

白城①

8月初，圣克莱尔已经写完了顾拜旦第二次美国之行的经历，觉得传记的进展相当顺利。他将书稿放在梅斯里的办公室里，等他审阅。在书稿中，他详尽描写了顾拜旦参加1893年芝加哥世博会及与其筹办者的交往情况，希望能得到梅斯里的认可。

到达芝加哥的第一天早上，顾拜旦很早起床出去跑步。他沿着密歇根大街（Michigan Avenue）一路北行，看着一侧并排的多条铁轨，铁轨的那边是宽阔的水域。8月炎热的空气中，弥漫着火车的蒸汽和烟尘。伴着发动机的轰鸣和铁轮的尖叫，成千上万的乘客一早来到这里，游览世博会及芝加哥的胜景。很多人都跟顾拜旦一样，来芝加哥短暂停留，更多人则是搭乘10路火车，直通此次世博会的举办地杰克逊公园（Jackson Park）。

顾拜旦跑到芝加哥河（Chicago River），又向西经过忙碌大街（Rush Street）的铁路桥，沿州街（State Street）的平旋桥越过芝加哥河，

① 白城：即芝加哥。

边跑边欣赏防洪堤的铁艺。来到河的另一侧，他又转向密歇根湖方向，穿过挤满了货运马车的斯崔特维尔（Streeterville），从砖头结构的仓库和河道之间挤过。这里，运货的汽船和帆船正忙着卸货。顾拜旦站在河边，看着一群群壮工在甲板和码头间穿行，身负农产品或板条箱，有些则像马匹一样拖着火车上坡，他不禁惊叹不已。河道里的船只熙熙攘攘，有些用绳子三三两两拴在一起，壮工们身负货物，在船与船之间的踏板上来往，脚步不停。

这是个多么粗犷、健壮的城市啊，顾拜旦如此想道，又向北跑去。他穿过黄金海岸（Gold Coast）的连栋房屋和高楼大厦，最后来到防波堤前。密歇根湖上刮来强劲的顺风，他甩开臂膀，加快了步速，直到橡树街（Oak Street）才停下来。这里的湖岸线蜿蜒曲折，两小段粗糙的防洪堤环抱着一个沙滩。顾拜旦停下脚步，让风吹干脸上的汗水。看着眼前这个浩瀚的内陆海，他惊叹不已。他极目远眺，想在水的另一端找到陆地，却一眼望不到尽头，就像有人将大西洋的海岸拖到了大陆上。

半小时之后，顾拜旦回到华丽的芝加哥运动协会（Chicago Athletic Association）。他要在这里待6周时间。芝加哥运动协会跟纽约运动俱乐部一样，是一个精致的男士运动场所，其8层楼的奢华酒店里坐落着一个运动中心。俱乐部里，一流的运动设施应有尽有。入住期间，顾拜旦在俱乐部里练习游泳、拳击、双杠、吊环，在划船机上练习划船，骑健身自行车，还在室内跑道上跑步，但他更喜欢路跑的体验。

每天上午，他都会在密歇根大街乘马车前往世博会展地。他养成一个习惯，每次从芝加哥艺术博物馆（Art Institute of Chicago）经过，他都要看一看门前的人群规模。芝加哥艺术博物馆像一艘被遗弃的巨轮，孤零零地搁浅在铁路干线的一侧。他知道，工人曾加班加点施工，好容易才赶在世博会期间竣工开放。最初，在顾拜旦看来，其学院派风格的设计尚有欠缺，因为同类风格的建筑物早已遍布巴黎，他对此了若指掌。但一天天过去，他发现，芝加哥艺术博物馆的外观是对学院派风格的现代化诠释，暗含典雅，却不彰显于面。博物馆尚未做好展示艺术品的准备，暂时只是作为所有世博会期间会议的主会场。此次世博会期间将会召开数十次会议，从海洋生物学到建筑学，内容应有尽有。美国及北美大陆各个城市里林立的摩天大楼，都是基于建筑工程理念，而其先驱人物，就是芝加哥的丹尼尔·伯纳姆[①]。他“现代城市之美”的经典理念在此次世博会期间大放异彩。顾拜旦盼望能与他会晤。

尽管对芝加哥的建筑奇观兴趣斐然，但顾拜旦此行的目的是参加会议，尤其是教育大会。他将在会议上做报告，报告的题目是《法国的体育运动》。“世界宗教议会”（Parliament of World Religions）将于9月份召开。顾拜旦对其很感兴趣，因为基恩[②]是其召集人之一。基恩是华盛顿天主教大学（Catholic University of Washington）的校长，顾拜旦首次访美时与他结识，对他仰慕有加。除此之外，顾拜旦还打算参加第四届世界和平大会，聆听几位朋友的发言。

◎◎◎◎◎

顾拜旦最早会晤的人里，就有威廉·雷尼·哈珀（William Rainey Harper），也是怀特写信为他引见的。新的芝加哥大学刚刚于1892年成立，而哈珀就是其首任校长。离会面还有几天时间，顾拜旦从报纸上读到一则消息，哈珀正积极发展其大学足球校队，顾拜旦对此高兴不已。《芝加哥论坛报》（*Chicago Tribune*）的体育版上，满目尽是对芝加哥白袜队[③]的报道，哈珀的那篇与足球相关的报道跻身其间。报道说，哈珀为校队聘请了一位杰出的年轻教练，名叫阿莫斯·阿隆佐·斯塔格（Amos

① 丹尼尔·伯纳姆：Daniel Hudson Burnham，1846—1912，美国建筑师、城市规划师。1893年世界哥伦比亚博览会的主设计师。他建设了世界上第一批摩天大楼，编制了华盛顿、芝加哥、克利夫兰、圣弗朗西斯科、马尼拉的城市规划。

② 基恩：John Joseph Keane，1839—1918，美国罗马天主教大主教，曾任华盛顿天主教大学校长。

③ 芝加哥白袜队：Chicago White Sox，美国职棒大联盟球队之一。

Alonzo Stagg)，旨在“打造一支强队，横扫东部所有大学校队”。

真是罕见，顾拜旦如此想道，一位学者竟然如此狂妄地夸海口。尽管如此，他还是很欣赏其口号里的劲头。在随后数周时间里，他又听到了大量此类吹擂之语，于是明白过来，这其实是芝加哥本地的固有风气，不论是领导层还是劳动阶层俱是如此。这座城市喜欢挑衅，乐得利用一切机会证明自己比东海岸的诸多城市——尤其是主要竞争对手纽约——的优越之处。此次世博会似乎带着某种大志，比如说，能把芝加哥摆到与巴黎并列的地位。但顾拜旦开始意识到，芝加哥人所有的努力其实都源于心底的一种渴望，那就是压过“狗屁纽约”的风头。顾拜旦发现，对纽约的这种蔑称，在芝加哥的餐馆、咖啡馆和酒馆中不绝于耳。

顾拜旦坐着马车绕过华盛顿公园，进入中途公园（Midway Plaisance）。华盛顿公园是芝加哥南部最美的公园之一，现已被世博会征用，而东面的中途公园也成了世博会的风景之一。哈珀的办公室就在芝加哥大学新建的科布报告厅（Cobb Lecture Hall），正对中途公园。顾拜旦下了马车，穿过四方庭院，哥特风格的报告厅就在眼前。恍惚之间，顾拜旦觉得似乎是步入了新的牛津大学。因为其建筑风格令他联想起那座英国教育的“首府”，少了一些华丽，多了一些实用，但绝对是在向牛津致敬。中途公园已被暂时用作展会场所，华丽的建筑，多样的展摊，五花八门的展品令人目不暇接。顾拜旦恋恋不舍地看着不远处的摩天轮，迈步走进楼内，去见哈珀。

哈珀 37 岁，双颊红润饱满，长着一张喜气的圆脸。但他举止严肃，目光锐利，还戴着金属丝镜架眼镜，双眼更显得炯炯有神。二人寒暄过后，哈珀在巨大的办公桌后面坐下，顾拜旦则环顾四周，只见他的办公室天花板很高，四周墙上是橡木嵌板，还有一个漂亮的石头壁炉。

“怀特在信中说，你针对美国大学体育写了大量考察报告。”哈珀说道，指尖轻点了两下眼前的信。

顾拜旦向其概述了自己的上次美国之行以及随后写的 400 页考察报告。

“我想拜读一下，”哈珀说道，“你这次过来，是参加教育大会？”

顾拜旦暗暗记下，要寄给哈珀一本《大西洋彼岸的大学》。“是的。我要在会上做报告，题目是《法国的体育运动》。但我要参观整个世博会，真是太壮丽了。可能的话，我还要见一见博纳姆先生。”

“这有什么难的，我帮你引见。你在这里待多长时间？”

“在芝加哥待6周，再用3个月时间继续考察美国的体育发展情况。”

“那你也该见一见阿隆佐·斯塔格。他是我们学校的足球教练，一个杰出的年轻人，在体育方面很有远见。他还是我们棒球队的教练，同时在组建一支篮球校队，在我的全力支持下，他打算在我们学校定期举办全国田径比赛。我猜他跟你差不多年纪，31？”

“猜对了。明年1月我31岁。”

哈珀站起身来，请顾拜旦一起走到窗前，看着外面中途公园里的大游乐场，“你也许明白，我们在短短3年时间里就建好了世博会的场地，这标志着芝加哥当仁不让地跻身大城市之列。”

“的确如此。1889年巴黎世博会，我们准备了10年呢。”

“你们为此后的世博会设立了很高的标准，”哈珀赞道，“不过我认为，在很多方面，我们已经超过你们了。”

顾拜旦点头表示同意，却未做评论。

哈珀回到办公桌后坐下，继续说道，“先生，我对芝加哥大学的设想，以及对我校体育项目的设想，一点都不亚于这次世博会。”

顾拜旦打开笔记本，乐得记下哈珀的设想。“如不介意的话，哈珀校长，请你详细讲讲你的体育志向。你打算怎样用体育来塑造学校形象，以及你如何维持平衡、以防其过热。”

“啊，如何控制学生对体育的热情。这个问题很好。关于体育在大学里的角色，我曾考虑了很久。我想让芝加哥紫色的队服在赛场上所向披靡，他们的同学在其背后摇旗呐喊。我和斯塔格有个观点——学生们对大学生活的感情越深，对学校的热爱就越持久。”

此次访谈持续了近一小时，哈珀大多是在讲述体育运动对性格养成、男子气概、社会凝聚力的益处，其间穿插着顾拜旦对阿诺德体育哲学的观点和西奥多·罗斯福体育强国的思想。说着说着，哈珀的思路超越了学校体育，上升到了芝加哥全市的体育前景。“这个城市有望成为美国中西部的体育大本营。我们这里有近30条铁路线，足以运送整个大洲的运动员和观众。”

顾拜旦合上笔记本，站起身来说道：“哈珀校长，我能提供一个世界性的平台，来实现你对芝加哥的宏伟设想。”

“什么平台？”

“奥运会。全世界优秀运动员参加的现代国际运动会。”

◎◎◎◎◎

前文已经说过，顾拜旦此次芝加哥之行的目的是参加教育大会并做报告，此外，他还想为另一本有关美国教育的书收集素材，并推广他的体育设想。顾拜旦喜欢旅行，尤其喜欢在旅途中发现新鲜事物。探索是他的本性。新的景色、新的环境，只要是值得一看的，都能激起他内心的波动，仿佛找到了孩童时的感觉，就像清新的晨风拂面一般令人愉悦。他知道这种感觉，它就像自己的心情和态度一般真切。这是一种天赋，源于童年时代全家人的旅行，以及父亲带他在巴黎市内散步的经历。那时他就掌握了一种技能，此生再未忘记——从新的经历和新的景象中获得感悟、吸取知识。于是，在芝加哥，他变身成为一流的国际游客。他几乎每天都在世博会上度过，每天前往的方式也各不相同，马车、火车、渡船，还有步行。他详细观察展会上的每一栋建筑物，亲临每一个展位，亲自体验。他将1889年巴黎世博会与此次芝加哥世博会的经历两相对比，觉得二者不相伯仲，都令他流连忘返。

他最着迷的，当数展会上的建筑。异域的埃及伊斯兰世界，多彩的南美风情——委内瑞拉、哥伦比亚，精致的东方韵味——中国和日本建筑优雅的屋顶轮廓……一切都令他赞叹不已。单是美国的各色建筑风格都令他目不暇接。加利福尼亚馆是一个西班牙风格的大楼，美轮美奂；宾夕法尼亚馆则展示了其殖民地特征，白色的护墙板、黑色的百叶窗，清教风格十足。在看过1889年巴黎世博会的制造商展厅之后，顾拜旦原以为再也见不到如此宏伟的建筑了。然而，就在密歇根湖畔，一个新的工业和制造业杰作傲然卓立，令他叹为观止。

顾拜旦走进摩天轮[①]的玻璃座舱。同行的80位游客身穿盛装，仿佛是去参加一场正式的庆典。这是新晋的世界级工程奇迹：身在座舱中，在眼花缭乱的会展上空划出完美的圆圈，背景是平静的密歇根湖，翠绿的湖水如凝玉一般，仿佛身在仙境。座舱抵达顶端时，舱内的男男女女齐声惊叫，无以表达此番体验的绝妙心情。

顾拜旦一边游览，一边总结这种多样人类文化集中展示的价值以及人类灿烂的想象力。他觉得，行走在各个展位之间，必然会受到感染，不由自主地去寻找其共同点。在这由多姿多彩的民族传统汇聚而成的美丽又奇异的世界里，顾拜旦意识到，建筑、服装、表演、仪式、文化展示等表现形式，就像各地方言一样独特。世界的多样性值得庆祝，因为它既令人尊重，又给人启迪。

此次世博会令人感觉到一种无法言表的愉悦，顾拜旦觉得，这种反应是人皆有之的，即使精神未受震撼，心灵也应有所感。它令人心生分享的渴望，明显感觉到这种经历不应为少数人独享，而应传播开去，让无数人因其奇景而受启迪，心中充满希望。

他所参加的大小会议，交流十分活跃，而其主题往往是同一个——通过展现人与人之不同，通过阐述各种理念，就能找到新的道路，就能

① 摩天轮：Ferris Wheel，最早的摩天轮由美国人乔治·法利士（George Washington Ferris）于1893年为芝加哥的世博会设计，亦称“法利士巨轮”，目的是与巴黎在1889年博览会建造的埃菲尔铁塔一较高下。

走向更美好的世界。在其耳闻目睹的种种事件里，若论最令他心生希望的，当数世界宗教会议，尤其是其最后一场会议。基督教、犹太教、伊斯兰教、佛教、印度教的领袖人物会聚一堂，心怀同样的和平理想，分别用各自的经文，向各自的神祇祷告，保佑人类走向更和谐更和平的未来。当天离开时，顾拜旦梦想着有一天体育也能站上这个舞台，能广受人们热爱，能为建设更美好的世界增砖添瓦。

◎◎◎◎◎

看到博纳姆的体型，顾拜旦立刻联想起了威廉·斯隆。二人都是高个头，宽肩膀，庞大却健硕。博纳姆正跟一群人围在一个大圆桌前，桌子上摆满了世博会的各项规划书；顾拜旦看着他与众人交流，心想，这是个很强势的领导。博纳姆身穿一件衬衣，外面套一件马甲，马甲没扣扣子，敞着怀，跟顾拜旦在普林斯顿初见斯隆时后者的打扮一模一样。博纳姆正分别审查规划的各个部分，一一向手下人分派工作，他的举止和语调都表明了工程的紧迫。

博纳姆不是此次世博会的主管，他是主建筑师。总体而言，此次世博会体现了他的理念，即展现一个理想化的城市，以传统为基础，以功能为前瞻。“白城”芝加哥是顾拜旦迄今为止见过的最非凡而神奇的单色建筑群，而它就脱胎于博纳姆的想象。他招募了全美最好的建筑师，对其一一发号施令，迅速将设想变为现实。大设计师弗雷德里克·劳·欧姆斯特德设计了此次世博会的展区、浅湖和景观美化工程，无不令游客赏心悦目、叹为观止，甚至连他也听从博纳姆的调遣。

房间的墙上没有窗户，贴满了建筑图纸、彩色的宣传海报，还有此次世博会上14个主要建筑的完工效果图，效果图一字排开，甚是壮观。顾拜旦一一欣赏过去。他站在房间后面，等着博纳姆向手下人分派完工作。随后，就看见他向自己走来，边走边扣马甲的扣子。

打完招呼，博纳姆说道："我知道了，你是从巴黎来的。"他一只手放在顾拜旦的肩上，"世界上最美的城市。"

"先生，"顾拜旦应道，"若论视觉的灵感，你的白城似乎鲜有匹敌。"

"多谢夸奖。"博纳姆说道。他带着顾拜旦经过桌子，来到一个长沙发和椅子围成的矩形区域。"我本想说你的话只是恭维，不过那就显得虚伪了。我很自豪，此届世博会达到了我们美学的预期。"

"我在1889年世博会上做了大量工作，协助朱尔·西蒙督办所有展会事务。所以我知道，为了打造这样一个展会环境，你们付出了多少努力。我说的不是恭维话。我很清楚，这背后需要多少才华。"

"啊，经你这么一说，我倒真有点不好意思了。"博纳姆说道。

一位助理端来一壶茶和几块糕点。顾拜旦端详着博纳姆的方脸，他黑色的头发在前额处呈波浪状向两侧拢去。鼻子高挺，鼻梁又宽又直，像根铁梁一样。他的胡须又浓又密，与顾拜旦的不相上下，比头发的颜色稍浅一些。他深陷的蓝色眼睛闪烁着熊熊志向，格外引人注目。

"哈珀跟我说，你有个好计划，打算举办一种世界性的活动，将奥运会再办起来。"这时两个人走了过来，博纳姆抬手止住二人，说道："给我10分钟。"那两个人顺从地退后，在工作台前耐心等候。

"是的，我想跟你好好讨论一下。"考虑到博纳姆时间不多，顾拜旦决定长话短说，省略俗套。"但说实话，我更想听听你在公共庆典活动方面的建议，尤其是，你是怎么设计展会空间的。所有这一切——游乐场、浅湖、水道……我最感兴趣的是，你是怎么规划，以引发游客的反应——就是大家站在格兰湖（Grand Basin）前面叹为观止的感觉。"

博纳姆仔细端详着顾拜旦，片刻过后才开口答道："这才是问题的关键，对吧？这是个实验室，男爵，是城市规划的实验，是我对公共场所规划理念的一次大规模实验。我要实地检验一下它们是如何产生的，是如何生效的，会对市民产生怎样的影响。"

"这么说来，你是利用世博会这个暂时的活动，为芝加哥的公共场所制定一个永久的规划？”

“芝加哥，纽约，华盛顿……都是如此。”博纳姆答道，“我们的志向没有边界。大家都能看出来，这里所形成的理念是以古希腊和法国学院派为根源。我们希望它能成为一场运动。不是什么浮夸的噱头，而是一种新的建筑流派，我们将其称作‘城市之美’。你可以把它看作一种美学标准，一种城市规划的便携调色板。”

“嗯，确实振奋人心。”顾拜旦赞道。这时，从房间后面传来一阵骚动，博纳姆回过头去看了看。待他转回头来，顾拜旦向他提出了一个请求：“不知能否找个时间详谈一下？”

“当然可以，男爵。创造环境是我的热情所在。我对理论讨论总是乐此不疲的。但我最感兴趣的，还是你的奥林匹克计划。哈珀校长认为，芝加哥或许有兴趣——”

话未说完，三个人出现在他们身前，其中一人将一份报纸递给了博纳姆。“先生，您说一发现负面报道就立刻告知您。”顾拜旦看到新闻报道所附的照片，是一群人在移动建筑物四周排了一条长队，报道的标题是《漫长等待：厌倦压倒魅力》。

博纳姆立刻做出反应。“把帕迪找来，”他怒吼一声，站起身来。顾拜旦也站了起来。两位助理冲出房间，高声寻找帕迪去了。博纳姆走到工作台前，将报纸扔在上面。“最难的就是管住媒体的嘴。咱们刚才说到哪儿了？”

“不知道可不可以——”

“当然。”博纳姆说道，抬手拢了拢头发，“你有没有站在制造商与人文科学大厦（Manufacturers’ and Liberal Arts Building）的天桥上看过格兰湖的夜景？”

“没有，尚未有荣幸。”

“周四晚上一起吃个工作餐吧。我要带一个太太团上去参观。”

“万分荣幸。”

“什么事，先生？”话音刚落，只见一位爱尔兰人冲了进来，身后跟着一众助理。他戴着圆顶礼帽，脸膛赤红，带着好奇看了顾拜旦一眼。

“帕迪，你看过这个了？”博纳姆拍了拍桌上的报纸。

帕迪俯身看了一眼，猛地抬起身来。“天啊，”他大喊道，“竟然背后捅刀子，是米基·奥布莱恩写的。”说着，他伸手指着作者的名字，似乎是要掐死一只虫子。“两天前我还请这个混蛋喝了酒。”

“马上给他打电话，把事儿摆平。不能再有负面新闻了，一条都不行！”

帕迪领命，带着屋里一半的工作人员离开了。博纳姆转身面向顾拜旦，说道：“对不起，男爵，我还有别的约会，咱们周四晚上再见吧。”

二人握手作别。博纳姆与刚才等着他的那两个人一起离开了。顾拜旦还站在工作台前。他仔细看了看触发博纳姆怒火的那份报纸。报纸的头版头条是《克利夫兰[①]总统声称：哥伦布纪念博览会[②]展现的是‘鼎盛之美国’》。顾拜旦读完了整张报纸，连最后的门票销售情况都看了，里面全是对此次世博会的赞誉之词。为什么一篇小小的报道就惹得博纳姆大发雷霆？顾拜旦猜想，或许是博纳姆故作如此，以保持团队的警惕性吧。

离开时，顾拜旦脑中萦绕着一个词语：“创造环境。”他忍不住幻想着有一天，博纳姆将会创造出怎样的环境，来迎接新的全球体育盛会的诞生。

◎◎◎◎◎

星期四傍晚，密歇根湖畔，顾拜旦穿过格兰湖畔拥挤的人群，来到制造商与人文科学大厦前面，比约定时间稍稍晚了一点儿。他走进大门，

---

① 格罗弗·克利夫兰：Stephen Grover Cleveland，1837—1908，美国政治家，第22任（1885—1889）和24任（1893—1897）美国总统。

② 1893年芝加哥博览会的正式名称为“芝加哥哥伦布纪念博览会”。

看到博纳姆与十多位身着高雅礼裙、头戴宽边帽的女士，还有六七位身着西装的男士一道，站在一个之字形楼梯下面，楼梯直通铁架大厦的顶端，令人头晕目眩。

“啊，男爵来了。”看到顾拜旦走近，博纳姆说道。随后将顾拜旦介绍给警察与消防员舞会的太太团（Women’s Auxiliary of the Police and Firemen’s Ball），说他是法国体育界的领军人物，有着宏伟的计划。

“很抱歉，电梯暂时不能使用，”博纳姆对大家说道，“但是咱们可以爬楼梯。聚光灯照射下的夜景极美。女士们，起风的时候请按住帽子，免得被吹走。还有，大家务必抓好楼梯扶手，在天桥上也要小心。”

众人排成一队，沿着金属格栅来到观景台上。宽阔的密歇根湖送来凉爽的风。大家走到前面的栏杆处，向下面的格兰湖看去，顿觉惊叹不已。灯光下的大小建筑像宝石般闪烁，数不清的电灯将其古典外观勾勒出来。东到列柱廊，西到行政大楼，都掩映在格兰湖闪烁的波光中，整座白城仿佛是在微微抖动。顾拜旦不由得将其与“光明之城”巴黎相对比，却又不得不承认，“白城”芝加哥要精致得多。突然间，交响乐奏起，灯光水景秀开始了。下面的喷泉水柱一跃90英尺，冲天而起。名誉广场上的游客齐声欢呼，以表达赞美之情。博纳姆又领着大家去看前面三脚架上的巨型圆柱探照灯。恰好，身穿列车长样式服装的操作人员打开了探照灯的开关，碳弧灯嗡嗡作响，射出一条条蓝、红、白光柱，贯穿整个世博会现场。在他们的操作下，交叉的光柱犹如刀剑格斗，照亮人群的面庞。顾拜旦不禁纳闷儿，在如此强光照射下，他们会不会失明。

配合着高扬的音乐，所有光柱一起聚拢在格兰湖西端的巨船雕塑上，人们的目光随之而去。只见肩负使命的哥伦布船长站在高高的甲板上，下面是他的船员。他们正奋力驾船朝新世界①而去。接着光柱划过水面，

① 新世界：New World，又称新大陆，欧洲人对美洲的称呼。

聚焦于命运女神身上，音乐也达到了高潮部分。金色的共和国雕像[①]矗立在新世界的海岸上，她左手举着节杖，右手端着地球仪，迎接哥伦布的到来，就像迎接未来的探险家一样。顾拜旦想，原来这就是他们的庆典主题——发现新世界，打开了通往新大陆的大门，从而有了今日这丰富多彩的一切。表演渐近尾声，顾拜旦明白了其中妙处：他们紧扣庆典主旨，利用水景、灯光、音乐，将原本静态的场景变活了。音乐还未结束，表演还在继续，最后以列柱廊边灿烂的烟花表演告终。

观景台上的众人鱼贯下楼，太太团的女士们争先恐后地描述观景的激动心情，博纳姆将夸赞欣然受之。他一一与来宾告别，顾拜旦则在一边耐心等待。终于，博纳姆转过身来，搂住了他的肩膀。

“饿了吧，”博纳姆对他说道，领着他向门口走去。“走，去吃半片牛。”

“半片牛？”顾拜旦脑中浮现出的场景，是刚从屠宰场里送来的半个牛身子，厚厚地铺在餐桌上。

“要说芝加哥人最擅长做的，当数牛排。我自作主张邀请了哈珀校长跟咱们共进晚餐，他现在就在加利福尼亚馆等着咱们。”

博纳姆和顾拜旦，以及博纳姆的两位贴身助理穿过格兰湖畔拥挤的人群，来到行政大楼。在人群中循路而行时，顾拜旦原以为有人会认出博纳姆，可一个都没有。他一手营造了此番胜景，却不是个公共人物；他将无数人会聚一堂，却不为人知；他不是平民，而是这个城市的雇员，或者说是建筑的主管；他是个远见卓识的建筑师，却绝非那种用个人成就谋求吹捧的人。到了行政大楼，博纳姆走了进去，又叫了两位高管同去就餐。

一行人来到加利福尼亚馆，博纳姆停下脚步，欣赏其使命感十足的建筑风格，解说这对美国西海岸的西班牙大牧场来说是很特殊的。他说：“淘金大潮中，那些大庄园就像逐浪之船，坐落在起伏的山腰和山谷。”

---

① 共和国雕像：Statue of the Republic，高20米，为1893年芝加哥世博会而建，1896年毁于大火。

接着，博纳姆等人就像一个五人制足球队似的，将顾拜旦带上楼，进了一个包间里，哈珀已经在此等候多时了。

饭桌上共围坐了8个人，其中5个是博纳姆的工作人员。在刚开始的半个小时里，顾拜旦与坐在桌子另一端的哈珀又谈论起美国大学的体育情况，而博纳姆则与其团队讨论明天的重要工作。因为不得已将工作带到了饭桌上，博纳姆对顾拜旦和哈珀深表歉意。

服务员知道博纳姆不便打扰，就向哈珀推荐了一种酒，后者又请顾拜旦品尝一下。服务员介绍说，这是产自加利福尼亚贝灵哲酒庄（Beringer Brothers）的索维农红葡萄酒。而贝灵哲兄弟，是纳帕谷[①]葡萄酒的先驱人物。顾拜旦嗅了嗅，他喜欢波尔多葡萄酒的自然淡香，与之相比，这款酒的香味太浓了些，却很清新，于是便点头以示认可，又担心其盖过牛排的味道。可待到牛排上来之后，他的担心瞬间就烟消云散了——每人一份28盎司肋眼牛排，外焦里嫩，覆着一层胡椒粉，还按博纳姆的要求做成了三成熟。

博纳姆随后将顾拜旦这位国外宾客置于众人关注之中，他把话题引到了1889年巴黎世博会与此届世博会的不同之处。顾拜旦承认芝加哥世博会的规模远超巴黎世博会，但他指出，二者在国际展馆和东方的娱乐项目方面颇有类似，游乐场即是巴黎世博会上开罗街的翻版。但二者的地域差异也很明显，芝加哥世博会上的拉美风格更多一些。顾拜旦现已知道，博纳姆是个非常谦逊的人。轮到他发言时，他说，若论及城市艺术和建筑、林荫大道的美与实用性的平衡、教堂的庄严、公园与私家花园的吸引力、民众的艺术修养，世界上没有一个城市能与光明之城相媲美。

“巴黎是世界灵感之都，”博纳姆说道，“而芝加哥渴望成为北美大草原上的巴黎。好了，不比了。哈珀校长和我对你的复兴奥运，将其作为

① 纳帕谷：Napa Valley，美国加利福尼亚州葡萄酒主产区。

世界运动会的想法很感兴趣。”

杯盏交错之间，顾拜旦向大家阐述了现代奥运会的紧迫性。博纳姆和哈珀的兴趣越发浓厚，追问不停。顾拜旦不急于回答他们的问题，先是向其讲述了次年6月在巴黎召开奥林匹克大会的计划，还说明了要怎样与各国代表合力发起全球性的现代奥林匹克运动。他并未许诺他们早期会在美国举办奥运会，因为他认为，奥林匹克运动首先要在欧洲扎根，然后才能向别的大洲发展。但博纳姆和哈珀兴致盎然，博纳姆更是迫不及待地问起了奥运会所需的场馆设施，及住宿、交通、公共景观、大小会议等相关事宜，随后又问到了活动日程、参赛项目等事。顾拜旦谈兴大发，心知同室之人皆是操办大型活动的专家，于是对他们的问题一一做了详细回答。待顾拜旦讲到梦想着欧洲、亚洲、非洲、美洲的代表队从五湖四海会聚而来的场景时，博纳姆已按捺不住兴奋之情。

“先生们，把桌子清理一下，”博纳姆站起来，指挥手下的工作人员，“把餐具柜那张蓝色桌布拿过来。”博纳姆将桌布铺在餐桌上，顾拜旦和哈珀也站了起来。“这里是密歇根湖的湖岸，”博纳姆指着桌布说道，“我们在这里。”说着，他把一个空水瓶扣了过来，又在其四周放了几个小玻璃杯。

“那是行政大楼。”一位助理说道。

“对。男爵，我想让你看看，对你的体育项目来说，芝加哥拥有得天独厚的条件。先说赛艇项目，应该离市中心近一些才行。”说着，他将三把餐刀放在蓝色桌布上，代表三条赛道，“我们就将其设在火车终点站外面，防波堤里面。那片区域清理起来很方便。”

“田径比赛的主会场在哪里呢？我还想知道，开幕式是在主会场举办，还是在市政厅举办。”

“在华盛顿公园。”博纳姆答道。说着，他将一个碗放在桌子的相应位置，“射箭比赛就设在游乐场里。”说着他叠了张餐巾放在桌面上，代表射箭场地。“雅各布，把这些都记下来，咱们随后制订一个正式计划。”

“我认为，芝加哥大学里可以举行很多项目，”哈珀说道，“足球怎样？”

"美式足球吗？"顾拜旦问道。

"当然，在芝加哥举办，怎么少得了橄榄球。"

"我不敢确定能否召集起足够的别国球队，因为这个项目的本土化程度太强了。要保证竞技的高标准。英式橄榄球应该可以。"

哈珀听言有些失望，顾拜旦感觉到了，立刻劝慰道，"不用担心，哈珀。咱们修建的奥林匹克体育场，在奥运会结束后可以用作芝加哥大学校队的主场。"

夜色渐深，众人边喝酒边聊。博纳姆似乎有着无尽的活力和点子。顾拜旦每说一个比赛项目，他总能为其设定合适的举办地点，还能为其找到相应的居住地，至少能安排500多名国外运动员住宿。会谈结束时已近半夜，顾拜旦向大家承诺，一旦奥运会成功复兴，芝加哥定在首批主办城市之列。离开加利福尼亚馆时，顾拜旦知道，他已经在美国的心脏地区找到了强大的盟友，还为首届奥运会找到了一个主办城市。

顾拜旦乘马车返回市区，途中反思此次会谈。想到奥运理念在博纳姆这里引起的反响，他非常惊讶。一听到奥运会的设想，博纳姆立刻就精神抖擞，思如泉涌，当即为芝加哥规划起新的体育场馆。马蹄嘚嘚，马车摇摇晃晃，顾拜旦不由得陷入沉思。不知道是不是每个城市都有像博纳姆一样的人，建筑师、企业家、建筑商、实业家、教育家、市长、慈善家……他们心怀梦想，在奥林匹克设想中看到机遇，能借此重整市容、引领市民生活节奏。不知道是不是每个首都都有这样的人，愿意轮流主办奥运会，借机修建新的体育场馆设施，以实现终极目标——将全世界年轻人会聚一堂，通过体育增进友谊和平。只要能在每个世界级大城市中找到10个这样的人，他的奥运会就能插翅飞向未来，飞向世界体育运动的高峰，飞向奥林匹克运动的成功，达成伟大愿景的经久不衰。这时马车来到了密歇根大街，顾拜旦的思绪却飞到了天南海北的各大首都——首先是巴黎，然后是伦敦、斯德哥尔摩、罗马、柏林、布达佩斯，甚至东京、开罗、新德里、圣彼得堡、北京……只要他能找到10个人，他们高瞻远瞩，心怀建设伟大城市的梦想，那么，他的奥林匹克设想就能如虎添翼，为和平大业贡献一份力量。

◎◎◎◎◎

顾拜旦打算此行将美国全境走遍。离开芝加哥前往西海岸时，他拿着行李踏上火车，心中有些许遗憾。他想走遍美国，亲自体验美国西部的浪漫生活，想游览一下旧金山、加利福尼亚和西南地区。尽管如此，他觉得离开了芝加哥，就是暂离了命中注定的机遇。哈珀和博纳姆现已在他的设想中占据了一席之地，那是一张蓝白色桌布组成的奥林匹克蓝图。这两位新盟友在他的头脑和计划中不断浮现，与之相比，旅途中广袤的乡间美景、新兴市中心的魅力也黯然失色。他迫不及待地想赶到普林斯顿，将此次芝加哥之行、两位愿在北美举办首届奥运会的人详细讲给斯隆听。他一直认为，身在此世肩负使命，而此次漫长的旅程，每过一天都像是对紧迫大业的拖延。终于，在经过近两个月时间，走过7000英里路程之后，顾拜旦再次来到普林斯顿，与斯隆分享在美国找到新盟友的愉悦之情。

61

楔形攻势

8月的洛桑，像蒸笼一般又湿又热。访谈进展缓慢，圣克莱尔因此烦躁不已。在蒙里普斯度过又一个漫长而闷热的下午之后，圣克莱尔觉得，应该压缩顾拜旦美国之行的内容了。顾拜旦游遍美国全境的经历的确非同凡响，却对其奥林匹克计划影响甚微。

“还是再讲讲您在普林斯顿跟斯隆会面的情况吧，”圣克莱尔说道，暂时将顾拜旦的旧金山、斯坦福之行置于脑后。“我猜，您二位大部分时间是在讨论巴黎奥林匹克大会的事吧。”

顾拜旦坐在书桌后面，也在记笔记。他听言抬起头来，答道：“是的，巴黎大会是主要话题。但我们也打算在美国当前业余体育界寻求领导层面的支持。”

“纽约运动俱乐部？”

“是的。不过我们在纽约有点小麻烦。而我先前跟柯蒂斯多次会面，早有共识，所以尤其显得奇怪。”

“是苏利文，对吧？个性冲突？”

“不，发生冲突需要两个人，而那只是单方面的个性问题。”他停顿片刻，抬起手，用衬衫袖子擦了擦额头。使他流汗的倒不是炎热的天气，而是曾经的记忆。“在我认识的人里，詹姆斯·苏利文是最顽固、最强势、最无情的。这么说也许不公平，帕沙尔·格鲁塞也许手上沾有鲜血。而据我所知，苏利文从未杀过人，但他做了很多人格诽谤的事。”

“据大家所说，他是一位能力出众的体育管理人才。在过去40年时间里，他出力打造了美国的体育事业。”

“嗯，他很有能力，这是毫无疑问的。他有领导才能，同时也很强势。没人敢跟他对视。但他对我不屑一顾，斯隆对他也是很头疼。”

“为什么？你们不是给了他一个机会，让他在美国奥林匹克国家队里有一席之地吗？”

“是的，不过这个人很复杂。”顾拜旦努力整理着思绪，“他疑心太重，谁都不相信，还总想把握大权。苏利文刚露头角的时候，美国的体育界既兴盛又混乱，在权力问题上可谓寸土必争。”

“为什么你们无法忽视他？”

“做不到。我们准备发起奥运复兴运动时，他是业余体育联合会的主席，是美国业余体育界的风云人物。他的认可对我们而言极其重要，但他事务繁忙，我们一直未能会面。最后斯隆联系好了，他同意在纽约的大学俱乐部共进午餐。那次安排很妙，因为当天刚好是1893年的感恩节，而普林斯顿大学和耶鲁大学有场橄榄球比赛。斯隆想让我去看看比赛。”

◎◎◎◎◎

顾拜旦走进斯隆的书房，斯隆刚写完一封信，他从书桌后面站起身来，微笑着迎接顾拜旦。“皮埃尔，该让你领略一下我们对美式足球的热情了。感恩节那天咱们一起去曼哈顿球场（Manhattan Field），看普林斯顿对耶鲁的比赛。”

“不让我喜欢上大学橄榄球你是不死心啊，威廉，”顾拜旦开玩笑道，“我还以为咱们要去你家里吃火鸡。”

“玛丽会原谅咱们的。咱们要去大学俱乐部，跟苏利文，还有很多体育界的领导一起吃午饭，也是为了6月份的奥林匹克会议积攒人气。”

“苏利文也在？”顾拜旦大吃一惊，同时又松了口气。他计划一周之内借道伦敦返回巴黎，很想借此机会在美国多寻求一些支持。苏利文一直不愿见他，还好斯隆促成了此事。

◎◎◎◎◎

此次午宴其实是斯隆为苏利文和业余体育联合会举办的，可当斯隆和顾拜旦抵达大学俱乐部时，却发现苏利文早已邀请了其他人。二人走进房间，只见客人们身着正装，手端酒杯，三五成群在房间的四个角落里相聚而谈。房间正中央，放着一张20人的长桌。

看到斯隆来了，苏利文走上前来迎接。顾拜旦向其报以微笑。苏利文脸上棱角分明，颧骨附近皮肤紧绷，上唇的胡须修剪得细长而下斜。他举手之间有种运动员的矫捷。只见他自信满满地走上前来，站在顾拜旦近处，二人握手致意。他们距离很近，苏利文个子又比他高，顾拜旦不得已尴尬地抬头看着他。

寒暄过后，苏利文说道：“相信这个房间应该合你的意，先生。”听他说话的语气，仿佛他是此次午宴的主人，颇有喧宾夺主的架势。苏利文向房间一端示意道：“你的座位在最远端，跟我对着，你的发言时间是在开胃菜吃完之前。”

“这个计划不错，苏利文先生。”顾拜旦说道，同时向斯隆使了个眼色，后者未发表异议。“你能拿出时间听听我们的奥林匹克计划，我万分感激。”

“只是尽点微薄之力，推动咱们之间的体育竞争。”苏利文应道，一边扫视着屋里的情形。

“国际合作的时机已经到来，而说到两个城市之间的合作潜力，首屈一指的当数纽约和巴黎。”

“我相信吉姆也同意这一观点。”斯隆插话道。

“的确如此。不过我们得先听听你的提议。”苏利文面无表情地说，“失陪了。”说完，他就去门口迎接客人了。他是故意摆出了无礼的姿态，在顾拜旦看来，这是个信号，表示他对顾拜旦、对奥林匹克设想兴趣寥寥。

斯隆转向顾拜旦说道：“欢迎来到业余体育联合会。苏利文早就知道，权力是一分给九分夺。我早就猜到，他若是收到午宴的邀请，就一定会反客为主。走吧，咱们去跟大家见见面。”

二人走到餐桌另一端，壁炉前有几位男士正在聊天。斯隆有意换了语气，和蔼地向诸位介绍顾拜旦，说他是法国体育教育的先驱。

顾拜旦微微鞠躬致意，心中苏利文留下的寒意渐渐消去。刚刚介绍完毕，苏利文就招呼大家入座。一个小时过后，服务员来收拾餐具，苏利文请顾拜旦讲一讲他的提议。

顾拜旦站起身来，双手放在椅背上，向大家概述了法国体育运动联合会的工作及其成员，以及法国体育运动联合会将于次年6月在巴黎召开的奥林匹克大会。

“先生们，我们将从古代废墟中找回人类历史上最伟大的体育竞赛。”顾拜旦停顿片刻，以确保大家都在认真聆听。“我们打算复兴奥运会，将其作为最主要的现代世界体育赛事，使其重返世界竞技体育的巅峰，成为世界各国每一代年轻人的终极检验场。”

说罢，顾拜旦满怀期待地等着众人的回应，可在座诸人只是面面相觑，不发一言。顾拜旦猜想，他们不愿先开口，想听听苏利文的意见再表态。他看到苏利文的眼神，拒人千里而刻薄，与他的期待截然相反。但他还是兴致勃勃地继续讲了下去，详细介绍了奥林匹克大会，眼下的比赛项目计划，选拔规则，希望能有25个国家参赛，还设想首届现代奥运应与1900年巴黎世博会相呼应。在做以上陈述时，他夸大了法国政府对其设想的支持。

“听起来是不错，”苏利文终于开口说话，众人纷纷转头看着他。“可是男爵，你到底想从我们这里得到什么？”他疑心重重，顾拜旦假装将其当成期盼的热情回应，对其予以答复。

“我希望你能到场，苏利文先生。”顾拜旦的拳头拄在桌面上，接着向他的铁杆盟友斯隆点了点头，“斯隆教授将会率领美国代表团参加巴黎奥林匹克大会。若是美国业余体育界和大学体育界的领导层都能到场，其意义就太重大了。如果消息传播出去，说詹姆斯·苏利文本人也来参会，我们就成功在望了。”

“真是受宠若惊啊，先生。可奥运会八字还没有一撇，眼下还只是个设想而已。”说罢，苏利文站起身来，拿出大怀表看了看。“我记得你说的是7年以后的事了。我和卡斯帕先生、卡比先生还有急事要办，先走一步了。”听言，几位客人起身欲走。

“苏利文先生，”顾拜旦绕过餐桌向苏利文伸出手，“倘若你本人不能加入美国奥委会，或许你能与斯隆教授商量一下，找到合适的代表人选。”

苏利文握了握顾拜旦的手，不屑地一笑，答道：“当然可以。”接着他转向斯隆，说道：“威廉，今天你要带男爵去现场看耶鲁收拾普林斯顿吗？”几位客人附和着哄笑起来。

“我的确要带他去看比赛。不过，看到我们的球队有多么厉害，你会大吃一惊的。”

“那是因为你没见过耶鲁今年的表现。咱们比赛时再接着聊吧。”

数分钟时间里，大家陆续道别，穿上外套离去，不少人都要去看橄榄球比赛。顾拜旦站在门口与众人一一握手，强压着心中的失落之情。

斯隆叫了辆马车在第五大街等着。因为过节，店铺都早早关了门，但美国人对体育的热情在城市的人行道上体现得淋漓尽致。身穿双排扣大衣的男士成群结队向北而去；寒风中，几位女士与他们同行，都裹得严严实实的；打着耶鲁和普林斯顿横幅的学生喧嚣着游行而过。

“去曼哈顿大街，”斯隆对驾驶座上的马夫说道，“曼哈顿球场。”

二人在后座的衬垫上坐下，马车开始前行。顾拜旦说道：“刚才的情况，算不算是一败涂地？”

“苏利文是个好斗的人，”斯隆应道，“我认为，在组建美国奥运队这件事上，他本应看到先入为主的优势，很可惜他没有，因为他有别的算盘。倘若他通过业余体育联合会拿到了大学体育的控制权，那他在任何国家级的奥运活动上都有主导地位了。”

“卡斯帕·惠特尼呢？能不能请他加入？”

“惠特尼跟苏利文的观点是相投的，他也忙着业余体育联合会的权力斗争，他为《哈勃周刊》写专栏。”

关于苏利文、惠特尼与大学体育界的政治斗争，顾拜旦不能完全理解，但他知道其回报颇丰。“好吧，哪怕美国只派出一个人的代表团呢，我们也知道合适的人选是谁。”他如此说道。

斯隆会心一笑，拍了拍顾拜旦的膝盖。“别担心，朋友。苏利文与大学体育界的分歧也许对我们有利。咱们这边有怀特、艾略特、吉尔曼，没有比他们更好的团队了。不会有事的。”

马车沿着中央公园西路（Central Park West）向北而行，顾拜旦朝车厢外看去。在155大街上，人行道上观众、学生、球迷结队而行，马路上挂有横幅的马车来往穿梭。

二人下车，加入人流，向曼哈顿球场走去。顾拜旦看着哈林河（Harlem River）畔高高的栅栏，注意到那边的山坡上早已站满了观众，一道不规则的黑色长带一线排开，那都是身穿厚大衣的男士。

“票都卖光了吗？”顾拜旦指着山坡上的观众问斯隆。

“哦，是‘背带裤陡坡’（Coogan’s Bluff）。人们喜欢那个不花钱的看台。不过在那里看球赛，就像在终点线对面看赛马一样，不能尽兴。”

曼哈顿球场最早是个棒球场，是纽约巨人队的主场。1890年巨人队将主场挪到了隔壁的波罗球场（Polo Grounds），这里就成了大学橄榄球比赛的场地。

“要真是个橄榄球场的话，应该是椭圆形露天设计，球场边上也得有看台。”斯隆一边向顾拜旦解释，一边领着他走上三层的看台，走进普林斯顿的球迷区。

看到球迷数量如此之多——球场内坐了 25000 人，背带裤陡坡上还有 20000 人，顾拜旦吓了一跳，不禁对这场感恩节体育比赛的热情程度惊叹不已。美国人不仅发明了新的体育项目，还真真切切用感情、精神和金钱给予支持。

比赛开始了，在震耳欲聋的欢呼呐喊声中，趁着两队交换球权的空当，斯隆向顾拜旦介绍了美式橄榄球的形式和特点。不过在顾拜旦看来，美式橄榄球节奏缓慢，纠缠不止，更像是军队竞技，而非体育项目。

“这就是楔形攻势，”斯隆说道。只见球场上普林斯顿的队员向箭一样冲向耶鲁队，为争夺数英尺的优势喧嚣厮杀。

几位医务人员抬着担架跑进场内，将受伤的队员抬出场外。“很明显英式橄榄球的比赛节奏更流畅一些，也不会这么危险。”顾拜旦说道。

比赛结束，普林斯顿大学以 6:0 赢得了比赛。这也是十多年来他们首次打赢耶鲁大学。赛后的纽约市随处可见庆祝的人，而向南 90 英里之外，普林斯顿大学的校园里整夜狂欢，几乎失控。警察纷纷出动，以防烂醉的学生给老城造成破坏。

◎◎◎◎◎

“这么说，您先是受了苏利文的冷落，又去看了楔形攻势。”圣克莱尔说道。

顾拜旦笑了起来。“后来我才知道，我看的那次楔形攻势，是其最声名狼藉的时刻。这种战术导致太多队员受重伤，一个赛季之后就被禁止了。”

“苏利文呢？”

“我们俩从来都没有看对眼过。1916 年斯隆让苏利文执掌美国奥委会，令他大权在握，从而把他控制在手下。可尽管如此，在他的职业生涯中，他一直是跟我保持敌对的一位。”

“我读过 1900 年巴黎奥运会后惠特尼写给英国人的信。”

“惠特尼声称我和国际奥委会对奥运会没有职权，并提议由苏利文和英国人组成新的国际奥委会来取代我。这场争斗持续了25年之久。”

“这是赤裸裸的侵犯。”

“感谢上帝，英国人跟我一样，也不喜欢苏利文。他们对苏利文置之不理，于是1908年伦敦奥运会期间体育界同室操戈，很糟糕。”

“芝加哥呢？您答应让芝加哥举办1904年奥运会，苏利文是不是暗中作梗，将主办地改到了圣路易斯？”

“这就无从得知了，也许吧。但最后拿主意的是罗斯福总统。也许是世博会幕后的人劝他不要在芝加哥举办奥运会的。”

“哈珀和博纳姆很不高兴，是吧？”

“哈珀要打官司。他还想跟他们斗，是我把他劝下的。”

“这么说，这次访美结束离开时，您得到了斯隆和几位大学校长的支持。在伦敦，查尔斯·赫伯特（Charles Herbert）给您提供了怎样的支持？”

“我2月份赶到伦敦，参加约翰·阿斯特利爵士（Sir John Astley）在伦敦体育俱乐部（London Sports Club）召开的会议。会上的发言都很好。赫伯特同意代表英国参加索邦大会。但那时大多数英国体育组织都是各自为政，与大学体育界没有什么联系。所以联合起来的希望不大。不久之后，赫伯特将我引见给安特希尔勋爵（Lord Ampthill），他参加了索邦大会，也成了首届国际奥委会的委员。”

62

索邦大会

8月的第二周刚刚开始，圣克莱尔觉得传记写作已越过一个大障碍。此时他已写完顾拜旦胜利召开索邦大会的经过，而索邦大会堪称顾拜旦人生中的关键时刻。他感觉传记已是成功在望了。看到在短短6个月时间里就取得如此进展，圣克莱尔确信传记能够如期完成。但一想到顾拜旦曾在划船时中风、不省人事的情景，他就担心不已。他脑中始终有个坏念头挥之不去：顾拜旦已是风烛残年，可能看不到全书完稿了。他将这些烦心的思绪搁到一边，重读了一遍多年前索邦大会那个属于顾拜旦的美好的夜晚：

> 正当顾拜旦考虑如何激发参会者对奥林匹克的热情时，考古的新发现再次给了他帮助。1893年3月，就在他首次复兴奥运的提议落败之后，二度访美之前，一队年轻的法国考古人员在特尔斐（Delphi）的古希腊金库外面找到两块奇怪的碎石片，上面刻有古怪的文字。在希腊同行的帮助下，他们认定其文字是乐谱，一片是乐器的，一片是人声的。那是一曲对太阳神阿波罗的颂歌。两片乐谱的年代相隔只有10年，分别是公元前138年和公元前128年，均是为“皮西安竞技会”（Pythian Games）所作。而皮西安竞技会是一种古代体育节，比古代奥运会要逊色一些。

两千年前的颂歌竟然能重现人世，顾拜旦对这则消息迷醉不已。而跟他一样密切关注着挖掘工作的也大有人在。等他二次访美回国时，两位爱钻研的法国音乐学者——亨利·韦伊（Henri Weil）和西奥多·雷纳克（Theodore Reinach）——已将其转译成现代乐谱。1894 年 3 月，这首颂歌首先演奏给希腊国王乔治一世、王后奥尔加（Queen Olga）以及王室成员听，轰动一时，继而引起了当时法国最伟大的作曲家加布里埃尔·福莱①的注意。

福莱放出话说，他将对颂歌重新编排，一个月内完工。他用脚踏式风琴演奏，配以一支竖琴、一支长笛、两支单簧管，以行板、中板为演奏速度，注定成为众版本中最令人难忘的一个。4 月，福莱重新编排的这首颂歌首次在巴黎美术学院（École des Beaux-Arts in Paris）演出，顾拜旦到现场聆听。古代颂歌的优美旋律触动他的心灵，他感动得泪流满面。

当晚演出结束离开时，顾拜旦已确信——福莱重新编排的《阿波罗颂》能将他的奥林匹克会议带回现在，又能将人类的历史推向前进，在过去和将来之间搭起奇妙的纽带，使他的索邦大会马到成功。

一周之后，顾拜旦与福莱在巴黎歌剧院的一间小化装室里会面了。一头银发的福莱本质上是个古典主义者，听到顾拜旦复兴奥运的设想，他非常感动，当即明白了他的古代颂歌对现代奥运的重要意义。在顾拜旦的注视下，他像一位指挥家一样在眼前摆动双手，考虑片刻之后，他答应两个月之后在奥林匹克会议上演奏此曲，但又做了一点革新，令顾拜旦颇为惊讶。他提议，在索邦大会当晚，《阿波罗颂》中要加入人声，就由珍妮·勒马克勒(Jeanne Remacle)演唱。她是巴黎当红的歌剧明星，拥有福莱最喜欢的声音。

与福莱告别时，顾拜旦近乎手舞足蹈。他相信，这次是天遂人愿，

---

① 加布里埃尔·福莱：Gabriel Fauré，1845—1924，法国作曲家、管风琴家、钢琴家、音乐教育家。

助他筹备好了所有条件，将神话之力注入现代体育之中。

◎◎◎◎◎

《阿波罗颂》并非是来自希腊的唯一天赐大礼。奥林匹克大会在1894年5月召开，距开会还有一个月时，顾拜旦收到一封来自雅典的信。信是提姆利昂·费利蒙（Timoleon Philemon）写来的，他是雅典前任市长，曾协助举办了上一届扎帕斯奥林匹克运动会。在信中，费利蒙向顾拜旦介绍了一位名叫德米特留斯·维凯拉斯的希腊学者、作家，现居巴黎，正盼着与顾拜旦会晤。并且，他已同意作为希腊的官方代表参加索邦的奥林匹克大会。

自从费利蒙1889年回复了顾拜旦的体育调查问卷之后，二人每年都保持通信。尽管二人从未会面，但顾拜旦知道费利蒙很受希腊王室敬重，因为顾拜旦还与希腊国王乔治保持通信，以保证希腊充分了解他的奥林匹克雄心。

虽然来信的签名是费利蒙，但顾拜旦猜想，其背后一定有乔治国王的授意，他还相信，维凯拉斯参加索邦大会也是受希腊王室指派。这是个好消息，因为希腊对顾拜旦的计划而言非常关键，有了他们的支持，他的奥运复兴大业就有了历史公信力。并且，希腊王室是欧洲最受爱戴的王室，其认可意义重大。先前，因为费利蒙再三拒绝巴黎之行的邀请，顾拜旦和斯隆还担心此次国际奥林匹克会议将不会有希腊的代表参会。

第二天，顾拜旦手拿小提箱，提箱里装着几份文件和一本笔记本，头戴礼帽，到瓦伦纳路（rue de Varenne）维凯拉斯的家中拜访。此行甚是方便，步行10分钟就到了。维凯拉斯的公寓宽敞而时髦，他热情地迎接了顾拜旦的到访。维凯拉斯戴着眼镜，胡子修得非常整洁，一头卷发在前额梳成老式发型。他身穿灰色晨礼服，扎着领带，显然是在恭候顾拜旦的大驾。他笑呵呵地领着顾拜旦穿过走廊，走廊两侧墙上挂着壁毯和画，内容都是古希腊场景；过道两边放着柜子和书架，上面摆着古代哲人的半身雕像和希腊的纪念品；走廊两侧有很多扇门，门上挂着厚重的门帘，门帘后面是奢华的房间。

维凯拉斯走到走廊尽头一间宽敞的会客室里，他向顾拜旦摊开手掌，其谦卑的姿态顿时赢得了顾拜旦的好感。“坦白讲，我对你的奥运设想激动不已，我愿为祖国赴汤蹈火，可就是担心我对体育了解不多。想必你也看出来了，我不是爱好体育运动的人。”

顾拜旦摘下礼帽，指着维凯拉斯身后一面墙的书架说道：“先生，你在历史方面的渊博学识，你对现代生活的深刻理解，更不消说你的希腊血统，都使你成为国家代表的最佳人选。”说罢，他用帽子指着维凯拉斯微胖的肚子，笑道：“为方便工作起见，这体型要改一改，不过还好，不需要太多时间。”

“可别，”维凯拉斯从书桌上拿起一个铃铛，摇了两下，“能受国王差遣，我深感荣幸，但你别指望我跟你去布洛涅森林公园跑步。”

顾拜旦听言大笑起来，“好，就这么定了。”得知的确是乔治国王派维凯拉斯代表希腊参会，顾拜旦很高兴。现在他有两条线直通希腊王室了。

维凯拉斯郑重地看着顾拜旦，说道：“一想到能重现祖先的辉煌，在现代国际层面上举办奥运会，我就感觉到从未有过的骄傲。”

这时，顾拜旦看到书桌上有本翻开的笔记本，本子上放着一支笔，纸上已经工整地写了半页内容——显然是被他的来访打断了。“你感觉到的可不只是骄傲，那是使命的召唤，是古代奥运会的灵魂在你的心中升起。”

“我不确定那是不是灵魂的复苏，像你说的那样。但我对现代奥运的设想非常感动。自从收到国王的来信，我就一直在想这件事。”

这时仆人送茶进来，二人暂时住口不言。顾拜旦趁热打铁，将一只手搭在维凯拉斯的肩上，对他说道：“咱们共同的使命，不仅是复兴奥运会，还包括某种程度上让希腊重振辉煌。”

“希望这是真的，”维凯拉斯说道，示意顾拜旦喝茶。“咱们坐着谈吧，关于运动会的前景，我很想知道能帮上什么忙。”

顾拜旦将小提箱和礼帽放在桌上，看了看会客室的情况。他想，这真是个绝佳的地方，等斯隆和赫伯特来时，可以在这里召开计划会议。只见书房呈长方形，一组落地窗外是阳台，阳台下面就是大街。房间另一端是窗户，窗户一侧有张红木餐桌，可容下10个人共同用餐。餐桌对面是壁炉，壁炉架雕工细腻，上方摆着一张裱框的著名古希腊场景画。

顾拜旦指着画说道："那是《雅典学院》①。"一边说，一边在座位上坐下。

"只是对拉斐尔②壁画的拙劣模仿罢了，"维凯拉斯说道，"不过那是一个理想，我们很多人都在为之奋斗。"

"你对祖国的热爱显而易见。我可以问问吗，你为什么来巴黎？什么时候来的？"

"是机遇的呼唤，"维凯拉斯答道。他倒了两杯茶，将其中一杯递给顾拜旦，"我开始用法语写作，我的小说在这里很畅销，大约5年前我搬进了这个公寓。"

二人相互介绍了一下各自的情况，发现他们在文学、艺术和文化方面志趣相投。随后他们把话题转向手头的正事。顾拜旦向维凯拉斯简要汇报了自己的奥运历程，维凯拉斯则认真记着笔记——从顾拜旦小时候德国的考古发现，到18个月前在索邦首次提议落败，再到二次访美期间通过斯隆以及访英期间向赫伯特所寻求的支持。

"威廉和查尔斯将于两周之后过来，届时你会见到他们。我们一起为下次会议制订计划。"说着，顾拜旦将开幕会议上的十项议程交给维凯拉斯看，"这是最新的邀请函，附有完整的议程安排；上一份邀请函已经于

① 《雅典学院》：*The School of Athens*，16世纪初拉斐尔为梵蒂冈教皇宫所画的壁画之一，以柏拉图和亚里士多德为中心，画了50多位大学者。其主题思想是崇拜希腊精神，追求最高的生活理想。

② 拉斐尔：Raffaello Sanzio da Urbino，1483—1520，意大利著名画家，与列奥那多·达·芬奇和米开朗琪罗合称"文艺复兴艺术三杰"。

1月份寄出去了，寄给了美国、新西兰等地的200多位体育界领袖。这份邀请函是3月份寄出的，内容稍有调整，更强调了会议的目的：为了复兴奥运会。”

维凯拉斯浏览了一遍，说道：“嗯，似乎强调最多的还是业余主义，10条里头只有3条是关于奥运会的。”

“这个问题很复杂，容我简单给你解释一下。”随后，顾拜旦向维凯拉斯简要介绍了业余主义的历史问题，甚至将其称作“阶级战争”，然后话题一转，介绍了自己的奥林匹克主义哲学。考虑到维凯拉斯的背景，他将其表述为希腊精神的新形式——像在古代一样，在现代世界将体育与和平融为一体。

维凯拉斯对此前景激动不已。“这是希腊奥林匹克理想，”他如此说道，“是古代诸神休战，通过体育实现和平。”说着，他翻开笔记本，“这项使命比我想象的伟大多了，也更困难，不过更令人鼓舞。”

这位新的盟友，这位学者，不仅接受了奥运会，还接受了其背后的理念，顾拜旦心潮澎湃。“我们志在把奥运会办成共和主义组织，尽可能做到包容，打破阻碍，扩展范围，争取让所有人都能参与进来。”

“你是说，奥林匹克将会成为一种民主力量。这可是我们希腊人为全世界奉上的最伟大的馈赠。”

“当然，这一点毋庸置疑。奥林匹克运动的宗旨是人人享有体育，只要有能力，就可以参与进来。”

“我想知道三件事情，”维凯拉斯说道，“第一，你的邀请反响如何，谁会来参会？第二，会议之后，如何开展工作，有什么组织机构吗？第三，第一届现代奥运会将在哪里举行，什么时候举行？”

听到维凯拉斯问得如此直接，顾拜旦很高兴。他觉得，在复兴奥运的征途中，他刚刚得到了一位颇有见解的伙伴。在接下来的三个小时里，他向维凯拉斯详细介绍了当前计划的现状，以及接受、拒绝邀请的情况，说预计会有十多个国家的代表参会。比利时人贬斥了他的努力，说体育项目的国际标准化将会影响体育运动的发展；法国体操协会威胁说倘若德国参会他们就会退出……尽管如此，顾拜旦说自己已做好充足准备，保证索邦大会开幕当晚座无虚席。在7天的会议过程中，乔治斯·圣克莱尔——顾拜旦在法国体育运动联合会的伙伴——将会组织展示多个体育项目，举办数场公共活动；玛丽·罗赞——顾拜旦的未婚妻——将协助安排宴会、晚餐、接待等事宜。在介绍正式参会代表时，他强调说，其中很多人是世界和平运动的倡议者。最后他总结道："德米特留斯，你会在这次会议中认识很多志同道合的人。"现在，他已与维凯拉斯相当亲近，不再称呼其头衔和姓氏了。

接下来的一个小时里，他们坐到餐桌前，脱掉外套，边吃边谈。为回答维凯拉斯的第二个问题，顾拜旦向其介绍了自己的第二个计划——成立两个委员会以落实会议上安排的工作。一是业余主义委员会（Committee on Amateurism），由斯隆任主席，继续处理选举和参与等棘手问题；另一个是奥林匹克委员会，如有必要的话，将由顾拜旦本人出任主席，处理与复兴奥运有关的所有事宜，并负责宣布现代奥运会的首个主办城市及首届现代奥运会的举办时间。

"如此一来，斯隆的担子就重了。"维凯拉斯端起一杯夏布利酒说道。

"斯隆是个天生的领导者，极具管理天赋，一定能应对胜任委员会面对的争斗。他需要处理的事务偏向管理，需要谋划的不多；而第二个委员会是最需要运筹帷幄的。"

"为什么不让查尔斯·赫伯特来担任？"

"不行，我需要查尔斯当监督员。虽说与英国的大学体育界存在隔阂，但他在英国体育界人脉很广。他是个很强势的人，掌握多国语言，深谙宣传之道，擅长利用媒体。在内，我将他视作议会里所称的'党鞭'[①]；在外，他还能帮我应对媒体。他的工作自由度很高，因为斯隆还需要他在自由

① 党鞭（whip）一词源于英国，指议会内的代表其政党的领袖人物，负责督导同党议员，并维持议会党团纪律，多为党内权威人士。

主义委员会中促成共识。关于奥林匹克委员会的主席,我还有别的人选。”顾拜旦所想的人选其实正是维凯拉斯,可他不想操之过急,怕把他吓跑。他想,雅典方面理应领会过来,知道最好由一位希腊人来担任奥委会主席,主持此次大会之后的各项工作。虽然他尽可能地把相关事项向维凯拉斯做了简要介绍,但在几个关键策略上还是有所保留。

“关于你的第三个问题,”顾拜旦继续说道,“我的计划是,在巴黎举行第一届奥运会。”说完,他注意到维凯拉斯眼中闪过一丝失望之情。“1900年,也就是6年之后,正好作为世博会的一个组成环节。我和乔治斯·德·圣克莱尔早已取得了卡诺总统和几位政府高官的支持。”

“你们跟皮卡尔委员长商量过吗?”

突然之间,顾拜旦意识到,维凯拉斯可能知道很多事情,只是表面上没有表现出来。阿尔弗雷德·皮卡尔是1900年巴黎世博会的委员长,作风强硬,而他对顾拜旦的奥运设想并无好感。“没有,我们没有谈过。说实话,他这块骨头挺难啃。我们也都知道其中原因,他对体育运动并不热心。不过卡诺总统向我们打了保票,说能做通皮卡尔的工作。”

“我也同样担心。几个星期前我参加了一个晚宴,皮卡尔说了他的计划。他很固执,说不会让任何——他用的是哪个词来着?哦,想起来了,是‘鸡毛蒜皮的事’。他说不会让任何鸡毛蒜皮的事影响他的设想。”

“他不是意指体育,是吧?”顾拜旦警觉起来。

“恐怕正是如此。当时他是在回答一个有关国际体育的问题。当时我并未在意,后来我收到了国王的信,才一下子担心起来,接着想起了他那天说的话。”

当天下午,与维凯拉斯会谈结束后,顾拜旦告辞离开。尽管皮卡尔反对巴黎奥林匹克大会的担忧萦绕于心,但顾拜旦觉得他的事业刚刚越过了一道高大的屏障。如果巴黎行不通,那就去希腊。而维凯拉斯正是他需要的传话人,是预示现代奥林匹克从古代摇篮中重生的胜利女神。

◎◎◎◎◎

随后两周时间里，顾拜旦马不停蹄地准备着大会。他将自己的人脉会聚起来，把体育界、政治界、教育界、文化界、和平运动界的盟友与贵族圈的朋友以及助理们联合起来。每隔两三天他就与乔治斯·德·圣克莱尔以及法国体育运动联合会的成员碰面，讨论会议期间举行的体育活动。他的灵思妙想是在布洛涅森林公园组织一次环湖夜跑，届时路上会燃起火把，仿佛置身神奇的体育大剧场中，跑步者的身影倒映在粼粼湖面上。他跟玛丽去布洛涅森林公园的游乐园检查6月23日大会闭幕当晚的宴会筹备情况。还在朱尔·西蒙陪伴下，两次与索邦大学校长奥克塔夫·热拉尔（Octave Gréard）会面，以确保开幕式顺利进行。贝尔塔和亚瑟夫妇也全力以赴，确保世界和平运动的领导层将出席大会开幕式。经过不懈努力，顾拜旦请来了法国驻德大使德·库塞尔男爵（Baron de Courcel）致开幕词；让·艾卡德将献上一首体育的颂诗；福莱和勒马克勒表演《阿波罗颂》。顾拜旦胸有成竹，开幕式将会一鸣惊人。倘若他的美梦成真，那么与会人员将会为他的提议欢呼喝彩。

在这一个月时间里，顾拜旦与各国受邀参会的宾客频繁通信。他预计，将有10多个国家的40多个体育组织派人参会，而荣誉代表已增至70人，其中半数与世界和平运动有关联。他的贵族朋友——遍布欧洲的伯爵、公爵、男爵——纷纷表示有兴趣参会。亨利·迪东神父组织了大量天主教学校及数个公立学校的教师前来捧场。法国体育运动联合会共有7000名会员，他们表示将组织至少2000人参会，在6月16日傍晚就能抵达会场。

斯隆与赫伯特提前一周来到巴黎。他们也参加了在维凯拉斯家中举行的一系列日常会议。每个下午，大量助理从巴黎各处赶来，汇报工作听取指示，会客室充满了一种兴奋感。

◎◎◎◎◎

距离大会开幕还有两天。大家聚在维凯拉斯家中，召开最后一次筹备会。斯隆和顾拜旦身着衬衫，走到阳台上，眼前是梵伦纳路，室外阳光灿烂。他们刚刚完成第五次有关大会开幕式当晚各项安排的讨论。讨论中，顾拜旦再次强调了在索邦大学大礼堂里营造恰当气氛的重要性。他说夏凡纳[①]的壁画——早已成了法国文化的经典之作——将令参会人员叹为观止，在会议开始前就定下恰当的基调。

斯隆手肘抵着栏杆，伏身其上，说道："皮埃尔，你知道吗，我还没有机会看一看夏凡纳的壁画。1889年刚弄好时我就错过了，后来两次到巴黎也都没有机会过去看看。我常听人说，其象征主义值得细细品味。"

顾拜旦说道："的确是件了不起的杰作，占据了讲台后面整整一面墙。每个身在大礼堂的人都会感觉到融身于长久的传统之中，震撼于人类思想巅峰时期的人文、科学、法律。"

斯隆说道："听说是这样。我打算今晚过去好好瞻仰一下。等到人都走了之后吧，或许做点笔记。"

顾拜旦笑了，"好主意。咱们7点在那里碰头，我很乐意为你当讲解员。"

"真是太感谢了。"斯隆张开双臂，将顾拜旦搂在怀里。"你的盛情我会永记于心。"

◎◎◎◎◎

顾拜旦穿过索邦大学的长廊，只见斯隆正在一个巨大的拱形壁龛前面等着他，壁龛里面是一尊荷马[②]的大理石雕像。二人默默站立片刻，看

① 夏凡纳：Pierre Cecile Puvis de Chavannes，1824—1898，彼埃·毕维·德·夏凡纳，法国著名画家，以壁画闻名于世，代表作有巴黎索邦大学大礼堂的《神圣小树林》(*The Sacred Grove, Beloved of the Arts and the Muses*)。

② 荷马：Homer，约前9世纪—前8世纪，古希腊盲诗人。相传是他创作了史诗《伊利亚特》和《奥德赛》。

着这位古代诗人的姿态——他坐在栏杆处一个台子上，左大腿上放着一个竖琴，右手伸向前方，或许是表示强调，或许是扫弦之后的动作。

“我对荷马敬仰万分，”斯隆说道，“他真是太了不起了。2000多年过去了，我们仍生活在其唱诗的余韵中。”

“他的诗跟奥运会是同时代的。”顾拜旦说道。

“文艺注定是永恒的，体育注定是要重生的。”斯隆说道。

“这尊荷马雕像仿佛是在向我们献礼。”

“是啊，”斯隆应道。他一只手抵在顾拜旦的后背上，二人走上大理石台阶，“这座知识的大礼堂处处渗透着古人的精神。每次来，我都深怀敬畏。”

二人走进大礼堂，沿着中间走道向前走过25排座位，在大礼堂的中央位置坐了下来，正对讲台后面巨大的大理石墙壁。两天之后，他们就是要在这里就座。二人静静地欣赏了几分钟，接着开始讨论夏凡纳富有寓意的作品，它将法国、将索邦大学喻为知识的源泉——画面上分布着圣贤、女神、教师以及不同学科的学生。

“这完全是对教育史的刻画，”斯隆说道，“无论老幼，都同饮智慧之泉，而各种知识门类应有尽有——文学、艺术、科学、医药、数学……每门学科各由其缪斯女神掌管。”

“是啊，每种知识领域都能给人启迪。你看中间那个小神庙了吗，那就是索邦大学的原址。”

“说到高等教育的起源，希腊人也许会跟你争论一番。不过，我对夏凡纳的意图不敢苟同。”

“他是借壁画来抒发爱国之情，这也是为什么我们把他称为‘为法国作画之人’。”

“嗯，的确是个杰作，却忘了画一两种体育活动在里面。”

顾拜旦听言笑了起来，他开玩笑道：“咱们先借他的画完成奥林匹克大业，然后我跟他谈谈，让他把这幅画修改一下。”

随后一个小时里，二人走上讲台，梳理了一遍会议的议程。顾拜旦将每个环节都预演一遍，斯隆频频点头，说顾拜旦的计划已是完美无缺。离开时，二人均成竹在胸，心知成功在望。

◎◎◎◎◎

顾拜旦将开幕式之夜称作“黄金之夜”。这天傍晚，他和斯隆在大礼堂对面的会客室里迎接各位荣誉代表的到来。男士均身着晚礼服，女士身穿礼裙，枝形吊灯下其珠宝首饰闪烁生辉。房间里很快就人头攒动，众人围成一圈，中间是俄国弗拉基米尔大公和德国克里斯汀·爱德华·冯·格拉芬施泰因男爵（Baron Christian Eduard von Rauffenstein），二人胸前挂满各种奖章，仿佛穿了护胸甲一般。他们对国际体育新时代发表了各自看法。苏特纳夫妇、朱尔·西蒙，丹麦的弗雷德里克·贝耶等人也围成一个圈子，讨论着将友好的体育竞技当作推进国际和平的一个途径；拉罗什富科男爵和他的儿子——一位从事英式橄榄球运动的银行家——举起手中香槟表示赞同。门外的大楼梯上熙熙攘攘，人们络绎不绝地走进大礼堂，又继续沿楼梯前行，各自就座。

顾拜旦拉着斯隆的胳膊，离开迎接处，快速穿过人群，期间碰到很多人，他们都想与他俩交谈一下，二人都礼貌地拒绝了。他们来到大厅的拱窗前，顾拜旦说道：“真是天遂人愿，看，威廉，拐角处的马车都停满了。”二人看着外面，只见学院路（rue des Écoles）上一条由各式各样、大小不一的马车排成的长龙，一直延伸到圣米歇尔大道，街上、台阶上的人或两人结伴，或三五成群，都朝索邦大学大礼堂而来。

“他们这是要创造历史，你的奥林匹克运动就要成真了。”斯隆说道。

“是我们的奥林匹克运动，威廉。”顾拜旦应道。他从侍者盘子里拿了两杯酒，递给斯隆一杯，向其敬酒以对其支持表示感谢。“若没有你，奥运会恐怕还在故土里埋着呢。”

斯隆微微弯腰，答道："谢谢。你总是这么高尚。不过这也是你的品格。"说着，他拿出怀表看了下时间。"还有半个小时。走，去跟大家聊聊。"说罢，他就走到基利·古斯-亚尔科夫斯基博士那几个人之间去了。

这时，顾拜旦看见维凯拉斯从房间另一端向自己走来。"我是给你送信儿来的，"维凯拉斯对顾拜旦说道，"国王认为，首届奥运会应该由希腊举办。"

听到这个消息，顾拜旦心中一阵大喜。他的策略奏效了，他如此想道，因为除了斯隆没有别人知道此事。他后退一步，朝维凯拉斯举起酒杯，以示对此意见的赞同。"主席先生，如此一来，你们委员会的工作就水到渠成了。"——两天之前，维凯拉斯已同意担任国际奥委会的首任主席。

几分钟过后，顾拜旦已身在主席台上，坐在一众盟友和演出者中间。大礼堂里热情洋溢，气氛像电流一般兴奋激动，人们满怀期待地低声私语。参会人员已经准备好了。顾拜旦站上讲台，进门时的一点点紧张现已烟消云散。

"女士们先生们，"顾拜旦开口道，"我们召开此次历史性的会议，旨在认识并推广体育在国际关系中的作用。今晚，在诸位的赞同下，一场现代运动即将诞生。它会以人类对体育的热情为翅膀，展翅高飞，从巴黎传向世界的各个角落。古代奥运会将复生于世，前所未有地将全人类团结在一起。"

听众热烈鼓掌。顾拜旦心怀感激，禁不住热泪盈眶。等掌声平息，他向大家介绍了此次会议的议程，介绍了主席台上的各位贵宾及台下第一排就座的和平运动领袖人物，最后，他向大家介绍当晚的首位发言者："下面有请法国前驻柏林大使、现驻伦敦大使阿方斯·曲卓·德·库塞尔男爵（Baron Alphonse Chodron de Courcel）上台，站在外交家的角度，阐述体育在加强国际亲善的潜在影响力。"

库塞尔开始讲话，顾拜旦则回到西蒙与斯隆之间的座位上坐了下来。库塞尔大使就认识并利用体育在全球事务中日益增长的影响力的必要性，做了简洁而有条不紊的阐述。顾拜旦又回到讲台上，这时，他看到挚友让·艾卡德正坐在讲台后面，眼中热情如火。艾卡德也看着顾拜旦，就像一匹扬蹄欲奔的烈马。顾拜旦心知，库塞尔的发言所营造的庄重气氛马上就要被艾卡德打破了。

听到主持人介绍完他的名字，艾卡德从椅子上一跃而起，走上讲台，目光如炬地前后左右看着台下的听众，大家都聚精会神地看着他。他散发的活力、气魄和魅力，覆盖了全场。这种激情四射的表演，正是顾拜旦所希望的。艾卡德开始诵诗，其慷慨激昂的声音在大厅里隆隆作响，先急如骤雨，后缓如春风，声调抑扬顿挫，行行诗句令人陶醉。

> 不论是怎样的肌肉、身躯和生命，
> 不论是怎样的筋骨、心脏和血液，
> 我们呼吸着同样的空气，同族同种，
> 我们是一个整体，没有差异。
> 每个人心中都有一个世界，
> 是否要将其带进新的时代？
> 是否要挑战自我，变得更强？
> 是否要成为新时代的急先锋？
> 是的，理应如此。
> 那就让我们开创一个肌肉的新共和国，
> 一个人人参与的体育新世界，
> 一个新的众国之国。
> 一个不同旗帜、不同风俗、不同文化组成的新的游行队伍。
> 让我们找回久违的人类世界，
> 那是希腊人的馈赠，
> 是荷马的颂诗，
> 是赫拉克勒斯的伟业，

是英雄的舞台。
让我们把奥林匹亚再现眼前，
那是一颗闪耀的明星，
曾将人类会聚在和平之中；
那是罔顾时间的永恒之地，
是盛典的神圣之土，
是运动员、作家、哲人、艺术家、朝圣者
参与的竞技盛会。
竞技场上，
人人拼搏，
不为征服，不为战争，
而是为了荣耀和奇迹，
为了众人的赞叹。
我们是一个整体，没有差异。
让我们找回久违的人类世界，
找到彼此身上的优点，
为了彼此而展开竞技，
在竞技中发现和平。
让我们复兴奥运吧！”

雷鸣般的掌声响起。艾卡德深深鞠躬，一头蓬发格外引人注目。顾拜旦再次回到讲台。他示意加布里埃尔·福莱做好准备。顾拜旦等会场安静下来，说道：“两千年以前，体育精神就在一曲《阿波罗颂》中有所体现。去年，法国考古人员将其发掘出土，公之于众。下面有请音乐大师加布里埃尔·福莱、歌剧巨星珍妮·勒马克勒女士上台，重现这千百年前的颂歌，一如在座诸位将帮助我们复兴千百年前的奥运。”

乐队开始演奏，来自古代的悠远旋律立刻抓住了听众的心，仿佛不是来自乐器，而是来自洪流滚滚的历史。勒马克勒的天籁之音随之响起，在大厅中翩跹回荡。

整个大礼堂都被唤醒了，听众的情绪都被调动起来，空气中充满惊奇的期待，仿佛一粒随时爆裂的火花。顾拜旦知道这种感觉是暂时的，转瞬即逝；但他能看到，这乐曲已使大家转魂移魄，仿佛身在仙境。顾拜旦能体会到这种勾魂摄魄的感觉；他看了看斯隆，只见他闭着眼睛，身体随着音乐轻轻摆动，知道他也有同样的感受。他又看了看西蒙，他正深深呼吸；台下第一排就座的贝尔塔则是惊奇地张着嘴，近乎迷醉。亚瑟、帕西、普拉特……大家都像是被施了魔咒一般。他的目光扫过一楼大厅，又抬头望着楼上看台，只见每个人都如痴如醉，被这个未知的、意料之外的、难以言表的感觉紧紧攥住，那是古典时代[①]的祖先传递下来的声音，是永恒又短暂的人生感悟。而众人的表现，是灵魂对它的回应。

乐曲气势渐起，其节奏营造出一种震撼的感觉，仿佛是永恒的行军曲，其琴弦的韵律势不可当，大厅里的每个灵魂都满怀期待，难以自拔，沉浸在这实实在在的古老的音乐和歌声中。乐曲到达高潮部分，众人已忘乎所以；随着最后的乐符缓缓流出，曲子终了，众人这才从其魔咒般的美丽旋律中解脱出来。掌声再次响起，充满愉悦、赞赏和感激。

顾拜旦再次站上讲台，举手示意大家安静下来。

“这是上天的旨意。这首颂歌已被埋没两千年之久，我们无缘得听。但是现在，我们听到了，明白了，也变得更好了。我们受古人感召，会聚一堂，继承他们的遗志。此事已势在必行。现代世界早已接受了其伟大的馈赠——民主。现在，我们要重现其伟大的盛典——奥运会。今晚在座的各位，对现代体育的影响力都有充分了解。而这个曾在战争时期带来和平的机制，我们必须各尽所能，将其复兴于世。我们身处的现代世界四分五裂，危机暗存。所以，我们需要借用体育的影响力，促进团结，

---

① 古典时代：指前5世纪—4世纪中叶，是古希腊历史上重要的历史时代，分两个阶段：前期是城邦的繁荣昌盛时代，后期城邦制度则盛极而衰。

增进友谊，拯救现代和平大业。”

“有了现代奥运会，我们就能将全世界友好地团聚在一起。每四年，奥运会都会把我们带到一个新的世界之都，在那里，各国优秀年轻运动员会在同样的规则之下，诚心诚意为了祖国的荣誉和体育的荣耀同场竞技，而我们则为其胜利欢呼庆祝。”

“体育能服务社会，将全世界团结起来共创美好未来。此时此刻，我要号召各位，请大家遵循今晚的使命，抓住这一历史时刻，打破陈规，勇往直前，成为体育的第一批忠实信徒。请大家赞成我们复兴现代奥运的提议，帮助我们真正迈出第一步。”

顾拜旦还准备继续讲下去，可在场的两千人纷纷起立，鼓掌、欢呼、喝彩，大家已深信不疑——他们是为这一时刻而存在，是在创造历史。就在这一刻，奥运会重生了。

◎◎◎◎◎

一周时间里，大会举办了各种各样的活动、宴会、体育项目展示，大家已胸有成竹，知道奥运会注定将成功复兴，而众人仿佛是受到了宙斯的召唤，是历史将各位代表聚在一起。国际奥委会、各国奥委会开始行动起来。维凯拉斯仿佛现代的胜利女神，他与雅典电报穿梭，向大家传达了乔治国王及希腊王室的祝福和支持，与费利蒙携手修改完善顾拜旦制订的计划。在宣布首届奥运会举办地的那天晚上，众人的欢呼喝彩再次响彻大厅。两年之后，亦即 1896 年，首届现代奥运会将在希腊雅典举行。在众人看来，这一决定合情合理。第二届奥运会将于 1900 年在法国巴黎举行。规则制定出来了，新的国际奥委会加紧全权处理随后事宜。78 名官方代表——其中有 35 人是和平活动家——代表 11 个国家的 49 个体育组织，认可了此次会议的工作。

6 月 23 日，此次大会的最后一天，顾拜旦在布洛涅森林公园的游乐园精心准备了一个宴会。一排火炬手手执火把，照亮了宴会入口，宾客陆续到达。不出顾拜旦所料，这一个星期可谓硕果累累。他使“奥运会应是现代世界盛会之一”的观念深入各位体育界领袖以及在国际上有影响力的人物心中。他兵行险招，于6月15日——大会开幕前一天、他的设想尚未得到会议认可时——就在《巴黎评论》杂志（*Revue de Paris*）上发表文章，宣布了奥运会的复兴。

现在，他要向宾客总结一下他们所取得的成就了。在烛光下，顾拜旦用感人肺腑的祝酒词向诸人表达了谢意。他如此说道：“希腊精神又回来了。古典主义还活着。我们居功至伟。就在今年，1894年，就在巴黎，我们得以将国际体育界的代表会聚一堂，旨在复兴一个有着两千年悠久历史的理念。不论是在古代还是现代，这一理念都一样悸动着人心。今天，与大家一起，怀着无比感激的心情，我要为奥林匹克理念举杯。它像强烈的阳光一般，穿过千百年的浓雾，带着欢欣和希望，照亮20世纪的门槛。”

致辞完毕，顾拜旦在掌声中就座，志得意满。玛丽抓着他的手，看着他的脸，带着满满的崇敬和爱恋。这是个甜美的时刻。顾拜旦向桌子另一端看去，只见斯隆正朝他灿烂而笑，频频点头；二人心有灵犀，都为此次成功合作而感到自豪。他们对周围兴奋的聊天充耳不闻，默默对视片刻，心照不宣。斯隆的信念有了回报，二人携手的事业如愿以偿，斯隆对此颇为满意。

他站起身来，用餐刀敲了敲酒杯，一阵响亮的叮叮声引起众人注意。大家停止聊天，纷纷转头向他看去。斯隆的礼服敞着怀，白色马甲裹着大腹便便，气势非凡。他举杯说道：“女士们先生们，我们很幸运，因为我们之间有一位高瞻远瞩的人，他像体育界的拿破仑一样心怀斗志，不是用军事，而是用理想，去征服世界。这个理想，就是我们今晚为之庆祝的，体育能够且应该在建设美好社会、增进国家友善方面起到关键作用。”

随后几分钟时间里，斯隆用流利的法语赞扬了顾拜旦。最后，他请大家起立，说道：“女士们先生们，请与我一起，为这位无与伦比的法国人民的儿子，为这位已跻身体育界领袖的教育改革家，皮埃尔·弗莱迪·德·顾拜旦男爵——干杯。祝他的理想能够实现，他的现代奥运会能成为我们的事业和财富。”

◎◎◎◎◎

随后几天，在维凯拉斯的家中，顾拜旦、斯隆、赫伯特、维凯拉斯不知疲倦地将此次大会的各项决定做了总结，并制定了国际奥委会的章程、法则、业务、规程，以指导奥委会及组委会的工作。顾拜旦提出，国际奥委会主席一职应与奥运会一样，四年轮换一次；因为雅典是首届奥运会的主办城市，所以维凯拉斯同意担任首任国际奥委会主席。顾拜旦担任秘书长。在讨论国际奥委会的委员时，顾拜旦列出了一些人名，大家未做讨论就一致同意了。

为使委员覆盖面大一些，顾拜旦一共任命了13个人，其中6位出席了本届索邦大会，另外7位也早已同意在国内弘扬奥林匹克主义，并组建各自的国家奥委会。维凯拉斯代表希腊，法国代表是顾拜旦和欧内斯特·卡罗特（Ernest Callot）——亦即国际奥委会的首任财长，美国代表是斯隆，英国代表是赫伯特和安特希尔勋爵，瑞典代表是维克托·巴尔克将军，匈牙利代表是费伦茨·凯姆尼，波西米亚代表是基利·古斯－亚尔科夫斯，俄国代表是阿列克谢·德·博图斯基（Alexei de Boutowsky），意大利代表是马里奥·卢卡西·帕里（Mario Lucchesi Palli），阿根廷代表是乔斯·祖比埃尔（José Zubiaur），新西兰代表是伦纳德·A. 卡夫（Leonard A. Cuff）。

顾拜旦制定了首个《奥林匹克宪章》，斯隆拟定了国际奥委会的宗旨和成员名单。短短几天时间里，国际奥委会就已乳莺初啼，围绕其法国创始人开始运转。而此时的雅典，首届现代奥运会早已成了民间和政界热议的话题。

63

复兴之始

8月中旬热气蒸着洛桑，潮气逼人。圣克莱尔正在与顾拜旦访谈，他想多了解一些雅典奥运会的经过。他们的话题始于奥运会之前纷乱的组织工作。二人均身穿衬衣，坐在蒙里普斯的办公室里。办公室的窗户都开着，仿佛在乞求上天赐下一丝凉风。顾拜旦回忆着索邦大会之后的一系列事件，圣克莱尔快速做着笔记，以跟上顾拜旦的讲述。

◎◎◎◎◎

“奥林匹克重生了，希腊人也同意举办首届奥运会。我知道再过一两个月就得着手奥运会的组织工作了，我想，各项工作已经开动起来，不需要过多担心，我能分心忙点别的事了。我看见维凯拉斯眼中闪动着火焰，我知道，他认为自己身负使命，要重现希腊往日的辉煌。我们收到希腊王储康斯坦丁代表乔治国王发来的电报，向我们表示全力支持。维凯拉斯随后就离开巴黎，返回雅典了。他是带着胜利回国的，受到了英雄般的欢迎，至少在有些地区是这样。当时，我的心里满是感激，我想把全部精力都放在两件冷落已久的事上，一是我对玛丽的爱，二是我对法国的爱。

“一周时间里，我给所有当天参加了索邦大会的体育界领袖写了第一封信，一是告知他们奥运会成功复兴一事，二是让他们组建各自的奥运国家队准备参赛。我还通过法国体育运动联合会安排了一系列会议，提前安排每项体育运动的国际标准化规则，并抓阄选出每项赛事的时间表。我知道，我能处理好这些事务，与雅典的维凯拉斯保持联络，同时还能兼顾我的两个挚爱。我把其他事情都从日程表里取消了，这样我就可以专注于计划已久的写作——《法兰西第三共和国期间法国的演变》。虽然体育是我的工作重心，但是，在法国作为一个共和国崛起的艰难岁月里，我很高兴能在庙堂之上有一席之地。我能为祖国做的，就是写一本书，详细记录改变了这个国家的力量。此外，我还有一件更重要的事要做，我打算正式向玛丽求婚。

“两个月时间里，一切都顺心如意。我带着玛丽去了布洛涅森林公园里的大瀑布餐馆，在凉亭（La Pavilion）里吃了烛光晚餐，又在满月下到水边漫步；走在路上时，我单膝跪地，却什么都没说，只是抬头看着她，等她的反应。刚开始她满是疑惑，好像为我的举动而感到尴尬，但随即就明白了我的意思。这时我问她是否愿意成为顾拜旦男爵夫人，她大喜过望，我还没来得及站起身，她就扑到我身上，紧紧抱住了我。我们俩顺势倒在柔软的土地上，满心欢喜，对未来充满希望。

“写这本书时，我文思泉涌，下笔如神。我想，其顺利程度是绝无仅有的一次。各个事件一挥而就，参考史料捻手即来，其视角和内容都是进步的，偶尔穿插一些挫折和艰辛。那时我满怀希望，以为我的政治见解和文笔，再加上奥林匹克追求以及家庭生活，能组成一个三位一体的目标，像箭尖一样射向未来。书尚未写完，就有一家美国出版社有意引进出版。但这几个月的快乐时光很快就被残酷的现实冲散了，而这次是我自己种下的苦果。”

◎◎◎◎◎

访谈结束后，圣克莱尔将雅典奥运会前后的危机及顾拜旦的反应整理成稿。在他看来，这段风波证明了——在逆境面前，顾拜旦是位无畏的实干家。

◎◎◎◎◎

第一波打击源自10月里维凯拉斯寄来的一个包裹。包裹中附了封信，心急火燎地敦促顾拜旦立即到雅典去一趟。包裹中还有一封来自希腊首相拉奥斯·特里库皮斯[①]的信，看过之后，顾拜旦明白了维凯拉斯着急的原因。政客们砸下了拒绝的大锤。特里库皮斯在信中说，国际奥委会选择让雅典举办首届奥运会，这是希腊的荣幸；然而，他的国家没有钱举办规模如此庞大的运动会，别无选择只能放弃。

此时顾拜旦和玛丽正要着手安排婚礼，他向玛丽道歉，立即起身，乘火车赶到马赛，又乘“奥特格尔号”(Ortegal)客船前往希腊港口比雷埃夫斯(Piraeus)。此时时间刚到11月。客船向希腊驶去，顾拜旦有4天时间考虑对策、浏览雅典的筹备材料。他仔细读了读维凯拉斯最近的来信，发现其中充斥着经济困难的报告和政治意愿的减弱，这些在特里库皮斯的信中都有概括。情况似乎已无转机，但顾拜旦认为，即使在希腊商界没有出路，他在希腊王室还有坚强的盟友。此外，希腊人的民族自豪感是出了名的强烈，他们不会轻易放弃这一展现民族荣耀的机会。顾拜旦收集了大量情报。他手上有希腊的诸多报纸，上面说，政界对特里库皮斯保守政府的反对日益高涨，其中包括一些尖刻的指责，说他已将财政大权输给了主要政敌——前任首相、希腊国民党领袖塞奥佐

---

① 拉奥斯·特里库皮斯：Charilaos Trikoupis，1832—1896，希腊政治家，在1875—1895年间7次担任希腊首相。希腊新党（New Party，1873—1910）领袖。

罗斯·迪利加尼斯[①]。若有必要，顾拜旦手里还有两张牌可以打：一是乔治国王和王储康斯坦丁于7月初发来的电报，彼时索邦大会刚刚结束；二人在电报中向国际奥委会的决议表示祝贺并表示将全力支持此次奥运会在雅典举办。二是，顾拜旦如此想道，从一摞材料中拿出一封信，这是他的王牌——他的朋友，亦即国际奥委会的匈牙利代表费伦茨·凯姆尼给他写来了一封信，信中表达了匈牙利的期望——布达佩斯也想举办1896年奥运会，以此向其建国一千年庆典献礼。

维凯拉斯已任命扎帕斯委员会（Zappas Commission）担任此次奥运会的组委会，顾拜旦相信，他们也会站在自己这一边。倘若有必要，他可以发动希腊民众接受命运的选择，在希腊国内掀起政治热潮。其实，顾拜旦最初是打算于1900年在巴黎举办首届奥运会，但禁不住希腊王室的盛情，这才让希腊得到了这次荣耀的机会。现在，他得在逆境中扭转局势，重整乾坤了。顾拜旦早已习惯了反对和争斗，而此时尚未抵达雅典，他不愿过早地燃起斗志。路途中的大多数时间里，他忙着写书，欣赏地中海的风景。他的事务紧急，可船却不紧不慢地走着，直到11月的第二个星期才到港。

下午3点，轮船在比雷埃夫斯靠岸。维凯拉斯早已雇了车夫，乘一辆两匹马的马车等候着他。顾拜旦走下船来，维凯拉斯上前迎着他，他勉强挤出笑容，但难掩沮丧之情。二人并未拥抱。尽管他们俩是朋友，但二人相识才短短6个月而已。二人坐上马车，沿土路朝雅典驶去。维凯拉斯建议顺路去竞技场遗址看一看，却被顾拜旦优雅地拒绝了，他说："先进城，观光的事随后再说。有什么最新情况？"

维凯拉斯从衣服内口袋里拿出一封信，说道："直截了当地说吧，咱们几乎失去了所有支持，奥运会没有希望了。"

---

① 塞奥佐罗斯·迪利加尼斯：Theodoros Diligiannis，1820—1905，希腊政治家，1885—1897年3次担任希腊首相。希腊国民党（Nationalist Party，1875—1913）领袖。

“信是谁写来的？”顾拜旦打开信封，展开信纸。

“斯蒂芬诺斯·德拉戈米斯（Stephanos Dragoumis），扎帕斯委员会的政务领导。”维凯拉斯答道，他转头看着车窗外，一脸愁容。

“德米特留斯，他说扎帕斯委员会不再听我们指令了。我记得，他们是咱们的组委会啊。”顾拜旦一边看信，一边说道。

“我也是这么想的。可扎帕斯委员会是特里库皮斯通过德拉戈米斯控制的，他们俩是同盟。他们把扎帕斯委员会变成了一个研究委员会。这封信就是正式通知，说扎帕斯委员会拒绝参与本届奥运会。”

“我认为，”顾拜旦难以置信地大声读道，“此次严重的经济危机……使我们……确信，我们无力承担此次重任。”

“他们原想在你离开巴黎之前把这封信寄到你手里。”

“对，这样就能阻止我来雅典了。”顾拜旦觉得被人背叛了。他怒火中烧。“我们别无选择，只能拒绝国际奥委会的慷慨。”顾拜旦继续读信，接着说道，“这完全就是特里库皮斯的口吻。”然后便沉默不语了。

顾拜旦和维凯拉斯并肩坐在晃荡的车厢里，心里都很难受——他们的伟大设想就要泡汤了。维凯拉斯摘下眼镜，揉了揉前额，说道：“没有机会了，皮埃尔。我跟首相见过面，请他重新考虑一下，可他很固执。他明天上午在布列塔尼大酒店（Hotel Grande Bretagne）见你，他想亲自向你解释。”

“呵，这倒是个荣幸，是为我破例了吧。我会带着应有的礼节，待他如绅士。但是德米特留斯，看在上帝分上，奥运会不能就此夭折，我们为了奥运复兴可是拼了命了。”顾拜旦如此说道，仿佛已与维凯拉斯共事多年。“我们会想到出路的。我们会找到帮手的。今晚到达酒店之后，你要详细跟我说说——你都做了什么工作，你的奥委会成员都有谁，谁是你最有力的支持者，在这次争议中国王和王储站在哪一边，还有，最重要的，特里库皮斯最大的政敌是谁。希腊马上就要举行大选了，对吧？”

“是的。迪利加尼斯和特里库皮斯都在竞选首相。他们俩可是死敌。可这不仅仅是政治问题，主要还是在经济方面。”维凯拉斯答道。

“不可能是经济问题，那是你们多虑了。举办这次奥运会只需要20万希腊元。”顾拜旦说道。

“什么？你从哪里得来的这个数？”

“这是我算出来的预算额。特里库皮斯觉得要多少钱？”

“几百万，至少也要几百万。”

“那咱们就让他知道，他大错特错了。”

马车驶过一座山丘，向西蜿蜒而去。雅典卫城[①]出现在窗外，这是顾拜旦首次看到帕特农神庙[②]，他目瞪口呆。

“天啊，那座山上是希腊两千年的荣耀，我们却为了这点钱大伤脑筋。趁着天还没黑，咱们先去看看竞技场和几个景点吧。”

◎◎◎◎◎

尽管早有心理准备，但第二天在布列塔尼大酒店与特里库皮斯首相会面时，顾拜旦还是吃了一惊。在他认识的政客里，几乎没有人会抛开礼仪，不带随从，与敌对阵营的一位外国人单独见面。然而，特里库皮斯正是独自一人来餐厅的。顾拜旦起身迎接他，二人面对面站了一会儿。他们俩的身材和体重相差不多，特里库皮斯身材匀称，浓密的银灰色胡子与顾拜旦不相上下，只是梳理得不够整齐，头发也很少。尽管已经62岁了，但他的眼神却年轻得多，见到顾拜旦，他似乎真的很热情。

特里库皮斯开口的第一句话就是：“你做了一件很了不起的事，先生，复兴了我们的古代奥运会。真希望我能一尽地主之谊。”

顾拜旦跟着特里库皮斯来到一个僻静的角落。有那么一瞬间，他为

---

① 雅典卫城：Acropolis，希腊古建筑群，始建于公元前580年。

② 帕特农神庙：Parthenon，位于雅典卫城，建造于公元前447年，是供奉雅典娜的神殿。

二人身在对立阵营而觉得遗憾，但很快他就明白，今天他们是不可能达成一致了。听到顾拜旦的预算数字，特里库皮斯只是咕哝了一声，未做评价。而对顾拜旦的其他资金方案，他也避之唯恐不及。他们不会发行彩票，不会印发纪念邮票，也不寻求希腊富裕投资者的协助。转眼之间，两个人已是势不两立的架势。会谈很快就结束了，最后，特里库皮斯邀请顾拜旦“自己四下转转，看看我们的城市。你会看到，我们无力承担举办奥运会的花费。相信你我都明白，这笔钱远超你乐观的估计。”

“我会去的。”顾拜旦答道，“一个小时之内，乔治·梅拉斯（George Melas）和亚历山大·梅尔卡蒂（Alexandre Mercati）就过来，带我游览雅典城。”他有意说出这两个人的名字，他们一位是雅典市长的儿子，一位是雅典影响力最大的银行家的儿子。这二人还都与特里库皮斯的政敌有联系，但他表现得毫不在意。

“那好，祝你游玩愉快。”说完，特里库皮斯转身欲走。

“首相先生，请等一下。”顾拜旦走上前去，伸出手来，说道：“我想再说一次，尽管我们之间存在分歧，但你亲自向我解释了你的处境和立场，对此我深表感谢。”

“即便不能如愿，我们也必须向我们辉煌的回忆表示敬意。”特里库皮斯答道。

不到一个小时，乔治·梅拉斯和亚历山大·梅尔卡蒂就带着顾拜旦开始了观光之旅。顾拜旦很高兴能跟他们一起出去。梅拉斯是个聪明而帅气的小伙子，梅尔卡蒂则比他年长一些，他曾协助举办了上一届扎帕斯奥运会，与王储是发小。天气晴朗，看着远处希罗德·阿迪库斯剧场（Theater of Herodes Atticus）远古时代的拱墙，顾拜旦敬畏不已。他们向城南而去，绕过宙斯神庙遗迹，顾拜旦沉浸在其过往的辉煌中，想象着世界各国的奥林匹克来宾在这里人头攒动的情形。他们当天下午的日程安排得很满，要与两个体操俱乐部、一个运动俱乐部、一个自行车团体会面，但眼下他们要去帕纳辛纳克体育场（Panathenaic Stadium），以使顾拜旦实地查看一下其建筑情况，因为原计划是要将其作为本届奥运会的主会场。

顾拜旦已将乔治·梅拉斯和亚历山大·梅尔卡蒂纳入他的计划中，所以，他向二人介绍了前一天晚上与特里库皮斯的会谈内容。“我知道国王动身去俄国参加亚历山大三世的葬礼了，但我知道，在他出行期间，由王储摄政。这对我来说是个好消息。”

“当然。他对奥运会的热情很高。”梅拉斯说道，“他认为这是个好机会，通过奥运会与百姓联系起来。”

梅尔卡蒂眯着眼睛，点头表示同意。这时马车转了个圈，阳光正好照在他身上。“乔治说得对。王室对公共形象一直非常在意。他们注意保持与百姓的距离，但又愿意倾听民间的声音。他们知道百姓对奥林匹克运动的热情很高，希腊的百姓想要奥运会。”

“哈！真的呢，先生。”马车夫大声说道。这人身材魁梧，未刮胡子，性格直率。他突然插话进来，令顾拜旦颇为惊讶。

“谢谢你，扬尼斯。”梅拉斯说道，皱了皱眉头。而他的语气，是让车夫不要多嘴。

“我已经让德米特留斯尽快为我和王储安排一次会面。你有什么办法帮他一下吗？”

“就在这一两天之内吧，”梅拉斯答道，“市长办公室与王室每天都有联系。”

他们来到了体育场，只见它像两座山丘一般在他们面前打开，中间是一条狭短的“山谷”。顾拜旦注意到，体育场的地面两侧，看台上长满了杂草，看不出原样，偶然能看到一两块闪烁的白色大理石。但修复工作应该不难做，需要挖走的土也不多。

“体育场的修复工作是工程量最大的，”梅拉斯说道，“建一个木质看台就行了。”

“我们需要的正是工程，有了工程人们就有了工作。”梅尔卡蒂补充道。

二人相视而笑。顾拜旦从缺口处走了进去，站在满是泥土、坎坷不平的体育场内。这块平地，足以建一个椭圆跑道了。

“历史将在此地重现。”顾拜旦说道。

◎◎◎◎◎

随后几天，他们仍按计划进行，一个个俱乐部走过去，一个个场地看过去。顾拜旦突然发现，自己变成了另一个角色——至少在雅典——一个公众人物。马车在普拉卡（Plaka）城区车辙纵横的路上穿行，载着他参加一个个会面，路边人行道上的人都对他指指点点。每到一处，他跟在维凯拉斯、梅尔卡蒂、梅拉斯后面走进门去，就会立刻发现，大家都盼着他的到来，他是关注的焦点。唯一例外的情况是与王储及其兄弟们的秘密会晤。

在巴黎的奥林匹克大会期间，他也曾身处聚光灯下。但在法国社会，他从未真正当过主角。可在雅典，大小报纸纷纷报道他的行踪，引用他的言论，仿佛他是来访的国家元首一般。而坐在马车上，这已经是第三位向他建言献策，教他如何赢下此次奥运游说的车夫了：“先生，我跟你说，你该怎么对付那个吝啬鬼特里库皮斯……”梅拉斯把车夫的话翻译给顾拜旦听，顾拜旦也明白了希腊百姓是多想举办奥运会。而他则当仁不让地代表了他们的心愿，也代表着他们最好的机会，去战胜那些反对奥运的雅典政客。

为煽动百姓的热情，争取政治优势，顾拜旦写了一封公开信，经过翻译之后发表在雅典大报《埃斯泰报》（*Asty*）上。他号召希腊人民接受这份荣耀，像千百年前的祖先那样，引领全世界走进体育新时代，“希腊的辉煌，像古代奥运会一样，已经遗失了太久；现在，是时候将其磨洗，重现光芒了。”公开信的效果立竿见影，第二天，当顾拜旦走在路上时，一位店主拍了拍他的后背，一位面包师送给他一条黑面包。

这天，梅尔卡蒂和维凯拉斯来接顾拜旦时，天已黑了。他们坐进一辆封闭的马车内，转了一大圈，来到希腊王宫。他们进入燃着火把的王宫大院，身着军装的卫兵迎着他们，将他们带到王储康斯坦丁的寝宫。大门打开，他们走进华丽的会客厅内，只见奢华的陈设和名贵的古画在熠熠灯光下闪着金光。康斯坦丁和弟弟乔治正站在里面等着他们。二人均身材高大，肩膀宽厚，身穿束腰军装，有如身在前线。二人都是宽额头，大胡子，笑容灿烂。

“终于见到你了，来自法国的好朋友，来自巴黎的英雄。”康斯坦丁说道，他大力握了握顾拜旦的手，而他王弟的手劲更大一些。“先生们，请坐。约古，给大家倒酒。”众人面前立刻摆上了白兰地酒杯。

顾拜旦为此次会面表示了感谢。他让维凯拉斯和梅尔卡蒂把过去几天里的行动向王储做了简要的汇报，着重强调了奥运会在商界、体育界以及平民百姓中间获得的广泛支持。

“按照皮埃尔的建议，我们成立了新的委员会，顶替了扎帕斯委员会，”维凯拉斯说道，“其成员都是我们的人。”

“三天之后我们将与迪利加尼斯及其团队会面，”梅尔卡蒂总结道。接着大家沉默不语，静等王储的反应。

“男爵，你在《埃斯泰报》的那篇文章可真是不得了。我能感觉到，我的百姓已经热血沸腾了。”康斯坦丁严肃又有些夸张地说道，接着，他们兄弟二人大笑起来。“不开玩笑，我说的是实话。你的文章很是振奋人心。我觉得，你肯定愿意在更有影响力的听众面前复述一遍吧。”

“殿下有言，岂敢不从命。”顾拜旦当即被康斯坦丁的镇定和风度所折服。从王储眼中，他看不到一丝犹疑或纠结，只有自信。

“男爵，你知道我们在此事上的立场，”康斯坦丁说道，“你收到我的电报了，那是代表国王发出的。奥运会从很多方面来说对我们都非常重要，但最主要的是响应百姓的呼声。就像你在报纸上说的那样，让他们重新找到身为希腊人的自豪感。与此同时，首相和他的政府把原来市政工程的资金转到了军费里——”说到这里，他看了一眼王弟，后者随即接过话去。

“国家安全当然很重要，”乔治王子说道，“王室也不好公开批评政府花销，但请放心，我们打算做下调整。”

“事实上，我们想换一届政府。”康斯坦丁说道。说完，他沉吟片刻，让诸人仔细体会话的意思。“我们知道，对我们对奥林匹克梦想而言，此举算是兵行险招。但你们会发现，迪利加尼斯先生已准备好与你们全力合作，实施你们的计划，或者说，你们的运动。”

“说得对，殿下。是称作运动。”顾拜旦应道，“这场运动我们已奋斗了太久；尽管我把体育置于政治之上，但我不愿放走这次机会。奥运会刚刚复兴，不能就此夭折。”

“不会的，先生。数日之内你就会收到邀请，在帕那索斯文学社(Parnassos Literary Society)发言。我希望你能复述一下报纸上的言论。”

“好计策！”维凯拉斯说道，“我得说，我又有希望了。在您的邀请下，咱们能把全雅典的精英都集结起来。”

“邀请不是我发出的，德米特留斯。我不会出席，我的名字也不能跟此次活动有联系，但我会在暗中支持。”

“我们明白了。”顾拜旦说道。

“跟我说说，”康斯坦丁说，“20万希腊元这个数字你是怎么算出来的。”

此次会谈历时一个多小时，比梅尔卡蒂和维凯拉斯建议的时间长了一倍。顾拜旦对希腊王室兄弟二人印象很好——他们的活力和对细节的关注，最重要的，他们对组织此种大型活动的领悟。他们都曾参与最近的扎帕斯奥运会，非常清楚可能遇到什么样的困难，但又不会因为艰难而退缩。顾拜旦提出委员会的人选及其可行使的权力，他们都给予积极回应。顾拜旦说很多希腊海外实业家有意赞助祖国举办奥运会，王储立即表示同意。

“我肯定能在海外游子那里找到支持，”他如此说道，“我认识一两位乐意慷慨解囊的商人。父王一回来，我就请他联系他们。”

说话间，顾拜旦有个念头一直挥之不去，他觉得，希腊王室意在将此次奥运会作为一个看得见的平台，展示他们作为人民护卫者的形象。于是，他决定铤而走险。“殿下容禀，”他一边说一边看着康斯坦丁的眼睛，想看看他对自己的提议做何反应。“倘若您能担任新的组委会主席，倘若您能身为领导出现在公众面前，将您的才能用于此次活动，那我们就成功在握了。”

王储听言，忍不住露出笑容。他先是看了看王弟，又看了看发小梅尔卡蒂，再看了看其他人，说道：“此事尚需从长计议，当然，如果希腊需要我站出来的话，我当仁不让。但对外宣告的时机很重要。”

我的本能判断果然是对的，顾拜旦如此想道。会谈结束时，他满心都是成就感，仿佛此次会谈就是他在赶赴希腊途中所希望取得的突破。他几乎可以肯定，在如此强力支持下，奥运会所需的人力物力将不成问题。

众人离开时，在接待室里遇到一位高个子的中年男人，他身穿西装，外面是件大衣，手拿帽子，颦眉不悦，仿佛是因为等待太久。他胡子又黑又密，眼神如同剑芒。见到他，梅尔卡蒂和维凯拉斯连忙热情地与他打招呼，但他连个笑脸都欠奉。

“提姆利昂·费利蒙，”梅尔卡蒂说道，“有幸向您介绍一下，这位是皮埃尔·德·顾拜旦男爵。男爵，这位是我们雅典的前任市长，也是国王最信任的民间领袖。”

原来这就是与他通信数月的人，顾拜旦颇为惊讶。他面带微笑，正想说“终于有幸得见”，可话还未开口，就看见费利蒙冷冷地低头看着他，明显带着傲气。

“啊，这就是那个要来接管我们奥运计划的法国小男爵？”他语带尖酸地说道，假装尊敬微微鞠了一躬。其言行之间难掩对顾拜旦的愤恨。

顾拜旦吃了一惊，强压心中怒气，不愿在这个场合下反唇相讥。此人不好对付，他如此想道。“哪里，先生，我是来帮忙的。”他如此答道。

“帮忙？”费利蒙重复道。这时侍者打开了会客室的门，他转身朝那边走去，边走边说：“这可跟报纸上说的不一样。”大步离开之前，他回头盯着顾拜旦，二人对视片刻。

“不是个能友好相处的人呢。”顾拜旦如此评价道。

“跟提姆利昂相处，需要花点时间。”梅尔卡蒂说道，“他是个狂热的爱国者，处处维护国家的尊严。欧洲一直把希腊视作问题儿童，对此他满心怨恨。”

“希望不用去招惹他。”经历了刚刚的邂逅，顾拜旦有点儿后怕。他意识到，这个国家也许对国际影响压抑着一股怒火。

“不用担心，他会转过弯来的。他是个能力卓越的领袖人物，广受敬重。他对奥运会是有帮助的。”

“哦？他也要参与奥运会的工作？”

“我猜康斯坦丁打算让他担任要职。他今天可能就是为此而来。”

◎◎◎◎◎

这段小插曲过后，几天时间里，捷报频传。顾拜旦跟新成立的组委会召开了两次会议，顾拜旦的总体计划、比赛日程、国际规则均获通过，未做任何修改。此外，他还为他们提供了一个自行车赛场的草图，答应会将细节图和计划从巴黎寄过来。

迪利加尼斯及其在野党领导层由衷地欢迎顾拜旦及其小代表团。正如王储许诺的那样，他们全力支持顾拜旦的工作。但他们过于热心的参与，令顾拜旦多少有些担心。他们同样怀有别的目的，想借用奥运会的平台。尽管迪利加尼斯有所顾忌，但顾拜旦建议他公开表示对奥运会的强力支持，后者立即行动起来，第二天，就在报纸的头版头条向特里库皮斯展开了攻击。

尽管一切进展顺利，顾拜旦始终心存犹疑，怀疑费利蒙在暗处蠢蠢欲动。但他未参加任何一次会议，直到顾拜旦在帕那索斯文学社发言他才现身。在觐见王储之后，过了两天，一封邀请函送抵顾拜旦入住的酒店。日期是下下周的周四，如此一来，他就得在雅典待近三周时间，比他预计的要长一些。他希望玛丽能够谅解。

帕那索斯文学社的活动定在了扎皮翁宫（Zappeion）的圆形大厅。这是雅典最好的新建建筑，与四届扎帕斯奥运会是同样的资金来源。这是一次盛大的公共活动，对他们的奥运会造势极有帮助，梅尔卡蒂、梅拉斯、维凯拉斯均是满怀期待，顾拜旦却有些想家了。活动当晚，走进圆形大厅的时候，顾拜旦满心都是对巴黎、对玛丽的思念。

百人的会场里人头攒动，顾拜旦受到了贵宾般的待遇。他几乎与在场的所有人都握了手。众人就座，议程开始。顾拜旦坐在主席台上，对即将发表的致辞胸有成竹。他感觉肩负王室的圣谕，有恃无恐。他打算夸大其词，打消反对者的疑虑。他一边讲，梅尔卡蒂一边将他的发言声情并茂地翻译给在场的会众。

“有人对我说，希腊人没有体育传统，也没有体育设施。这几天，我与市长的公子乔治·梅拉斯，以及我尊贵的同行亚历山大·梅尔卡蒂、德米特留斯·维凯拉斯一起在城里转了转。我想说，你们的生活中到处都是体育的痕迹。只用了两天时间，我就找到了奥运会的举办地点和举办方式。在此我想强调一下，我曾考察过法国、英国、美国最好的体育设施，我的判断是建立在这些考察的基础上，所以，我可以算得上这方面的专家。

“我跟很多俱乐部的负责人见过面，此外还有体操、田径、赛艇、击剑、跑步、游泳、自行车、射击、马术等项目的许多代表。古代体育场必须整修，以用作田径和体操场地，但基础在那里，不需要新建，只是个体力活。骑兵营地很适合举行马术比赛。扎皮翁宫的圆形大厅，就是我们所处的这个地方，为击剑，或许还有举重项目提供了绝佳的条件。我很少见到像帕里洛斯海湾（Paleros Bay）这样适合帆船、赛艇项目，以及像赛亚湾（Bay of Zéa）这样适合游泳、跳水项目的地方。是的，你们需要建一个自行车赛场，大家提议的尼奥帕勒隆（Neo Phaleron）就是个绝佳的地址。看着眼前这潜力和可能性，想到全世界愿意为奥运复兴而慷慨解囊的希腊儿女——在这一点上，扎帕斯兄弟已经做出了表率。反对者却认为办不成，我很是疑惑，因为，与其他地方相比，雅典举办奥运会是最容易的。

“是的，还有别的国家提出了申办请求。但不到万不得已，我不会考虑让奥运会重生在奥地利或别的国家。因为奥运会是你们的，第一届现代奥运会必须在希腊举行。在这里，结束15个世纪的黯淡，用美好的梦想照亮未来。今天，我站在这里，心中无比自信；而国王陛下、康斯坦丁殿下、诸位王子殿下，以及乔治、亚历山大、德米特留斯也都明白，”说着，他向台下的三人示意，“首届现代奥运会必须在这里，在雅典，在希腊再度开启。全世界都将为你们的成就欢呼，为你们的伟业赞叹。

“当今世界，体育运动正作为一种业余休闲方式迅猛发展。从英国的操场，到美国的校园，从欧洲到亚洲，竞技的热情已不可阻挡。而这种热情，先生们，将会成为一股股动力，促成各国奥林匹克代表队的组建，将各个国家队乘坐的客船送到比雷埃夫斯港。在这种热情的驱动下，你们的古代希腊运动场将修复如初，在奥运会开幕式当天5万人座无虚席。身为希腊子民，不要舍弃这份遗产。

“什么是国家？是民族活力的源泉，是你们身份的根基，代表着你们的现在和将来。我相信，希腊精神在当今世界能重振雄风，它将摆脱束缚，响应时代的号召，用新的启迪照亮整个世界。

“现代体育，肩负使命。或进步，或堕落；或维护和平，或用于战争；或增强国际友谊，或在国际树敌。而在此地，在雅典复兴的奥运会，将会在很多方面决定体育在我们共有的未来担当何种角色。而你们，希腊人，将像你们的祖先一样，指引体育的航向。你们将再次向世界展示，体育将为人类做出怎样的贡献。

“所以，希腊的子民，你们切不可让这份荣耀从手中溜走。这是你们与生俱来的权利，你们的遗产，你们的使命。今天，先生们，你们的过去就是你们的未来。而你们必须举办的奥运会，将是对过往的朝圣，对未来的信仰。全世界都将再次会聚希腊，瞻仰你们的遗迹，赞美你们的传统，分享希腊精神的愉悦。

“人民想要奥运会，可少数政客和经济界人士不想。所以，我们现在进退两难。我们到底是顺从领导的意见,还是起而响应伟大事业的召唤?”

听众齐声欢呼应和。顾拜旦身心疲惫，却知道自己的口才已圆满完成了任务。会议结束后，同事们将他带到普拉卡的一个酒馆里，大家开怀畅饮，边喝酒，边筹划奥运会直到半夜。顾拜旦知道，王宫里此时早已得知他成功的消息。

◎◎◎◎◎

1894 年 12 月 2 日，顾拜旦离开雅典回国。当天早上，他与梅拉斯、梅尔卡蒂、维凯拉斯共进早餐，再做最后一次会谈。饭桌上，三人开始夸赞顾拜旦，但被他挡住了。

“谢谢你，德米特留斯。咱们庆祝得差不多了。还有很多计划要做。”此行诸事圆满，毫无疑问，王储及王室会在德米特留斯、梅拉斯市长等人的协助下推动奥运会的准备工作，但顾拜旦仍对资金及各个组委会的组建心存焦虑。

三人坐上马车，送顾拜旦去火车站。顾拜旦急于赶回巴黎与未婚妻重聚，准备婚礼，他们都很理解其心情。他们又很羡慕他，因为顾拜旦决定在返回途中首次去古奥林匹亚朝拜。三人一一与顾拜旦道别，又在站台上目送顾拜旦登上前往帕特雷[①]的火车。

---

① 帕特雷：Patras，希腊西部港口城市。

◎◎◎◎◎

圣克莱尔与顾拜旦在德奥奇城堡饭店吃过午饭，在下午的阳光中沿着日内瓦湖码头漫步。圣克莱尔手拿笔记本，耳朵上夹着一支铅笔。在过去的两周时间里，他数次翻看了顾拜旦关于雅典奥运会组织工作以及奥运会期间的种种记录，可鉴于顾拜旦对古代世界的热爱，有件事圣克莱尔一直迷惑不解。

“在从雅典回巴黎的途中，您去了奥林匹亚。可您对这段经历的文字记录并不多，为什么？”

“我原打算要写一写的，可在返回途中，我中间在意大利布林迪西停留，还做了一次演讲。一直忙着与雅典的诸人通信，有一个月无暇顾及书的写作。此外，我还得考虑结婚的安排，以及设法让家人接受在圣士会教堂举行婚礼。”说到这里，他停下脚步，目光从湖面转向圣克莱尔。“但在奥林匹亚的经历既迷人又有意义，不亚于包括拉格比考察在内的所有经历。”

圣克莱尔用速记法如实记录着顾拜旦的话。二人来到一条长椅前，顾拜旦坐了下来。

“我从帕特雷长途跋涉，抵达奥林匹亚时已是晚上。”顾拜旦说道，“我记得，第二天早上，我打开窗户，就看到了美丽的克洛诺斯山。漫山遍野全是绿色，郁郁葱葱的，跟希腊别处的景色都不一样，简直是沃野千里。看到如此怡人的风景，我不仅惊呆了，好几分钟过后我才反应过来，我看着的可不是什么寻常的小山丘，而是克洛诺斯山。行走在遗址上，我既能感觉到其神圣，又感觉到那种永恒理想的历史力量。”

二人沿着湖边往回走。圣克莱尔又问了最后一个问题：“1895 年间，在希腊奥运会的筹备工作中，您认为最突出的是什么？在您的《奥运回忆录》中，关于这段历史，您还有没有想要补充的内容？”

“你知道吗，我认为，希腊人所做的工作并未得到应有的赞赏。的确，他们的体育场修复工作进度落后了，但总体而言，他们为奥运会的组织工作立下了很高的标杆，直到今天，他们筹集资金的方法仍是无与伦比的。”

◎◎◎◎◎

回到巴黎之后，顾拜旦每周都能收到维凯拉斯等人的来信。虽然还有些小问题，但接踵而来的好消息像一座新的克洛诺斯山一样拔地而起，前景乐观。到了第二年 1 月，尘埃落定——特里库皮斯卸任，迪利加尼斯赶在奥运会之前组建了新一届政府。人民的呼声得到了响应，王室也出手了。王储将牵头奥运会的组织工作，这一决定深得民心，而他的行政管理能力也的确出色。每封来信中所汇报的关键举措，都是先前顾拜旦在会谈中所提的意见和建议。王储康斯坦丁任命提姆利昂·费利蒙担任秘书长，得知这一消息，顾拜旦有喜有忧。王储在发现组委会中有人不能胜任时，会立刻将其打发走，其雷厉风行令顾拜旦尤为震撼。在其领导下，各委员会的准备工作迅速有效地展开：票务工作、运动员住宿、希腊国家队组建、场馆建设……

作为雅典的前任市长，费利蒙宽广的人脉帮他在新岗位上站稳了脚跟，扩大了影响力。到 1 月中旬，希腊共收到来自海外侨民的 13 万希腊元捐赠。希腊海外侨民的首富名叫乔治·阿韦洛夫（George Averoff），现居埃及亚历山大。他热心于祖国的慈善事业，已在国内捐款数百万元建设数所新学校以及一所军事学院。维凯拉斯告知顾拜旦，费利蒙正积极与阿韦洛夫联系，希望他能为奥运会尽一份力。德国人在奥林匹亚的发掘工作为展现希腊历史做出了很大贡献，德国考古队及驻希腊的外交官对此颇为自豪，他们建议乔治国王和王储重建帕纳辛纳克体育场，再现往日辉煌，而所用材料为彭忒利科斯山（Mount Pentelicus）的精美大理石。希腊著名建筑师阿纳斯塔斯·梅塔克萨斯（Anastas Metaxas）随即制订了重建方案，费利蒙将方案——包括一份建设进度安排表——送到阿韦洛夫手里，总预算 58.5 万希腊元。

世人皆知，阿韦洛夫为人谦逊且低调。而他一眼就看明白这是个历史契机，当即应允，愿做新时代的赫罗迪斯·阿提库斯（Herodes

Atticus）——公元 140 年就是他修建了帕纳辛纳克体育场。消息传来，国内一片欢腾，也触发了全球希腊籍商人的热情，来自海外的捐款像潮水般涌入国内，而国内的民众也纷纷购买奥运纪念邮票，尽一份微薄之力。奥运会建设资金如雨后池塘充盈欲溢，彭忒利科斯山精致洁白的大理石再次源源不断地运抵施工现场。帕纳辛纳克体育场里，500 名工人昼夜轮班，加班加点；与此同时，奥运会自行车赛场及其他场馆也在建设之中。

希腊的奥运准备工作有条不紊地进行着，展现其现代使命的时刻已经到来。希腊奥林匹克组委会的高层中，开始出现强烈的爱国自豪感和民族主义情绪，这给国际奥委会带来很大冲击。维凯拉斯接连不断地给顾拜旦发出警告，说费利蒙意图消除来自国外的牵扯。因奥运会组织工作而满心自豪的希腊人，似乎不愿与任何“外人”——尤其是巴黎大会的参会者——分享复兴奥运的荣耀。然而，顾拜旦因奥运会强盛的发展势头而兴奋不已，他认为此事不足为虑，只要自己抵达希腊，一切矛盾都将化解。

纳 粹

这天，在蒙里普斯的办公室里，顾拜旦与梅斯里通着电话，圣克莱尔则翻看手中的笔记。他们俩一起回顾了 1896 年顾拜旦的首届奥运会之行。那时顾拜旦与玛丽结婚刚满一周年，二人一同前往雅典。此次奥运会取得了巨大成功，但在个人层面，这届奥运会对顾拜旦及其国际奥委会的同事来说却是个奇耻大辱。

“明天傍晚弗朗西斯也会过来，”顾拜旦挂断电话，对圣克莱尔说道，“咱们三个一起，再检查一下与蒂姆和查摩尔的晚餐准备情况。”

“他们何时抵达？”

“蒂姆说天一黑就能到，他们向来准时。我想做好充分准备，到时能避开关于他们的国际奥委会提议和我建立的未来发展委员会的问题。”顾拜旦微笑着说。圣克莱尔猜测，顾拜旦对自己保护奥林匹克运动而采取的措施很满意，至少暂时如此。“咱们今天谈的内容够用了吗？上次访谈时提到的婚礼的事，够不够？”

“我看一下。”圣克莱尔答道。顾拜旦又低头看起了文件，圣克莱尔则翻开笔记本，拿出几张打印好的书稿。书稿是几天前完成的，写的是顾拜旦与玛丽的婚礼。他拿着书稿，正巧挡在自己和顾拜旦的视线之间，从头到尾看了一遍。

◎◎◎◎◎

皮埃尔·德·顾拜旦与玛丽·罗赞的婚礼于1895年3月12日举行，地点是卢浮宫的奥拉托利改革派新教教堂。这个美轮美奂的17世纪教堂，由拿破仑于1811年赠予巴黎新教徒，作为巴黎最进步的宗教少数派的精神家园。他们的婚礼不仅是两个不同教徒的结合，其所属的两个家族，一个是信奉天主教的顾拜旦家族，波旁王朝的死忠；一个是信奉新教的罗赞家族，法兰西第二帝国的弃臣，第三共和国权力圈的外围人士。朱尔·西蒙、亨利·沃丁顿均参加了他们的婚礼，为婚礼带来一些现代气息。让·艾卡德、吕西安·朱萨德、乔治斯·德·圣克莱尔与一众运动员坐在一起。而罗特希尔德、萨冈及其他几个贵族坐在另一边，对此不寻常的结合窃窃私语：一边属于新时代，一边属于旧时代；一边是平民，一边是中产阶级；一边前途无量，一边已家道中落。

婚礼进行到关键时刻，教堂里鸦雀无声。顾拜旦掀起玛丽的面纱，对她轻语道："咱们总是不循旧规的。"二人热情接吻，然后转身面向来宾。大家起立向二人热烈鼓掌以示祝福，教堂内喜气洋洋。

◎◎◎◎◎

圣克莱尔将这几页书稿带来，原本打算给顾拜旦看一看。可现在，他决定先不给他看了。他对顾拜旦说道："关于婚礼和你们结婚第一年的事，还有很多内容要写。"

"第一年是我们最幸福的时候，"顾拜旦说道，"我忙着写《法兰西第三共和国期间法国的演变》，玛丽则忙着把社交圈的人都拉进体育圈里。我们马不停蹄地参加各种晚宴、舞会、沙龙、晚会。我觉得，当时巴黎已隐隐感觉到世纪之末已经到来，但大多数人都有些恋恋不舍。"

圣克莱尔觉得关于这段时期顾拜旦的社交生活已经落墨太多，也不愿再度回顾其儿子的悲剧以及玛丽的精神崩溃。他想多关注一下顾拜旦的奥运雄心，于是便问道："为什么您认为法国人看不上您的《法兰西第三共和国期间法国的演变》? 我觉得那是您最棒的一本著作。"

"他们认为那本书写得太乐观，对正面明显的裂痕都视若无睹，对不息的冲突、政府的更迭等现象过于宽宏大量，"顾拜旦答道，"他们是对的，雅克。"

"我可不这么认为。"

"40年时间过去了，你得站在他们的角度看一看。其实，当初这本书是写给美国人看的，法国人也许对此心怀怨恨吧。尽管如此，我的美国学术界朋友及参与讨论的哈佛、普林斯顿、约翰·霍普金斯大学学生的意见都是——法兰西第三共和国的最大不足是其不稳定性。事实的确如此，但我决定将其描述为充满活力的民主的表现。"

"将政治变化描述为革新现象?"

"是的。每一次改变都在走向一个更好的政府，这是一个年轻的共和国演变过程中的本质特征。"

"我的读书体会正是如此。"

"然而，法国的读者认为我是在粉饰太平。它有一种教育目的，但在国内，这一点是不值一提的，我也知道。"

◎◎◎◎◎

圣克莱尔将顾拜旦留在办公室里，自己去了蒙里普斯华丽的大厅。他站在两侧墙上相对的两尊希腊女神像之间，背上背包，推着自行车，走到车道上。天空阴沉沉的，空气中一丝风都没有，却很怡人。他跨上自行车，正准备下山，却听见一阵低沉的机器轰鸣声从公园远处传来，随即看到一辆黑色汽车驶入公园正门。车在入口处停下，发动机仍在低吼，一对合金车前灯像眼睛一样盯着公园内，车头银色的散热格栅宛如前进的盾牌。圣克莱尔骑车到喷泉处，仔细看着。车窗映出天空的阴云，透过窗玻璃，他看见司机头戴黑色的纳粹党卫军军帽，正回头与后座上的乘客交谈。

这时汽车再次前行，驶进大门，朝城堡驶去。圣克莱尔看到，原来是一辆奔驰敞篷车，其车轮上巨大的挡泥板格外醒目。汽车后座上坐着两个人，都戴着软呢帽，没穿军装。圣克莱尔认出其中一人就是蒂姆。他迎着车走上前去，站在车道上等着他们。汽车径直朝他驶来，但他不打算让路。车上的党卫军军官盯着他，未打方向盘，随着一声刺耳的刹车声，汽车停了下来，前保险杠距离圣克莱尔的膝盖只有数英寸。圣克莱尔低头看了看汽车前盖，只见上面是一个红、白、黑三色的纳粹标志。

蒂姆从后座上站起身来，伸展了一下胳膊。他外套未系扣子，领带上别着一个纳粹领带夹，站在车里，他也显得高大了很多。“你好，圣克莱尔先生，”蒂姆说道，“能在这儿见到你真高兴。”

“你好，蒂姆先生。”圣克莱尔走上前去，蒂姆踩着脚踏板走下车来，二人握了握手。“我以为你们明天晚上过来。”

“我们一路开快车赶来，想今晚请男爵吃顿晚饭。他在家吗？”

“在楼上。不过不知道他今晚有没有安排。”

“嗯，看情况再说吧。请容我为你介绍一下，这位是我们的帝国体育领导，汉斯·冯·查摩尔·安德·奥斯滕。”他一边说，一边示意身旁那位同样身着灰色外套的男子。此人比蒂姆矮数英寸，但身材高大瘦削，双眼小而微凸，脸颊刮得很干净，尖下巴。听罢介绍，他向圣克莱尔伸出手来。

“著名的传记作家，久仰大名。”查摩尔面无表情地说，“书写得怎样了，什么时候能拜读一下？”

圣克莱尔无视查摩尔的傲慢，答道：“进展还算顺利。”这时他听到背后传来脚步声。

“这位是斯蒂芬·海德里希（Stefan Heydrich）。”蒂姆介绍道。圣克莱尔转过身来，只见面前之人身穿黑色纳粹党卫军军装，腰上系着厚皮腰带，腰带上别着手枪皮套，套里是一把鲁格尔手枪。其军帽的帽檐支在二人之间，圣克莱尔觉得有些局促。“斯蒂芬执意要来，”蒂姆继续说道，“他是德国最热心的奥运会会迷。”

“相信我们有很多共同之处。”海德里希一边说，一边大力握住圣克莱尔的手。二人身形相仿，圣克莱尔嗅到此人口气中带着一股酸臭的烟味，就后退了一步，出于礼貌，他回应道：

“你喜欢什么体育项目？”这时他注意到海德里希上嘴唇中间有个小疤痕。

“当然是自行车。”海德里希答道，松开了手。“也许咱们可以一起骑行。”他未回头，只是向背后示意了一下，问道：“你骑的是迪昂巴顿？”

“对。”圣克莱尔答道，心中有种不安——这些人对他很了解。

“咱们去看看主席吧。”蒂姆说道。众人随他进了楼。走在楼梯上，圣克莱尔注意到，蒂姆和查摩尔都带着沉重的公文包。他强忍着不回头看，因为海德里希紧跟在他的身后，令他很不舒服。

接下来的一幕令圣克莱尔目瞪口呆：蒂姆兴冲冲地领着众人进了顾拜旦的办公室，与顾拜旦紧紧拥抱，却呆板而尴尬地向其介绍了查摩尔和海德里希。顾拜旦与二人一一握手，三位德国人退到办公室后面，围在一起打开公文包，背对顾拜旦和圣克莱尔，还小声商量着，似乎在准备着什么。几分钟过后，三人同时转过身来，每人手捧一本大书，外面包着一层丝绸般的牛皮纸。

三人像士兵一样正步前行，并行到办公桌前，停了下来，请顾拜旦看他们手里的书。圣克莱尔站在顾拜旦身侧，只见每本书都束着黑白红三色丝带，上面别着一个圆环，圆环里是纳粹的“卐”字标志，而三本书的金属环分别是金银铜材质。

蒂姆站在三人中间，手捧金色圆环的书，对顾拜旦说道：“主席先生，我们为您带来一封信，请容我呈献给您。”在得到顾拜旦同意之后，他从上衣内兜里拿出一张纸来，读道：

“我们谨代表第三帝国，将1936年柏林奥运会的最终报告交给现代奥运会的创始人、体育界的泰斗、尊贵的皮埃尔·德·顾拜旦男爵。您给了我们一个机会，将您的事业推向前进。对此，元首、组委会和德国人民由衷地向您表示郑重的敬意和永远的感谢。”

说罢，蒂姆将手中的书递给顾拜旦，查摩尔和海德里希则将书放到了办公桌上。

顾拜旦一一看着三人，说道："谢谢你们，先生们。谢谢你们煞费苦心的赠送仪式以及真情的表述。当然，你们的谢意应属于国际奥委会，是他们将此次奥运举办国选在了德国，不是我。尽管如此，你们的心意我心领了。你们从柏林长途跋涉赶来，只为向我递交这份报告，我会认真阅读的。"

"请打开看一下，皮埃尔。"蒂姆说道，不再像刚才那样严肃庄重了。"有几个地方我想让你看一看。"

顾拜旦将包装纸撕开，解开丝带。他把书翻到中间，浏览其中内容，并将书倾向一边，以便圣克莱尔也能看到。他在讲述奥运村的那一页停了下来。

"建筑方面的内容一定是很翔实的。"顾拜旦说道。他翻动书页，只见里面是很多照片，内容是宏伟的奥林匹克运动场。

"我们尽量对所有建筑都做了详尽记录。"蒂姆说道。

"看看能不能找到杰西·欧文斯，"顾拜旦对圣克莱尔说道，"还有自行车比赛的照片。"

"田径比赛项目在书末。自行车项目在第二卷。"蒂姆说道。

顾拜旦找到一些欧文斯在赛场内外的照片。在其中一张照片上，他正坐在桌前，给体育迷回信。他头戴桂冠，仿佛希腊的天神。

"照片拍得很好，卡尔。"顾拜旦指着跑道上连拍的跑步选手照片，对蒂姆说道。

蒂姆绕到办公桌后，将书捧在手中看了起来。查摩尔也跟了过来，海德里希却走到办公室一侧靠墙的桌子旁，看着上面的铜像和纪念品。

蒂姆将书翻到前面，平摊开来。这是一张希特勒的照片，他身穿黑色西装，目光前视。"读一读元首的话，皮埃尔。"

"雅克，你来读吧。"顾拜旦说道，"咱们听听年轻的声音。"

圣克莱尔听言，读了起来："体育及公平竞技能唤醒人的最佳品质。它不会隔绝人际联系，恰恰相反，它会通过相互理解、相互尊重，将双方团结起来。它还有助于强化国家间的和平纽带。愿奥运之火永不熄灭。"

“听着像是我的发言。”顾拜旦说道，面露不屑之情。

“目的就是要像您的发言，我就是这样写的。这是两位伟大人物的联合。您看，”蒂姆说道，他翻到一页，上面是一张照片，照片上是年迈的顾拜旦，他正侧身而立，看向远处。

“你把我的照片也放到报告里了？”顾拜旦困惑不解，“这一页应该是巴耶－拉图尔，不是我。”

“亨利在下一页。我们在书中给了他一个合适的位置，但更想把您显出来。”蒂姆对此扬扬自得。他把书翻到前面，让顾拜旦看火炬传递的记录，而火炬传递是他本人的创意。四人又看了半个小时，顾拜旦蜷坐在椅子里，面露疲态。

蒂姆借机说道：“您今晚有什么安排？或许咱们可以把工作的事处理一下，这样我们明天一早就能赶回去了。”

圣克莱尔注意到，顾拜旦已经很累了，而与这些德国人共进晚餐似乎不是什么愉快的事。

顾拜旦却答应了。“好吧，我看看弗朗西斯能不能跟我们一起。给我一个小时时间，我处理一下手头的事。咱们 8 点在博尔河酒店见面吧。”

德国人显然对此次来访的第一阶段成果甚为满意，随即便告辞了。圣克莱尔随着他们来到走廊，送他们离开。他回到办公室时，只见顾拜旦坐在那里，手捂前额，遮住了眼睛。

“您还好吗，皮埃尔？”

“我最后的奥运时光，却打上了纳粹的印记。”

“他们从哪里弄到您这张照片的？”圣克莱尔又翻开书，问道，“效果不是很完美。”

“这是去年我为他们做电台广播的时候拍的。是卡尔让拍的，没想到他把我跟希特勒放到了一块儿。该死的。他们真是不择手段。”

“他们想今晚谈提议的事，对吧？”

“对，这正是他们此行的目的。他们想知道奥林匹克主义未来发展委员会所有的工作情况。”

“您打算怎么跟他们说？”圣克莱尔很清楚，自从布伦戴奇离开洛桑，奥林匹克主义未来发展委员会其实什么都没干。

“就说我们的工作取得了巨大进展，但内容是高度机密，不能透露。我得给梅斯里打个电话。”说着，顾拜旦就伸手去抓电话，中间却停住了，对圣克莱尔说道：“雅克，你带着朱丽叶一起来吃晚饭吧。”

“朱丽叶？跟纳粹一起吃饭？我不知道她愿不愿意去——”

“她会愿意的。有她在，能帮我们分散德国人的注意力。你跟她说，她什么问题都可以问他们。”

“好吧，我去问问她的意见。不过，可别指望着朗热公爵夫人会现身啊。”

◎◎◎◎◎

傍晚的天空里，遍是粉红和橙色的云霞。圣克莱尔和朱丽叶沿着庭院小路，来到博尔河酒店的餐厅。顾拜旦和梅斯里正等着他俩。看到朱丽叶的一身打扮，顾拜旦点头表示赞赏。只见她身穿黑色长裙，脚蹬高跟鞋，显得身材修长，凹凸有致，仿佛吉卜赛公主一般。她上身是一件大荷叶低领花色衬衫，与裙子相得益彰；头戴红色发箍，箍尾消失在浓密的黑发里，两个金色的大耳环在双颊处摇曳生辉。看到顾拜旦和梅斯里走过来，朱丽叶转身给了他们一个温暖的微笑。

顾拜旦和蔼地与朱丽叶行礼，接着就变得严肃起来。他说：“咱们的客人就在里面，五个人的桌子。很明显，雅克，他们是没打算让你同坐。跟着我，咱们设法让他们换个地方。”

大家跟着顾拜旦走进餐厅。三位德国人起身相迎。顾拜旦说道：“外面的风倒是挺温和的。咱们换个地方吧，这里坐不开7个人。”

“7个人？”蒂姆听言，与查摩尔皱眉相视。“我以为只有我们，再加上梅斯里博士。我们要谈正事。”

“我邀请圣克莱尔先生过来的，这次会晤对我的传记很重要。他又邀请了他的未婚妻一起来，她正为我画肖像。这位是朱丽叶·富兰克林，她可是个魅力非凡的人呢。”

说罢，顾拜旦握起朱丽叶的手，向众人做介绍。蒂姆、查摩尔，尤其是海德里希都向这位美丽的女士弯腰致意。圣克莱尔与梅斯里站在后面，看着眼前的情形。

众人在一个圆桌四周坐了下来。海德里希搀着朱丽叶的手肘，请她坐在身边。圣克莱尔坐在顾拜旦的右边。他用铅笔敲着笔记本，一边看着海德里希向朱丽叶大献殷勤，一边很不耐烦地等着谈话开始。蒂姆坐在顾拜旦的左边，查摩尔坐在蒂姆的左边，梅斯里坐在圣克莱尔和朱丽叶之间。

酒菜上桌，可谈话始终未入正题。圣克莱尔发现，似乎大家都刻意避免引发紧张局面。顾拜旦却对此甚为满意，乐得一晚时间就此流过，不必谈及纳粹的奥林匹克提议。他有意将话题围绕在奥林匹克的伟大人物上面，又让蒂姆讲述了火炬传递创意的由来及实施步骤。蒂姆本打算数语带过，但梅斯里说他过于谦虚。

“卡尔，别这样，”梅斯里说道，“你可不要搞错，我们是真心感兴趣，想知道你是怎么创造了这样一个象征主义杰作的。”

蒂姆果然上钩了，随即滔滔不绝讲起自己是如何发挥想象力，想到并实现了奥运火炬的创意。在圣克莱尔看来，照他这副口若悬河的样子，能讲到半夜去。查摩尔数次清嗓子暗示过后，蒂姆终于住嘴了。

朱丽叶趁机开口道：“将军先生，你们要在这儿待几天？”

“很可惜，计划有变。我们在洛桑的时间不多了。”查摩尔说道，“我们刚刚接到通知，明天就得赶回慕尼黑。”

“啊，太可惜了。”朱丽叶说道。海德里希却又低声与她私语起来。

“你们要提前回去啊，”顾拜旦说道，“希望不是什么紧急事件。”

“男爵，在我看来，唯一紧迫的事，就是我们提议的事。”

“嗯，你们知道的，我们的委员会正逐条审议你们提交给巴耶-拉图尔的提议。我们将会提交一份报告，供执委会定夺。”

“您的奥林匹克主义未来发展委员会？”查摩尔说道，语带轻微蔑视，“那么，你们的审议到了哪一步呢？”

“不好意思，将军，这是保密的。”顾拜旦说道，“不过，我向你保证，我们的报告一定是非常翔实的。”圣克莱尔为之震撼——查摩尔问得尖锐，而顾拜旦却毫不退缩。

圣克莱尔听出查摩尔话里有话，不禁怀疑他是否已经知道顾拜旦其实什么都没做，其奥林匹克主义未来发展委员会其实只是个幌子。他还怀疑德国人是否已经就此探过埃德斯特隆、布伦戴奇，甚至巴耶-拉图尔主席的口风，他突然担心起来，怕顾拜旦的良苦用心会适得其反。

“我可以问一下，您个人在此事上的立场是怎样的？”查摩尔问道，一边眯起眼睛，盯着顾拜旦。

“我不能说。”

“既然如此，我有个建议，不知当讲不当讲？”

“智者纳谏如流，请讲。”

“男爵，您是个明智的人……”查摩尔言之凿凿，却见蒂姆在座位上不安地挪动了一下，他停顿片刻，甚至连海德里希也将注意力从朱丽叶身上移开，听着查摩尔讲话。“若真是明智，”他继续说道，“就该接受元首的慷慨提议，让他帮助国际奥委会变大变强。”

“是吗？”顾拜旦反问道，似乎无所畏惧。

“为了您的奥林匹克运动，为了奥运会的未来，”查摩尔继续说道，“您应识时务，同意所有提议。德国是国际奥委会最理想的总部所在地。”

“1915 年我就把总部搬到了瑞士，这件事卡尔很清楚，以保证战争期间保持中立。”

“倘若再有战争的话，您最安全的容身之处是在柏林。”

“啊，一定会有战争的，我们都知道。”顾拜旦说道，“只不过不知何时开打而已。”

查摩尔刚要回应，只听一声脆响，引得众人转头看向朱丽叶和海德里希。海德里希手捂脸颊，原来是朱丽叶扇了他一个耳光。圣克莱尔一跃而起，但被梅斯里拦住了。

“富兰克林小姐，”海德里希解释道，“请不要误会。”说着，他拿开手，只见苍白的脸上显出一个红手印。

海德里希站了起来，怒视圣克莱尔。

此时大家都已站了起来。“鉴于目前的不愉快，”顾拜旦说道，环视众人，“今天还是到此为止吧。”说着，他拉着朱丽叶的胳膊，将其拉开。“真对不起。”他对朱丽叶说道，又将其送到圣克莱尔身边，请二人先行离开。

顾拜旦转身面向查摩尔，说道：“顾拜旦委员会的审议报告将于一周之内提交执委会，由执委会定夺。”说罢，他向蒂姆点头作别，接着就与梅斯里匆匆向圣克莱尔和朱丽叶追去。

圣克莱尔与朱丽叶沿着码头匆匆而行，圣克莱尔觉得仿佛是逃出生天。他差点儿与海德里希打起来，现在还惊魂未定。这时顾拜旦与梅斯里追了上来，顾拜旦迭声向朱丽叶道歉。

“没关系的，皮埃尔。”朱丽叶答道，“一见面我就知道他是什么样的人了。”

“我真想杀了他。”圣克莱尔说道。随后四人均沉默不语。

“此事的确遗憾，”梅斯里说道，“不过好在借此终止了那番紧张的谈话。可是，皮埃尔，你怎能在一周内交出审议报告呢？咱们连一次会议都没开过。”

“不用开什么会，”顾拜旦答道，“我今晚说‘顾拜旦委员会’的原因就在于此。报告已经基本完成了。”

圣克莱尔这才明白过来，今天顾拜旦一整天都在忙着这份报告的事。

众人来到德奥奇城堡，刚才的紧张感已经消失得差不多了。顾拜旦和梅斯里转身向圣克莱尔和朱丽叶道别，四人围站在一起。

“皮埃尔，”朱丽叶说道，“过去就过去了。没必要再道歉。但我有个不情之请，是私事。”说着她面露微笑，眼睛闪烁。

顾拜旦微微鞠躬，应道：“如有差遣，定——”

“哎，”圣克莱尔当即打断了他的话：“小心她会狮子大开口哦。”

朱丽叶听言给了圣克莱尔一胳膊肘，圣克莱尔假装疼痛，弯下腰去。朱丽叶说道:“皮埃尔，您的肖像画完成了。我想在画室里举行一个小型的晚宴，为画揭幕。”

“公开的揭幕仪式?”顾拜旦故作惊慌的样子，“你是说，连我都得等到那时才能看?”

“您，任何人都不能提前看。我想请您带着夫人和蕾妮一起过来，还要请几位客人。”说罢，朱丽叶朝梅斯里点了点头，笑了。

65

1896年雅典奥运会

圣克莱尔写完了雅典奥运会的前前后后。迄今为止，这是传记中篇幅最长的一章。其中，他对描写顾拜旦及国际奥委会的成员在希腊受到的糟糕待遇的部分最为满意。奥运期间的雅典满是爱国的自豪感，无暇与人分享其荣耀。尽管首届奥运会的成功超乎他的想象，但在雅典，顾拜旦根本没有预料到，他会率领同事们陷入一场反对和羞辱的风暴之中。

◎◎◎◎◎

3月末，顾拜旦和玛丽抵达雅典宪法广场，入住布列塔尼大酒店。雅典仿佛变成了另一番模样。这座城市的中心地带已笼罩在多彩的节庆气氛之中。雅典已被其活力四射而爱国心切的民众装扮一新，准备在世界舞台上粉墨登场。大街小巷挂满了横幅和旗帜，大小建筑上彩旗飘扬。希腊文“OA”——奥运会的简称——以及“前776年—1896年”的字样随处可见，仿佛宙斯撒在雅典城的神符。它们不断提醒着人们，古老的传统即将在满场观众眼前重现。街上的男女老幼均身着盛装，欢快地来来往往，彼此欣赏。身着军装的士兵与身穿传统服装的村民混杂在一起。

农人都穿着乡间的白色短褶裙和长筒袜，为城市增添了一份乡间景象。吟游诗人四处游走，唱着欢快的歌曲，为欢庆的气氛锦上添花。成年男子、小男孩们在议会大厦前面的广场上竞走，似乎此时的希腊首都除了体育再无更重要的事情可做。一群体操杂技运动员从广场上翻着跟头经过，围观人群发出阵阵喝彩。

酒店里随时传出消息，让外界知道哪些运动员已经抵达。匈牙利的运动员身穿时髦的白蓝条纹衬衫走出酒店，深入城市之中，向当地人表达感激之情和对奥运会的期盼，赢得了希腊民众的好感。顾拜旦等不及要见见凯姆尼，问问他这是蓄意为之还是运动员自发的行为。他知道，刚刚独立的匈牙利想借参加首届奥运会之机来展示其政权的合法性。

顾拜旦深知历史的重要性，他让维凯拉斯安排一位摄像师，为首届奥运会的国际奥委会委员拍一张合影。他把玛丽在酒店里安顿好，接着就去了扎皮翁宫。扎皮翁宫是一栋漂亮的拱廊建筑，是早期扎帕斯奥运会留给世人的遗产。从酒店出发，穿过宪法广场，再穿过国家公园就到了。顾拜旦走在路上，心中激情澎湃，同时又有种钻心的遗憾。他的挚友威廉·斯隆因忙于著作《拿破仑传》的出版事宜，不得已取消了参加奥运会的计划，未能随美国代表队前来。“威廉，真希望你能看看我们携手创造的这一切啊！”顾拜旦如此想道。

顾拜旦走进房间，只见维凯拉斯正背对房门，手拿一个大笔记本，与摄像师商量拍照事宜。他指着一张小桌子和三把椅子，那就是此次拍照的场景了。

“大概有5到6个人，”只听维凯拉斯如此对摄像师说道，“我还不知道到今天谁能来谁不能来。”

“德米特留斯，”顾拜旦说道，一边绕过一个大三脚架和箱式照相机，走到维凯拉斯身前，与他握了握手，“咱们创造历史的时刻来临了。”

“欢迎你，皮埃尔。”维凯拉斯说道，笑容灿烂。他把笔记本放到桌子上，给了顾拜旦一个拥抱，“欢迎来到你的奥运会。”

“准备工作进行得如何？”

“嗯，我们国际奥委会被人当成了不相干的委员会。除此之外，一切顺利。”

顾拜旦早就知道会受到希腊人的轻视，会被他们排挤，但他觉得尚能扭转局势。“要不，我跟国王和王储说一下？”

“我觉得他们不会见你。”

“为什么？”

“总之很复杂。费利蒙在煽动国民的仇外情绪方面很是高效。眼下，我干的就是秘书的活儿。”

此时门口传来走动时刀鞘发出的声音以及沉重的靴子踏地声，二人朝门口望去，只见瑞典的维克托·巴尔克少将、俄国的博图斯基将军走了进来。

“先生们，”巴尔克一边说，一边伸出手向二人走来，“咱们发起了一场盛事啊。”

博图斯基说：“真没想到，奥运会竟然能点燃公众的热情。”

“是啊，”维凯拉斯应道，“为了这场盛会重现，我们希腊人等了足足15个世纪。我们不会再错失良机了。”

不一会儿，波西米亚的基利·古斯-亚尔科夫斯基、匈牙利的费伦茨·凯姆尼、德国的威廉·格布哈特博士（Dr. Wilhelm Gebhardt）也陆续来到了。其中，格布哈特奇迹般地在最后一刻组建了德国代表队参赛。

众人对雅典市内热情高涨的气氛做了一番评价，随即准备照相。顾拜旦和博图斯基坐在桌子正面，桌子上摆着一本打开的书，顾拜旦手中握笔，仿佛是在写字。维凯拉斯坐在侧面，其余四人围站在他们身后，看着桌子上的书，似乎是共同目睹一项决议被记录在案。这就是第一届奥运会上国际奥委会委员们的首次会议，它被一张照片永久记录下来。

拍完照之后，他们搬来椅子在桌旁坐下，开始了会议。由于希腊人为国际奥委会赋予了观察员身份，国际奥委会对本届奥运会没有任何职权，因此，大家的不满情绪很快就表现出来了。他们讨论了媒体的报道，以及费利蒙采取种种措施剥夺国际奥委会的名望和权威的行为。

“希腊人的自豪可以理解，他们理应为他们所做的工作感到骄傲，”巴尔克说道，“可他们不该削弱咱们的领导权。”

“皮埃尔，他们说你是个盗贼，”凯姆尼说道，“我的队员们给我看了那篇文章，指责你，指责我们，说我们偷了他们的荣耀。”

众人接连抱怨，有人提议起而对抗。“我们应该在报纸上发表文章，反驳他们的指责，”博图斯基说道。大家纷纷要求夺回国际奥委会的尊严，顾拜旦却近乎无语，任凭大家的情绪发酵。这时，维凯拉斯请求大家，少安毋躁。

“我们得顺从上意，”他如此解释道，“王储的奥运会组织工作非常出色，国王很是自豪。他将其视作儿子的公开加冕仪式，不愿康斯坦丁的功绩受到一丝干扰。”

顾拜旦终于开口了。他说：“我们必须尊重希腊人民、希腊王室所做的工作。倘若各位关注了德米特留斯的进展报告，就能看到，每捐一块钱，每垒一块砖，希腊人对奥运的自豪感就增加一分。实话实说，在鲜有帮助的情况下，希腊人在咱们的基础上做出了非凡的工作。所以，‘奥运会属于希腊、并且只属于希腊’的观点也就顺理成章了。正是在此想法的激励下，他们才取得了今日之成就。我们不争，也不干涉。我们放弃本届奥运会的控制权，但我们不会放弃奥运会的所有权。希腊人的荣耀最终会回到我们身上。”

“皮埃尔说得对，”巴尔克说道，“胳膊拧不过大腿。”

片刻过后，大家都同意不再做徒劳之争。

“我知道，这跟我们预想的不一样，”顾拜旦继续说道，“但请大家暂时放下这份自豪。我们接受他们的安排，当好观察员。我们要认真记录下本届奥运会的点点滴滴。管好你们各自的代表队，让他们做好客人的本分。先生们，我们尽力而为，抵制控制权的诱惑。它终将回到我们手中。”

话虽如此，顾拜旦心知，要做到坦然接受这种令人憋屈的待遇实在很难，更不消说身边还有个脾气火暴的玛丽。

◎◎◎◎◎

奥运会开幕前的那个晚上，顾拜旦和玛丽到市政厅参加宴会。宴会上，祝酒一个接着一个，可对国际奥委会工作的认可却只字未有。深夜，顾拜旦和玛丽步行回酒店，二人一路无话。今晚的经历已使二人之间出现裂痕。宴会上，希腊的政客、官僚、体育界人士纷纷得到赞美和表扬，玛丽将其看在眼里，憋了一肚子火。而当她看到丈夫也跟着鼓掌、点头微笑，仿佛一切完美无缺时，她已怒火中烧了。最后，众人对王室众口交赞、歌功颂德。此次王室派了王储康斯坦丁和弟弟乔治前来参加宴会，而整个晚上他们俩都躲着眼神，不看顾拜旦夫妇。玛丽暗骂不已，悄声对顾拜旦说道："这是不对的，他们是贼，他们抢走了所有的功劳。他们怎敢把你晾在一边，只字不提。"

"玛丽，王储和王室的确劳苦功高，"顾拜旦低声仓促应道，同时四下看看，唯恐有人听到玛丽的抱怨。"现在还不是咱们荣誉加身的时候，"他如此劝道，"会有那么一天的。"说罢，他看着房间前面，微笑举杯，与那边的维凯拉斯默默同哀。维凯拉斯坐在主席台的桌子旁，他看着顾拜旦，默默表示了自己的同情和理解，仿佛为形势所逼，顾拜旦最好只露面、不发声。

听到顾拜旦的劝慰，玛丽的怒火稍息，片刻过后，又开始愤愤不平："你为他们做的一切，似乎都一钱不值。咱们的付出，就换来这个？"顾拜旦听言，愤怒地盯着玛丽，目光却旋即柔和下来，让她看到，其实自己一样气馁。他一只手捂在玛丽的手背上，握了握，她却扭过头去，不愿理他。

二人回到酒店。顾拜旦拿出钥匙开门，玛丽对他说："等一下，咱们去顶楼喝点酒，看看帕特农神庙的景色。今晚是属于你的，皮埃尔，是你的胜利之夜。希腊人不为你庆功，我来为你庆功。”说罢，她抬手抚着顾拜旦的脸庞，“对不起，亲爱的。我受不了这种不公对待。”

“我知道，亲爱的。谢谢你。”顾拜旦的眼睛湿润了。他让玛丽挽着他的胳膊，说道，“你的愤怒，是我此刻最需要的肯定。”

二人来到顶楼，在一个双人桌前坐下，看着火炬点缀中帕特农神庙的壮观景象。只见它坐落在雅典卫城之上，仿佛一个伤痕累累却完美而永恒的王冠。

玛丽点了两杯茴香烈酒，一会儿，服务员把酒送上来了。玛丽端起酒杯，对顾拜旦说道：“我代表希腊，代表全世界体育界人士，向奥运之父，杰出而宽容的皮埃尔·德·顾拜旦男爵表示感谢。谢谢他复兴了奥运，让我们乐在其中，让我们重拾对国家的自豪和对自身能力的骄傲。”

顾拜旦开怀大笑，举杯一饮而尽，说道：“玛丽，眼下全世界在此会聚一堂，我可不能为了一点小不幸就放弃了大快乐。”

◎◎◎◎◎

首届雅典奥运会定于4月6日星期一开幕，就在复活节之后，刚好也是希腊的独立日。希腊久浸于古代神话之中，在宗教和爱国情绪的共同作用下，奥运会便具有了更深层的意义以及一种国民喜闻乐见的天命感。不知何故，奥运会像一阵烈风一样渗入希腊人的意识里，与现存的根深蒂固的古代神祇的无上真理合为一体。

奥运会的筹备工作进展顺利，但历法却造成了很多麻烦。希腊仍使用古老的罗马儒略历（Julian calendar），上可追溯到恺撒大帝执政时期。而别国使用的是格里高利历（Gregorian calendar），比儒略历要快12天。大多数国家早就想到了这一点，都提前抵达了雅典，只有美国疏忽了，在顾拜旦的苦苦等待之下，于4月5日亦即开幕前一天才来到雅典。

复活节这一天上午，顾拜旦夫妇一早就去了教堂，听迪东神父布道。布道的内容与此奥林匹克时刻相关，鼓舞大家活出最棒的自己，异常激动人心。迪东是受罗马东正教主教之邀前来布道，顾拜旦明白，这是奥运会产生的友好氛围下所做出的一次不寻常的精神层面的合作。乔治国王及其随行人员出席了此次布道，但顾拜旦无法与他们取得眼神接触。他隐隐意识到，王储康斯坦丁是在刻意躲避自己的眼神。

细雨中，顾拜旦和玛丽步行返回酒店。玛丽挽着顾拜旦的手臂，顾拜旦忍不住心中委屈，开口道："在教堂里，他们连看都不看我一眼。"

"我们成了无名之辈，"玛丽应道，"你的天主教朋友却在庆祝。你注意到了吗？他好像成了天主教的大人物，能跟雅典东正教主教平起平坐。报纸上每天都是他们的新闻，俩人肩并肩四处参加活动，都穿着黑白的法袍。"

"他们是为所有人所有事祈福。也许这是现代奥运最大的讽刺之处——两位基督教神父，两位虔诚之人，在为奥运会的各项仪式和赛事祈福。可 1502 年前，正是罗马的基督教皇帝宣称奥运会是异教徒的活动将其终止。"①

◎◎◎◎◎

奥运会首日中午，整饬一新的帕纳辛纳克体育场开门迎客，观众如潮水般涌入。体育场两侧的阶梯座位都新铺了彭忒利科斯山上采来的大理石，但后面仍是木质看台。体育场的复建工作延误了工期，但似乎没有人在意。公众之中曾有抱怨，说票价过高，但在体育场四周的山丘上，

---

① 公元393年罗马皇帝狄奥多西一世宣布基督教为国教，认为古奥运会有违基督教教旨，是异教徒活动，翌年宣布废止古奥运会。公元895年，拜占庭人与歌德人在阿尔菲斯河发生激战，使奥林匹亚各项设施毁失殆尽。公元426年狄奥多西二世烧毁了奥林匹亚建筑物的残余部分。公元511、522年接连发生的两次地震，让奥林匹亚遭到了彻底毁灭。

有大量免费观看比赛的位置，所以很少有人会担心看不到比赛。赛场内外一片喜气洋洋，放松而有序。希腊民众满怀自豪，期待这一历史时刻的到来。

顾拜旦和国际奥委会的同事在布列塔尼大酒店召开本届奥运会前的最后一次会议。维凯拉斯因组委会事务缠身未能参会。会上，大家特意谈到了开幕式的观众人数。

“维凯拉斯说票已售罄，还说这是希腊历史上单场人数最多的活动。”古斯-亚尔科夫斯基说道。顾拜旦一听，心都要跳出喉咙眼了，他想振臂欢呼，却强压着兴奋之情。一想到其盛大场面，他就忍不住心中的激动：如果首届奥运会的观众人数能创纪录，那么第二届应该会更好。就在今天，他所有的梦想和计划都将在希腊神话之地得到验证。再过几个小时，他就能知道自己的设想有多么成功。

这时玛丽走到桌前，说道：“从我们来到雅典，每天都看到大街上人山人海。”玛丽今天穿着粉色裙子，头戴白色羽饰礼帽，艳若桃李。顾拜旦起身亲了亲玛丽的脸颊。玛丽与顾拜旦的同事一一打过招呼，顾拜旦请她也在桌前就座。

当时雅典有 7 万人口，南面的比雷埃夫斯港口有 4 万人。整个上午，从比雷埃夫斯来的火车载满观众抵达雅典车站。而雅典城中，几乎每个人都在向体育场进发。宪法广场周围的街道上人流攒动，男士大都身着深色双排扣大衣，女士则身穿各色礼裙，打着阳伞。顾拜旦能看出来，他的几位同事已经迫不及待想加入人潮之中，而他也已按捺不住。

顾拜旦从维凯拉斯那里得知了王室成员的日程安排。尽管受到排挤，但他想让国际奥委会的委员们加入到官方代表团中，随国王一同进场。“乔治国王一行将在下午 3 点左右抵达体育场正门前的广场，”顾拜旦说道，“咱们还有两个小时的时间，先检查一下最后的准备情况，再到那里迎接王室成员。”

“我想现在就赶过去，”凯姆尼说道，“我急着要去看看我们国家队的队员，要保证他们把心放在比赛上，别跟前几天似的满街乱跑。”

“好吧，”顾拜旦说道，“咱们这就动身去体育场。请大家注意观察，认真记录此次奥运会的组织工作。比赛结束后我们要写一份详细的总结报告，我需要在座各位的意见。”

说罢，他转身面向玛丽，请她挽着自己的胳膊，说道：“夫人，下面咱们就要走进历史了。”看到玛丽今天心情不错，他也很高兴。于是大家便出发了，6位国际奥委会委员向首届现代奥运会走去。

他们加入人流中，穿过宪法广场。乐队们争相演奏着节庆的乐曲，音符在天地之间回荡。顾拜旦一行一边享受着公众的表演，一边经过议会大厦前的台阶，又在国家公园春日里的枝丫下走过，沿着一条宽路，与数百位希腊人及国外观众一同向体育场走去。他们经过扎皮翁公园（Zappeion Park），绕过扎皮翁宫，这时队伍行进的速度慢了下来。但每走一步，顾拜旦就越发确定：他的设想、判断、决定，绝大部分都如愿以偿。

众人来到体育场正门外的广场上，只见人群中随处可见士兵的身影。他们或是挡住拥挤的人群，让贵宾的马车通过（此次奥运会上，只有贵宾可以乘马车入场），或是在门口检票，或是为观众指示座位的位置。

“把军队派来协助工作，真是太聪明了。”顾拜旦对格布哈特说道，“王储的筹措能力真强。”

“是的，这个办法很好。他们既能当工作人员，又能维持秩序。”

凯姆尼急着去找自己的队员，就加快了脚步，可顾拜旦又把他叫了回来。顾拜旦指着体育场的入口，对大家说道：“先生们，咱们2:45准时在阿韦洛夫的雕像下面集合。不要迟到。我想让王室看看，咱们也到场祝贺了。”

◎◎◎◎◎

约定时间到了。巴尔克是最后一个赶回来的，不过也未迟到。士兵们早已为王室的马车清理好街道。顾拜旦听到视野之外传来欢呼声，从其方位和音量大小来判断，贵宾正在接近。一位指挥的上尉向手下的士兵简明扼要地介绍了贵宾的行进安排，随后士兵将在场宾客排成几排长长的迎宾队伍，一直通向体育场入口。顾拜旦带着国际奥委会的同事走到迎宾队列前面，刚要走到上尉身前，提姆利昂·费利蒙却突然出现在顾拜旦身边。

"上尉，"费利蒙冷冷地看了顾拜旦一眼，对上尉说道，"这几位先生是带领国家队来参赛的，把他们安排到队伍最后面。"说着，他伸手指了一下，顾拜旦顺着他的目光看去，只见他所指的是大门远端的一处位置。

上尉迈步上前，对顾拜旦等人说道："请这边走。"

"天啊！"玛丽简直不敢置信。但他们别无选择，只能听从军官的安排。顾拜旦也朝她使了个眼色，玛丽闭口不再说话。

此时传来马蹄的嘚嘚声，八匹白马拉着国王的马车缓缓驶来，迎宾队伍发出一阵欢呼。国王的马车真是华美，顾拜旦如此想道，只见马车遍身金色珐琅，车门上饰有王室盾徽。国王的马车后面，跟着六驾马车，那是国王的随从人员。国王、王后、王储在车厢里起身向两侧的迎宾队伍挥手致意，广场上的欢呼喝彩声响彻云霄。王室一行下了马车，在国王带领下沿着迎宾队伍向体育场正门走去。

最后他们来到国际奥委会诸人身前。国王是第一个走到顾拜旦身前的，他一句话都没说，只是向他微微点头，扬了扬嘴角算是微笑。

"陛下，祝贺您的伟大——"不等顾拜旦说完恭维之词，国王就移步前行了。

接着来到顾拜旦身前的，是王储康斯坦丁。他紧紧握着顾拜旦的手，直视他的双眼，眼神带着深意，似是在请求顾拜旦的理解。顾拜旦对他说了同样的恭维之词。然而，当王储经过玛丽身前时，他注意到她的脸上再次布满失望之情。

这时音乐响起，王室入场式开始了。国王与王后向体育场正门走去，身后跟着一众随从。费利蒙指挥着士兵，按照希腊传统为进场队伍排序。跟在王室成员之后的，是政府的部长、外交官、议员，以及希腊各地的政府官员；排在他们后面的，是军官和神职人员；随后是本届奥运会的组委会成员，维凯拉斯就身在其中；再后面，才是国际奥委会的委员，与众多不知名的国际组织代表、新闻界代表等组成一个方队。在队伍中，顾拜旦看到了乌格斯·勒鲁（Hugues Le Roux）。此人是巴黎《费加罗报》的专栏作家，他对顾拜旦及奥运设想极不友好。而这样一个人竟然排在了他前面5排的位置，顾拜旦觉得很是屈辱。士兵们在入口处排成漏斗形队列，让迎宾队伍鱼贯而入。

大家走进大门，在那么一瞬间，顾拜旦感觉到一阵自豪；因为他注意到，他们6位国际奥委会的委员步调一致，排成一行走进体育场，尽管无人知晓，但他们才是是整个行进队伍中真正的主角。似乎是受到了巴尔克一身军装的感染，他们气宇轩昂地迈着步子，心知自己这几个人才是眼下这一辉煌时刻的最大功臣。接着他抬眼看到看台上国王的白色大理石王座，裹着红缎，摆着靠垫，忍不住想道，他那初具羽翼的国际奥委会至少与王室一样，在那王座上占有一席之地。但他还是收敛心神，挥走杂乱的思绪，看着眼前的成就，他告诉自己，首届现代奥运会马上就要开始了。

顾拜旦跟在玛丽身后登上看台，轻托着她的手肘以做指引。玛丽一步步迈上去，裙摆轻轻扫过看台的台阶。她停下来看了看王室的看台，顾拜旦轻推着她继续前行。他知道，王室不可能在这个时候跟他们打招呼，他也知道这份屈辱对玛丽比对自己的影响更大。他们经过贵宾席，终于来到地方长官所坐的看台处，又蹭着诸位公务员和官僚的膝盖往里走，期间不断向人道歉，最后才挤进一群籍籍无名的观众之间。顾拜旦强作笑颜，向其中几人表示感谢。他知道，奥运会的成功举办离不开这些志愿者的工作，他们都在活动组织中出了一份力。

众人就座，玛丽难掩难以置信和极度懊恼之情。顾拜旦不忍见她这副样子，就扭头看向一边。这跟她期盼的情景大不相同。顾拜旦知道她的感受，因为他的感觉也是如此。他试图在眼下这矛盾情绪中找到释怀之处，却始终无法拂去脑中残酷的现实——希腊人对奥运会所有权的争夺日盛，并成功将顾拜旦的国际奥委会排挤成了一个不相干的委员会，至少眼下如此。

这跟顾拜旦期待的情景也不一样。“我现在也是个劳工啊，”他如此想道。他发现自己如愿以偿变成了心目中的人物，一位真正的共和主义者，不仅是人民的代表，还是人民中的一员。

他因这番顿悟而感到由衷的高兴，他一把将玛丽拉过来，亲吻着她。片刻过后，玛丽睁开眼睛，顾拜旦注视她的双眼，对她说道：

“玛丽，他们若想否认我们的功劳，那就让他们去吧。但他们无法否认我们所做的一切。我们把这个国家和它的国民，甚至还有这个世界重新整合在一起，使其再度复兴。这是前所未闻的大功绩。”

玛丽勉强笑了笑，扭过头去，看着前面10排处坐着的贵宾。周围这些工人是奥运会真正的建设者，身在他们中间，顾拜旦试着找到宽慰，让自己高兴起来，可他无法压下内心的感觉。他知道这是不行的，根本不够。这种焦虑像涌动的潮水在他胸中激荡，正如玛丽的感受一样。尽管他对同事们也说了劝慰的话，尽管他请求大家低头低调，但他同样渴望得到认可，哪怕不是荣誉呢，向他表示感谢都行。就在此刻，他暗下决心，倘若自己得不到应有的荣誉，倘若希腊人不给他补偿，那他就自己去拿。他感到一股熟悉的感觉再次涌现，他的胆气又回来了。等这场盛典结束，他就夺回奥运会，宣称其所有权。

就在这时，数千人的嘈杂交谈声打断了他的思绪，他又回到现实之中。只见下面场地上出现了一支乐队，还有300名身穿白色长袍的合唱团。场地上摆了一个台子，王储站在上面。他身材高大，身在臣民之间，犹如鹤立鸡群，而一身的军礼服更令他威仪万方。王储高举双手，全场安静下来。他开始讲话，众人只能模糊听到。顾拜旦只听到寥寥数语，那还是王储特意高喊出来的。毕竟，现场有5万名观众，周围山坡上还有4万人。王储先是对希腊赞美了一番，将爱国的自豪感和基督教、异教徒的神话掺杂在一起。他的声音大都在广阔的体育场上空消失了，但最后一句显然是对国王的赞颂。只见乔治国王从王座上站起身来，高声宣告："在此，我宣布，第一届雅典现代奥运会开幕！"

乐队奏乐，唱诗班唱起动人的《奥运会大合唱》。歌词像浪涛般流过，顾拜旦心潮澎湃。歌词出自一位佚名的希腊人，语言庄重而喜庆：祖先不朽之灵魂/真善美之父/你的光辉降临，遍布众生/铺洒于地，照耀于天/再现您永恒的名望……优美的歌词，动人的旋律，欢庆的时刻，令顾拜旦放松下来。他感觉到，周围人群充盈着欢乐之情。他看了看坐在右边的玛丽、巴尔克、古斯-亚尔科夫斯基，只见他们都如痴如醉。他又转头看了看左边的格布哈特和凯姆尼，只见他们脸上也是同样惊喜的表情。顾拜旦心想，太了不起了，希腊人做到了，我们做到了。欢乐的气氛令人难以自已，随着最后一个音符消失在天空里，乔治国王高声欢呼起来，而观众却在高喊"再唱一遍！再唱一遍！"乐队指挥顺从了大家的请求，转身面对乐队，又举起了手中的指挥棒。现场观众再度安静下来，奥林匹克合唱再次奏起。

第二遍唱过，乐队和合唱团纷纷就座，比赛正式开始。全场观众的目光都集中在体育场的一条过道上。只见20名运动员排成一列，鱼贯进入赛道，参加100米跑的预赛。他们绝大多数都穿着白色短裤、宽松的棉衬衫、脚穿钉鞋——这是一种皮质田径鞋，现已成为短跑的标准装备。赛场上的比赛激烈进行，观察员们翻开比赛表，查看参赛队员的资料并做着记录。美国选手伏在地上，双手撑在起跑线上，发令枪一响，他们的启动速度明显超过直立或倾身姿势的运动员。顾拜旦当即记下了各种不同起跑技术及其优劣，以备过后与同事们讨论，将杰出运动员的技巧加以推广普及。美国队不仅技术先进，而且还有人数最多、声音最大的助威团。看到此情此景，顾拜旦真希望斯隆也能在场。第三场预赛开始了，顾拜旦和玛丽看见法国选手阿尔宾·莱米西奥（Albin Lermusiaux）站在了起跑线上，他俩高声为他加油。预赛成绩出来了，莱米西奥进入了三天之后的决赛，顾拜旦和玛丽大喊着："法国万岁！"

随后举行的是当天的奖牌项目——三级跳远，即众人所说的"单足跳、跨步跳、跳跃"。希腊有两名优秀选手参赛，可是几轮过后大家发现，来自雅典的法国人亚力桑德拉·蒂菲尔（Alexandre Tuffère）以及美国人詹姆斯·B.康诺利（James B. Connolly）才是真正的高手。蒂菲尔跳出了其自身当天的最好成绩，比两位希腊选手都远，仅次于康诺利的上一跳。顾拜旦起立为其喝彩，与他同时喝彩的还有观众席里的很多法国人。斯隆曾在信中向顾拜旦介绍过美国队参赛选手的情况，他知道，这个意气风发的小伙子为了参加本届奥运会，刚从哈佛退学，随波士顿运动协会（Boston Athletic Association）来雅典参赛。顾拜旦赶紧提醒玛丽和格布哈特看看康诺利的表现。只见他沿着跑道走到沙坑一侧，将他的帽子扔在沙坑里，就在蒂菲尔上一跳落地处一米开外，此举令在场观众大为惊讶。他看着观众席，大喊着"B-A-A，万岁！B-A-A，万岁！"[①]，美国的助威团随之高喊起来。

这种奇怪的断断续续的加油声是美国大学助威团所熟悉的，但别国的观众却是头一次听到，现场的观众齐刷刷地看向美国观众席那边，接着又看着场内康诺利的动向，只见他慢慢跑向起跑线。

"他这是干什么？"玛丽问道。

"出风头。"顾拜旦答道。

"我不信他能跳那么远。"巴尔克说道。

"能创纪录了。"

大家拭目以待。只见康诺利以当天最快的速度快跑，单足跳距离很远，跨步跳超过了上次试跳的距离，然后飞过沙坑上方，在帽子后面落地。

---

① BAA即波士顿运动协会的简称。

体育场上空响起轰然喝彩，像浪涛一样席卷观众席。顾拜旦看见一群身穿制服的美国“旧金山号”水手在看台最上方站成一排。他们的船长决定在比赛期间将船停泊在比雷埃夫斯港，于是水手们成了美国队的铁杆助威团。随后赛场里又响起了美国大学里的喝彩声，先是“B-A-A，B-A-A……”，后变成了“U-S-A，U-S-A……”身在雅典的美国大学生也开始整齐划一地喊起了口号。

康诺利这一跳的距离，官方统计数字为44英尺11.75英寸(13.71米)，创造了新的世界纪录。为庆祝这一伟大成绩，现场升起了美国国旗，奏起美国国歌。波士顿运动协会的成员、普林斯顿大学的学生，以及“旧金山号”上的水手争相欢呼不已。

当观众还陶醉在康诺利的三级跳远奇迹中时，第一轮800米预赛开始了。7位选手站在起跑线前。最终，代表英国参赛的澳大利亚人、伦敦运动俱乐部（London Athletic Club）的埃德温·弗拉克（Edwin Flack）轻松取胜。

弗拉克的胜利令国际奥委会的诸人尤为震惊。顾拜旦记得，英国的两位国际奥委会委员查尔斯·赫伯特和安特希尔勋爵未能组建一支像样的英国国家队，对此他还深表失望。世人皆知英国体育人才济济，而他们只派了6个人参赛，无论什么理由都说不过去。看到弗拉克的表现，顾拜旦同样也为自己的失败而心痛。无论是赫伯特还是安特希尔勋爵，他们与牛津、剑桥等英国大学都没有建立恰当的联系，而这些大学完全可以组建代表队，弘扬托马斯·阿诺德的遗志。等顾拜旦意识到这一点时，为时已晚。顾拜旦曾给《伦敦时报》等几家报纸写过公开信，大声呼吁，希望促使英国积极参加此次奥运会，可来不及了。而且，赫伯特与安特希尔勋爵都未能前来雅典，此举再度令其辛勤工作的同事们感到愤恨。

第二轮800米预赛开始了，顾拜旦紧张地站了起来。因为其中就有小个子的法国选手莱米西奥，最终他获得了第二名。

云层渐聚，天色暗了下来，起风了，晚间渐生凉意。此时赛场内迎来了参赛国家最多的一项赛事——掷铁饼。共有来自希腊、丹麦、德国、英国、法国、瑞典、美国7个国家的11名选手参赛。主办国对这个项目的热情很高，因为他们有两位知名且受人敬重的选手参赛，分别是索蒂里奥斯·韦西斯（Sotirios Versis）和帕纳吉尔蒂斯·帕拉斯克沃普洛斯（Panagiotis Paraskevopoulos）。数月以来，他们在公开场合练习，令希腊民众大饱眼福，认为这项赛事的冠军已是希腊的囊中之物。而他们的期待由来已久——每个希腊孩子都是看着米隆的"掷铁饼者"① 那优美的肌肉线条长大的，而在奥运会之前，数千名希腊少年曾模仿古典雕塑的样子，以掷铁饼的形式彰显体育的艺术之美。多亏了诸多罗马复制品，"掷铁饼者"的形象牢牢地铭刻在希腊人的脑中，成为其历史的理想化的象征。所以，在场的所有希腊人都希望两位优秀的选手能拿下这个项目的冠军。

很快，比赛就开始了。两位希腊选手中，先登场的是韦西斯。他第二掷的成绩是91英尺1英寸，暂时领先。韦西斯知道这已是自己的最佳表现，便挥了挥手，放弃了第三次试掷。观众高声喝彩。帕拉斯克沃普洛斯下一个出场，他比韦西斯更魁梧一些，他第一掷就拿出了95英尺的成绩，超过韦西斯，暂时领先。

两位希腊选手，以及绝大多数国外选手采取的都是同一种投掷姿势，即双脚站住不动，扭动上身，凭借胳膊的力量将铁饼掷出去。只有美国选手、来自普林斯顿大学的罗伯特·加勒特（Robert Garrett）使用了与之完全不同的技术。他充分利用了投掷区的空间，退到投掷圈后面位置，然后向前旋转两圈，其间完美地保持着平衡，最后像甩鞭子一样，用全身力气挥臂将铁饼掷出去。在场观众齐声惊叹，只见铁饼划过天空，落在帕拉斯克沃普洛斯铁饼的落地处之外。95英尺7英寸，美国队再下一城。

① 掷铁饼者：Discobolus，大理石雕复制品，高约152厘米，罗马国立博物馆、梵蒂冈博物馆、特尔梅博物馆均有收藏，原作为青铜，希腊雕刻家米隆（Myron）于前450年创作。

加勒特的队友和朋友们再次拖着长音欢呼起来:“普—林—斯—顿,普—林—斯—顿……”“旧金山号”的水手和其他美国观众随后加入进来。顾拜旦不由得担心，美国人的喧嚣会触怒主办国的希腊民众。但此时此刻，希腊观众表现出了代表奥运精神的宽宏大量，他们也全体起立，为新的奥运冠军喝彩。

此时天已黄昏，赛事暂停。乐队奏起王室乐曲，王室成员闪亮离场。在场观众也开始陆续散去。气温降了下来，当天的赛事只剩最后一项——400 米初赛，而希腊选手在这个项目上没什么希望。但美国队对观众的离场并不在意，在仅剩一半观众的赛场内，来自美国波士顿运动俱乐部的汤姆·伯克（Tom Burke）和赫伯特·贾米森（Herbert Jamison）在预赛中突围而出。

◎◎◎◎◎

夜幕降临，雅典市内大小街道上出现了手举火把的游行队伍，广场、酒馆、餐厅里到处都是庆祝的人们。尽人皆知，现代奥运会首日取得了巨大成功，远超预期，且证明了希腊人的主办工作非常卓越。这份功劳的确属于他们，顾拜旦如此想道。维凯拉斯也赶了过来，跟大家一起回到布列塔尼大酒店，一边喝酒，一边讨论当天的情况。顾拜旦印象最深刻的，当数希腊观众对美国队夺冠时的反应——他们一边忍受本国选手的失利，一边为别国选手的优异成绩而赞赏喝彩。希腊人像顾拜旦希望的那样接受了国际主义，这令他满心欢喜。

回到酒店，玛丽说自己累了，且对当天赛事的细枝末节深感厌倦。顾拜旦便陪她回到房间内，让她早早休息。顾拜旦知道，经过一天激动气氛的感染，玛丽心中的失落减轻了一些。

“能目睹这非凡的奥运复兴，真是太荣幸了。可我仍然认为，皮埃尔，你理应受到一些关注。”玛丽拥着顾拜旦说道，“亲爱的，我为你骄傲。”

顾拜旦随后离开房间，回到同事们中间。维凯拉斯提议大家到酒店外面去，到街上感受一下欢庆的气氛。“这是开幕式之夜的欢庆，军功章里也有我们的一半，不容错过。”

“我同意，”格布哈特应道，“可是先生们，在出门之前，我想先讲两句祝酒词。”7位国际奥委会委员听言，齐刷刷站了起来，共同举杯，庆祝他们的胜利。“今天我们要感谢的人有很多，”格布哈特说道，“优秀的主办国人民，尤其是希腊王室；感谢德米特留斯及其同事们孜孜不倦的工作；更重要的，感谢使这一切成为可能的人。”说着，他举杯向顾拜旦示意，“皮埃尔，所有的这一切都源于你的设想和付出。”

顾拜旦优雅地鞠躬致意。他知道，这份认可虽然分量不大，却给了他力量，使他压下了与希腊人对峙的怒气。

众人随着维凯拉斯走出酒店，几分钟过后，他们就挤进了普拉卡狭窄曲折的街巷中，沉浸在街头巷尾喧嚣的欢庆中。凯姆尼抱住顾拜旦的肩膀，伸手指了指头上。顾拜旦顺着他的手指望去，只见远处即是火把照耀下的帕特农神庙，那个神奇的千年魅影。两个街区之外，街角的一个酒馆前面，他们遇到一群人。加勒特和帕拉斯克沃普洛斯就在其中，人们共同欢呼举杯，不时爆发出欢笑声。二人相互祝贺，而帕拉斯克沃普洛斯说，倘若当时还有一次试掷机会，他也会试试加勒特的旋转投掷法。

顾拜旦一行站在一边看着，并未打扰他们的欢庆。顾拜旦对凯姆尼说：“费伦茨，看看！这正是我们一直以来所追求的——通过体育巩固友谊。”

◎◎◎◎◎

一个星期的时间慢慢过去了，密集的赛事在主体育场和遍布雅典的其他场地内如火如荼地进行。顾拜旦及其他6位国际奥委会委员或聚或散地观看各项赛事，并在早晨或晚上召开会议，讨论观察到的情况，记录奥运会的组织工作。尽管他们被排挤到了边缘位置，但他们仍然很积极，而且，说实话，他们为希腊人举办的这届奥运会的质量所折服、深受启迪。这次盛会，丝毫未给其奥林匹克历史丢脸。

维凯拉斯向顾拜旦介绍了乔治国王的日程安排，解释了如此安排的目的——保证王室莅临每天最重要的赛事，以此在每项赛事开始时开启此奥运项目的新篇章。顾拜旦随着乔治国王及其随从人员出席过各种赛事，他观察到，王室的到来能立刻引燃比赛的气氛，令每处赛场都有了历史意义。首个击剑项目在扎皮翁宫柱廊庭院的高台上举行，乔治国王到场之后，沿着台阶登上王室看台，赛事随即有了庆典的气氛。顾拜旦很高兴，因为法国的花剑高手主宰了比赛：格拉韦洛特（Gravelotte）和加洛特（Gallot）分获第一、二名，还得到了国王的亲自颁奖。

在当晚国际奥委会的赛后总结会上，顾拜旦说道："看起来，奥运会令希腊王室有了更强的使命感，至少是让他们迎来了第二春。"的确如此，王室的参与对奥运会大有裨益，而奥运会也提升了王室的形象。通过频繁参与和露面，乔治国王及两位王子展现了亲民的形象，赢得了人民的爱戴，倘若放在旧时代，这是难能可贵的。尽管奥运会秉承着民主精神，以公平为核心，但其所需的庄重感和仪式感为王室提供了机会，至少在社交层面表现了王室的价值。顾拜旦及几位同事长时间讨论了其象征意义。他们对此很是满意，雅典此举开创的象征意义，将被带入此后每一届奥运会并进而得到增强。

尤其令顾拜旦高兴的是，截至第四个比赛日，种类繁多的比赛项目营造出了他所期盼的节日气氛，其包容性之广也是此前任何竞技活动所不能企及的。

比赛场上，有件事从本届奥运开幕之始就已一清二楚：美国纵然派来的人不多——只有4名斯隆从普林斯顿大学选出的体育优等生，以及10名波士顿运动俱乐部的选手，外加1位教练，1位训练师——可他们在赛场上所向披靡。除了800米和1500米之外——这两个项目的冠军均被代表英国参赛的澳大利亚人埃德温·弗拉克拿到，而他在1500米项目上仅以微弱的优势战胜了波士顿运动俱乐部的亚瑟·布莱克（Arthur Blake），他们获得了所有田径项目的冠军。马拉松比赛尚未开始，但美国队已跃然成为本届奥运会上最大的赢家，14名选手拿到了20枚奖牌。

更神奇的事情还在后面。在包括顾拜旦本人的万众瞩目之下，马拉松比赛成了本届奥运会最伟大的比赛项目，它不仅是希腊的胜利，也使所有的奥林匹克梦想圆满成真。

◎◎◎◎◎

第五个比赛日下午，观众们都在苦苦等待着马拉松比赛的结果。这时，体育场内听到远处传来礼炮的轰鸣——选手们已经跑进市区了。接着又是一阵轰鸣，声音比礼炮轻了些，仿佛是欢呼声的回音。一阵接着一阵，声音越来越大，千万人的脑袋齐齐转头，寻找声音的出处。原来，是人群发出的狂喜的吼叫，随着选手的前行，马拉松路线两侧的人群的欢呼声越来越大，越来越近，一路向体育场及周围山腰上的10万人而来。突然之间，大家仿佛明白过来，这欢呼声带着一种民族的自豪感，因为它清清楚楚带着希腊口音。这是雅典市民的欢呼声，他们就像诸神施法的目击证人，前来见证一个朝天命而奔的人，为之竭力高喊。观众的欢呼声越来越大，一阵声浪像巨涛般涌过体育场，历史在此拉开帷幕，现代奥运会唤醒了奥林匹亚的灵魂。突然之间，体育场内的观众纷纷交头接耳，说着“是个希腊人，希腊的选手”。大家顿时明白过来，原来真的是一位希腊人在马拉松比赛中遥遥领先。转眼间他就从体育场通道的拱门中跑了进来，出现在众人眼中。他身穿希腊传统的白色短裙，上身是黑色马甲，戴着金色头巾——他身着希腊农人的装扮，却化身成为全希腊的英雄。看着他跑进赛场，在场的希腊观众难以抑制自豪之情，他们的欢呼声更大了。他们的同胞即将赢得历史上最伟大的长跑比赛。他们的奥运会重生了，不是出现在博物馆，也不是在展览上，而是活生生地再现人世，与他们呼吸着同样的空气，流着同样的血液。

这位希腊的马拉松选手就是斯皮里宗·路易斯，他的耐力和速度是上天所赐，不久就会享誉世界。这时，王储和王弟乔治也跑到了赛道上，陪在他的身旁，一圈圈地在椭圆形的赛道上奔跑着。

◎◎◎◎◎

两天之后，亦即4月12日星期日，早晨，乔治国王邀请300位宾客到王宫大厅共进早餐，其中包括所有外国参赛选手和所有在雅典的外国记者。玛丽怒气未消，不愿出席，而顾拜旦和国际奥委会的同事参加了。他们占了一个餐桌。虽然是在早上,但宾客们手端香槟在大厅里闲逛，与国王、王室成员及当日的贵宾斯皮里宗·路易斯开怀畅谈。

主宾落座，觥筹交错，祝酒连连。顾拜旦看在眼里，隐约猜到接下来的情形。或真心或假意的夸赞之词此起彼伏，大家交口称赞一个体育新时代的到来，还对乔治国王及王子歌功颂德。大家尚沉浸在马拉松比赛的热情中，纷纷请求国王发言，乔治国王欣然同意。

国王开始讲话，维凯拉斯却瞅着顾拜旦。顾拜旦明白，维凯拉斯是在暗中关注他对国王发言内容的反应，而这份发言稿显然是事先就准备好的。

"古时候，希腊诞生并养育了奥运会；现在，在欧洲和新世界的目睹之下，希腊再次将奥运会带到世间。此次奥运会的成功远超预期；四海宾朋令我们蓬荜生辉；由此，我们希望诸位来宾能稍施薄面，将雅典设为和平的主会场，成为奥运会稳定而永久的主办地。"

原来如此。顾拜旦觉得满身血液沸腾起来，仿佛怒火已将骨头融化。维凯拉斯仍在看着他，顾拜旦知道自己已经怒形于色。

费利蒙等人随声附和乔治国王的提议，而顾拜旦已经忍无可忍。他们对他只字未提，也从未说过是他最先复兴了奥运会、拯救了奥运会。他组建了奥委会，继而将奥运会从设想变为现实。而国王现在却向全世界宣称，奥运会要永远属于希腊，从今之后每四年要在雅典举办一次，别的国家和城市无权染指。此刻不仅是对他事业的威胁，还预示着自己权威的丧失。他毕生的事业刚刚起步就要戛然而止，他的理想行将夭折，他的领导权即将被剥夺。他决定做出回应。他要让国王和在场宾客知道，他——皮埃尔·德·顾拜旦，以及国际奥委会，欢迎他们1900年到巴黎参加下一届奥运会。

顾拜旦刚要举杯发言，维凯拉斯就压住了他的胳膊，用力将其按住，不让顾拜旦起身。顾拜旦四下看了看，所有同事——包括格布哈特——都看到了二人的动作。大家都知道是怎么回事。

“现在不能跟国王闹翻，”维凯拉斯凑近顾拜旦的耳边说道。他的话语柔和，却透着智慧——现在正是希腊志得意满之时，小不忍则乱大谋。顾拜旦看了看维凯拉斯，又看了看格布哈特和凯姆尼，二人都向他摇头，于是他就把酒杯放下了。他知道，维凯拉斯是对的，他的同事们也是对的。倘若他这么做了，将会使“通过体育推广友谊的道德规范”蒙羞，将会毁掉他一手创立的基业。于是，他决定暂时压抑心中积愤，让希腊人自得一会儿，让他们以为公众意见能将奥运会带回雅典。

“对，德米特留斯，”顾拜旦对维凯拉斯说道，“理应让他们风光一下。”

◎◎◎◎◎

马拉松比赛是田径项目的最后一项，体操项目也在同一天结束，举重、网球、击剑早已结束，摔跤、自行车、游泳、射击仍在进行；帆船比赛由于海上风急浪大而取消。全部赛事直到4月13日才完全结束。最后一项赛事是12小时的自行车耐力赛，在一个近乎没有观众的自行车赛场举行。6位选手于早晨5点开始比赛，到中午时，只剩下两名选手还在继续，一位是英国人吉普林（Kiping），另一位是奥地利人施玛尔（Schmall）。二人忍着痛苦、四肢麻木、筋疲力尽，为奥运会最后的荣耀而拼搏。他们你追我赶，最终施玛尔获得了胜利。他绕赛道骑行了900圈，整整比他的英国对手多骑了一圈。

最后，国际奥委会对本届奥运会做了分析总结。几乎每个参赛国都有闪光点：德国与瑞典称霸体操项目，匈牙利在游泳项目上一枝独秀，美国霸占了田径项目，法国的强项则是击剑和自行车。弗拉克代表了英国和澳大利亚的双重胜利[①]；而希腊，除了在马拉松比赛中一鸣惊人的斯皮里宗·路易斯之外，他们所获的奖牌是参赛国中最多的。

在因恶劣天气再度延期之后，1896年雅典奥运会的最后一项议程——颁奖仪式——终于在4月15日星期三举行。主会场内座无虚席。所有冠军都得到一枚银牌，一个用采于奥林匹亚的橄榄枝做的花冠，一本雕刻的证书；所有亚军都得到一枚铜牌，一根月桂树枝做的花冠，一本雕刻的证书。季军未获奖。金银铜牌的颁奖规则于4年后的巴黎奥运会才开始。

当天，在帕纳辛纳克体育场里，顾拜旦与同事们安静地和一众官员围成一圈，目睹乔治国王站在他们面前的领奖台上，为每一位获奖选手颁奖。富有的赞助人还为杰出选手捐赠了一些银质奖杯，最大的一个颁给了在马拉松赛场上大放异彩的斯皮里宗·路易斯。

颁奖仪式结束，希腊的风光时刻也要告一段落。乔治国王宣称要让雅典成为奥运会永久主办地，顾拜旦和国际奥委会的同事需要解决这一难题。而雪上加霜的是，美国奥运代表队的所有成员都签署了请愿书，对希腊王室的心愿——未来所有奥运会都在雅典举行——表示支持。

---

① 即前文所提的埃德温·弗拉克，800米和1500米两个项目的冠军；他是澳大利亚人，代表英国参赛，是伦敦运动俱乐部的选手。

◎◎◎◎◎

蒙里普斯漫长的一天又要结束了。回忆了在希腊的经历以及那个漫长而耻辱的夜晚之后，顾拜旦似乎有些累了。他问圣克莱尔，关于雅典奥运会的素材是否已经足够。

“关于您所受的屈辱，已经足够了。”圣克莱尔答道，“我唯一不解的问题是，在您的《奥运回忆录》中，您为什么对希腊人如此宽宏大量。纵观全书，除了提到希腊人对您的怠慢之外，您对他们的所作所为并没有表示异议，也没有苦情的描写。”

顾拜旦略微思考了一下，答道：“希腊人民为那次奥运会的成功举办付出了巨大努力，他们理应为之自豪，我不想泼冷水。通过那次奥运会，希腊王室和百姓之间建立了独特的纽带，我不想损坏它。希腊人筹集了资金，重修了体育场，组织了各项赛事，真诚而热情地对待各国选手。他们对赛后的褒奖当之无愧。他们对我只是怠慢，而不是玛丽所认为的羞辱。一旦我对其起而反击，羽翼未丰的奥林匹克运动就会分崩离析。”

“但是，您就不担心他们积聚的政治影响力和民众支持——支持他们将雅典设为奥运会的永久举办地，会剥夺您对奥林匹克运动的权威，无法在别处举办下一届奥运会吗？”

“起初我的确很愤怒。但随后我就意识到，如果我公开与之对抗，世界体育界就会分裂成两派：一方是希腊及其支持者，一方是我们国际奥委会的成员。我们的胜算不大。我敢肯定，一旦公开翻脸，我就会丧失对奥林匹克运动及奥运会的控制。现在我仍这样认为。我不得不咬紧牙关，等待时机。”

“那时您已经让巴黎做好准备了。”

“我以为如此。可不久之后我才发现，1900 年巴黎奥运会上，皮卡尔才是执掌大权的人，而到最后，法国同样在排挤国际奥委会，比希腊强不到哪里去。”

66

肖像画揭幕

8月第三周的星期五傍晚，顾拜旦神清气爽，兴致勃勃。这种感觉他曾习以为常，却在过去10年时间里被生活的艰辛消磨殆尽。他对着镜子，紧了紧领带。他看着镜中苍老的面孔，心中暗想，不知朱丽叶给他画的肖像画能否有一些年轻的光彩。他朝镜中的自己使了个眼色，今晚是属于我的，他如此想道，心情很好。玛丽和蕾妮在走廊里踱着步子，等着梅斯里博士夫妇。他们将乘梅斯里的车前往朱丽叶的画室，参加顾拜旦肖像画的揭幕式。

15分钟之后，顾拜旦一行来到画室，沿着楼梯走到房门前。未等梅斯里推开门，顾拜旦就听到屋内嘤嘤嗡嗡的人声，气氛颇为欢快。他们推门进去，画室里顿时安静下来。朱丽叶大声说道："女士们先生们，贵宾来了。"顾拜旦放眼看去，很是惊讶——洛桑市市长亚瑟·马雷（Arthur Maret）、几位市政府高官、埃米尔·德鲁特及餐厅的几位工作人员都来了。他们都是梅斯里组织起来，暗中维持顾拜旦衣食住行的人。

众人转身面向顾拜旦，或轻声鼓掌，或轻敲酒杯，以示欢迎。德鲁特的两名服务员为顾拜旦和玛丽端来香槟酒，画室里又热闹起来。圣克莱尔和朱丽叶迎接着顾拜旦诸人，朱丽叶从玛丽身后将蕾妮拉出来，抓着她的手聊了起来。

“真是群贤毕至啊。”顾拜旦说道，一边微笑着向房间内的众人点头示意。

“大家都是为了您来的，皮埃尔。”朱丽叶笑着说，又转向玛丽，补充道，“为您二位捧场。”

“果然呢，”玛丽勉强一笑，尽力做出亲切的样子，“能让一位美国画家执笔肖像画，真是荣幸。我等不及要瞻仰一下你的大作了。”玛丽的话虽如此，语调却毫无热情。她看向圣克莱尔，二人礼节性地点了点头。

朱丽叶向顾拜旦示意画室台子上披着金色丝布的画，说道：“学艺不精，希望您不要失望才好。”

“你的画工一向高超，”顾拜旦应道，“只希望肖像的主人没有影响你的发挥。”

“敬爱的男爵，何出此言呢！要知道这肖像的主人，可是今晚的明星。”

“咱们去跟大家谈谈，”梅斯里说道，随即领着顾拜旦和玛丽向马雷市长走去。圣克莱尔、朱丽叶、蕾妮跟在他们身后，蕾妮拉住朱丽叶的胳膊，留住了她。

二人四目相对，蕾妮并未移开目光。“我想谢谢你和雅克为我父母所做的一切，这对他们意义重大。”

“你太客气了，”朱丽叶答道，二人拥抱了一下。这时传来一阵大笑，她俩转过身，只见马雷市长、梅斯里、顾拜旦在一起开怀大笑。大家聚在他们周围，等着与顾拜旦夫妇交谈。今晚开了个好头。

一个小时过后，日落西山，画室里暗了下来。朱丽叶让圣克莱尔打开灯，然后站到台子上。顾拜旦拉着玛丽的手，走到前面，站到台子上。

台子中央摆着顾拜旦的肖像画，蒙着丝绸幕布。朱丽叶请顾拜旦夫妇站在画的另一侧，然后开口说道：“6个多月之前，承蒙梅斯里博士之邀，雅克·圣克莱尔和我来到贵地。从到这里的第一天起，我们就如同到了自己家里一样。你们像家人一样接纳了我们，我们对洛桑的慷慨好客始终心怀感激。洛桑的自然美景更是令人乐不思蜀。在此，我想向马雷市长表示感谢，谢谢他能出席此次揭幕式，我还要感谢埃米尔·德鲁特，他把诺帝卡餐馆的厨师和服务员都抓了过来为我们服务。”

顾拜旦看着台下期待的面庞，那股年轻的感觉再度涌现。他心怀感激地看着朱丽叶，只听她继续说道：“大家也许知道，我们是来洛桑工作的，工作的内容就是将一个鲜为人知的故事公之于众。雅克在为皮埃尔·德·顾拜旦男爵立传，书写他的追求，那就是给当代世界最伟大的馈赠——奥运会。”朱丽叶继续夸赞顾拜旦，说他的功绩需要一部优秀的传记才能体现，除了传记，或许还需要有别的表现形式。“跟雅克一样，”朱丽叶说道，“我也想出一份力。我们的朋友皮埃尔同意——稍微带点勉强——让我为他画一幅肖像画。所以今天，女士们先生们，我有幸为大家展现体育天才皮埃尔·德·顾拜旦男爵的另一种形象。”

言罢，朱丽叶抓着丝绸幕布的一角，大力将其掀开。众人齐刷刷倒吸一口气，都露出赞赏之情。掌声伴着喝彩，众人低声交流着赞誉之词。画像中，顾拜旦双目炯炯有神，面带微笑，其容貌令人难忘，而颇具象征意义的古希腊神庙、古代体育场废墟、云中浮现的奥运五环，为其形象锦上添花。

顾拜旦拉起朱丽叶手，与玛丽一同迈步向前。众人的目光都投在他的身上。顾拜旦看了看画像，他发现，朱丽叶将其苍白的脸色画得红润了些，显得年轻了很多。画中的他，很是英俊，岁月的痕迹一扫而光。顾拜旦看着兴高采烈的朱丽叶，眼睛湿润了。他转身面向大家，沙哑而谦逊地向朱丽叶、圣克莱尔、梅斯里致谢。他本该有一番致辞才对，可他什么都说不出来，也不想说。他只觉得万分荣幸，感激之情无以言表，于是低下头去，与玛丽拥抱在一起——他们俩已经很多年没有如此亲密的动作了，把头埋在她的肩上。二人拥抱的场景，以及玛丽接受拥抱的态度，都令在场宾客感动不已。

玛丽很快就推开了顾拜旦，她站在那里看着画，说道：“画得很传神，准确表达了男爵力图在全世界传播奥运会的精神，那就是体育精神及对其追求者的无尽的回报。”

圣克莱尔又带头欢呼鼓掌。

揭幕式已近尾声，马雷市长已告辞离开。顾拜旦、埃米尔·德鲁特、圣克莱尔来到吧台前。“雅克，你真是幸运，”德鲁特说道，“你的朱丽叶就像女神一样，真是太美了。”

“多谢夸奖，埃米尔。”对餐馆老板热情的夸赞，圣克莱尔报以大笑，“这件事倒是无可争辩，我的确很幸运。”

梅斯里将几位男士聚在一起聊了起来。其中一位名叫费迪南德·卡拉德（Ferdinand Carrard），他身材魁梧，尖下巴，眼距很窄，是位事业有成的律师。他执意让顾拜旦接受他的邀请，请他到其韦尔比耶的山中小屋过一周，因为8月的酷暑已分外难耐。“不信的话您问问去过那里的人，”他如此说道，“他们都会跟您说，那里的空气能消除百病，那里的风景能让您美梦成真。”

顾拜旦觉得没有时间去休假，可未等他开口拒绝，梅斯里抢先同意了，“到山里去放松一周是很好的，雅克也可以一起去。”

圣克莱尔听言面露讶色，埃米尔·德鲁特趁机说道：“这主意太好了。可既然要去山里，为什么不去策马特呢。”

“去看看马特洪峰吧，”梅斯里热情建议道。

卡拉德听言点头称是，“那里倒是真好。”

“到我的度假屋去住吧，这个月开着呢。”德鲁特说道，“施耐德夫人（Frau Schneider）是我的管家，她照管着房子。她会把你们俩照顾好的。她很好客。”

“你们的好意我心领了，”顾拜旦说道，“可我觉得时间可能——”

梅斯里打断了他的话，“有时间的，你跟雅克一起去，这样就不耽误传记的进度了。”说完他又补充了一句，“请遵医嘱。”又用手肘轻轻碰了碰圣克莱尔。

圣克莱尔当即会意，开口说道：“我很想去，我曾写过马特洪峰的报道，可从未亲眼去见识一下。”

“太值得一看了，”卡拉德说道，“可谓阿尔卑斯最好的风景。”

顾拜旦重新考虑了一下，说道：“好吧，如果雅克也能一起去……那就把公务先放几天，去避避暑。”

德鲁特随即与梅斯里商量了一下，很快就安排好了。顾拜旦与圣克莱尔一起去策马特山谷度一周假，到阿尔卑斯山区放松放松。二人将于两天后的星期天动身。

67

马特洪峰

火车轰隆隆地从蒙特勒的葡萄园旁驶过，日内瓦湖在8月的晴空下碧波荡漾。圣克莱尔看了会儿风景，转过头来，将瑞士式登山帆布包打开。这个包是他专门为此次山区之行买的，其顶部有两条封口的皮带。

“好家伙，这个包上的带子比六匹马的马车上还多。”顾拜旦说道。

“对，瑞士风格，实用。”圣克莱尔答道。他从包里拿出一大块格律耶尔干酪，又探进手去拿水果。“放几本笔记本最合适。”他拿出两个苹果，将一个递给顾拜旦。顾拜旦将座位中间的木质小茶桌放好，从地上提起他的奥地利式帆布包。与圣克莱尔的包相比，这个包少了一条带子，却多了一个口袋。

“我更崇尚奥地利的简约风格，”顾拜旦说道。说罢，他把一条白红相间的格纹桌布铺在茶桌上，又拿出一瓶瑞士白葡萄酒放在上面。

“萝卜青菜各有所爱，”圣克莱尔将苹果切成片，“咱们的旅程就此开始。”

“看，那是西庸城堡[①]。”顾拜旦说道，抬手指着湖面上的古城堡，“博尼瓦曾在这里镣铐加身6年之久，拜伦的诗使其名垂千古。”

---

① 西庸城堡：Château de Chillon，一座瑞士的中世纪水上城堡，位于蒙特勒附近。诗人拜伦于1816年写了《西庸的囚徒》（*The Prisoner of Chillon*），描写了曾被关押在城堡地下室的瑞士爱国主义者和历史学家弗朗索瓦·博尼瓦（François Bonivard）。

圣克莱尔听言抬头看去，却为时已晚，只瞥见城堡的一角，随即消失在视野中。“没看到，”他有些惋惜，“我还从没读过拜伦的作品呢。”

“来日方长，你有大把时间去领略浪漫主义诗人的风采。”顾拜旦说着，然后开吃。

二人吃罢午饭，中间还喝了几杯酒。火车已驶入日内瓦湖东端的山谷，向南面的菲斯普（Visp）驶去，他们将在那里转车前往布里格（Brig）。圣克莱尔擦了擦桌子，将笔记本放在上面，俯身开工。

“这么快就要开始工作了？”顾拜旦问道。

“您若不介意，我想问几个问题：关于1898年的勒阿弗尔大会（Le Havre Congress），以及1900年巴黎奥运会组织工作的真相。”

顾拜旦显然因旅行而心情大好，他滔滔不绝地追忆了一个多小时。这时二人来到布里格，转乘索道缆车穿过狭长的阿尔卑斯山谷，前往策马特。圣克莱尔写了20多页笔记，对当时的情况有了清晰了解：顾拜旦利用勒阿弗尔大会从雅典人手里夺回奥运控制权，又在巴黎奥运会筹办期间被法国人夺去，接着野心勃勃的詹姆斯·苏利文率领美国体育界前来夺权。

缆索铁路沿着陡坡上行，经过数个雪顶的房子，最终来到山谷内。先前在布里格的站台上，圣克莱尔就注意到，那边的语言已经从法语变成了德语。现在，只听乘务员一边走动，一边用德语通告道：“女士们先生们，策马特终点站到了。”

二人拿着行李下了火车，清凉的空气迎面而来，令人神清气爽。

“太好了，”顾拜旦赞道。他背上包，深吸了一口气，“这么久了，故地重游。”

圣克莱尔向山谷之外看去，在天际寻找着：“马特洪峰在哪儿呢？不是就在山谷上面吗？”

“耐心点，年轻人，”顾拜旦答道，又提起一个书包，“很快就能看到了。”

圣克莱尔执意要替顾拜旦拎包，后者也未客套。“您是带了砖头吗？怎么这么重？”圣克莱尔提起包，问道。

“书，靴子，还有毛裤。要是太重的话——”

“不算重，”圣克莱尔说道，他晃了一下手中的包，只听里面传来叮当的玻璃碰撞声。“您觉得有必要带酒来吗，皮埃尔？”

“山区的酒窖里可没什么好酒。走吧。”顾拜旦答道。说着，他转身快步向前，朝外面的干土路走去。顺着这条路就能抵达那个别致的山村，位于晴空下的山谷阴凉处。策马特的瑞士古典式农舍鳞次栉比，山坡上环绕着深褐色手工修建的木屋。圣克莱尔和顾拜旦走在策马特的主路上，只见正前方教堂那白色的尖顶如鹤立鸡群。德鲁特曾跟他们说过，在教堂处左转，沿路过河，继续前行，开始上坡。“我的度假木屋就在山坡100英尺处，施耐德旅馆（Schneiders' Gasthaus）旁边。”

施耐德夫人是个寡妇，亡夫是个巴伐利亚的农民。他在策马特亲手建造了施耐德旅馆和小木屋，后来她把小木屋卖给了德鲁特。施耐德夫人一直将其打扫得干干净净，随时恭候德鲁特的到来。在经过教堂后面的墓地时，顾拜旦对圣克莱尔说道：“你知道吗，德鲁特和施耐德夫人有段浪漫史呢。”

“埃米尔？谈恋爱？”圣克莱尔惊讶不已，无法想象五大三粗的诺帝卡餐馆老板也能俘获女人的芳心。

“是的。10年前，他到这里来住了几周时间。他本想呼吸一下山区里的新鲜空气，待几天就走。后来他看见这个小木屋待售，结果在这里一住就是一个月。我们还担心他不会回洛桑了，饭店也不要了。可他俩竟然将这段异地恋情坚持了下来。施耐德夫人春天去洛桑，埃米尔则每年来这边三四次。”

二人在维士帕河（Vispa River）的桥上停顿片刻，看着桥下的河水湍急地流过狭窄的石闸，激起清澈的水沫。圣克莱尔的脸上蒙了一层水雾，他下意识地仰头看向天空。只见马特洪峰就在西南天际，犹如坚不可摧的堡垒一般。火山口西侧山影渐现，向上挺拔而起，仿佛天神斫成的箭尖。

“惊人之美，是吧？”顾拜旦说道，“鬼斧神工之作。”

“天啊，真的，太美了。”

策马特山谷在南端转头向西，两侧山肩下行，仿佛僧侣在神佛面前屈膝而跪。此处视野开阔，海拔14692英尺的马特洪峰高耸入云。

“咱们俩明天一定得爬上去看看，”顾拜旦先是一本正经地说道，随即大笑起来，“我知道你在打这个主意，免谈。我是来休息、欣赏美景的，可不愿拿性命冒险。”

“那么，爬到山顶上时，谁给我拍照片呢？”

“也许施耐德夫人可以陪你去。”

二人沿路上行。几分钟之后，山路变得陡峭起来，圣克莱尔深吸一口气，又感觉到了那种熟悉的运动的愉悦，一种朦胧的满足感。此时此刻，能跟顾拜旦同处此地，他心情很好。

这时他们听到有人朝他们大喊，带着浓重的德国口音：“来的人是不是著名的奥林匹克男爵和他的传记作者？”圣克莱尔闻声抬头看去，只见施耐德旅馆招牌下的门廊里，站着一个大个子的女人。她身穿蓝白相间的连衣裙，腰上系着围裙，圆脸庞，褐色头发在头顶扎成圆髻，笑容满面，风韵犹存。

顾拜旦停了下来，圣克莱尔继续前行。“正是我们俩，夫人。”顾拜旦答道，“你是不是策马特的美丽女王卡塔琳娜·施耐德？”

“哈，你的嘴可真甜。”施耐德夫人说道，一边伸出手来迎着圣克莱尔。

“只是背诵一下埃米尔·德鲁特的原话而已，”顾拜旦此时也跟在圣克莱尔身后走了上来，有点儿上气不接下气，“这么多年了，他对你总是赞不绝口。”

二人跟着施耐德夫人，沿着山坡来到木屋。小屋所用的木材，与施耐德旅馆应是同种木料，有着相同的暗纹。木屋的前阳台上有一排花盆，花盆里红色的凤仙花朵朵盛开，满目灿烂。阳台上，堆着一些木柴。木屋正面是一间大屋，内有厨房、餐桌和椅子，一个很大的石头壁炉，还有一对绵软的沙发。从阳台的门窗向内看去，一目了然。桌子上铺着一张蓝白格子的桌布——顾拜旦认出来了，那其实是巴伐利亚的州旗，放着一盘子肉片、腌黄瓜、一块奶酪，还有一篮子面包。篮子边上斜搭着一个信封，上面写有“皮埃尔 & 雅克”的字样。

施耐德夫人拿起两个酒杯，问道：“你们二位喝白葡萄酒还是红葡萄酒？”

“红的，”顾拜旦答道，“你家真漂亮。”

施耐德夫人打开一瓶酒，说：“卧室在后面，从侧门出去就是厕所。”顾拜旦和圣克莱尔去卧室和侧门看了看，又回到桌旁。施耐德夫人倒了三杯酒，举杯向二人敬酒，二人也举杯回敬。

“好酒。”顾拜旦看着酒瓶上的标签，赞道。

“埃米尔的酒窖里存了不少好酒。来，我带你们去看个好地方。”说罢，施耐德夫人打开了阳台门。三人走上阳台，这里铺着粗糙的木地板，房檐延展遮在上面；远处，是一片盛开的紫藤，再远处，视野的正中央，马特洪峰巍峨独立。“在这里，待多久都不会够，”施耐德夫人说道，“当初，我丈夫就是为了欣赏这风景才造了这个小木屋。”

“他给你留下了一个好地方啊。”圣克莱尔赞道。他看到阳台上有两把木椅，其做工与屋内的桌子相同。“他爬过马特洪峰吗？”他望着灰色的高峰，暗想一定要去试试。

“他去过赫恩里营地（Hörnli Hut）几次，”施耐德夫人答道，一边抬臂指着马特洪峰，目光沿着胳膊望去，仿佛是举着步枪射击，“不过，他不是个爱冒险的人，所以没有登顶。”

圣克莱尔记得曾写过一篇报道，说的是巴黎拉丁区一位怀揣登山梦的面包师攀登马特洪峰的事。报道中就提到过赫恩里营地。“那是登顶前的最后一个营地了，是吧？从这儿能看到吗？”

“就在那边，”施耐德夫人回答。说着，她在圣克莱尔眼前伸出胳膊，指给他看。“山巅下面，沿着山脊线，拐弯的地方就是。看到山肩那边了吗？地面上有个白色的小点……那块黑色的，就是营地的屋顶。”

“我看到了，”圣克莱尔说道，“皮埃尔，咱们可以爬上去。”

“我已经没有登顶的雄心壮志了，雅克。但不管怎么说，你该去一次。”

当晚，烛光下，圣克莱尔将顾拜旦在雅典奥运会后的经历整理成稿。

◎◎◎◎◎

从雅典回到巴黎之后，又过了两周，顾拜旦和玛丽就逃离了炎热的巴黎，到诺曼底的莫维尔庄园避暑。这是夫妻二人首次外出度假，然而事与愿违，本应轻松的休闲时光被第二届奥林匹克大会搅乱了。大会将于1897年夏季在勒阿弗尔召开。顾拜旦每周都在莫维尔庄园和勒阿弗尔之间奔走。雅典奥运会期间，国际奥委会的权威曾受到希腊人的威胁，此后法国的皮卡尔又给他带来诸多麻烦，甚至连他在法国体育运动联合会的盟友都对他虚与委蛇。经历过这些风雨挫折之后，顾拜旦决定利用此次大会巩固对奥林匹克运动的控制权，推动其根据设想按部进展。

为了使奥林匹克运动发展壮大，顾拜旦制订了一系列紧急计划。他意识到，在两届奥运会之间，两个不同的奥林匹克会议各有其潜在意义。一是国际奥委会的年度会议，参会人员是国际奥委会委员和国际体育联合会的领导，其本质是计划会议，主要内容是奥运会的组织工作、挑选下一届奥运会的主办城市、研究奥运会组委会的进展报告；二是奥林匹克大会，是将奥林匹克运动与民间团体相结合，群策群力，解决与体育的价值和影响有关的更广阔的社会问题。而后者正是他的机会所在，他将利用这次会议阐述奥林匹克主义哲学，通过讨论将其修改完善，最终将其发展成为理想的现代哲学。奥林匹克大会上，还将处理一系列技术问题，如业余主义，各项体育项目的规则，以及奥运会中艺术、音乐、文学的作用。这个问题顾拜旦时时牵挂于心，与奥运会的未来息息相关。

历史早已铭记，在巴黎索邦大学举行的首届奥林匹克大会，其主题是现代奥运会的复兴。而顾拜旦决定即将在勒阿弗尔举行的第二届奥林匹克大会的主题应是体育与教育。在法国校园内推广体育运动——他的这股劲头还未停歇，而且他的国际奥委会同事均对此报以积极响应。威廉·格布哈特甚至主动要求在柏林举行此次大会。

但勒阿弗尔才是顾拜旦的“主场”。他执意要在巴黎举办第二届奥运会，故而迅速行动以寻求支持。数周之内，他在勒阿弗尔的盟友——市长、市议会的数位议员、弗拉斯卡蒂海滨度假酒店（Hotel Frascati）的经理——都响应了他的号召。顾拜旦曾在莫维尔、埃特勒塔海岸经营多年，在勒阿弗尔市可谓尽人皆知，很快，市政厅的大礼堂也听其调遣了。

不久之后，他收到维凯拉斯写给国际奥委会所有委员的一封信，从信中内容来看，维凯拉斯已经背叛了他。他的紧迫感一下子提了起来。不过这也是预料之中的事，维凯拉斯是希腊的杰出儿女，在将奥运会永远留在希腊这件事上，他跟希腊王室当然是站在一边的。可是，他在信中要求国际奥委会的同事前去参加一个会议，企图迎合圣意，通过决议——将雅典设为奥运会的永久举办地，这就欺人太甚了。当初在离开雅典时，顾拜旦就考虑过担任国际奥委会主席一职，现在，他要采取有力措施打破希腊对奥运会的妄想。

第二年夏天，勒阿弗尔奥林匹克大会开幕，希腊未派人参会。但顾拜旦的新旧盟友一一坐上了主席台。法国总统菲利·福尔亲自担任本届大会的名誉主席。亨利·迪东做重要讲话，主题是“体育与教育”。在讲话中，他总结了体育对下一代成长的积极影响，为“更快、更高、更强”的奥运口号，以及首届奥运会的成功举办表示了祝贺。顾拜旦跨过英吉利海峡，从英国请来了罗伯特·S.德·库尔西·拉芬（Robert S. de Courcy Laffan）。拉芬是一位英国国教圣公会的牧师，也是一位校长。他认为体育是上帝赐予人类最伟大的礼物。他口才超绝，用流利的法语向参会者阐述了体育的巨大影响力，将会议气氛调动了起来。拉芬后来成了顾拜旦最得力的盟友和拥护者，以及随后数年里所倚重的朋友。

在勒阿弗尔市政厅举行的奥林匹克大会落下帷幕，奥林匹克运动的未来由谁来主导，以及下一届奥运会在何处举行，这两个问题已再无异议。悬而未决的是——尽管福尔总统对顾拜旦的设想表示支持——如果由国际奥委会主管 1900 年巴黎奥运会，其职权范围应有多大。

◎◎◎◎◎

一周时间里，顾拜旦和圣克莱尔二人保持着同一个生活模式：上午访谈，下午散步。他们步速不快，但总是沿山谷两侧的山坡而上。一天下午散步时，顾拜旦半途停下来歇口气，他沉思道：在策马特，除了上行别无他路。圣克莱尔看着远处山肩与树林间时隐时现的马特洪峰，满心渴望，希望能爬得更高一些。可他知道顾拜旦爬不了，年龄不饶人，顾拜旦的身体状况也不允许。在策马特的山村里穿行时，顾拜旦的步速与在洛桑时一样快，他早已对上下坡习以为常，因为他几乎每天都要上下蒙里普斯。但他的体力无法应付阿尔卑斯山顶峰的考验。下坡时，顾拜旦的步速慢了下来，呼吸也沉重了很多。他走走停停，或者 50 英尺一停，或者 100 英尺一停，不敢多走，时不时地停下来缓缓心肺。圣克莱尔看着高耸的马特洪峰，尽管很想登顶，却心知顾拜旦已近极限，每每话到嘴边又咽下肚去。

第二天傍晚，二人在晚霞中回到山村，在教堂后的小墓地处稍作停留。墓碑上的碑文阐述着马特洪峰可怕的传奇。一位 19 岁的德国小伙初次攀登马特洪峰就命丧途中，与许多前来一试身手却留命于此的登山者葬在一处。看到有如此多的年轻人不远千里而来，却魂归异乡，顾拜旦和圣克莱尔惊惋不已。1865 年，7 个人首次登顶，但下山时只剩 3 人。他们由一位英国画家带队。其中 4 位英国人在下山时死了：1 位英国人失足坠下，因为大家身上绳子相连，另外 3 个也被他带了下去。倘若不是绳子半截而断，恐怕 7 个人都要命丧黄泉。画家和当地的两名导游紧抓山岩才得以幸免于难。

出于好奇，圣克莱尔和顾拜旦走进山村里的一家商店，询问前往赫恩里营地的最佳路径。圣克莱尔和店主研究着地图，顾拜旦却把玩了一会儿店里的碎冰锥，看了看攀岩用的尖利的鞋底钉，并对爬山绳的长度和重量惊叹不已。

离开商店时，顾拜旦对圣克莱尔说道：“你知道吗，我原想在斯德哥尔摩奥运会上为阿尔卑斯登山者颁发一枚奖牌。”

“似乎有点印象。获奖的是谁？”

“没有人获奖。斯德哥尔摩奥委会认为无法评判，因为很多登山者都已不幸罹难，只留下了身后的故事。”

在策马特的第五天，惬意的早餐过后，顾拜旦对圣克莱尔说：“我知道你想往更高处爬一爬。咱们在这儿的时间不多了，不如你明天一早就去，看看能不能爬到营地那边？若想登顶，没有导游和充足的装备无异于送死。不过要到营地那边，难度就小多了。”

◎◎◎◎◎

早晨的第一缕阳光穿过云层，顾拜旦还在睡梦中，圣克莱尔就动身了。他从南面出了小镇，朝施瓦尔茨湖（Schwarzsee）的方向而去。他感觉浑身是劲，能攀爬一整天。他兴致很高，昨天斫好的手杖非常称手，背上的帆布包很轻，里面只装了一块三明治、一个苹果、一瓶水。三个小时过后，他已爬到山脊线上，抵达了施瓦尔茨湖的小礼拜堂，马特洪峰就在他的西面，只有数英里之遥。圣克莱尔所站的地方，与马特洪峰山基是同样高度，从近处看去，马特洪峰显得越发巍峨。

上午天气晴朗，通往赫恩里营地的路线尤为清晰。圣克莱尔按着店主的介绍，来到山壁处开凿出的一条台阶前，台阶尽头是一扇岩面，旁边是一个木板和绳子造的索桥。索桥像一条传送带一般，在他的脚下摇晃不止。沿路而行，到达一个断崖的背阴处，这里雪还未化，雪地上留着杂乱的脚印，数以百计的登山者从这里走过。雪地绵延近百码，尽头是一道悬崖，下面是狭窄陡峭的山涧。圣克莱尔知道，一旦在那里滑倒，就会坠落山底。他小心翼翼地用手杖探路，在路边一侧某处，他的手杖一探而入，直至手腕。每走一步，他都用手杖探探雪层下面结实与否。经过雪地，又走过长长的一段岩石路，他与马特洪峰的距离更近了些。从这里看去，马特洪峰峥嵘而立，赫然耸现。他来到一块石壁前，这时他听到有人说话，随即看到身后出现了两位年轻的德国人。这里不算凶险，石壁下面的陡坡也只有十多英尺深，但他还是万分小心。等他到了上面，两个德国人也爬上了石壁，于是他便等着他们通过。从这里看去，已经能看到赫恩里营地，他知道半小时之内就能抵达，于是就沉住气缓步而行。

在前往营地途中，圣克莱尔数次停下脚步，环视四周景色。火山口的样子已格外分明。马特洪峰傲然独立，周围是粗略可辨的低洼山地。古时的火山曾将浓烟和岩浆喷向这迷人的蓝色天空，时至今日，徒留一个巨大的火山口。圣克莱尔来到营地，坐下来吃了三明治。时过正午，他对自己的表现很满意。在他身前，陡峭的岩壁耸立入云。他知道，从这里再往上，需要卓越的登山技术和无畏的勇气，已经超出他的猎奇范围。

圣克莱尔在营地又歇了一会儿，随后开始下山。他看到一只大鸟从施瓦尔茨湖展翅迎风而起，向南而去，只觉得自己的灵魂也随它翱翔天际。他对自己的经历心怀感激——不仅是今天，而是与奥运之父的这次旅行。他觉得自己不仅收获了一个朋友，内心深处，他更觉得自己找到了一位父亲。

圣克莱尔下山后，拖着沉重的脚步朝施耐德旅馆走去。此时已是晚饭时间，顾拜旦和施耐德夫人走出旅馆，在屋前平地上招呼着他。圣克莱尔双脚酸痛，疲惫不堪，但他渴望与他们共进晚餐，跟他们讲述一天的经历。走进屋里，闻到炉子上飘来的饭菜香气，他垂涎欲滴。施耐德夫人做了丰盛的晚饭：德式烤猪肘、土豆水饺、德国泡菜。圣克莱尔饱餐一顿，腿如灌铅般地回到木屋。天还没黑，但他一头倒在床上，沉睡过去。

◎◎◎◎◎

半夜，圣克莱尔醒了过来，再也无法入睡。他到厨房里去倒了杯水，发现阳台的门开着，顾拜旦正坐在月光里。他穿着白色的睡衣，小口喝着酒。

圣克莱尔走了过去，顾拜旦指着山景对他说：“晚上看去，更是雄伟壮丽。”的确如此。马特洪峰的东侧在皎洁的月光下明亮如镜，广阔的山壁与暗处的阴影泾渭分明，夜间的景象别有洞天。

“雅克，你看到什么了？”顾拜旦问道，“说说你的看法。”

圣克莱尔在椅子上坐了下来，答道：“月光下壮观的岩壁。”

“嗯。你倒过来看。刚才我一出来就发现了。”

“您也睡不着？”

月光下，顾拜旦的面庞半是阴影，有些模糊，但他的脸色似乎一动。“嗯，早已习惯了。”顾拜旦答道，“这些天，觉越来越少。今晚脑子里的事特别多。”

圣克莱尔有种拿出笔记开始访谈的冲动。他忍不住问道：“您在想什么？”

“你倒过来看。”顾拜旦再次说道，“很明显的。”

圣克莱尔还是看不出究竟，于是说道：“我看不出来。皮埃尔，是什么？”

“是脚印，雅克。鞋底的样子。我看很像一只钉鞋。”

经他这么一说，还真像——山尖是脚后跟，山基是脚面。“是，我看出来了。”圣克莱尔说道。

“是跑步运动员的脚，是短跑选手，正要起跑。”

“那得是个巨人运动员了，”圣克莱尔说道，“几步就能跑过阿尔卑斯山。”

“那是泰坦[①]留下的脚印。不过我认为，应该是奥林匹亚的神祇。也许是宙斯，他俯身起跑，单膝跪在策马特，第一步就跑到了巴尔干。”

“到底是哪位天神的脚印，就留给您慢慢研究吧。您先行行好，告诉我您今晚在想什么事。”

“很奇怪，”顾拜旦说道，“今天你走了之后，我发现我很为你担心，生怕出什么事。我担心害怕了一整天，总是心神不宁。”

“没什么好担心的，我不是去冒险。”

“我知道。”顾拜旦说道。他在椅子上挪了一下，又喝了口酒。“但我总在想，山上有多么危险。接着我又意识到，我的担心跟小教堂后面的墓地有关。真是讽刺，是吧，在这个美丽的山村里，阳光明媚，处处可见大自然的洪荒之力，可死亡的印记却从未远离。它时隐时现，挥之不去，令我们忧心不已。”

“您整天都在想什么啊？死？那可太压抑了。”

“不，我担心的不是死。”顾拜旦的声音柔和了下来，“是信仰。死亡只是给我个提醒，提醒我有更多的事要告诉你。我们还没好好谈谈我的信仰——奥林匹克主义。”

“是的，那就明天详谈吧。”

---

① 泰坦：Titan，希腊神话中曾统治世界的古老的神族，是天穹之神乌拉诺斯和大地女神盖亚的子女，后被宙斯为首的奥林匹斯神族推翻并取代。

“我不想等到明天。今天一天我都在思考这件事。”顾拜旦话题一转，就开始讲了起来。圣克莱尔静静地聆听，不出一言，免得打断顾拜旦的思绪。

“你听我说起过，我是在天主教家庭长大的。天主教，跟基督教一样，都是有关死亡的宗教。这就是我们把死者埋在教堂的原因。在教堂，在学校，我们宣扬的是肉体与灵魂的分离，约束肉体和本能的欲望，尤其是将自己劈成灵肉冲突的两面。在天主教的影响下，我们的社会禁欲主义盛行，抑制人的本性，这是不健康的。

“但是在古希腊文明中，明显是着重于此生此世。事实上，希腊精神是对人性的礼拜，而奥运会就是其巅峰表现，旨在展现人类肉体卓越之处。在我看来，奥林匹克主义与死亡宗教有着泾渭之别，但我不认为它摒弃了宗教信仰，我认为它是一种人生哲学——关注于上帝赐予我们的有生之乐。这些对我来说不言而喻，我很小的时候就在游戏中体验到了。

“我知道，现代体育需要宗教的一些特征。这种精神层面的东西，能煽动情绪，带来愉悦和欢欣，通过观看赛场内运动员的英雄壮举而心生敬畏，凝聚人心，能使国民充满健康的民族自豪感。”

圣克莱尔听言，想起了他参加过的数次奥运会庄严的开幕式。“于是您就有意在奥运会上加入了宗教的仪式感？”

“多少有之。我不仅借鉴了教堂的做法，还借鉴了治国的经验。我发现，体育尚未真正普及，覆盖面还不够，没有像宗教一样的情绪影响力，但是爱国主义可以。爱国主义就是其中关键。它有必备的精神力量，能激起人的自豪感——且不论是自豪还是自大，它能煽动情绪，凝聚人心，团结大众，通过意志力克服困难，扫除理性方面的异议。我找到了可行的办法，那就是把体育运动和爱国主义相结合，为现代社会创造一种新的宗教，但是没有神，只有信众。

“在英国和美国，运动队的标志和队服特色鲜明。英国学校的帽子是一种荣誉的标志，不论是对戴帽子的人还是赛场边上为之加油欢呼的人都是如此。可论及影响力，最大的还是国旗。在雅典奥运会的第一天，当美国国旗升起的时候，这个道理就得以清晰验证：现代体育具有这种影响力，它能瞬间点燃爱国热情，令每个人都对国家心生忠诚。我想让法国也有这种影响力，因为我们需要如此。

“法兰西第三共和国是一个年轻的政权，它的发展就像一艘帆船驶向光明的前途，却因大风浪而飘摇不前。法国人都有一种观点，那就是我们都是先锋，我们在建设一个新国家，创造一个新世界，我们对国家的发展方向人人有责。

“在第三共和国，爱国情绪在任何谈话中都有表现，随处可闻可见。在任何集会场所升起国旗，就像入夜时点燃火把一样普遍。而体育，我知道，它具有这种影响力。它能用民族自豪感将民众凝聚在一起，同心同德。”

顾拜旦的话说完了。一片静谧之中，只听得江水汩汩。圣克莱尔再次抬头，看着山谷里月光铺洒的屋顶，说：“皮埃尔，您的宗教已经成功了。”

几天过后，8 月底，二人一起返回洛桑。

第八章　去世与荣耀

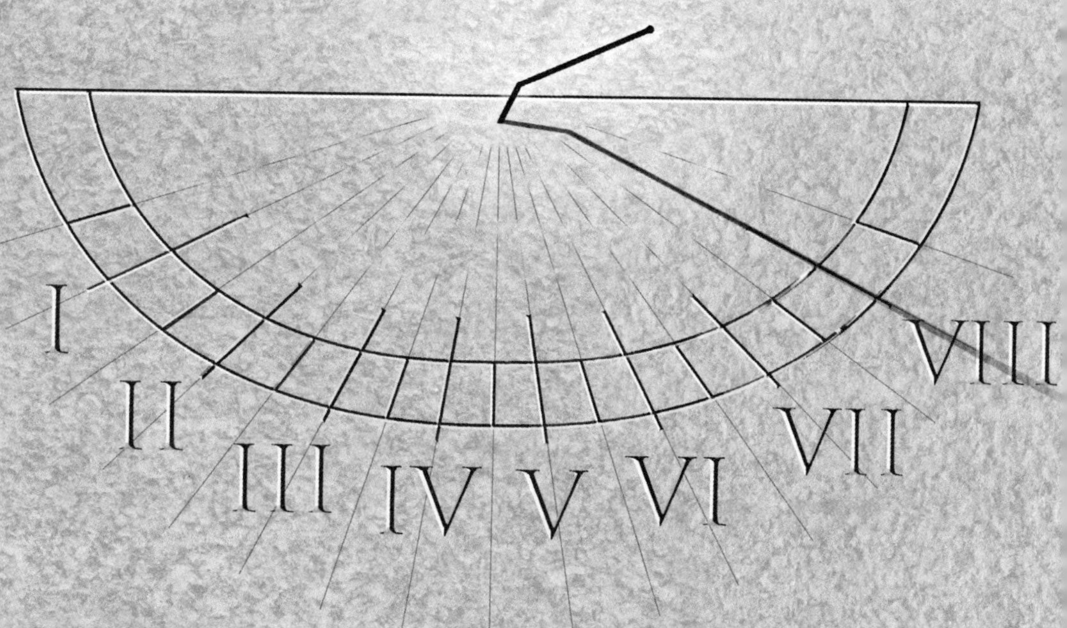

68

去世与离别

9月2日，星期四。早上，圣克莱尔与朱丽叶在阳台上悠闲地吃着早饭，享受着温暖的阳光下来自湖面的清新空气。吃过早饭，圣克莱尔骑车去了日内瓦湖。顾拜旦每天都要绕湖散步4英里。圣克莱尔和顾拜旦约好10点——顾拜旦散步结束时——在梅尔罗斯旅馆碰面。他们要再做一天访谈。

圣克莱尔用力踩着脚蹬，自行车在路上飞驰，穿过尼永镇（Nyon）向科佩城堡而去。他的背包里装着1896年雅典奥运会及随后勒阿弗尔大会的书稿，他觉得传记最难的部分已经完成了。从1900年巴黎奥运会到1936年柏林奥运会的发展与演变，已有详尽档案。官方报告、记录簿、国际奥委会的官方杂志《奥运时事》（*Olympic Revue*）、奥运会的新闻报道，尤其是奥运会杰出人物的记录，都将为他提供丰富的素材，为传记的剩余部分增砖添瓦。

跟很多耐力运动员一样，圣克莱尔发现高强度运动有助于厘清思路。来到日内瓦湖近处，他骑得更用力了，迎面而来的风吹得他流下泪来。他一边骑车，一边考虑着传记的结构。他早已想好，传记剩余的内容主要围绕两件大事展开：一是1912年斯德哥尔摩奥运会的成功，那是世界大战前近乎完美的一届奥运会；二是1924年巴黎奥运会，那是顾拜旦事业的巅峰。在圣克莱尔看来，1896年的首届奥运会，与将其复兴的索邦大会同等重要。他打算将顾拜旦描写成塑造了历史的人，他通过三届奥运会，跨越时空，按自己的意愿影响了不同的文明——尤其是希腊、斯堪的纳维亚和法国，不论是从宏观还是微观来看，都展现了顾拜旦的高瞻远瞩、不屈的意志和不懈的努力。

圣克莱尔认为，正是1912年斯德哥尔摩奥运会的成功举办，才保证了奥林匹克运动的发展势头，从而使奥林匹克运动在战后得到迅速复苏发展。就其本身而言，1920年安特卫普奥运会的举办，对战后遍地疮痍的欧洲来说可谓一大闪光点。但出于作家的本能，圣克莱尔想着重写一写1924年巴黎奥运会，因为那是他作为记者首次报道的一届奥运会。那届奥运会是年轻人的盛典，圣克莱尔认为那是顾拜旦事业的巅峰。他相信，顾拜旦的奥林匹克领导生涯最好分作三个里程碑，分别是1896年雅典奥运会，1912年斯德哥尔摩奥运会，1924年巴黎奥运会。而身为作家，他同样明白，书中需要穿插一些负面的内容，比如，顾拜旦那陈腐的态度，不让女性参加竞技体育；他层出不穷的对头；他的个人悲剧和经济窘境……这样就能抵消几届奥运会成功举办的乐观印象，使传记的基调平衡起来。

圣克莱尔骑过勃朗峰大桥，朝日内瓦湖南岸而去。他发现自己早到了半个小时，于是就决定骑车去格朗日公园，看看能不能迎上散步的顾拜旦。他迫切想跟顾拜旦聊一聊詹姆斯·苏利文妄图取代顾拜旦、夺取国际体育运动领导权的种种。圣克莱尔回想着，1900年到1912年间的权力斗争曾营造出猜疑的气氛，但最终未能抹杀顾拜旦的浩然正气，也未能令他的事业分心。圣克莱尔突然明白过来，奥林匹克主义正是顾拜旦对种种敌意的回应。顾拜旦用文字的形式阐述了基于友谊的体育哲学，将“竞技＝战争”转变成了“体育＝和平”。

圣克莱尔沿着湖边码头骑行，在威廉-法夫雷大道（William-Favre）拐角处慢了下来。他下了自行车，推着车子穿过半开的公园大门。进了公园，小心地走上一条泥路，在树荫下沿着公园栅栏向绿地走去。树叶已现秋色，不日即将一林金黄。绿地上，两队男孩正在教练指导下踢足球，欢快的叫喊声令林地生机勃勃。圣克莱尔停下来，看着孩子们在草地上踢球。草地两端各有两根树桩做球门，一边站着一个守门员。其中一队孩子身穿白色运动服，这令圣克莱尔想起了顾拜旦所述考察拉格比时的经历。守门员做了一次扑救。圣克莱尔继续推着自行车前行，不一会就从树叶间看到了梅尔罗斯旅馆。只见旅馆和草地之间走来一个人，从其轻快的脚步和独特的步态，圣克莱尔能看出那人正是顾拜旦，随后便见他消失了。若是顺着这条路走下去，顾拜旦就能到达孩子们踢球的草地的另一端。圣克莱尔决定在这里等着，看看顾拜旦见到孩子们踢球会做何反应。而这，成了他余生最为懊悔的一个决定。

很快，草地对面就出现了顾拜旦的身影。他向草地走来，目不转睛地看着孩子们踢球。他还没发现圣克莱尔。就在他来到草地边缘时，他停了下来，弯下腰去，仿佛呼吸不畅，双手拄着膝盖。突然，他身子前倾，向前晃了两下。圣克莱尔大吃一惊，心生不祥之感，他跨上自行车，飞速朝顾拜旦而去。顾拜旦身子僵直，似乎是在抽搐，圣克莱尔已无法相信自己的眼睛。顾拜旦挠着胸口，身子向一侧倒去，直直地重重地跌在草地上。

“皮埃尔！”圣克莱尔大喊一声，将自行车扔在一边，拔腿穿过草地，向顾拜旦跑去。踢球的孩子们和教练赶在了他的前面，他们围在顾拜旦四周，这时圣克莱尔也赶到了。“快叫救护车！”他大喊道，随即跪倒在顾拜旦身前，只见他出气多、进气少，眼睛也绝望地凸了起来。

“皮埃尔！怎么了？”圣克莱尔晃着顾拜旦的肩膀，托起他的头，高声喊道。“您怎么了？看着我——医生马上就来。”

顾拜旦这时才看到圣克莱尔，他紧紧注视着他，仿佛世上就剩他们二人。他挤出一丝微笑，还未笑完，嘴角就向左边歪去。他翕动嘴唇，努力吐出几个字，声如蚊呐：“雅克，雅克……我的儿子。”

圣克莱尔绝望地抬起头，希望看到前来的救护车，可没有这么快。他大喊道：“我爱你啊，皮埃尔。”接着，他感觉到顾拜旦的身子一阵抽搐，像木板一样僵直，嘴唇一咧，面露痛苦之情，接着下巴一垂，目光直视，没了神采。

他走了。

圣克莱尔将顾拜旦紧紧地抱在怀里，仍然难以置信。啜泣随之而来，他在心中大喊：“不，不，不——”教练在圣克莱尔身边跪下，搂住了他的肩膀。可现在谁都无法令他宽慰，他心中的裂痕已无法弥补。顾拜旦临终的话语在圣克莱尔脑中回旋：“雅克，雅克……我的儿子。”他知道，自己再一次失去了父亲。

◎◎◎◎◎

朱丽叶一直在画室里待到傍晚。她没想到圣克莱尔会在家，觉得他可能又要天黑后才回来。她到家时天已黄昏，只见圣克莱尔的自行车倚在墙边，正门打开着。她叫着圣克莱尔的名字，可没人答应。她在阳台上找到了他，见他正背对房门，拿着瓶子在喝酒。

“你又不等我就独自喝酒了。”朱丽叶说道，来到圣克莱尔身后，想挠挠他的脖子。可圣克莱尔并没有转身。朱丽叶看到圣克莱尔脚下还有一个空酒瓶，觉得情况不对，就停下了动作。

“雅克，怎么了？”朱丽叶问道，捧起圣克莱尔的头，看着他的脸。看到圣克莱尔的样子，朱丽叶大吃了一惊。只见他双眼红肿，满面泪痕。不用圣克莱尔开口，朱丽叶就明白是怎么回事了。

“皮埃尔走了。”圣克莱尔含混地说道，随即一声剧烈的啜泣。

“上帝啊。”朱丽叶抓紧圣克莱尔的肩膀，圣克莱尔搂着她的腰，把她拉到怀里。朱丽叶也哭了起来，“什么时候的事？今天？”

圣克莱尔已说不出话了。朱丽叶把头埋在他的肩膀处，等着他平复心情。

15分钟过去了，天色暗了下来，圣克莱尔已由啜泣变成间歇的抽噎。朱丽叶再次问道：“怎么回事？”

“可能……可能是……心脏的问题……”圣克莱尔期期艾艾地说道，“在公园里……孩子们踢球……他跌倒了……我跑过去。”

朱丽叶能想象出当时的情形，但不愿相信这件事。圣克莱尔曾经——只有一次——跟她谈起过父亲去世的事。“你跟他说过话吗？”

“我把他抱在怀里，朱丽叶，就像当初我……”圣克莱尔说不下去了，他将朱丽叶从怀里推开，再次抽泣起来，难以平息。

“唉，上帝啊。”朱丽叶也哭了，为圣克莱尔，也为顾拜旦。

◎◎◎◎◎

第二天，圣克莱尔因宿醉而难受。他逼着自己骑车去了蒙特勒的湖边，可往日锻炼所带来的宽慰感再也没有了。锻炼无法缓释心中的郁郁。返程的途中，他穿过葡萄园，从一条新路线来到格兰瓦克斯。他在一个小餐馆前停了下来。这里就是当初他跟顾拜旦骑着双人自行车来过的地方。他点了一瓶酒，一条长棍面包，几块奶酪。他想多想想顾拜旦的好，他记得顾拜旦曾笑着对他说，他是个地地道道的运动员。可愉快的回忆转瞬即逝，他的心情再次掉进失落的深渊。

圣克莱尔在小餐馆待了一会儿，决定趁着还没醉到不能骑车，赶回洛桑去。到了市里，他不愿回家，就骑着自行车绕过大教堂，经过蒙里普斯，来到柏格路上。他停下车子，想去自己的小办公室看看。可那里全是有关顾拜旦生活和工作的书、杂志、文件。他沿着车站路（rue de Gare）来到德奥奇大道。他发现，洛桑城里的每一处街道，每一个餐馆，每一个街角，都会令他想起顾拜旦。当天晚上，圣克莱尔既不能入睡，也不能读书，更无法写作。悲痛再次占据了他的心神。他手端酒杯踱来踱去，最后一头扎进沙发里，却怎么也睡不踏实。

第二天早上，睡梦中的朱丽叶闻到咖啡的香气，醒了过来。圣克莱尔煮好了咖啡，说想跟她谈谈。他等着朱丽叶穿上睡衣，来到厨房里。他想，朱丽叶可能已经猜到大概了。

“比赛结束后，你会干什么？”圣克莱尔问道。

朱丽叶没有回答，扭头看向别处。圣克莱尔扭过了她的身子，又问了一遍。

朱丽叶拗不过他，开口回答，声音却已嘶哑：“回家。”

“对。我们回家吧。”

◎◎◎◎◎

当天下午，圣克莱尔借口商量葬礼事宜，骑车去大学找梅斯里。尽管如此，他却不愿有这场会面。

二人紧紧拥抱，未发一言。出事那天圣克莱尔从日内瓦湖给梅斯里打过电话，电话里，二人流着泪交流了事情的经过。圣克莱尔看着眼前的梅斯里博士——这个与他携手立传工作、并肩与时间赛跑的人，他觉得梅斯里的样子比往日沉重了很多，随即明白过来，他也是因悲伤而疲惫难过。

梅斯里绕到办公桌后，坐了下来，失落地说道："雅克，葬礼的事尚无进展。这周，也许这个月都安排不了。市长和男爵夫人商量着在这里举行葬礼，法国奥委会想在巴黎举行一个悼念仪式，我们还在等希腊那边的消息。"

"谁护送他的心脏去奥林匹亚？"

"不知道。国际奥委会正在与希腊奥委会联系。"

"太可惜了。我还希望能有机会公开表示悼念。"圣克莱尔无法甩脱这份共有的悲伤之情。他很想说点鼓舞人心的话，却不知该说什么。

"会的，雅克。还需要一段时间。"

"我们要回去了……"

"回去？"梅斯里的惊讶和担心同时表现出来。

"我待不下去了，弗朗西斯。"

"书怎么办？你还没写完呢，我们还有很多工作要做。"

"我在巴黎那边写吧。"圣克莱尔应道，又语气一缓，解释道："现在我写不了皮埃尔的事。我要暂时离开——离开……"他欲言又止，不想说自己无法在洛桑回忆顾拜旦的点点滴滴，那些事情都过于鲜活，令他无法承受。

"巴黎？"梅斯里说道，"希望你不是要回《小日报》工作。"

"我得工作，家里的各种花销，埃德加让我去国际部工作。"

"可是雅克，我付给你钱了啊。我会继续雇用你。你就要——就要完成所有的访谈了，对不对？传记的素材已经收集得差不多了，是不是？"

"是的，素材或许已经足够了。可还缺少最重要的东西。我不会再要你的钱了，弗朗西斯。我知道，我欠你一部完整的书稿，我会完成它的，不过要再等等。"

"对不起，雅克，我不想催你，可……"梅斯里欲言又止。

圣克莱尔扭头看向别处，又低下头去。他知道梅斯里也很悲痛，可他只希望梅斯里能与他感同身受。他心里某处已经破裂，只有时间和距离能将其弥合。

梅斯里皱起了眉头，"你打算什么时候走？我希望这次中断不要耽搁太久。皮埃尔已经不在了，他的传记已是刻不容缓。"

"就这一两天吧。我们要收拾一下行李。"

梅斯里要请圣克莱尔吃晚饭，可他婉拒了。他答应梅斯里，返回巴黎后很快就跟他联系，届时二人再拟订立传的计划。二人的告别也不如先前的拥抱那么深情而友好。圣克莱尔既尴尬又愧疚，他比约好的时间早了5个月离开洛桑，但他也有难言之隐，只希望梅斯里不要记恨于心。

◎◎◎◎◎

当天下午，梅斯里的办公室外传来敲门声。

"请进。"办公桌前的梅斯里应道。看到来人竟然是朱丽叶，他很惊讶。朱丽叶进到门来，摘下贝雷帽，一头长发垂到肩上。她身穿一件旧夹克，裤子上也沾了颜料，似乎一直在忙碌，无暇顾及身上的打扮。

"弗朗西斯，你好。"朱丽叶悲伤地向他打招呼。梅斯里起身与朱丽叶拥抱了一下，轻吻她的脸颊。他不由得心想，不知这是不是最后一次有这份荣幸了。

"我猜，今天的主题就是告别吧，雅克几个小时前刚走。"

"我知道，"朱丽叶说道，"他就在家里收拾东西。"

二人面对面坐下，梅斯里难掩心中忧虑："我很奇怪，你们为什么走得这么急。我是说，皮埃尔刚刚去世几天，关于传记的事，雅克和我还有很多工作要做……"

“我就是为这事来的，弗朗西斯。”

“什么？你不是来道别的吗？我还以为没有转机了呢。”

“是，没有转机了，我们已经决定要走了，我来是为了跟你解释下……我们为什么要匆忙离开。”

梅斯里疑惑不解，目不转睛地看着朱丽叶。

“我猜，你并不知道雅克父亲的事，对吧？”

“是，不知道。”梅斯里想了想，毫无头绪。

“雅克从不谈及父亲。我想，他也从未跟皮埃尔谈起过。这其实也挺悲哀的，因为皮埃尔就像他的第二个父亲一样。自从他的父亲去世之后，他还从未跟某个长辈如此亲近。”

“雅克的父亲去世了？”

“很久之前了，那时雅克刚13岁。”

“太不幸了。怎么回事？”梅斯里已经猜到一二。

“他父亲是巴黎的一个木匠，挺受人敬重的一个手艺人，并且还是个业余运动员。”

“自行车？”

“是的，自行车。他一直保持锻炼，常跟一伙朋友一起骑行，直到雅克出生。接着他的热情就变成了训练儿子从事自行车运动。”

“雅克最终参加了环法自行车赛。”

“是的，那是他父亲的梦想。”

“可他没能亲眼看到。”

“是的。一天下午，他们一起在塞纳河左岸乐蓬马歇百货公司（Le Bon March）附近骑车，然后他父亲出事了。雅克觉得可能是心脏病。他父亲控制不了自行车，滑倒在鹅卵石路上。雅克赶到的时候，他已经呼吸困难了。”

“天啊，不会吧。他死在雅克怀里？就跟皮埃尔一样？”

朱丽叶点了点头。梅斯里双手在膝间紧握，低下了头。

“雅克的母亲跟我说，从那以后，雅克很多年都没碰自行车，甚至看都不看一眼，也不愿说当时的情形。他跟我说过，但只有一次。”

“天哪，”梅斯里沉声说道，“他心有愧疚，责怪自己。这是任何男孩都有的反应。我得跟他谈谈，开导开导他。”

“不，弗朗西斯。我不是来请你为他做心理辅导的。要是他知道我跟你说过这件事，会非常生气的。那是他的负担，他想独自承担。”

“好吧，可这样一来，他永远都无法摆脱负罪感了。”

“他走出来过，会好的。”

梅斯里站起身来，朱丽叶也站了起来。二人轻拥了一下，梅斯里对她说道：“我也希望他能好起来，可那是不可能的。他其实连第一次创伤都没有康复。”

◎◎◎◎◎

圣克莱尔和朱丽叶用了一天时间，就收拾好了画室的东西，又在梅斯里两个学生的帮助下，关掉他租赁的小办公室，将里面所有的书籍资料搬到了梅斯里的家中。朱丽叶无声地听从圣克莱尔的安排，二人在沉重的气氛中忙碌地收拾东西。他们心有所思，仿佛有了新的使命，无暇戏谑玩笑。圣克莱尔跟朱丽叶说得很清楚，他暂时不想回忆在洛桑的点点滴滴。可当朱丽叶将顾拜旦的肖像画从画框里取出来时，圣克莱尔止住了她。二人站在画的前面，全神贯注地看着顾拜旦那栩栩如生、敏锐的双眼，端详其轮廓分明、慈祥的面容。

“朱丽叶，我从未有过像他这样的朋友。我这辈子会一直怀念他。”

“我也是。”朱丽叶答道。二人将画框平放在地上，朱丽叶将画从画框里取出来。圣克莱尔帮着她将其小心卷好，用白纸裹起来，放进书画筒里。朱丽叶打算将其随身带到火车上。

“我们要在巴黎找个好地方展示皮埃尔的肖像，”朱丽叶说道，“我要把他的故事讲给每一个人听。”

圣克莱尔拥抱着朱丽叶，说道：“对，总有一天，我们要把他的故事讲给世界上的每一个人。”

他们将镶金的画框留给了梅斯里当礼物，以回报其友好相待。朱丽叶又挑了8幅最好的皮埃尔的素描，将其钉在沙发上面的墙上，留给蕾妮当礼物。

◎◎◎◎◎

第二天下午，圣克莱尔和朱丽叶将大部分衣物装进来时携带的行李箱，决定乘船去埃维昂小镇看看，吃顿晚饭，在湖对岸度过他们在洛桑的最后一晚。

当天晚上，天气温暖，万里无云。返回洛桑的途中，二人站在船首，环臂相拥。

“雅克，不管我们以后去了哪里，”朱丽叶说道。跟过去几天一样，她仍在寻找合适的话语来安慰圣克莱尔，“洛桑之行都是我们最好的经历。”

“不知道是否再能遇到像他这样的人，或再听到这样的人生故事。在这里，我们经历得太多，可一切才刚刚开始。”

“现在我们又要重新开始了。你也要完成他的传记。”

圣克莱尔没有答话，只是轻轻吻着朱丽叶。汽船向洛桑驶去。

69

包 裹

梅斯里很是失望，因为1937年最后两三个月里巴黎的来信屈指可数，圣克莱尔仅仅写来寥寥几封信，回应了梅斯里的催稿，内容简短，语带歉意。他的回应，大都是勉强的借口，说报社里工作太忙，无暇顾及传记的事；而每封信的最后，他都许诺很快会有进展，可信的书稿迟迟未至，信的章节、信的段落一概欠奉。10月和11月，梅斯里曾数次打电话到《小日报》社找圣克莱尔，可每次他都不在，说是因公外出，而他的编辑埃德加虽然礼貌地表示歉意，却总在闪烁其词。

12月，洛桑的大小街道上闪烁着节日的灯火，处处洋溢着节日的气氛。梅斯里已是失落到极点，急不可耐想弄清楚圣克莱尔意欲何为。心情最差时，他脑中甚至浮现出起诉的念头，但他随即将其打消了。他知道诉讼不会有什么成效，反而会毁掉二人之间的情谊。他无法相信圣克莱尔已彻底放弃了顾拜旦的传记；圣克莱尔口口声声说敬爱顾拜旦，照理说他是不会半途而废的。可梅斯里心中始终惴惴不安，他的忧虑需要宽慰，他渴望一颗定心丸——立传的计划正有条不紊地进行着，圣克莱尔会恪守当初的承诺，不负所望。而他痛苦且清醒地意识到，他们早就应该商讨一下，倘若顾拜旦去世，传记该如何完成。事到如今，他只能逼着自己相信圣克莱尔能早点回心转意。

距圣诞节还有一周。一天，梅斯里实在压抑不住心中焦虑，决定再想想办法。他知道朱丽叶在巴黎的一个画室跟一伙人一起画画，于是就给画室那边打电话。接电话的是个陌生人，他去叫朱丽叶来接电话，梅斯里耐心等着，听着电话中传来沙沙嗒嗒的电流噪声，他的心情平息了下来，忧虑减轻了几分。

“弗朗西斯！我一直在想，你什么时候会给我打电话呢。对不起，这个电话在走廊里，不方便说话。你等我几个小时吧，我回头给你办公室打过去。”

朱丽叶如约打回了电话，她语带同情，梅斯里很想拥抱她一下。

“你好，朱丽叶。”梅斯里百感交集，几乎说不出话来。“对不起，打扰你了——”

“弗朗西斯，别这么说。没有打扰。你写给雅克的信我都看了，我都想象不出你有多么失望，还有担忧。”

“你读过我的信？”梅斯里很惊讶，因为他是寄到报社去的。

“是的，都看到了。他给我看信，因为他感觉很糟……他一直都无法继续传记的写作……”

听到这个消息，梅斯里的忧虑更深了。“不能继续？什么意思？他不是每周都在《小日报》上写报道吗？我看到了啊。”

“他跟以前不一样了，弗朗西斯。他总是睡不好，整天恍恍惚惚，就像丢了魂一样，我都没法跟他说话。他也不再锻炼了，有时候还酗酒。乱成一团。”

梅斯里忍不住做出诊断：“朱丽叶，他需要心理辅导，这是情绪障碍。”几个月来他一直在考虑圣克莱尔的心理状态，考虑顾拜旦的死对圣克莱尔心理的影响。现在，圣克莱尔已经表现出一些症状了。

“我跟他说过，”朱丽叶无奈地应道，“但他不愿跟人交流，他觉得只要再努努力，就能取得突破。”

“努力什么？写作？传记？”

“是的，他想逼着自己写下去——时不时地。上个星期有一天，我回到家里，见他四周摆着笔记本，正在读访谈时的笔记。”

“这么说，他是真心想写完传记。”梅斯里稍稍放了心，知道自己的判断没有错，圣克莱尔仍对顾拜旦的传记尽心尽力。

“他打算完成传记，可怎么也专注不起来，每写一两页纸就——”

“崩溃？”梅斯里接话道。

“我不知道。我只知道现在让他再去回顾与顾拜旦的相处实在太难了……不过我觉得他是能走出来的。”

梅斯里放下了心，决定不再写信催稿了。他想再等一两个月，看看朱丽叶说得对不对。随后二人开始闲聊，朱丽叶问起梅斯里外孙的情况。

梅斯里跟她说了说。朱丽叶应道：“听到你全家幸福美满，我很高兴。我知道你一直都是位好父亲，好外公。我知道，雅克也是这样的人。”

梅斯里过了一会儿才明白朱丽叶的意思，“天啊，朱丽叶！你怀孕了！你是什么时候知道的？”

“就在上周。7月份出生。”

挂断电话时，梅斯里的忧虑已大半消散。尽管这个想法有些自私，但他以为，当了父亲的圣克莱尔足以唤醒心中的志向，完成传记的写作。

◎◎◎◎◎

到了1938年2月中旬，玛丽·德·顾拜旦与巴黎、洛桑、希腊的国际奥委会委员终于商定了葬礼的方案，在3月份的同一天里三地同时举行仪式，既是葬礼，又是对顾拜旦这一生的颂扬。玛丽让梅斯里护送顾拜旦的心脏去奥林匹亚下葬，梅斯里当即答应，既觉得责无旁贷，又觉得万分荣幸。

准备赴希腊时，梅斯里打算给圣克莱尔写封信，以为顾拜旦的葬礼或许能激励圣克莱尔行动起来。可信还未来得及写，他先收到了来自巴黎的一个包裹。他掂了掂包裹的分量，有些失望，因为包裹太轻，不可能是完成的书稿。虽然如此，他还是有些激动。他拿着包裹来到书房，心怀些许乐观的期待。

敬爱的弗朗西斯：

你收到这个包裹的时候，我已经动身去柏林了。报社扩展业务，我又回到国际部了。似乎德国的战鼓声比环法自行车赛更惹人关注呢。因此，在随后一两个月时间里，我无暇顾及传记的事了。书稿一直没有什么突破。我不想找借口，只是自从皮埃尔去世之后，我就不敢再想他的事。尽管如此，最近我多少有了点进展。很抱歉，拖了太久。不过，我一定会遵守契约，完成书稿。这次去德国，我就随身带着最后几次访谈的笔记本，还有刚写的书稿。此行颇为凶险，出于安全起见，我把其他东西都留在巴黎了。不过也没什么稀奇的东西，都是我的访谈笔记、调查笔记，还有几张打印稿，内容是我访谈皮埃尔时他说过的一些事情。

过去几个月时间里，我想明白一件事：皮埃尔的人生故事需要一篇序言，以总结其人其事。《小日报》恰好让我为皮埃尔在巴黎的葬礼写一篇祭文，比讣告更郑重一些。我在信后附上了这篇祭文的初稿，简要总结了皮埃尔的人生，应该能做书序之用。我得知你不日就将护送皮埃尔的心脏前往奥林匹亚，我只想为此欢呼。你是他真正的朋友——生前可依靠，身后可托付。我知道你久盼我的音讯，希望这个包裹能赶在你离开前收到。倘有意见和建议，可写信给巴黎的朱丽叶，由她转寄到柏林我处。

我知道你迫切想拿到完成的书稿，但要充分把握皮埃尔的戏剧化人生，还有许多工作要做。我心知，你对传记的要求是仔细雕琢，而非仓促完稿。而我觉得书稿仍有欠缺，但很快就能步入正轨了。所以，我暂时先把这篇祭文寄给你，想来这段文字能令你稍觉振奋，因为这可能是我迄今为止最费心神写的一篇文章了。我保证，一回巴黎我就把所有事情都放到一边，全力撰写传记，争取早日将完稿呈给你看。

致以亲切问候。

雅　克

体育天才

——祭皮埃尔·德·顾拜旦

雅克·圣克莱尔

希腊人留给了西方文明一份遗产，它基于这样一个理念：人是一切事物的集大成者。就此而言，人类的尊贵来自每个人的人生价值，来自大家在共享的历史上所取得的集体进步。希腊人以身作则，验证了他们这个理论。通过塑造了彼时时代的伟大人物，我们了解了彼时的古代世界。荷马、伯里克利[①]、苏格拉底[②]、柏拉图[③]、亚里士多德[④]、欧里庇得斯[⑤]、阿基米德[⑥]、索福克勒斯、亚历山大大帝[⑦]……古希腊曾在世界舞台的中央位置赫然一现，在我们的脑海中留下永恒的印记。

就此而言，若想领悟各自的人生经历，就必须了解那些与我们同台共度的伟人的光辉成就。在我们这个时代，有一个人的功绩尚未尽人皆知。而他的影响，却早已横亘时空。他在我们未来的日历上写下浓重一笔。

---

① 伯里克利：Pericles，约前495—前429，古希腊奴隶主民主政治的杰出代表，古代著名政治家。

② 苏格拉底：Socrates，前469—前399，古希腊著名的思想家、哲学家、教育家。

③ 柏拉图：前427—前347，古希腊伟大的思想家、哲学家。

④ 亚里士多德：前384—前322，古希腊哲学家、科学家、教育家，柏拉图的学生，亚历山大大帝的老师。

⑤ 欧里庇得斯：Euripides，前480—前406，与埃斯库罗斯和索福克勒斯并称为希腊三大悲剧大师，一生共创作了90多部作品，存世18部。

⑥ 阿基米德：Archimedes，前287—前212，古希腊哲学家、科学家、数学家，静态力学和流体静力学的奠基人，和高斯、牛顿并列为世界三大数学家。

⑦ 亚历山大大帝：Alexander the Great，前356—前323，即亚历山大三世，马其顿帝国国王，亚历山大帝国皇帝，世界古代史上著名的军事家和政治家。他统一希腊全境，进而横扫中东地区，在短短的13年时间里创下了前无古人的辉煌业绩，促进了古希腊文化的繁荣发展和东西方文化的交流，对人类社会文化的进展产生了重大的影响。

他发起一项世界盛事，旨在通过体育运动增进友谊与和平，将全人类团结在一起，其影响力和美好前景令我们叹为观止。

这个人就是皮埃尔·德·顾拜旦男爵。这位法国天才深入废墟，深入古希腊世界的心灵深处，使奥运会重生于现代世界。他于去年9月2日在日内瓦去世，享年74岁。现在，世人理应了解一下他的辉煌一生。

◎◎◎◎◎

顾拜旦身高只有5英尺3英寸，可凭他的功绩，足以称得上是一位巨人。他出生于一个法国贵族家庭，而那时法国的贵族阶级已好景不再。少年时，他目睹了普法战争的国耻；青年时，他见证了第三共和国的诞生及其平等主义理想；成年后，他从巴黎转变为现代大都市的过程中得到启迪。26岁时，适逢1889年巴黎世博会，看着埃菲尔铁塔在战神广场拔地而起，他发现了国际活动的象征潜力。世博会这一历史盛会成了顾拜旦一生的试金石，他组织主办的首届体育教育大会也是其参展项目之一。

在耶稣会学校求学期间，顾拜旦对古希腊和古罗马产生了浓厚兴趣，继而违背家庭意愿，未在教会、军队或政界谋求发展，而是基于一个设想找到了自己的使命，那就是让体育具有全球影响力。1892年，他首次公开提出复兴沉寂了1500年的奥运会的提议，他说："我们将赛艇运动员、跑步运动员、击剑运动员派到别国的土地，他们就会成为我们和平的使者。这是未来的、真正的自由交易。将其引进欧洲大陆，和平大业就有了新的、强大的辅佐。"

当时的参会人员并不认同他的设想，但他并不气馁。在复兴奥运的道路上，他是个不屈不挠的人。他的动力从未衰竭，他的决心从未动摇。他对终极目标的追求可谓意志力、勇气、忍耐力的典范，值得万千运动员学习。他们在他的引领下踏上了奥林匹克的竞技场，站上了他开创的舞台。

一年半之后，1894年6月23日，在索邦大学的大礼堂里，顾拜旦再次召开会议；到场的两千多人均支持他复兴奥运的提议。那次大会，还有1896年雅典首届奥运会，以及随后在巴黎、圣路易斯、伦敦举行的三届奥运会……在通往这些里程碑的道路上，有障碍，有敌人，有失败，有个人的悲剧，但都没有令他停下脚步。不论是国内还是国际，因循守旧的体育组织、觊觎权力的体育界领袖，以及不愿支持其“年轻人的节日”设想的政客和政府，都曾反对过他，而他通过再三努力克服了重重困难。他设想的核心，是一个坚定的信念：体育运动能够为每个人带来“奋斗的快乐”，能使民族的未来充满希望。他曾如此说道：“导致今日世界各国彼此分离的偏见一日不除，和平就无法实现。为根除偏见，最好的办法就是定期把各国的年轻人聚集起来，在身体力量和敏捷方面进行友好的较量。”

他发起的奥林匹克运动在随后数十年时间里繁荣昌盛，成了国际体育界的一件盛事。然而，他的家庭境况却与日俱下。1937年，在他离世之前，他生活在瑞士洛桑，住在市政府慷慨赞助的一套公寓中。将体育变成现代生活的重要内容，将奥运会变成四年一届的人类盛会，这是一场浩大的运动。为了实现这两个目标，他耗尽了家财——不仅是自己的家财，还有妻子的。为此，他的妻子心有怨念，整日恶语相向。

他最后关注却未到场的奥运会，是1936年在阿道夫·希特勒的纳粹爪牙控制下的柏林奥运会。此届奥运会盛况空前，开幕式上播放了顾拜旦录制好的致辞，他如此说道：“奥运会重在参与，不在输赢；人生也是如此，重在奋斗，不在得失。”尽管如此，此届奥运会期间纳粹的种族仇恨和种族歧视言行，都与顾拜旦终生维护的奥林匹克理想背道而驰，也令本届奥运会面目全非。第二年，顾拜旦已是风烛残年，却又不得不面对一个悲惨的前景：他通过体育运动推动世界和平的伟大事业，即将落入一个引发世界战争的疯子之手。

梅斯里读着这篇祭文，顾拜旦的人生经历历历在目。虽然篇幅只有短短一万字，但梅斯里对圣克莱尔重拾信心，相信在他笔下，顾拜旦对奥林匹克运动的痴迷能跃然纸上。除了开篇部分，文章中并无新事，梅斯里早已烂熟于心，但其文字表述令人眼前一亮：顾拜旦的家族渊源、童年经历、求学经历、世博会上乳莺初啼、在第三共和国统治下崭露头角、国内外结交同志、索邦大会、首届奥运会、雅典、巴黎、圣路易斯的种种冲突……这不是一部翔实的传记，但它压缩的这则人生故事，恰恰就是梅斯里想向世人讲述的。想到这里，梅斯里继续往下读：

1904 年圣路易斯奥运会不如人意，顾拜旦希望能在意大利有所转机。他一直盼着能在罗马举办奥运会，在圣路易斯奥运会之前就已选中“不朽之城”[①] 主办 1908 年奥运会。他受的是古典教育，此时业已看到“让奥运会披上古代神秘色彩”的可能性。可是，他的美梦很快就被火山的烟尘所埋没—— 1906 年 4 月 7 日，维苏威火山[②] 爆发，其灾难性后果令意大利早已捉襟见肘的经济状况雪上加霜。罗马不得已放弃了此届奥运会的主办权。

然而，此时的顾拜旦早已在英国体育界结交了诸多实力派盟友，他们立刻挺身而出，接过了下一届奥运会的组织工作，救 1908 年奥运会于水火之中。顾拜旦也高兴地看到这一形势变化：将奥运会与他的偶像托马斯·阿诺德的体育遗志合而为一。伦敦奥运会组委会从政界、文化界、商界、工业界、体育界招募了大量人才从事奥林匹克运动，响应奥林匹克理想的不仅有杰出的运动员，还有来自各行各业的人。此时顾拜旦已经预见到，有了这么多人才的加入，久负体育传统的伦敦定将为此后的诸届奥运会设立新的标杆。

---

① “不朽之城”：罗马的别称。

② 维苏威火山：维苏威火山是一座活火山，位于意大利南部那不勒斯湾东海岸，是世界最著名的火山之一，被誉为“欧洲最危险的火山”，海拔1281米。

气质高雅、口才出众的库尔西·拉芬神父曾在勒阿弗尔大会上发言。这次，他又发表了一系列鼓舞人心的、布道似的讲话，阐述了国际体育运动在增强国家间友谊方面的潜力，从而使1908年奥运会有了一层道德意义。伦敦抓住这次奥运会的契机，上到国家元首，下到平民百姓，纷纷行动起来，筹备工作既具专业性，又满载道德信念。大家仿佛是响应阿诺德的遗愿，保证本届奥运会最终的结果可信可敬。尽管如此，英美两国的爱国热情和陈年旧怨还是导致斗殴事件频发，两国互相指责对方在比赛中作弊。美国体育界领袖詹姆斯·苏利文好勇斗狠，其国家队也沾染了这种习气，一些比赛项目变成了全武行。顾拜旦知道，由于民族主义泛滥而导致的仇恨情绪是奥运会的大敌。但他相信，奥林匹克体育价值观中根深蒂固的和平哲学以及各国文化普遍存在的对卓越表现的景仰，一定会压倒一切，或者，至少能在最终占据上风。

尽管尚有不足之处，但本届伦敦奥运会仍可被视为奥林匹克运动中的里程碑。自从1896年首届雅典奥运会以来，1908年伦敦奥运会首次将奥林匹克运动推向前进，此外，它还证明了这种四年一届的“年轻人的盛会”能成为国际体育竞技的巅峰。如果说1908年伦敦奥运会展现了奥运会的真正影响力，那么，1912年在斯德哥尔摩举行的下一届奥运会展现的就是其文化的魅力。

为使奥林匹克庆典具有一些艺术色彩，1906年顾拜旦在巴黎法兰西剧院召开了一次会议，主题是体育与文化。杰出的作家、演员、雕刻家、艺术家、建筑师、创意专家会聚一堂，意在筹办一届多学科的奥林匹克文化大赛。它是奥林匹克运动会的姊妹形式，旨在强化奥林匹克运动的声望。届时，将对建筑、绘画、雕刻、音乐、文学等方面的伟大作品颁发奥林匹克奖牌，从而调动彼时仍对体育兴趣索然的文化界的兴致。这一设想成型时已为时太晚，赶不上1908年伦敦奥运会了。顾拜旦旋即得到瑞典的维克托·巴尔克将军及其瑞典同事的支持，将奥林匹克文化大赛纳入1912年瑞典斯德哥尔摩奥运会之中。

在年轻的西格弗里德·埃德斯特隆领导下，斯德哥尔摩奥运会成了顾拜旦心中充满魅力的盛会。在其一生的事业历程中，斯德哥尔摩奥运会可谓组织工作的楷模，是他梦寐以求的完美表现；其体育与文化的和谐平衡，达成了他久盼的社会关联；其体育竞技，也是现代体育史上最辉煌的时刻。美国印第安人吉姆·索普在赛场上表现出了自己的巅峰状态。他的身体天赋无与伦比，他获胜的喜悦无可比拟。顾拜旦看着吉姆·索普在五项全能和十项全能两个项目上所向披靡，心知他就是“奋斗的快乐”的纯粹体现。吉姆·索普是横亘古今的英雄，这个运动员从体育运动中发现了快乐的本质，其对各个体育项目的精通，令古人都艳羡。

在奥林匹克文化大赛上，顾拜旦赢得了诗歌比赛的冠军。这首散文诗名为《体育颂》，顾拜旦署了两个笔名，一是乔治·霍罗德（George Hohrod），一是M.艾歇巴赫（M. Eschbach）。在诗中，顾拜旦洋洋洒洒地表达了他对体育影响力的信念。他赞美体育：“啊，体育，你是如此美丽！……”继而排比下来，依次赞美了体育的公平以及带来的荣耀、快乐、和平。

有了斯德哥尔摩奥运会为铺垫，顾拜旦对奥运会的国际影响力更加自信了。他打算让奥运会接受一次“终极检测”。尽管困难重重，但他相信，他的奥林匹克运动能缓解国家间的敌意。于是，他将1916年奥运会的主办地选在了德国柏林，将此次奥运会的筹备大任交给了卡尔·蒂姆领导的团队。蒂姆当时还很年轻，是位精力充沛的体育行政官员兼作家。在接下来的数年时间里，他成了奥林匹克运动的一位得力干将，但随后却做了第三帝国的爪牙，以致晚节不保。接着，世界大战爆发了，1916年柏林奥运会因之取消。

爱国心切的顾拜旦参了军，时年51岁。为了保护奥林匹克运动，为奥运会寻找一个中立的“家”，免受战祸，1915年，他把国际奥委会总部从巴黎迁到洛桑。战后，比利时人亨利·德·巴耶-拉图尔站了出来，提议由安特卫普承办1920年奥运会。巴耶-拉图尔是位马术运动员，对体育的影响力深信不疑。7年后，他从顾拜旦手里接任了国际奥委会主席一职。奥运会又一次在濒临流产之际被一座城市拯救。此时距奥运会召开只有短短两年时间，但巴耶–拉图尔及其团队向世人证明：他们能胜任此项工作。安特卫普奥运会朴素而盛大，令世人记住了奥林匹克理想的经久不衰及主办城市的薪火相传。

奥运五环旗是顾拜旦亲自设计的，于1913年巴黎大会上获国际奥委会通过，作为奥林匹克运动的旗帜。它首次正式亮相是在安特卫普奥运会上，也标志着一系列改变奥林匹克历史的创新举措的开始。安特卫普奥运会刚过，国际奥委会就成立了执委会①，这也是自从1896年雅典奥运会结束以来顾拜旦首次与人分担奥林匹克运动的领导权。1928年阿姆斯特丹奥运会上，在主会场建了一个火炬台，并在开幕式上首次点燃，开创了奥运圣火的传统；1936年柏林奥运会上，德国人又锦上添花，仿照古代宗教仪式开创了火炬传递程序。

1920年安特卫普奥运会之后，奥林匹克运动从战后迅速复原，迅猛发展，国际化程度越来越高。顾拜旦意识到，自己应该功成身退了。他领导着奥林匹克运动走过了30年的风风雨雨，在战前站稳了脚跟，战后迅速复兴，并于1924年巴黎奥运会时真正登上了国际舞台。1925年，他在布拉格召开的国际奥委会大会上宣布退休，尽管担任终身名誉主席一职，却再未出席此后的奥运会。

高瞻远瞩者也有盲点，顾拜旦也是如此。他强烈反对女性参加竞技体育，尤其是田径项目，对此他可谓顽固迂腐。女性选手可以参加射箭、网球、游泳项目的比赛，在雅典奥运会之后，还可以参加跳水项目。顾拜旦鼓励全民体育锻炼，包括女性，尽管如此，他就像一个坚强的堡垒，

① 国际奥委会执委会成立于1921年，最初由5人组成，时任国际奥委会主席的顾拜旦本人不是执委会主席，首届执委会的主席是布洛奈。1925年5月国际奥委会在布拉格召开第24次全会，决定国际奥委会主席即为执委会主席，同年接替顾拜旦担任国际奥委会主席的比利时人巴耶–拉图尔成为执委会主席。

阻挡着女性踏上田径赛场。若有一天，要书写现代奥林匹克运动的历史，有人会认为，正是因为对女性在奥林匹克赛场上的价值视若不见，才导致了顾拜旦的垮台。一些女性运动员，因为国际奥委会拒绝向她们开放田径赛场及其他几个比赛项目，愤而举行了自己的比赛——1923年在巴黎举行的女性奥运会。国际奥委会执委会别无他法，只能顺应时代潮流，调整顾拜旦的顽固立场。1924年巴黎奥运会上，国际奥委会大范围设立了女性参赛项目。这一举措清楚地预示着一个新时代的到来，也宣告了顾拜旦时代的结束。

无论是行动还是言论，顾拜旦的基本价值观都班班可考。退居二线之后，他继续通过体育来推动平等——至少是在男性之中。1923年，顾拜旦号召非洲殖民地向当地土著打开竞技体育的大门，并为每一位非洲人开创一个洲级锦标赛，即真正的泛非洲运动会。到了20世纪30年代，他依然在推广奥林匹克理想，信念从未动摇——不论在何处，体育运动都是人类解放的一股力量。终其一生，他一直都致力于劳动人民的福祉。63岁时，他与好友弗朗西斯·梅斯里博士携手创建了洛桑体育学院。这是洛桑奥林匹克学院及世界教育联合会（Universal Pedagogical Union）的一个分支机构，旨在为劳动阶层——壮工、水管工、技工、面包师、裁缝等——激发学习动力，创造更多学习机会，使其在公共体育馆内享受体育的乐趣。

◎◎◎◎◎

是什么使他相信自己能在如此年轻就取得如此成就？就顾拜旦而言，或许是因为他出身贵族家庭，心知阶级压迫的不公，由此产生了使命感，要用其一生来纠正这一悲剧。从理论上来说，他的才华和远见可谓生逢其时。

他的历史感异常强烈。对他来说，遥远的古代和刚刚过去的年代就像此时此刻一样真实。他将古典的希腊精神与盎格鲁—撒克逊的体育传统相结合，融合成符合现代情况的体育道德规范。他的天才表现之一，即是在古代奥林匹亚的哲学灵感和兴起于拉格比的强身派基督教[①]之间找到平衡，各取其精华，打造了奥林匹克主义的概念。

很明显，奥林匹克主义将奥运会提升到了一个新的层面。这是今日我们所参与的其他体育活动、体育联盟所不能企及的。这一意识形态，是国际奥委会的瑰宝。从本质上来说，它是顾拜旦人生功绩的核心，是奥林匹克运动发展壮大、价值传播的哲学基础。

顾拜旦不仅给了世界一个体育盛事，还给我们留下了一套旨在创造美好世界的人生哲学。除了为当代文化所做的其他贡献，顾拜旦还为我们打造了现代体育的道德规范。他使体育有了社会意义，使体育在世界层面为全人类谋福祉。在顾拜旦看来，体育始终有着无上潜力，是教育、道德价值、个性培养、个人卓越、相互尊重、友谊以及最终实现世界和平的平台。

从一开始，顾拜旦就看到了奥运会的神话和精神属性。他凭直觉判断出，他复兴于世的不仅是一种古代体育传统。尽管尚未完全理解，无法用言语解释，但他能肯定，在他手下重生的这些体育项目都有神话渊源。他确信，自己已在当代世界播下一颗种子，终有一天，这个神话般的现实会展现在世人面前。在1896年雅典奥运会上，当种种仪式在他眼前展现，尤其是马拉松选手跑进市区时，奥林匹克精神终于破壳而出。无形却又真实，像风一般吹透皮肤，触动心灵。这是一种实实在在的发自内心的感觉，无法用语言描述，但每个身在体育场的人都真真切切感觉到——一些永恒的东西回来了。

---

① 强身派基督教：Muscular Christianity，又译“肌肉基督教”，源于20世纪中叶英国的一场运动，强调体育运动有助于培养人们神圣的道德情操和精神境界，即人的“属灵”品格，如：温和、良善、和平、友爱、忍耐、进步等。顾拜旦将这一理念融入他的“奥林匹克精神”，以此开始复兴奥林匹克运动。

作为运动的发起人、推广者、组织者、管理人，他的卓越表现无人能及。但他也有巨大的不足：他涉猎太广，同时兼顾太多事务。他渴望在学术和文学方面得到广泛认可。1895、1896两年，恰逢雅典奥运会筹备工作的关键时刻，他仍不愿暂缓《法兰西第三共和国期间法国的演变》一书的写作。书中对第三共和国所取得的成绩和进展的乐观描述，与当时流行的观点——国内政局纷争不断——大相违逆。在那届奥运会之前近一年时间里，他都游离在希腊之外，终因作品鲜受欢迎以及希腊人忽略了他对奥运会的贡献而受到双重打击，万分失落。

64岁时，顾拜旦仍坚持自己的学术追求。1927年，他出版了四卷本的《世界史》，希望这套跨文化视角的史书集能为自己赢得赞誉。可事与愿违，反响寥寥，只是徒增了他贯穿一生的怨念——自己的著作从未得到应有的赞赏。顾拜旦是一位孜孜不倦的思想家、作家、活动家，身后留下了6万多页书籍、文章、活动册、信件以及奥林匹克出版物。

德奥奇城堡身后，洛桑的边缘直插入海，山脚下即是日内瓦的湖滩。直到人生尽头，顾拜旦还坚持在其蓝绿色湖面上划船锻炼。体育是他生命里的常量，不论是在顺风顺水的年代，还是在暗如长夜的低迷岁月，“奋斗的快乐”始终是他人生的焦点。他身体力行，践行“人人享有体育”的深刻信念。对他而言，体育运动就像定船的铁锚，是人生不如意时的避难所，是推广奥运时迎击狂风暴雨的壁垒。

顾拜旦已不在人世，但他的事业将会永生，其增进友谊、推进和平、推广体育的奥林匹克运动将继续在全世界发展壮大。在我们这个时代，极少有人能像这位了不起的法国人一样，有如此大的影响力。然而，他的故事却仍默默无闻。在希腊人眼里，顾拜旦是世界体育界的巨人。有些人相信，他的名字终有一天会登顶世界之巅，只要奥运圣火继续照耀世界，他的功绩就永远在一代代人心中闪烁。

◎◎◎◎◎

梅斯里读完祭文，将其放到一边。这篇顾拜旦的人生简介令他感动。作为一篇报道而言，圣克莱尔的处理恰到好处。尽管篇幅有限，但他心怀感激，因为圣克莱尔终于又写了一些顾拜旦的故事。他又转念一想——这是迄今为止圣克莱尔取得的所有进展，他的失落之情仍然挥之不去。他再次起疑，不知传记能否按时圆满完工。

70

葬 礼

葬礼的筹备工作很麻烦，一是因为前来凭吊的组织和个人太多，二是因为要完成顾拜旦的遗愿，将他的心脏埋在奥林匹亚。顾拜旦去世数月之后，国际奥委会、法国奥委会、希腊政府及王室、顾拜旦男爵夫人、洛桑市长才终于敲定，在奥林匹亚、洛桑、巴黎三地同时举行仪式，时间是 1938 年 3 月 26 日星期六。梅斯里答应，代表玛丽·德·顾拜旦护送顾拜旦的心脏前往奥林匹亚，并带了玛丽的信，准备在葬礼上朗读。

梅斯里乘船前往希腊比雷埃夫斯。这一天，他端着酒杯来到甲板上，看着地中海上宁静的日落风景。他在一把折叠躺椅上坐下，对圣克莱尔的疑虑和担忧再次涌上心头。而一想到他被派往柏林，他的担忧便更重了。当前，德国首都笼罩着残暴气氛，梅斯里担心《小日报》不能保证圣克莱尔的安全。

◎◎◎◎◎

3 月 26 日，巴黎，罗马圣三一天主教堂里座无虚席，法国奥委会在此为顾拜旦举行了一场庄严的悼念仪式。眼下，世界局势已如决堤之水，势不可当地朝战争而去，而在仪式上，在总结顾拜旦的一生时，法国奥委会及其他奥林匹克官员将其描述为远见卓识之人，志在通过体育运动推进国际友谊与和平。与此同时，洛桑的瓦伦汀圣母院（Notre Dame du Valentin）中，顾拜旦男爵夫人坐在洛桑市长旁边，她面戴黑纱，身边是女儿蕾妮和儿子雅克。诸位代表依次发言,赞颂她亡夫的伟大及其事业之不朽。顾拜旦的遗体在城市公墓（Cemetery Boisde-Vaux）下葬，少年人齐唱圣歌，人们点起了蜡烛。而在奥林匹亚，悼念仪式和心脏下葬仪式更富精神意义，这一点顾拜旦生前也许早有预料。

梅斯里住在一个酒店的小房间里。葬礼当天，他伴着奥林匹亚的日出起床，走到房间后面狭窄的阳台上。放眼望去，外面几乎是纯粹的自然风景，只有一个红瓦的屋顶点缀在克洛诺斯山的一片葱郁之中。晨鸟的啼声似乎格外清楚，而略一定睛，他发现奥林匹亚的树叶色调万千，橄榄树明显比洋槐等其他树木更显眼一些。

他穿好衣服，来到SPAP酒店的大厅。国际奥委会主席及希腊代表团聚集在这里，等着去参加仪式。除了他们之外，大厅里别无他人，一如梅斯里所愿。他沿着主道前往奥林匹亚遗迹，希望能有个单独的凭吊时刻。他知道，那里一定是顾拜旦魂牵梦绕之地。他走下山坡，沿一排廊柱而行，在阿尔提斯宙斯神庙倒地的廊柱之间停下脚步。他想象着，此地在古代是怎样一番情形。清风从奥菲尔斯河（River Alpheus）吹来，他不由得猜想，他朋友的灵魂是否会随风飞扬。他走过通道，来到竞技场内，走过里面的平地——2713年前，跑步选手就在这里为名誉和荣耀而赛，但他们的光辉时刻转瞬即逝，直到很久之后，一位法国梦想家才再次宣布奥林匹亚之光重返世间。

梅斯里爬上看台，柏拉图和伯里克利当年就坐在这里观看比赛。他看到，在竞技场的远端，是希腊人为顾拜旦的心脏准备的纪念碑。他走到那根白色大理石纪念碑前，石碑顶端是赫拉克勒斯的浮雕，下面就刻着顾拜旦的名字。在梅斯里看来，石碑的大小正合适。石碑棱角分明，傲然而立，直指湛蓝的天空。梅斯里想象着这天下午希腊人将顾拜旦的心脏葬在其地基下的情形，脸上露出欣慰的笑容。终于，他们向这位给予他们太多馈赠的人表达了敬意。42年了，希腊人只是默默袖手旁观，仿佛事不关己，其百姓对顾拜旦妄加指责，说他偷走了他们的民族遗产。而今天，希腊王室终于承认，顾拜旦是有史以来他们在国际体育界最伟大的朋友。梅斯里知道，顾拜旦早就为这一刻做好了计划，知道他比绝大多数人都有远见。

梅斯里走过空旷的赛道，穿过通道，在阿尔提斯的树荫里，他停下脚步。他看着散乱的古代石块，赫拉神庙坍塌的地基。这里就是1936年柏林奥运会火炬传递时圣火点燃的地方。梅斯里不知道这一传统能否沿袭下去。他坐了下来，抚着一块白色碎石块的冰冷的表面，手指突然摸到一些凹痕。他低头仔细看着石面，发现上面刻着一些人名。很明显，这是刻意摆在凳子旁边，供游客观看的。梅斯里对希腊文略知一二，石碑上也未刻有明确的日期。但他知道，他的手掌下，是某届古代奥运会上获胜者的名字。

此刻，梅斯里心潮澎湃。他明白过来了，顾拜旦一定知道，希腊人若是将其心脏葬在奥林匹亚，就一定会将其名字刻在大理石上，与原有的古人名字永远联系在一起。而那些古人，早已随其奥运复兴运动重返现代世界。想到这里，梅斯里眼中涌出泪水。他多么希望圣克莱尔能与自己同行，一起体验这感人的时刻。而他的失落感也因圣克莱尔的不在场而越发强烈。他低下头，数分钟时间里无言垂泪。

梅斯里反身回酒店，去准备葬礼事宜。临走时，他回头看了看宙斯神庙那些倒塌的柱廊。两千年过去了，它们七歪八斜地散落一地，仿佛刚刚倒塌的一般。希腊人本可以收拾残局，重修神庙，让这座曾列古代世界七大奇迹的壮丽建筑再现人世。可事与愿违，这里仍是残垣断壁。就在这一刻，梅斯里意识到，他向世人弘扬顾拜旦人生事迹的宏大志向，也可能要半途而废了。眼下时局动荡，圣克莱尔又远在柏林，未来充满变数。

离开奥林匹亚遗址时，梅斯里心中突然涌起一股失落和遗憾。他想，奥林匹克历史上有段内容可能将永远遗失了。一位历史上最伟大的奥林匹克英雄，举世无双的理想主义者，其事迹可能会永远被埋没。梅斯里一边走，一边轻抚一根根古老而冰冷的廊柱，希望奥林匹克运动能安然渡劫，再次复兴。

◎◎◎◎◎

SPAP 酒店大厅里，现已挤满了国际奥委会委员、希腊部长，以及来自世界各地的显贵人物。梅斯里看见了巴耶-拉图尔，后者也正看着他。他们俩已相识多年。梅斯里走上前去与巴耶-拉图尔握手。这时已近正午。

巴耶-拉图尔与梅斯里打过招呼，说道："你能来，我们很感激。你能出席这次葬礼，皮埃尔一定很高兴。"

"很高兴见到你，亨利。要是皮埃尔知道有这么多人来为他送行，也一定很高兴。"

"是的。我们正在等王储驾临。这是仪式的需要，你知道的。他将领着灵车前往墓碑处。"

"你也有一份男爵夫人的悼词，是吧。"梅斯里说道，一边从前胸口袋里拿出信来交给巴耶-拉图尔。

"是的，我也有一份。届时由索维尼朗读。"

"很好。谢谢。皮埃尔是个了不起的人，他一直对你很欣赏。"

这时，一位美国人走过来，打断了二人的交谈。他说着一口流利的法语，自我介绍说名叫林肯·麦克维（Lincoln MacVeagh），是美国驻希腊大使。梅斯里再次向巴耶-拉图尔表示感谢，谢谢他继续顾拜旦的事业。

突然间大厅里一阵喧嚣，王储到了。他身穿希腊军装，头戴锦缎帽子，脚穿长筒靴，手上戴着皮手套。巴耶-拉图尔道了声歉，离开美国大使，去迎着王储。二人寒暄过后，仪式开始，大厅里很快就空无一人了。

身穿礼服和制服的官方代表跟随王储走上主道，附近村庄和农场里的农民也加入了队伍。其乡间的穿着打扮为送葬队伍增添了色彩和情谊。众人来到墓碑前，只见它已被围上了一圈铁栅栏，众人在其四周站好。这座希腊式石碑共有上下两层，7 英尺高。在其基座上，有个开口，里面是个隔间，用于放置顾拜旦的心脏。墓碑齐眉高处，赫拉克勒斯浮雕之下，用希腊文雕刻了一段碑文。希腊人深知象征之意义，真心实意地为葬礼做好了充足准备。

亚历山大·梅尔卡蒂伯爵兼大元帅曾是顾拜旦在希腊最早的盟友，也是现在希腊在国际奥委会最为年长的委员，他宣布仪式开始。他说：“顾拜旦的离世是全人类的一大损失，当天的仪式在奥林匹克运动史上意义深远，皮埃尔·德·顾拜旦男爵喜欢希腊，他在我国的艰难时期将奥运会带给了我们。他的恩情我们无以为报。今天我们举行这个仪式，聊表王室对他的敬意。”

梅斯里将顾拜旦的心脏装在一个绿纹大理石骨灰瓮里带到了希腊，现在，王储手捧石瓮，与梅尔卡蒂、巴耶-拉图尔、艾伯特·玻迪·德·索维尼伯爵（Count Albert Bertier de Sauvigny）——顾拜旦在奥林匹克运动中的老朋友——站成一排，郑重地朝纪念碑走去。

他们面向人群而立，年迈的索维尼迈步向前，打开顾拜旦男爵夫人的信，读了起来。在信中，玛丽首先表达了不能前来奥林匹亚出席仪式的遗憾之情，又向大家表示了感谢，“感谢所有对皮埃尔·德·顾拜旦这个名字心怀敬意的人。”她向康斯坦丁王储表达了谢意，谢谢他在1896年牵头举办了首届奥运会，接着一一向奥林匹克运动的先驱人物、帮助她丈夫实现梦想的人表示感谢：维凯拉斯、巴尔克、斯隆、格布哈特、博图斯基、凯姆尼，最后是古斯-亚尔科夫斯基——元老中仅存于世的一位。最后，她在信中如此写道：“火炬已从顾拜旦手中传递下来，接过火炬的人，要将其高高举起，手手相传，让世人都能看到。他的火焰将永不熄灭。”梅斯里听在耳中，心里却颇感讽刺。他知道，自己或许是在场唯一一个知道顾拜旦遗孀另一面的人。

接着，在示意之下，希腊文化部长走上前来，王储将石瓮放入墓碑下的基座中。文化部长大声宣告：“此刻，您的心脏已覆有奥林匹克神圣之土，这座希腊白色大理石碑，将永远铭刻您在这个世界的光辉足迹，铭记您为奥运会的拼搏努力。”

听到希腊人承认顾拜旦的复兴奥运壮举是场拼搏，梅斯里很高兴。他想，这个争强好辩的国家也曾为这场拼搏增加了不少难度。几位牧师陆续做了祷告，然后就是仪式的最后一个议程。由与顾拜旦有30年好友关系的巴耶-拉图尔做最后致辞。他首先说道，这位非凡之人从他们的人生走过，所到之处，都能带来改变。“现在，他的功绩已是世人皆知；年轻人因之有了梦想，要通过体育运动为国争光。”梅斯里认真聆听着，这是对组建了体育界最高权威机构的顾拜旦的赞颂。最后，巴耶–拉图尔以发自真心的道别结束发言，语带深情：“永别了，皮埃尔·德·顾拜旦，愿你的灵魂安息。”

仪式结束了，人群散去。梅斯里静静地走到石碑前，看着细腻雕刻的赫拉克勒斯浮雕。他摸着冰冷的大理石，用手指轻抚顾拜旦的名字，上午在阿尔提斯圣林里那种永恒铭刻之感再次涌上心头。在这片神圣的土地上，诸多古代奥运会冠军曾在此呼吸，在此生活，在此梦想。现在，顾拜旦的名字也加入了他们的行列，一起永垂不朽。

71

最后的来信

逝者已矣，生活还要继续。不久之后，梅斯里就将精力移回工作和家庭中去。1938年夏天，滚滚热浪涌过日内瓦湖面，梅斯里也尽量不再去想夭折的立传工作。现在，他跟国际奥委会联系甚少，与顾拜旦男爵夫人更是音信不通，顾拜旦的事已渐渐从他的生活中淡化。他与身在巴黎的朱丽叶的联系也日见其疏。他发现，自己已很难开口向她打听圣克莱尔的消息，每次询问，得到的总是朱丽叶的泪水和沉默。圣克莱尔与顾拜旦，是梅斯里与朱丽叶的连线。而现在二者皆失，二人无法面对这一残酷的现实。就在圣克莱尔给他寄来包裹6个月之后，接近顾拜旦去世一周年之际，梅斯里收到一封来自美国的航空信。看上面手写的收信人名字，他知道那是朱丽叶的笔迹。寄信人的信息是打印在信封上的：费城，富兰克林。不用读信，梅斯里就知道朱丽叶已返回故乡。她的巴黎生活结束了，而梅斯里对圣克莱尔回归的最后一丝希望也就此破灭。

敬爱的弗朗西斯：

我是在父母家中给你写信，就在费城郊外主道上的布林茅尔学院。一个月前，雅克-皮埃尔·富兰克林·圣克莱尔在这里出生了。父母为我们母子提供了新的生活，而小家伙就是生活的中心。父母尽力振奋我的情绪，而我也尽力不再抱有幻想。

雅克失踪已有5个月了，我不得不接受现实。他这个人已经没了，而我们可能永远都不知道其中发生了什么。

很抱歉此前没有给你写信。6月初我匆匆离开巴黎。没有了雅克，生活变得很艰难。我挣的钱已很难维持生计，家人也开始担心我的精神状态。他们态度很坚决，认为孩子出生需要他们的帮助，我母亲和弟弟赶到巴黎给我收拾了行李。我也说不清到底是谁的决定，不过，我觉得回家是最好的选择。

弗朗西斯，我现在不画画了。不过我总是梦到雅克在洛桑的样子——就在你给我们找的那个乡间小屋的阳台上，远处是日内瓦湖和阿尔卑斯山。在洛桑的日子是我们爱情的顶峰，去年夏天皮埃尔去世前是我们情最浓、爱最深的时候。我想趁着记忆犹新，画一画那段时光。这样，等雅克-皮埃尔懂事了，我就能给他看画，给他讲他爸爸的故事了。

早晨醒来的时候，我还是习惯性地伸手去搂他，可人已经不在了。算起来，我们离开洛桑已有一年，雅克离开巴黎去柏林也有半年了，可我还是无法理解……也找不到慰藉。

弗朗西斯，我真心希望你能找到完成传记的办法，我也知道你现在心烦意乱。我真心希望你阖家美满幸福，希望你仍能从与雅克共处的日子、从我们共度的美好时光中有所回味。

我希望能再见你一面，让你看看我的儿子，但我需要再过很久才能重返巴黎和洛桑。总有一天，我会带着小雅克去看你。这不只是个承诺，而是我一定要做的事。可是，美国人似乎都确信，欧洲很快就要爆发战争了，这已成了大家茶余饭后的话题。

我希望这不是真的。不过，倘若真打起来了，暂时离开欧洲或许是明智之举。请你记好，在美国费城，富兰克林一家永远热情迎接你们全家的到来。

我想念你，敬爱的弗朗西斯，希望不久之后就能重逢。

致以最热情的问候。

朱丽叶

◎◎◎◎◎

几周之后，从《小日报》传来消息。柏林记者站极有可能就此关闭。他们说，最后一次听到圣克莱尔的消息是他抵达柏林一个月之后，当晚他要去法国驻德大使馆参加晚宴。

梅斯里拿着话筒，听着电话另一端埃德加粗哑而深带遗憾的声音。“情况是这样的，我们的驻柏林大使名叫安德烈·弗朗索瓦-庞赛特（André François-Poncet）。他是记者出身，后来当了大使。他喜欢邀请作家一起吃饭。当天晚上他邀请了两位作家，打算把他们介绍给雅克。”

“这没什么问题啊。”梅斯里说道，尚不明白埃德加此番话的用意。

“希特勒憎恨弗朗索瓦-庞赛特，不相信任何外国记者。很多年了，他一直派特务监视法国大使馆，密切关注进出大使馆的人。”

“我还是不明白，这也没什么大不了的。”梅斯里觉得一阵恶心，他知道纳粹将很多批评者关进监狱，其中包括几位外国作家。

“那两位作家，一个是捷克人，一个是塞尔维亚人。他们一直强烈抨击纳粹的政策和暴行。弗朗索瓦-庞赛特说，当天的宴会结束时，雅克是跟他俩一起离开大使馆的。而从此之后就再也没有他们的消息了。”

72

尾声

1938年9月，一个冷清的周日晚上，弗朗西斯·梅斯里独自坐在家中二楼背面的小办公室里。妻子早就睡了。办公桌上有个杯托，杯托上面是半杯麦芽酒，酒中的冰块已化了一半。酒杯旁边有个包裹，他刚刚用粗糙的细麻绳将其捆好。那是雅克·圣克莱尔所写的与传记有关的材料，梅斯里把能收集到的全归拢于此了，从其令人怀念的洛桑时光，到其日渐稀少并于6个多月前完全终止的来信，一片纸都不少。梅斯里像个恪尽职守的档案保管员一样，将每一页书稿、每一张能找到的访谈笔记都打进包裹，再将其紧紧捆好。现在，这个包裹就在眼前，那是未完成的顾拜旦的人生记录。

梅斯里很清楚，他收集的这些资料能转化成一本权威传记，其中真实地讲述了一位天才、亦是他的好友的传奇人生。然而他很失落，不知该如何完成本书。材料的关键部分——圣克莱尔最后几次访谈的笔记——找不到了。那是圣克莱尔与众不同的文笔写就，却未有机会打印出来。梅斯里不知道这些笔记的下落。朱丽叶还在巴黎时已将住所仔细搜检过，可是什么都没有。埃德加那边也是一无所获。梅斯里曾想过再找一位作家把书写完，而若非时局变化，他或许真的就这样做了。

梅斯里护送顾拜旦的心脏去希腊下葬时，德国人攻占了维也纳，吞并了奥地利。就在数日之前，在慕尼黑，捷克斯洛伐克将苏台德地区割让给了德国，英国、法国、意大利也在协议上签了字。英国首相张伯伦声称，此举保证了“一个时代的和平”。可梅斯里跟很多人一样，都早已听到天际传来的隆隆战鼓声。想到这里，老天似乎也配合他的思绪，风大了起来，吹得阳台外面洋槐的树枝一阵阵扫打着办公室的窗户。

梅斯里拿起包裹，将其放进办公桌最下面的抽屉里，接着扭动钥匙，将其锁好。他拔出那把旧钥匙，哀伤又无奈地在台灯下审视，用手指摩挲着钥匙氧化的表面，直到它又光亮如新。他现在是火种的保管人了，至少是这个特殊的奥林匹克火种的保管人。他本应下定决心，尽一切力量将顾拜旦的故事公之于众，但他的上个计划惨淡收场，他也厌倦了，不再逼迫自己许下这样的诺言。现在，他的脑中不断萦绕这样的念头：要是能早一点开始立传的工作该多好；要是能敦促圣克莱尔写得快一点该多好；要是他早知道圣克莱尔的伤心往事该多好……为逃避这种愧疚感，保持心智清醒，他想暂缓处理传记的事。

梅斯里端起酒杯一饮而尽，从桌子一角拿过一个白信封，写上“圣克莱尔所写顾拜旦传记”的字样，将抽屉钥匙放进信封，贴好，用大拇指用力按了按，把胶水压结实。他拉开椅子，将办公桌正中的浅抽屉拉开，将信封放进抽屉最里面，这样就不会轻易看到了。他身子前倾，双手交叉，撑住前额。风声未歇，树枝扫着房子。他走到窗前的柜子边上，又倒了一杯酒，拉开窗帘，凑近窗户，顿觉脸颊一阵清凉。朦胧的月光下，日内瓦湖的湖面就像一块青石板粼粼闪烁，遥远的法属阿尔卑斯山上阴云密布，暴雨欲来。突然间，梅斯里居然不确定起来，不知道世人是否还能得知皮埃尔·德·顾拜旦男爵的故事，不知道他发起的奥林匹克运动能否产生足够的影响力，终止世间无休止的战争，实现那位智慧非凡的小个子朋友的友谊与和平梦想。

后　记

这不是一次简单的体育赛事，而是一场运动。

跟许多人一样，我的奥林匹克历程，源于一位朋友。

1988 年春天，我开始训练，准备参加第四次马拉松比赛。一位名叫布拉德·科普兰的跑友跟我说起亚特兰大要申办 1996 年奥运会的事。布拉德长得像极了年轻时的斯蒂芬·斯皮尔伯格[①]，他经营着一个小型而成功的平面设计工作室。他的长跑距离，很少有突破 10 英里的时候。我们一起跑步时，他热情洋溢地跟我讲述了比利·佩恩[②]的事。比利·佩恩是前佐治亚大学橄榄球明星，现在正在追逐亚特兰大的奥运梦。布拉德想让我与比利见个面，在一个名叫“申办书”的重要项目上发挥我的写作才能。布拉德的创造性项目大多都是由我执笔，还常常为他做客户推介工作。但我当时很忙，要写几份年度报告，一本写了 4 年的宗教小说也刚刚完稿，正在修改阶段——芝加哥的一位编辑要求我淡化书里的情爱描写，我正在构思这件事。

说实话，在我听来，亚特兰大申奥的胜算不大。可是后来，布拉德为亚特兰大申奥设计的 logo 从海选中胜出，他的热情立刻饱满起来。他知道比利及其团队正在寻找申办书的首席文案，他想，若是我俩能组建一个设计兼文案的团队，将会打开通往新世界的大门。他真是有远见啊。

---

① 斯蒂芬·斯皮尔伯格：Steven Spielberg，1946年出生，美国著名电影导演、编剧、制作人。

② 比利·佩恩：William Porter Payne，1947年出生，亚特兰大地产商，20世纪80年代末至90年代初曾致力于为亚特兰大申办奥运会，于1996年担任亚特兰大奥运会组委会主席，2006年至今担任奥古斯塔国家高尔夫球俱乐部主席。

在与比利会谈那天，我和布拉德被带进 IBM 大厦 34 层的一间大会议室里。当时 IBM 大厦是亚特兰大的第一高楼。会议室里有张能坐 20 个人的长条会议桌，比利和两个顾问就坐在会议桌的另一端。我和布拉德在会议桌这一端坐下，相隔很远，遥相问答。那次会谈很顺利，比利最后问道，为什么他要雇用我们，为什么我觉得能胜任申办书的写作。我从包里拿出“撒手锏”：那是我为第一联合银行写的 8 页宣传册，近期曾获各项创意大奖。我把宣传册放在会议桌那光滑如镜的桌面上，像推圆盘游戏一样将其推到比利面前。

4 个月之后，1989 年 4 月，我和布拉德作为亚特兰大申奥委员会的新晋创意团队乘飞机前往瑞士洛桑。我们此行的任务是调查奥林匹克历史，分析以往主办城市的申办书，拿出提议，争取让亚特兰大申办书的设计和文案达到新的高度。我们的目的地是国际奥委会的奥林匹克图书馆。当时，图书馆位于洛桑火车站以西一栋朴素的大楼的一层，距离火车站有 100 码[①]。

走进图书馆，15 分钟之后，在一本旧申办书中，我第一次看到了现代奥运会创办人皮埃尔·德·顾拜旦男爵的样子，那白色的胡须、慈祥的面容。照片旁边的简介里说，顾拜旦发起的奥运会，是一场国际运动的组成部分，旨在通过体育运动增进友谊与和平，将全世界团结起来。我有些震惊，突然间有了一种使命感，仿佛我是注定此刻应身在此处。奥运会是一场运动的组成部分，其驱动力是友谊与和平——这些新颖的话就像诗句一样从书页上升起，冲击着我的心灵。我对布拉德说道：“这不是一次简单的体育赛事，而是一场运动。”

◎◎◎◎◎

1969 年 5 月，我哥哥盖里在越南战场的汉堡高地受伤。5 个月前，我去了华盛顿，在理查德·尼克松的就职典礼上抗议越战。当年 9 月，我再次来到华盛顿，参加了“终结越战集会”，那是到彼时为止美国历史上最大的反战抗议活动。后来我哥哥回了国，身体完全康复，越战也终于画上了句号。岁月流逝，

---

① 1码相当于3英尺，约为0.91米，100码≈91米。

因成家立业，我对和平的热爱暂时放到了次要位置。后来我从坦普尔大学新闻专业毕业，妻子卡罗尔和我决定带着幼子詹森去亚特兰大，成为“新南方”[①]的一员，为亚特兰大的未来增砖添瓦。

1973年10月，我们抵达亚特兰大。我在市中心殖民地广场一家广告公司找到一份文案工作。我在广告界发展顺利，成了亚特兰大首屈一指的自由撰稿人兼制作人。但我总觉得有件更重要的事被落在了身后，即年轻时志在建设和平世界的志向。

突然之间，1989年4月的一个上午，我觉得和平事业再次向我招手。奥林匹克运动就是一个机会，能再次唤醒我的热情。这次，我不是去反对，而是要弘扬。而这一觉悟将我带向一个问题：皮埃尔·德·顾拜旦男爵是谁？以前为什么没有听说过他？

◎◎◎◎◎

在比利·佩恩的杰出领导下，亚特兰大的申奥工作异常出色。市长安德鲁·杨是公民权利的偶像，也是我见过的最好的人。他与比利肩并肩合作，为亚特兰大宣传造势，并向全世界奥林匹克大家庭宣传我们的奥运设想。他们俩一黑一白，彰显“事忙不恨”的城市风采[②]，使国际奥委会的目光离开打着“奥林匹克百年纪念”口号的希腊雅典，向新南方的首府亚特兰大倾斜。1990年9月18日，在日本东京新高轮格兰王子大酒店的会议厅，时任国际奥委会主席胡安·安东尼奥·萨马兰奇（Juan Antonio Samaranch）打开信封，带着浓重的加泰罗尼亚口音宣布：亚特兰大获得了全球体育运动的最高奖赏——承办1996

---

① “新南方”：相对于美国南北战争时期的“旧南方”而言，呼吁南方地区改革旧有的农奴种植园传统，实现现代化，加强与国家的整合。提出者是《亚特兰大宪政报》编辑亨利·W. 格雷迪（Henry W. Grady）。

② 20世纪六七十年代美国爆发大规模民权运动，反对种族歧视，争取民主权利；相对于其他支持种族隔离的南方城市，亚特兰大的市民和领导思想更加开明进步，为亚特兰大赢得“事务繁忙，无暇顾及种族仇恨”的名声。

年奥运会。当时的欢快气氛是我此前从未经历过的。在乘飞机返程途中，我跟布拉德决定合伙，而我们的新工作室——“科普兰·赫斯勒工作室”——在20世纪90年代成了奥林匹克世界首屈一指的设计与传播公司。

亚特兰大申奥成功之后的半年时间里，似乎所有2000年夏季奥运会的申办城市——悉尼、北京、柏林、曼彻斯特、伊斯坦布尔——纷纷到亚特兰大朝圣，向比利及其团队取经。比利则谦和地向他们介绍自己的创意团队，将经验倾囊相授。在1992年巴塞罗那奥运会之前，伊斯坦布尔曾聘用科普兰·赫斯勒工作室为其设计、撰写申办书。最后伊斯坦布尔败给了悉尼，但我们的申办工作，尤其是我们在申办书中对奥林匹克运动之理想主义及对世界的贡献的表述，令国际奥委会瞩目，随即给我们带来更多机会。很快，我们就参加了斯德哥尔摩的2004年夏季奥运会的申办工作，随后又参加了克拉根福的2006年冬奥会申办工作，当时有三个国家联合申办2006年冬奥会，分别是奥地利、意大利和斯洛文尼亚，三国交会处是世界闻名的冬季运动项目胜地。

2000年我跟布拉德分道扬镳。我与特伦斯·伯恩斯（Terrence Burns）合伙创办了一家新公司。公司开业还不到1个月，北京就邀请我们参加他们的2008年夏季奥运会申办工作。最后北京赢得了主办权。接着，我们又帮助温哥华赢得了2010年冬奥会的主办权。从那时起，我独自行动，先后参与了5次申奥工作，在其中或是担任首席文案，或是资深传播策略分析师。这5次分别是：纽约的2012年夏季奥运会申办工作、萨尔斯堡的2014年冬奥会申办工作、芝加哥的2016年夏季奥运会申办工作、慕尼黑的2018年冬奥会申办工作，以及流产的罗马的2020年夏季奥运会申办工作。在罗马的申办工作中，我有幸再次与特伦斯·伯恩斯合作，此后又与他在洛杉矶的2024年夏季奥运会申办工作中有部分合作。

在与以上抱负远大的申办城市的工作团队并肩合作时，我遇到很多人，有男有女，他们的想象力都被奥林匹克梦想所点燃。我也越发明白，响应奥林匹克卓越号召的，不仅是运动员，还有来自各种文明、各种职业的形形色色的人。

我历经了 10 次申奥工作，一次次走来，我的信念越发坚定——奥林匹克运动具有强大的转变力量；一年年过去，我的观点越发确定——皮埃尔·德·顾拜旦男爵是历史上一个被遗忘的伟人。

◎◎◎◎◎

1992 年 2 月，在法国阿尔贝维尔第 16 届冬季奥运会的新闻中心，我无意中看到一本“皮埃尔·德·顾拜旦国际委员会”的活动宣传册。在回亚特兰大的途中，我决定在美国成立一个分会。在比利·佩恩的鼎力支持下，在辛迪·富勒（Cindy Fowler）和苏珊·沃森（Susan Watson）的不懈帮助下，我们于 1993 年成立了“皮埃尔·德·顾拜旦国际委员会美国分会”，旨在 1996 年亚特兰大奥运会前期推广其创始人的理想，弘扬奥林匹克运动的价值观。在辛迪的领导下，我们筹款 50 万美元，请雷蒙德·卡斯基（Raymond Kaskey）在百年奥林匹克纪念公园（Centennial Olympic Park）设计建造一座世界级的顾拜旦塑像。它随后成了登上影像最多的奥运地标之一，至今仍在公园的绿地上卓然而立。我们还与国际奥委会、德国美因茨大学的诺伯特·穆勒（Norbert Muller）合作，将大约 800 页有关顾拜旦的奥林匹克文字首次翻译成英语。这一项目的成果最终结集出版，即《奥林匹克主义》一书。国际奥委会在 2000 年悉尼奥运会之际将其复印发行，后被翻译成多种语言。

多年以来，我曾数十次在奥林匹克会议及公共集会上展示或阐述顾拜旦的奥运理念，但每一次，当我发言结束时，人们都会感到惊讶。有时是因为奥运会背后的工作，有时是因为顾拜旦的名字不为人知。大家可以考虑一下，怎能不感到惊讶：四年一届的夏季奥运会，其电视观众达到 35 亿人，亦即世界的半数人口，影响范围如此之大的活动，其创始人竟然鲜为人知。几年之前，我曾在世界最大的奥林匹克会议上发言，结束时，一位先生走上前来对我说：“我在这里工作了 17 年，第一次听说这些事。”他在这个通过体育运动推进世界友谊与和平的运动中历日旷久，却对其渊源一无所知。

◎◎◎◎◎

2010年，我决定写一本关于皮埃尔·德·顾拜旦男爵的书。我开始考虑合适的体裁，不仅要讲述他的人生经历，而且能使他的成就充满戏剧性，还要描绘出巴黎作为他故事背景及灵感源泉的演变过程。后来我想到了历史小说，觉得这种体裁可以达到鱼和熊掌兼得的效果。它用史实打造框架，里面填充想象力丰富的演绎。它使作者可以在真实人物周围配以虚构人物，通过其交谈和来往，直观地展现历史事件。

在本书中，我想既忠实于顾拜旦的生平，又能使故事引人入胜，最好还能使读者有所鼓舞和启迪。书中绝大多数与顾拜旦复兴奥运有关的事件、时间、地点都是史实，而背景故事、事件描述及人物对话都是虚构的。为了达到戏剧效果，我对某些历史场景及时间做了调整改动。我们所知道的顾拜旦的人生，都是表面上的。为了深入表面之下，找到塑造其人生的种种因素，我虚构了一众角色，与顾拜旦在家人的亲密层面与之互动，以此来展现顾拜旦的生活和事业。这些虚拟的人物，在某种程度上成了顾拜旦的家人，同样担负着一个重任——向世人讲述顾拜旦的故事，让世界牢记这个鲜为人知的伟人。

致谢

倘若大家也跟我一样从事申奥工作，你也会有幸在地球上东奔西走，近乎行遍各国首都。奥林匹克运动每年的行程安排就像一场国际旋风，你会不断与人见面、交流、联系、分享信息，从中找到能做培训的讲师，能出谋划策的顾问，能帮上忙的同事，不断学习、理解、适应不同文化的仪式、风俗、习惯。这些多样的文化形成于全世界多元化的人民，而他们都是奥林匹克大家庭的成员。跟任何一种家庭一样，奥林匹克大家庭也是一个整合的集体，其成员秉承同样的理想，不论是个体还是集体，都旨在建设更加美好的世界。其中有一个共有的理想——对体育影响力的信念，在各国年轻人心中、脑中播下希望的种子。这种理想及其实现方式，就其本身而言，是非常鼓舞人心的。这一事业能令人产生满足感，因为它看上去是如此重要，如此有价值，如此值得追求。正如约翰·弗隆[①]在牵头2010年温哥华冬奥会申办工作时所说的那样："奥林匹克运动使我们的人生变得更有意义。"这种意义的源头便是皮埃尔·德·顾拜旦男爵。

去千里之外的城市参加会谈，在某种方式上就像与家人团聚。在该地停留时间越长，结交的朋友就越多，对很多人的感情就越深。奥林匹克运动就像巡回马戏团，像一场盛宴，但其最根本的体会是——通过体育运动增进友谊。

当然，奥林匹克运动还不完善，还有很长的路要走。就在本书付印期间，

① 约翰·弗隆：John Furlong，生于1950年，加拿大体育行政人员，2010年温哥华冬奥会组委会主席。

世界体育界的领导层卷入一场丑闻旋涡，威胁到奥运会的诚信。那些变节的人将万劫不复，而奥林匹克运动会浴火重生。它曾经历过两次世界大战、经济大萧条、恐怖主义、政治抵制、兴奋剂事件，但终能重整旗鼓。这次，它也会克服所有困难，吸取经验教训，东山再起。奥林匹克理想将一如既往通过考验，人类卓越的无上标准将再次登上世界体育的巅峰。

大家想必能够猜到，在本书的写作过程中，我得到了奥林匹克大家庭里数百位成员的鼓舞和启迪。在此我要向他们表示感谢，如有无心遗漏，我深表歉意。下面，我要深表感谢的人有：布拉德·科普兰、比利·佩恩、特伦斯·伯恩斯、辛迪·富勒、安迪·杨（Andy Young）、金杰·沃特金斯（Ginger Watkins）、查理·巴特尔（Charlie Battle）、琳达·斯蒂芬森（Linda Stephenson）、博比·里尔登（Bobby Rearden）、苏珊·沃森（Susan Watson）、南希·牛顿（Nancy Newton）、哈里·舒曼（Harry Shuman）、V·V·伯克（V.V. Bock）、珍-米歇尔·伯克（Jean-Michel Bock）、道格·加特林（Doug Gatlin）、凯·B. 李（Kay B. Lee）、多丽·沃特金斯（Dory Watkins）、伊丽莎白·克莱门特（Elizabeth Clement）、简·斯图尔特（Jane Stewart）、克里斯·威尔顿（Chris Welton）、蒂姆·史密斯（Tim Smith）、奇普·坎贝尔（Chip Campbell）、迈克尔·佩恩（Michael Payne）、弗朗西斯·兹韦费尔（Françoise Zweifel）、鲍勃·科恩（Bob Cohn）、斯科特·古德森（Scott Goodson）、希德·迪兹德维奇（Sead Dizdarevic）、艾伦·迪兹德维奇（Alan Dizdarevic）、鲍勃·法苏洛（Bob Fasulo）、鲍勃·茨维塔利克（Bob Ctvrtlik）、马库斯·凯特（Markus Kecht）、赫尔诺特·莱特纳（Gernot Leitner）、马克·米顿（Mark Mitten）、斯科特·莱夫（Scott Leff）、谢尔盖·冈查洛夫（Sergej Gontcharov）、乔恩·蒂布斯（Jon Tibbs）、麦克·李（Mike Lee）、赛维·休伯特（Sevi Hubert）、亚历克斯·克尔普（Alex Corp）、克里斯·苏利文（Chris Sullivan）、马克·刘易斯（Mark Lewis）、比尔·谢尔（Bill Scherr）、戈登·凯恩（Gordon Kane）、威利·班克斯（Willie Banks）、安妮·科里布斯（Anne Cribbs）、鲍勃·斯泰尔斯（Bob Stiles）、大卫·伍

德沃德（David Woodward）、鲍勃·霍伊斯纳（Bob Heussner）、帕特里克·桑达斯基（Patrick Sandusky）、拉尔斯·休-佩德森（Lars Haue-Pedersen）、理查德·邦恩（Richard Bunn）、佩妮·贝克（Penny Baker）、约翰·摩尔（John Moore）、西蒙·巴尔德斯通（Simon Balderstone）、马克·琼斯（Mark Jones）、马蒂·阿佩尔（Marty Appel）、唐·米斯切（Don Mischer）、大卫·古德伯格（David Goldberg）、里奇·戈弗雷（Rich Godfrey）、托德·布鲁克斯（Todd Brooks）、安妮·凯利（Anne Kelly）、克斯蒂·波恩（Kirsty Bonn）、大卫·艾克曼（David Aikman）、马丁·班森（Martin Benson）、凯伦·韦伯（Karen Webb）、利兹·麦克马洪（Liz McMahon）、史蒂夫·麦卡锡（Steve McCarthy）、吉莉安·汗布格尔（Gillian Hamburger）、斯科特·吉文斯（Scott Givens）、罗布·科恩（Rob Cohen）、凯安·布劳内尔（KieAnn Brownell）、史蒂夫·麦克纳西（Steve McConahey）、格尼拉·林德伯格（Gunilla Lindberg）、奥斯丁·西利（Austin Sealy）、阿恩·朗科维斯特（Arne Lungqvist）、迪克·庞德（Dick Pound）、克雷格·雷迪（Craig Reedie）、让-克劳德·基利（Jean-Claude Killy）、杰哈德·海博格（Gerhard Heiberg）、阿妮塔·德弗朗茨（Anita DeFrantz）、兰德尔·辛格（Randir Singh）、拉里·普罗布斯特（Larry Probst）、安吉拉·卢杰罗（Angela Ruggiero）、唐娜·德·瓦罗那（Donna de Varona）、夏尔曼·克鲁格斯（Charmaine Crooks）、埃德文·摩西（Edwin Moses）、鲍勃·皮肯斯（Bob Pickens）、迪克·福斯贝里（Dick Fosbury）、斯韦恩·罗姆斯塔德（Svein Romstad）、德怀特·贝尔（Dwight Bell）、卡洛斯·努兹曼（Carlos Nuzman）、莱昂纳多·格里内（Leonardo Gryner）、利奥·瓦尔纳（Leo Wallner）、彼得·尤伯罗斯（Peter Ueberroth）、达雷尔·赛贝尔（Darrel Seibel）、吉姆·斯切瑞（Jim Scherr）、克里斯·科尔曼（Chris Coleman）、奇普·哈尔特（Chip Hardt）、瑞克·路德维格（Rick Ludwig）、杰里·安德森（Jerry Anderson）、莎伦·金曼（Sharon Kingman）、斯科特·布莱克姆恩（Scott Blackmun）、丽萨·贝尔德（Lisa Baird）、道格·阿诺特（Doug Arnot）、巴德·格林斯

潘（Bud Greenspan）、约翰·奥拉夫·考斯（Johann Olav Koss）、斯图尔特·宾斯（Stewart Binns）、罗布·西尔塔宁（Rob Siltanen）、欧文·罗斯（Erwin Roth）、埃德·胡拉（Ed Hula）、布莱恩·巴克（Brian Baker）、基斯·弗格森（Keith Ferguson）、大卫·米勒（David Miller）、阿兰·阿布拉汉森（Alan Abrahamson）、斯特拉托斯·萨菲尔利斯（Stratos Safioleas）、藤田正典（Masanori Takaya）、西户亚纱美（Asami Saito）、锡南·厄尔德姆（Sinan Erdem）、阿提拉·阿克索伊（Atilla Aksoy）、泰菲克·比尔金（Tevfik Bilgin）、耶尔沁·阿克索伊（Yalçın Aksoy）、里德范·门特斯（Rıdvan Mentes）、乔治·科姆兹斯（George Courmouzis）、迪米特里·提奥提斯（Dimitri Tziotis）、彼得·伊克诺米迪斯（Peter Economides）、西奥多·曼扎里斯（Thoeore Mantzaris）、奥拉夫·斯丁汉莫（Olaf Stenhammer）、比约恩·昂格尔（Bjorn Unger）、科科·昂格尔（Coco Unger）、丽娜·亚伯拉罕森（Lena Abrahamson）、伊娃·罗登斯坦（Eva Rodenstam）、汤米·古斯塔夫森（Tommy Gustaffson）、托马斯·古斯塔夫森（Tomas Gustafson）、乔玛·塞尔维格（Jomar Selvagg）、奥莱·约翰松（Olle Johanson）、卡勒·亨尼克斯（Calle Hennix）、迪特尔·卡尔特（Dieter Kalt）、弗朗茨·克拉姆（Franz Klammer）、海因茨·杨沃斯（Heinz Jungwirth）、阿诺德·菲林格尔（Arnold Fellinger）、托马斯·罗斯豪尔和露西·罗斯豪尔（Thomas and Lucie Rothhauer）、安德烈亚·维泽尔（Andreja Wieser）、海因茨·萨登（Heinz Schaden）、汉内斯·马斯克汉（Hannes Maschkan）、卡罗尔·楚（Carol Chu）、大卫·楚（David Chu）、王伟（Wang Wei）、韩雯（Han Wen）、刘琪（Liu Qi）、刘景明（Liu Jingmin）、潘志伟（Pan Zhiwei）、甄良赫（Zhen liang He）、库尔特·黄（Curt Huang）、闵旺（Min Wang）、贾森·俞（Garson Yu）、约翰·弗隆（John Furlong）、杰克·普尔（Jack Poole）、安德里亚·肖（Andrea Shaw）、马蒂·库林奇（Marti Kulich）、约翰·麦克劳克森（John McLaughlin）、特里·赖特（Terry Wright）、阿里·加德纳（Ali Gardner）、蒂姆·盖达（Tim Gayda）、鲍勃·斯托雷（Bob Storey）、史蒂夫·波多博斯基（Steve Podborski）、丹·多克托洛夫（Dan Doctoroff）、杰

伊·克利格尔（Jay Kriegel）、罗伊·巴哈特（Roy Bahat）、艾米·斯坦顿（Amy Stanton）、杨－苏克·李（Young-Sook Lee）、温迪·希利亚德（Wendy Hilliard）、派特·莱恩（Pat Ryan）、戴夫·博尔格（Dave Bolger）、约翰·默里（John Murray）、洛里·希利（Lori Healey）、道格·内夫（Doug Neff）、乔纳森·刘易斯（Jonathan Lewis）、杰西卡·费尔柴尔德（Jessica Fairchild）、戴安·辛普森（Diane Simpson）、杰夫·斯蒂尔斯（Jeff Stiers）、金伯利·迈耶（Kimberly Meyer）、哈罗德·高蒂尔（Harold Gauthier）、大卫·斯皮格尔（David Spiegel）、雪莉·杨（Shirley Yang）、托马斯·巴赫（Thomas Bach）、迪特尔·库勒（Dieter Kuhnle）、伯恩哈德·施万科（Bernhard Schwank）、西蒙尼·西弗雷德（Simone Seefried）、丽莎·盖斯勒（Lisa Geissler）、雷托·拉姆（Reto Lamm）、图比·库纳尔（Tobi Kuner）、卡特琳娜·维特（Katarina Witt）、凯特琳·默克尔（Katrin Merkel）、克劳迪娅·伯克尔（Claudia Bokel）、朱迪斯·邦加德（Judith Bongard）、斯蒂芬·克洛斯（Stefan Klos）、约亨·法博尔（Jochen Färber）、迈克尔·弗斯佩尔（Michael Vesper）、威利·伯格纳（Willy Bogner）、海克·玛丽·博赫（Heike Marie Boch）、克里斯汀·克劳尔（Christian Klaue）、理查德·亚当斯（Richard Adams）、凯伦·奥尼尔（Karen O’Neil）、麦克·芬内尔（Mike Fennell）、麦克·奥佩尔（Mike Hooper）、约翰·菲施（John Fish）、迈克尔·莱纳德（Michael Lenard）、韦恩·威尔逊（Wayne Wilson）、哈维·席勒（Harvey Schiller）、麦克·普朗特（Mike Plant）、迈克尔·皮里（Michael Pirrie）、奥斯卡·洛佩兹（Oscar Lopez）、迈克尔·施密特（Michael Schmidt）、唐·波特（Don Porter）、格雷格·哈尼（Greg Harney）、弗朗西斯科·坎普（Francisco Campo）、乔·托希拉（Joe Torsella）、格雷格·库查德（Greg Cuchard）、文·拉纳纳（Vin Lanana），以及我的奥林匹克新朋友马克·戴维森·史密斯（Mark Davison Smith）、布洛克·帕克（Brock Park）、珍妮特·埃文斯（Janet Evans）、丹尼·柯布林（Danny Koblin）、马特·罗麦尔（Matt Rohmer）、杰夫·米尔曼（Jeff Millman）。

我还要向很多热情帮助过我的人表示感谢：首先是已经故去的若弗鲁瓦·德·纳瓦塞勒（Geoffroy de Navacelle）。他是顾拜旦男爵的侄子。他邀请我到莫维尔庄园，并为我讲解了顾拜旦的家族背景。还要感谢他的儿子安托万·德·纳瓦塞勒（Antoine de Navacelle），他的侄子伊万·德·顾拜旦（Yvan de Coubertin），他们二人给了我很多鼓励，也为我提供了顾拜旦家族的一些史料。

多年来，有很多学者致力于研究宣传顾拜旦的事迹，其中三位堪称研究顾拜旦的专家：芝加哥大学的约翰·麦卡隆教授（John MacAloon），其《伟大的象征：皮埃尔·德·顾拜旦及现代奥运会起源》（*This Great Symbol: Pierre de Coubertin and the Origins of the Modern Olympic Games*）从心理学层面分析了顾拜旦复兴奥运的复杂动机。诺伯特·穆勒（Norbert Müller）博士，前美因茨约翰尼斯·古登堡大学教授，为了传承顾拜旦的精神，他的努力无人能及。多年来，穆勒教授为1万多名学生讲授过奥林匹克历史。今天，他的事业由斯蒂芬·沃森博士（Stephan Wassong）传承。沃森博士是德国科隆体育大学教授兼奥林匹克研究中心主任，他关于顾拜旦两次访美经历的作品，使学界有了新的突破。

在此，我要特别向“皮埃尔·德·顾拜旦国际委员会”的同事表示感谢，他们是：伊夫-皮埃尔·博朗尼（Yves-Pierre Boulongne）（已故）、唐·安东尼（Don Anthony）（已故）、奥托·尚茨博士教授（Professor Dr. Otto Schantz）、珍·迪里（Jean Durry）、让·卢普·查普莱博士教授（Professor Dr. Jean-Loup Chappelet）、克里斯蒂安·瓦克尔博士（Dr. Christian Wacker）。他们都致力于弘扬顾拜旦的遗志。

多年来，洛桑的奥林匹克研究中心和奥林匹克博物馆给了我巨大支持，在此我要向他们表示感谢。谢谢雷古拉·卡丁奥克斯（Regula Cardinaux）及其团队；感谢洛桑市的克里斯汀·祖特尔（Christian Zutter），谢谢你带我细致游览了蒙里普斯；感谢奥林匹克团结基金会的亚辛·优素菲（Yassine

Yousfi），谢谢你为我提供对蒙里普斯的见解；尤其感谢洛桑市档案馆的马塞尔·鲁格（Marcel Ruegg）。

我要向法国关联旅行社（French Links Tours）的瑞琪尔·卡普兰（Rachel Kaplan）和伊尔哈姆·纳瑟（Ilham Nassor）二人表示感谢，尤其要感谢的是他们的同事亚瑟·吉列（Arthur Gillette），他带我步行游览了巴黎，讲解极其细致。我还要感谢普林斯顿图书馆的吉姆·多尔曼（Kim Dorman）。感谢克莱尔·伯特温（Claire Potvin）翻译了玛丽–泰雷兹·埃奎姆（Marie–Thérèse Eyquem）的《皮埃尔·德·顾拜旦：奥林匹克史诗》（*Pierre de Coubertin: L'Epopée olympique*）。感谢萨拉·阿皮诺（Sara Appino）翻译的其他资料。

感谢以下几人的编辑工作：佩里·米切尔（Perry Mitchell）、埃琳娜·普朗科（Arlene Prunkl）、帕特丽夏·麦克唐纳（Patricia MacDonald）、凯伦·罗森（Karen Rosen）；感谢大卫·劳费尔（David Laufer）的装帧设计工作；感谢大卫·加德特（David Gaadt）的绘图和插画工作；感谢亚历山大·赫林（Alexander Herring）的照片工作。

尤其感谢我的女儿嘉米，她为我做了很多历史调研工作；感谢我的儿子詹森，他为我提供了宝贵的编辑建议。最后，感谢我一生的挚爱——卡罗尔，50年了，她对我的文学梦的信心从未动摇。

乔治·赫斯勒

2016年于美国亚特兰大

本书作者乔治·赫斯勒是活跃在奥林匹克运动中的颇富创造力的杰出人物。他毕业于美国天普大学戏剧和传播学院，身兼作家、制片人、国际传播策略分析师等职，还是位经验丰富的活动总监。他曾前后 10 次在奥运申办活动中担任首席文案及首席传播策略分析师，其中 1996 年亚特兰大奥运会、2008 年北京奥运会、2010 年温哥华冬奥会均申办成功。20 年的奥运调研，使得赫斯勒对皮埃尔·德·顾拜旦男爵的人生经历产生了浓厚的兴趣，并对如此伟大的人物却罕为人知而感到诧异。

1996 年，赫斯勒因发扬皮埃尔·德·顾拜旦男爵遗志、推广奥林匹克理想而被授予法国文艺骑士勋章。2004 年，又因在申奥运动中的突出贡献而被《体育商业周刊》评为“20 位最有影响力的奥运人物”。2011 年，赫斯勒开始投身于《顾拜旦传》这部历史小说的创作；4 年半之后完稿付梓。这是历史上第一部专门描写现代奥林匹克创始人生平的小说。

乔治·赫斯勒现与妻子卡罗尔居于美国亚特兰大。

本书译者：吴果锦，英语文学翻译者，译作有《荷马 3000 年》《伊丽莎白女王传》《贝利：足球之美》《国王的演讲》《预见力》《谁拯救了农场》《FBI 危险人格识别术》等 20 多本英文著作。